2025

"똑똑하게 한 권으로 끝내는 검정고시"

600점

중졸 검정고시

기본서

타임검정고시연구회

KB220341

2025

600점 기본서
중졸 검정고시

인쇄일 2025년 1월 1일 8판 1쇄 인쇄
발행일 2025년 1월 5일 8판 1쇄 발행
등 록 제17-269호
판 권 시스컴2025

ISBN 979-11-6941-483-8 13370
정 가 26,000원

발행처 시스컴 출판사
발행인 송인식
지은이 타임검정고시연구회

주소 서울시 금천구 가산디지털1로 225, 513호(가산포휴) | **홈페이지** www.nadoogong.com
E-mail siscombooks@naver.com | **전화** 02)866-9311 | Fax 02)866-9312

발간 이후 발견된 정오사항은 나두공(시스컴) 홈페이지 도서정오표에서 알려드립니다(나두공 홈페이지→자격증→도서정오표)

머리말 PREFACE

"교육과정이 변해도 핵심 내용은 유사하다"

정고시는 정규 학교에 진학하지 않은 이들에게 계속 교육받을 기회를 제공하고 교육의 평등 이념을 구현하고자 국가에서 시행하는 제도입니다. 현재 시험은 일 년에 두 번 시행되며 배움의 때를 놓친 분들에게 기회의 손길을 내밀고 있습니다.

한국교육과정평가원에서 공개한 출제 계획을 보면, 가급적 최소 3종 이상의 교과서에서 공통으로 다루고 있는 내용을 바탕으로 최근 5년간의 평균 합격률을 고려하여 적정 수준에서 출제할 것임을 알 수 있습니다. 즉, 시험에 출제되는 핵심 내용은 크게 바뀌지 않았다는 것입니다. 따라서 시험에 반복 출제되는 부분들을 완벽히 이해하고, 새롭게 추가된 교과 내용을 공고히 익힌다면 평균 60점 이상을 획득하는 데에 큰 어려움이 없을 것입니다.

시스컴에서 선보이는 『600쩜 중졸 검정고시』는 군더더기 없이 시험에 자주 출제되는 핵심 이론과 예상문제만을 담은 기본서입니다. 또한 가장 최근의 기출문제와 상세한 해설을 제공함으로써 '이론 + 예상문제 + 기출문제'의 탄탄한 짜임을 자랑합니다. 따라서 처음 검정고시를 시작하는 수험생도, 마무리 학습을 원하는 수험생도 모두 만족시킬 수 있으리라고 생각합니다.

"배움에 있어서 늦음이란 없다"

청춘이란 인생의 어느 기간을 말하는 것이 아니라 마음의 상태를 말하는 것이라는 어느 시인의 말처럼 배움의 열정을 놓지 않은 여러분의 지금 이 순간이 청춘입니다. 이 책이 여러분의 꿈을 이루는 데 도움이 되기를 바라며, 수험생 여러분 모두의 건투를 빕니다.

중졸 검정고시 국가고사 안내

검정고시 안내

검정고시란?

검정고시는 정규 학교에 진학하지 않은 사람들에게 계속 교육받을 기회를 제공하고 국가의 교육수준 향상을 위하며 교육의 평등 이념 구현에 기여하고자 국가에서 시행하는 제도를 말한다.

시험관리기관

– 시 · 도 교육청 : 시행공고, 원서교부 · 접수, 시험실시, 채점, 합격자발표
– 한국교육과정평가원 : 출제 및 인쇄 · 배포

시험 분야

– 초등학교 졸업학력(초등학교 과정)
– 중학교 졸업학력(중학교 과정)
– 고등학교 졸업학력(고등학교 과정)

검정고시 시험 안내

▌ 시행횟수 : 연2회

분 류	공고일	접수일	시험	합격자 발표	공고 방법
제1회	2월 초	2월 중	4월 초~중	5월 중	각 시 · 도 교육청 홈페이지
제2회	6월 초	6월 중	8월 초~중	8월 말	

▌ 고시과목

중졸학력	필수	국어, 수학, 영어, 사회, 과학 (5과목)	총 6과목
	선택	도덕, 기술 · 가정, 체육, 음악, 미술 중 1과목 선택	

▌ 시험시간표

교 시	과 목	시 간		문항수	비 고
1	국어	09:00~09:40	40분	25	각 과목별 100점 만점
2	수학	10:00~10:40	40분	20	
3	영어	11:00~11:40	40분	25	
4	사회	12:00~12:30	30분	25	
중식(12:30~13:30)					
5	과학	13:40~14:10	30분	25	
6	선택	14:30~15:00	30분	25	

》》》 위의 내용은 한국교육과정평가원에서 발표한 내용을 바탕으로 하였습니다.

▌문제출제수준

중학교 졸업 정도의 지식과 그 응용 능력을 측정할 수 있는 수준으로 적정량의 학습을 해온 학생이면 누구나 답할 수 있는 평이한 문제로 출제

▌응시자격 및 응시제한

응시자는 현장 접수 또는 온라인 접수 중 한 가지 방법만을 이용하여 접수해야 하며, 중복접수는 인정하지 않습니다.

응시자격

1) 초등학교 졸업자 및 이와 동등 이상의 학력이 있는 자
2) 초·중등교육법시행령 제29조의 규정에 의하여 학적이 정원외로 관리되는 자
3) 3년제 고등공민학교 졸업자 및 졸업예정자
4) 중학교에 준하는 각종학교의 졸업자 또는 졸업예정자
5) 보호소년 등의 처우에 관한 법률 시행령 제69조 제2호에 해당하는 자
※ 본 공고문에서 졸업예정자라 함은 최종학년에 재학 중인 자를 말한다.

응시자격 제한

1) 중학교 또는 초·중등교육법시행령 제97조 제1항 제2호의 학교를 졸업한 자 또는 재학 중인 자
　　※ 응시자격은 시험시행일까지 유지하여야 함(공고일 현재 재학 중이 아닌 자여서 적법하게 응시원서를 접수하였다 하더라도, 그 이후 시험일까지 편입학 등으로 재학생의 신분을 획득한 경우에는 응시자격을 박탈함)
2) 공고일 이후 초등학교 졸업자
　　※ 단, 당해 연도 초등학교 졸업자는 2월 말까지 재학생 신분에 해당되어 1회 차 중졸 검정고시 응시가 제한됨
3) 공고일 이후 제 1)호의 학교에 재학 중 학적이 정원외로 관리되는 자
4) 공고일 기준으로 고시에 관하여 부정행위를 한 자로서 처분일로부터 응시자격 제한 기간이 경과되지 아니한 자

공통제출서류

- 응시원서(소정서식) 1부
- 동일원판 탈모 상반신 사진(3.5cm×4.5cm, 3개월 이내 촬영) 2매
- 본인의 해당 최종학력증명서 1부
- 응시수수료 : 무료
- 신분증 지참(주민등록증, 외국인등록증, 운전면허증, 대한민국여권(유효기간 확인), 청소년증, 주민등록번호가 포함된 장애인등록증(복지카드) 중 하나)

과목면제 해당자

해당자	응시과목	비 고
- 3년제 고등공민학교 및 중학교에 준하는 각종학교 졸업자 또는 졸업예정자 - 92.9.3 이전 사회교육법시행령 제7조제1항의 규정에 의한 중학교 교육과정에 상응하는 사회교육과정을 이수한 자	- 국어 - 수학 - 영어	국, 수, 영 이외 3과목 면제
만 18세 이후에 평생교육법 제23조 제2항에 따라 평가 인정한 학습 과정 중 시험과목에 관련된 과정을 교육부장관이 정하는 바에 따라 과목당 90시간 이상 이수한 자	- 국어 - 수학 - 영어	국, 수, 영 이외 이수한 해당 과목 면제

※ 해당자 추가 제출서류는 해당 시험의 공고문 참고
※ 과목면제 신청을 하지 않고 응시한 자는 본 고시에서 과목면제 혜택을 받을 수 없음
※ 검정고시 합격 및 과목합격증명을 전산으로 확인할 수 있도록 개인정보제공에 동의하거나 행정정보 공동이용을 통하여 열람 가능한 구비서류에 대해 확인할 수 있도록 동의한 경우 서류 제출을 생략함 (단, 전산 확인 미동의자는 별도서류 첨부)

응시자 시험 당일 준비물

필수

수험표, 신분증, 컴퓨터용 수성사인펜

선택

아날로그 손목시계, 수정테이프, 점심도시락

█ 합격기준

고시합격

각 과목을 100점 만점으로 하여 평균 60점 이상을 취득한 자를 합격자로 결정

》》》 단, 평균이 60점 이상이라 하더라도 결시과목이 있을 경우에는 불합격 처리

과목합격

1) 시험 성적 60점 이상인 과목에 대해서는 과목합격을 인정하고, 본인이 원하면 다음 회의 시험부터 해당 과목의 시험을 면제하고 그 면제되는 과목의 성적을 시험 성적에 합산함
2) 기존 과목합격자가 해당과목을 재 응시할 경우 기존 과목합격성적과 상관없이 재응시한 과목 성적으로 합격여부를 결정함

》》》 과목합격자에게는 신청에 의하여 과목합격 증명서 교부

█ 합격취소

- 응시자격에 결격이 있는 자
- 제출서류를 위조 또는 변조한 자
- 부정행위자

> 다음과 같은 행위는 부정행위로 간주한다.
> - 다른 응시자의 답안지를 보거나 보여주는 행위
> - 다른 응시자와 손동작, 소리 등으로 서로 신호를 하는 행위
> - 대리로 시험을 보는 행위
> - 시험시간 중 휴대전화, 전자담배, 블루투스 기능이 있는 이어폰 등 무선통신 기기를 소지하거나 사용하는 행위
> - 다른 응시자에게 답을 보여주기를 강요하거나 폭력으로 위협하는 행위
> - 시험 시작 전 또는 종료 후 답안지 작성 행위
> - 시험 감독관의 지시에 불응하는 행위
> - 기타 시험 감독관이 부정행위로 판단하는 행위

▌응시자 당일 준비사항

- 수험표 분실자 : 응시원서에 부착한 동일한 사진 1매를 지참하고 시험 당일 08시 20분까지 해당 고사장 시험본부에서 수험표를 재교부 받기 바람
- 주민등록증 분실자 : 주민등록증 발급신청확인서(주민자치센터에서 발급) 지참
- 청소년증 분실자 : 청소년증 발급신청 확인서(주민자치센터에서 발급) 지참
- 시험당일 고사장에는 차량을 주차할 수 없으므로 대중교통을 이용하기 바람

▌응시자 유의사항

기본 사항

- 응시자의 문제지는 회수하지 않음
- 휴대전화 등 모든 통신기기 및 전자기기를 전원을 끈 후 가방에 넣어서 매 교시 시작 전 전면에 제출 하여야 함

시험 중 퇴실 금지

- 응시자는 시험이 시작되면 매 교시 시험시간이 끝날 때까지 퇴실할 수 없음
  다만, 긴급한 사유 등으로 불가피한 경우에는 퇴실할 수 있으나, 해당 교시 종료 시까지 재입실이 불 가능하며 소지물품(문제지 포함) 없이 별도의 장소에서 대기하여야 함
- 퇴실 시 감독관의 조치 및 지시에 불응하거나 휴대전화, 전자담배, 블루투스 기능이 있는 이어폰 등 모든 통신기기 및 전자기기 등을 소지한 경우 부정행위로 간주 처리함
- 고사장 내에는 응시자 이외 가족, 친지, 친구, 학원 관계자 등은 출입 할 수 없음

기타

응시원서 등의 잘못된 기재, 제출서류 미비, 연락불능 등으로 인하여 발생한 불이익은 응시자의 귀책사 유이며, 본 공고문에 명시되지 않거나 내용의 해석에 관한 사항은 서울특별시검정고시위원회의 결정에 따라야 함

▌문제 및 정답 공개

시험문제지 및 정답(가안)은 시험 종료 이후 한국교육과정평가원(http://www.kice.re.kr) 홈페이지에 서 공개하며, 이의신청 및 최종 정답 확정 절차는 문제지 및 정답(가안) 공개 시 한국교육과정평가원 홈 페이지 안내사항을 참고하기 바람

※ 상기 자료는 서울특별시 교육청의 안내 자료와 한국교육과정평가원, 국가평생교육진흥원의 공고를 기준으로 하고 있 습니다.

중졸 검정고시 Q&A

Q1 중졸 검정고시 출제 범위는 어떻게 되나요?

2021년 제1회 검정고시부터 2015 개정 교육과정에서 출제됩니다.

〈중졸 검정고시 출제 범위 비교〉

이전 중졸 검정고시 출제범위	현재 중졸 검정고시 출제범위
2009 개정 교육과정	2015 개정 교육과정

⟫⟫ '사회' 과목에 역사(한국사만 출제, 세계사 제외)도 출제됨
⟫⟫ '사회' 과목의 역사 부분은 2021년도에도 2009 개정 교육과정에서 출제되었음

Q2 교과서 출제 경향이 어떻게 되나요?

- '2015개정 교육과정'부터 사라지거나 변경된 개념 및 내용을 포함하고 있는 교과의 경우 이전 교육과정과 공통 범위에서 출제하지 않고 새 교육과정 중심으로 출제됩니다.
- 교과의 출제 범위가 국정교과서에서 검정교과서로 변화되어, 최소 3종 이상의 교과서에서 공통으로 다루고 있는 내용으로 출제됩니다.(단, 국어와 영어의 경우 교과서 외의 지문 활용 가능)

Q3 세부 출제방향은 어떠한가요?

- 문제은행(기출문항 포함) 출제 방식을 학교 급별로 차등 적용하는데, 중졸은 30% 내외로 출제됩니다. 단 출제 비율은 과목에 따라서 달라질 수 있습니다.
- 최근 5년간 평균 합격률을 고려하여 적정 난이도를 유지하여 출제합니다.
- 문항형식은 객관식 4지 택1형이며 각 과목별 1문항 당 4점입니다(단, 수학은 1문항 당 5점).

Q4 시험점수 평균 60점이 통과인가요? 아니면 각 과목별로 60점을 받아야 통과인가요?

중졸 · 고졸 검정고시는 과락제도가 없이, 각 과목 전체 평균 60점 이상을 취득한 자를 합격자로 결정합니다. 단, 한 과목이라도 결시하는 경우 전체 평균이 60점 이상이라도 불합격 처리됩니다.

Q5 검정고시 제출용 최종학력증명서는 어떤 것을 제출하는 건가요?

- **졸업증명서** : 상급학교 진학여부가 표시된 검정고시용에 한하며 졸업 후 배정받은 상급학교에 진학하지 아니한 자는 "미진학사실확인서" 추가 제출 필요
- **초 · 중 · 고등학교 재학 중 중퇴자** : 제적증명서
- **중학교 의무교육 대상자 중 정원외 관리대상자** : 정원외 관리증명서
- **중학교 의무교육 대상자 중 면제자** : 면제증명서(소정서식)
- **초졸검정고시 합격자** : 합격증서 사본(원본지참) 또는 합격증명서
- **평생교육법 제40조에 따른 학력인정 대상자** : 학력인정서
- **초 · 중등교육법 시행령에 따른 학력인정 대상자** : 학력인정증명서
- **검정고시 합격과목의 시험 면제를 원하는 자** : 과목합격증명서 또는 성적증명서

Q6 과목 면제는 어떻게 받을 수 있나요?

- 과목면제 신청을 하지 않고 응시한 자는 본 고시에서 과목면제 혜택을 받을 수 없습니다.
- 과목에 합격한 수험생은 과목 합격증을 제출하지 않아도 기존의 과목 합격 중 가장 높은 점수를 반영합니다. 그러나 과목 합격 후 다시 그 과목을 응시하고자 할 경우 응시원서에 표기하여야 합니다.
- 과목 합격생은 반드시 과목 합격한 취득점수를 기재하여야 합니다.

>>> 검정고시 출제 범위는 시험 전 반드시 한국교육과정평가원 또는 각 시 · 도 교육청의 홈페이지 공고를 참고하여 주시기 바랍니다.

이 책의 구성과 특징

1. 핵심 이론.ZIP

개정 교육과정 내용과 기출문제를 분석하여 시험에 출제될 이론만을 쏙쏙 뽑아 정리했습니다.

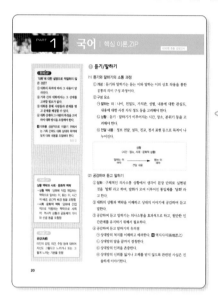

개념 UP

중요 교과 내용을 콕 집어서 개념을 이해할 수 있도록 도와드립니다.

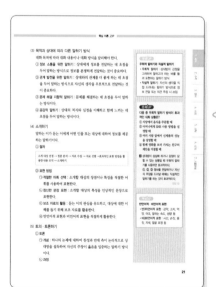

문제 UP

학습한 내용을 바로 적용하여 실력을 점검할 수 있는 확인문제입니다.

2. 시험에 반드시 출제되는 문제

시험 빈출도가 높은 문제들로만 구성된 예상 문제입니다.

해설

2단 구성으로 정답과 해설을 쉽게 확인할 수 있도록 구성하였습니다.

출제 가능성

기출문제 분석을 통해 산출된 출제 가능성을 표시하여 효율적인 학습을 도와드립니다.

Contents

중졸 검정고시 600쩜 기본서

30일 만에 검정고시 정복하기 PLAN

과 목	국 어				
날 짜	1	2	3	4	5
Check	☐	☐	☐	☐	☐

과 목	수 학				
날 짜	6	7	8	9	10
Check	☐	☐	☐	☐	☐

과 목	영 어				
날 짜	11	12	13	14	15
Check	☐	☐	☐	☐	☐

과 목	사 회				
날 짜	16	17	18	19	20
Check	☐	☐	☐	☐	☐

과 목	과 학				
날 짜	21	22	23	24	25
Check	☐	☐	☐	☐	☐

과 목	도 덕				
날 짜	26	27	28	29	30
Check	☐	☐	☐	☐	☐

Special Information Service Company

SISCOM

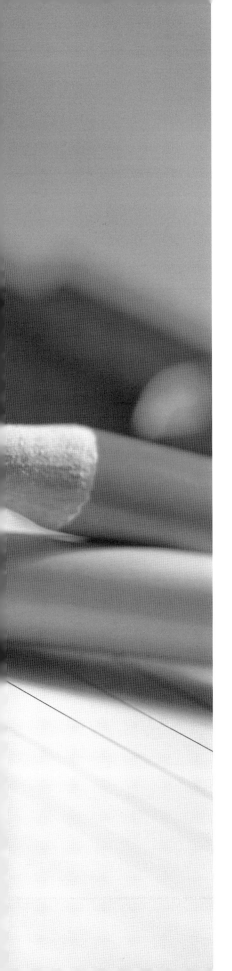

PART 1

국어

STEP1. 핵심 이론.ZIP

STEP2. 시험에 반드시 출제되는 문제

❶ 듣기/말하기

(1) 듣기와 말하기의 소통 과정

① 개념 : 듣기와 말하기는 듣는 이와 말하는 이의 상호 작용을 통한 공통의 의미 구성 과정이다.

② 구성 요소

㉠ 말하는 이 : 나이, 친밀도, 가치관, 성별, 내용에 대한 관심도, 내용에 대한 사전 지식 정도 등을 고려해야 한다.

㉡ 상황 : 듣기 · 말하기가 이루어지는 시간, 장소, 분위기 등을 고려해야 한다.

㉢ 전달 내용 : 정보 전달, 설득, 친교, 정서 표현 등으로 목적이 나누어진다.

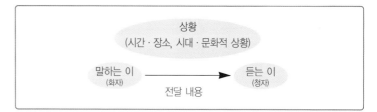

(2) 공감하며 듣고 말하기

① 담화 : 구체적인 의사소통 상황에서 생각이 문장 단위로 실현된 것을 '발화'라고 하며, 발화가 모여 이루어진 통일체를 '담화'라고 한다.

② 대화의 상황과 맥락을 이해하고 상대의 이야기에 공감하며 듣고 말한다.

③ 공감하며 듣고 말하기는 의사소통을 효과적으로 하고, 원만한 인간관계를 유지하기 위해서 필요하다.

④ 공감하며 듣고 말하기의 유의점

㉠ 상대방의 처지를 이해하고 배려한다. 예 역지사지(易地思之)

㉡ 상대방의 말을 끝까지 경청한다.

㉢ 상대방의 인격을 존중한다.

㉣ 상대방의 신뢰를 잃거나 오해를 받지 않도록 관련된 사실은 진솔하게 이야기한다.

(3) 목적과 상대에 따라 다른 말하기 방식

대화 목적에 따라 대화 내용이나 대화 방식을 달리해야 한다.

① **정보 소통을 위한 말하기** : 상대에게 정보를 전달하는 데 초점을 두어 말하는 방식으로 정보를 분명하게 전달하는 것이 중요하다.

② **관계 발전을 위한 말하기** : 상대와의 관계를 더 좋게 하는 데 초점을 두어 말하는 방식으로 자신의 생각을 우호적으로 전달하는 것이 중요하다.

③ **문제 해결 지향적 말하기** : 문제를 해결하는 데 초점을 두어 말하는 방식이다.

④ **공감적 말하기** : 상대의 처지와 심정을 이해하고 함께 느끼는 데 초점을 두어 말하는 방식이다.

(4) 소개하기

말하는 이가 듣는 이에게 어떤 인물 또는 대상에 대하여 정보를 제공하는 말하기이다.

① **절차**

> 소개 대상 선정 → 청중 분석 → 자료 수집 → 자료 선별 → 효과적인 표현 방법을 활용한 내용 조직 → 소개하기

② **표현 방법**

ㄱ **적절한 어휘 선택** : 소개할 대상의 장점이나 특징을 적절한 어휘를 사용하여 표현한다.

ㄴ **참신한 문장 표현** : 소개할 대상의 특성을 인상적인 문장으로 표현한다.

ㄷ **보조 자료의 활용** : 듣는 이의 관심을 유도하고, 대상에 대한 이해를 돕기 위해 보조 자료를 활용한다.

ㄹ 반언어적 표현과 비언어적 표현을 적절하게 활용한다.

(5) 토의 · 토론하기

① **토론**

ㄱ **개념** : 하나의 논제에 대하여 찬성과 반대 측이 논리적으로 상대방을 설득하여 자신의 주장이 옳음을 입증하는 말하기 방식이다.

ㄴ **과정**

개념UP

우회적 말하기와 직설적 말하기

• **우회적 말하기** : 상대방의 감정을 고려하여 말하고자 하는 바를 돌려 표현하는 말하기 방식

• **직설적 말하기** : 자신의 생각을 직접 드러내는 말하기 방식으로 정보 전달 또는 의견 주장 시 쓰임

문제UP

다음 중 우회적 말하기 방식이 효과적인 대화 상황은?

① 식당에서 음식을 주문할 때

② 어머니에게 SNS 사용 방법을 설명할 때

③ 여러 사람 앞에서 신제품의 성능을 설명할 때

④ 함께 영화를 보러 가자는 친구의 제안을 거절할 때

▣ 상대방이 섭섭해 하거나 감정이 상할 수 있는 상황일 때 우회적 말하기를 사용하면 효과적이다.
①, ②, ③ 정보를 전달하거나 자신의 주장을 드러낼 때에는 직설적인 말하기를 하는 것이 효과적이다.

정답 ④

개념UP

반언어적 · 비언어적 표현

• **반(半)언어적 표현** : 강약, 고저, 억양, 어조, 말하는 속도, 성량 등

• **비(非)언어적 표현** : 시선, 손짓, 몸짓, 자세, 얼굴 표정 등

논제 결정 → 입장을 정하고 쟁점과 근거 정리 → 토론 준비표 작성 → 규칙에 따라 토론

ⓒ 개념 : 토론의 효과

　　• 찬성과 반대로 의견이 대립하는 문제를 해결할 수 있다.
　　• 자신의 주장을 내세우거나 설득적인 글을 쓸 때 근거를 마련할 수 있다.

② 토의

　ㄱ 개념 : 여러 사람이 모여서 공통의 문제를 해결하기 위해 협의하는 말하기 방식이다.
　ㄴ 필요성 : 서로의 생각이 다를 때 갈등을 일으키지 않고 문제를 해결하기 위하여 필요하다.
　ㄷ 토의 참여자의 바람직한 태도

　　• 다른 사람의 의견을 열린 자세로 듣는다.
　　• 바람직한 문제 해결 방식을 찾기 위해 노력한다.
　　• 발표할 때에는 자기의 주장을 정확하고 간결하게 말한다.
　　• 토의의 절차를 잘 알고 사회자의 지시에 따라 질서를 잘 지킨다.

[토의와 토론의 차이]

토의	토론
특정한 문제를 해결하기 위하여 다양한 해결 방안을 모색하는 과정이다.	특정 주제에 대하여 찬성과 반대 의견을 교환하며 결론을 도출해 내는 과정이다.

(6) **면담하기**

① 개념 : '면담'이란 특정 인물이나 주제에 대한 정보를 수집하기 위하여 면담자와 피면담자가 주고받는 대화를 말한다.

② 면담 질문을 만들 때 고려할 점

　ㄱ 면담 목적에 맞는 질문인지 생각해 본다.
　ㄴ 예의에 어긋나는 질문이 아닌지 살펴본다.
　ㄷ 면담 대상자가 대답하기 곤란한 질문은 아닌지 따져 본다.
　ㄹ 사전 조사를 통해 면담 대상자와 면담할 내용을 충분히 알아본 뒤 그 내용을 바탕으로 하여 질문을 만든다.

> **[면담의 과정]**
> 목적 정하기 → 면담 대상자 정하기와 섭외하기 → 면담 질문 준비하기 → 면담하기
> → 면담 결과 정리하기

③ 면담할 때 유의할 점

    ㉠ 예의를 지켜 말하고 듣는다.

    ㉡ 면담 대상자의 말을 간략하게 기록한다.

    ㉢ 목소리의 크기와 말의 빠르기를 조절한다.

    ㉣ 면담 내용을 녹음하거나 면담 상황을 촬영하려면 미리 허락을 받는다.

    ㉤ 미리 준비한 질문 이외에도 답변을 듣고 이해가 잘 안 되거나 더 알고 싶은 점이 있으면 추가 질문을 한다.

    ㉥ 면담 대상자의 말을 귀 기울여 듣고, 고개를 끄덕이는 등 적절한 반응을 보인다. 답변에 관한 자신의 생각을 표현할 수도 있다.

(7) 매체 자료를 활용하여 발표하기

① **매체 자료** : 매체의 발달에 따라 생겨난 음악, 그림과 사진, 동영상 등의 자료를 말한다.

② 매체 자료를 활용한 발표의 효과

    ㉠ **발표자** : 발표 내용을 효과적으로 선정하고 조직할 수 있으며, 청중의 흥미를 끌거나 주의를 집중시킬 수 있다.

    ㉡ **청중** : 발표 내용을 보다 쉽게 파악할 수 있다.

[매체 자료의 종류]

시각 매체	도표, 그림, 사진
청각 매체	소리, 음악
복합 매체	동영상, 플래시, 애니메이션

③ 매체 자료 선택 · 활용 시 유의점

    ㉠ 발표 내용을 효과적으로 보여 줄 수 있는 매체 자료를 선택한다.

    ㉡ 발표의 목적과 내용을 고려하여 발표 자료를 활용하여야 한다.

    ㉢ 글로 제시할 부분과 시각 자료로 제시할 부분을 나누어야 한다.

④ 인터넷 매체의 종류

    ㉠ SNS, 블로그, 전자 우편, 온라인 대화 등이 있다.

    ㉡ 오늘날 인터넷 매체가 발달하면서 각 매체의 특성은 그 경계가 모호해진다.

문제 UP

다음 중 청각 매체 자료를 활용하여 발표하기에 적절하지 않은 주제는?

① 한국의 전통, 판소리
② 매미 울음소리의 비밀
③ 봄의 향연, 함평 나비 축제
④ 출구 없는 층간 소음 문제

해 '함평 나비 축제'는 청각 매체보다는 사진 또는 포스터와 같은 '시각 매체'를 활용하여 발표하는 것이 더 효과적인 주제이다.

정답 ③

---

⑤ 인터넷 매체의 특징

　　㉠ 다른 공간에 있는 사람과 의사소통이 가능하다.

　　㉡ 추가 자료(문서, 영상, 사진, 음악 등)를 첨부할 수 있다.

　　㉢ 영상 언어, 음성 언어, 문자 언어 등 다채로운 언어를 활용할 수 있다.

　　㉣ 기호나 그림, 이모티콘 등을 이용하여 자신의 감정이나 생각을 표현할 수 있다.

⑥ 영상 매체의 특성

　　㉠ 여러 가지 시각적, 청각적 요소가 융합된 의미를 구성한다.

　　㉡ 영상 언어를 활용하여 전달하고자 하는 바를 강조하여 효과적으로 전달한다.

⑻ 다양한 소통 방식

① 표준어

　　㉠ 교양 있는 사람들이 두루 쓰는 현대 서울말을 뜻한다.

　　㉡ 다수에게 말을 해야 하는 공식적인 상황일 때, 정확한 의사소통을 위해 사용한다.

② 방언

　　㉠ 지역 방언 : 지역적으로 분화되어 각각의 지역에 따라 다르게 쓰이는 언어로 같은 지역민들 사이에 정서적 유대감을 나눌 때, 지역의 향토적, 문화적 특색을 드러내야 할 때 효과적이다.

　　㉡ 사회 방언 : 계층, 세대, 성별, 직업 등의 차이에 따라 발생하는 언어로 집단 내에서 강한 유대감을 형성하는 효과가 있다.

③ 올바른 언어생활 태도

　　㉠ 다양한 말하기 방식을 이해하고 수용하는 태도를 갖춰야 한다.

　　㉡ 차별적인 표현이나 비속어 표현을 사용하지 않도록 주의를 기울여야 한다.

⑼ 말하기 불안 대처 방안

① 인지적 문제에 대한 대처

　　㉠ 상황에 대한 인식 변화 : 자신을 부각시킬 좋은 기회라고 긍정적으로 생각해보고 말하기의 의의에 집중한다.

　　㉡ 자신에 대한 인식 변화 : 부정적 자아 개념과 강박관념을 바꾼다.

　　㉢ 불안 감정에 대한 인식 변화 : 불안은 일시적인 것으로 두려움

개념UP

표준어와 방언의 관계

표준어와 방언은 대립적 관계가 아니라 상호 보완적 관계에 있으므로 상황에 맞게 쓰는 것이 중요함

을 극복하는 신호로 받아들인다.

② 생리적 문제에 대한 대처

 ㉠ 체계적 둔감법 : 불안 대신 이완을 느끼도록 점진적으로 유도하며 특정 말하기 상황을 떠올려 긴장을 이완하는 연습을 한다.

 ㉡ 실제 상황 노출법 : 두려워하는 말하기 상황에 직면했지만 예상했던 끔찍한 결과는 일어나지 않음을 경험하게 함으로써 불안 감정을 없앤다.

❷ 읽기

(1) 예측하며 읽기 / 요약하며 읽기

① 예측하며 읽기

 ㉠ 개념 : 글의 결말과 구조, 글쓴이의 주장이나 의도, 글이 사회에 미칠 효과 등을 생각하며 읽는 것을 뜻한다.

 ㉡ 방법

- 글을 읽기 전 제목을 보고 글의 내용을 예측한다.
- 자신의 배경지식과 경험을 활용하여 글의 내용을 예측한다.
- 글에 제시된 정보를 바탕으로 이어질 내용을 예측한다.
- 글과 관련된 맥락을 고려하여 글의 내용을 예측한다.

② 요약하며 읽기

 ㉠ 개념 : 글의 중심 내용을 골라 간략하게 정리하며 읽는 것으로 글의 내용을 정확하게 이해하고 글의 내용을 체계적으로 기억하는 데 도움을 준다.

 ㉡ 방법

- 선택하기 : 전체 내용을 포괄하는 중심 문장과 의미 있는 말 등을 선택한다.
- 삭제하기 : 세부 내용, 반복되는 내용, 수식하는 말, 예로 든 내용 등을 삭제한다.
- 일반화하기 : 구체적이고 개별적인 내용을 보편적이며 일반적인 내용으로 요약한다.
- 재구성하기 : 중심 문장이 뚜렷하지 않거나 여러 개로 나누어져 있는 경우 내용을 재구성하여 중심내용을 만든다.

개념UP

글 요약 시 고려할 점
- 요약의 목적은 무엇인가?
- 중요한 정보는 무엇인가?
- 어느 정도의 분량으로 요약할 것인가?

개념UP

이야기 요약하기
- 시간의 흐름에 따라 : 역사적 사건 또는 인물의 생애가 시간에 따라 전개될 때
- 공간의 변화에 따라 : 사건이 발생하는 장소 변화가 사건 전개에 중요하게 작용할 때
- 사건의 진행에 따라 : 각 사건의 앞뒤가 사건에 영향을 미치며 전개될 때
- 인물의 업적에 따라 : 인물의 업적을 중심으로 다룰 때 **예** 전기문, 자서전 등

문제UP

다음 중 요약에 해당하지 않는 것은?
① 수업 내용을 메모하는 것
② 교과서 내용을 여백에 적어 두는 것
③ 교과서의 학습 활동 문제의 답을 적는 것
④ 오늘 본 연극의 줄거리를 노트에 적는 것

해 학습 활동 문제의 답을 적는 것은 요약하기와 관련이 없다.

정답 ③

---

(2) 설명하는 글 읽기 / 주장하는 글 읽기

① 설명하는 글 읽기

ㄱ 설명문 : 어떤 대상에 관한 지식과 정보를 독자가 잘 이해할 수 있도록 알기 쉽게 쓴 글을 말한다.

ㄴ 설명의 방법

구분	내용
정의	어떤 말 또는 사물의 뜻을 명백히 밝히는 방법이다. 예 정삼각형은 세 변의 길이가 같고, 세 각의 크기가 같은 삼각형이다.
예시	구체적인 예를 들어 설명하는 방법이다. 예 우리나라는 발효 음식이 발달했다. 그 예로 김치와 된장이 있다.
비교 · 대조	어떤 대상을 다른 것과의 공통점을 들어 설명하는 것이 비교이고, 차이점을 들어 설명하는 것이 대조이다. 예 영화는 스크린에서 상영된다는 점에서 무대에서 공연하는 연극과 다르지만 관객 앞에서 펼쳐지는 점은 서로 같다.
분류	유사한 것끼리 묶는 설명 방법이다. 예 향가, 고려 가요, 시조 등은 고전 시가에 속한다.
분석	대상을 구성하는 하위 요소로 나누어 각각을 설명하는 방법이다. 예 곤충은 머리, 가슴, 배의 세 부분으로 나눌 수 있다.
열거	여러 가지 사례들을 나열하는 설명 방법이다. 예 태양계에는 수성, 금성, 지구, 화성, 목성, 토성, 천왕성, 해왕성이 있다.
인과	원인과 결과를 관련 지어 설명하는 방법이다. 예 나트륨은 수분을 끌어당겨 흡수하는 성질이 있다. 짜게 먹으면 물을 많이 마시게 되는 것도 바로 이 때문이다.

② 주장하는 글 읽기

ㄱ 논증의 개념 : 근거를 들어 주장의 옳고 그름을 증명하는 과정이다.

ㄴ 논증 방식의 종류

구분	내용
귀납	개별적인 특수한 사실이나 원리로부터 일반적이고 보편적인 원리를 이끌어 내는 논증 방식이다.
연역	일반적인 사실이나 원리를 전제로 개별적인 사실이나 특수한 다른 원리를 이끌어 내는 논증 방식이다.

개념UP

정보를 전달하는 글의 종류

설명문, 안내문, 사용 설명서, 법조문, 기사, 보고서 등

개념UP

설명문의 특징

평이성, 사실성, 객관성, 체계성, 명확성

문제UP

밑줄 친 ㄱ의 설명 방법으로 알맞은 것은?

"유일하게 지워지지 않는 서명은 사람의 지문이다." 미국의 소설가 마크 트웨인이 한 말이다. ㄱ 나이가 들면서 얼굴은 변해도 지문은 한번 생겨나면 바뀌지 않는다는 의미이다.

① 인용 　　② 대조
③ 분석 　　④ 비교

해 밑줄 친 ㄱ 부분은 나이가 들면 변하는 얼굴과 한번 생기면 변하지 않는 지문을 대조의 방법으로 설명하고 있다.

정답 ②

개념UP

주장 · 근거

• 주장 : 어떤 사람이 무엇에 관해 내세우는 의견이나 주의
• 근거 : 주장을 뒷받침하기 위해 제시하는 요소

유추 (유비추리)	하나의 대상에서 발견되는 현상이 비슷한 다른 대상에서도 유사하게 일어날 것이란 생각에 따라 결론을 추리하는 논증 방식이다.
문제 해결	문제의 원인을 밝히고 그 원인을 근거로 삼아 문제 해결 방안을 제시하는 논증 방식이다.

ⓒ 주장하는 글을 읽는 방법

- 글에 드러난 주장과 근거, 논증 방식을 파악하며 읽어야 한다.
- 주장의 타당성을 평가하며 읽어야 한다.

(3) 질문하며 글 읽기 / 관점 파악하며 글 읽기

> 　나는 우리나라가 세계에서 가장 아름다운 나라가 되기를 원한다. 가장 부강한 나라가 되기를 원하는 것은 아니다. 내가 남의 침략에 가슴이 아팠으니 내 나라가 남을 침략하는 것을 원치 아니한다. 우리의 부력(富力)은 우리의 생활을 풍족히 할 만하고 우리의 강력(强力)은 남의 침략을 막을 만하면 족하다. 오직 한없이 가지고 싶은 것은 높은 문화의 힘이다. 문화의 힘은 우리 자신을 행복하게 하고 나아가서 남에게 행복을 주겠기 때문이다.
> 　지금 인류에게 부족한 것은 무력도 아니요, 경제력도 아니다. 자연 과학의 힘은 아무리 많아도 좋으나 인류 전체로 보면 현재의 자연 과학만 가지고도 편안히 살아가기에 넉넉하다. 인류가 현재의 불행한 근본 이유는 인의가 부족하고 자비가 부족하고 사랑이 부족한 때문이다. 이 마음만 발달이 되면 현재의 물질력으로 20억이 다 편안히 살아갈 수 있을 것이다. 인류의 이 정신을 배양하는 것은 오직 문화이다.
> - 백범 김구, 「내가 원하는 우리나라」 中
>
> ⊙ 갈래 : 논설문, 연설문
> ⓛ 성격 : 설득적, 설명적, 주관적
> ⓒ 특징
> - 대조와 예시의 방법으로 주장을 뒷받침하며 내용 전개
> - 반복법, 문답법, 설의법 등을 활용하여 자신의 주장을 드러냄
> ⓔ 주제 : 우리나라를 문화 국가로 만들기 위한 우리의 사명

① 질문하며 글 읽기

ⓐ 필요성 : 질문하며 읽기는 글을 깊이 있게 이해하고 사고력을 키우기 위해 필요하다.

ⓑ 방법

- 글을 읽기 전, 읽는 도중, 읽은 후에 질문할 수 있다.
- 글 내용과 관련된 질문 또는 글을 둘러싼 사회 · 문화적 맥락에 관한 것 등을 질문한다.

② 관점 파악하며 글 읽기

ⓐ 글의 관점 : 글쓴이가 글의 대상에 대하여 취하고 있는 기본적인

1. 국어

2. 수학

3. 영어

4. 사회

5. 과학

6. 도덕

문제UP

주장하는 글을 쓸 때 유의점으로 적절하지 않은 것은?

① 자신의 주장을 뚜렷하게 드러낸다.
② 적절한 논증 방식을 활용하여 자신의 주장을 입증한다.
③ 타인의 공감을 이끌어 내기 위해 감정에 호소한다.
④ 상황에 대한 문제 제기와 해결방안을 구체적으로 제시한다.

해 주장하는 글은 객관적이고 신뢰성 높은 근거를 들어 자신의 주장이 타당함을 논리적으로 밝혀야 한다.

정답 ③

문제UP

질문하며 읽기의 효과로 알맞지 않은 것은?

① 글의 내용을 암기할 수 있다.
② 글을 더 깊이 이해할 수 있다.
③ 글을 집중해서 읽을 수 있다.
④ 능동적인 독자로 성장할 수 있는 바탕이 된다.

해 질문하며 읽기는 글의 내용을 기억하는 데 도움을 주지만 내용을 암기하는 것과는 무관하다.

정답 ①

문제UP

동일한 대상을 다룬 서로 다른 글을 읽는 방법으로 옳지 않은 것은?

① 글쓴이의 관점을 파악한다.
② 공통점이나 차이점에 주목하며 글을 읽는다.
③ 다양한 관점에서 다룬 글을 읽고 자신의 관점을 정립한다.
④ 자신의 관점과 동일한 글을 여러 편 읽고 자신의 생각을 정리한다.

해 나의 관점과 내용을 달리하는 다양한 글을 비교하며 읽는 것이 좋다.

정답 ④

태도나 방향 또는 처지를 뜻한다.

ⓒ 필요성 : 관점을 비교하여 여러 글을 읽을 경우 대상을 객관적으로 파악할 수 있으며, 어느 한쪽에 치우치지 않고 대상을 바라보는 시각을 가질 수 있다.

(4) 글의 표현 방식과 효과

① 여러 가지 표현 방식

비유	직유	비슷한 모양 또는 성질을 지닌 두 대상을 '~같이', '~듯이'와 같은 말로 결합하여 직접 비유하는 표현 방식이다. **예** 바다처럼 넓은 마음 / 쟁반같이 둥근 달
	은유	표현하려는 대상을 비슷한 특성을 가진 다른 대상을 사용하여 암시적으로 비유하는 표현 방식이다. **예** 내 마음은 호수요.
	의인	사물 또는 동식물에 인격을 부여하여 사람처럼 나타내는 표현 방식이다. **예** 돌담에 속삭이는 햇발
강조	과장	실제보다 훨씬 크거나 작게 표현하는 방식이다.
	반복	동일하거나 유사한 말을 되풀이하여 강조하는 표현 방식이다.
	대조	서로 반대되는 대상 또는 내용을 내세워 그 대상을 강조하거나 선명하게 표현하는 방식이다.
변화	대구	유사한 가락의 글귀를 짝지어 나란히 놓아 표현의 효과를 높이는 방식이다. **예** 불꽃이 이리 튀고 돌조각이 저리 튀었다.
	도치	문법상, 논리상 순서를 바꾸어 놓는 표현 방식이다. **예** 만나요, 꿈에서
	설의	의문의 형식으로 표현하여 상대편이 스스로 판단하게 하는 방식이다. **예** 자유 없이 살기를 원하십니까?
관용표현	관용어	둘 이상의 단어가 결합하여 특별한 의미를 지니는 관습적인 말이다. **예** 간이 크다.
	속담	예부터 전해 내려오는 삶의 지혜 또는 풍자가 담긴 짧은 말이다. **예** 구슬이 서 말이라도 꿰어야 보배
	격언	사리에 꼭 맞아 인생의 교훈이 될 만한 짧은 말이다. **예** 실패는 성공의 어머니이다.

개념UP

표현 방식

- **비유법** : 어떤 부분을 특별히 강하게 주장하거나 두드러지게 나타내는 표현 방식
- **강조법** : 문장이 단조로워지는 것을 피하고자 문장에 변화를 주는 표현 방식
- **변화법** : 표현하려는 문장에 변화를 주어 단조로움을 피하고 흥미를 돋우며 주의를 끄는 표현 방식
- **관용 표현** : 일정 시간, 반복적·지속적으로 사회에서 두루 사용되어 온 표현

문제UP

밑줄 친 ⊙에 사용된 표현 방식으로 알맞은 것은?

⊙ 음식은 마치 사람의 얼굴과 같다. 사람 얼굴이 백인백색인 것처럼 음식 맛도 집집마다 다 다르다. 김치 안 먹고 사는 집이 없건만 집집마다 김치 맛이 모두 다른 것을 보면 정말 신기하다.

① 과장법 ② 은유법
③ 영탄법 ④ 직유법

해 밑줄 친 ⊙은 '음식'을 '사람의 얼굴'에 빗대어 표현하고, '마치 ~와 같다' 라는 형태를 취하고 있으므로 직유법이 사용되었다.

정답 ④

② 표현 방식의 효과

　㉠ 실용문 : 독자의 이해를 돕거나 글쓴이의 의도를 강조하기 위한 목적으로 다양한 표현 방식이 사용된다.

　㉡ 문학적인 글 : 참신함이나 인상적 표현과 같은 문학적 형상화를 위해 다양한 표현 방식이 사용된다.

(5) 효과적인 읽기

① 읽기의 개념 : 글을 통해 글쓴이와 읽는 이가 만나 대화하는 의사소통 활동이자 글의 내용을 파악하여 비판하고 추리하는 이해 활동이다.

② 읽기의 과정

단계	내용
읽기 전	• 글을 읽는 목적을 확인한다. • 글의 내용을 예측한다. • 글의 내용과 관련된 질문을 만든다.
읽는 중	• 예측한 내용을 확인하며 글의 내용을 파악한다. • 생략된 내용이나 숨겨진 의도를 추론하며 읽는다. • 글쓴이의 생각에 공감하거나 글쓴이의 생각을 비판하며 읽는다. • 글을 읽으며 중요한 내용에 표시하고, 새롭게 알게 된 내용에 메모한다.
읽은 후	• 글 전체의 내용과 글의 주제를 파악한다. • 글쓴이가 글을 쓴 의도를 파악한다. • 글을 통해 새롭게 알게 된 내용을 현실에 적용해 보고 대안을 찾는다.

③ 읽기의 가치

　㉠ 다양한 지식과 정보를 제공한다.

　㉡ 정서를 풍부하게 하고, 지적으로 성장할 수 있게 한다.

　㉢ 타인의 삶을 간접적으로 경험함으로써 인간과 삶에 대해 깊이 있게 이해할 수 있다.

❸ 쓰기

(1) 글쓰기의 과정

개념UP

읽기의 개념

• 문자 기호를 파악하는 활동 : 기호의 음성화
• 글의 의미를 이해하는 활동 : 글의 내용 파악

개념UP

진정한 읽기를 위한 독자의 태도

독자 스스로 글에 담긴 진정한 의미를 파악하기 위해 노력해야 함

문제UP

'읽기'에 대한 정의로 적절하지 않은 것은?

① 글쓴이와 독자의 대화가 이루어지는 것이다.
② 우리의 가치 있는 정신적 유산을 담아 놓은 것이다.
③ 글쓴이와 독자의 의사소통 행위가 이루어지는 것이다.
④ 독자가 글의 의미를 스스로 찾아내고 만들어 내는 과정이다.

해 우리의 가치 있는 정신적 유산을 담아 놓은 것은 '책'이다.

정답 ②

개념UP

초고 쓰기에서 고려할 점

• 예상 독자를 고려하여 씀
• 주제와 목적이 잘 드러나도록 씀
• 문장과 낱말을 바르고 정확하게 씀
• 글의 흐름이 자연스럽게 이어지도록 씀

---

① 개념 : 글쓰기란 상황과 맥락 안에서 주제, 목적, 독자 등을 고려하면서 이루어지는 목표 지향적인 문제 해결 과정이다.

② 글쓰기의 과정

㉠ 계기 결정하기 : 주제, 목적, 대상(예상 독자)을 결정한다.

㉡ 아이디어 생성하기 : 글의 성격, 종류, 목적에 따라 아이디어를 생성하기 위한 적절한 방법을 선택한다.

㉢ 아이디어 조직하기 : 글로 쓸 내용을 선정하고, 글의 흐름과 내용 제시 순서 등을 정리한다.

㉣ 초고 쓰기 : 생성하고 조직한 아이디어를 바탕으로 글을 쓴다.

㉤ 고쳐 쓰기 : 완성한 글을 기준에 따라 점검하고, 수정이 필요한 부분을 고쳐 쓴다.

㉥ 점검 · 조정하기 : 글쓰기 과정 전체에 걸쳐서 점검하고 조정한다.

(2) 보고서와 건의문 쓰기

① 보고서 쓰기

㉠ 보고서 : 어떤 목적을 가지고 실시한 관찰, 조사, 실험의 결과를 정리하여 쓴 글이다.

㉡ 보고서 쓰기 절차

> 목적 및 주제 정하기 → 기간과 방법 정하기 → 관찰 · 조사 · 실험하기 → 내용 분석하기 → 보고서 쓰기 → 고쳐 쓰기

㉢ 보고서의 요건

• 객관성 : 주관적이거나 한쪽에 치우치지 않고 사실과 맞아야 한다.

• 정확성 : 조사, 관찰, 실험의 결과를 정확하게 반영해야 한다.

• 신뢰성 : 사실적 정보 또는 자료 등을 제시하거나 해당 분야 전문가의 의견을 제시해야 한다.

② 건의문 쓰기

㉠ 건의문 : 공동체의 문제를 해결하기 위해 개인 또는 집단의 요구 사항을 담아 쓴 글이다.

㉡ 건의문의 형식

• 처음 : 받는 사람과 인사, 자기소개, 글을 쓴 계기

• 중간 : 문제 상황과 요구 사항, 문제 해결 방안

• 끝 : 부탁하는 말, 인사, 쓴 날짜, 쓴 사람

© 유의사항

- 진지한 태도로 작성한다.
- 건의 내용이 잘 드러나도록 간결하고 명료한 문장을 사용한다.
- 건의를 받는 사람 또는 집단이 공감할 수 있도록 정중한 표현을 사용한다.
- 건의 내용이 무엇인지 분명하게 알 수 있도록 구체적인 사실이나 예를 들어 쓴다.

(3) 영상물 만들기

① 영상 언어의 구성요소

㉠ 시각 이미지 : 관객의 시선을 끌고 내용을 전달한다.

㉡ 자막 : 시각 이미지만으로는 이해하기 어려운 부분을 이해하기 쉽게 도와준다.

㉢ 음악·소리 : 시각 이미지가 전달하는 내용을 보다 실감나게 표현할 수 있도록 분위기를 조성한다.

개념UP

영상 언어의 특징

문자 언어보다 더 감각적이고 생동감 있게 대상을 표현할 수 있음

② 영상으로 이야기를 구성하는 과정

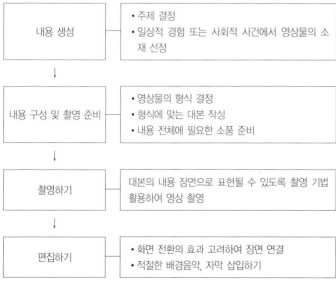

내용 생성
- 주제 결정
- 일상적 경험 또는 사회적 사건에서 영상물의 소재 선정

↓

내용 구성 및 촬영 준비
- 영상물의 형식 결정
- 형식에 맞는 대본 작성
- 내용 전체에 필요한 소품 준비

↓

촬영하기
- 대본의 내용 장면으로 표현될 수 있도록 촬영 기법 활용하여 영상 촬영

↓

편집하기
- 화면 전환의 효과 고려하여 장면 연결
- 적절한 배경음악, 자막 삽입하기

③ 영상으로 이야기 구성 시 유의점

㉠ 소재는 다른 사람들과 공유할 수 있는 일상적 경험이나 사회적 사건에서 찾는 것이 좋다.

㉡ 소리, 자막, 카메라의 움직임, 조명 등 많은 요소가 구성에 영향을 준다는 것을 파악한다.

문제UP

영상물 제작 시 사전 제작 단계에서 고려해야 할 부분이 아닌 것은?

① 영상물의 주제는 무엇으로 할 것인가?
② 작품을 볼 사람은 누구인가?
③ 작품을 만드는 의도는 무엇인가?
④ 촬영에서 사용할 카메라는 잘 작동되는가?

해 일반적으로 영상물을 만드는 과정은 작품의 아이디어를 결정하고 대본을 작성하는 사전 제작 단계, 대본에 따라 카메라로 촬영을 하는 제작 단계, 촬영한 영상을 편집하는 후반 작업 단계로 이루어진다.
④ 제작 단계에서 파악해야 할 내용이다.
①, ②, ③ 사전 제작 단계에서 고려할 내용이다.

정답 ④

1. 국어
2. 수학
3. 영어
4. 사회
5. 과학
6. 도덕

ⓒ 영상으로 이야기를 구성할 때에는 관객이나 시청자의 관심과 흥미를 고려해야 한다.

(4) 올바른 쓰기

① 쓰기 윤리 : 글쓴이가 글 쓰는 과정에서 지켜야 할 윤리를 말한다.
  ㄱ 글을 쓰는 과정에서 참고한 자료의 출처를 명확하게 밝힌다.
  ㄴ 사실을 바탕으로 글을 쓸 때 결과를 과장하거나 왜곡하지 않는다.
  ㄷ 인터넷에 허위 사실을 올리거나 악성 댓글을 달지 않는다.

② 인용과 표절
  ㄱ 인용 : 다른 사람의 말이나 글을 자신의 말이나 글 속에 넣어 쓰는 것을 뜻한다.
    • 직접 인용 : 다른 사람의 말이나 그대로 따와서 쓰는 것을 뜻한다.
    • 간접 인용 : 다른 사람의 말이나 글의 자기의 말로 바꾸어 나타내는 것을 말한다.
  ㄴ 표절 : 다른 사람이 창작한 글의 일부 또는 전부를 도용하여 자신의 글인 것처럼 발표하는 것을 말한다.

(5) 자서전 쓰기 / 주장하는 글쓰기

① 자서전 쓰기

> 그때 나는 깨달았다. 이 사회에서는 내가 바로 그 킹콩이라는 걸. 사람들은 단지 내가 그들과 다르다는 이유만으로 나를 미워하고 짓밟으려 한다. 기괴하고 흉측한 킹콩이 어떻게 박사 과정에 들어갈 수 있겠는가? 나 역시 내 운명을 잘 알고 있었다. 사회로부터 추방당하여 아무런 할 일 없이 남은 생을 보내야 하는 것이다. 교수들의 말은 사형 선고와 다름없었다. 킹콩이 고통스럽게 마지막 숨을 몰아쉴 때쯤 나는 결정을 내렸다. 나는 살고 싶었다. 그래서 편견과 차별 때문에 죽어야 하는 괴물이 아닌 인간으로 살 수 있는 곳으로 가기로 결심했다. 영화관을 나와 집으로 오는 길에 나는 토플 책을 샀다. 다음 해 8월 나는 내게 전액 장학금을 준 뉴욕의 모 대학으로 가는 비행기에 타고 있었다.
> – 장영희, 「킹콩의 눈」

ㄱ 갈래 : 자서전
ㄴ 성격 : 고백적, 경험적, 교훈적
ㄷ 제재 : 영화 '킹콩'
ㄹ 특징
  • 자신의 경험을 바탕으로 솔직하게 고백함
  • 영화의 주인공과 자신의 모습을 연관하여 글쓴이의 심리를 표현함
ㅁ 주제 : 어떠한 어려움에도 꺾이지 않는 의지와 희망의 중요성

ⓐ 자서전 : 글을 쓰는 이가 자신의 삶을 돌아보면서 가치 있고 후세에 전할 만하다고 판단한 일이나 경험 등을 중심으로 쓴 글이다.

ⓑ 자서전의 특징
- 자신이 경험한 일을 적는 글이다.
- 작가는 화자인 '나'이며 산문 형식의 글이다.
- 인물, 사건, 배경의 구성 요소를 갖추고 있다.
- 글쓴이의 개성이 드러나는 고백적인 글이다.

② 주장하는 글쓰기

ⓐ 주장하는 글쓰기의 과정

> 쟁점과 관련된 다양한 의견이나 자료를 조사·분석
> ↓
> 쟁점에 대한 자신의 의견을 정함
> ↓
> 쟁점에 대한 자신의 의견을 논리적으로 전개함
> ↓
> 독자의 사회·문화적 맥락을 고려하여 설득력 있게 씀

ⓑ 주장하는 글의 특징
- 서론(주장의 배경), 본론(주장의 전개), 결론(주장의 확인)의 형식을 따른다.
- 주장과 근거가 분명히 드러나게 구성한다.
- 글의 각 부분이 주장과 긴밀하게 연관되며 통일성을 갖추어야 한다.
- 지나치게 감정이 드러나거나 과장된 표현을 피한다.

(6) 광고와 설득 전략 / 매체의 특성을 고려한 글쓰기

① 광고와 설득 전략

ⓐ 광고 : 상품에 대한 정보를 여러 가지 매체를 통하여 수용자에게 널리 알리는 의도적인 활동이다.

ⓑ 광고의 종류
- 공익 광고 : 사회 문제를 해결하고 공공의 이익을 추구하는 방향으로 행동하도록 사람들을 설득하는 광고를 말한다.
- 상업 광고 : 특정 상품에 대한 정보를 전달하며 소비자가 상품을 구매하도록 설득하는 광고를 말한다.

문제UP

주장하는 글을 쓸 때 유의점으로 적절하지 않은 것은?

① 적절한 근거를 들어야 한다.
② 주장을 일관성 있게 전개해야 한다.
③ 반드시 비유와 상징을 활용하여야 한다.
④ 자신의 생각을 설득력 있게 표현해야 한다.

해 비유와 상징은 주로 문학작품에 많이 사용되는 표현방법으로 주장하는 글에서 반드시 사용해야 하는 것은 아니다.

정답 ③

개념UP

매체에 따른 광고의 구성 요소
- 인쇄 광고 : 문자 언어, 이미지
- 라디오 광고 : 음성 언어, 음향 효과, 배경 음악
- TV 광고 : 음성 언어, 문자 언어, 음향 효과, 배경 음악, 영상

ⓒ 매체에 따른 광고의 설득 전략

매체	표현 방법
인쇄 광고	• 글꼴이나 글자 크기, 색깔 등을 조절하여 깊은 인상을 남긴다. • 이미지와 잘 어울리는 함축적인 광고 문구를 사용한다.
라디오 광고	• 이야기, 대화, 독백 등 다양한 말하기 방식을 사용한다. • 음성표현과 효과음, 배경 음악 등을 사용한다.
TV 광고	• 영상과 글, 음악, 특수 효과 등이 결합되어 깊은 인상을 준다. • 주로 대중에게 잘 알려진 인물이 등장한다.

② 매체의 특성을 고려한 글쓰기

㉠ 매체의 특성

구분		내용
문자 메시지	개념	휴대전화를 통해 간단하고 신속하게 문자 언어를 주고받을 수 있는 매체이다.
	특징	• 언제 어디서나 간편하고 신속하게 상대방과 의사소통을 할 수 있다. • 감정 표현을 위해 이모티콘을 사용하기도 한다.
온라인 대화	개념	인터넷에서 문자 언어를 통해 멀리 있는 사람과 실시간으로 대화하는 의사소통 매체이다.
	특징	• 친밀한 사람들끼리는 비공식적인 언어를 쓰기도 한다. • 시간과 장소에 구애받지 않고 자유로운 분위기를 유지할 수 있다. • 의도적으로 문법에 맞지 않는 문자 언어를 사용하여 개성과 감정을 표현하기도 한다.
전자 우편	개념	인터넷을 통해 전자 우편 주소를 가지고 있는 사람들끼리 공간의 제약 없이 편지를 주고받을 수 있는 매체이다.
	특징	• 일반 편지에 비해 글쓰기의 형식이 자유로우며, 분량에 제한이 없다. • 파일을 첨부하거나 인터넷 주소를 링크할 수 있다. • 같은 내용을 동시에 여러 사람에게 전달하는 것도 가능하다.
블로그	개념	인터넷 게시판의 형식을 띠는 개인 미디어이다
	특징	• 간단한 방법으로 멀티미디어를 첨부할 수 있다. • 운영자의 취미나 관심사가 반영되어 있고, 비교적 전문적인 내용이 게시된다.

ⓛ 매체의 특성에 맞는 글쓰기

- 같은 의도를 담은 글이라도 매체에 따라 그 내용과 표현 방식이 달라진다.
- 매체의 특성을 고려하여 쓰기 내용과 형식을 적절하게 조절하여 표현해야 한다.

❹ 문법

(1) 언어의 본질과 기능

① 언어의 본질

ⓐ 자의성 : 언어의 의미와 기호 사이에는 절대적이거나 필연적인 관계가 없다.

예 우리말에서는 '집'이라는 말이 영어에서는 'house[하우스]', 일본어에서는 'いえ[이에]'라고 쓰인다.

ⓑ 규칙성 : 우리가 사용하는 언어에는 일정한 규칙이 있다.

예 우리는 어제 학교에 갈 것이다.(×) → 우리는 어제 학교에 갔다.(○)

ⓒ 사회성 : 언어는 그 언어를 사용하는 사람들 간의 약속이다.

예 '맛'이라는 단어를 개인이 마음대로 '멋'이라고 바꾸어 사용할 수 없다.

ⓓ 역사성 : 언어는 시간의 흐름에 따라 끊임없이 생성·성장·소멸한다.

예 '어리다'라는 말은 '어리석다'라는 뜻에서 '나이가 적다'라는 뜻으로 의미가 변화하였다.

ⓔ 창조성 : 인간은 상황에 따라 무한하게 많은 새말을 만들어 낸다.

예 누리꾼, 인공위성, 기러기 아빠

② 언어의 기능

ⓐ 정보적(지시적) 기능 : 어떤 사실, 정보, 지식에 관하여 말하는 이가 듣는 이에게 내용을 알려 주는 기능이다.

예 투발루는 폴리네시아에 있는 섬나라로 하와이와 오스트레일리아 사이의 중간쯤에 위치한다.

ⓑ 정서적(표출적) 기능 : 말하는 이의 감정 또는 태도 등을 표현하

개념UP

언어의 생성·변화·소멸

- **생성** : 새로운 대상이나 개념이 생기면 그것을 나타낼 말이 필요하여 생겨남
  예 인터넷, 와이파이
- **변화** : 개념이나 대상의 변화에 따라 언어도 형태나 의미가 달라짐
  예 지갑(과거 : 종이로 만든 갑을 이르던 말, 현재 : 가죽이나 천으로 만든 제품도 지갑이라고 부름)
- **소멸** : 같은 대상을 표현하던 말들이 경쟁하다가 한쪽이 이기면 다른 한쪽은 사라짐
  예 미르('용'의 옛말)

문제UP

다음 중 〈보기〉에서 설명하고 있는 언어의 특성은?

〈보기〉

사람은 한정된 단어로 새로운 문장을 상황에 따라 무한히 만들어 낼 수 있다. 예를 들어 '나는 학교에 갔다 왔다.'를 앵무새에게 가르치면 앵무새는 그 문장밖에는 말하지 못하지만 사람은 '나는 오늘 학교에 갔다 와서 밥을 먹고, 축구를 하였다.'와 같은 새로운 문장을 만들어 쓸 수 있다.

① 자의성   ② 역사성
③ 창조성   ④ 기호성

해 〈보기〉는 사람들이 상황에 따라 언어를 끝없이 창조하며 사용할 수 있다는 내용이다. 이러한 언어의 특성을 '창조성'이라 한다.

정답 ③

는 기능이다.

예 우와! 이 가방 정말 멋지다!

ⓒ 명령적(감화적) 기능 : 말하는 이가 듣는 이에게 무엇을 하게 하거나, 하지 않게 하는 기능이다.

예 복도에서는 뛰지 마시오. / 창문을 열어라.

ⓔ 친교적(사교적) 기능 : 말하는 이와 듣는 이가 친밀하고 원만한 관계를 형성하고자 하는 기능이다.

예 안녕하세요? / 요즘 편안하시죠?

ⓜ 미적(미학적) 기능 : 감정 또는 정소를 불러일으키려는 의도에서 사용되거나 언어의 아름다움을 표현한 기능이다.

예 내 마음은 호수요.

(2) 국어의 음운과 음절

① 음성과 음운

ⓐ 음성 : 사람의 발음 기관을 통해 나는 말소리로 사람마다 각각 다르다.

ⓑ 음운 : 말의 뜻을 구별해 주는 소리의 가장 작은 단위로 국어의 음운은 크게 자음과 모음으로 나뉜다.

② 자음과 모음

ⓐ 자음 : 소리 낼 때 공기의 흐름이 방해를 받는 음운을 뜻한다.

[자음 체계]

소리의 성질		입술소리	잇몸소리	센입천장 소리	여린입천장 소리	목청소리
안울림소리	예사소리	ㅂ	ㄷ, ㅅ	ㅈ	ㄱ	ㅎ
	된소리	ㅃ	ㄸ, ㅆ	ㅉ	ㄲ	
	거센소리	ㅍ	ㅌ	ㅊ	ㅋ	
울림소리		ㅁ	ㄴ, ㄹ		ㅇ	

ⓑ 모음 : 소리 낼 때 공기의 흐름이 방해를 받지 않는 음운을 뜻한다.

[모음 체계]

혀의 높이	앞(전설 모음)		뒤(후설 모음)	
	평순	원순	평순	원순
고모음	ㅣ	ㅟ	ㅡ	ㅜ
중모음	ㅔ	ㅚ	ㅓ	ㅗ
저모음	ㅐ		ㅏ	

③ 음절 : 한 번에 낼 수 있는 소리마디를 나타내는 문법 단위이다.

㉠ 음절의 구조

	음절 구조	용례
①	모음	아, 에, 예, 와
②	자음+모음	가, 게, 례, 과
③	모음+자음	악, 엑, 옐, 왈
④	자음+모음+자음	각, 객, 녤, 괄, 값

㉡ 음절 형성 규칙

• 국어의 음절은 모음을 반드시 가지고 있어야 하고, 자음은 있어도 되고 없어도 된다. 모음은 혼자서 음절을 이룰 수 있는 성절음(成節音, syllabic)이지만, 자음은 그렇지 않기 때문이다.

• 음절의 중심을 이루는 모음을 중성(中聲, 가운뎃소리), 그 앞의 자음을 초성(初聲, 첫소리), 그 뒤의 자음을 종성(終聲, 끝소리)이라고 한다. 국어에서는 초성에는 자음 18자, 중성에는 모음 21자, 종성에는 자음 7자(ㄱ, ㄴ, ㄷ, ㄹ, ㅁ, ㅂ, ㅇ)가 올 수 있다. '값' 의 경우 끝소리가 'ㅄ'으로 표기되어 있지만 실제 발음은 'ㅂ'으로 되어, 결국 소리로는 하나의 자음만 남는 것이다.

• 음절의 숫자는 모음의 숫자와 일치한다.

(3) 국어의 품사

① 품사의 개념 : 단어를 공통된 성질에 따라 묶은 단어의 갈래이다.

② 품사의 분류

형태에 따라	기능에 따라	의미에 따라
형태가 변하지 않음 (불변어)	체언	명사, 대명사, 수사
	수식언	관형사, 부사
	관계언	조사
	독립언	감탄사
형태가 변함 (가변어)	용언	동사, 형용사

③ 품사의 특성

㉠ 체언 : 조사가 결합되어 주어, 목적어, 보어, 서술어 등의 주성

개념UP

국어의 9품사

명사, 대명사, 수사, 관형사, 부사, 조사, 동사, 형용사, 감탄사

문제UP

다음 중 국어의 품사에 대한 설명으로 알맞은 것은?

① 모든 품사는 형태가 변화한다.
② 단어를 의미에 따라 5가지 품사로 분류한다.
③ 품사를 분류하는 기준은 형태, 기능, 의미이다.
④ 품사는 말의 뜻을 구별해주는 소리의 가장 작은 단위이다.

해 ① 형태가 변하는 품사는 동사, 형용사, 서술격 조사 '이다' 뿐이다.
② 단어는 의미에 다라 9가지 품사로 분류할 수 있다.
④ 말의 뜻을 구별해주는 소리의 가장 작은 단위는 '음운' 이다.

정답 ③

---

1. 국어
2. 수학
3. 영어
4. 사회
5. 과학
6. 도덕

분이 되기도 하고, 관형어, 부사어, 독립어로 쓰이기도 한다.

명사	구체적인 대상 또는 추상적인 대상의 이름을 나타내는 단어이다. **예** 손, 책 등
대명사	사람, 사물, 장소의 이름을 대신하여 가리키는 단어이다. **예** 나, 너 등
수사	수량이나 순서를 나타내는 단어이다. **예** 셋, 첫째 등

ⓛ 용언 : 문장에서 주로 서술어로 쓰이며 쓰임에 따라 형태가 변한다.

동사	사람이나 사물의 움직임 등을 나타내는 단어이다. **예** 달리다, 먹다 등
형용사	사람이나 사물의 상태나 성질을 나타내는 단어이다. **예** 예쁘다, 많다 등

ⓒ 수식언 : 다른 단어를 꾸며 주며 의미를 분명하게 해준다.

관형사	주로 체언을 꾸며 주며, 조사 없이 홀로 쓰인다. **예** 헌, 새 모든 등
부사	주로 용언을 꾸며 주며, 홀로 쓰이기도 하고 조사와 결합하여 쓰이기도 한다. **예** 매우, 일찍 등

② 관계언(조사)

- 주로 체언 뒤에 붙어서 의미를 더하거나 문법적 기능을 더한다.
- 문장에서 주어, 목적어 등의 문법적 관계를 표시하거나, 특별한 뜻을 더해 준다.

ⓜ 독립언(감탄사) : 문장에서 조사와 결합하지 않고 독립적으로 쓰이며, 생략해도 문장이 성립한다.

(4) 단어의 형성

① 형태소와 어절

ⓖ 형태소 : 뜻을 가지고 있는 가장 작은 말의 단위이다.

홀로 쓰일 수 있는지에 따라	자립 형태소	문장에서 홀로 쓰일 수 있는 형태소이다.
	의존 형태소	문장에서 홀로 쓰일 수 없는 형태소이다.
실질적인 의미를 지니고 있는지에 따라	실질 형태소	실질적인 기능을 하는 형태소이다.
	형식 형태소	문법적인 기능을 하는 형태소이다.

문제UP

다음 중 동사가 포함되어 있지 않은 문장은?

① 물이 매우 맑다.
② 그는 잘 웃는다.
③ 나뭇잎이 바닥에 떨어졌다.
④ 소년이 그 모습을 보고 달려간다.

해 물(명사)이(조사) 매우(부사) 맑다(형용사).

정답 ①

문제UP

〈보기〉에 대한 설명으로 알맞은 것은?

─〈보기〉─
가을 하늘은 매우 푸르다.

① 실질 형태소는 5개이다.
② 4개의 단어로 이루어진 문장이다.
③ 6개의 형태소로 이루어진 문장이다.
④ '푸르다'는 3개의 형태소로 이루어졌다.

해 〈보기〉의 문장은 '가을 + 하늘 + 은 + 매우 + 푸르- + -다'의 6개의 형태소로 이루어져 있다.
① 실질 형태소는 '가을, 하늘, 매우, 푸르-'로 4개이다.
② '가을, 하늘, 은, 매우, 푸르다'의 5개의 단어로 이루어진 문장이다.
④ '푸르다'는 '푸르-'와 '-다', 2개의 형태소로 이루어졌다.

정답 ③

[형태소 분석]

> 우리나라의 여름은 매우 덥다.

- 자립 형태소 : 우리, 나라, 여름, 매우
- 의존 형태소 : 의, 은, 덥-, -다
- 실질 형태소 : 우리, 나라, 여름, 매우, 덥-
- 형식 형태소 : 의, 은, -다.

ⓛ 어절 : 문장을 구성하고 있는 마디로 띄어쓰기의 단위가 된다. 한 단어 혹은 둘 이상의 단어가 모여 한 어절을 이룬다.

② 단어

ⓖ 개념 : 자립성을 지닌 말로 문장을 이루는 기본적인 요소이다.

ⓛ 단어의 특성

- 일정한 뜻을 지니며 홀로 쓰일 수 있다.
- 단어의 구성 요소 사이에 다른 단어가 들어가지 못한다.

ⓒ 단어의 구성 요소

- 어근 : 단어의 중심부를 이루면서 실질적인 의미를 나타내는 형태소
- 접사 : 어근에 붙어 그 뜻을 제한하는 형태소

ⓔ 단어의 형성 방법

- 단일어 : 하나의 어근으로 이루어진 단어이다.

  예 시나브로, 밤, 나무, 꽃

- 복합어 : 둘 이상의 어근이나, 어근과 접사로 이루어진 단어이다.

  - 파생어 : 어근(실질 형태소)과 접사(형식 형태소)로 이루어진 단어이다.

    예 새하얗다, 군소리, 덮개

  - 합성어 : 둘 이상의 어근(실질 형태소)으로 이루어진 단어이다.

    예 앞뒤, 종이배, 강산

ⓜ 합성어의 형성

- 합성어의 분류 기준
  - 합성어의 형성 방식에 있어서 앞의 어근과 뒤의 어근의 의미상 결합 방식에 따른 분류

개념UP

접사의 종류

- **접두사** : 어근의 앞에 붙어 그 어근에 뜻을 더하거나 제한하는 접사
- **접미사** : 어근의 뒤에 붙어 그 뜻을 더하거나 제한하고 품사를 바꾸기도 하는 접사

문제UP

다음 중 단어가 형성되는 과정에서 형태 변화가 일어나지 않는 것은?

① 따님　　② 소나무
③ 소금물　　④ 이튿날

해 ① 딸 + 님 → 따님
　　② 솔 + 나무 → 소나무
　　④ 이틀 + 날 → 이튿날

정답 ③

문제UP

다음에서 설명하는 단어 형성법에 해당하는 것은?

'넓이'는 '넓-'이라는 어근에 접사 '-이'가 결합되어 형성된 단어이다. 이처럼 어근과 접사가 결합되어 형성된 단어를 '파생어'라고 한다.

① 베개　　② 손발
③ 아침　　④ 하늘

해 '베개'는 '베-(어근) + -개(접미사)'로 이루어진 파생어이다.
　　② 합성어
　　③, ④ 단일어

정답 ①

- 최종적으로 구성되는 합성어의 품사가 무엇인가에 따른 분류
- 합성어의 형성 과정에 있어서 형태상 우리말의 통사적 구성 방식과 일치 여부에 따른 분류
- 결합 방식에 따른 합성어의 분류
  - 대등합성어 : 두 어근의 결합 방식이 대등한 것
    예 앞뒤, 똥오줌, 손발, 한두, 오가다
  - 종속합성어 : 앞의 어근이 뒤의 어근에 종속되어 있는 것
    예 돌다리, 도시락밥, 손수건, 책가방, 늦가을
  - 융합합성어 : 두 어근이 결합하여 새로운 의미를 나타내는 것
    예 춘추, 연세, 밤낮, 피땀, 빈말, 집안, 바늘방석, 보릿고개

③ 새말

ㄱ 개념 : 이미 있었거나 새로 생겨난 개념 또는 사물을 표현하기 위해 지어낸 말이다.

ㄴ 새말이 만들어지는 원리

- 새로 생겨난 개념 또는 사물을 표현하기 위해 만들어진다.
  예 도우미, 철새족
- 이미 있던 말에 새로운 뜻이 주어진다. 예 떡값
- 외국에서 사물과 함께 들어온다. 예 에어컨, 피자
- 이미 있던 개념이나 사물을 표현하던 말들의 표현력을 보강하기 위해 만들어진다. 예 누리꾼, 참살이

(5) 어휘의 유형과 특성

① 어휘 : 일정한 범위 안에 들어가는 단어들의 집합을 뜻한다.

② 어휘의 유형

구분	내용
고유어	우리말에 본디부터 있었거나 우리말에 기초하여 만들어진 말이다. 예 항아리, 개나리, 무지개 등
한자어	한자에 기초하여 만들어진 말이다. 예 학교, 언어, 자유 등
외래어	영어, 불어 등의 외국어에 뿌리를 두고 있으나 우리말의 일부로 수용된 말이다. 예 버스, 커피, 피아노 등
존대어	사람이나 사물을 높여서 이르는 말이다.

유행어	비교적 짧은 어느 한 시기에 널리 쓰이는 말이다 **예** 엄친아, 훈녀
전문어	학술 또는 기타 전문 분야에서 특별한 의미로 쓰이는 말이다. **예** 바이털 사인(vital sign), 노멀 레인지(normal range)
은어	어떤 계층이나 부류의 사람들이 다른 사람들이 알아듣지 못하도록 자기네 구성원들끼리만 빈번하게 사용하는 말이다.

③ 단어들의 의미 관계

 ㉠ 유의 관계 : 의미가 서로 비슷한 단어들의 관계이다.

  예 가끔, 때로, 종종, 간혹

 ㉡ 반의 관계 : 의미가 서로 짝을 이루어 대립하는 단어들의 관계
  이다.

  예 남자–여자, 길다–짧다, 위–아래

 ㉢ 상하 관계 : 의미상 한쪽이 다른 쪽을 포함하거나 포함되는 관
  계이다.

  예 동물 – 개 – 진돗개

  • 상의어 : 다른 단어의 의미를 포함하는 단어이다. (일반적,
   포괄적)

  • 하의어 : 다른 단어의 의미에 포함되는 단어이다. (구체적,
   개별적)

(6) 문장의 구조

① 문장의 기본 구조

 ㉠ 누가/무엇이(주어) + 어찌하다(서술어) : 대상의 움직임을 나타낸다.

  예 자동차가 지나간다.

 ㉡ 누가/무엇이(주어) + 어떠하다(서술어) : 대상의 상태나 성질을
  나타낸다.

  예 꽃이 예쁘다.

 ㉢ 누가/무엇이(주어) + 무엇이다(서술어) : 대상을 지칭한다.

  예 사랑이는 학생이다.

② 문장 성분

 ㉠ 주성분 : 문장의 골격을 이루는 성분이다.

주어	문장에서 동작 또는 상태나 성질 등의 주체를 나타내는 문장 성분이다.
서술어	문장에서 주어의 동작 또는 상태나 성질 등을 풀이하는 기능 을 하는 문장 성분이다.

1. 국어　2. 수학　3. 영어　4. 사회　5. 과학　6. 도덕

개념UP

동음이의어 · 다의어

• 동음이의어 : 소리는 같으나 의미
 가 다른 단어로 중심적 의미가 서
 로 다름

• 다의어 : 두 가지 이상의 의미가
 있는 단어로 하나의 중심적 의미
 에서 나온 여러 개의 주변적 의미
 가 있음

문제UP

〈보기〉에 대한 설명으로 알맞지 않은
것은?

―― 〈보기〉 ――
㉠ 신발
㉡ 운동화, 슬리퍼, 부츠, 구두

① ㉠은 상의어, ㉡은 하의어이다.
② ㉠은 ㉡보다 포괄적이며 일반적
 이다.
③ ㉡은 ㉠보다 한정적이며 개별적
 이다.
④ ㉡의 단어들은 반의 관계에 해당
 한다.

해 ㉡은 ㉠의 하의어일 뿐 반의 관계
를 이룬다고 할 수 없다.

정답 ④

문제UP

다음 밑줄 친 부분의 문장 성분은?

소녀의 까만 눈동자가 초롱초롱 빛난다.

① 주어　　　② 관형어
③ 서술어　　④ 부사어

해 '빛난다'는 주어의 상태를 구체화하는 서술어이다.

정답 ③

문제UP

다음 중 홑문장이 아닌 것은?
① 엄마가 여름옷을 옷장에 넣었다.
② 승우는 축구 연습을 열심히 했다.
③ 도현이가 예린이에게 공을 힘차게 던졌다.
④ 나는 손바닥에 땀이 나도록 열심히 빌었다.

해 나는 손바닥에 땀이 나도록 열심히
　주어　　　　주어　서술어
빌었다.
서술어
'주어+서술어'가 두 번 결합한 겹문장이다.

정답 ④

개념UP

안은문장
- 안긴문장 : 다른 문장 속의 문장 성분이 된 홑문장
- 안은문장 : 안긴문장을 포함하고 있는 겹문장

개념UP

중의적 표현
하나의 문장이 둘 이상의 의미로 해석되는 경우로 의미를 정확하게 전달하지 못함

| 목적어 | 문장에서 서술어의 동작 대상이 되는 문장 성분이다. |
| 보어 | 문장에서 '되다', '아니다' 이 두 서술어가 주어 이외에 요구하는 문장 성분이다. |

ⓛ **부속 성분**

| 관형어 | 체언을 꾸며 주는 문장 성분이다. |
| 부사어 | 보통 용언을 꾸며 주는 문장 성분으로 관형어나 다른 부사어를 꾸며 주기도 하고, 문장 전체를 꾸며 주기도 한다. |

ⓒ **독립 성분** : 문장의 어느 성분과도 직접적인 관계를 맺지 않고 독립적으로 쓰이는 성분이다.

③ **문장의 확대** : 홑문장들이 모여 하나의 겹문장이 되는 것이다.

㉠ **홑문장과 겹문장**

| 홑문장 | 주어와 서술어의 관계가 한 번만 나타나는 문장이다.
예 하늘이(주어) 파랗다(서술어). |
| 겹문장 | 주어와 서술어의 관계가 두 번 이상 나타나는 문장이다.
예 사과는(주어) 빨갛고(서술어) 귤은(주어) 노랗다(서술어). |

㉡ **겹문장의 종류**

	대등하게 이어진 문장	앞 절과 뒤 절의 의미 관계가 대등한 관계에 있는 문장이다. 예 인생은 짧고, 예술은 길다.
이어진 문장	종속적으로 이어진 문장	앞 절과 뒤 절의 의미가 독립적이지 못하고 종속적인 관계에 있는 문장이다. 예 까마귀 날자 배 떨어진다.
안은 문장	명사절	절 전체가 문장에서 명사처럼 쓰이며, 주어, 목적어, 부사어 등의 기능을 한다. 예 농부들은 날씨가 풀리기를 바란다.
	관형절	절 전체가 문장에서 관형어의 기능을 한다. 예 나는 준우가 준 책을 읽었다.
	부사절	절 전체가 문장에서 부사어의 기능을 하며, 서술어를 꾸며 준다. 예 가랑비가 소리도 없이 내린다.
	서술절	절 전체가 문장에서 서술어의 기능을 한다. 예 장우는 키가 크다.
	인용절	다른 사람의 말을 인용한 것이 절의 형식으로 안기는 경우이다. 예 대한이는 민국이가 웃었다고 말했다.

④ **문장의 종결 표현**

㉠ 평서문 : 말하는 이가 듣는 이에게 특별히 요구하는 바 없이, 하고 싶은 말을 단순하게 전달한다.

　예 벌써부터 다리가 아프다.

㉡ 의문문 : 말하는 이가 듣는 이에게 질문을 하여 대답을 요구한다.

　예 엄마, 저 풀은 이름이 뭐예요?

㉢ 청유문 : 말하는 이가 듣는 이에게 어떤 행동을 함께 하도록 요청한다.

　예 준희야, 우리 집에 가자.

㉣ 명령문 : 말하는 이가 듣는 이에게 어떤 행동을 하도록 요구한다.

　예 너희는 노래를 불러라.

㉤ 감탄문 : 말하는 이가 듣는 이를 별로 의식하지 않거나 혼잣말처럼 자기의 느낌을 표현한다.

　예 벌써 아침이 밝았구나!

(7) 국어의 규범

[국어의 어문 규범]

① 한글 맞춤법 : 우리말을 한글로 적는 기준을 정해 놓은 규범이다.

㉠ 기본 원리 : 한글 맞춤법은 표준어를 소리대로 적되, 어법에 맞도록 함을 원칙으로 한다.

㉡ 띄어쓰기

• 문장의 각 단어는 띄어 씀을 원칙으로 한다.

• 두 말이 합해져서 만들어진 복합어는 하나의 단어이므로 붙여 써야 한다.

• 조사는 그 앞말에 붙여 쓰고, 의존 명사는 띄어 쓴다.

② 표준어 규정

㉠ 표준어 : 교양 있는 사람들이 두루 쓰는 현대 서울말로, 원활한 의사소통을 위해 모두가 익혀야 하는 일종의 사회적 규범이다.

㉡ 표준 발음법 : 표준 발음은 지금 사용하고 있는 언어 현실을 수용하되, 실제 발음에서 여러 가지 모습으로 나타날 때에는 국어의 역사와 규칙을 고려하여 정하도록 한다.

1. 국어

2. 수학

3. 영어

4. 사회

5. 과학

6. 도덕

(8) 한글의 제자 원리와 우수성

① 훈민정음 창제 정신

ㄱ **자주 정신** : 우리나라 말이 중국과 다름을 인식하고 우리만의 문자를 만들었다.

ㄴ **애민 정신** : 문자로 의사 표현을 하지 못하는 백성들의 고통을 인식하였다.

ㄷ **실용 정신** : 모든 사람이 쉽게 익혀 편하게 문자 생활을 하도록 하였다.

② 한글의 제자 원리

ㄱ **자음자를 만든 원리**

상형 원리	발음기관의 모양을 본떠 기본자(ㄱ, ㄴ, ㅁ, ㅅ, ㅇ)를 만들었다. • 아음(牙音) : ㄱ(어금닛소리), 혀뿌리가 목구멍을 막는 모양 • 설음(舌音) : ㄴ(혓소리), 혀가 윗잇몸에 붙는 모양 • 순음(脣音) : ㅁ(입술소리), 입술 모양 • 치음(齒音) : ㅅ(잇소리), 이의 모양 • 후음(喉音) : ㅇ(목구멍소리), 목구멍의 모양
가획 원리	소리의 세기에 따라 획을 더하여 만들었다. • ㄱ → ㅋ • ㄴ → ㄷ → ㅌ • ㅁ → ㅂ → ㅍ • ㅅ → ㅈ → ㅊ • ㅇ → ㆆ → ㅎ
이체자	가획의 원리에서 벗어난 글자들이다. ㆁ(옛이응), ㄹ, ㅿ(반치음)

ㄴ **모음자를 만든 원리**

상형 원리		'천지인(天地人)'을 본떠 기본자 'ㆍ, ㅡ, ㅣ'를 만들었다. • ㆍ : 하늘의 둥근 모양 • ㅡ : 땅의 평평한 모양 • ㅣ : 사람의 서 있는 모양
합성 원리	초출자 합성	'ㅡ, ㅣ'에 ㆍ를 합하여 만들었다. • ㅗ : ㆍ + ㅡ • ㅏ : ㅣ + ㆍ • ㅜ : ㅡ + ㆍ • ㅓ : ㆍ + ㅣ
	재출자 합성	초출자에 ㆍ를 합하여 만들었다. • ㅛ : ㅗ + ㆍ • ㅑ : ㅏ + ㆍ • ㅠ : ㅜ + ㆍ • ㅕ : ㅓ + ㆍ

1. 국어

2. 수학

3. 영어

4. 사회

5. 과학

6. 도덕

ⓒ 한글의 우수성
- 독창성 : 한글은 독자적으로 창안한 문자이다.
- 과학성 : 한글 자음은 상형과 가획의 원리에 따라 만들어졌으며, 한글 모음은 상형과 합성의 원리에 따라 만들어졌다.
- 체계성 : 한글 자음은 소리의 맑음과 탁함에 따라 글자를 체계적으로 분류하였으며, 한글 모음은 기본 글자를 바탕으로 입을 오므리고 펴는 소리의 작용에 따라 글자를 체계적으로 분류하였다.
- 실용성 : 한글은 이해하기 쉽고 익히기 쉬운 문자이다.

❺ 문학

(1) 시의 표현

① 시의 개념 : 인간의 사상과 감정을 운율이 있는 언어로 압축하여 형상화한 문학이다.

② 시의 특성
ㄱ 함축성 : 절제된 언어와 압축된 형태로 사상과 감정을 표현한다.
ㄴ 운율성 : 운율로써 음악적 효과를 나타낸다.
ㄷ 정서성 : 독자에게 특정한 정서를 환기시킨다.

③ 비유
ㄱ 개념 : 어떤 현상이나 사물을 직접 설명하지 않고, 다른 비슷한 현상이나 사물에 빗대어 표현하는 것으로 원관념과 보조 관념의 상관관계가 성립한다.
ㄴ 종류
- 직유법 : 대상을 '~처럼, ~같이, ~양'의 매개어를 이용해 다른 대상에 직접 빗대어 표현하는 방법으로, 원관념과 보조관념을 직접 연결하여 표현한다.
  예 가르마 같은 논길을 따라, 너는 삼단 같은 머리털을 감았구나.
- 은유법 : 'A는 B이다'의 형식으로 원관념과 보조관념을 직접 연결하는 방법으로, 유추나 공통성의 암시에 따라 다른 사물이나 관념으로 대치하여 표현한다.

개념UP

운율의 종류
- 내재율 : 일정한 규칙 없이 자유시나 산문시의 문장 속에서 은근히 느껴지는 운율이다.
- 외형률 : 일정한 규칙이 반복되며 시의 표면에 드러나는 운율이다.

개념UP

시의 3요소
- 운율(음악적 요소) : 시에서 느껴지는 말의 가락
- 심상(회화적 요소) : 시를 읽을 때 마음속에 떠오르는 모습이나 느낌
- 주제(의미적 요소) : 시에 담겨 있는 시인의 사상과 정서

예 내 마음은 호수요

- 상징법 : 원관념이 없이 보조관념만으로 사물을 표현하는 방법이다.

  예 해야 솟아라, 말갛게 씻은 얼굴 고운 해야 솟아라.

- 의인법 : 사람이 아닌 것을 사람인 것처럼 표현하는 방법이다.

  예 조국을 언제 떠났노. 파초의 꿈은 가련하다.

- 활유법 : 생명이 없는 것을 생명이 있는 것처럼 표현하는 방법이다.

  예 청산이 깃을 친다.

- 대유법 : 사물의 한 부분이나 속성으로 사물 전체를 대신 나타내는 방법이다.

  예 빼앗긴 들에도 봄은 오는가

- 의성법 : 어떤 대상이나 사물의 소리를 흉내 내어 나타내는 방법으로서, 청각적 이미지를 살리는 방법이다.

  예 둥기둥 줄이 울면 초가 삼간 달이 뜨고

- 의태법 : 어떤 대상을 실감나게 표현하기 위하여 사물의 형태나 동작을 시늉하여 나타내는 기교로서, 시각적인 효과를 위한 방법이다.

  예 나는 두둥싯 두둥실 봉새춤 추며

ⓒ 효과 : 인상적인 표현으로 신선한 느낌을 줄 수 있으며, 대상을 구체적인 감각으로 표현하여 생생한 느낌을 전달한다.

④ 상징

  ㉠ 개념 : 표현하고자 하는 원관념은 숨기고 보조 관념만 제시하여 추상적인 사물이나 관념을 구체적으로 나타내는 표현 방법이다.

  ㉡ 종류

관습적 상징	우리 사회에서 널리 쓰이며 보편화된 상징을 뜻한다. **예** 비둘기(평화), 국화(절개)
원형적 상징	신화에서부터 시작한 인간의 원시적인 생활이나 관념에 뿌리를 두고 있는 상징을 뜻한다. **예** 땅(생명, 풍요), 해(밝음, 절대자)
개인적 상징	특정 작품 속에서만 있는 단일한 상징이나 어떤 시인이 자신의 작품에서 특수한 의미로 즐겨 사용하는 상징을 뜻한다.

  ㉢ 상징의 효과

- 새로운 상징을 사용하면 작품의 의미를 참신하게 표현할 수

있다.

- 작품 전체의 의미를 한데 모아서 요약하거나 어떤 단어나 구절의 뜻을 일관되게 파악할 수 있게 해준다.

⑤ 시의 어조

　㉠ 개념

- 시적 대상이나 독자에 대한 시적 자아의 태도, 또는 목소리를 말한다.
- 시적 분위기나 정서와 관련을 맺으면서, 선택되는 시어와 서술어의 어미에서 드러나며 대개 한 작품에서 일관되게 나타나지만 시적 자아의 정서에 변화가 생기면 어조도 변화할 수 있다.

　㉡ 유형

- 남성적 : 역동적이거나 힘찬 의지를 드러내는 어조
  예 두개골은 깨어져 산산조각이 나도 / 기뻐서 죽사오매 오히려 무슨 한이 남으오리까.
- 여성적 : 섬세한 감정을 드러내거나 가늘고 부드러운 어조
  예 그러나 당신이 언제든지 오실 줄만은 알아요.
- 고백적 : 마음속에 생각하고 있거나 감추어 둔 것을 숨김없이 말하는 어조
  예 죽는 날까지 하늘을 우러러 / 한 점 부끄럼이 없기를
- 애상적 : 슬퍼하거나 가슴 아파하는 어조
  예 은장도 푸른 날로 이냥 베어서 / 부질없는 이 머리털 엮어 드릴 걸.
- 의지적 : 어떤 일을 이루고자 하는 마음을 드러내는 어조
  예 내 죽으면 한 개 바위가 되리라.

⑥ 시의 심상 : 시를 읽을 때 마음속에 떠오르는 모양이나 느낌을 말한다.

시각적 심상	모양이나 빛깔을 나타내는 시어에서 떠오르는 느낌 예 지나가던 구름이 하나 새빨간 노을에 젖어 있다.
청각적 심상	소리를 나타내는 시어에서 떠오르는 느낌 예 눈을 뜨면 멀리 육중한 기계 굴러가는 소리
후각적 심상	냄새를 나타내는 시어에서 떠오르는 느낌 예 매화 향기 홀로 아득하니

문제UP

밑줄 친 ㉠에 쓰인 심상과 다른 것은?

벚꽃 지는 걸 보니
㉠ 푸른 솔이 좋아.
푸른 솔 좋아하다 보니
벚꽃마저 좋아.
　　　　　　　 – 김지하, 「새봄」

① 뻐꾹뻐꾹 울어 주면
② 노오란 배추꽃 이랑을
③ 뜰에는 반짝이는 금모래 빛
④ 흰 돛단배가 곱게 밀려서 오면

해 ㉠의 '푸른 솔'은 시각적 심상이다. 반면 ①에서는 '뻐꾹뻐꾹'이라는 울음소리를 통해 청각적 심상이 나타나고 있다.

정답 ①

미각적 심상	맛을 나타내는 시어에서 떠오르는 느낌 **예** 고추 당초 맵다 해도 시집살이 더 맵더라.
촉각적 심상	피부로 느낄 수 있는 감촉을 나타내는 시어에서 떠오르는 느낌 **예** 아버지의 서느런 옷자락을 느끼는 것은
공감각적 심상	하나의 감각을 다른 감각으로 바꾸어 표현하여 둘 이상의 감각을 동시에 떠오르게 하는 심상 **예** 우리들의 입 속에서는 푸른 휘파람 소리가 나거든요.

개념UP

액자식 구성과 피카레스크식 구성

- **액자식 구성** : 하나의 이야기(외화) 안에 또 하나의 이야기(내화)가 포함되어 있는 구성
- **피카레스크식 구성** : 각기 독립된 이야기들을 동일 주제로 구성하거나 동일 주인공을 다른 이야기에 등장시키는 구성

문제UP

〈보기〉에 드러난 갈등 양상으로 가장 알맞은 것은?

─〈보기〉─

"대장부가 세상에 나서 공자와 맹자를 본받지 못할 바에야 차라리 병법이라도 익혀 대장인을 허리춤에 비스듬히 차고 동서로 정벌하여 나라에 큰 공을 세우고 이름을 만대에 빛내는 것이 장부의 통쾌한 일이 아니겠는가? 나는 어찌하여 이렇게 외롭고, 아버지와 형이 있는데도 아버지를 아버지라 부르지 못하고 형을 형이라 부르지 못하니 심장이 터질 지경이라, 이 어찌 통탄할 일이 아니겠는개!"

① 호부호형을 허락할 수 없는 홍 판서의 내적 갈등
② 서자라는 신분으로 괴로워하는 길동의 내적 갈등
③ 호부호형을 둘러싼 홍 판서와 길동의 외적 갈등
④ 길동을 서자라고 천대하는 종들과 길동의 외적 갈등

해 〈보기〉에서는 서자에 대한 차별로 출세하지 못하고 호부호형도 하지 못하는 것에 고민하는 모습이 잘 드러나고 있다. 따라서 〈보기〉에 드러난 갈등 양상은 '서자라는 신분으로 괴로워하는 길동의 내적 갈등'이다.

정답 ②

(2) 소설의 표현

① **소설의 개념** : 작가의 상상력에 의해 꾸며 낸 이야기로 산문 문학의 한 형태이며, 주제(theme), 구성(plot), 문체(style)로 이루어져 있다.

② **소설의 특성**

ㄱ **허구성** : 작가의 상상력에 의해 새롭게 창조된 개연성 있는 이야기이다.

ㄴ **산문성** : 줄글로 표현되는 대표적 산문 문학이다.

ㄷ **서사성** : 일정한 시간의 흐름에 따라 전개된다.

ㄹ **예술성** : 형식미와 예술미를 지닌 창조적인 언어 예술이다.

③ **소설의 구성**

ㄱ **이야기 수에 따라** : 단순 구성과 복합 구성

ㄴ **구성 밀도에 따라** : 극적 구성과 삽화적 구성

ㄷ **사건 진행 방식에 따라** : 평면적 구성과 입체적 구성

ㄹ **이야기 틀에 따라** : 액자식 구성과 피카레스크식 구성

(3) 문학과 갈등

① **갈등** : 한 인물의 마음속이나 인물과 외부 대상 사이에서 일어나는 대립과 충돌을 말한다.

② **갈등 유형**

ㄱ **내적 갈등** : 한 인물의 내면에서 일어나는 심리적 갈등이다.

ㄴ **외적 갈등** : 인물과 인물, 인물과 사회, 인물과 운명 사이에서 일어나는 갈등이다.

인물과 인물 간의 갈등	인물과 인물 간에 서로 대립하면서 일어나는 갈등이다.
인물과 사회 간의 갈등	인물과 사회적 관습이나 제도가 대립하면서 일어나는 갈등이다.
인물과 운명 간의 갈등	인물과 그 인물에 주어진 운명 사이에서 일어나는 갈등이다.

인물과 자연 간의 갈등	인물이 거대한 힘을 가진 자연과 부딪혀 싸우면서 겪게 되는 갈등이다.

(4) 작품 속의 말하는 이

① 시적 화자(서정적 자아) : 시 속의 상황을 독자에게 알려준다.

㉠ 시인 자신일 수도 있고, 시인이 따로 설정한 인물일 수도 있다.

㉡ 시에 드러날 수도 있고, 드러나지 않을 수도 있다.

② 서술자 : 인물의 성격이나 행위, 사건, 배경, 분위기 등 소설 안의 세계를 독자에게 전달한다.

1인칭 서술자	주인공 서술자	소설 속에서 비중이 큰 인물이 '나'가 되어 서술한다.
	관찰자 서술자	소설 속에서 비중이 크지 않은 인물이 '나'로 등장하여 다른 인물이나 사건들을 지켜보며 서술한다.
3인칭 서술자	전지적 서술자	소설 속 인물들의 내면세계까지 훤히 알고 서술한다.
	제한적 서술자	소설 속 인물들의 생각을 알지 못하고 겉모습만 서술한다.

㉠ 문학 작품에서 작가는 서술자의 시각을 통해 독자에게 작품을 전달한다.

㉡ 소설에서 서술자는 자기 자신에 대해 이야기하기도 하지만 주변의 인물들과 세상을 관찰하기도 한다.

(5) 소설 속 인물

① 인물의 유형

㉠ 중요도에 따라

• 주요인물 : 사건을 이끌어 나가는 중심 인물

• 주변인물 : 사건의 진행을 돕는 부수적 인물

㉡ 역할 수행에 따라

• 주동인물 : 주인공, 작가가 나타내려고 하는 바를 수행하는 긍정적 인물

• 반동인물 : 주동 인물의 의지와 대립하는 인물

㉢ 성격 변화 양상에 따라

• 평면적 인물 : 작품 속에서 처음부터 끝까지 성격의 변화가 일어나지 않는 인물

개념UP

시점

서술자가 사건을 관찰하고 전달하는 관점

문제UP

시의 화자에 대한 설명으로 적절하지 않은 것은?

① 시 속의 사건을 요약해 주는 역할을 한다.

② 시의 독특한 분위기와 정서를 형성한다.

③ 화자가 시인 자신일 경우도 있고, 시인이 내세운 다른 인물일 경우도 있다.

④ 시의 화자는 항상 시 속에 드러나 있으며, 등장인물에 대한 정보를 제공한다.

해 시의 화자는 시 속에 드러나는 경우도 있고, 드러나지 않는 경우도 있다.

정답 ④

- 입체적 인물 : 사건이 전개됨에 따라 성격의 변화를 보이는 인물

  ㉣ 성격 창조 방식에 따라
  - 전형적 인물 : 한 계층이나 집단, 세대를 대표하는 성격을 가진 인물
  - 개성적 인물 : 개인으로서의 독자적 성격을 가진 인물

② 인물 제시 방법

  ㉠ 직접적 제시 : 서술자가 직접적으로 인물의 성격, 심리상태, 특징 등을 요약적으로 설명하는 방법으로 분석적 제시, 해설적 제시, 설명적 제시, 논평적 제시 등이라 일컫기도 한다.

  ㉡ 간접적 제시 : 행동이나 버릇, 대화, 갈등 상황 등을 보여줌으로써 독자의 상상력에 맡기는 방법으로 극적제시, 장면적 제시라고도 한다.

(6) 작품 해석의 관점과 방법

  ① 내재적 관점 : 작품을 구성하고 있는 내부의 요소를 중심으로 감상하는 방법이다.

  ② 외재적 관점

  ㉠ 표현론 : 작품을 작가와 관련지어 작가의 표현 의도를 밝히는 방법이다.

  ㉡ 효용론(수용론) : 작품이 독자에게 미치는 영향에 주목하거나 독자에 따라 작품 해석이 달라질 수 있다고 보는 방법이다.

  ㉢ 반영론 : 작품의 배경이 되는 시대 상황, 즉 현실과 작품의 관계를 중심으로 작품을 해석하는 방법이다.

(7) 문학과 시대 상황

  ① 작품 창작의 배경이 되는 사회 · 문화 · 역사적 상황

  ㉠ 문학작품은 작가가 살던 시대의 사회 · 문화 · 역사적 상황을 바탕으로 써진다.

  ㉡ 작가는 자기가 사는 시대의 문제에 대해 고민하고 작품을 통해 그 문제에 대한 의견을 제시한다.

  ② 작품을 통해 드러나는 사회 · 문화 · 역사적 상황

  ㉠ 문학작품은 작가의 상상력을 기반으로 창작된 것이지만 작가가 사는 시대가 반영된다.

개념UP

해석에 영향을 미치는 요소

독자의 인식 수준, 경험, 가치관 등에 따라 같은 문학작품이라도 다양하게 해석될 수 있음

문제UP

문학 작품의 해석에 대한 설명으로 적절하지 않은 것은?

① 작가와 독자의 소통 과정으로 볼 수 있다.

② 독자는 자신의 배경지식을 활용하여 작품을 해석한다.

③ 해석에 관여하는 요소는 작품, 작가, 독자, 현실 등이다.

④ 한 가지 요소에만 집중해야 작품을 정확하게 해석할 수 있다.

해 작품의 특성에 따라 특정한 요소를 중요시하면서 다른 관점들을 수용해야 한다.

정답 ④

ⓛ 문학작품 속 인물의 말과 행동, 다양한 사건을 통해 그 시대의 사회 · 문화 · 역사적 상황을 알 수 있다.

③ 사회 · 문화 · 역사적 상황을 통한 작품의 의미 파악

　ⓙ 작품이 창작된 시대적 상황을 이해함으로써 작품의 의미를 좀 더 구체적으로 파악할 수 있다.

　ⓛ 작품 속 시대 상황과 오늘날 시대 상황을 비교함으로써 인간에 대한 이해의 폭을 넓힐 수 있다.

⑻ 문학의 가치

① 인간과 세계에 대한 이해

　ⓙ 문학 작품에서는 인간과 세계를 어려운 말로 설명하는 대신 간접적으로 경험하거나 이해할 수 있도록 구체적인 모양과 성질을 갖춘 것으로 그려 낸다.

　ⓛ 문학 작품을 읽으면서 우리는 인간의 삶과 세계에 대해 모르던 것을 알기도 하고, 이미 알고 있는 것을 새로운 눈으로 다시 보기도 한다.

② 아름다움에 대한 이해

　ⓙ 문학에 쓰이는 언어는 이미지나 비유, 상징 등을 통해 아름다움을 드러내기도 하고, 조화로운 운율을 통해 아름다움을 드러내기도 한다.

　ⓛ 언어는 대상의 아름다움을 그려내기도 하고 대상이 지닌 의미를 아름답게 드러내기도 한다.

개념UP

문학의 가치

• 정서적인 공감, 감동과 위안을 줌
• 문학 작품 자체가 지닌 표현의 아름다움이 있음
• 당대 사람들이 중요시한 삶의 가치나 교훈이 담겨 있음

문제UP

문학이 지닌 가치로 적절하지 않은 것은?

① 자신의 삶을 성찰할 수 있다.
② 새로운 깨달음을 얻을 수 있다.
③ 아름다움과 감동을 느낄 수 있다.
④ 보여 주는 삶을 그대로 따를 수 있다.

해 문학 작품이 보여 주는 삶을 독자가 무비판적으로 그대로 따를 수는 없다. 독자는 주체적으로 여러 형태의 삶을 바라보아야 한다.

정답 ④

1. 국어
2. 수학
3. 영어
4. 사회
5. 과학
6. 도덕

01 다음 대화에서 아빠가 고려했어야 할 점으로 가장 적절한 것은?

> 딸 : 아빠, 카페인이 뭐에요?
>
> 아빠 : 카페인은 커피나 차 같은 일부 식물의 열매나 잎, 씨앗에 함유된 알칼로이드의 일종이야. 인체에 흡수되면 중추신경계에 작용하여 정신을 각성시키고 피로를 줄이는 효과가 있지만 장기간 다량 복용하면 중독을 야기할 수 있어.
>
> 딸 : 음, 무슨 말씀이신지 잘 모르겠어요.

① 딸의 신체 나이　　　② 딸의 지식 수준

③ 딸의 성장 속도　　　④ 딸의 성격

| 정답 | ② | 출제 가능성 | 70% |

해 설
아빠는 딸의 지식 수준을 고려하지 않은 채 어려운 단어들로 답을 하고 있다. 이에 딸은 이해할 수 없는 상황이다.

02 ㉠에 들어갈 '공감하며 말하기'로 가장 적절한 것은?

> 여학생 : 무릎은 왜 다쳤니?
>
> 남학생 : 아까 체육시간에 축구하다가 넘어졌어.
>
> 여학생 : _____㉠_____

① 이런, 약은 발랐니?

② 참 재밌었겠다.

③ 너 축구는 잘하니?

④ 언제 정신 차리고 다닐 거니?

| 정답 | ① | 출제 가능성 | 60% |

해 설
축구를 하다가 다친 친구에게 공감하며 말하는 것은 ①이 가장 적절하다.

03 다음 설명에 해당하는 문장은?

> 주어와 서술어의 관계가 두 번 이상 맺어진 문장

① 오늘은 기분이 굉장히 좋다.
② 서점에는 다양한 책들이 있다.
③ 내가 여행한 마을은 깨끗했다.
④ 도서관에서는 조용히 해야 한다.

| 정답 | ③ | 출제 가능성 | 70% |

해 설
주어진 설명은 겹문장에 대한 것이다. 따라서 '내가(주어) 여행한(서술어) 마을은(주어) 깨끗했다.(서술어)'가 이에 해당한다.
①, ②, ④는 주어와 서술어의 관계가 한 번인 홑문장이다.

04 〈보기〉의 밑줄 친 단어들의 공통점으로 적절한 것은?

> ────〈보기〉────
> • 하늘이 매우 <u>푸르다</u>.
> • 그는 사람됨이 <u>착하다</u>.

① 이름을 나타내는 말
② 움직임을 나타내는 말
③ 상태나 성질을 나타내는 말
④ 수량이나 순서를 나타내는 말

| 정답 | ③ | 출제 가능성 | 70% |

해 설
밑줄 친 '푸르다'와 '착하다'는 사물의 성질이나 상태를 나타내는 '형용사'이다.
① 명사 ② 동사 ④ 수사

05 다음에서 설명하는 단어 형성법에 해당하는 것은?

> '넓이'는 '넓–'이라는 어근에 접사 '–이'가 결합되어 형성된 단어이다. 이처럼 어근과 접사가 결합되어 형성된 단어를 '파생어'라고 한다.

① 맨손
② 손발
③ 책가방
④ 밤

| 정답 | ① | 출제 가능성 | 80% |

해 설
'맨손'은 '맨+손'으로 접사+어근인 파생어이다.
② 손발 : '손+발'로 어근+어근인 합성어이다.
③ 책가방 : '책+가방'으로 어근+어근인 합성어이다.
④ 밤 : 하나의 어근으로 이루어진 단일어이다.

1. 국어
2. 수학
3. 영어
4. 사회
5. 과학
6. 도덕

06 다음 규정의 설명에 해당하는 단어로 적절하지 않은 것은?

> **표준 발음법**
> 제15항 받침 뒤에 모음 'ㅏ, ㅓ, ㅗ, ㅜ, ㅟ' 들로 시작되는 실질 형태소가 연결되는 경우에는 대표음으로 바꾸어서 뒤 음절 첫소리로 옮겨 발음한다.

① 겉옷   ② 헛웃음
③ 닫히다   ④ 맛없다

정답	③	출제 가능성	80%

해 설
'닫히다'는 받침 'ㄷ' 뒤에 접미사 'ㅎ'가 결합되어 이루는 'ㅌ'를 'ㅊ'로 발음하여 [다치다]로 발음된다.
① 겉옷[거돋]
② 헛웃음[허두슴]
④ 맛없다[마덥다]

07 밑줄 친 부분의 예로 적절하지 않은 것은?

> 관용어란 둘 이상의 낱말이 결합하여 특별한 의미로 사용되는 관습적인 말로, 우리말 중에는 신체와 관련된 관용어가 많다.

① 오늘 내가 너의 콧대를 꺾어 주겠다.
② 나는 네가 오기를 목이 빠지게 기다렸다.
③ 아버지는 운동을 하다가 허리를 다치셨다.
④ 눈을 씻고 보아도 사람 그림자도 보이지 않는다.

정답	③	출제 가능성	70%

해 설
'관용어'는 두 개 이상의 단어로 이루어져, 그 단어들의 의미만으로는 전체의 의미를 알 수 없는 특수한 의미를 나타내는 어구를 뜻한다.
① 콧대를 꺾다 : 상대편의 자만심이나 자존심을 꺾어 기를 죽이다.
② 목이 빠지게 기다리다 : 몹시 안타깝게 기다리다.
④ 눈(을) 씻고 보다 : 정신을 바짝 차리고 집중하여 보다.

08 다음 문장에서 밑줄 친 부분의 문장 성분으로 알맞은 것은?

> 학생들이 <u>부지런히</u> 공부하고 있다.

① 주어   ② 보어
③ 목적어   ④ 부사어

정답	④	출제 가능성	70%

해 설
밑줄 친 부분은 용언의 내용을 한정하는 문장 성분인 '부사어'이다.
① 주어 : 서술어가 나타내는 동작이나 상태의 주체가 되는 문장 성분이다.
② 보어 : 주어와 서술어만으로는 뜻이 완전하지 못한 문장에서 보충하여 뜻을 완전하게 하는 수식어이다.
③ 목적어 : 문장에서 동작의 대상이 되는 말이다.

09 다음은 글을 쓰기 위해 작성한 개요표이다. ⊙~㉢ 중, 적절하지 않은 것은?

제목	대중문화를 이끌 팬 클럽 문화
처음	⊙ 팬 클럽 문화의 정의
중간	• ⓛ 팬 클럽 문화의 역할 　– 건전한 비판을 거부하고 경쟁 연예인에게 악성댓글로 피해를 줌. 　– 기획사들이 팬 클럽을 상업적으로 이용함. • 팬 클럽 문화의 긍정적인 모습 　– ⓒ 사람들에게 다양한 대중문화를 소개함. 　– 연예인과 함께 봉사 활동, 기부 문화를 확산함.
끝	㉢ 팬 클럽 문화가 나아갈 길

① ⊙ 　② ⓛ
③ ⓒ 　④ ㉢

정답 ②　**출제 가능성** 60%

해설
ⓛ의 하위 내용으로 팬클럽 문화의 부정적인 사례들이 제시되었으므로 ⓛ은 이를 포괄하는 '팬 클럽 문화의 부정적인 모습'으로 수정해야 한다.

10 다음 대화에서 드러난 기자의 화법에 대한 설명으로 적절한 것은?

> 기　자 : (국밥집 안으로 들어가 아주머니를 만나서) 안녕하십니꺼? 서울에서 촬영하러 내려왔습니더.
> 아주머니 : 아이고 마, 반갑습니데이. 여기가지 웬일인교?
> 기　자 : 여 국밥이 맛있다고 서울까지 소문나서 내려왔다 아입니꺼?
> 아주머니 : 여 앉아가 국밥 한 그럭 드셔 보이소. 이게 여 시골서 20년이나 된 국밥인 기라예.
> 기　자 : 아니, 국그릇이 와 이게 큽니꺼? 인심 한번 끝내주시네예. 이야, 뜨끈뜨끈하니 땀이 쭉 빠질라 카네.

① 다른 지역 사람들에게 친근감을 줄 수 있다.
② 다른 지역 사람들에게 현장감을 전달할 수 있다.
③ 모든 지역, 모든 계층의 사람들이 이해할 수 있는 화법을 사용하였다.
④ 전국의 시청자들이 모두 내용을 이해할 수 있게 뉴스를 전달하기에 적합한 화법이다.

정답 ②　**출제 가능성** 60%

해설
기자는 지역 방언을 사용하고 있다. 지역 방언을 사용하면 같은 지역 방언을 사용하는 사람들끼리 친근감을 느낄 수 있고, 다른 지역 사람들에게는 현장감을 전달할 수 있다.

11 밑줄 친 ㉠의 특징으로 적절하지 않은 것은?

> 한 취업 사이트에서 회원들을 대상으로 설문 조사를 한 결과, 올해를 대표하는 유행어로 '이태백'이 꼽혔다. '이태백'은 '이십 대 태반이 백수'라는 뜻으로 심각한 청년 실업 문제를 일컫는 말이다. 이 외에도 많은 사람들이 '88만 원 세대', '사오정' 등과 같은 말을 올해를 대표하는 ㉠ 유행어로 꼽았다.

① 당대의 사회 상황을 반영한다.
② 생명이 길고 쉽게 변하지 않는다.
③ 적절히 사용하면 대화의 분위기를 좋게 만든다.
④ 무분별하게 사용할 경우 가벼운 사람이라는 인상을 준다.

정답	②	출제 가능성	60%

해 설
유행어는 비교적 짧은 시기에 사람들의 입에 오르내리며 유행하는 말로 생명이 짧고 쉽게 변하는 것이 특징이다.

12~14 다음 글을 읽고 물음에 답하시오.

> 열무 삼십 단을 이고
> 시장에 간 우리 엄마
> 안 오시네, ㉠ 해는 시든 지 오래
> ㉡ 나는 찬밥처럼 방에 담겨
> 아무리 천천히 숙제를 해도
> 엄마 안 오시네, ㉢ 배추잎 같은 발소리 타박타박
> 안 들리네, 어둡고 무서워
> 금간 창틈으로 고요히 빗소리
> 빈 방에 혼자 엎드려 훌쩍거리던
>
> 아주 먼 옛날
> 지금도 내 눈시울을 뜨겁게 하는
> 그 시절, ㉣ 내 유년의 윗목

「엄마 걱정」
• 작가 : 기형도
• 갈래 : 자유시, 서정시
• 성격 : 회상적, 감각적, 애상적
• 제재 : 가난했던 어린 시절
• 주제 : 시장에 간 어머니를 기다리던 외롭고 슬픈 어린 시절의 기억

12 이 시에 대한 설명으로 적절하지 않은 것은?

① 기다림의 정서가 나타난다.

② 과거에서 현재로 시제가 변화하고 있다.

③ 유사한 어구나 문장의 반복을 통해 리듬감을 형성한다.

④ 시적 화자는 어린 시절을 회상하며 그 때를 그리워하고 있다.

| 정답 | ④ | 출제 가능성 | 75% |

해 설
시적 화자는 어린 시절을 떠올리며 그 때를 그리워하는 것이 아니라 슬픔과 안타까움을 느끼고 있다.

13 밑줄 친 ㉠~㉣에 대한 설명으로 옳은 것은?

① ㉠ : 엄마를 기다리는 화자의 설렘과 기대를 느낄 수 있다.

② ㉡ : 화자의 외롭고 쓸쓸한 정서가 드러난다.

③ ㉢ : 장사를 마치고 돌아오는 엄마의 가벼운 발소리를 표현하였다.

④ ㉣ : 다시 돌아갈 수 없음에 대한 안타까움의 정서가 드러난다.

| 정답 | ② | 출제 가능성 | 70% |

해 설
'나는 찬밥처럼 방에 담겨'에는 홀로 방에 남겨진 화자의 외롭고 쓸쓸한 정서가 나타난다. ㉠에는 엄마를 기다리며 지쳐가는 화자의 상태가 드러나고 ㉢에는 힘든 노동에 지친 어머니의 무거운 발걸음이 나타난다. ㉣에는 외롭던 유년시절에 대한 슬픔의 정서가 드러난다.

14 이 시에서 비유적인 표현이 나타나 있지 않은 것은?

① 나는 찬밥처럼 방에 담겨

② 배추 잎 같은 발소리 타박타박

③ 금 간 창틈으로 고요히 빗소리

④ 그 시절 내 유년의 윗목

| 정답 | ③ | 출제 가능성 | 60% |

해 설
①, ② '찬밥처럼'과 '배추 잎 같은'에는 직유법이 사용되었고, ④ '그 시절'을 내 유년의 '윗목'이라고 표현한 은유법이 사용되었다.

15~17 다음 글을 읽고 물음에 답하시오.

가시리 가시리잇고 나는
버리고 가시리잇고 나는
위 증즐가 대평성대(太平聖代)

㉠ 날러는 어찌 살라 하고
버리고 가시리잇고 나는

「가시리」
• 작가 : 작자 미상
• 갈래 : 고려가요
• 성격 : 서정적, 민요적, 애상적
• 제재 : 임과의 이별
• 주제 : 이별의 정한
• 특징
  − 3 · 3 · 2조의 3음보 율격
  − '기승전결'의 4단 구성
  − 우리 민족의 전통적인 정서인 이별의 정한을 노래한 대표 작품

1. 국어
2. 수학
3. 영어
4. 사회
5. 과학
6. 도덕

위 증즐가 대평성대(太平聖代)

ⓒ 잡사와 두어리마나는
ⓓ 선하면 ⓔ 아니 올세라
위 증즐가 대평성대(太平聖代)

설온 님 보내옵나니 나는
가시는 듯 돌아오소서 나는
위 증즐가 대평성대(太平聖代)

15 윗글의 특징으로 적절하지 않은 것은?

① 3음보의 율격이 나타난다.
② 분절체 형식으로 구성되었다.
③ 주제를 강조하는 후렴구가 발달하였다.
④ 고려시대 평민들이 부르던 민요 성격의 노래다.

| 정답 | ③ | 출제 가능성 | 70% |

해 설
고려가요의 후렴구는 노래의 의미(내용)와 관련이 없으며 운율을 맞추거나 흥을 돋우기 위해 사용하거나 형태적인 안정감을 주기 위한 것이다.

16 이 글에 드러난 화자의 심리 변화로 적절한 것은?

① 원망 → 체념 → 기원 → 슬픔
② 애원 → 원망 → 체념 → 기원
③ 슬픔 → 원망 → 체념 → 미움
④ 원망 → 체념 → 기원 → 기다림

| 정답 | ② | 출제 가능성 | 60% |

해 설
1연 : 임과의 이별을 슬퍼하며 애원하는 안타까움
2연 : 떠나는 임에 대한 원망
3연 : 임을 붙잡는 것에 대한 체념
4연 : 임이 다시 돌아오기를 기원

17 ⓐ~ⓔ의 뜻풀이로 적절하지 않은 것은?

① ⓐ : 나더러는
② ⓒ : 붙잡아 두고 싶지만
③ ⓓ : 착하면
④ ⓔ : 아니 올까 두려워

| 정답 | ③ | 출제 가능성 | 70% |

해 설
ⓓ '선하면'은 '서운하면'으로 해석할 수 있다.

18~19 다음 글을 읽고 물음에 답하시오.

(가) 나는 금년 여섯 살 난 처녀애입니다. 내 이름은 박옥희이고요. 우리 집 식구라고는 세상에서 제일 예쁜 우리 어머니와 나, 이렇게 단 두 식구뿐이랍니다. 아차 큰일났군, 외삼촌을 빼놓을 뻔했으니. 지금 중학교에 다니는 외삼촌은 어디를 그렇게 싸돌아다니는지 집에는 끼니때 외에는 별로 붙어 있지를 않으니까 어떤 때는 한 주일씩 가도 외삼촌 코빼기도 못 보는 때가 많으니까요, 깜박 잊어버리기도 예사지요, 무얼

(나) "옥희가 이제 아버지를 새로 또 가지면 세상이 욕을 한단다. 옥희는 아직 철이 없어서 모르지만 세상이 욕을 한단다. 사람들이 욕을 해. '옥희 어머니는 화냥년이다.' 이러고 세상이 욕을 해. '옥희 아버지는 죽었는데 옥희는 아버지가 또 하나 생겼대. 참 망측도 하지.' 이러고 세상이 욕을 한단다. 그리 되면 옥희는 언제나 손가락질받고. 옥희는 커도 시집도 훌륭한 데 못 가고, 옥희가 공부를 해서 훌륭하게 돼도, '에, 그까짓 화냥년의 딸.' 이라고 남들이 욕을 한단다."

(다) 어머니는 아무 대답도 아니 하십니다.

"엄마, 이 ⊙풍금 좀 쳐 봐!"

하고 재촉하니까, 어머니 얼굴이 약간 흐려지면서,

"그 풍금은 네 아버지가 나한테 사다 주신 거란다. 네 아버지 돌아가신 후에는, 그 풍금은 이때까지 뚜껑도 한 번 안 열어 보았다……."

이렇게 말씀하시는 어머니의 얼굴을 보니까 금방 또 울음보가 터질 것만 같이 보여서, 나는 그만

"엄마, 나 사탕 주어."

하면서 아랫방으로 끌고 내려왔습니다.

「사랑손님과 어머니」
• 작가 : 주요섭
• 갈래 : 단편 소설, 현대 소설, 순수 소설
• 성격 : 서정적, 심리적, 낭만적
• 배경
 – 시간적 : 1930년대
 – 공간적 : 어느 시골 마을
• 제재 : 어머니와 사랑손님의 사랑
• 주제 : 사랑과 보수적 윤리 사이에서 갈등하는 어머니와 사랑손님의 애틋한 사랑과 이별

18 이 글을 통해 글쓴이가 드러내고자 하는 것은?

① 전통적인 어머니상의 아름다움
② 사별한 남편을 그리워하는 여인의 애절함
③ 운명을 개척해 나가는 신여성의 강인한 의지
④ 사랑과 봉건적 윤리관 속에서 갈등하는 남녀의 애정과 이별

| 정답 | ④ | 출제 가능성 | 60% |

해 설
「사랑손님과 어머니」는 보수적인 봉건적 가치관에서 근대적인 개방적 가치관으로 넘어가는 과도기적인 사회 분위기를 배경으로 한 소설이다.

19 밑줄 친 ㉠에 대한 설명으로 적절한 것은?

① 어머니는 풍금을 연주할 줄을 모른다.

② 옥희의 어린 시절의 추억이 담겨 있다.

③ 아빠를 잊기 위해 풍금을 치지 않고 있다.

④ 어머니가 아버지를 추억할 수 있는 소재이다.

정답	④	출제 가능성	60%

해 설
'풍금'은 아버지에 대한 어머니의 그리움을 나타내는 소재이며, 작품의 후반부에서는 아저씨에 대한 연모의 정 사이에서 내적 갈등을 일으키는 부분에 등장하는 소재이다.

20~21 다음 글을 읽고 물음에 답하시오.

(가) 새침하게 흐린 품이 눈이 올 듯하더니, 눈은 아니 오고 얼다가 만 비가 추적추적 내리었다.

이 날이야말로 동소문 안에서 인력거꾼 노릇을 하는 김 첨지에게는 오래간만에도 닥친 운수 좋은 날이었다. 문안에(거기도 문밖은 아니지만) 들어간답시는 앞집 마나님을 전찻길까지 모셔다 드린 것을 비롯하여 행여나 손님이 있을까 하고 정류장에서 어정어정하며, 내리는 사람 하나하나에게 거의 비는 듯한 눈길을 보내고 있다가, 마침내 교원인 듯한 양복쟁이를 동광 학교(東光學敎)까지 태워다 주기로 되었다.

(나) 김 첨지는 취중에도 설렁탕을 사 가지고 집에 다다랐다. 집이라 해도 물론 셋집이요, 또 집 전체를 세든 게 아니라 안과 뚝 떨어진 행랑방 한 칸을 빌려 든 것인데, 물을 길어 대고 한 달에 일 원씩 내는 터이다. 만일, 김 첨지가 주기를 띠지 않았던들 한 발을 대문 안에 들여놓았을 제 그 곳을 지배하는 무시무시한 정적(靜寂) ── 폭풍우가 지나간 뒤의 바다 같은 정적에 다리가 떨렸으리라. 쿨룩거리는 기침 소리도 들을 수 없다. 그르렁거리는 숨소리조차 들을 수 없다. 다만, 이 무덤 같은 침묵을 깨뜨리는 ── 깨뜨린다느니보담 한층 더 침묵을 깊게 하고 불길하게 하는 빡빡 하는 그윽한 소리 ── 어린애의 젖 빠는 소리가 날 뿐이다.

(다) 이러다가 누운 이의 흰창이 검은창을 덮은, 위로 치뜬 눈을 알아보자마자,

"이 눈깔! 이 눈깔! 왜 나를 바루 보지 못하고 천장만 바라보느냐, 응?"

하는 말끝엔 목이 메었다. 그러자 산 사람의 눈에서 떨어진 닭똥 같

「운수 좋은날」
• 작가 : 현진건
• 갈래 : 단편 소설, 현대 소설, 사실주의 소설
• 성격 : 반어적, 사실적, 비극적, 현실 고발적
• 배경
  ─ 시간적 : 1920년대 일제 강점기
  ─ 공간적 : 서울
• 제재 : 김첨지의 하루 일과와 그의 아내의 죽음
• 주제 : 일제 강점 하 하층민의 비참한 삶

1. 국어

2. 수학

3. 영어

4. 사회

5. 과학

6. 도덕

은 눈물이 죽은 이의 뻣뻣한 얼굴을 어룽어룽 적시었다. 문득 김 첨
지는 미친 듯이 제 얼굴을 죽은 이의 얼굴에 비비대며 중얼거렸다.
"설렁탕을 사다 놓았는데 왜 먹지를 못하니? 왜 먹지를 못하니……?
괴상하게도 오늘은 운수가 좋더니만……."

20 이 소설에 대한 설명으로 적절하지 않은 것은?

① 반어적 제목을 통해 비극적 효과를 극대화 하였다.

② 일제하 우리 하층민의 비참한 생활상을 보여준다.

③ 비 오는 겨울날, 일제 강점기의 서울을 배경으로 하였다.

④ 작품 속의 서술자가 주인공의 삶을 관찰하여 서술하였다.

| 정답 | ④ | 출제 가능성 | 80% |

해 설

이 소설의 시점은 전지적 작가 시점으로, 작품 밖의 서술자가 주인공의 삶을 관찰하여 서술하였다.

21 이 소설의 주인공 김 첨지에 대한 평가로 알맞은 것은?

① 비참한 현실을 극복하고자 하는 의지적인 사람이야.

② 내일에 대한 희망으로 오늘의 고통을 이겨내고 있군.

③ 우악스러운 데가 있지만 사실은 아내를 무척 사랑하고 있어.

④ 현실과 적당히 타협하며 자신의 이득을 취하는 기회주의자야.

| 정답 | ③ | 출제 가능성 | 70% |

해 설

아내에 대한 거친 말이나 행동, 입에 붙은 비속어 등을 볼 때 조금은 우악스럽게 느껴지지만, 취중에도 설렁탕을 사가지고 집에 가는 모습 등을 볼 때 사실은 아내를 무척 사랑하는 사람임을 알 수 있다.

22~23 다음 글을 읽고 물음에 답하시오.

㉠ S#60 구민 운동장

아직 햇볕이 따가운 운동장. 어이없는 표정으로 트랙을 내려다보고
서 있는 정욱. 죽은 듯 바닥에 쓰러져 있는 초원. 정욱이 겁먹은 표
정으로 다가가 발로 툭툭 쳐 보니 숨은 아직 붙어 있는 듯하다.

초원 : ㉡ (헉헉 숨을 몰아쉬며) 이제 한 바퀴 남았다.

정욱 : 뭐?

초원 : ㉢ (일어서며) 한 바퀴.

벌떡 일어서서 다시 비틀비틀 뛰기 시작하는 초원.

정욱 : 저 미친놈이……(트랙으로 빠르게 걸어가며) 야! 야! 그만 뛰
      어. 스톱!

정욱의 말이 들리지 않는 듯 헐떡거리며 계속 뛰는 초원.

정욱 : (초원 옆으로 와서) 그만 뛰라니까!

초원 : ㉣한 바퀴 남았다.

정욱 : (기막힌) 하...... 백 바퀴를 채우겠다고?...... (멀어져 가는 초원을 보며) 저거 진짜 로봇이네? 그래, 마저 돌아라. 백 바퀴 꽉꽉 채워.

정욱 : (시계를 보며) 세 시간 반......

트랙을 돌아 정욱 쪽으로 달려오는 초원. 지친 기색이 역력하지만 억지로 뛰는 것 같진 않다. 초원의 얼굴엔 약간의 미소마저 흐르고 이를 바라보는 정욱의 표정이 진지해진다.

– 정윤철 · 윤진호 · 송예진, 「말아톤」

22 위와 같은 글에 대한 설명으로 적절하지 않은 것은?

① 영화의 대본이다.

② 장면(S#)을 단위로 한다.

③ 인물의 대사와 행동을 통해 갈등을 표현한다.

④ 서술자의 설명이나 묘사를 통해 갈등을 전달한다.

| 정답 | ④ | 출제 가능성 | 70% |

해 설
서술자의 설명 또는 묘사를 통해 갈등을 전달하는 것은 소설이다.

23 ㉠~㉣에 대한 설명으로 적절하지 않은 것은?

① ㉠ : 장면 번호   ② ㉡ : 해설

③ ㉢ : 지시문   ④ ㉣ : 대사

| 정답 | ② | 출제 가능성 | 70% |

해 설
㉡은 등장인물의 동작이나 표정, 음향 효과, 음악, 카메라 위치 등을 지시하는 '지시문'이다.

24~25 다음 글을 읽고 물음에 답하시오.

딱히 놀이 기구가 없던 그때, 친구들은 대부분 술래잡기, 사방치기, 공기놀이, 고무줄넘기 등을 하고 놀았지만, 다리가 불편한 나는 공기놀이 외에는 어떤 놀이에도 참여할 수가 없었다. 하지만 골목 안 친구들은 나를 위해 꼭 무언가 역할을 만들어 주었다. 고무줄넘기나 달리기를 하면 내게 심판을 시키거나, 신발주머니와 책가방을 맡겼

「괜찮아」
• 작가 : 장영희
• 갈래 : 수필
• 성격 : 회상적, 체험적, 교훈적
• 제재 : 어린 시절 골목길에서 있었던 일
• 주제 : 다른 사람에 대한 배려와 격려의 소중함

1. 국어

2. 수학

3. 영어

4. 사회

5. 과학

6. 도덕

다. 이뿐인가? 술래잡기를 할 때는 한곳에 앉아 있는 내가 답답할까 봐 미리 내게 어디에 숨을지를 말해 주고 숨는 친구도 있었다.

우리 집은 골목 안에서 중앙이 아니라 구석 쪽이었지만, 내가 앉아 있는 계단 앞이 친구들의 놀이 무대였다. 놀이에 참여하지 못해도 나는 전혀 소외감이나 박탈감을 느끼지 않았다. 아니, 지금 생각하면, 내가 소외감을 느낄까 봐 친구들이 배려해 준 것이었다.

그 골목길에서 있었던 일이다. 초등학교 1학년 때였던 것 같다. 하루는 우리 반이 좀 일찍 끝나서 혼자 집 앞에 앉아 있었다. 그런데 그 때 마침 깨엿장수가 골목길을 지나고 있었다. 그 아저씨는 가위만 쩔렁이며 내 앞을 지나더니, 다시 돌아와 내게 깨엿 두 개를 내밀었다. 순간, 그 아저씨와 내 눈이 마주쳤다. 아저씨는 아주 잠깐 미소를 지어 보이며 말했다.

"괜찮아."

무엇이 괜찮다는 것인지는 몰랐다. 돈 없이 깨엿을 공짜로 받아도 괜찮다는 것인지, 아니면 목발을 짚고 살아도 괜찮다는 것인지……. 하지만 그건 중요하지 않다. 중요한 건 내가 그날 마음을 정했다는 것이다. 이 세상은 그런대로 살 만한 곳이고, 좋은 사람들이 있고, 선의와 사랑이 있고, "괜찮아."라는 말처럼 (㉠)이(가) 있는 곳이라고 믿기 시작했다는 것이다.

24 위와 같은 글에 대한 설명으로 적절하지 않은 것은?

① 글쓴이의 경험이 잘 드러나 있다.

② 형식에 구애받지 않고 누구나 자유롭게 쓸 수 있다.

③ 주로 대상에 대한 전문적인 정보를 파악할 수 있다.

④ 독자로 하여금 감동과 성찰의 기회를 얻게 한다.

| 정답 | ③ | 출제 가능성 | 70% |

해 설

수필은 대상에 대한 전문적인 정보보다는, 자유로운 형식을 바탕으로 글쓴이의 경험과 생각을 전하는 글이다.

25 위 글의 ㉠에 들어갈 말로 적절하지 않은 것은?

① 너그러움　　　　② 양심

③ 희망　　　　　　④ 위로

| 정답 | ② | 출제 가능성 | 60% |

해 설

'양심'이란 '사물의 가치를 변별하고 자기의 행위에 대하여 옳고 그름과 선, 악의 판단을 내리는 도덕적 의식'으로, 타인에 대한 배려를 뜻하는 '너그러움, 희망, 위로'와는 거리가 있다.

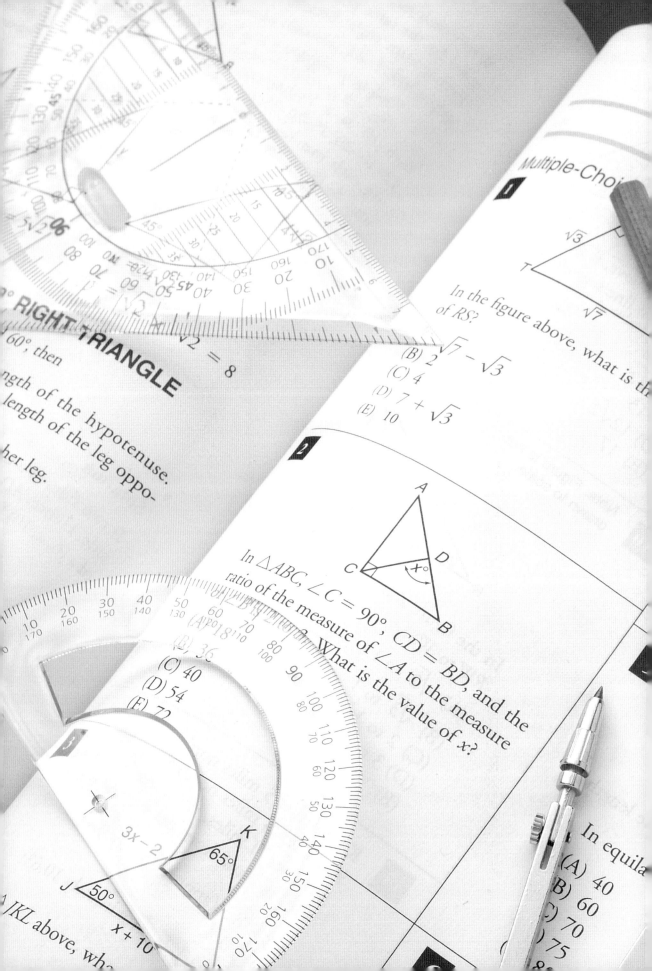

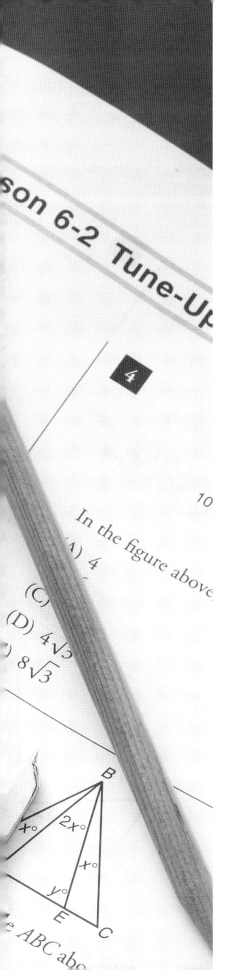

PART **2**

수학

❶ 자연수의 성질

(1) 소인수분해

① 소수와 합성수

㉠ 소수 : 1보다 큰 자연수 중 1과 자신만을 약수로 가지는 수를 말하며, 모든 소수의 약수는 2개뿐임

예 2, 3, 5, 7, 11, 13, …

㉡ 합성수 : 1과 자신 이외의 다른 수를 약수로 가지는 수, 즉 약수가 3개 이상인 수를 말함

예 4, 6, 8, 9, 12, …

② 거듭제곱

㉠ 의미 : 같은 수나 문자를 여러 번 곱한 것을 간단히 나타낸 것

예 $2 \times 2 \times 2 = 2^3 / a \times a \times b \times b \times b = a^2 \times b^3$

㉡ '밑'은 거듭제곱에서 여러 번 곱한 수나 문자를 말하며, '지수'는 같은 수나 문자를 곱한 횟수를 말함

예 2^3 —— 지수

| 밑

③ 소인수분해

㉠ 소인수 : 어떤 자연수의 약수 중 소수인 것

예 12의 약수인 1, 2, 3, 4, 6, 12 중, 소수인 '2', '3'이 소인수

㉡ 소인수분해의 의미 : 어떤 자연수를 소인수들만의 곱으로 나타내는 것

㉢ 소인수분해하는 방법

[방법 1]

$18 = 2 \times 9$

$\quad = 2 \times 3 \times 3$

$\quad = 2 \times 3^2$

개념UP

자연수 '1'과 '2'

'1'은 소수도 합성수도 아님

'2'는 가장 작은 소수로, 유일한 짝수인 소수

개념UP

소인수분해

자연수를 소인수분해한 결과는 소인수들의 순서를 생각하지 않으면 오직 한 가지 뿐이다.

[방법 2]

2)18

3) 9

3

$\therefore 18 = 2 \times 3 \times 3 = 2 \times 3^2$

④ 소인수분해를 이용한 약수의 개수 구하기

자연수 A가 'A$= a^m \times b^n$ (a와 b는 서로 다른 소수, m과 n은 자연수)으로 소인수분해될 때, A의 약수의 개수는 '$(m+1) \times (n+1)$'이 됨

(2) 최대공약수와 최소공배수

① 최대공약수

㉠ 공약수 : 2개 이상의 자연수에서 공통인 약수

㉡ 최대공약수 : 공약수 중에서 가장 큰 수

㉢ 서로소 : 최대공약수가 1인 두 자연수, 즉 1 이외의 공약수가 없는 두 자연수

㉣ 최대공약수 구하는 방법

[방법 1]

소인수분해를 이용하여 구하는 방법 : 소인수분해하여 공통의 소인수를 모두 곱함

$24 = 2 \times 2 \times 2 \times 3$

$36 = 2 \times 2 \times \times 3 \times 3$

$2 \times 2 \times 3$

$\therefore$ 최대공약수는 $2 \times 2 \times 3 = 12$

[방법 2]

공약수로 나누어 구하는 방법 : 공통인 소인수로 나누어 소인수들을 모두 곱함

2)24 36

2)12 18

3)6   9

  (2   3)→ 서로소

$\therefore$ 최대공약수는 $2 \times 2 \times 3 = 12$

1. 국어
2. 수학
3. 영어
4. 사회
5. 과학
6. 도덕

문제 UP

270의 약수의 개수를 구하면?

해 $270 = 2 \times 3^3 \times 5$이므로, 약수의 개수는

$(1+1) \times (3+1) \times (1+1)$

$= 16$(개)

정답 16개

문제 UP

16, 40 두 수의 최대공약수를 구하면?

해 2)16 40

2) 8 20

2) 4 10

   2   5

$\therefore$ 최대공약수는 $2 \times 2 \times 2 = 8$

정답 8

개념 UP

최대공약수와 최소공배수의 관계

자연수 A와 B의 최대공약수가 G이고, 최소공배수가 L이라면 'A$= a \times$G', 'B$= b \times$G'(a와 b는 서로소)가 되며, 일반적으로 다음의 관계가 성립한다.

• L$= a \times b \times$G

• A$\times$B$=$G$\times$L$=$G$\times a \times b \times$G

② 최소공배수

  ㉠ 공배수 : 2개 이상의 자연수에서 공통인 배수

  ㉡ 최소공배수 : 공배수 중에서 가장 작은 수

   예 4의 배수 : 4, 8, 12, 16, 20, 24, 28, …

   6의 배수 : 6, 12, 18, 24, 30, 36, …

   ∴ 4와 6의 공배수 : 12, 24, …

   4와 6의 최소공배수 : 12

  ㉢ 최소공배수 구하는 방법

  [방법 1]

  소인수분해를 이용하여 구하는 방법 : 소인수분해하여 공통의 소인수와 공통이 아닌 수를 모두 곱함

   $24 = 2 \times 2 \times 2 \times 3$

   $\underline{36 = 2 \times 2 \times \quad\, 3 \times 3}$

   $\quad\quad 2 \times 2 \times 2 \times 3 \times 3$

   ∴ 최소공배수는 $2^3 \times 3^2 = 72$

  [방법 2]

  공약수로 나누어 구하는 방법 : 공통인 소인수로 나누어 이 소인수와 마지막 몫을 곱함

   2) 24 36

   2) 12 18

   3) 6   9

      2   3

   ∴ 최소공배수는 $2 \times 2 \times 3 \times 2 \times 3 = 2^3 \times 3^2 = 72$

❷ 정수와 유리수

(1) 정수와 유리수의 대소 관계

  ① 정수 : 양의 정수, 0, 음의 정수로 구성

   ㉠ 양의 정수(자연수) : $+1, +2, +3, \cdots$(부호는 생략 가능)

   ㉡ 0

   ㉢ 음의 정수 : $-1, -2, -3, \cdots$

  ② 유리수 : 분자와 분모가 정수인 분수로 나타낼 수 있는 수를 말하

며, 양의 유리수, 0, 음의 유리수로 구성

　㉠ 양의 유리수 : 분자와 분모가 자연수인 분수로 나타낼 수 있는 수, 즉 분수에 양의 부호(+)를 붙인 수(부호는 생략 가능)

　　예 $\dfrac{1}{2}$, $\dfrac{2}{3}$

　㉡ 음의 유리수 : 양의 유리수에 음의 부호(−)를 붙인 수

　　예 $-\dfrac{1}{2}$, $-\dfrac{2}{3}$

　㉢ 유리수의 구성 : 정수(양의 정수, 0, 음의 정수), 정수가 아닌 유리수$\left(-\dfrac{1}{2},\ 0.6\ \text{등}\right)$로 구성됨

③ 수의 대소 관계

　㉠ 절댓값 : 수직선 위의 어떤 수를 나타내는 점과 원점 사이의 거리를 말하며, 어떤 수 a의 절댓값은 '$|a|$'로 나타냄

　　예 -3의 절댓값은 $|-3|=3$이며, $+3$의 절댓값은 $|+3|=3$이 됨

　㉡ 대소 관계

　　• 수직선에서 오른쪽으로 갈수록 크며, 왼쪽으로 갈수록 작다.

　　• 양수는 0보다 크고, 음수는 0보다 작다.

　　• 양수는 음수보다 크다.

　　• 양수 사이에서는 절댓값이 큰 수가 더 크다.

　　• 음수 사이에서는 절댓값이 큰 수가 더 작다.

　㉢ 부등호의 사용과 의미

　　• $x \geq a$: x는 a 이상이다. 즉, x는 a보다 크거나 같다. 또는 x는 a보다 작지 않다.

　　• $x \leq a$: x는 a 이하이다. 즉, x는 a보다 작거나 같다. 또는 x는 a보다 크지 않다.

　　• $x > a$: x는 a 초과이다. 즉, x는 a보다 크다.

　　• $x < a$: x는 a 미만이다. 즉, x는 a보다 작다.

(2) 유리수의 계산

① 유리수의 덧셈

　㉠ 부호가 같은 경우 : 각 수의 절댓값의 합에 공통의 부호를 붙임

　㉡ 부호가 다른 경우 : 각 수의 절댓값의 차에 절댓값이 큰 수의 부호를 붙임

---

1. 국어
2. 수학
3. 영어
4. 사회
5. 과학
6. 도덕

개념UP

절댓값이 같고 부호가 다른 경우

절댓값이 같고 부호가 다른 두 수의 합은 0이다.

예 $(+7)+(-7)=0$

문제UP

다음 두 수의 대소 관계를 표시하시오.

(1) $-\dfrac{1}{5}$ ☐ $+0.1$

(2) $-\dfrac{1}{2}$ ☐ $-\dfrac{1}{5}$

해 (1) 양수는 음수보다 크므로, $-\dfrac{1}{5} < +0.1$이 된다.

(2) 음수끼리는 절댓값이 큰 수가 작으므로, $-\dfrac{1}{2} < -\dfrac{1}{5}$이 된다.

정답 (1) < 　(2) <

문제UP

$-3 < x \leq 3$을 만족하는 정수 x의 개수는?

① 5　　　　② 6
③ 7　　　　④ 8

해 제시된 부등호를 만족하는 정수는 -2, -1, 0, 1, 2, 3이므로, 모두 6개이다.

정답 ②

<table>
<tr><td>

개념UP

유리수의 덧셈과 뺄셈의 혼합 계산

- 괄호가 없는 식은 괄호가 있는 식으로 고친다.
- 뺄셈은 덧셈으로 바꾸어 계산한다.
- 덧셈의 계산법칙을 이용하여 계산한다.

</td></tr>
</table>

개념UP

거듭제곱의 계산

- 양수의 거듭제곱 : 항상 양수가 됨
- 음수의 거듭제곱 : 지수가 짝수이면 양의 부호($+$), 지수가 홀수이면 음의 부호($-$)가 됨

  예 $(-3)^2 = (-3) \times (-3)$
  $\qquad = +9$
  $\qquad$ (지수가 짝수인 경우)
  $(-2)^3$
  $\qquad = (-2) \times (-2) \times (-2)$
  $\qquad = -8$ (지수가 홀수인 경우)
  cf. $-3^2 = -(3 \times 3) = -9$

문제UP

다음을 계산하시오.

(1) $(-2)^2 \times \left(-\dfrac{1}{4}\right)$

(2) $(-12) \times \dfrac{5}{6} \times \left(-\dfrac{3}{5}\right)$

해 (1) $(-2)^2 \times \left(-\dfrac{1}{4}\right)$

$\qquad = (-2) \times (-2) \times \left(-\dfrac{1}{4}\right)$

$\qquad = 4 \times \left(-\dfrac{1}{4}\right) = -1$

(2) $(-12) \times \dfrac{5}{6} \times \left(-\dfrac{3}{5}\right)$

$\qquad = +\left(12 \times \dfrac{5}{6} \times \dfrac{3}{5}\right)$

$\qquad = +\left(10 \times \dfrac{3}{5}\right) = 2 \times 3 = 6$

정답 (1) -1　(2) 6

예 $(+3) + (-5) = -(5-3) = -2$

ⓒ 덧셈의 계산법칙
- 교환법칙 : $a+b = b+a$
- 결합법칙 : $(a+b)+c = a+(b+c)$

② 유리수의 뺄셈

ⓐ 규칙 : 빼는 수의 부호를 바꾸어 더함

뺄셈은 덧셈으로 바꿈

예 $(-2) - (+3) = (-2) + (-3) = -(2+3) = -5$

$+$부호를 $-$부호로 바꿈

ⓑ 계산법칙 : 교환법칙과 결합법칙이 성립하지 않음

③ 유리수의 곱셈

ⓐ 부호가 같은 두 수의 경우 : 두 수의 절댓값의 곱에 양의 부호($+$)를 붙임

ⓑ 부호가 다른 두 수의 경우 : 두 수의 절댓값의 곱에 음의 부호($-$)를 붙임

예 $\left(-\dfrac{1}{2}\right) \times (+4) = -\left(\dfrac{1}{2} \times 4\right) = -2$

ⓒ 셋 이상의 수의 경우 : 음수의 개수가 짝수 개이면 양의 부호($+$), 음수의 개수가 홀수 개이면 음의 부호($-$)를 붙임

예 $(-3) \times (-2) \times 4 = +(3 \times 2 \times 4) = +24$

(음수가 짝수 개)

예 $(-3) \times (-2) \times (-4) = -(3 \times 2 \times 4) = -24$

(음수가 홀수 개)

ⓓ 곱셈의 계산법칙
- 교환법칙 : $a \times b = b \times a$
- 결합법칙 : $(a \times b) \times c = a \times (b \times c)$
- 분배법칙 : $a \times (b+c) = a \times b + a \times c$
  $\qquad\qquad (a+b) \times c = a \times c + b \times c$

예 $3 \times \{2 + (-4)\} = 3 \times 2 + 3 \times (-4) = 6 + (-12) = -6$
$(-2) \times 3 + 4 \times 3 = \{(-2) + 4\} \times 3 = 2 \times 3 = 6$

④ 유리수의 나눗셈

ⓐ 규칙 : 나누는 수를 역수로 바꾸어 곱하며, 역수는 두 수의 곱이 1이 되게 하는 수를 말함

ⓑ 부호의 결정 : 음수가 짝수 개이면 $+$, 음수가 홀수 개이면 $-$

가 됨

예 $6 \div (-3) = 6 \times \left(-\dfrac{1}{3}\right) = -\left(6 \times \dfrac{1}{3}\right) = -2$

ⓒ 덧셈, 뺄셈, 곱셈, 나눗셈의 혼합 계산

- 소수는 분수로 고친다.
- 거듭제곱이 있는 경우 먼저 계산한다.
- 괄호가 있는 경우 소괄호, 중괄호, 대괄호 순으로 먼저 계산한다.
- 곱셈과 나눗셈을 먼저 계산하고 다음으로 덧셈과 뺄셈을 계산한다.

❸ 문자와 식

(1) 문자를 사용한 식의 표현과 계산

① 문자와 식의 표현

ⓐ 문자를 사용한 식의 표현 : 문자를 사용하여 수량 사이의 관계를 간단한 식으로 나타낼 수 있음

ⓑ 식을 나타내는 방법

- 수는 문자 앞에 사용하며, 숫자 1과 -1은 생략하고 부호만 쓴다.

  예 $(-1) \times a = -a$

- 수와 문자 사이의 곱셈 기호는 생략하며, 문자는 알파벳순으로 쓴다.

  예 $b \times a = ab$

- 같은 문자의 곱은 곱셈 기호를 생략하고 거듭제곱의 꼴로 나타낸다.

  예 $a \times a = a^2$

- 나눗셈 기호는 생략하고 역수를 곱하여 분수로 나타낸다.

  예 $a \div 2 = a \times \dfrac{1}{2} = \dfrac{a}{2}$

- 괄호 뒤의 숫자는 괄호 앞에 쓴다.

  예 $(a+b) \times 2 = 2(a+b)$

② 식의 값을 구하는 방법

개념UP

0의 나눗셈

- 0÷0이 아닌 유리수＝0
- 0이 아닌 유리수÷0 ⇒ 해가 없음

문제UP

다음을 계산하시오.

(1) $3 - 12 \div (-2)^2$

(2) $\left(-\dfrac{3}{5}\right) \div \dfrac{7}{10}$

해 (1) $3 - 12 \div (-2)^2 = 3 - 12 \div 4$
$= 3 - \left(12 \times \dfrac{1}{4}\right) = 3 - 3 = 0$

(2) $\left(-\dfrac{3}{5}\right) \div \dfrac{7}{10} = \left(-\dfrac{3}{5}\right) \times \dfrac{10}{7}$
$= -\dfrac{6}{7}$

정답 (1) 0 (2) $-\dfrac{6}{7}$

개념UP

대입과 식의 값

- 대입 : 문자를 포함한 식에서 문자 대신 수를 넣는 것을 말함
- 식의 값 : 문자에 주어진 수를 대입하여 계산함

⊙ 문자에 수를 대입하는 경우 생략된 곱셈 기호($\times$)를 다시 쓰며, 음수를 대입하는 경우 괄호를 사용한다.

예 $a=-2$일 때, $3a+4$의 값

$\Rightarrow 3 \times (-2) + 4 = -6 + 4 = -2$

ⓛ 분모에 분수를 대입하는 경우 생략된 나눗셈 기호를 다시 쓴다.

예 $a=\dfrac{1}{2}$일 때, $\dfrac{2}{a}$의 값 $\Rightarrow \dfrac{2}{a} = 2 \div a = 2 \div \dfrac{1}{2} = 2 \times 2 = 4$

③ 다항식과 일차식의 용어 정리

㉠ **항** : 수 또는 문자의 곱으로 이루어진 식

㉡ **상수항** : 수만으로 이루어진 항

㉢ **동류항** : 문자와 차수가 같은 항(상수항끼리도 동류항에 해당함)

㉣ **계수** : 항에서 문자에 곱한 수

㉤ **단항식** : 하나의 항으로만 이루어진 식

㉥ **다항식** : 하나 이상의 항의 합으로 이루어진 식

㉦ **일차식** : 차수가 1인 다항식

④ 일차식의 덧셈과 뺄셈

㉠ **동류항끼리 계산** : 교환법칙과 분배법칙 등을 이용하여 각 항의 계수의 합이나 차에 그 동류항의 문자를 곱함

예 $3x + 4y + 2x - 2y = (3+2)x + (4-2)y = 5x + 2y$

ⓛ **일차식의 덧셈** : 괄호가 있는 경우 괄호를 먼저 풀고 동류항끼리 모아서 계산함

㉢ **일차식의 뺄셈** : 각 항의 부호를 바꾸어 덧셈으로 고쳐서 계산함

⑤ 일차식의 곱셈과 나눗셈

㉠ **'단항식×수'** : 수끼리 곱하여 문자 앞에 씀

예 $3a \times 2 = (3 \times 2) \times a = 6a$

ⓛ **'단항식÷수'** : 나눗셈을 곱셈으로 바꾸어 계산함

예 $4b \div 2 = 4 \times b \times \dfrac{1}{2} = 2 \times b = 2b$

㉢ **'일차식×수'** : 분배법칙을 사용하여 그 수를 일차식의 각 항에 곱하여 계산함

예 $2(3a+1) = 2 \times 3a + 2 \times 1 = 6a + 2$

㉣ **'일차식÷수'** : 나눗셈을 곱셈으로 바꾸어 계산함

예 $(4b+6) \div 2 = 4b \times \dfrac{1}{2} + 6 \times \dfrac{1}{2} = 2b + 3$

개념UP

다항식의 차수

차수가 가장 높은 항의 차수를 말하며, 차수란 문자가 있는 항에서 문자가 곱해진 개수를 말한다.

예 $5x^2$ ← 차수

문제UP

다음을 간단히 하시오.

(1) $(12x-6) \div 6 + 4\left(y - \dfrac{1}{2}\right)$

(2) $-6(2x-y) \div 3$

해 (1) $(12x-6) \div 6 + 4\left(y - \dfrac{1}{2}\right)$

$= 12x \times \dfrac{1}{6} - 6 \times \dfrac{1}{6}$

$\qquad + 4 \times y - 4 \times \dfrac{1}{2}$

$= 2x - 1 + 4y - 2$

$= 2x + 4y - 3$

(2) $-6(2x-y) \div 3$

$= (-12x + 6y) \times \dfrac{1}{3}$

$= -4x + 2y$

정답 (1) $2x+4y-3$ (2) $-4x+2y$

(2) 일차방정식

① 항등식과 방정식의 용어 정리

   ㉠ 항등식 : 미지수의 값에 관계없이 항상 참이 되는 등식(등식의 미지수에 어떤 값을 대입하여도 항상 참이 됨)

   ㉡ x에 관한 방정식 : x의 값에 따라 참 또는 거짓일 수도 있는 등식

   ㉢ 미지수 : 방정식에 있는 x, y 등의 문자

   ㉣ 해(또는 근) : 방정식이 참이 되게 하는 미지수의 값을 말하며, 해(또는 근)을 구하는 것을 "방정식을 푼다"라고 함

② 등식의 성질

   ㉠ 등식의 양변에 같은 수를 더하거나 빼어도 등식은 성립한다.

     예 $a=b$이면 $a-c=b-c$

   ㉡ 등식의 양변에 같은 수를 곱하여도 등식은 성립한다.

   ㉢ 등식의 양변에 0이 아닌 같은 수로 나누어도 등식은 성립한다.

     예 $a=b$이면 $\dfrac{a}{c}=\dfrac{b}{c}$

③ 이항과 일차방정식

   ㉠ 이항 : 등식의 성질을 이용하여 한 변에 있는 항의 부호를 바꾸어 다른 변으로 옮기는 것을 말함

   ㉡ 일차방정식 : '일차식$=0$'의 꼴로 변형되는 방정식으로, 방정식의 모든 항을 좌변으로 이항하여 변형함

     예 $3x-4=0$

④ 일차방정식의 풀이 방법

   ㉠ 괄호가 있는 경우 괄호를 풀어 정리한다.

   ㉡ 계수에 소수가 있는 경우 양변에 10, 100, 1000 등의 적당한 수를 곱하여 계수를 정수로 고친 후 풀이하며, 계수가 분수인 경우 양변에 분모의 최소공배수를 곱하여 계수를 정수로 고친 후 풀이한다.

     예 $\dfrac{1}{3}x+\dfrac{3}{2}=x$ (양변에 분모의 최소공배수 6을 곱함)

      $\Rightarrow 2x+9=6x$

   ㉢ 미지수 x를 포함한 항은 좌변으로, 상수항은 우변으로 이항한다.

   ㉣ 양변을 간단히 하여 $ax=b(a\neq0)$의 꼴로 고친다.

   ㉤ x의 계수 a로 양변을 나눈다.

     예 $3x=6$ (양변을 3으로 나눔)$\Rightarrow x=2$

개념UP

좌변, 우변, 양변

- **좌변** : 등식에서 등호의 왼쪽에 있는 부분
- **우변** : 등식에서 등호의 오른쪽에 있는 부분
- **양변** : 좌변과 우변을 통칭하는 말

예 $2x+1=5$

좌변 우변

양변

문제UP

다음 일차방정식을 푸시오.

(1) $0.5x+1.2=0.3x$

(2) $\dfrac{x+2}{3}=\dfrac{1}{2}$

해 (1) $0.5x+1.2=0.3x$ (양변에 10을 곱함) $\Rightarrow 5x+12=3x \Rightarrow$ $5x-3x=-12 \Rightarrow 2x=-12$ $\Rightarrow x=-6$

(2) $\dfrac{x+2}{3}=\dfrac{1}{2}$ (양변에 6을 곱함) $\Rightarrow 2(x+2)=3 \Rightarrow 2x+4=3$ $\Rightarrow 2x=-1 \Rightarrow x=-\dfrac{1}{2}$

정답 (1) $x=-6$ (2) $x=-\dfrac{1}{2}$

---

1. 국어
2. 수학
3. 영어
4. 사회
5. 과학
6. 도덕

다음 문제를 푸시오.

(1) 연속하는 세 짝수의 합이 984인 경우, 연속하는 수 중 가장 큰 수는?

(2) 집에서 학교까지 왕복하는데, 집에서 학교까지 갈 때는 시속 4km, 학교에서 집으로 올 때는 시속 5km의 속력으로 걸어서 2시간이 걸렸다고 한다. 집에서 학교까지의 거리를 구하면?

(3) 10%의 소금물 300g과 16%의 소금물을 섞었더니 14%의 소금물이 되었다. 이때 섞은 16%의 소금물의 양을 구하면?

해 (1) 연속하는 세 짝수를 $x-2$, x, $x+2$라 하면,

$(x-2)+x+(x+2)=984$

$\Rightarrow 3x=984 \Rightarrow x=328$

$\therefore$ 가장 큰 수$=328+2=330$

(2) 집에서 학교까지의 거리를 $x(\text{km})$라 하면, 갈 때 걸린 시간은 $\dfrac{x}{4}$(시간), 올 때 걸린 시간은 $\dfrac{x}{5}$(시간)이고 총 2시간 걸렸으므로 $\dfrac{x}{4}+\dfrac{x}{5}=2$

$\Rightarrow 5x+4x=40 \Rightarrow 9x=40$

$\therefore x=\dfrac{40}{9}(\text{km})$

(3) 16%의 소금물의 양을 $x(\text{g})$라 하면,

$300 \times \dfrac{10}{100}+x \times \dfrac{16}{100}$

$=(300+x) \times \dfrac{14}{100}$

$3000+16x=4200+14x$

$\Rightarrow 2x=1200 \therefore x=600(\text{g})$

정답 (1) 330 (2) $\dfrac{40}{9}$ km (3) 600 g

---

(3) 일차방정식의 활용

① 일차방정식 활용 문제를 푸는 순서

ㄱ 미지수 정하기 : 문제의 뜻을 이해하고 구하는 값을 미지수 x로 놓음

ㄴ 방정식 세우기 : 문제에 제시된 수량 관계를 파악하여 x의 식으로 세움

ㄷ 방정식 풀기 : 방정식을 풀어 해(또는 근)를 구함

ㄹ 확인하기 : 구한 해(또는 근)가 문제의 뜻에 맞는지 확인함

② 활용 문제의 주요 유형

ㄱ 수에 관한 문제

- 두 자리의 자연수 : $10x+y$
- 연속하는 두 정수 : x, $x+1$ 또는 $x-1$, x
- 연속하는 세 정수 : x, $x+1$, $x+2$ 또는 $x-1$, x, $x+1$
- 연속하는 두 짝수(홀수) : x, $x+2$ 또는 $x-2$, x
- 연속하는 세 짝수(홀수) : x, $x+2$, $x+4$ 또는 $x-2$, x, $x+2$

ㄴ 정가에 관한 문제

- 정가$=$원가$+$이익
- 판매가$=$정가$-$할인 금액

예 원가 x원에 $a\%$의 이익을 붙이면 $x\left(1+\dfrac{a}{100}\right)$원이 된다.

원가 x원에 $a\%$의 할인을 하면 $x\left(1-\dfrac{a}{100}\right)$원이 된다.

ㄷ 거리, 속력, 시간에 관한 문제

- 거리$=$속력$\times$시간
- 시간$=\dfrac{\text{거리}}{\text{속력}}$, 속력$=\dfrac{\text{거리}}{\text{시간}}$

ㄹ 농도에 관한 문제

- 소금의 양$=$(소금물의 양)$\times\dfrac{(\text{농도})}{100}$
- 소금물의 농도$=\dfrac{(\text{소금의 양})}{(\text{소금물의 양})}\times 100(\%)$

❹ 함수

(1) 함수와 좌표평면

① 함수 관련 용어 정리

㉠ 변수 : x, y와 같이 여러 가지로 변하는 값을 나타내는 문자

㉡ 함수 : 두 변수 x, y에 대하여 x의 값이 하나 정해짐에 따라 y의 값이 오직 하나씩 정해지는 대응관계가 있을 때, y는 x의 함수라고 함

㉢ 함수의 표현 : $y = f(x)$

㉣ 함수값 : 함수 $y = f(x)$에서 x의 값에 따라 결정되는 y의 값 $f(x)$를 x에 대한 함수값이라고 함

예 $f(x) = 2x + 1$일 때, 함수값 $f(3)$은 $2 \times 3 + 1 = 7$

② 순서쌍과 좌표평면, 사분면

㉠ 수직선 위의 점의 좌표 : 수직선 위의 한 점에 대응하는 수를 그 점의 좌표라 함

㉡ 순서쌍 : 두 수의 순서를 정하여 짝지어 나타낸 것

㉢ 좌표평면 : 두 수직선이 점 O에서 서로 수직으로 만날 때,

· 가로의 수직선을 x축, 세로의 수직선을 y축이라고 하며, x축과 y축을 통틀어 좌표축이라 한다.

· x축과 y축의 교점 O를 원점이라고 한다.

· 좌표축이 정해져 있는 평면을 좌표평면이라고 한다.

㉣ 좌표평면 위의 점의 좌표 : 좌표평면 위의 점 P의 x좌표가 a, y좌표가 b일 때, 점 P의 좌표를 순서쌍 (a, b)로 나타내며, 기호로 $P(a, b)$와 같이 나타낸다.

예

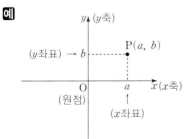

㉤ 사분면 : 좌표축에 의해 좌표평면은 네 부분으로 나누어지는데, 이 네 부분을 각각 제1사분면, 제2사분면, 제3사분면, 제4사분면이라고 함

1. 국어
2. 수학
3. 영어
4. 사회
5. 과학
6. 도덕

개념UP

함수의 성질

· x, y 사이에 정비례 관계나 반비례 관계가 있으면 y는 x의 함수이다.

예 $y = ax(a \neq 0$, 정비례 관계식), $y = \dfrac{a}{x}(a \neq 0$, 반비례 관계식)

· x의 값 하나에 대응하는 y의 값이 존재하지 않거나 두 개 이상 존재하는 경우 y는 x의 함수가 아니다.

문제UP

다음 중 y가 x의 함수가 아닌 것은?

① x와 y의 합이 10

② 자연수 x의 약수의 개수 y

③ 자연수 x와 서로소인 수 y

④ 시속 $x(\text{km/h})$의 속력으로 3시간 간 거리 $y(\text{km})$

해 어떤 자연수 x와 서로소인 수는 여러 개가 있을 수 있으므로, ③은 함수가 아니다.

정답 ③

다음 문제를 푸시오.

(1) 점 $P(a, b)$가 제3사분면 위의 점일 때, 점 $Q(-a, -b)$는 몇 사분면 위의 점인가?

(2) 다음의 좌표평면 위의 점 $P(2, 4)$에 대하여, x축에 대하여 대칭인 점 Q와 y축에 대하여 대칭인 점 R의 좌표를 구하고, 각각 몇 사분면에 있는지 쓰시오.

해 (1) 점 P가 제3사분면 위의 점이므로 $a<0$, $b<0$이다. 따라서 $-a>0$, $-b>0$이므로 점 Q는 제1사분면 위의 점에 해당한다.

(2) 점 $P(2, 4)$는 제1사분면에 있는 점이며, 이와 x축에 대하여 대칭인 점 Q의 좌표는 $(2, -4)$이며, y축에 대하여 대칭인 점 R의 좌표는 $(-2, 4)$이다. 점 Q는 제4사분면, 점 R은 제2사분면에 있는 점이다.

정답 (1) 제1사분면 (2) 해설 참조

함수 $y=ax(a \neq 0)$의 그래프 위치

• $a>0$일 때, 그래프는 왼쪽 아래에서 원점을 지나 오른쪽 위로 향하는 직선이다.

• $a<0$일 때, 그래프는 왼쪽 위에서 원점을 지나 오른쪽 아래로 향하는 직선이다.

예

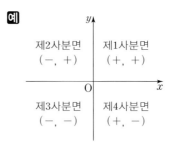

ㅂ 대칭인 점의 좌표 구하기 : 좌표평면 위의 점 $P(a, b)$에 대하여

• x축에 대하여 대칭인 점 : $(a, -b)$

• y축에 대하여 대칭인 점 : $(-a, b)$

• 원점에 대하여 대칭인 점 : $(-a, -b)$

③ 정비례와 반비례

㉠ 정비례 : 두 변수의 관계에서 어떤 값이 2배, 3배, …가 되면 다른 값이 2배, 3배, …가 되는 관계

㉡ 반비례 : 두 변수의 관계에서 어떤 값이 2배, 3배, …가 되면 다른 값이 $\frac{1}{2}$배, $\frac{1}{3}$배, …가 되는 관계

(2) 함수의 그래프

① 함수의 그래프 : 함수 $y=f(x)$에서 변수 x와 그에 대한 함수값 $f(x)$로 이루어진 순서쌍 $(x, f(x))$를 좌표로 하는 점 모두를 좌표평면 위에 나타낸 것을 말함

② 함수 $y=ax(a \neq 0)$의 그래프

㉠ 함수 $y=ax(a \neq 0)$의 그래프는 원점과 점 $(1, a)$를 지나는 직선이다.

㉡ $a>0$일 때

• 그래프는 원점과 제1사분면, 제3사분면을 지난다.

• x의 값이 증가하면 y의 값도 증가한다.

예

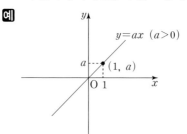

ⓒ $a<0$일 때

- 그래프는 원점과 제2사분면, 제4사분면을 지난다.
- x의 값이 증가하면 y의 값은 감소한다.

예

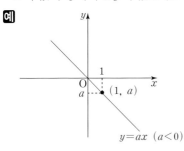

$y=ax\ (a<0)$

ⓔ a의 절대값이 클수록 직선은 y축에 가까워진다.

③ 함수 $y=\dfrac{a}{x}(a\neq0)$의 그래프

ⓖ 그래프는 점 $(1,\ a)$를 지나며, 원점에 대하여 대칭인 한 쌍의 쌍곡선이다.

ⓛ $a>0$일 때

- 그래프는 제1사분면과 제3사분면을 지난다.
- x의 값이 증가하면 y값은 감소한다.

예

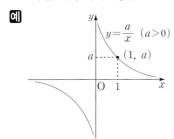

$y=\dfrac{a}{x}\ (a>0)$

ⓒ $a<0$일 때

- 그래프는 제2사분면과 제4사분면을 지난다.
- x의 값이 증가하면 y값도 증가한다.

예

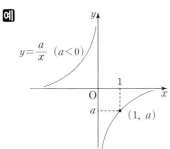

$y=\dfrac{a}{x}\ (a<0)$

ⓔ a의 절대값이 클수록 곡선은 원점에서 멀어진다.

문제UP

다음 물음에 답하시오.

(1) 함수 $y=ax$의 그래프가 점 $(2,\ 4)$와 $(b,\ 6)$을 지날 때, a와 b의 값은?

(2) 다음 함수의 그래프에서 $a+b$값을 구하면?

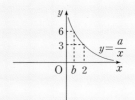

$y=\dfrac{a}{x}$

해 (1) 함수가 점 $(2,\ 4)$를 지나므로,
$4=a\times2$ ∴ $a=2$이며, 함수는 $y=2x$이다. 이 함수는 또한 $(b,\ 6)$을 지나므로 이를 대입하면,
$6=2\times b$ ∴ $b=3$
따라서 $a=2,\ b=3$이다.

(2) 함수 $y=\dfrac{a}{x}$가 점 $(2,\ 3)$을 지나므로 $3=\dfrac{a}{2}$ ∴ $a=6$

함수는 $y=\dfrac{6}{x}$이다. 또한 이 함수의 그래프가 $(b,\ 6)$를 지나므로 $6=\dfrac{6}{b}$ ∴ $b=1$

따라서 $a+b=6+1=7$이다.

정답 (1) $a=2,\ b=3$ (2) 7

1. 국어

2. 수학

3. 영어

4. 사회

5. 과학

6. 도덕

❺ 통계

(1) 자료의 분석

① 도수분포표

ㄱ 변량 : 자료를 수량으로 나타낸 것

ㄴ 계급 : 변량을 일정한 간격으로 나눈 구간

ㄷ 계급의 크기 : 구간의 너비

ㄹ 계급값 : 계급을 대표하는 값으로, 각 계급의 중앙의 값

예 a이상 b미만인 계급에서

$$계급의 크기 = b - a, \ 계급값 = \frac{a+b}{2}$$

ㅁ 도수 : 각 계급에 속하는 자료의 수

ㅂ 도수분포표 : 각 계급의 도수를 조사하여 나타낸 표

② 히스토그램

히스토그램

히스토그램은 계급이 주어져서 직사각형이 연속적으로 이어진 그래프이고, 막대그래프는 계급의 크기가 없을 때, 서로 떨어져 있는 막대로 나타낸 그래프이다.

ㄱ 히스토그램 : 각 계급의 크기를 가로축에, 각 계급의 도수를 세로축에 표시하여 직사각형으로 나타낸 그래프

ㄴ 히스토그램의 작성 : 가로축에 계급의 양 끝값을 차례로 적음 → 세로축에 도수를 적음 → 각 계급의 크기를 가로, 도수를 세로로 하는 직사각형을 차례로 그림

예
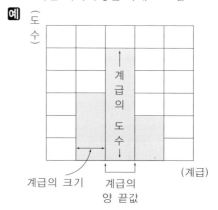

계급의 크기   계급의 양 끝값

ㄷ 히스토그램의 특징

- 도수분포표에 비하여 자료의 분포 상태를 한눈에 알아보기 쉽다.
- 직사각형의 개수 = 계급의 개수
- 직사각형의 넓이 = 계급의 크기 × 그 계급의 도수
- 직사각형의 넓이의 합 = 계급의 크기 × 도수의 총합

③ 도수분포다각형

   ⊙ 도수분포다각형 : 히스토그램에서 각 직사각형의 윗변의 중점과 양 끝에 도수가 0인 계급이 하나씩 있는 것으로 생각하여, 그 중점을 선분으로 연결하여 그린 그래프

   ⓒ 도수분포다각형의 작성 : 히스토그램에서 각 직사각형의 윗변의 중점을 선분으로 연결 → 양 끝에 도수가 0인 계급을 하나씩 추가하여 그 중점을 연결

     예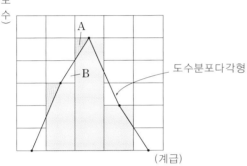

   ⓒ 도수분포다각형의 넓이 : 위 그래프상의 A와 B의 넓이가 같으므로, 도수분포다각형과 가로축으로 둘러싸인 부분의 넓이는 히스토그램의 직사각형 넓이의 합과 같음

④ 줄기와 잎 그림

   ⊙ 줄기와 잎 그림 : 어떤 자료를 보고 큰 수의 자릿값은 줄기에, 작은 수의 자릿값은 잎에 써서 나타낸 그림

     예 현석이네 모둠 친구들의 키

(단위 : cm)

줄기	잎		
13	8		
14	0	1	5

13|8은 138cm를 의미한다.

(2) 상대도수

① 상대도수

   ⊙ 상대도수 : 도수분포표에서 전체 도수에 대한 각 계급의 비율을 말함

$$(\text{계급의 상대도수}) = \frac{(\text{계급의 도수})}{(\text{도수의 총합})}$$

1. 국어
2. 수학
3. 영어
4. 사회
5. 과학
6. 도덕

상대도수를 위한 집단의 비교

상대도수를 이용하면 도수의 총합이 다른 두 집단의 분포를 비교할 때 편리하다.

- (상대도수의 총합)
$$= \frac{(각 \ 계급의 \ 도수의 \ 합)}{(도수의 \ 총합)}$$
$$= \frac{(도수의 \ 총합)}{(도수의 \ 총합)} = 1$$

- (도수의 총합)
$$= \frac{(그 \ 계급의 \ 도수)}{(계급의 \ 상대도수)}$$

- (상대도수를 이용한 평균)
$$= [\{(계급값) \times (상대도수)\}의 \ 총합]$$

ⓛ 상대도수의 분포표 : 각 계급의 상대도수를 구하여 나타낸 표

ⓒ 상대도수의 특징

- 상대도수의 총합은 항상 1이다.
- 각 계급의 상대도수는 그 계급의 도수에 정비례한다.
- (계급의 도수)=(그 계급의 상대도수)×(도수의 총합)
- 도수의 총합이 다른 두 집단을 비교하는데 편리하다.

ⓔ 상대도수의 분포표를 그래프로 나타내는 방법

- 가로축에 계급의 양 끝값을 차례로 표시한다.
- 세로축에서는 상대도수를 차례로 표시한다.
- 히스토그램이나 도수분포다각형과 같은 모양으로 그린다.

❻ 기본 도형 및 작도

(1) 기본 도형

① 점, 선, 면

ㄱ 교점 : 선과 선 또는 선과 면이 만날 때 생기는 공통부분인 점

ㄴ 교선 : 면과 면이 만날 때 두 면이 이루는 공통부분인 선

 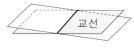

직선과 반직선, 선분의 성질

- $\overleftrightarrow{AB} = \overleftrightarrow{BA}$
- $\overrightarrow{AB} \neq \overrightarrow{BA}$
- $\overline{AB} = \overline{BA}$

ㄷ 직선과 반직선, 선분

- 직선 AB($\overleftrightarrow{AB}$) : 서로 다른 두 점 A, B를 지나는 직선
- 반직선 AB($\overrightarrow{AB}$) : 직선 AB 위의 점 A에서 시작하여 점 B쪽으로 한없이 연장한 선
- 선분 AB($\overline{AB}$) : 직선 AB의 점 A에서 점 B까지의 부분

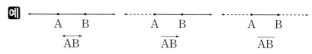

ㄹ 두 점 사이의 거리

- 두 점 A, B 사이의 거리 : 두 점 A와 B를 잇는 무수히 많은 선 중에서 길이가 가장 짧은 선인 선분 AB의 길이
- 선분 AB의 중점 : 선분 AB 위의 점 중에서 점 A와 점 B에서 같은 거리에 있는 점 M을 중점이라고 함

$$\overline{AM}=\overline{MB}=\frac{1}{2}\ \overline{AB} \quad 2\ \overline{AM}=2\ \overline{MB}=\overline{AB}$$

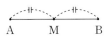

② 각

㉠ 각 AOB : 한 점에서 그은 두 반직선 OA와 OB로 이루어진 도형을 말하며, ∠AOB에서 점 O를 각의 꼭짓점, 두 반직선 OA, OB를 각의 변이라고 함

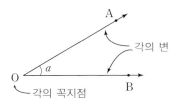

㉡ ∠AOB의 크기 : 꼭짓점 O를 중심으로 반직선 OA가 반직선 OB까지 회전한 양

㉢ 각의 크기에 따른 분류

• 예각 : 크기가 0°보다 크고 90°보다 작은 각

• 직각 : 크기가 90°인 각

• 둔각 : 크기가 90°보다 크고 180°보다 작은 각

• 평각 : 크기가 180°인 각, 즉 각의 두 변이 한 직선을 이루는 각

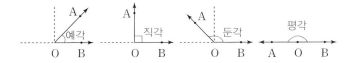

㉣ 맞꼭지각

• 교각 : 두 직선이 한 점에서 만날 때 생기는 내각(∠a, ∠b, ∠c, ∠d)

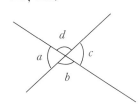

• 맞꼭지각 : 교각 중에서 서로 마주보는 각(∠a와 ∠c, ∠b와 ∠d)

• 맞꼭지각의 성질 : 맞꼭지각의 크기는 서로 같음(∠a=∠c, ∠b=∠d)

1. 국어 2. 수학 3. 영어 4. 사회 5. 과학 6. 도덕

개념UP

∠AOB의 성질

∠AOB는 각을 나타내기도 하고 각의 크기를 나타내기도 한다.

문제UP

다음 중 둔각인 것은?

① 45° ② 60°
③ 90° ④ 120°

해 둔각은 90°보다 크고 180°보다 작은 각을 말하므로, ④가 둔각에 해당한다. ①·②는 예각이며, ③은 직각이다.

정답 ④

문제UP

다음 중 ∠a, ∠b의 크기를 구하면?

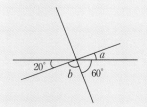

해 ∠a의 맞꼭지각이 20°이므로, ∠a=20°가 된다.
또한 직선은 180°(평각)이므로 20°+∠b+60°=180°이다.
∴ ∠b=100°

정답 ∠a=20°, ∠b=100°

⑩ 직교와 수선

• 직교 : 두 직선 AB와 CD의 교각이 직각일 때 이 두 직선은 "직교한다" 또는 "수직이다"라고 하며, $\overleftrightarrow{AB} \perp \overleftrightarrow{CD}$와 같이 나타냄

• 수선 : 두 직선이 서로 직교할 때(수직일 때) 한 직선을 다른 직선의 수선이라고 함($\overleftrightarrow{AB}$는 $\overleftrightarrow{CD}$의 수선, $\overleftrightarrow{CD}$는 $\overleftrightarrow{AB}$의 수선)

• 수선의 발 : 직선과 그 수선과의 교점을 수선의 발이라 함

• 점과 직선 사이의 거리 : 점에서 직선에 내린 수선의 발(H)까지의 거리를 말하며, 점 P와 수선의 발 H까지의 거리는 $\overline{PH}$의 길이와 같음

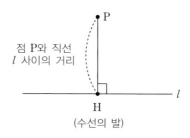

점 P와 직선 l 사이의 거리

(수선의 발)

수선의 발

모든 직선의 거리 중 가장 짧은 거리이다.

② 평행선의 성질

㉠ 평행선

• 평행 : 한 평면 위의 두 직선 l, m이 서로 만나지 않을 때 두 직선 l, m은 평행하다고 하며, '$l /\!/ m$'으로 나타냄

• 평행선 : 서로 평행한 두 직선을 평행선이라 함

㉡ 평행선과 동위각 : 평행한 두 직선과 다른 직선이 만날 때,

• 두 직선이 평행하면 동위각의 크기는 같다.($l /\!/ m$이면 $\angle a = \angle c$)

• 동위각의 크기가 같으며 두 직선은 평행하다.($\angle a = \angle c$이면 $l /\!/ m$)

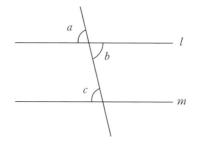

동위각과 엇각

• **동위각** : 서로 같은 위치에 있는 각 ($\angle a$와 $\angle e$, $\angle b$와 $\angle f$, $\angle c$와 $\angle g$, $\angle d$와 $\angle h$는 동위각)

• **엇각** : 서로 엇갈린 위치에 있는 각 ($\angle b$와 $\angle h$, $\angle c$와 $\angle e$는 엇각)

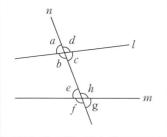

ㄷ 평행선과 엇각 : 평행한 두 직선이 한 직선과 만날 때,

- 두 직선이 평행하면 엇각의 크기는 같다.($l /\!/ m$이면 $\angle b = \angle c$)

- 엇각의 크기가 같으면 두 직선은 평행하다.($\angle b = \angle c$이면 $l /\!/ m$)

③ 점, 직선, 평면 사이의 위치 관계

ㄱ 점과 직선의 위치 관계

- 점 A는 직선 l 위에 있다.(= 직선이 점을 지난다.)

- 점 B는 직선 l 위에 있지 않다.(= 점이 직선 밖에 있다.)

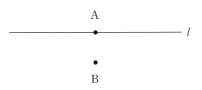

ㄴ 평면에서 두 직선의 위치 관계

- 한 점에서 만난다.

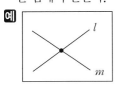

예

- 평행하다

예

- 일치한다.

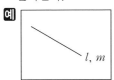

예

ㄷ 공간에서 두 직선의 위치 관계

- 한 점에서 만난다.
- 평행하다.
- 꼬인 위치에 있다.

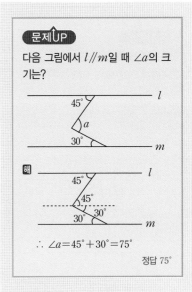

문제UP

다음 그림에서 $l /\!/ m$일 때 $\angle a$의 크기는?

해

$\therefore \angle a = 45° + 30° = 75°$

정답 75°

개념UP

꼬인 위치에 있다

공간에서 두 직선이 서로 만나지도 않고 평행하지도 않을 때, 두 직선은 "꼬인 위치에 있다"라고 한다.

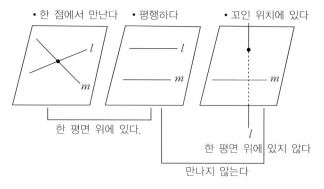

• 한 점에서 만난다　• 평행하다　• 꼬인 위치에 있다

한 평면 위에 있다.

한 평면 위에 있지 않다

만나지 않는다

개념UP

공간에서의 평행과 직교

• 평행 : 공간에서 직선 l과 평면 P 가 만나지 않는 경우 직선과 평면 은 평행하다고 하며, '$l/\!/$P' 와 같 이 나타낸다.

• 직교한다(수직이다) : 직선 l이 평 면 P 위의 한 점 O를 지나는 모든 직선과 수직일 때, 직선 l과 평면 P 는 직교한다(수직이다)고 하며, '$l\perp$P' 로 표현한다. 그리고 이때 직 선 l을 평면 P의 수선이라고 한다.

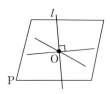

㉣ 공간에서 직선과 평면의 위치 관계

• 포함한다.

• 한 점에서 만난다.

• 만나지 않는다.

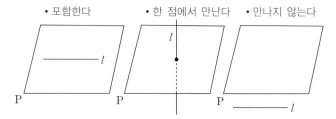

• 포함한다　• 한 점에서 만난다　• 만나지 않는다

문제UP

다음의 정육면체를 보고 물음에 답하 시오.

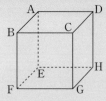

(1) 모서리 BF와 꼬인 위치에 있는 모서리

(2) 면 ABCD와 평행한 모서리

(3) 모서리 DH에 수직인 면

해 (1) 모서리 BF와 꼬인 위치에 있는 모서리는 모서리 AD, 모서리 CD, 모서리 EH, 모서리 GH 이다.

(2) 면 ABCD와 평행한 모서리는 모서리 EF, 모서리 EH, 모서 리 FG, 모서리 GH이다.

(3) 모서리 DH에 수직인 면은 면 ABCD, 면 EFGH이다.

정답 해설 참조

㉤ 공간에서 평면과 평면의 위치 관계

• 일치한다.

• 한 직선에서 만난다.

• 만나지 않는다.

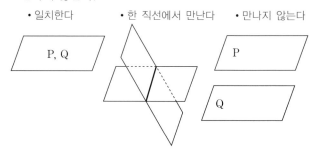

• 일치한다　• 한 직선에서 만난다　• 만나지 않는다

(2) 작도와 합동

① 간단한 작도

㉠ 작도 : 눈금 없는 자와 컴퍼스만을 사용하여 도형을 그리는 것

㉡ 수직이등분선의 작도

• 각의 이등분선 : 한 각을 이등분하는 직선을 그 각의 이등분

선이라 함

- 선분의 수직이등분선의 작도 : 선분의 중점을 지나고 이 선분에 수직인 직선을 선분의 수직이등분선이라고 하며, 다음의 순서로 작도함(① → ②)

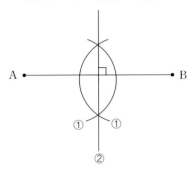

② 삼각형 ABC(△ABC)

㉠ 대변 : 한 각과 마주 보는 변을 말하며, ∠A의 대변은 $\overline{BC}$, ∠B의 대변은 $\overline{AC}$, ∠C의 대변은 $\overline{AB}$가 됨

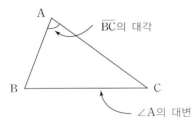

㉡ 대각 : 한 변과 마주 보는 각을 말하며, $\overline{BC}$의 대각은 ∠A, $\overline{AC}$의 대각은 ∠B , $\overline{AB}$의 대각은 ∠C가 됨

㉢ 삼각형의 세 변의 길이 관계
- 두 변의 길이의 합은 나머지 한 변의 길이보다 크다.
- 두변의 길이의 차는 나머지 한 변의 길이보다 작다.

③ 합동

㉠ 합동 : 한 도형을 모양이나 크기를 바꾸지 않고 다른 도형에 완전히 포갤 수 있을 때 두 도형을 서로 합동이라고 하며, '△ABC≡△DEF'로 표현함

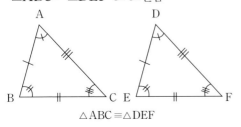

△ABC≡△DEF

1. 국어

2. 수학

3. 영어

4. 사회

5. 과학

6. 도덕

개념UP

삼각형

삼각형은 한 직선 위에 있지 않은 세 점 A, B, C를 연결한 세 선분 AB, BC, CA로 이루어진 도형을 말한다.

문제UP

세변의 길이가 다음과 같을 때, 삼각형을 작도할 수 없는 것은?

① 3, 4, 5   ② 5, 7, 11

③ 6, 6, 6   ④ 7, 8, 15

해 ④의 경우 7＋8＝15이므로 삼각형이 될 수 없다. 두 변의 길이의 합이 나머지 한 변의 길이보다 커야 한다.

정답 ④

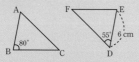

△ABC≡△DEF일 때, 다음 물음에 답하시오.

(1) $\overline{AB}$의 길이를 구하시오.
(2) ∠A의 크기를 구하시오.
(3) ∠C의 크기를 구하시오.

해 (1) △ABC≡△DEF이므로 $\overline{AB}$의 길이는 $\overline{DE}$의 길이와 같다.
∴ $\overline{AB}=6$ cm
(2) ∠A=∠D이므로, ∠A=55°이다.
(3) ∠C+55°+80°=180°이므로, ∠C=45°이다.

정답 (1) 6cm (2) 55° (3) 45°

개념UP

정다각형

정삼각형, 정사각형, 정오각형, … 등과 같이 모든 변의 길이가 같고 모든 내각의 크기도 같은 다각형을 정다각형이라 한다.

ⓒ 대응 : 합동인 두 도형에서 포개어지는 꼭짓점과 변, 각은 서로 대응한다고 함
  • 대응점 : 서로 포개어지는 꼭짓점
  • 대응변 : 서로 포개어지는 변
  • 대응각 : 서로 포개어지는 각
ⓒ 합동인 도형의 성질
  • 대응하는 선분(대응변)의 길이가 서로 같다.
  • 대응하는 각(대응각)의 크기가 서로 같다.
④ 삼각형의 합동조건 : 삼각형은 다음의 각 경우에 합동이 됨
  ㉠ SSS 합동 : 대응하는 세 변의 길이가 각각 같을 때
  ㉡ SAS 합동 : 대응하는 두 변의 길이와 그 사잇각의 크기가 같을 때
  ㉢ ASA 합동 : 대응하는 한 변의 길이와 그 양 끝 각의 크기가 각각 같을 때

❼ 평면도형과 입체도형

(1) 평면도형의 성질

① 다각형의 성질
  ㉠ 다각형 : 여러 개의 선분으로 둘러싸인 평면도형
  ㉡ n각형 : n개의 선분으로 둘러싸인 다각형(삼각형, 사각형, 오각형, …)
  ㉢ 내각 : 다각형의 한 꼭짓점에서 이웃하는 두 변으로 이루어진 각
  ㉣ 외각 : 다각형의 한 꼭짓점에서 한 변과 그 변에 이웃하는 변의 연장선이 이루는 각
  ㉤ 대각선 : 다각형에서 이웃하지 않는 두 꼭짓점을 이은 선분

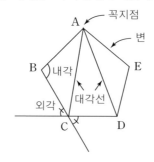

ⓗ 다각형의 대각선의 개수

• n각형의 한 꼭짓점에서 그을 수 있는 대각선의 개수 :
$(n-3)$개

• n각형의 대각선의 개수 : $\dfrac{n(n-3)}{2}$ 개

예 오각형의 한 꼭짓점에서 그을 수 있는 대각선 개수 :
$5-3=2$(개)

오각형의 대각선의 총 개수 : $\dfrac{5(5-3)}{2}=5$(개)

ⓢ 삼각형의 내각과 외각

• 삼각형의 세 내각의 크기의 합은 $180°$이다.

• 삼각형의 세 외각의 크기의 합은 $360°$이다.

• 삼각형의 한 외각의 크기는 그와 이웃하지 않는 두 내각의
크기의 합과 같다.

ⓞ 다각형의 내각과 외각

• n각형의 내각의 크기의 합 : $180° \times (n-2)$

• 정n각형의 한 내각의 크기 : $\dfrac{180° \times (n-2)}{n}$

• n각형의 외각의 크기의 합 : $360°$

• 정n각형의 한 외각의 크기 : $\dfrac{360°}{n}$

② 원과 부채꼴

ⓐ 원과 부채꼴의 용어 정리

• 원 : 평면 위의 한 점 O로부터 일정한 거리에 있는 모든 점들
로 이루어진 도형

• 반지름 : 원의 중심과 원 위의 한 점을 이은 선분

• 호 : 원 위의 두 점 A, B를 양 끝으로 하는 원의 일부분을 말
하며, '$\overarc{AB}$' 로 나타냄

• 현 : 원 위의 두 점 A, B를 이은 선분을 말하며, '$\overline{AB}$' 로
나타냄(원의 중심을 지나는 현은 그 원의 지름)

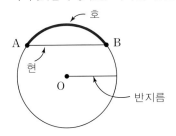

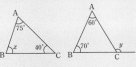

문제UP

다음 그림에서 $\angle x$와 $\angle y$의 크기를
구하시오.

해 $\angle x$: 삼각형의 내각의 합은 $180°$
이므로, $\angle x+75°+40°=180°$
∴ $\angle x=65°$

$\angle y$: 한 외각의 크기는 그와 이웃
하지 않는 두 내각의 크기의 합과
같으므로, $\angle y=60°+70°=130°$

정답 $\angle x=65°$, $\angle y=130°$

문제UP

다음의 각의 크기를 구하시오.
(1) 정오각형의 한 내각의 크기
(2) 정육각형의 한 외각의 크기

해 (1) 정오각형의 한 내각의 크기
$=\dfrac{180° \times (5-2)}{5}=108°$

(2) 정육각형의 한 외각의 크기
$=\dfrac{360°}{6}=60°$

정답 (1) $108°$ (2) $60°$

---

1. 국어

2. 수학

3. 영어

4. 사회

5. 과학

6. 도덕

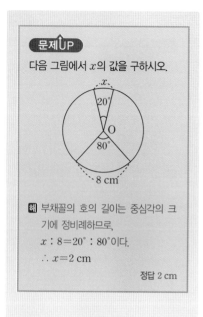

문제UP

다음 그림에서 x의 값을 구하시오.

해 부채꼴의 호의 길이는 중심각의 크
기에 정비례하므로,
$x : 8 = 20° : 80°$이다.
$\therefore x = 2$ cm

정답 2 cm

문제UP

다음 부채꼴의 호의 길이(l)와 넓이
(S)를 구하시오.

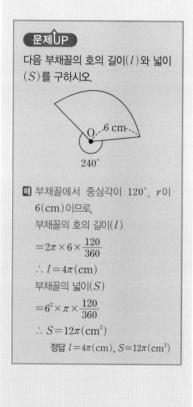

해 부채꼴에서 중심각이 $120°$, r이
6(cm)이므로,
부채꼴의 호의 길이(l)
$= 2\pi \times 6 \times \dfrac{120}{360}$
$\therefore l = 4\pi$(cm)
부채꼴의 넓이(S)
$= 6^2 \times \pi \times \dfrac{120}{360}$
$\therefore S = 12\pi$(cm^2)

정답 $l = 4\pi$(cm), $S = 12\pi$(cm^2)

• 부채꼴 : 호 AB와 두 반지름 OA, OB로 이루어진 도형
• 중심각 : 부채꼴에서 두 반지름이 이루는 각, 즉 ∠AOB를
호 AB에 대한 중심각 또는 부채꼴 AOB의 중심각이라고 함
• 활꼴 : 호 AB와 현 AB로 이루어진 도형

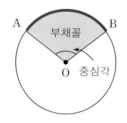
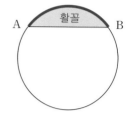

ⓛ 부채꼴의 중심각과 호의 관계
• 한 원에서 중심각의 크기가 같은 두 부채꼴은 넓이와 호의
길이는 각각 같다.
• 한 원에서 호의 길이가 같으면 그에 대한 중심각의 크기도
같다.
• 한 원에서 부채꼴의 넓이와 호의 길이는 각각 중심각의 크기
에 정비례한다.

ⓒ 부채꼴의 중심각과 현의 관계
• 한 원에서 중심각의 크기가 같은 두 부채꼴의 현의 길이는
서로 같다.
• 한 원에서 길이가 같은 두 현에 대한 중심각의 크기는 서로
같다.

ⓔ 부채꼴에서의 호의 길이와 넓이
• 원주율 : 원의 지름의 길이에 대한 둘레의 길이의 비를 말하
며, 원의 크기에 관계없이 항상 일정하며, 파이(π)로 나타냄
• 원주와 원의 넓이 : 원 O에서 반지름을 r, 원주(원의 둘레)를
l, 원의 넓이를 S라 하면,
$l = 2\pi r$, $S = \pi r^2$
• 부채꼴의 호의 길이와 넓이 : 부채꼴의 반지름이 r, 중심각
의 크기가 x, 부채꼴의 호의 길이를 l, 부채꼴의 넓이를 S라
하면,
$$l = 2\pi r \times \dfrac{x}{360}, \ S = \pi r^2 \times \dfrac{x}{360} = \dfrac{1}{2} rl$$

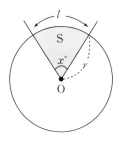

1. 국어

2. 수학

3. 영어

4. 사회

5. 과학

6. 도덕

(2) 입체도형의 성질

① 다면체

㉠ 다면체 : 다각형인 면으로만 둘러싸인 입체도형을 말하며, 면의 개수에 따라 사면체, 오면체, 육면체, … 등이 있음

- 면 : 다면체를 둘러싼 다각형
- 모서리 : 다면체를 둘러싼 다각형의 변
- 꼭짓점 : 다면체를 둘러싼 다각형의 꼭짓점

㉡ 다면체의 종류

- 각기둥 : 두 밑면이 평행하면서 합동인 다각형이고, 옆면이 모두 직사각형인 다면체(삼각기둥, 사각기둥, 오각기둥, … 등)
- 각뿔 : 밑면이 다각형이고, 옆면이 모두 삼각형인 다면체(삼각뿔, 사각뿔, 오각뿔, …)
- 각뿔대 : 각뿔을 밑면에 평행하게 잘라서 생기는 다면체 중에서 각뿔이 아닌 다면체(삼각뿔대, 사각뿔대, 오각뿔대, …)

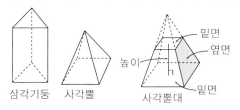

삼각기둥　　사각뿔　　사각뿔대

㉢ 정다면체

- 정다면체 : 모든 면이 합동인 정다각형이고, 각 꼭짓점에 모이는 면의 개수가 같은 다면체
- 정다면체의 종류 : 정사면체, 정육면체, 정팔면체, 정십이면체, 정이십면체의 5가지가 있음

- 정사면체

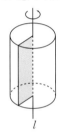
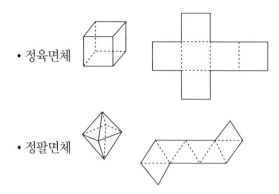

- 정육면체
- 정팔면체

② 회전체

　㉠ **회전체** : 평면도형을 한 직선 l을 축으로 1회전시켰을 때 생기는 입체도형을 회전체라 하며, 이때의 직선 l을 회전축이라고 함

　㉡ **원뿔** : 직각삼각형을 직각을 낀 한 변을 축으로 1회전시켰을 때 생기는 입체도형을 원뿔이라고 함

　㉢ **원뿔대** : 원뿔을 그 밑면에 평행한 평면으로 잘라서 생기는 입체도형 중에서 원뿔이 아닌 도형을 원뿔대라 함(이는 윗변과 아랫변에 수직인 면을 가진 사다리꼴에서 직각을 끼고 1회전시켰을 때 생기는 입체도형을 말함)

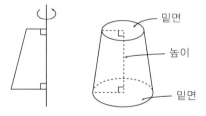

밑면
높이
밑면

　㉣ 회전체의 성질

　　• 회전체를 회전축에 수직인 평면으로 자른 단면은 모두 원의 형태이다.

　　• 회전체를 그 회전축을 포함하는 평면으로 자른 경우 그 단면은 모두 합동이고, 회전축을 대칭축으로 하는 선대칭도형이 된다.

③ 입체도형의 겉넓이와 부피

　㉠ 각기둥의 겉넓이와 부피

　　• 각기둥의 겉넓이(S) = 옆넓이 + 밑넓이 × 2

　　• 각기둥의 부피(V) = 밑넓이 × 높이 = Sh

　㉡ 원기둥의 겉넓이와 부피 : 원의 반지름을 r, 높이를 h라 할 때,

- 원기둥의 겉넓이(S) = 옆넓이 + 밑넓이 × 2 = $2\pi rh + 2\pi r^2$
- 원기둥의 부피(V) = 원의 넓이 × 높이 = $\pi r^2 h$

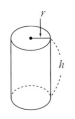
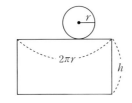

ⓒ 각뿔의 겉넓이와 부피
- 각뿔의 겉넓이(S) = 옆넓이 + 밑넓이
- 각뿔의 부피(V) = $\dfrac{1}{3}$ × 밑넓이 × 높이 = $\dfrac{1}{3}Sh$

ⓔ 원뿔의 겉넓이와 부피 : 반지름을 r, 높이를 h, 모선의 길이가 l
이라 할 때,
- 원뿔의 겉넓이(S)
= 옆넓이 + 밑넓이 = $\pi rl + \pi r^2 = \pi r(l+r)$
- 원뿔의 부피(V) = $\dfrac{1}{3}$ × 밑넓이 × 높이 = $\dfrac{1}{3}\pi r^2 h$

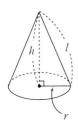

ⓜ 구의 겉넓이와 부피 : 반지름을 r이라 하면
- 구의 겉넓이(S) = $4\pi r^2$
- 구의 부피(V) = $\dfrac{4}{3}\pi r^3$

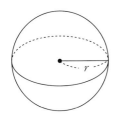

1. 국어

2. 수학

3. 영어

4. 사회

5. 과학

6. 도덕

문제UP

다음 입체도형의 겉넓이와 부피를 구하시오.

해 주어진 입체도형은 원기둥에 해당한다.
- 원기둥의 겉넓이(S)
  = $2\pi \times 4 \times 7 + 2\pi \times 4^2$
  = $56\pi + 32\pi = 88\pi(\text{cm}^2)$
- 원기둥의 부피(V)
  = $\pi \times 4^2 \times 7 = 112\pi(\text{cm}^3)$

정답 $S=88\pi(\text{cm}^2)$, $V=112\pi(\text{cm}^3)$

문제UP

다음 입체도형의 겉넓이와 부피를 구하시오.

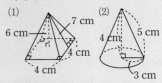

해 (1) 입체도형은 사각뿔에 해당한다.
겉넓이(S)
= $4 \times \left(\dfrac{1}{2} \times 4 \times 7\right) + (4 \times 4)$
= $56 + 16 = 72(\text{cm}^2)$
부피(V)
= $\dfrac{1}{3} \times (4 \times 4) \times 6 = 32(\text{cm}^3)$

(2) 입체도형은 원뿔에 해당한다.
겉넓이(S)
= $\pi \times 3 \times 5 + \pi \times 3^2$
= $15\pi + 9\pi = 24\pi(\text{cm}^2)$
부피(V)
= $\dfrac{1}{3} \times \pi \times 3^2 \times 4 = 12\pi(\text{cm}^3)$

정답 (1) 겉넓이 $72(\text{cm}^2)$, 부피 $32(\text{cm}^3)$
(2) 겉넓이 $24\pi(\text{cm}^2)$, 부피 $12\pi(\text{cm}^3)$

기본 학습

❶ 수와 연산

(1) 유리수와 소수

① 유리수 : m, n이 정수일 때, $\frac{n}{m}$ $(m \neq 0)$의 꼴로 나타낼 수 있는 수를 유리수라 함

② 소수

ㄱ 유한소수 : 소수점 아래의 0이 아닌 숫자가 유한개인 소수

예 0.2, 1.45, 5.893 등

ㄴ 무한소수 : 소수점 아래의 0이 아닌 숫자가 무한히 많은 소수

예 0.242424⋯, 1.423785⋯, 3.333333⋯

ㄷ 유한소수와 무한소수의 구별 : 정수가 아닌 유리수를 기약분수로 나타내었을 때,

• 분모의 소인수가 2나 5뿐이면 유한소수이다.

• 분모에 2나 5 이외의 소인수가 있는 경우 무한소수이다.

ㄹ 유한소수로 나타낼 수 있는 분수 : 분수를 기약분수로 나타내었을 때, 분모의 소인수가 2나 5뿐인 분수는 분모와 분자에 같은 수를 곱하여 분모를 10의 거듭제곱의 꼴로 만들어 유한소수로 나타낼 수 있음

예 $\frac{7}{20} = \frac{7}{2^2 \times 5} = \frac{7 \times 5}{2^2 \times 5 \times 5} = \frac{35}{100} = 0.35$

(2) 유리수와 순환소수

① 순환소수 : 무한소수 중에서 소수점 아래의 어떤 자리에서부터 일정한 숫자의 배열이 한없이 되풀이되는 소수를 말하며, 유리수에 포함됨

예 0.424242⋯, 3.333333⋯

② 순환소수의 표현

ㄱ 순환마디 : 순환소수에서 한없이 되풀이되는 숫자의 한 부분

ㄴ 순환소수의 표현 : 순환마디의 양 끝의 숫자 위에 점을 찍어 표현

예 $3.333333\cdots = 3.\dot{3}$, $0.424242\cdots = 0.\dot{4}\dot{2}$

$3.542542\cdots = 3.\dot{5}4\dot{2}$, $5.345454\cdots = 5.3\dot{4}\dot{5}$

ⓒ 순환소수로 나타낼 수 있는 분수 : 기약분수로 나타내었을 때, 분모가 2나 5 이외의 소인수를 가지면 그 분수는 순환소수로 나타낼 수 있음

예 $\dfrac{7}{30} = \dfrac{7}{2 \times 3 \times 5}$ → 2와 5 이외에 3도 소인수이므로 순환소수로 나타낼 수 있음

ⓓ 순환소수를 분수로 나타내는 방법

[방법 1]

$x = 0.\dot{2}$ 라고 하면 $x = 0.222222\cdots$ ‥‥‥㉠

㉠의 양변에 10을 곱하면 $10x = 2.2222\cdots$ ‥‥‥㉡

㉡－㉠을 하면

$$
\begin{array}{r}
10x = 2.2222\cdots \\
-)\quad x = 0.2222\cdots \\
\hline
9x = 2
\end{array}
$$

$$\therefore x = \dfrac{2}{9}$$

[방법 2]

㉠ $0.\dot{a} = \dfrac{a}{9}$ ㉡ $0.\dot{a}\dot{b} = \dfrac{ab}{99}$

ⓒ $0.a\dot{b} = \dfrac{ab-a}{90}$ ⓓ $0.a\dot{b}\dot{c} = \dfrac{abc-ab}{900}$

ⓔ $0.\dot{a}b\dot{c} = \dfrac{abc-a}{990}$ ⓕ $a.b\dot{c}\dot{d} = \dfrac{abcd-ab}{990}$

❷ 수와 연산

(1) 단항식의 계산

① 지수법칙

ⓐ m, n이 자연수일 때,

- $a^m \times a^n = a^{m+n}$
- $(a^m)^n = a^{mn}$
- $(ab)^m = a^m b^m$
- $\left(\dfrac{a}{b}\right)^m = \dfrac{a^m}{b^m}$

---

1. 국어

2. 수학

3. 영어

4. 사회

5. 과학

6. 도덕

문제UP

다음 순환소수를 분수로 나타내시오.

(1) $0.\dot{4}\dot{5}$

(2) $0.1\dot{2}$

해 (1) $x = 0.\dot{4}\dot{5}$라 하면
$x = 0.454545\cdots$ ‥‥‥㉠
㉠의 양변에 100을 곱하면
$100x = 45.4545\cdots$ ‥‥‥㉡
㉡－㉠을 하면 $99x = 45$
$\therefore x = \dfrac{45}{99} = \dfrac{5}{11}$

(2) $x = 0.1\dot{2}$의 경우 $x = \dfrac{12-1}{90}$
이다.
$\therefore x = \dfrac{11}{90}$

정답 (1) $\dfrac{5}{11}$ (2) $\dfrac{11}{90}$

개념UP

0과 1의 지수법칙
- $0^2 = 0$
- $1^0 = 1$
- $a^0 = 1 (a \neq 0)$

문제UP

다음 식을 간단히 하시오.

(1) $(a^2b^3)^2 \times (ab^4)^3$
(2) $(x^3)^2 \div (x^2)^2 \div (x^2)^4$
(3) $\left(\dfrac{a^4b^3}{a^3b^2}\right)^3$

해 (1) $(a^2b^3)^2 \times (ab^4)^3$
$= a^4b^6 \times a^3b^{12}$
$= a^4 \times a^3 \times b^6 \times b^{12}$
$= a^7b^{18}$

(2) $(x^3)^2 \div (x^2)^2 \div (x^2)^4$
$= x^6 \div x^4 \div x^8 = x^2 \div x^8$
$= \dfrac{1}{x^{8-2}} = \dfrac{1}{x^6}$

(3) $\left(\dfrac{a^4b^3}{a^3b^2}\right)^3 = \dfrac{a^{12}b^9}{a^9b^6}$
$= a^{12-9} \times b^{9-6} = a^3b^3$

정답 (1) a^7b^{18} (2) $\dfrac{1}{x^6}$ (3) a^3b^3

문제UP

다음 식을 간단히 하시오.

$15a^5b^4 \div 5a^4b^2 \times (-2ab^2)^2$

해 $15a^5b^4 \div 5a^4b^2 \times (-2ab^2)^2$
$= 15a^5b^4 \times \dfrac{1}{5a^4b^2} \times 4a^2b^4$
$= 3ab^2 \times 4a^2b^4 = 12a^3b^6$

정답 $12a^3b^6$

개념UP

이차식

다항식의 각 항의 차수 중 가장 큰 차수가 2인 다항식을 그 문자에 대한 이차식이라고 한다.

예 $3x^2 - 4x + 5$(x에 대한 이차식)

예 $a^2 \times a^3 = a^{2+3} = a^5$, $(a^2)^3 = a^{2\times3} = a^6$

$(2b)^2 = 2^2b^2 = 4b^2$, $\left(\dfrac{3}{2b}\right)^3 = \dfrac{3^3}{2^3b^3} = \dfrac{27}{8b^3}$

ⓛ $a \neq 0$, m, n이 자연수일 때,

- $m > n$이면 $a^m \div a^n = a^{m-n}$
- $m = n$이면 $a^m \div a^n = a^0 = 1$
- $m < n$이면 $a^m \div a^n = \dfrac{1}{a^{n-m}}$

예 $x^5 \div x^2 = x^{5-2} = x^3$, $x^5 \div x^7 = \dfrac{1}{x^{7-5}} = \dfrac{1}{x^2}$

② 단항식의 곱셈과 나눗셈

㉠ 곱셈의 방법

- 계수는 계수끼리 곱하고 문자는 문자끼리 곱하여 계산한다.
- 문자끼리의 곱셈은 지수법칙을 이용하여 간단히 한다.

예 $(2x^3) \times (-5x^2)^2 = 2 \times (-5)^2 \times x^3 \times x^4 = 50x^7$

$3xy^2 \times (-4x^2y)^2 = 3 \times x \times y^2 \times 16 \times x^4 \times y^2$
$= 3 \times 16 \times x \times x^4 \times y^2 \times y^2 = 48x^5y^4$

㉡ 나눗셈의 방법

- 나눗셈을 분수의 형태로 고친다.
- 계수는 계수끼리, 문자는 문자끼리 나누어 계산한다.

예 $12a^3b^6 \div (-2ab^2)^2 = 12a^3b^6 \div 4a^2b^4 = \dfrac{12a^3b^6}{4a^2b^4} = 3ab^2$

㉢ 곱셈과 나눗셈의 혼합식의 계산

- 나눗셈을 곱셈으로 고친다(역수를 곱함).
- 계수는 계수끼리, 문자는 문자끼리 계산한다.

예 $10a^3b^2 \times 2b^3 \div 5a^2b^3 = 20a^3b^5 \times \dfrac{1}{5a^2b^3} = 4ab^2$

(2) 다항식의 계산

① 덧셈과 뺄셈의 계산

㉠ 다항식의 덧셈과 뺄셈은 괄호가 있으면 괄호를 풀고 동류항끼리 모아서 간단히 한다.

㉡ 다항식의 뺄셈은 빼는 식의 부호를 바꾸어 더한다.

㉢ 괄호가 여러 가지인 경우 소괄호, 중괄호, 대괄호의 순서로 괄호를 풀어서 계산한다.

예 $3x-\{4y-(2x-2y)\}=3x-(4y-2x+2y)$
$$=3x+2x-6y=5x-6y$$

② 곱셈과 나눗셈의 계산

ㄱ 곱셈의 계산

- (단항식)×(다항식) : 분배법칙을 이용하여 다항식의 각 항에 단항식을 곱하여 하나의 다항식으로 만듦

예 $3x(2x-4y)=3x\times 2x-3x\times 4y=6x^2-12xy$

- (다항식)×(다항식) : 다음의 순서대로 곱하여 전개하며, 동류항이 있는 경우 동류항끼리 모아서 간단히 정리함

- 곱셈공식

> - $(a+b)^2=a^2+2ab+b^2$
> - $(a-b)^2=a^2-2ab+b^2$
> - $(a+b)(a-b)=a^2-b^2$
> - $(x+a)(x+b)=x^2+(a+b)x+ab$
> - $(ax+b)(cx+d)=acx^2+(ad+bc)x+bd$

ㄴ (다항식)÷(단항식)의 나눗셈

- 나눗셈을 분수의 형태로 고쳐서 계산한다.
- 나눗셈을 곱셈으로 고쳐서 계산한다.

예 $(6x^2-3xy)\div 3x=(6x^2-3xy)\times\dfrac{1}{3x}$
$$=6x^2\times\dfrac{1}{3x}-3xy\times\dfrac{1}{3x}$$
$$=2x-y$$

- 다항식과 단항식의 덧셈, 뺄셈, 곱셈, 나눗셈이 섞여 있는 식의 계산은 곱셈과 나눗셈을 먼저 계산한다.

예 $(5x^2y+15xy^2)\div 5xy+(6y^2-5xy)\div y$
$$=\dfrac{5x^2y+15xy^2}{5xy}+\dfrac{6y^2-5xy}{y}$$
$$=(x+3y)+(6y-5x)$$
$$=-4x+9y$$

문제UP

다음 식을 전개하시오.
(1) $(3x-2)(5x+4)$
(2) $(x-2y)^2$
(3) $(x+3y)(x-3y)$
(4) $(2x+4y)(3x-2y)$

해 (1) $(3x-2)(5x+4)$
$$=15x^2+(12-10)x-8$$
$$=15x^2+2x-8$$
(2) $(x-2y)^2$
$$=x^2-2\times 2xy+(-2y)^2$$
$$=x^2-4xy+4y^2$$
(3) $(x+3y)(x-3y)$
$$=x^2-(3y)^2=x^2-9y^2$$
(4) $(2x+4y)(3x-2y)$
$$=6x^2+(12-4)xy-8y^2$$
$$=6x^2+8xy-8y^2$$

정답 (1) $15x^2+2x-8$
(2) $x^2-4xy+4y^2$
(3) x^2-9y^2
(4) $6x^2+8xy-8y^2$

1. 국어
2. 수학
3. 영어
4. 사회
5. 과학
6. 도덕

소거

미지수가 2개인 연립일차방정식을 미지수 1개인 일차방정식으로 만들기 위해, 2개의 미지수 x, y 중 어느 하나를 없애는 것을 소거(또는 소거한다)라고 한다.

다음의 연립방정식을 가감법으로 푸시오.

$$\begin{cases} 4x+3y=18 \\ 2x+y=8 \end{cases}$$

해
$$\begin{cases} 4x+3y=18 & \cdots\cdots ㉠ \\ 2x+y=8 & \cdots\cdots ㉡ \end{cases}$$

㉠－㉡×2를 하면,

$$\begin{array}{r} 4x+3y=18 \\ -\underline{)\,4x+2y=16} \\ y=\ 2 \end{array}$$

$y=2$를 ㉡에 대입하면, $2x+2=8$

$\therefore x=3$

따라서 구하는 해는 $x=3$, $y=2$이다.

정답 $x=3$, $y=2$

다음의 연립방정식을 대입법으로 푸시오.

$$\begin{cases} 4x+3y=18 \\ 2x+y=8 \end{cases}$$

해
$$\begin{cases} 4x+3y=18 & \cdots\cdots ㉠ \\ 2x+y=8 & \cdots\cdots ㉡ \end{cases}$$

㉡을 y에 관하여 풀면,

$y=-2x+8$ $\cdots\cdots ㉢$

y를 소거하기 위해 ㉢을 ㉠에 대입하면,

$4x+3(-2x+8)=18$

$\Rightarrow 4x-6x=18-24$

$\Rightarrow -2x=-6$ $\therefore x=3$

$x=3$을 ㉢에 대입하면

$y=-2\times3+8=2$

따라서 구하는 해는 $x=3$, $y=2$이다.

정답 $x=3$, $y=2$

---

❸ 방정식과 부등식

(1) 방정식

① 미지수가 2개인 일차방정식

㉠ **미지수가 2개인 일차방정식** : 미지수가 2개(x, y)이고 그 차수가 모두 일차식인 방정식

$ax+by+c=0$(단, a, b, c는 상수, $a\neq0$, $b\neq0$)

㉡ **미지수가 2개인 일차방정식의 해** : 미지수가 x, y인 일차방정식이 참이 되게 하는 x, y의 값 또는 순서쌍 (x, y)를 일차방정식의 해라고 하며, 방정식의 해를 구하는 것을 "방정식을 푼다"라고 함

② 미지수가 2개인 연립방정식

㉠ **연립방정식** : 2개 이상의 방정식을 한 쌍으로 하여 나타낸 것

㉡ **미지수가 2개인 연립일차방정식** : 미지수가 2개인 일차방정식의 연립방정식

㉢ **연립방정식의 해** : 2개의 일차방정식을 동시에 만족시키는 x, y의 값 또는 그 순서쌍 (x, y)를 연립일치방정식의 해라고 하며, 연립방정식의 해를 구하는 것을 "연립방정식을 푼다"라고 함

③ 연립일차방정식의 풀이

㉠ **가감법** : 연립방정식에서 두 방정식을 변끼리 더하거나 빼어서 한 미지수를 소거하여 연립방정식을 푸는 방법

- 소거할 미지수의 계수의 절댓값이 같을 때, 계수의 부호가 같은 경우 변끼리 빼고, 다른 경우 변끼리 더한다.

- 소거할 미지수의 계수의 절댓값이 다를 때, 한 방정식의 양변에 적당한 수를 곱하여 계수의 절댓값이 같도록 하여 변끼리 더하거나 뺀다.

㉡ **대입법** : 연립방정식에서 한 방정식을 한 미지수에 대하여 푼 다음에, 그것을 다른 방정식에 대입하여 해를 구하는 방법

④ 복잡한 연립방정식의 풀이

㉠ **괄호가 있는 연립방정식** : 먼저 괄호를 풀고 동류항을 간단히 한 후, 연립방정식의 풀이법을 적용함

㉡ **계수가 소수인 연립방정식** : 양변에 10의 거듭제곱(10, 100, 1000, …)을 곱하여 계수를 모두 정수로 고친 후 풀이법을 적

용함

ⓒ 계수가 분수인 연립방정식 : 양변에 분모의 최소공배수를 곱하여 계수를 정수로 고친 후 풀이법을 적용함

ⓓ $A=B=C$인 형태의 연립방정식 : $\begin{cases} A=B \\ A=C \end{cases}$, $\begin{cases} A=B \\ B=C \end{cases}$,

$\begin{cases} A=C \\ B=C \end{cases}$ 중에서 가장 간단한 것을 골라 풀이법을 적용함

⑤ 연립일차방정식을 이용한 문제 풀이

ⓐ 문제를 이해하고 무엇을 미지수 x, y로 놓을지를 정한다.

ⓑ 문제의 뜻에 맞게 수량 사이의 관계를 미지수 x, y를 사용하여 연립방정식을 세운다.

ⓒ 연립방정식의 풀이법을 적용하여 방정식을 푼다.

ⓓ 구한 해(x, y)가 문제의 뜻에 맞는지 확인한다.

> **예** 서로 다른 두 정수의 합이 5이고 그 차가 13일 때 두 정수를 구하시오.
>
> 서로 다른 두 정수를 각각 x, $y(x>y)$라 하고, 이를 연립방정식으로 나타내면,
>
> $\begin{cases} x+y=5 & \cdots\cdots ㉠ \\ x-y=13 & \cdots\cdots ㉡ \end{cases}$
>
> ㉠+㉡을 하면, $2x=18$ ∴ $x=9$
>
> $x=9$를 ㉠에 대입하면 $y=-4$
>
> 따라서 구하는 두 정수 9와 -4이다.

(2) 부등식

① 부등식

ⓐ 부등식의 의미 : 부등호 $>$, $<$, $\geq$, $\leq$를 사용하여 수량 또는 식 사이의 대소 관계를 나타낸 식

ⓑ 부등식의 구성 : 부등식의 왼쪽 부분을 좌변, 오른쪽 부분을 우변, 양쪽 모두를 양변이라 함

ⓒ 부등식의 풀이

• 부등식의 해 : 부등식이 참이 되게 하는 미지수의 값

• 부등식을 푼다 : 부등식의 해를 모두 구하는 것

ⓓ 부등식의 성질

• 부등식의 양변에 같은 수를 더하거나, 같은 수를 빼도 부

문제UP

다음의 연립방정식을 푸시오.

$\begin{cases} \dfrac{1}{5}x - \dfrac{1}{7}y = -\dfrac{8}{35} \\ 0.7x - 0.4y = 0.2 \end{cases}$

해 $\begin{cases} \dfrac{1}{5}x - \dfrac{1}{7}y = -\dfrac{8}{35} & \cdots\cdots ㉠ \\ 0.7x - 0.4y = 0.2 & \cdots\cdots ㉡ \end{cases}$

㉠의 양변에 35를, ㉡의 양변에 10을 곱하면

$\begin{cases} 7x - 5y = -8 & \cdots\cdots ㉢ \\ 7x - 4y = 2 & \cdots\cdots ㉣ \end{cases}$

㉣－㉢을 하면, $y=10$

$y=10$를 ㉣에 대입하면, $7x=42$

∴ $x=6$

따라서 구하는 해는 $x=6$, $y=10$이다.

정답 $x=6$, $y=10$

개념UP

특수한 해를 갖는 연립방정식

$\begin{cases} ax+by=c \\ a'x+b'y=c' \end{cases}$ 에서,

• $\dfrac{a}{a'} = \dfrac{b}{b'} = \dfrac{c}{c'}$인 경우 해가 무수히 많다(두 방정식이 일치함).

• $\dfrac{a}{a'} = \dfrac{b}{b'} \neq \dfrac{c}{c'}$인 경우 해가 없다(두 방정식의 문자의 계수는 같고 상수항이 다름).

문제UP

다음 중 $x=5$일 때 부등식이 참인 것은?

① $x+1<4$ ② $3x-13>3$
③ $2x+4 \geq 15$ ④ $4x-10<11$

해 ④ $4 \times 5 - 10 < 11$이므로 참인 부등식이다.

① $5+1>4$이므로 거짓인 부등식이다.

② $3 \times 5 - 13 < 30$이므로 거짓이다.

③ $2 \times 5 + 4 < 15$이므로 거짓이다.

정답 ④

문제UP

다음 중 $a>b$일 때 옳지 않은 것은?

① $a+5>b+5$

② $2a-3>2b-3$

③ $-3a<-3b$

④ $-\dfrac{a}{5}>-\dfrac{b}{5}$

해 ④ 양변을 같은 음수(-5)로 나누면 부등호의 방향이 바뀌므로, 옳지 않다.

① 양변을 같은 수로 더한 경우 부등호의 방향이 바뀌지 않으므로 옳다.

② 양변을 같은 양수로 곱하거나 같은 수를 뺀 경우도 부등호의 방향이 바뀌지 않는다.

③ 양변을 같은 음수로 곱한 경우 부등호의 방향이 바뀐다.

정답 ④

문제UP

다음 일차부등식을 풀고, 그 해를 수직선 위에 나타내시오.

(1) $3x+4<2(2x+3)$

(2) $\dfrac{2}{3}x-\dfrac{1}{2}\leq\dfrac{1}{6}x+1$

해 (1) $3x+4<2(2x+3)$

$\Rightarrow 3x+4<4x+6$

$\Rightarrow 3x-4x<6-4$

$\Rightarrow -x<2 \Rightarrow x>-2$

이를 수직선 위에 나타내면,

(2) $\dfrac{2}{3}x-\dfrac{1}{2}\leq\dfrac{1}{6}x+1$에서 양변에 6을 곱하면,

$4x-3\leq x+6 \Rightarrow 3x\leq 9$

$\Rightarrow x\leq 3$

이를 수직선 위에 나타내면,

정답 (1) $x>-2$, 수직선 해설 참조

(2) $x\leq 3$, 수직선 해설 참조

등호의 방향은 바뀌지 않는다.

$a>b$이면 $a+c>b+c$, $a-c>b-c$

• 부등식의 양변에 같은 양수를 곱하거나, 양변을 같은 양수로 나누어도 부등호의 방향은 바뀌지 않는다.

$a>b$, $c>0$이면 $ac>bc$, $\dfrac{a}{c}>\dfrac{b}{c}$

• 부등식의 양변에 같은 음수를 곱하거나, 양변을 같은 음수로 나누면 부등호의 방향이 바뀐다.

$a>b$, $c<0$이면 $ac<bc$, $\dfrac{a}{c}<\dfrac{b}{c}$

② 일차부등식

㉠ 일차부등식 : 부등식의 모든 항을 좌변으로 이항하여 정리한 식이 다음의 어느 하나의 꼴로 나타내는 부등식

(일차식)>0, (일차식)<0, (일차식)≥ 0, (일차식)≤ 0

㉡ 일차부등식의 풀이

• 소수나 분수가 계수인 경우 이를 정수인 계수로 고친다(이 경우 소수는 10의 거듭제곱을 양변에 곱하며, 분수의 경우는 분모의 최소공배수를 곱함).

• 괄호가 있는 경우 괄호를 풀어 동류항끼리 간단히 한다.

• 미지수가 포함된 항은 좌변으로, 상수항은 우변으로 이항한다.

• 양변을 간단히 정리하여 $ax>b$, $ax<b$, $ax\geq b$, $ax\leq b(a\neq 0)$의 꼴로 고친다.

• 양변을 x의 계수 a로 나눈다. 이 경우 a가 음수이면 부등호의 방향이 바뀜에 주의한다.

㉢ 부등식의 해를 수직선에 나타내기

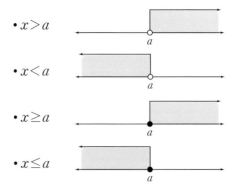

• $x>a$

• $x<a$

• $x\geq a$

• $x\leq a$

예 부등식 $3x-2\geq 7$을 풀고, 그 해를 수직선 위에 나타내시오.

$$3x-2\geq 7 \Rightarrow 3x\geq 9 \Rightarrow x\geq 3$$

이를 수직선 위에 나타내면,

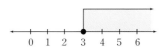

❹ 일차함수

(1) 일차함수와 그래프

① 일차함수

ㄱ 일차함수의 의미 : 함수 $y=f(x)$에서 y가 일차식 $y=ax+b(a, b$는 상수, $a\neq 0)$로 나타날 때, 이 함수를 x에 관한 일차함수라 함

ㄴ 함수값 : 함수 $y=f(x)$에서 x의 값에 따라 정해지는 y의 값

② 일차함수의 그래프

ㄱ 일차함수 $y=ax+b(a\neq 0)$의 그래프와 평행이동

- 평행이동 : 한 도형을 일정한 방향으로 일정한 거리만큼 이동하는 것
- 일차함수 $y=ax+b(a\neq 0)$의 그래프 : 일차함수 $y=ax$의 그래프를 y축의 방향으로 b만큼 평행이동한 직선

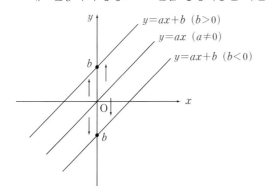

ㄴ 일차함수 그래프의 x절편, y절편

- x절편 : 일차함수 그래프가 x축과 만나는 점의 x좌표($y=0$일 때의 x값을 말함)
- y절편 : 일차함수 그래프가 y축과 만나는 점의 y좌표($x=0$일 때의 y값을 말함)

문제UP

다음 중 일차함수에 해당하는 것은?

① $y=2x$

② $y=2x+2(3-x)$

③ $y=\dfrac{3}{x}$

④ $y=x^2+2x+1$

해 ① 함수가 x에 관한 일차식으로 나타나므로 일차함수에 해당한다.

② 우변을 정리하면, $y=6$이므로 일차함수가 아니다.

③ x에 관한 일차식이 아니므로, 일차함수가 아니다.

④ x에 관한 이차식이므로, 일차함수가 아니다(이차함수).

정답 ①

문제UP

다음과 같이 평행이동한 그래프의 식을 구하시오.

(1) $y=-3x$의 그래프를 y축의 방향으로 4만큼 평행이동

(2) $y=5x$의 그래프를 y축의 방향으로 -2만큼 평행이동

해 (1) $y=-3x$의 그래프를 y축의 방향으로 4만큼 평행이동한 그래프의 식은 $y=-3x+4$이다.

(2) $y=5x$의 그래프를 y축의 방향으로 -2만큼 평행이동한 그래프의 식은 $y=5x-2$이다.

정답 (1) $y=-3x+4$ (2) $y=5x-2$

문제UP

일차함수 $y=\dfrac{1}{4}x-\dfrac{1}{2}$의 그래프의 x절편과 y절편을 각각 구하고, 절편을 이용하여 그래프를 그리시오.

해 x절편은 $y=0$일 때의 x값을 말하므로, $y=0$을 일차함수에 대입하면 $x=2$이다. ∴ x절편은 2

y절편은 $x=0$일 때의 y값을 말하므로, $x=0$을 일차함수에 대입하면 $y=-\dfrac{1}{2}$이다. ∴ y절편은 $-\dfrac{1}{2}$

따라서 그래프는 $(2,0)$과 $\left(0,-\dfrac{1}{2}\right)$의 두 점을 지나는 직선이므로,

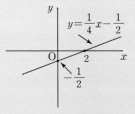

정답 x절편 2, y절편 $-\dfrac{1}{2}$, 그래프 해설 참조

개념UP

일차함수 $y=ax+b$

$y=ax+b$
↑ ↑
기울기 y절편

• 일차함수 $y=ax+b$의 그래프의 x절편, y절편

$$(x\text{절편})=-\frac{b}{a}, (y\text{절편})=b$$

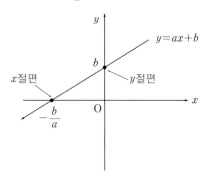

ⓒ 일차함수 $y=ax+b$의 그래프의 기울기

• $(\text{기울기})=\dfrac{(y\text{의 값의 증가량})}{(x\text{의 값의 증가량})}=(x\text{의 계수})$

• 그래프 위의 두 점 (x_1, y_1), (x_2, y_2)가 주어졌을 때(단, $x_1\ne x_2$),

$$(\text{기울기})=\frac{y_1-y_2}{x_1-x_2}=\frac{y_2-y_1}{x_2-x_1}$$

• 일차함수 $y=ax+b$에서의 기울기 : a

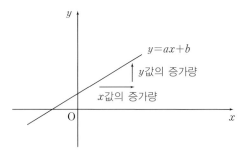

$$(\text{기울기})=\frac{(y\text{값의 증가량})}{(x\text{값의 증가량})}=a$$

예 $y=2x+1$의 그래프에서의 기울기는 2

ⓓ 기울기와 y절편을 이용한 그래프 그리기

• 점$(0, y$절편$)$을 좌표평면 위에 표시한다.

• 기울기를 이용하여 다른 한 점을 찾는다.

• 두 점을 직선으로 연결한다.

예 일차함수 $y=\dfrac{2}{3}x-2$의 그래프

먼저, y절편이 -2이므로 점$(0, -2)$를 나타낸다.

다음으로 기울기가 $\frac{2}{3}$이므로, $(0, -2)$에서 x축의 방향으로 3만큼, y축의 방향으로 2만큼 이동한 점 $(3, 0)$을 나타낸다.

두 점을 직선으로 연결하면 $y = \frac{2}{3}x - 2$의 그래프가 된다.

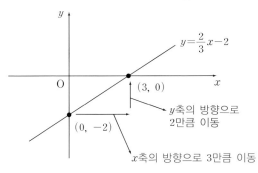

③ 일차함수 $y = ax + b$의 그래프의 성질

㉠ a(기울기)의 부호에 따른 성질

• $a > 0$일 때 : x의 값이 증가하면 y의 값도 증가하며, 그래프는 오른쪽 위를 향하는 직선이 됨

• $a < 0$일 때 : x의 값이 증가하면 y의 값은 감소하며, 그래프는 오른쪽 아래를 향하는 직선이 됨

㉡ b(y절편)의 부호에 따른 성질

• $b > 0$일 때 : y축과 양의 부분에서 만남(y절편이 양수)

• $b < 0$일 때 : y축과 음의 부분에서 만남(y절편이 음수)

예 $y = ax + b$에서

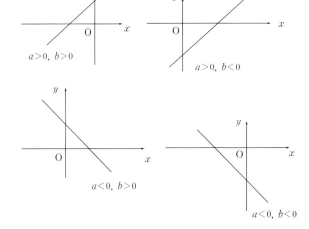

1. 국어
2. 수학
3. 영어
4. 사회
5. 과학
6. 도덕

문제UP

다음의 문제를 푸시오.
(1) 일차함수 $y = 3x + 5$에서 기울기와 y절편을 구하시오.
(2) 일차함수 $y = ax + b (a \neq 0)$의 y절편은 -3이고 점 $(2, 5)$을 지날 때, 일차함수의 a와 b를 구하시오.

해 (1) 함수 $y = 3x + 5$에서 기울기는 x의 계수인 3, y절편은 5이다.
(2) 일차함수 $y = ax + b (a \neq 0)$의 y절편은 -3이므로, $b = -3$이 된다. 이 때 함수가 점 $(2, 5)$를 지나므로, 이를 함수에 대입하면
$5 = a \times 2 - 3 \Rightarrow 2a = 8$
$\therefore a = 4$

정답 (1) 기울기 3, y절편 5
(2) $a = 4$, $b = -3$

개념UP

기울기의 절대값 크기와 그래프
일차함수 $y = ax + b$의 그래프에서, $|a|$가 클수록 y축에 가까우며 $|a|$가 작을수록 x축에 가깝다.

일차함수 $y=-2x+1$과 평행한 그래프를 찾으면?

① $-2x+y=0$

② $-\frac{1}{2}(4x-2)=y+1$

③ $y=-\frac{1}{2}x+3$

④ $3y+3x+1=0$

해 그래프가 서로 평행하려면 기울기가 -2로 같아야 한다. 각 보기들을 정리해보면

① $y=2x$이므로 기울기는 2

② $y=-2x$이므로 기울기는 -2

③ $y=-\frac{1}{2}x+3$이므로 기울기는 $-\frac{1}{2}$

④ $y=-x-\frac{1}{3}$이므로 기울기는 -1

정답 ②

두 일차함수의 기울기와 직선의 그래프

• 기울기가 같은 경우 두 직선의 그래프는 평행하거나 일치한다.

• 기울기가 다른 경우 두 직선은 한 점에서 만난다.

ⓒ 그래프의 기울기와 평행

• 기울기가 같은 두 일차함수의 그래프는 서로 평행하거나 일치

- 기울기가 같고 y절편이 다른 경우 두 일차함수의 그래프는 서로 평행
- 기울기가 같고 y절편이 같은 경우 두 일차함수의 그래프는 서로 일치

• 서로 평행한 두 일차함수의 그래프의 기울기 : 두 일차함수의 기울기는 같음

(2) 일차함수와 일차방정식

① 일차함수와 일차방정식의 관계

ⓐ 그래프의 관계 : 미지수가 2개인 일차방정식 $ax+by+c(a\neq0, b\neq0)$의 해를 나타내는 그래프는, 일차함수 $y=-\frac{a}{b}x-\frac{c}{b}$의 그래프와 같은 직선

ⓑ 연립방정식의 해와 그래프 : 연립방정식 $\begin{cases} ax+by=c \\ a'x+b'y=c' \end{cases}$의 해 두 직선 A와 B의 교점인 (p, q) 또는 $x=p, y=q$

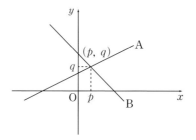

ⓒ 연립방정식의 그래프인 두 직선과 해

• 두 직선이 한 점에서 만나면 해가 하나 존재한다.

• 두 직선이 평행하면 해가 없다.

• 두 직선이 일치하면 해는 무수히 많다.

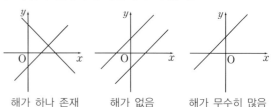

해가 하나 존재   해가 없음   해가 무수히 많음

ⓓ 일치방정식 $x=k, y=k(k$는 상수$)$의 그래프

• $x=k(k\neq0, k$는 상수$)$의 그래프 : 점 $(k, 0)$을 지나고, y축

에 평행한 직선

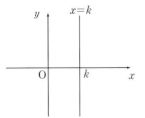

1. 국어

2. 수학

3. 영어

4. 사회

5. 과학

6. 도덕

• $y=k(k\neq0,\ k$는 상수)의 그래프 : 점 $(0,\ k)$를 지나고, x축에 평행한 직선

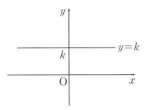

② 직선의 방정식 구하기

㉠ 기울기와 y절편이 주어질 때 : 기울기가 a, y절편이 b인 직선의 방정식은 $y=ax+b$

예 기울기가 3이고, y절편이 -2인 직선의 방정식은 $y=3x-2$이다.

㉡ 기울기와 직선 위의 한 점이 주어질 때 : $y=ax+b$에 직선 위의 한 점을 대입하여 b를 구함

예 기울기가 -2이고, $(1, 2)$를 지나는 직선의 방정식

기울기가 -2이므로 직선의 방정식은 $y=-2x+b$이다.

여기에 점 $(1, 2)$를 대입하면

$2=(-2)\times1+b$ ∴ $b=4$

따라서 직선의 방정식은 $y=-2x+4$이다.

㉢ 직선 위의 서로 다른 두 점의 좌표가 주어질 때

[방법 1] 서로 다른 두 점의 좌표가 주어진 경우

$\dfrac{(y의\ 값의\ 증가량)}{(x의\ 값의\ 증가량)}$ 으로 기울기 a를 구하고, 한 점의 좌표를 $y=ax+b$에 대입하여 b를 구함

예 두 점 $(1, -2)$, $(3, 2)$를 지나는 일차함수의 식

일차함수의 기울기$=\dfrac{2-(-2)}{3-1}=2$이다.

일차함수의 식 $y=2x+b$에 점 $(1, -2)$를 대입하면,

문제UP

일차함수의 그래프가 다음과 같을 때 일차함수를 구하시오.

(1) $y=4x+6$의 그래프와 평행하고, y절편이 -1인 직선

(2) 기울기가 $\dfrac{1}{2}$이고, 점 $(4, 3)$을 지나는 직선

해 (1) $y=4x+6$의 그래프와 평행하므로 기울기가 4이다. 또한 y절편이 -1이므로, 구하는 일차함수는 $y=4x-1$이다.

(2) 기울기가 $\dfrac{1}{2}$이므로, 일차함수는 $y=\dfrac{1}{2}x+b$가 된다.

이 직선이 점 $(4, 3)$을 지나므로 이를 일차함수에 대입하면,

$3=\dfrac{1}{2}\times4+b$ ∴ $b=1$

따라서 일차함수는 $y=\dfrac{1}{2}x+1$이다.

정답 (1) $y=4x-1$ (2) $y=\dfrac{1}{2}x+1$

$-2=2+b$ $\quad\therefore b=-4$

따라서 구하는 일차함수의 식은 $y=2x-4$이다.

[방법 2] 두 점의 좌표를 $y=ax+b$에 대입하여 두 방정식을
연립하여 a와 b의 값을 구함

③ 연립일차방정식의 해와 그래프

㉠ 연립방정식의 해와 그래프의 교점의 좌표 : 연립일차방정식의
해는 두 방정식의 그래프의 교점의 좌표와 같음

㉡ 그래프의 위치와 연립일차방정식의 해의 개수

구분	$\begin{cases}y=mx+n \\ y=m'x+n'\end{cases}$	$\begin{cases}ax+by+c=0 \\ a'x+b'y+c'=0\end{cases}$
그래프가 한 점에서 만나면 해는 한 개	$m\neq m'$	$\dfrac{a}{a'}\neq\dfrac{b}{b'}$
그래프가 평행하면 해는 없음	$m=m'$이고 $n\neq n'$	$\dfrac{a}{a'}=\dfrac{b}{b'}\neq\dfrac{c}{c'}$
그래프가 일치하면 해는 무수히 많음	$m=m'$이고 $n=n'$	$\dfrac{a}{a'}=\dfrac{b}{b'}=\dfrac{c}{c'}$

❺ 확률

(1) 경우의 수

① 사건과 경우의 수

㉠ 사건 : 어떤 특정한 일이 일어나는 현상, 즉 같은 조건에서 여
러 번 반복할 수 있는 실험 또는 관찰로 일어나는 결과를 말함

예 주사위를 던질 때 3이 나온다. 짝수의 눈이 나온다.
동전을 던질 때 앞면이 나온다. 뒷면이 나온다.

㉡ 경우의 수 : 어떤 사건이 일어날 수 있는 경우에 대한 가짓수

예 한 개의 주사위를 던질 때, 2이하의 눈이 나올 경우의 수는
1, 2의 두 가지

② 경우의 수를 구하는 방법

㉠ 합의 법칙 : 사건 A 또는 사건 B가 일어나는 경우의 수

두 사건 A, B가 동시에 일어나지 않을 때, 사건 A가 일어날 경우의 수는
m, 사건 B가 일어날 경우의 수는 n가지이면, 사건 A 또는 사건 B가 일어
날 경우의 수는 '$m+n$'(가지)

예 1개의 주사위를 던질 때 홀수의 눈과 짝수의 눈이 나오는 경우의 수는?

홀수의 눈이 나올 경우는 1, 3, 5의 3가지이며,

짝수의 눈이 나올 경우는 2, 4, 6의 3가지이다.

따라서 구하는 경우의 수는 3+3=6(가지)

ⓛ 곱의 법칙 : 사건 A와 사건 B가 동시에 일어나는 경우의 수

사건 A가 일어날 경우의 수가 m가지이고 그 각각에 대하여 사건 B가 일어날 경우의 수가 n가지 일 때, 두 사건 A와 B가 동시에 일어나는 경우의 수는 '$m \times n$'(가지)

예 동전 한 개와 주사위 1개를 던질 때 나오는 경우의 수는?

동전	주사위	동전	주사위
앞면	1	뒷면	1
	2		2
	3		3
	4		4
	5		5
	6		6

즉, 동전은 앞면과 뒷면의 2가지가 나올 수 있고, 각각의 경우 주사위는 1부터 6까지의 6가지가 나올 수 있다.

따라서 구하는 경우의 수는 $2 \times 6 = 12$(가지)

③ 여러 가지 경우의 수

㉠ 대표 뽑기

• 뽑는 순서가 있는 경우
  - n명 중에서 회장과 부회장을 뽑는 경우의 수 : $n \times (n-1)$(가지)
  - n명 중에서 회장, 부회장, 총무를 뽑는 경우의 수 :
    $n \times (n-1) \times (n-2)$(가지)
• 뽑는 순서가 상관없는 경우
  - n명 중에서 2명의 대표를 뽑는 경우의 수 : $\dfrac{n \times (n-1)}{2}$(가지)
  - n명 중에서 3명의 대표를 뽑는 경우의 수 : $\dfrac{n \times (n-1) \times (n-2)}{3 \times 2 \times 1}$
    (가지)

㉡ 한 줄로 세우기

• n명 중에서 2명을 뽑아 한 줄로 세우는 경우의 수 :
  $n \times (n-1)$(가지)

---

1. 국어

2. 수학

3. 영어

4. 사회

5. 과학

6. 도덕

문제UP

서로 다른 두 개의 주사위를 던질 때, 눈의 합이 3 또는 5가 되는 경우의 수를 구하시오.

해 서로 다른 두 개의 주사위를 던질 때, 눈의 합이 3이 되는 경우는 (1, 2), (2, 1)의 2가지이며, 눈의 합이 5가 되는 경우는 (1, 4), (2, 3), (3, 2), (4, 1)의 4가지이다.
따라서 구하는 경우의 수는
2+4=6(가지)

정답 6가지

문제UP

다음을 구하시오.

(1) 5명 중에서 회장, 부회장을 뽑는 경우의 수
(2) 5명 중에서 대표 2명을 뽑는 경우의 수

해 (1) 5명 중에서 회장, 부회장을 뽑는 경우의 수는
$5 \times (5-1) = 20$(가지)이다.
(2) 5명 중에서 대표 2명을 뽑는 경우의 수는
$\dfrac{5 \times (5-1)}{2} = 10$(가지)이다.

정답 (1) 20가지 (2) 10가지

• n명 중에서 3명을 뽑아 한 줄로 세우는 경우의 수 :

$n \times (n-1) \times (n-2)$(가지)

• n명을 한 줄로 세우는 경우의 수 :

$n \times (n-1) \times (n-2) \times \cdots 2 \times 1$(가지)

예 4명을 한 줄로 세우는 경우의 수와 4명 중 2명을 뽑아 한 줄로 세우는 경우의 수는?

4명을 한 줄로 세우는 경우의 수는 $4 \times 3 \times 2 \times 1 = 24$(가지)이다.

4명 중 2명을 뽑아 한 줄로 세우는 경우의 수는

$4 \times 3 = 12$(가지)이다.

ⓒ 정수 만들기

> • 0이 포함되지 않을 때 : 0이 아닌 서로 다른 한 자리 숫자가 적힌 n장의 카드 중에서 뽑을 때
> – 2장을 뽑아 만들 수 있는 두 자리 정수 : $n \times (n-1)$(개)
> – 3장을 뽑아 만들 수 있는 세 자리 정수 : $n \times (n-1) \times (n-2)$(개)
> • 0이 포함될 때 : 0을 포함한 서로 다른 한 자리 숫자가 적힌 n장의 카드 중에서 뽑을 때
> – 2장을 뽑아 만들 수 있는 두 자리 정수 : $(n-1) \times (n-1)$(개)
> – 3장을 뽑아 만들 수 있는 세 자리 정수 :
> $(n-1) \times (n-1) \times (n-2)$(개)

(2) 확률

① 확률의 의미

ⓐ 확률 : 어떤 사건이 일어날 수 있는 가능성을 나타내는 수

ⓑ 확률 p : 어떤 시행에서 일어날 수 있는 모든 경우의 수를 m이라 하고 각각의 경우 일어날 가능성이 같다고 할 때, 사건 A가 일어날 수 있는 경우의 수를 n이라 하면,

$$p = \frac{(\text{사건 A가 일어날 경우의 수})}{(\text{모든 경우의 수})} = \frac{n}{m}$$

② 확률의 성질

ⓐ 어떤 사건이 일어날 확률을 p라고 하면, $0 \le p \le 1$이다.

ⓑ 반드시 일어날 사건의 확률은 1이다.

예 흰 공 10개만 들어 있는 주머니에서 꺼낸 한 개의 공이 흰 공일 확률은 $\frac{10}{10} = 1$이다.

ⓒ 절대로 일어날 수 없는 사건의 확률은 0이다.

문제 UP

다음을 구하시오.

(1) 서로 다른 주사위 2개를 던져서 나온 눈의 합이 6이 될 확률

(2) 1에서 10까지 숫자가 하나씩 적힌 10장 카드 중, 한 장을 뽑았을 때 3의 배수가 나올 확률

해 (1) 모든 경우의 수는 $6 \times 6 = 36$(가지)이고, 주사위 2개의 눈의 합이 6이 될 경우는 (1, 5), (2, 4), (3, 3), (4, 2), (5, 1)의 5가지이다.

따라서 구하는 확률은 $\frac{5}{36}$이다.

(2) 모든 카드의 수는 10(장)이고, 3의 배수가 적힌 카드는 3, 6, 9의 3가지이다.

따라서 구하는 확률은 $\frac{3}{10}$이다.

정답 (1) $\frac{5}{36}$ (2) $\frac{3}{10}$

예 흰 공 10개만 들어 있는 주머니에서 꺼낸 한 개의 공이 검은 공일 확률은 $\dfrac{0}{10}=0$이다.

ⓓ 어떤 사건이 일어날 확률이 p라고 하면, 사건이 일어나지 않을 확률은 $1-p$이다.

예 주사위를 한 번 던져 나온 눈이 3의 배수 $(3, 6)$일 확률은 $\dfrac{2}{6}=\dfrac{1}{3}$이다.

이때 주사위를 한 번 던져 나온 눈이 3의 배수가 아닐 확률은 $1-\dfrac{1}{3}=\dfrac{2}{3}$이다.

③ 확률의 계산

ⓐ **확률의 덧셈 정리** : 사건 A와 B가 동시에 일어나지 않을 때, 사건 A가 일어날 확률은 p, 사건 B가 일어날 확률은 q라고 하면,

(사건 A 또는 사건 B가 일어날 확률)$=p+q$

예 서로 다른 주사위를 2개를 동시에 던질 때 두 눈의 합이 3 또는 4가 될 확률은?

두 눈의 합이 3이 되는 경우는 $(1, 2)$, $(2, 1)$의 두 가지

두 눈의 합이 4가 되는 경우는 $(1, 3)$, $(2, 2)$, $(3, 1)$의 세 가지

두 눈의 만들 수 있는 모든 경우의 수는 $6 \times 6 = 36$(가지)

따라서 두 눈의 합이 3 또는 4가 될 확률은

$\dfrac{2}{36}+\dfrac{3}{36}=\dfrac{5}{36}$

ⓑ **확률의 곱셈 정리** : 사건 A와 B가 서로 영향을 미치지 않을 때, 사건 A가 일어날 확률은 p, 사건 B가 일어날 확률은 q라고 하면,

(사건 A와 사건 B가 동시에 일어날 확률)$=p \times q$

예 동전 1개와 주사위 1개를 동시에 던질 때, 동전의 앞면과 주사위의 홀수 눈이 나올 확률은?

동전의 앞면이 나올 확률은 $\dfrac{1}{2}$

주사위의 홀수 눈이 나올 확률은 $\dfrac{3}{6}=\dfrac{1}{2}$

따라서 동전의 앞면과 주사위의 홀수 눈이 나올 확률은

$\dfrac{1}{2} \times \dfrac{1}{2}=\dfrac{1}{4}$이다.

개념UP

일어날 확률과 일어나지 않을 확률의 합

어떤 사건에 대하여 그 사건이 일어날 확률과 그 사건이 일어나지 않을 확률의 합은 1이 된다.

문제UP

A상자에는 공이 4개, B상자에는 공이 5개 있다. A상자와 B상자에는 각각 흰색 공이 3개씩 있다고 할 때, 각 상자에서 하나씩 뽑을 때 2개 모두 흰색이 공이 나올 확률은?

해 A상자에서 흰색 공을 뽑을 확률은 $\dfrac{3}{4}$이고, B상자에서 흰색 공을 뽑을 확률은 $\dfrac{3}{5}$이다.

따라서 두 상자에서 하나씩 뽑을 때 2개 모두 흰색일 확률은 $\dfrac{3}{4} \times \dfrac{3}{5}=\dfrac{9}{20}$이다.

정답 $\dfrac{9}{20}$

---

1. 국어

2. 수학

3. 영어

4. 사회

5. 과학

6. 도덕

주머니에는 당첨제비가 3개, 비당첨제비가 5개가 들어있다. 주머니에서 제비 2개를 꺼낼 때 모두 당첨제비일 확률은? (단, 꺼낸 제비는 다시 집어넣지 않는다.)

해 처음 꺼낸 제비가 당첨제비일 확률은 $\frac{3}{8}$이고, 꺼낸 후 주머니에는 당첨제비 2개, 비당첨제비 5개가 남아있다. 두 번째 꺼낸 제비도 당첨제비일 확률은 $\frac{2}{7}$이다. 따라서 제비 2개 모두 당첨제비일 확률은

$\frac{3}{8} \times \frac{2}{7} = \frac{3}{28}$

정답 $\frac{3}{28}$

다음과 같은 같은 크기의 정사각형으로 이루어진 표적에 화살을 두 번 쏜다고 할 때, 두 번 모두 색칠한 부분에 맞을 확률을 구하시오(화살은 모두 표적에 적중한다고 가정한다).

해 정사각형 하나의 넓이를 a라 하면, 화살을 한 번 쏘아 색칠된 부분을 맞힐 확률은 $\frac{a}{9a} = \frac{1}{9}$이다. 두 번째 화살도 확률이 같으므로, 두 번 모두 색칠한 부분을 맞힐 확률은 $\frac{1}{9} \times \frac{1}{9} = \frac{1}{81}$이다.

정답 $\frac{1}{81}$

④ 여러 가지 확률

㉠ 연속하여 뽑는 경우의 확률

- 처음 사건이 영향을 미치지 않는 경우 : 처음에 뽑은 것을 다시 넣고 연속하여 뽑는 경우, 처음에 뽑을 때와 나중에 뽑을 때의 조건이 동일함
- 처음 사건이 나중 사건에 영향을 미치는 경우 : 처음에 뽑은 것을 다시 넣지 않고 연속하여 뽑는 경우, 처음에 뽑을 때와 나중에 뽑을 때의 조건이 다름(처음 뽑을 때의 전체 개수와 나중에 뽑을 때의 전체 개수가 다름)

예 주머니 속에 흰 공 2개와 검은 공 3개가 있다. 주머니에서 공 1개를 꺼내 확인하고 다시 넣은 후 다시 공 1개를 꺼낼 때, 2개 모두 흰 공일 확률은?

처음 꺼낸 공이 흰 공일 확률은 $\frac{2}{5}$이고, 두 번째 꺼낸 공이 흰 공일 확률도 $\frac{2}{5}$이다.

따라서 2개 모두 흰 공일 확률은 $\frac{2}{5} \times \frac{2}{5} = \frac{4}{25}$이다.

㉡ 도형에서의 확률 : 모든 경우의 수를 도형 전체의 넓이로 생각하고, 어떤 사건이 일어나는 경우의 수는 도형에서 해당하는 부분으로 생각함

$$(\text{도형에서의 확률}) = \frac{(\text{어떤 사건에 해당하는 부분의 넓이})}{(\text{도형의 전체 넓이})}$$

예 넓이가 24cm^2인 평행사변형 ABCD를 표적으로 하여 화살을 쏘는 연습을 한다고 한다. 평행사변형의 두 대각선의 교점이 O일 때, 삼각형 OAB의 넓이가 5cm^2이라면 연습으로 쏜 화살이 삼각형 OAB에 맞을 확률을 구하시오(화살은 모두 표적에 적중한다고 가정한다).

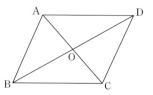

평행사변형 ABCD의 넓이는 24cm^2

삼각형 OAB의 넓이는 5cm^2

따라서 연습으로 쏜 화살이 삼각형 OAB에 맞을 확률은 $\frac{5}{24}$

❻ 도형의 성질

(1) 삼각형의 성질

① 이등변삼각형

㉠ 이등변삼각형의 의미 : 두 변의 길이가 서로 같은 삼각형

- 꼭지각(A) : 길이가 같은 두 변 사이에 끼인각
- 밑변(BC) : 꼭지각에서 마주보는 변
- 밑각(B, C) : 밑변의 양 끝 각

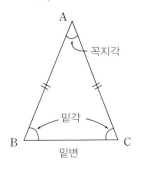

㉡ 이등변삼각형의 성질

- 두 밑각의 크기가 같음 : $\angle B = \angle C$
- 두 내각의 크기가 같음 : 두 내각의 크기가 같으면 이등변삼각형이 됨
- 꼭지각의 이등분선은 밑변을 이등분함 : 이등변삼각형의 꼭지각에서 내린 수선의 발은 밑변을 수직이등분함

② 직각삼각형의 합동 조건

㉠ 빗변의 길이와 한 예각의 크기가 각각 같을 때 두 삼각형은 합동이다.

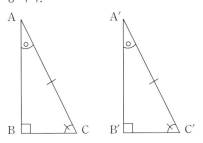

㉡ 빗변의 길이와 다른 한 변의 길이가 각각 같을 때 두 삼각형은 합동이다.

문제UP

다음 그림의 이등변삼각형 ABC에서 ∠A의 이등분선과 밑변 BC와의 교점을 M이라 하고, ∠A=80°, $\overline{BC}$=6 cm일 때, 다음을 구하시오.

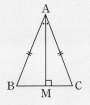

(1) ∠B의 크기는?
(2) $\overline{CM}$의 길이는?

해 (1) 그림의 삼각형은 이등변삼각형이므로 $\angle B = \angle C$이다. 삼각형의 내각의 합은 $180°$이므로,

$$\angle B = \frac{1}{2} \times (180° - 80°) = 50°$$

이다.

(2) 이등변삼각형에서 꼭지각의 이등분선은 밑변을 수직이등분하므로 $\overline{CM} = \frac{1}{2} \times BC$이다.

따라서 $\overline{CM} = \frac{1}{2} \times 6 = 3$ cm

이다.

정답 (1) 50° (2) 3 cm

개념UP

직각삼각형의 합동 조건

- RHA 합동
  빗변의 길이와 한 예각의 크기가 각각 같을 때
- RHS 합동
  빗변의 길이와 다른 한 변의 길이가 각각 같을 때

1. 국어
2. 수학
3. 영어
4. 사회
5. 과학
6. 도덕

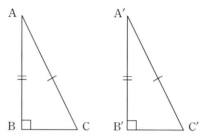

③ 삼각형의 외심

　ⓐ 삼각형의 외심 : 삼각형의 외접원의 중심을 말하며, 이는 삼각
　　형의 세 변의 수직이등분선의 교점에 해당함

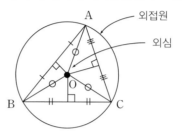

　ⓑ 외심의 성질

　　• 외심에서 삼각형의 세 꼭짓점에 이르는 거리는 같다
　　　($\overline{OA}=\overline{OB}=\overline{OC}=$ 외접원의 반지름).

　　• $\angle OAB+\angle OBC+\angle OCA=90°$
　　　$\{2(\angle OAB+\angle OBC+\angle OCA)=180°\}$

　　• $\angle BOC=2\angle A$

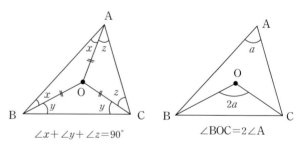

$\angle x+\angle y+\angle z=90°$　　$\angle BOC=2\angle A$

　ⓒ 외심의 위치

　　• 예각삼각형 : 삼각형의 내부에 외심이 위치
　　• 직각삼각형 : 빗변의 중점에 외심이 위치

개념UP

외접, 외접원

△ABC의 모든 꼭짓점이 원 O의 위에 있을 때 원 O는 △ABC에 외접한다고 하며, 원 O를 △ABC의 외접원이라고 한다.

문제UP

다음 그림의 점 O는 △ABC의 외심에 해당한다고 할 때, $\angle x$의 크기를 구하시오.

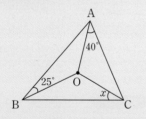

해 $2(40°+25°+\angle x)=180°$,
즉 $40°+25°+\angle x=90°$이므로
$\angle x=25°$이다.

정답 $25°$

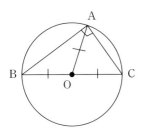

• 둔각삼각형 : 삼각형의 외부에 위치

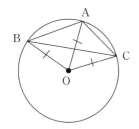

④ 삼각형의 내심

ㄱ 삼각형의 내심 : 삼각형의 내접원의 중심을 말하며, 이는 삼각형의 세 각의 이등분선의 교점에 해당함

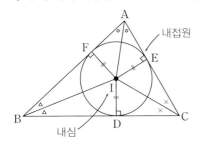

ㄴ 내접 및 내접원 : 원 I가 △ABC의 모든 변에 접할 때, 원 I는 △ABC에 내접한다고 하고, 원 I를 △ABC의 내접원이라고 함

ㄷ 내심의 성질

• 삼각형의 세 내각의 이등분선은 한 점에서 만나고, 이 점(내심)에서 삼각형의 세 변에 이르는 거리는 같음

$(\overline{ID}=\overline{IE}=\overline{IF}=$ 원의 반지름 r의 길이$)$

• $\angle IAB + \angle IBC + \angle ICA = 90°$

$\{2(\angle IAB + \angle IBC + \angle ICA) = 180°\}$

• $\angle BIC = 90° + \dfrac{1}{2}\angle A$

문제UP

다음 그림의 점 O는 △ABC의 외심에 해당한다고 할 때, $\angle x$의 크기를 구하시오.

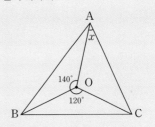

해 △AOB는 이등변 삼각형이므로 $\angle OAB$의 크기를 a라 하면 $2a+140°=180°$이므로 $\angle OAB=20°$ 따라서 $\angle BOC=2\angle A$를 이용하면 $2(20°+x)=120°$이므로 $\angle x=40°$이다.

정답 40°

문제UP

다음 그림의 점 I는 △ABC의 내심에 해당한다고 할 때, $\angle x$의 크기를 구하시오.

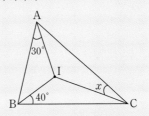

해 $2(30°+40°+\angle x)=180°$, 즉 $30°+40°+\angle x=90°$이므로 $\angle x=20°$이다.

정답 20°

다음 그림의 점 I는 △ABC의 내심이고, △ABC의 넓이가 45 cm²일 때, r의 길이를 구하시오.

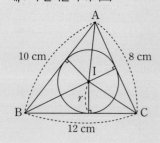

해 삼각형의 면적이 45 cm²이므로 공식을 이용하면

$45 = \frac{1}{2}r(12+10+8)$,

$90 = r(12+10+8)$, $90 = 30r$,

$r = 3(\text{cm})$이다.

정답 3 cm

다음 평행사변형에서 ∠D = 60°일 때, x, y의 값과 ∠B를 구하시오.

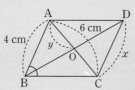

해 평행사변형에서 두 쌍의 대변의 길이가 각각 같으므로, $x = 4(\text{cm})$이다.

평행사변형의 두 대각선은 서로 다른 것을 이등분하므로, $\overline{AO} = \overline{CO}$이다. 여기서 $\overline{AC}$가 6 cm이므로,

$y = (\overline{AO}) = \frac{1}{2} \times 6 = 3(\text{cm})$이다.

또한 평행사변형의 대각의 크기가 각각 같으므로, ∠D = ∠B = 60°이다.

정답 $x = 4$ cm, $y = 3$ cm, ∠B = 60°

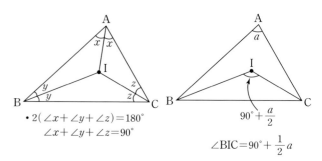

• $2(\angle x + \angle y + \angle z) = 180°$

  $\angle x + \angle y + \angle z = 90°$

  $\angle BIC = 90° + \frac{1}{2}a$

㉣ 삼각형의 면적과 내접원의 반지름 : △ABC에서 세 변의 길이가 각각 a, b, c이고 내접원의 반지름의 길이가 r일 때,

$$\triangle ABC = \frac{1}{2}r \times a + \frac{1}{2}r \times b + \frac{1}{2}r \times c = \frac{1}{2}r(a+b+c)$$

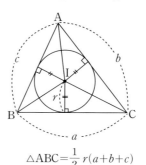

$$\triangle ABC = \frac{1}{2}r(a+b+c)$$

㉤ 접선과 접점

• 접선 : 원과 한 점에서 만나는 직선을 말하며, 원의 접선은 그 접선을 지나는 반지름에 수직임

• 접점 : 원과 접선이 만나는 점

• 접선의 길이 : 원 밖의 한 점 P에서 원에 그을 수 있는 접선은 2개이며, 그 두 접선의 길이는 같음

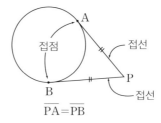

$\overline{PA} = \overline{PB}$

(2) 사각형의 성질

① 평행사변형

㉠ 평행사변형 : 두 쌍의 대변이 각각 평행한 사각형

㉡ 평행사변형의 성질

1. 국어

2. 수학

3. 영어

4. 사회

5. 과학

6. 도덕

• 두 쌍의 대변의 길이는 각각 같음 : $\overline{AB}=\overline{DC}$, $\overline{AD}=\overline{BC}$

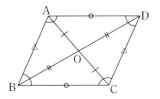

• 두 쌍의 대각의 크기는 각각 같음 : $\angle A = \angle C$, $\angle B = \angle D$, $\angle A + \angle B = 180°$, $\angle A + \angle D = 180°$

• 두 대각선은 서로 다른 것을 이등분함 : $\overline{AO}=\overline{CO}$, $\overline{BO}=\overline{DO}$

ⓒ 평행사변형이 되는 조건

• 두 쌍의 대변이 각각 평행함 : $\overline{AB}/\!/\overline{DC}$, $\overline{AD}/\!/\overline{BC}$

• 두 쌍의 대변의 길이가 각각 같음 : $\overline{AB}=\overline{DC}$, $\overline{AD}=\overline{BC}$

• 두 쌍의 대각의 크기가 각각 같음 : $\angle A = \angle C$, $\angle B = \angle D$

• 두 대각선이 서로 다른 것을 이등분함 : $\overline{AO}=\overline{CO}$, $\overline{BO}=\overline{DO}$

• 한 쌍의 대변이 평행하고, 그 길이 같음 : $\overline{AD}/\!/\overline{BC}$, $\overline{AD}=\overline{BC}$

ⓔ 평행사변형과 넓이

• 평행사변형의 넓이는 한 대각선에 의해 이등분됨 :

$$\frac{1}{2} \times \square ABCD = \triangle ABC = \triangle BCD = \triangle CDA = \triangle DAB$$

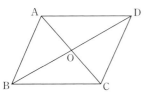

• 평행사변형의 넓이는 두 대각선에 의해 사등분됨 :

$$\frac{1}{4} \times \square ABCD = \triangle ABO = \triangle BCO = \triangle CDO = \triangle DAO$$

② 여러 가지 사각형의 성질

ⓐ 사다리꼴

• 사다리꼴의 정의 : 한 쌍의 대변이 평행한 사각형

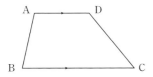

개념UP

평행사변형이 되는 조건

평행사변형이 되는 조건 중 $\overline{AD}/\!/\overline{BC}$, $\overline{AB}=\overline{CD}$일 경우에는 성립하지 않는다.

문제UP

다음 평행사변형 ABCD에서 점 O 가 두 대각선의 교점에 해당한다. 평행사변형의 넓이가 24 cm² 일 때, $\triangle ABC$와 $\triangle BCO$의 넓이를 각각 구하시오.

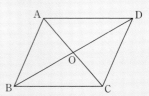

해 $\triangle ABC = \dfrac{1}{2} \times \square ABCD$

$\qquad = \dfrac{1}{2} \times 24 = 12(\text{cm}^2)$

$\triangle BCO = \dfrac{1}{4} \times \square ABCD$

$\qquad = \dfrac{1}{4} \times 24 = 6(\text{cm}^2)$

정답 $\triangle ABC = 12 \text{ cm}^2$,
$\triangle BCO = 6 \text{ cm}^2$

113

• 등변사다리꼴 : 아랫변의 양 끝 각의 크기가 같은 사다리꼴 ($\angle$B$=\angle$C)

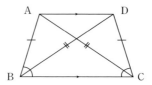

• 등변사다리꼴의 성질
 – 평행하지 않은 두 대변의 길이가 같음 : $\overline{AB}=\overline{DC}$
 – 두 대각선의 길이가 같음 : $\overline{AC}=\overline{BD}$

ⓛ 직사각형

• 직사각형의 정의 : 네 내각의 크기가 모두 같은 사각형(90°로 모두 같음)

• 직사각형의 성질 : 직사각형의 두 대각선의 길이가 같고, 서로 다른 것을 이등분함($\overline{AC}=\overline{BD}$, $\overline{AO}=\overline{BO}=\overline{CO}=\overline{DO}$)

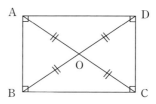

ⓒ 마름모

• 마름모의 정의 : 네 변의 길이가 모두 같은 사각형

• 마름모의 성질 : 마름모의 두 대각선은 서로 다른 것을 수직이등분함($\overline{AO}=\overline{CO}$, $\overline{BO}=\overline{DO}$, $\overline{AC}\perp\overline{DO}$)

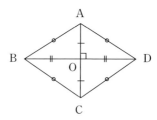

ⓔ 정사각형

• 정사각형의 정의 : 네 내각의 크기가 모두 같고, 네 변의 길이가 모두 같은 사각형

• 정사각형의 성질 : 두 대각선의 길이가 서로 같고, 서로 다른 것을 수직이등분함($\overline{AC}=\overline{BD}$, $\overline{AO}=\overline{BO}=\overline{CO}=\overline{DO}$,

---

개념 UP

평행사변형이 직사각형이 되기 위한 조건

• 한 내각이 직각이다.
• 두 대각선의 길이가 같다.

개념 UP

평행사변형이 마름모가 되기 위한 조건

• 이웃하는 두 변의 길이가 같다.
• 두 대각선이 수직으로 만난다.

$\overline{AC} \perp \overline{BD}$)

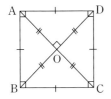

• 직사각형과 마름모가 정사각형이 되기 위한 조건

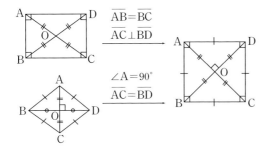

⑩ 여러 가지 사각형의 관계

• 사각형에서 한 쌍의 대변이 평행하면 사다리꼴이 된다.

• 사다리꼴에서 다른 한 쌍의 대변도 평행하면 평행사변형이 된다.

• 평행사변형 중 이웃한 두 변의 길이가 같으면 마름모가 된다.

• 평행사변형 중 한 내각이 직각이면 직사각형이 된다.

• 마름모 중에서 한 내각이 직각이면 정사각형이 된다.

• 직사각형 중에서 이웃한 두 변의 길이가 같으면 정사각형이 된다.

③ 평행선과 도형의 넓이 : 아래의 그림과 같이 $l /\!\!/ m$일 때, $\triangle ABC$와 $\triangle A'BC$는 밑변이 공통이고 높이도 같으므로 그 넓이가 서로 같음($l /\!\!/ m$일 때, $\triangle ABC = \triangle A'BC$)

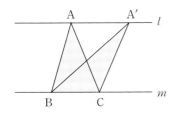

개념 UP

여러 가지 사각형 사이의 포함 관계

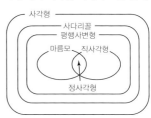

문제 UP

다음은 $\overline{AD} /\!\!/ \overline{BC}$인 사각형 ABCD에서 $\triangle ABC$의 넓이가 $12 \ cm^2$일 때, $\triangle DBC$의 넓이는?

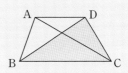

해 $\triangle ABC$와 $\triangle DBC$는 밑변이 공통이고 높이 또한 같으므로 넓이가 같다. 따라서 $\triangle DBC = 12 \ cm^2$이다.

정답 $12 \ cm^2$

1. 국어
2. 수학
3. 영어
4. 사회
5. 과학
6. 도덕

115

❼ 도형의 닮음과 닮음의 활용

개념UP

$\triangle ABC \backsim \triangle A'B'C'$일 때의 대응변과 대응각

- 대응점 : 점 A와 점 A′, 점 B와 점 B′, 점 C와 점 C를 각각 대응점이라 함
- 대응변 : $\overline{AB}$와 $\overline{A'B'}$, $\overline{BC}$와 $\overline{B'C'}$, $\overline{AC}$와 $\overline{A'C'}$를 각각 대응변이라 함
- 대응각 : $\angle A$와 $\angle A'$, $\angle B$와 $\angle B'$, $\angle C$와 $\angle C'$를 각각 대응각이라 함

(1) 도형의 닮음

① 닮음 도형

㉠ 닮음 : 두 도형에서 한 도형을 일정한 비율로 확대 또는 축소하거나 그대로 다른 도형에 포갤 수 있을 때(합동일 때), 두 도형은 서로 닮음인 관계에 있음

㉡ 닮은 도형 : 닮음인 관계에 있는 두 도형을 닮은 도형 또는 닮은 꼴이라고 함

㉢ 닮음의 기호 : 두 도형이 닮음의 관계에 있을 때 '$\backsim$'로 나타냄

예 $\triangle ABC \backsim \triangle A'B'C'$

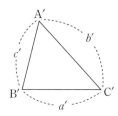

㉣ 닮음비 : 닮은 두 도형에서 대응변의 길이의 비

㉤ 닮은 도형의 성질 : $\triangle ABC \backsim \triangle A'B'C'$일 때,

- 대응변의 길이의 비는 일정함 : $a : a' = b : b' = c : c'$
- 대응각의 크기는 각각 같음 : $\angle A = \angle A'$, $\angle B = \angle B'$, $\angle C = \angle C'$

㉥ 닮은 평면도형

- 정다각형은 항상 닮은 도형이다.
- 꼭지각의 크기가 같은 이등변삼각형끼리는 항상 닮은 도형이다.
- 직각이등변삼각형끼리는 항상 닮은 도형이다.
- 원은 항상 닮은 도형이다.
- 중심각의 크기가 같은 부채꼴끼리는 항상 닮은 도형이다.

㉦ 입체도형에서의 닮음의 성질

- 대응하는 모서리의 길이의 비는 일정하다.
- 대응하는 면은 서로 닮은 도형이다.
- 구와 정다면체(정사면체, 정육면체, 정팔면체 등)끼리는 항상 닮은 도형이다.

개념UP

닮음의 위치와 도형의 성질

- 닮음의 위치와 닮음의 중심 : 닮은 도형의 대응하는 점을 이은 직선이 모두 한 점 O에서 만날 때, 두 도형을 닮음의 위치에 있다고 하며, 점 O를 닮음의 중심이라 함

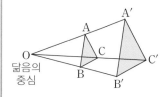

- 닮음의 위치에 있는 도형의 성질 : 닮음의 중심으로부터 대응하는 점까지의 거리의 비는 닮음비와 같으며, 대응하는 변은 서로 평행함

② 삼각형의 닮음조건 : △ABC와 △A′B′C′가 다음의 조건을 만족할 때 닮은 도형이 됨

　㉠ 세 쌍의 대응변의 길이의 비가 같을 때(SSS 닮음)

　　$a : a′ = b : b′ = c : c′$

　㉡ 두 쌍의 대응변의 길이의 비가 같고, 그 끼인각이 같을 때 (SAS 닮음)

　　$a : a′ = b : b′,\ ∠C = ∠C′$

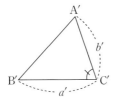

　㉢ 두 쌍의 대응각의 크기가 각각 같을 때(AA닮음)

　　$∠B = ∠B′,\ ∠C = ∠C′$

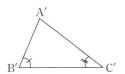

③ 직각삼각형의 닮음

　㉠ 직각삼각형의 닮음 : $∠A = 90°$인 직각삼각형 ABC의 꼭짓점 A에서 빗변 BC에 내린 수선의 발을 H라 하면,

　　△ABC∽△HBA∽△HAC

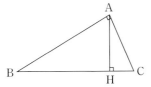

　㉡ 직각삼각형의 성질

　　• △ABC∽△HBA이므로,

　　　$\overline{AB} : \overline{BC} = \overline{BH} : \overline{AB} \Rightarrow \overline{AB}^2 = \overline{BH} × \overline{BC}$

　　• △ABC∽△HAC이므로,

　　　$\overline{BC} : \overline{AC} = \overline{AC} : \overline{CH} \Rightarrow \overline{AC}^2 = \overline{CH} × \overline{CB}$

　　• △HBA∽△HAC이므로,

　　　$\overline{BH} : \overline{AH} = \overline{AH} : \overline{CH} \Rightarrow \overline{AH}^2 = \overline{BH} × \overline{CH}$

　　• 직각삼각형의 넓이를 이용하면 $\overline{AB} × \overline{AC} = \overline{AH} × \overline{BC}$

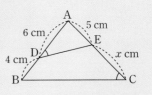
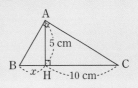
1. 국어

2. 수학

3. 영어

4. 사회

5. 과학

6. 도덕

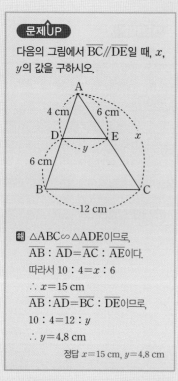

문제UP

다음의 그림에서 $\overline{BC}/\!/\overline{DE}$일 때, x, y의 값을 구하시오.

해 △ABC∽△ADE이므로,
$\overline{AB} : \overline{AD}=\overline{AC} : \overline{AE}$이다.
따라서 $10 : 4=x : 6$
$\therefore x=15$ cm
$\overline{AB} : \overline{AD}=\overline{BC} : \overline{DE}$이므로,
$10 : 4=12 : y$
$\therefore y=4.8$ cm

정답 $x=15$ cm, $y=4.8$ cm

문제UP

다음의 그림에서 $l/\!/m/\!/n$일 때, x의 값을 구하시오.

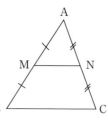

해 $4 : 8=5 : x$가 되므로, $4x=40$
$\therefore x=10$ cm이다.

정답 $x=10$ cm

(2) 닮음의 활용

① 삼각형과 평행선

㉠ 삼각형에서 평행선과 선분의 길이의 비 : △ABC에서 변 AB와 AC, 또는 그 연장선 위에 각각 점 D, E가 있을 때, $\overline{BC}/\!/\overline{DE}$이면,

· $\overline{AB} : \overline{AD}=\overline{AC} : \overline{AE}=\overline{BC} : \overline{DE}$
· $\overline{AD} : \overline{DB}=\overline{AE} : \overline{EC}$

 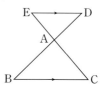

㉡ 평행선 사이의 선분의 길이의 비 : 세 개 이상의 평행선이 다른 두 직선과 만나서 생긴 선분의 비는 같음, 즉 $l/\!/m/\!/n$이면,

· $a : b=a' : b'$
· $a : a+b=a' : a'+b'$

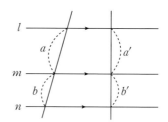

② 삼각형의 중점 연결 정리

㉠ △ABC에서 점 M, N이 각각 변 AB, AC의 중점이면, $\overline{MN}=\frac{1}{2}\overline{BC}$

예 위 그림에서 점 M, N이 각각 $\overline{AB}$, $\overline{AC}$의 중점이고 $\overline{BC}$가 6 cm일 때, $\overline{MN}$의 길이는?

삼각형의 중점 연결 정리에 따라 $\overline{MN}=\frac{1}{2}\overline{BC}$이므로, $\overline{MN}=\frac{1}{2}\times6=3$ cm이다.

1. 국어

2. 수학

3. 영어

4. 사회

5. 과학

6. 도덕

ⓛ △ABC에서 변 AB의 중점 M을 지나고 변 BC에 평행한 직
선과 변 AC와의 교점을 N이라 하면,
$\overline{AN}=\overline{CN}$ (즉, 점 N은 $\overline{AC}$의 중점)

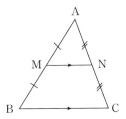

ⓒ $\overline{AD}/\!/\overline{BC}$인 사다리꼴 ABCD에서 M, N이 각각 변 AB,
DC의 중점이면,
$\overline{MN}/\!/\overline{BC}$, $\overline{MN}=\dfrac{1}{2}(\overline{AD}+\overline{BC})$

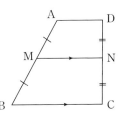

③ 삼각형의 무게중심
ㄱ 중선 : 삼각형의 한 꼭짓점과 그 대응변의 중점을 이은 선분
ㄴ 삼각형의 무게중심 : △ABC에서 세 중선이 만나는 점 G를 삼
각형의 무게중심이라고 함

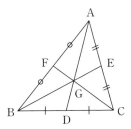

ㄷ 삼각형의 무게중심의 성질 : 무게중심은 세 중선의 길이를 각 꼭
짓점으로부터 각각 2 : 1로 나눔
$\overline{AG}:\overline{GD}=\overline{BG}:\overline{GE}=\overline{CG}:\overline{GF}=2:1$

예 그림에서 점 G가 △ABC의 무게중
심이고 $\overline{AD}=9$ cm일 때, $\overline{AG}$와
$\overline{GD}$의 길이는?

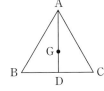

문제UP

다음 그림은 $\overline{AD}/\!/\overline{BC}$인 사다리꼴
ABCD이다. M, N이 각각 변
AB, DC의 중점에 해당할 때,
$\overline{MN}$의 길이를 구하시오.

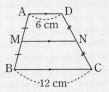

해 $\overline{MN}=\dfrac{1}{2}(\overline{AD}+\overline{BC})$이므로,

$\overline{MN}=\dfrac{1}{2}(6+12)=9$ cm이다.

정답 9 cm

문제UP

다음 그림에서 △ABC의 무게중심
을 G라고 하고, $\overline{AD}=15$ cm일
때, $\overline{AG}+\overline{GE}$의 길이를 구하시오.

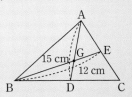

해 점 G는 △ABC의 무게중심이므로
$\overline{AG}:\overline{GD}=\overline{BG}:\overline{GE}=2:1$이
다. 따라서
$\overline{AG}=\dfrac{2}{3}\overline{AD}=\dfrac{2}{3}\times15=10$ cm,
$\overline{GE}=\dfrac{1}{3}\overline{BE}=\dfrac{1}{3}\times12=4$ cm
∴ $\overline{AG}+\overline{GE}=14$ cm

정답 14 cm

문제 UP

다음 그림에서 G는 △ABC의 무게 중심이고, △ABC의 넓이는 30 cm² 이다. △GAF와 △GBC의 면적을 각각 구하시오.

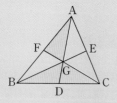

해 $\triangle GAF = \frac{1}{6}\triangle ABC$이므로,

$\triangle GAF = \frac{1}{6} \times 30 = 5\ cm^2$이다.

$\triangle GBC = \frac{1}{3}\triangle ABC$이므로,

$\triangle GBC = \frac{1}{3} \times 30 = 10\ cm^2$이다.

정답 $\triangle GAF = 5\ cm^2$,
$\triangle GBC = 10\ cm^2$

문제 UP

다음 그림에서 원 O와 원 O'의 닮음 비가 1 : 2이다. 원 O의 넓이가 $5\pi\ cm^2$일 때, 원 O'의 넓이를 구하 시오.

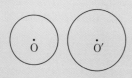

해 두 원 O와 O'의 닮음비가 1 : 2이 므로, 두 원의 넓이의 비는
$1^2 : 2^2 = 1 : 4$이다.
원 O의 넓이가 5π이므로, 원 O'의 넓이 S는 1 : 4 = 5 : S가 된다.
∴ 원 O'의 넓이(S)는 $20\pi\ cm^2$ 이다.

정답 $20\pi\ cm^2$

$\overline{AG} : \overline{GD} = 2 : 1$이므로, $\overline{AG}$는 $\overline{AD}$의 $\frac{2}{3}$이며, $\overline{GD}$는 $\overline{AD}$의 $\frac{1}{3}$이 된다.

따라서 $\overline{AG} = 9 \times \frac{2}{3} = 6\ cm$이며, $\overline{GD} = 9 \times \frac{1}{3} = 3\ cm$이다.

㉣ 삼각형의 무게중심과 넓이 : △ABC의 무게중심을 점 G라 하 면, 삼각형의 세 중선에 의하여 삼각형의 넓이는 6등분됨

$$\triangle GAF = \triangle GBF = \triangle GBD = \triangle GCD = \triangle GCE$$
$$= \triangle GAE = \frac{1}{6}\triangle ABC$$

$$\triangle GAB = \triangle GBC = \triangle GCA = \frac{1}{3}\triangle ABC$$

④ 닮은 도형의 넓이와 부피

㉠ 닮은 두 평면도형의 비

- 둘레의 길이 비 : 닮음비가 $m : n$일 때, 둘레의 길이의 비도 $m : n$

- 넓이의 비 : 닮음비가 $m : n$일 때, 넓이의 비는 $m^2 : n^2$

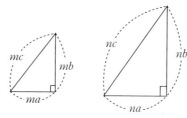

㉡ 닮은 두 입체도형의 비

- 겉넓이의 비 : 닮음비가 $m : n$일 때, 겉넓이의 비는 $m^2 : n^2$

- 부피의 비 : 닮음비가 $m : n$일 때, 부피의 비는 $m^3 : n^3$

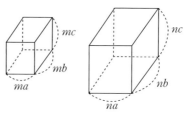

예 두 정육면체 A와 B의 닮음비가 1 : 2일 때, A와 B의 부피 의 비는?

부피의 비는 $1^3 : 2^3 = 1 : 8$이다.

심화 학습

❶ 무리수와 실수

(1) 제곱근과 실수

① 제곱근

ⓖ 제곱근의 의미 : 어떤 수 x를 제곱하여 a가 될 때($x^2=a$일 때) x를 a의 제곱근이라 함

예 $(\pm2)^2=4$이므로, 4의 제곱근은 2, -2이다.

$(\pm\sqrt{3})^2=3$이므로, 3의 제곱근은 $\sqrt{3}$, $-\sqrt{3}$이다.

ⓝ 제곱근의 표현

- 제곱근을 표현하기 위해 $\sqrt{\ }$ (근호)를 사용하며, $\sqrt{a}$를 루트 a, 제곱근 a로 읽는다.

- 양수 a의 제곱근은 양의 제곱근인 $\sqrt{a}$와 음의 제곱근인 $-\sqrt{a}$가 있으며, 이들 제곱근의 절댓값은 서로 같다.

예 5의 제곱근은 $\sqrt{5}$, $-\sqrt{5}$

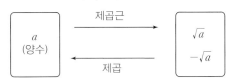

② 제곱근의 성질

ⓖ $a>0$일 때

- $(\sqrt{a})^2=a$, $(-\sqrt{a})^2=a$

- $\sqrt{a^2}=a$, $\sqrt{(-a)^2}=a$

예 $(\sqrt{2})^2=2$, $(-\sqrt{2})^2=2$, $\sqrt{3^2}=3$, $\sqrt{(-3)^2}=3$

ⓝ $\sqrt{a^2}=|a|$

- $a\geq0$일 때 $\Rightarrow a$

- $a<0$일 때 $\Rightarrow -a$

예 $a>0$일 때, $\sqrt{(-3a)^2}=3a$

$a<0$일 때, $\sqrt{(3a)^2}=-3a$

ⓒ 제곱근의 대소 관계 : $a>0$, $b>0$일 때,

- $a<b$이면 $\sqrt{a}<\sqrt{b}$, $-\sqrt{a}>-\sqrt{b}$

- $\sqrt{a}<\sqrt{b}$이면 $a<b$

문제UP

다음 수의 제곱근을 구하시오.

(1) 9

(2) $\dfrac{1}{25}$

해 (1) 9의 제곱근은 3, -3이다.

(2) $\dfrac{1}{25}$의 제곱근은 $\dfrac{1}{5}$, $-\dfrac{1}{5}$이다.

정답 (1) 3, -3 (2) $\dfrac{1}{5}$, $-\dfrac{1}{5}$

문제UP

다음 값을 구하시오.

(1) $(-\sqrt{5})^2$

(2) $\sqrt{(-7)^2}$

(3) $-\sqrt{(-9)^2}$

해 (1) $(-\sqrt{5})^2=5$

(2) $\sqrt{(-7)^2}=\sqrt{49}=\sqrt{7^2}=7$

(3) $-\sqrt{(-9)^2}=-9$

정답 (1) 5 (2) 7 (3) -9

1. 국어
2. 수학
3. 영어
4. 사회
5. 과학
6. 도덕

③ 무리수와 실수

㉠ 무리수

• 무리수 : 유리수가 아닌 수, 즉 순환하지 않는 무한소수를 의미함

예 $\sqrt{2}(1.414213562\cdots)$, $\pi(3.14159265\cdots)$

• 무리수와 수직선 : 무리수들은 각각 수직선 위의 점으로 나타낼 수 있으며, 서로 다른 무리수 사이에는 무수히 많은 무리수가 있음

㉡ 실수

• 실수 : 유리수와 무리수를 통틀어 실수라고 함

• 실수의 분류

$$\text{실수}\begin{cases}\text{유리수}\begin{cases}\text{정수}\begin{cases}\text{양의 정수(자연수)}: 1,\ 2,\ 3,\ \cdots\\ 0\\ \text{음의 정수}: -1,\ -2,\ -3,\ \cdots\end{cases}\\ \text{정수가 아닌 유리수}: \frac{1}{3},\ \frac{1}{2},\ \cdots\end{cases}\\ \text{무리수}: -\sqrt{3},\ \sqrt{2},\ \pi,\ \cdots\end{cases}$$

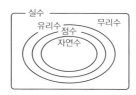

• 실수와 수직선 : 수직선은 실수, 즉 유리수와 무리수에 대응하는 점들로 메워져 있으므로, 수직선 위의 모든 점은 실수와 하나씩 대응시킬 수 있음

㉢ 실수의 대소 관계 : a, b가 실수일 때,

• $a-b>0$이면 $a>b$

• $a-b=0$이면 $a=b$

• $a-b<0$이면 $a<b$

예 $\sqrt{15}$와 4의 대소를 비교하면?

$\sqrt{15}-4=\sqrt{15}-\sqrt{16}<0$이므로, $\sqrt{15}<4$

(2) 근호를 포함한 식의 계산

① 제곱근의 곱셈과 나눗셈

㉠ 제곱근의 곱셈 : $a>0$, $b>0$이고 m, n이 유리수일 때,

• $\sqrt{a}\times\sqrt{b}=\sqrt{ab}$

- $m\sqrt{a} \times n\sqrt{b} = mn\sqrt{ab}$
- $\sqrt{a^2 b} = a\sqrt{b}$

예 $\sqrt{2} \times \sqrt{5} = \sqrt{10}$, $3\sqrt{2} \times 5\sqrt{3} = 15\sqrt{6}$,

$$\sqrt{\frac{10}{5}} \times \sqrt{\frac{5}{3}} = \sqrt{\frac{10}{5} \times \frac{5}{3}} = \sqrt{\frac{10}{3}}$$

$$\sqrt{3} \times \sqrt{6} = \sqrt{3 \times 3 \times 2} = \sqrt{3^2 \times 2} = 3\sqrt{2}$$

ⓛ 제곱근의 나눗셈 : $a > 0$, $b > 0$이고 m, n이 유리수일 때,

- $\dfrac{\sqrt{b}}{\sqrt{a}} = \sqrt{\dfrac{b}{a}}$

- $m\sqrt{a} \div n\sqrt{b} = m\sqrt{a} \times \dfrac{1}{n\sqrt{b}} = \dfrac{m}{n}\sqrt{\dfrac{a}{b}}$ (단, $n \neq 0$)

- $\sqrt{\dfrac{b}{a^2}} = \dfrac{\sqrt{b}}{a}$

예 $\dfrac{\sqrt{36}}{\sqrt{6}} = \sqrt{\dfrac{36}{6}} = \sqrt{6}$, $2\sqrt{15} \div 3\sqrt{5} = \dfrac{2}{3}\sqrt{\dfrac{15}{5}} = \dfrac{2\sqrt{3}}{3}$

ⓒ 분모의 유리화

- 분모의 유리화 : 무리수인 분모를 유리수로 고치는 것, 즉 분모에 근호가 있을 때 분모와 분자에 0이 아닌 같은 수를 곱하여 분모를 유리수로 고치는 것

- 분모를 유리화하는 방법 : $a > 0$이고 b, c가 실수일 때,

$$\frac{1}{\sqrt{a}} = \frac{\sqrt{a}}{\sqrt{a} \times \sqrt{a}} = \frac{\sqrt{a}}{a}$$

$$\frac{b}{\sqrt{a}} = \frac{b\sqrt{a}}{\sqrt{a} \times \sqrt{a}} = \frac{b\sqrt{a}}{a}$$

$$\frac{\sqrt{b}}{\sqrt{a}} = \frac{\sqrt{b} \times \sqrt{a}}{\sqrt{a} \times \sqrt{a}} = \frac{\sqrt{ab}}{a}$$ (단, $b > 0$)

$$\frac{c}{b\sqrt{a}} = \frac{c \times \sqrt{a}}{b\sqrt{a} \times \sqrt{a}} = \frac{c\sqrt{a}}{ab}$$

예 $\dfrac{\sqrt{3}}{\sqrt{2}}$, $\dfrac{6}{2\sqrt{3}}$ 을 각각 유리화하면?

$$\frac{\sqrt{3}}{\sqrt{2}} = \frac{\sqrt{3} \times \sqrt{2}}{\sqrt{2} \times \sqrt{2}} = \frac{\sqrt{3 \times 2}}{(\sqrt{2})^2} = \frac{\sqrt{6}}{2}$$

$$\frac{6}{2\sqrt{3}} = \frac{6 \times \sqrt{3}}{2 \times \sqrt{3} \times \sqrt{3}} = \frac{6\sqrt{3}}{2 \times 3} = \sqrt{3}$$

② 제곱근의 덧셈과 뺄셈

ⓐ 덧셈과 뺄셈의 원칙 : 근호 안의 숫자를 하나의 문자로 보고 다항식의 동류항과 같이 계산함

ⓑ 계산방법 : $a > 0$, $b > 0$, $c > 0$이고 m, n은 유리수일 때,

문제 UP

$\sqrt{\dfrac{7}{10}} \times \sqrt{\dfrac{20}{21}}$을 계산하시오.

해 $\sqrt{\dfrac{7}{10}} \times \sqrt{\dfrac{20}{21}} = \sqrt{\dfrac{7}{10} \times \dfrac{20}{21}}$

$\qquad\qquad = \sqrt{\dfrac{2}{3}}$

정답 $\sqrt{\dfrac{2}{3}}$

문제 UP

$\dfrac{4}{\sqrt{3}} \times \dfrac{\sqrt{5}}{\sqrt{2}} \div 2\sqrt{10}$을 계산하시오.

해 $\dfrac{4}{\sqrt{3}} \times \dfrac{\sqrt{5}}{\sqrt{2}} \div 2\sqrt{10}$

$= \dfrac{4}{\sqrt{3}} \times \dfrac{\sqrt{5}}{\sqrt{2}} \times \dfrac{1}{2\sqrt{10}}$

$= \dfrac{4\sqrt{5}}{\sqrt{6}} \times \dfrac{1}{2\sqrt{2} \times \sqrt{5}}$

$= \dfrac{2}{\sqrt{6}} \times \dfrac{1}{\sqrt{2}} = \dfrac{2}{\sqrt{3 \times 2^2}}$

$= \dfrac{2 \times \sqrt{3}}{2\sqrt{3} \times \sqrt{3}} = \dfrac{\sqrt{3}}{3}$

정답 $\dfrac{\sqrt{3}}{3}$

---

1. 국어
2. 수학
3. 영어
4. 사회
5. 과학
6. 도덕

- $m\sqrt{a}+n\sqrt{a}=(m+n)\sqrt{a}$
- $m\sqrt{a}-n\sqrt{a}=(m-n)\sqrt{a}$

예 $5\sqrt{3}-3\sqrt{3}+2\sqrt{3}=(5-3+2)\sqrt{3}=4\sqrt{3}$

- 분배법칙을 이용한 계산 : $\sqrt{a}(\sqrt{b}+\sqrt{c})=\sqrt{ab}+\sqrt{ac}$

예 $\sqrt{2}(\sqrt{3}+\sqrt{5})=\sqrt{6}+\sqrt{10}$

- 근호 안에 제곱인 인수가 있는 경우 근호 밖으로 꺼내 근호 안을 간단히 하여 계산

③ 곱셈공식을 이용한 식의 계산

　ⓐ 곱셈공식을 이용한 계산 : 분모에 근호를 포함한 분수는 분모를 유리화하여 계산하는데, 곱셈공식 $(a+b)(a-b)=a^2-b^2$을 이용하여 분모를 유리화함

　ⓑ 계산방법 : $a>0, b>0, a \neq b, c$가 실수일 때,

- $\dfrac{c}{\sqrt{a}+\sqrt{b}}=\dfrac{c(\sqrt{a}-\sqrt{b})}{(\sqrt{a}+\sqrt{b})(\sqrt{a}-\sqrt{b})}=\dfrac{c(\sqrt{a}-\sqrt{b})}{a-b}$

- $\dfrac{c}{\sqrt{a}-\sqrt{b}}=\dfrac{c(\sqrt{a}+\sqrt{b})}{(\sqrt{a}-\sqrt{b})(\sqrt{a}+\sqrt{b})}=\dfrac{c(\sqrt{a}+\sqrt{b})}{a-b}$

예 $\dfrac{1}{\sqrt{3}+\sqrt{2}}$를 간단히 하면?

$$\dfrac{1}{\sqrt{3}+\sqrt{2}}=\dfrac{\sqrt{3}-\sqrt{2}}{(\sqrt{3}+\sqrt{2})(\sqrt{3}-\sqrt{2})}=\dfrac{\sqrt{3}-\sqrt{2}}{3-2}=\sqrt{3}-\sqrt{2}$$

④ 근호를 포함하는 식의 혼합 계산 : 근호를 포함한 식에 덧셈, 뺄셈, 곱셈, 나눗셈이 혼합되어 있는 경우, 유리수의 경우와 마찬가지로 곱셈 나눗셈을 먼저 계산함

❷ 인수분해와 이차방정식

(1) 인수분해

① 인수분해의 의미

　ⓐ 인수 : 하나의 다항식을 두 개 이상의 다항식의 곱으로 나타낼 때, 각각의 식을 인수라 함

　ⓑ 인수분해 : 하나의 다항식을 두 개 이상의 다항식의 곱으로 나타낸 것을 말함

$$x^2+3x+2 \underset{\text{전개}}{\overset{\text{인수분해}}{\longleftrightarrow}} (x+1)(x+2)$$

다항식   인수

ⓒ **공통인수** : 다항식의 각 항에 공통으로 들어 있는 인수(m)를 말하며, 다항식의 공통인수를 묶어 내어 인수분해를 할 수 있음

    예 $mx+my=m(x+y)$

② **인수분해의 공식**

   ㉠ 완전제곱식에 관한 공식

     • $a^2+2ab+b^2=(a+b)^2$

     • $a^2-2ab+b^2=(a-b)^2$

   ㉡ 완전제곱식이 될 조건

     • x^2+ax+b가 완전제곱식이 되기 위한 b의 조건 :

      $b=\left(\dfrac{a}{2}\right)^2$

     • $x^2+ax+b(b>0)$가 완전제곱식이 되기 위한 a의 조건 :

      $a=\pm 2\sqrt{b}$

   ㉢ $a^2-b^2=(a+b)(a-b)$

   ㉣ $x^2+(a+b)x+ab=(x+a)(x+b)$

     • 두 수의 곱이 상수항이 되는 수를 찾는다.

     • 두 수 중 합이 x의 계수가 되는 두 수를 찾는다.

     • $(x+a)(x+b)$의 꼴로 인수분해한다.

   ㉤ $acx^2+(ad+bc)x+bd=(ax+b)(cx+d)$

     • 곱하여 x^2이 되는 두 수 a, c를 세로로 나열한다.

     • 곱하여 상수항(bd)이 되는 두 수 b, d를 세로로 나열한다.

     • a, c와 b, d를 대각선으로 곱하여 더한 것이 x의 계수가 되는 것을 찾는다.

     • $(ax+b)(cx+d)$의 꼴로 인수분해한다.

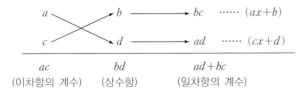

$$\begin{array}{ccc} a & b & bc & \cdots\cdots\ (ax+b) \\ c & d & ad & \cdots\cdots\ (cx+d) \\ \hline ac & bd & ad+bc \\ \text{(이차항의 계수)} & \text{(상수항)} & \text{(일차항의 계수)} \end{array}$$

(2) 이차방정식

① 이차방정식과 그 해(근)

---

1. 국어
2. 수학
3. 영어
4. 사회
5. 과학
6. 도덕

문제 **UP**

다음 식을 인수분해 하시오.

(1) $4x-8x^2$

(2) x^2y+3xy^2

해 (1) $4x-8x^2=4x(1-2x)$

    (2) $x^2y+3xy^2=xy(x+3y)$

     정답 (1) $4x(1-2x)$ (2) $xy(x+3y)$

개념 **UP**

$x^2+ax+b(b>0)$의 **완전제곱식**

• $b=\left(\dfrac{a}{2}\right)^2$일 때,

   x^2+ax+b

   $=x^2+2\times\dfrac{a}{2}\times x+\left(\dfrac{a}{2}\right)^2$

   $=\left(x+\dfrac{a}{2}\right)^2$

• $a=\pm 2\sqrt{b}$일 때,

   x^2+ax+b

   $=x^2\pm 2\sqrt{b}x+(\pm\sqrt{b})^2$

   $=(x+\pm\sqrt{b})^2$

문제 **UP**

다음 식을 인수분해 하시오.

(1) $25x^2+10x+y^2$

(2) $4x^2-9$

(3) $6x^2-7x-3$

해 (1) $25x^2+10x+y^2$

     $=(5x)^2+2\times 5\times x+y^2$

     $=(5x+y)^2$

   (2) $4x^2-9=(2x)^2-3^2$

           $=(2x+3)(2x-3)$

   (3) $6x^2-7x-3$

$$\begin{array}{ccc} 3 & 1 & 2 & \cdots\ (3x+1) \\ 2 & -3 & -9 & \cdots\ (2x-3) \\ \hline 6 & -3 & -7 \end{array}$$

     $=(3x+1)(2x-3)$

         정답 해설 참조

개념UP

$a \times b = 0$의 해

$ab = 0$의 해는 ㉠ $a = 0$, $b = 0$, ㉡ $a = 0$, $b \neq 0$, ㉢ $a \neq 0$, $b = 0$이 될 수 있다. 따라서 이것을 통틀어 $a = 0$ 또는 $b = 0$이라고 한다.

문제UP

다음 이차방정식을 푸시오.

(1) $(2x-3)(3x+4)=0$
(2) $x^2 - 7x + 6 = 0$
(3) $x^2 + 3x = 0$
(4) $x^2 + 6x + 9 = 0$

해 (1) $(2x-3)(3x+4)=0$
$\Rightarrow 2x-3=0$ 또는 $3x+4=0$
$\therefore x = \dfrac{3}{2}$ 또는 $x = -\dfrac{4}{3}$

(2) $x^2 - 7x + 6 = 0$
$\Rightarrow (x-1)(x-6)=0$
$\therefore x = 1$ 또는 $x = 6$

(3) $x^2 + 3x = 0 \Rightarrow x(x+3) = 0$
$\therefore x = 0$ 또는 $x = -3$

(4) $x^2 + 6x + 9 = 0$
$\Rightarrow (x+3)^2 = 0$
$\therefore x = -3$(중근)

정답 해설 참조

㉠ 이차방정식

- x에 관한 이차방정식 : 우변에 있는 모든 항을 좌변으로 정리한 식이 '(x에 관한 이차식)$=0$'의 꼴로 나타내어지는 방정식
- 이차방정식의 일반형 : $ax^2 + bx + c = 0$(단, a, b, c는 상수, $a \neq 0$)

㉡ 이차방정식의 해(근) : 이차방정식 $ax^2 + bx + c = 0(a \neq 0)$을 참이 되게 하는 x의 값

㉢ 이차방정식을 푼다 : 이차방정식의 해(근)를 모두 구하는 것을 "이차방정식을 푼다"라고 함

② 이차방정식의 풀이

㉠ 인수분해에 의한 풀이

- 이차방정식 $(x-a)(x-b)=0$의 해는 $x=a$ 또는 $x=b$이다.
- 이차방정식 $px^2 + qx + r = 0$의 해는, 좌변을 두 일차식의 곱 $(x-a)(x-b)=0$으로 인수분해할 수 있으며 해는 $x=a$ 또는 $x=b$가 된다.
- 중근을 갖는 이차방정식 : 중근은 이차방정식의 두 해가 중복될 때의 해를 말하는데, 이차방정식에서 좌변을 인수분해하였을 때 '(완전제곱식)$=0$'의 꼴로 나타날 경우 이 방정식은 중근을 가짐

㉡ 제곱근을 이용한 풀이 : 인수분해가 되지 않는 경우 제곱근을 이용해 해를 구함

- 이차방정식 $x^2 = a(a \geq 0)$의 해 : $x = \pm\sqrt{a}$
- 이차방정식 $ax^2 = b(ab > 0, a \neq 0)$의 해 : $x = \pm\sqrt{\dfrac{b}{a}}$
- 이차방정식 $(x+a)^2 = b(b \geq 0)$의 해 : $x = -a \pm\sqrt{b}$

㉢ 완전제곱식을 이용한 풀이 : 이차방정식 $ax^2 + bx + c = 0(a \neq 0)$에서 좌변이 두 일차식의 곱으로 인수분해되지 않을 때에는, 좌변을 $(x+p)^2 = q$의 꼴로 고쳐서 계산함

- 이차항의 계수가 1인 경우 : 이차방정식 $x^2 + bx + c = 0$에서, 일차계수의 반의 제곱인 $\left(\dfrac{b}{2}\right)^2 = \dfrac{b^2}{4}$을 양변에 더하여,

$$x^2+bx+\frac{b^2}{4}=-c+\frac{b^2}{4} \Rightarrow \left(x+\frac{b}{2}\right)^2=-c+\frac{b^2}{4}$$ 로 고

쳐서 계산함

- 이차항의 계수가 1이 아닌 경우 : 이차방정식

  $ax^2+bx+c=0\,(a \neq 1)$ 에서, 이차계수인 a로 양변을 나눈

  후, 위의 방식대로 계산함

② 이차방정식의 근의 공식 : 이차방정식 $ax^2+bx+c=0\,(a \neq 0)$

에서 근의 공식에 따른 해는 다음과 같이 구분됨

- $b^2-4ac>0$이면 $x=\dfrac{-b \pm \sqrt{b^2-4ac}}{2a}$ (서로 다른 두 근)

- $b^2-4ac=0$이면 $x=-\dfrac{b}{2a}$ (중근)

- $b^2-4ac<0$이면 근(해)이 없음

⑪ 복잡한 이차방정식의 풀이

- 괄호가 있는 경우 괄호를 먼저 풀고 $ax^2+bx+c=0$의 꼴

  로 정리한다.

- 계수 중에 소수가 있는 경우 양변에 10의 거듭제곱 중 알맞은

  수를 곱하여 계수를 모두 정수로 고친 후 간단히 정리한다.

- 계수 중에 분수가 있는 경우 양변에 분모의 최소공배수를 곱

  하여 계수를 정수로 고친 후 정리한다.

- 정리된 방정식을 인수분해나 근의 공식 등을 이용하여 해를

  구한다.

⑭ 두 근이 α, β인 이차방정식 : $a(x-\alpha)(x-\beta)=0$

⑮ 근과 계수의 관계 : 이차방정식 $ax^2+bx+c=0\,(a \neq 0)$의 두

근을 α, β라 하면,

- 두 근의 합 : $\alpha+\beta=-\dfrac{b}{a}$

- 두 근의 곱 : $\alpha\beta=\dfrac{c}{a}$

③ 이차방정식의 활용 문제의 풀이

㉠ 미지수 정하기 : 문제의 의미를 파악하고, 구하고자 하는 값을

  미지수로 놓음

㉡ 방정식 세우기 : 문제의 의미에 맞도록 이차방정식을 수립함

㉢ 방정식 풀기 : 수립한 이차방정식을 인수분해 등을 이용하여 품

㉣ 확인하기 : 구한 해(근)가 문제의 뜻에 맞는지 확인함

문제UP

다음 이차방정식을 제곱근을 이용하여 푸시오.

$4(x+2)^2=20$

해 $4(x+2)^2=20 \Rightarrow (x+2)^2=5$

$\Rightarrow x+2=\pm\sqrt{5}$

$\therefore x=-2\pm\sqrt{5}$

정답 $-2\pm\sqrt{5}$

문제UP

이차방정식 $0.1x^2-0.6x=2.7$을 푸시오.

해 양변에 10을 곱하면,

$x^2-6x-27=0$

$\Rightarrow (x+3)(x-9)=0$

$\therefore x=-3$ 또는 $x=9$

정답 $x=-3$ 또는 $x=9$

문제UP

이차방정식 $x^2-9x+8=0$의 두 근을 α, β라 할 때, $\alpha+\beta-\alpha\beta$의 값을 구하시오.

해 이차방정식의 두 근의 합은 $\alpha+\beta=9$이며, 두 근의 곱 $\alpha\beta=8$이다.

따라서 $\alpha+\beta-\alpha\beta=9-8=1$이다.

정답 1

1. 국어
2. 수학
3. 영어
4. 사회
5. 과학
6. 도덕

❸ 이차함수

(1) 이차함수와 그래프

① 이차함수의 의미 : 함수 $y=f(x)$에서 y가 x에 관한 이차식 $y=ax^2+bx+c$(a, b, c는 상수, $a\neq0$)로 나타나는 함수를 이차 함수라 함

② 이차함수의 그래프

　㉠ 이차함수 $y=ax^2$의 그래프

　　• 원점 $(0,\ 0)$을 꼭짓점으로 하고, y축($x=0$)을 대칭축으로 하는 포물선이다.

　　• $a>0$이면 아래로 볼록하고, $a<0$이면 위로 볼록한 형태이다.

　　• a의 절댓값($|a|$)이 클수록 그래프의 폭이 좁아진다.

　　• $y=-ax^2$의 그래프와 x축에 대하여 대칭이다.

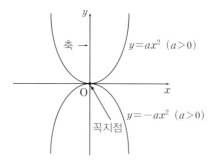

　㉡ 이차함수 $y=ax^2+q$의 그래프

　　• 이차함수 $y=ax^2$의 그래프를 y축의 방향으로 q만큼 평행이 동한 것이다.

　　• 꼭짓점의 좌표는 $(0,\ q)$이다.

　　• 축의 방정식은 $x=0$(y축)이다.

　㉢ 이차함수 $y=a(x-p)^2+q$의 그래프

　　• 이차함수 $y=ax^2$의 그래프를 x축의 방향으로 p만큼, y축의 방향으로 q만큼 평행이동한 것이다.

　　• 꼭짓점의 좌표는 $(p,\ q)$이다.

　　• 축의 방정식은 $x=p$이다.

③ 이차함수 $y=ax^2+bx+c$의 그래프의 성질

　㉠ 이차함수를 $y=ax^2+bx+c$의 그래프로 변형 :

$$y=ax^2+bx+c \Rightarrow y=a\left(x+\frac{b}{2a}\right)^2-\frac{b^2-4ac}{4a}$$

개념UP

$y=ax^2$의 그래프의 폭

이차함수 $y=ax^2(a\neq0)$의 그래프 에서 $|a|$가 클수록 그래프의 폭이 좁아진다. 따라서 이차함수 $y=\frac{1}{2}x^2$, $y=x^2$, $y=2x^2$에서, 뒤로 갈수록 그 래프의 폭이 좁아진다.

문제UP

이차함수 $y=-3\left(x-\frac{1}{2}\right)^2$의 그래 프에 대하여 다음을 구하시오.

(1) 꼭짓점의 좌표

(2) 축의 방정식

해 (1) $y=-3\left(x-\frac{1}{2}\right)^2$의 그래프의 꼭짓점의 좌표는 $\left(\frac{1}{2},\ 0\right)$이다.

(2) $y=-3\left(x-\frac{1}{2}\right)^2$의 그래프의 축의 방정식은 $x=\frac{1}{2}$이다.

정답 해설 참조

예 $y=x^2-4x+1 \Rightarrow y=(x^2-4x+4)-4+1$

$\Rightarrow y=(x-2)^2-3$

ⓒ 꼭짓점의 좌표 : $\left(-\dfrac{b}{2a},\ -\dfrac{b^2-4ac}{4a}\right)$

ⓒ 축의 방정식 : $x=-\dfrac{b}{2a}$

ⓔ y축과의 교점의 좌표($x=0$일 때의 좌표) : $(0,\ c)$

④ 이차함수 $y=ax^2+bx+c$의 그래프에서의 $a,\ b,\ c$의 부호

ⓐ a의 부호 : 그래프의 모양(형태)에 따라 결정됨

• 그래프가 아래로 볼록 $\Rightarrow a>0$

• 그래프가 위로 볼록 $\Rightarrow a<0$

ⓑ b의 부호 : 축의 위치에 따라 결정됨

• 축이 y축의 왼쪽에 위치하면 $\Rightarrow a,\ b$는 같은 부호$(ab>0)$

• 축이 y축과 일치하면 $\Rightarrow b=0$

• 축이 y축의 오른쪽에 위치하면 $\Rightarrow a,\ b$는 다른 부호$(ab<0)$

ⓒ c의 부호 : y축과의 교점의 위치에 따라 결정됨

• y축과의 교점이 원점의 위쪽에 위치하면 $\Rightarrow c>0$

• y축과의 교점이 원점과 일치하면 $\Rightarrow c=0$

• y축과의 교점이 원점의 오른쪽에 위치하면 $\Rightarrow c<0$

(2) 이차함수의 활용

① 이차함수의 식 구하기

ⓐ 꼭짓점 $(p,\ q)$와 그래프 위의 다른 한 점이 주어졌을 때

• 이차함수를 $y=a(x-p)^2+q$로 놓는다.

• 그래프 위의 다른 한 점을 대입하여 a값을 구한다.

예 꼭짓점이 $(1,\ -2)$이고, 한 점 $(2,\ 4)$를 지나는 이차함수의 식은?

꼭짓점이 $(1,\ -2)$인 이차함수는 $y=a(x-1)^2-2$이다.

여기에 그래프 위의 한 점 $(2,\ 4)$를 대입하면,

$4=a(2-1)^2-2 \quad \therefore a=6$

따라서 구하는 이차함수는

$y=6(x-1)^2-2=6x^2-12x+4$이다.

ⓑ 축의 방정식 $x=p$와 그래프 위의 두 점이 주어졌을 때

• 이차함수를 $y=a(x-p)^2+q$로 놓는다.

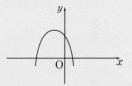

문제UP

이차함수 $y=ax^2+bx+c$의 그래프가 아래 그림과 같을 때, $a,\ b,\ c$의 부호를 구하시오.

해 그래프가 위로 볼록하므로 $a<0$이다.

또한 축이 y축의 왼쪽에 위치하므로 $ab>0$이다. 따라서 $b<0$이다.

y축과의 교점이 원점의 위쪽에 위치하므로 $c>0$이다.

정답 해설 참조

문제UP

축의 방정식이 $x=-3$이고, 두 점 $(2,\ 5)$, $(-4,\ 1)$을 지나는 이차함수의 식을 구하시오.

해 축의 방정식이 $x=-3$인 이차함수는 $y=a(x+3)^2+q$이다. 여기서 그래프 위의 두 점을 각각 대입하면, $25a+q=5$, $a+q=1$이다.

두 식을 연립하면 $a=\dfrac{1}{6}$, $q=\dfrac{5}{6}$이다. 따라서 구하는 이차함수는

$y=\dfrac{1}{6}(x+3)^2+\dfrac{5}{6}$이다.

정답 $y=\dfrac{1}{6}(x+3)^2+\dfrac{5}{6}$

• 그래프 위의 두 점의 좌표를 대입하여 a, q의 값을 구한다.

ⓒ 그래프 위의 서로 다른 세 점이 주어졌을 때

　• 이차함수의 식을 $y=ax^2+bx+c$로 놓는다.

　• 그래프 위의 세 점을 식에 대입하여 a, b, c의 값을 구한다.

ⓔ x축과의 교점 $(m, 0)$, $(n, 0)$과 그래프 위의 다른 한 점이 주어졌을 때

　• 이차함수의 식을 $y=a(x-m)(x-n)$으로 놓는다.

　• 그래프 위의 다른 한 점을 대입하여 a값을 구한다.

❹ 대푯값과 산포도

(1) 대푯값

　① 대푯값과 평균

　　㉠ 대푯값 : 자료 전체의 특징을 하나의 수로 나타낸 값(전체 자료를 대표하는 값)으로, 평균, 중앙값, 최빈값 등이 있으나 평균이 널리 쓰임

　　㉡ 평균

　　　• 평균 : (평균)$=\dfrac{(변량의 \ 총합)}{(변량의 \ 개수)}$

　　　예 학생 5명의 수학 성적이 80, 75, 90, 65, 70점일 때의 평균은?

　　　(평균)$=\dfrac{80+75+90+65+70}{5}=76$(점)

　　　• 도수분포표에서의 평균 :

　　　(평균)$=\dfrac{[\{(계급값)\times(도수)\}의 \ 총합]}{(도수의 \ 총합)}$

　② 중앙값 : 자료를 작은 값부터 크기순으로 나열했을 때 중앙에 놓이는 값

　　㉠ 자료의 개수(n)가 홀수인 경우 : $\dfrac{n+1}{2}$번째 자료의 값(가운데 위치한 자료의 값)이 중앙값

　　　예 1, 2, 2, 3, 4의 중앙값은, $\dfrac{5+1}{2}$번째 자료의 값인 2

　　㉡ 자료의 개수(n)이 짝수인 경우 : $\dfrac{n}{2}$번째와 $\left(\dfrac{n}{2}+1\right)$번째 자료

값의 평균(가운데 위치한 두 자료의 평균)이 중앙값

예 1, 2, 3, 5의 중앙값은, $\frac{4}{2}$ 번째와 $\left(\frac{4}{2}+1\right)$번째 자료값의 평균 $\left(\frac{2+3}{2}\right)$인 2.5

③ **최빈값** : 자료의 값 중에서 가장 많이 나타나는 값(도수가 가장 큰 계급값)

　㉠ 도수분포표에서의 최빈값은 도수가 가장 큰 계급의 계급값이다.

　㉡ 각 자료의 값의 도수가 모두 같으면 최빈값은 없다.

(2) 산포도

① **산포도** : 변량들이 대푯값 주위에 흩어져 있는 정도를 하나의 수로 나타낸 값을 말하며, 주로 분산과 표준편차가 널리 쓰임

② **분산과 표준편차**

　㉠ 편차 : 자료의 각 변량에서 평균을 뺀 값

　　• 편차 : (편차)＝(변량)－(평균)

　　• 도수분포표에서의 편차 : (편차)＝(계급값)－(평균)

　　• 편차의 합은 항상 0이다.

　　• 편차가 클수록 그 변량은 평균에서 멀리 떨어져 있다.

　　• 편차의 절댓값이 클수록 변량은 평균에서 멀리 떨어져 있으며, 절댓값이 작을수록 변량은 평균과 가까이 있다.

　㉡ 분산 : 각 변량의 편차의 제곱의 평균

　　• 분산 : $(분산)=\dfrac{\{(편차)^2의\ 총합\}}{(변량의\ 개수)}$

　　• 도수분포표에서의 분산 : $(분산)=\dfrac{[\{(편차)^2 \times 도수\}의\ 총합]}{(도수의\ 총합)}$

　　• 분산과 표준편차가 작을수록 자료의 분포가 고르다.

　㉢ 표준편차 : 분산의 양의 제곱근

　　• $(표준편차)=\sqrt{(분산)}$

　　• 표준편차가 클수록 평균을 중심으로 변량들이 넓게 흩어져 있고, 표준편차가 작을수록 평균을 중심으로 변량들이 모여 있다.

(3) 산점도와 상관관계

① **산점도** : 두 변량 x, y의 순서쌍 (x, y)를 좌표평면 위에 점으로 나타낸 그림을 말하며, 그래프의 한 종류

문제UP

다음은 한 학급 학생들의 턱걸이 기록을 나타낸 것이다. 중앙값과 최빈값을 각각 구하시오.

6, 8, 14, 5, 1, 9, 18, 11, 6, 3

해 자료의 값이 작은 것부터 나열하면 1, 3, 5, 6, 6, 8, 9, 11, 14, 18이다. 자료의 개수가 짝수(10)이므로, 중앙값은 5번째와 6번째 자료값의 평균이므로 $\frac{6+8}{2}=7$이 된다.

최빈값은 가장 많이 나타나는 값인 6이다.

정답 해설 참조

개념UP

분산과 표준편차 구하는 순서

평균을 구함 → 편차를 구함 → (편차)²의 총합을 구함 → 분산을 구함 → 표준편차를 구함

문제UP

다음은 한 학생의 수학성적을 나타낸 것이다. 분산과 표준편차를 각각 구하시오.

85, 83, 84, 86, 87

해 수학성적의 평균을 구하면,

$$\frac{85+83+84+86+87}{5}=85(점)$$

이다.

따라서 분산은

$$\frac{(85-85)^2+(83-85)^2+(84-85)^2+(86-85)^2+(87-85)^2}{5}$$

$=2$이며,

표준편차는 $\sqrt{2}$이다.

정답 2, $\sqrt{2}$

1. 국어

2. 수학

3. 영어

4. 사회

5. 과학

6. 도덕

② 상관관계 : 두 변량 x와 y 사이의 관계를 말하며, 기준에 따라 나뉨

   ⊙ 양의 상관관계 : x의 값이 증가함에 따라 y의 값이 함께 증가하는 관계

   ⓒ 음의 상관관계 : x의 값이 증가함에 따라 y의 값이 반대로 감소하는 관계

   ⓒ 상관관계가 없다 : x의 값이 증가 또는 감소함에 따라 y의 값이 증가하는지 감소하는지 분명하지 않은 관계

❺ 피타고라스 정리

(1) 피타고라스 정리 및 정리의 역

  ① 피타고라스 정리

    ⊙ 피타고라스 정리 : 직각삼각형에서 직각을 낀 두 변의 길이를 각각 a, b 라 하고 빗변의 길이를 c라 하면, '$a^2+b^2=c^2$'이 성립함

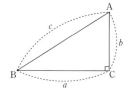

$c^2=a^2+b^2$이므로 $c^2=4^2+3^2=25$

변의 길이는 양수이므로 $\therefore c=5 \text{ cm}$

    ⓒ 피타고라스의 수 : 피타고라스 정리는 직각삼각형에서만 적용되는데, 직각삼각형의 세 변을 이루는 피타고라스의 수에는 '3, 4, 5', '5, 12, 13', '6, 8, 10', '7, 24, 25', '8, 15, 17' 등이 있음

    ⓒ 직각삼각형에서의 변의 길이(∠C=90°)

      • $a=\sqrt{c^2-b^2}$

      • $b=\sqrt{c^2-a^2}$

      • $c=\sqrt{a^2+b^2}$

  ② 피타고라스 정리의 역 : 세 변의 길이가 a, b, c인 삼각형에서 $a^2+b^2=c^2$의 관계가 성립하는 경우, 이 삼각형은 c를 빗변으로 하는 직각삼각형이 됨

  ③ 삼각형의 각 크기와 변의 길이 관계

    ⊙ 예각 및 예각삼각형

      • ∠C<90°(예각)이면 $c^2<a^2+b^2$

개념UP

직각삼각형의 빗변

직각삼각형에서의 빗변은 직각의 대변으로, 직각삼각형의 세 변 중 가장 긴 변이다.

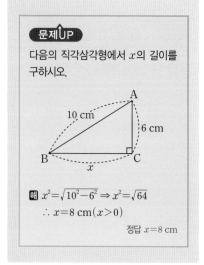

문제UP

다음의 직각삼각형에서 x의 길이를 구하시오.

해 $x^2=\sqrt{10^2-6^2} \Rightarrow x^2=\sqrt{64}$

$\therefore x=8 \text{ cm}(x>0)$

정답 $x=8 \text{ cm}$

• $c^2<a^2+b^2$이면 $\angle C<90°$(예각삼각형)

ⓛ 직각 및 직각삼각형

• $\angle C=90°$(직각)이면 $c^2=a^2+b^2$

• $c^2=a^2+b^2$이면 $\angle C=90°$(직각삼각형)

ⓒ 둔각 및 둔각삼각형

• $\angle C>90°$(둔각)이면 $c^2>a^2+b^2$

• $c^2>a^2+b^2$이면 $\angle C>90°$(둔각삼각형)

(2) 피타고라스 정리의 활용

① 평면도형에서의 활용

ⓐ 직사각형의 대각선의 길이 : 가로, 세로의 길이가 각각 a, b인 직사각형의 대각선의 길이를 l이라 하면, $l=\sqrt{a^2+b^2}$

ⓑ 정사각형의 대각선의 길이 : 한 변의 길이가 a인 정사각형의 대각선의 길이를 l이라 하면, $l=\sqrt{a^2+a^2}=\sqrt{2}a$

ⓒ 정삼각형의 높이와 넓이 : 정삼각형의 한 변의 길이가 a, 높이가 h, 넓이를 S라 하면,

• 높이 : $h=\dfrac{\sqrt{3}}{2}a$

즉, $h=\sqrt{a^2-\left(\dfrac{a}{2}\right)^2}=\sqrt{\dfrac{3}{4}a^2}=\dfrac{\sqrt{3}}{2}a$이 된다.

• 넓이 : $S=\dfrac{\sqrt{3}}{4}a^2$

즉, $S=\dfrac{1}{2}\times a\times\dfrac{\sqrt{3}}{2}a=\dfrac{\sqrt{3}}{4}a^2$이 된다.

ⓓ 직각삼각형 관련 공식

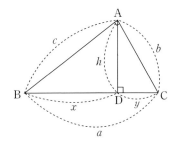

• $b^2=ay$

• $c^2=ax$

• $h^2=xy$

• $bc=ah$

ⓔ 특수한 직각삼각형의 세 변의 길이의 비

• $\overline{AB}:\overline{BC}:\overline{CA}=\sqrt{2}:1:1$

문제UP

정사각형의 대각선의 길이가 $5\sqrt{2}$ cm일 때, 이 정사각형의 한 변의 길이를 구하시오.

圖 정사각형의 한 변의 길이를 $a(a>0)$라 하면,
$5\sqrt{2}=\sqrt{a^2+a^2}$이다.
따라서 $5\sqrt{2}=\sqrt{2}a$이므로
$a=5$ cm이다.

정답 5 cm

문제UP

한 변의 길이가 4 cm인 정삼각형의 높이와 넓이를 각각 구하시오.

圖 정삼각형의 높이는
$\dfrac{\sqrt{3}}{2}\times4=2\sqrt{3}$ cm이다.

정삼각형의 넓이는
$\dfrac{\sqrt{3}}{4}\times4^2=4\sqrt{3}$ cm이다.

정답 $2\sqrt{3}$ cm, $4\sqrt{3}$ cm

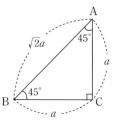

$\cdot \overline{AB} : \overline{BC} : \overline{CA} = 2 : 1 : \sqrt{3}$

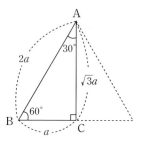

㉡ 좌표평면 위의 두 점 사이의 거리

$\cdot$ 원점 O와 점 $A(x_1, y_1)$ 사이의 거리 : $\overline{OA} = \sqrt{x_1^2 + y_1^2}$

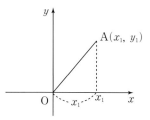

$\cdot$ 두 점 $A(x_1, y_1)$, $B(x_2, y_2)$ 사이의 거리 :
$$\overline{AB} = \sqrt{(x_2 - x_1)^2 + (y_2 - y_1)^2}$$

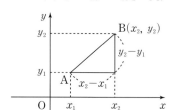

② 입체도형에서의 활용

㉠ 직육면체의 대각선의 길이 : 세 모서리의 길이가 각각 a, b, c인 직육면체의 대각선의 길이 l이라 하면, '$l = \sqrt{a^2 + b^2 + c^2}$'

문제UP

다음 그림과 같은 삼각형 △ABC에서 $x+y$의 값을 구하시오.

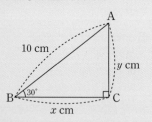

해 $\overline{AC} : \overline{BC} : \overline{AB} = 1 : \sqrt{3} : 2$이므로 $y : x : 10 = 1 : \sqrt{3} : 2$에서
$x : 10 = \sqrt{3} : 2$, $x = 5\sqrt{3}(\text{cm})$
$y : 10 = 1 : 2$, $y = 5(\text{cm})$
$\therefore x+y = 5\sqrt{3} + 5 = 5(\sqrt{3}+1)$

정답 $5(\sqrt{3}+1)$ cm

문제UP

좌표평면 위의 두 점 A(1, 3)와 B(−3, 0) 사이의 거리를 구하시오.

해 두 점 A(1, 3), B(−3, 0) 사이의 거리는
$\sqrt{\{1-(-3)\}^2 + (3-0)^2}$
$= \sqrt{25} = 5$
이다.

정답 5

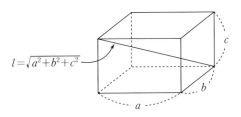

$l=\sqrt{a^2+b^2+c^2}$

ⓛ **정육면체의 대각선의 길이** : 한 모서리가 a인 정육면체의 대각선의 길이를 l이라 하면, ‘$l=\sqrt{a^2+a^2+a^2}=\sqrt{3}\,a$’

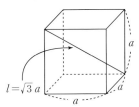

$l=\sqrt{3}\,a$

ⓒ **원뿔의 높이와 부피** : 밑면의 반지름의 길이가 r, 모선의 길이가 l, 원뿔의 높이가 h, 부피를 V라 할 때,

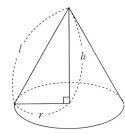

• 원뿔의 높이 : $h=\sqrt{l^2-r^2}$

• 원뿔의 부피 : $V=\dfrac{1}{3}\pi r^2 h$

ⓐ **정사각뿔의 높이와 부피** : 한 변의 길이가 a인 정사각형을 밑면으로 하고, 옆면의 모서리의 길이가 b인 정사각뿔의 높이를 h, 부피를 V라 할 때,

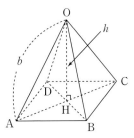

• 정사각뿔의 높이 : $h=\sqrt{b^2-\dfrac{a^2}{2}}$

정사각뿔의 꼭지점 O에서 내린 수선의 발을 H라 하면,

$$\overline{AH}=\frac{1}{2}\,\overline{AC}=\frac{1}{2}\times\sqrt{2}a=\frac{\sqrt{2}\,a}{2}$$

문제UP

다음 그림의 직육면체의 대각선 길이가 13 cm일 때, x의 길이를 구하시오.

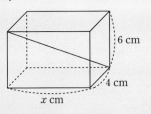

6 cm
4 cm
x cm

해 직육면체의 대각선의 길이가 13 cm이므로 $13=\sqrt{4^2+6^2+x^2}$, $169=16+36+x^2$, $169=52+x^2$, $x^2=117$이다. x는 모서리의 길이이므로 $\sqrt{117}$ cm이다.

정답 $x=\sqrt{117}$ cm

문제UP

다음 원뿔의 높이(h)와 부피(V)의 길이를 구하시오.

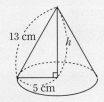

13 cm
h
5 cm

해 원뿔의 높이
$h=\sqrt{13^2-5^2}=\sqrt{144}=\sqrt{12^2}$
$=12$ cm이다.
원뿔의 부피
$V=\dfrac{1}{3}\pi\times5^2\times12=100\pi$ cm^{3}이다.

정답 $h=12$ cm, $V=100\pi$ cm^3

정사면체의 높이와 부피

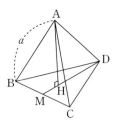

- 정사면체의 높이 : $h = \dfrac{\sqrt{6}}{3} a$

- 정사면체의 부피 : $V = \dfrac{\sqrt{2}}{12} a^3$

그림의 삼각형을 보고 다음 값을 구하시오.

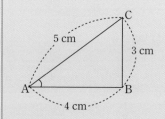

(1) sin A

(2) cos A

(3) tan A

해 (1) $\sin A = \dfrac{3}{5}$ cm

(2) $\cos A = \dfrac{4}{5}$ cm

(3) $\tan A = \dfrac{3}{4}$ cm

정답 해설 참조

$\triangle$OAH에서

$$h = \sqrt{\overline{OA}^2 - \overline{AH}^2} = \sqrt{b^2 - \left(\dfrac{\sqrt{2}a}{2}\right)^2} = \sqrt{b^2 - \dfrac{a^2}{2}}$$

- 정사각뿔의 부피 : $V = \dfrac{1}{3} a^2 h$

  (정사각뿔의 부피) $= \dfrac{1}{3} \times$ 밑넓이 $\times$ 높이 $= \dfrac{1}{3} \times a^2 \times h$

❻ 삼각비

(1) **삼각비의 의미와 특수한 삼각비**

① 삼각비의 의미 : $\angle$B$=90°$인 직각삼각형 ABC에서,

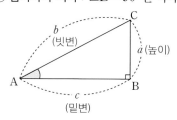

㉠ $\sin A = \dfrac{\overline{BC}}{\overline{AC}} = \dfrac{(높이)}{(빗변)} = \dfrac{a}{b}$

㉡ $\cos A = \dfrac{\overline{AB}}{\overline{AC}} = \dfrac{(밑변)}{(빗변)} = \dfrac{c}{b}$

㉢ $\tan A = \dfrac{\overline{BC}}{\overline{AB}} = \dfrac{(높이)}{(밑변)} = \dfrac{a}{c}$

② 특수한 삼각비 : $30°$, $45°$, $60°$의 삼각비는 다음과 같음

구분	30°	45°	60°
sin A	$\dfrac{1}{2}$	$\dfrac{\sqrt{2}}{2}\left(=\dfrac{1}{\sqrt{2}}\right)$	$\dfrac{\sqrt{3}}{2}$
cos A	$\dfrac{\sqrt{3}}{2}$	$\dfrac{\sqrt{2}}{2}\left(=\dfrac{1}{\sqrt{2}}\right)$	$\dfrac{1}{2}$
tan A	$\dfrac{\sqrt{3}}{3}\left(=\dfrac{1}{\sqrt{3}}\right)$	1	$\sqrt{3}$

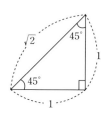 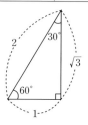

③ $0°$와 $90°$의 삼각비

    ㉠ $\sin 0°=0$, $\sin 90°=1$

    ㉡ $\cos 0°=1$, $\cos 90°=0$

    ㉢ $\tan 0°=1$, $\tan 90°$는 정할 수 없음(무한히 큼)

(2) 삼각비의 활용

  ① 삼각형의 변의 길이 : $\angle B=90°$인 직각삼각형 ABC에서 다음이 성립함

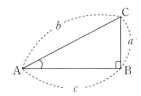

    ㉠ $\angle A$의 크기가 주어지고 빗변 AC의 길이가 b일 때,

      • $\sin A=\dfrac{\overline{BC}}{b}$ 이므로, $\overline{BC}=b\sin A$

      • $\cos A=\dfrac{\overline{AB}}{b}$ 이므로, $\overline{AB}=b\cos A$

    ㉡ $\angle A$의 크기가 주어지고 변 AB의 길이가 c일 때,

      • $\cos A=\dfrac{c}{\overline{AC}}$ 이므로, $\overline{AC}=\dfrac{c}{\cos A}$

      • $\tan A=\dfrac{\overline{BC}}{c}$ 이므로, $\overline{BC}=c\tan A$

    ㉢ $\angle A$의 크기가 주어지고 변 BC의 길이가 a일 때,

      • $\sin A=\dfrac{a}{\overline{AC}}$ 이므로, $\overline{AC}=\dfrac{c}{\sin A}$

      • $\tan A=\dfrac{a}{\overline{AB}}$ 이므로, $\overline{AB}=\dfrac{a}{\tan A}$

  ② 삼각형의 넓이 : $\triangle ABC$에서 두 변의 길이 b, c와 그 끼인각 $\angle A$의 크기가 주어졌을 때, $\triangle ABC$의 넓이(S)는 다음과 같음

    ㉠ $\angle A$가 예각인 경우 : $S=\dfrac{1}{2}bc\sin A$

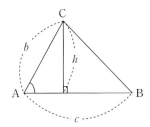

개념 UP

삼각비의 대소 비교

• $0°\le a<45°$일 때, $\sin a<\cos a$

• $a=45°$일 때,

  $\sin a=\cos a<\tan a$

• $45°<a<90°$일 때,

  $\cos a<\sin a<\tan a$

문제 UP

그림의 직각삼각형에서 삼각비를 이용하여 a, b의 값을 구하시오.

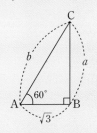

해 $\tan 60°=\dfrac{\overline{BC}}{\overline{AB}}=\dfrac{a}{\sqrt{3}}$ 이므로,

$\sqrt{3}=\dfrac{a}{\sqrt{3}}$ $\therefore a=3$

$\cos 60°=\dfrac{\overline{AB}}{\overline{AC}}=\dfrac{\sqrt{3}}{b}$ 이므로,

$\dfrac{1}{2}=\dfrac{\sqrt{3}}{b}$ $\therefore b=2\sqrt{3}$

정답 $a=3$, $b=2\sqrt{3}$

개념 UP

삼각형의 넓이

$\triangle ABC$에서 두 변의 길이 b, c와 그 끼인각 $\angle A$의 크기가 주어졌을 때, $\triangle ABC$의 넓이(S)

• $\angle A$ 예각 : $S=\dfrac{1}{2}bc\sin A$

• $\angle A$ 둔각 :

  $S=\dfrac{1}{2}bc\sin(180°-A)$

ⓒ ∠A가 둔각인 경우 : $S=\dfrac{1}{2}bc\sin(180°-\text{A})$

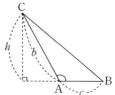

❼ 원의 성질

(1) 원과 직선

① 원의 현

ㄱ 현의 수직이등분선

• 원의 중심에서 현에 내린 수선은 그 현을 이등분한다($\overline{\text{OH}}\perp\overline{\text{AB}}$이면 $\overline{\text{AH}}=\overline{\text{BH}}$).

• 원에서 현의 수직이등분선은 그 원의 중심을 지난다.

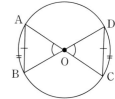

ㄴ 부채꼴의 중심각과의 관계

• 한 원 또는 합동인 두 원에서 크기가 같은 두 중심각에 대한 현의 길이와 호의 길이는 같다 (∠AOB=∠COD이면, $\overline{\text{AB}}=\overline{\text{CD}}$, $\overparen{\text{AB}}=\overparen{\text{CD}}$).

• 길이가 같은 두 현 또는 두 호에 대한 중심각의 크기는 각각 같다.

ㄷ 현의 성질

• 한 원 또는 합동인 두 원에서 길이가 같은 현은 원의 중심에서 같은 거리에 있다 ($\overline{\text{OM}}=\overline{\text{ON}}$이면 $\overline{\text{AB}}=\overline{\text{CD}}$).

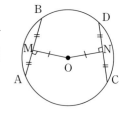

• 원의 중심으로부터 같은 거리에 있는 두 현의 길이는 같다.

② 원의 접선

ⓐ 원의 접선과 반지름 : 원의 접선과 그 접점을 지나는 반지름은 서로 수직임

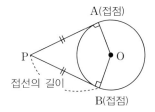

ⓑ 원의 접선의 길이 : 원 밖의 한 점에서 그 원에 그은 두 접선의 길이는 같음($\overline{PA}=\overline{PB}$, $\triangle PAO \equiv \triangle PBO$)

③ 외접사각형의 성질

ⓐ 원에 외접하는 사각형의 두 쌍의 대변의 길이의 합은 서로 같음, 즉 □ABCD가 원 O에 외접하고 점 P, Q, R, S가 그 접점일 때, '$\overline{AB}+\overline{CD}=\overline{AD}+\overline{BC}$' 임

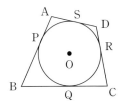

ⓑ 이 경우 $\overline{AP}=\overline{AS}$, $\overline{BP}=\overline{BQ}$, $\overline{CQ}=\overline{CR}$, $\overline{DR}=\overline{DS}$가 성립함

④ 삼각형과 내접원 : 원 O가 삼각형에 내접하고 접점이 D, E, F, 원의 반지름이 r일 때,

ⓐ 원의 접선 : $\overline{AD}=\overline{AF}$, $\overline{BD}=\overline{BE}$, $\overline{CE}=\overline{CF}$

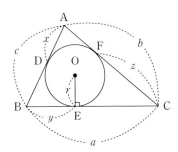

ⓑ △ABC의 둘레의 길이 : $a+b+c=2(x+y+z)$

ⓒ △ABC의 넓이 : $\dfrac{1}{2}ra+\dfrac{1}{2}rb+\dfrac{1}{2}rc=\dfrac{1}{2}r(a+b+c)$

△ABC의 넓이$=\triangle OAB+\triangle OBC+\triangle OCA$

$\qquad=\dfrac{1}{2}rc+\dfrac{1}{2}ra+\dfrac{1}{2}rb+=\dfrac{1}{2}r(a+b+c)$

문제UP

다음의 원 O는 □ABCD에 내접하는 원이다. x의 길이를 구하시오.

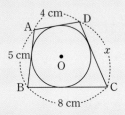

ⓗ 원에 외접하는 사각형 사각형의 두 쌍의 대변의 길이의 합은 서로 같으므로, $\overline{AB}+\overline{CD}=\overline{AD}+\overline{BC}$이다. 따라서 $5+x=4+8$ ∴ $x=7$ cm

정답 7 cm

문제UP

다음의 원 O는 △ABC에 내접하고, 점 D, E, F는 접점이다. △ABC의 둘레의 길이가 32 cm일 때, $\overline{CF}$의 길이를 구하시오.

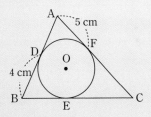

ⓗ $\overline{AD}=\overline{AF}=5$ cm, $\overline{BE}=\overline{BD}=4$ cm가 된다. 둘레의 길이가 32 cm이므로, $2(5+4+\overline{CF})=32$ ∴ $\overline{CF}=7$ cm

정답 7 cm

(2) 원주각

① 원주각과 중심각

㉠ 원주각 : 원 O에서 호 AB를 제외한 원의 위의 점 P에 대하여, ∠APB를 호 AB에 대한 원주각이라고 함

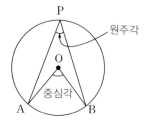

㉡ 중심각 : 원에서 한 호에 대한 원주각의 크기는 그 호에 대한 중심각의 크기의 $\frac{1}{2}$임,

즉 ∠APB= ∠AOB(∠AOB=2∠APB)

아래의 원에서 △OAP와 △OBP는 두 변의 길이가 반지름으로 같은 이등변삼각형이므로, AOQ=2∠APO, ∠BOQ=2∠BPO이다.

따라서 ∠AOB=2∠APO+2∠BPO=2∠APB이다.

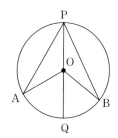

㉢ 원주각의 성질

• 한 원 또는 합동인 두 원에서 길이가 같은 호에 대한 원주각의 크기는 같다(∠APB= ∠AQB= ∠ARB).

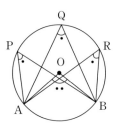

• 반원에 대한 원주각의 크기는 90°이다.

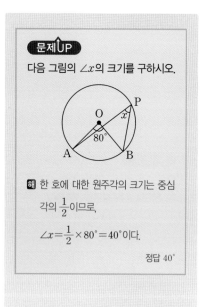

문제UP

다음 그림의 ∠x의 크기를 구하시오.

해 한 호에 대한 원주각의 크기는 중심각의 $\frac{1}{2}$이므로,

∠$x=\frac{1}{2}×80°=40°$이다.

정답 40°

문제UP

다음 그림의 ∠x의 크기를 구하시오.

해 ∠AQB와 ∠APB는 호 AB의 원주각이므로

∠AQB= ∠APB=42°

정답 42°

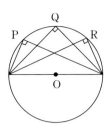

1. 국어
2. 수학
3. 영어
4. 사회
5. 과학
6. 도덕

문제 UP

다음 그림의 $\angle x$의 크기를 구하시오.

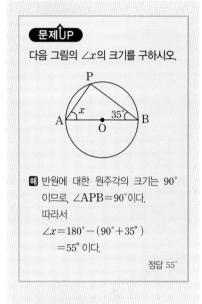

해 반원에 대한 원주각의 크기는 90°
이므로, $\angle APB = 90°$이다.
따라서
$\angle x = 180° - (90° + 35°)$
$\quad = 55°$이다.

정답 55°

㉣ 원주각의 크기와 호의 길이

　• 한 원 또는 합동인 두 원에서 길이가 같은 호에 대한 원주각
　　의 크기는 같다.

　• 한 원 또는 합동인 두 원에서 크기가 같은 원주각에 대한 호
　　의 길이는 같다.

　• 호의 길이는 그 호에 대한 중심각의 크기에 비례하므로, 한
　　원 또는 합동인 두 원에서 호의 길이는 그 호에 대한 원주각
　　의 크기에 비례한다.

㉤ 네 점이 한 원 위에 있을 조건 : 두 점 C, D가 직선 AB에 대하
　여 같은 쪽에 있을 때, $\angle ACB = \angle ADB$이면 네 점 A, B,
　C, D는 한 원 위에 있음

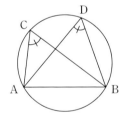

② 원과 사각형

㉠ 원에 내접하는 사각형의 성질

　• 원에 내접하는 사각형에서 한 쌍의 대각의 크기의 합은 180°
　　이다($\angle A + \angle C = 180°$, $\angle B + \angle D = 180°$).

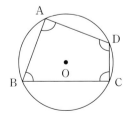

　• 원에 내접하는 사각형의 한 외각의 크기는 그 내대각의 크기
　　와 같다($\angle DCE = \angle A$).

문제UP

다음 그림의 $\angle x$와 $\angle y$의 크기를 각각 구하시오.

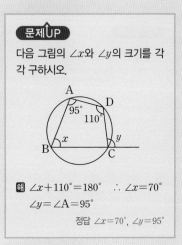

해 $\angle x + 110° = 180°$ ∴ $\angle x = 70°$

$\angle y = \angle A = 95°$

정답 $\angle x = 70°$, $\angle y = 95°$

문제UP

다음 그림의 $\angle x$의 크기를 구하시오.

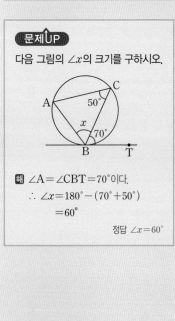

해 $\angle A = \angle CBT = 70°$이다.

∴ $\angle x = 180° - (70° + 50°)$

$= 60°$

정답 $\angle x = 60°$

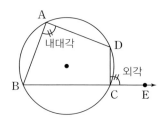

ⓛ 사각형이 원에 내접하기 위한 조건 : 다음의 한 조건을 만족하면 내접함

• 한 선분에 대하여 같은 쪽에 있는 두 각의 크기가 같다(원주각이 같다).

• 한 쌍의 대각의 크기의 합이 180°이다.

• 한 외각의 크기는 그 내대각의 크기와 같다.

③ 접선과 현 : 원의 접선과 그 접점을 지나는 현이 이루는 각의 크기는 그 각의 내부에 있는 호에 대한 원주각의 크기와 같음($\angle BAT = \angle P$)

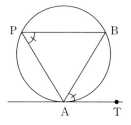

1. 국어

2. 수학

3. 영어

4. 사회

5. 과학

6. 도덕

01 48을 소인수분해하는 경우 $2^a \times 3^b$가 된다. 이때 $a+b$의 값은 무엇인가?

① 3 ② 4
③ 5 ④ 6

| 정답 | ③ | 출제 가능성 | 70% |

해 설
$48 = 2 \times 2 \times 2 \times 2 \times 3 = 2^4 \times 3^1$이 된다.
따라서 $a=4$, $b=1$이므로 '$a+b$'는 5이다.

02 다음 중 자연수가 아닌 정수는?

① 0 ② 2
③ $\frac{2}{5}$ ④ 3

| 정답 | ① | 출제 가능성 | 70% |

해 설
자연수가 아닌 정수는 음의 정수이거나 0이다. 따라서 보기 중 ①이 이에 해당한다.
②, ④ 자연수
③ 유리수

03 $x=-2$일 때, $2x+1$의 값은?

① -1 ② -2
③ -3 ④ -4

| 정답 | ③ | 출제 가능성 | 70% |

해 설
$x=-2$의 값을 주어진 식에 대입하면
$2 \times (-2) + 1 = -4 + 1 = -3$

04 1정거장을 가는데 2분이 걸리는 지하철이 있다. x정거장 가는 동안 총 y분 걸린다고 할 때, x와 y사이의 관계식은?

x(정거장)	1	2	3	4	⋯
y(분)	2	4	6	8	⋯

① $y=2x$
② $y=x$
③ $y=-x$
④ $y=-2x$

| 정답 | ① | 출제 가능성 | 70% |

해 설
$x=1$(정거장)일 때, $y=2$(분)
$x=2$(정거장)일 때, $y=4$(분)
$x=3$(정거장)일 때, $y=6$(분)
$x=4$(정거장)일 때, $y=8$(분)
이므로 y는 x의 2배이다.
$\therefore y=2x$

05 다음의 원 O에서 부채꼴 AOB의 넓이가 $15\ \text{cm}^2$라 할 때, 부채꼴 COD의 넓이는?

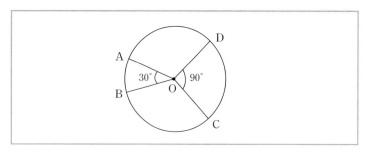

① $35\ \text{cm}^2$
② $40\ \text{cm}^2$
③ $45\ \text{cm}^2$
④ $50\ \text{cm}^2$

| 정답 | ③ | 출제 가능성 | 60% |

해 설
부채꼴의 넓이는 중심각의 크기에 비례한다. 부채꼴 COD의 넓이를 x라 하면,
$30:90=15:x$
$\Rightarrow 1:3=15:x$ $\therefore x=45(\text{cm}^2)$

06 수직선 위에 나타낸 x의 값의 범위를 부등식으로 표현하면?

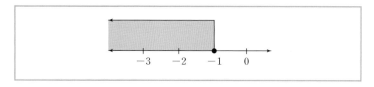

① $x<-1$
② $x>-1$
③ $x\leq-1$
④ $x\geq-1$

| 정답 | ③ | 출제 가능성 | 70% |

해 설
x의 값들은 -1과 같거나 -1보다 작은 수들이므로 이를 부등식으로 나타내면 $x\leq-1$이 옳다.

07 다음 연립방정식 $\begin{cases} 2x+y=6 \\ 3x-2y=2 \end{cases}$ 를 풀면?

① $x=-1, y=8$ ② $x=0, y=6$

③ $x=1, y=4$ ④ $x=2, y=2$

정답	④	출제 가능성	70%

해 설

$\begin{cases} 2x+y=6 & \cdots\cdots\text{㉠} \\ 3x-2y=2 & \cdots\cdots\text{㉡} \end{cases}$

㉠$\times 2$＋㉡를 하면 $7x=14$ ∴ $x=2$

$x=2$를 ㉠에 대입하면 $y=6-4$

∴ $y=2$

---

08 부등식 $2x-3<3(2x+3)$를 풀면?

① $x<-3$ ② $x>-3$

③ $x<3$ ④ $x>3$

정답	②	출제 가능성	60%

해 설

$2x-3<3(2x+3) \Rightarrow 2x-3<6x+9$

$\Rightarrow 2x-6x<9+3 \Rightarrow -4x<12$

∴ $x>-3$

---

09 다음 그림은 일차함수 $y=ax+b$의 그래프이다. 이때 $a+b$의 값을 구하면?

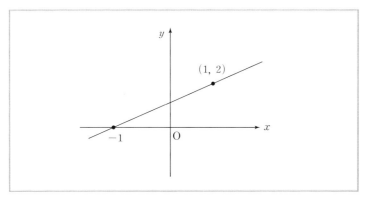

① 1   ② 2

③ 3   ④ 4

정답	②	출제 가능성	60%

해 설

[방법 1]

두 점 $(-1, 0)$과 $(1, 2)$를 지나므로,

기울기$(a)=\dfrac{2-0}{1-(-1)}=1$이다.

구하는 일차함수 $y=x+b$에 점 $(-1, 0)$을 대입하면,

$0=-1+b$ ∴ $b=1$이다.

∴ $a+b=2$

[방법 2]

일차함수 $y=ax+b$에 $(1, 2)$를 대입해 보면 $2=a+b$이다.

∴ $a+b=2$

1. 국어
2. 수학
3. 영어
4. 사회
5. 과학
6. 도덕

10 다음 표는 학생 수가 모두 30명인 어느 반의 혈액형을 조사한 것이다. 학생들 중 한 학생을 임의로 택할 때, 그 학생의 혈액형이 O형이 아닐 확률은?

혈액형	A	B	AB	O	합계
학생 수(명)	10	9	5	6	30

① $\dfrac{1}{5}$

② $\dfrac{2}{5}$

③ $\dfrac{3}{5}$

④ $\dfrac{4}{5}$

정답 ④ 출제 가능성 50%

해 설

O형이 선택될 확률은 $\dfrac{6}{30}=\dfrac{1}{5}$이다.

따라서 O형이 아닐 확률은 $1-\dfrac{1}{5}=\dfrac{4}{5}$이다.

11 다음의 그림에서 x의 값은?

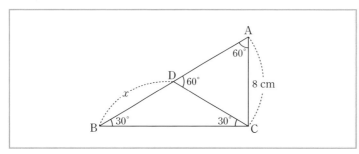

① $6\,\mathrm{cm}$

② $7\,\mathrm{cm}$

③ $8\,\mathrm{cm}$

④ $9\,\mathrm{cm}$

정답 ③ 출제 가능성 50%

해 설

△ACD는 정삼각형이므로 세 변의 길이가 모두 같다. ∴ $\overline{DC}=8(\mathrm{cm})$이다.

△BCD는 두 밑각이 같은 이등변삼각형이므로, $x=\overline{DC}$가 된다.

따라서 $x=8\,\mathrm{cm}$이다.

12 다음의 △ABC에서 $\overline{AB}$, $\overline{AC}$의 중점이 각각 M, N이다. $\overline{BC}=16$ cm일 때, $\overline{MN}$의 길이는?

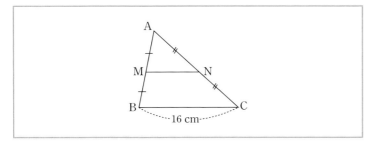

① 6 cm 　　　　　　② 8 cm

③ 10 cm 　　　　　　④ 12 cm

해 설

M, N이 $\overline{AB}$, $\overline{AC}$의 중점이므로,

$\overline{MN}=\dfrac{1}{2}\overline{BC}$이다.

따라서 $\overline{MN}=\dfrac{1}{2}\times16=8$ cm이다.

13 다음 그림에서 □ABCD∽□A′B′C′D′이고, $\overline{AB}=3$ cm, $\overline{A'B'}=6$ cm이다. □A′B′C′D′의 넓이가 60 cm²일 때, □ABCD의 넓이는?

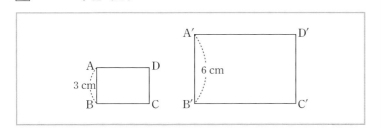

① 12 cm² 　　　　　　② 15 cm²

③ 18 cm² 　　　　　　④ 20 cm²

해 설

두 사각형의 닮음비가 3 : 6=1 : 2이므로, 넓이의 비는 $1^2 : 2^2=1 : 4$이다.

따라서 □ABCD의 넓이를 S라 하면,

$1 : 4=S : 60$ 　∴ $S=15$ cm²

14 다음 그림과 같이 넓이가 $20\,\text{cm}^2$인 정사각형이 있다. 한 변에 해당하는 x의 길이는?

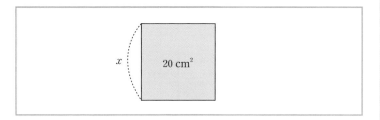

① $2\sqrt{3}$ cm   ② $\sqrt{15}$ cm

③ $3\sqrt{2}$ cm   ④ $2\sqrt{5}$ cm

해 설
$x^2 = 20$이므로,
$x = \sqrt{20} = \sqrt{2^2 \times 5} = 2\sqrt{5}$ cm이다.
$(x > 0)$

15 이차방정식 $x^2 - 4x - 5 = 0$을 풀면?

① $x = -1$ 또는 $x = 5$ ② $x = -1$ 또는 $x = -5$

③ $x = 1$ 또는 $x = 5$ ④ $x = 1$ 또는 $x = -5$

해 설
$x^2 - 4x - 5 = 0 \Rightarrow (x+1)(x-5) = 0$
$\therefore x = -1$ 또는 $x = 5$

16 이차방정식 $x^2 - 6x + 8$을 인수분해한 것은?

① $(x+2)(x+4)$ ② $(x-2)(x+4)$

③ $(x+2)(x-4)$ ④ $(x-2)(x-4)$

해 설
$x^2 - 6x + 8 \Rightarrow (x-2)(x-4)$
$\therefore (x-2)(x-4)$

17 다음 이차함수 $y=-2(x+1)^2+3$에 대한 설명으로 옳은 것은?

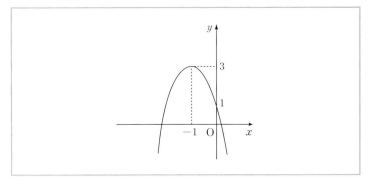

① 아래로 볼록하다.

② 점 $(1,\ 0)$을 지난다.

③ 꼭지점의 좌표는 $(-1,\ 3)$이다.

④ x축과 만나는 점의 x좌표의 값은 정수이다.

| 정답 | ③ | 출제 가능성 | 50% |

해 설
꼭지점의 좌표는 $(-1,\ 3)$이다.
① 위로 볼록하다.
② 점 $(0,\ 1)$을 지난다.
④ x축과 만나는 점의 x좌표의 값은 무리
수이다.

18 서로 닮음인 두 원기둥 A, B의 닮음비가 1:3이다. 원기둥 A의 넓이가 $4\ \mathrm{cm}^2$일 때, 원기둥 B의 넓이는?

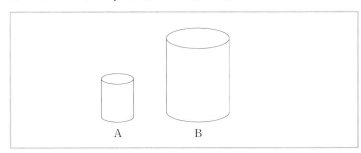

① $36\ \mathrm{cm}^2$

② $24\ \mathrm{cm}^2$

③ $12\ \mathrm{cm}^2$

④ $8\ \mathrm{cm}^2$

| 정답 | ① | 출제 가능성 | 70% |

해 설
원기둥 A와 B의 닮음비가 1:3이므로
넓이비는 1:9이다.
따라서 원기둥 B의 넓이를 $x\ \mathrm{cm}^2$라 하면
$1:9=4:x,\ x=36$
$\therefore\ 36\ \mathrm{cm}^2$

1. 국어

2. 수학

3. 영어

4. 사회

5. 과학

6. 도덕

19 ∠B=90°인 다음의 직각삼각형 ABC에서 cos C의 값은?

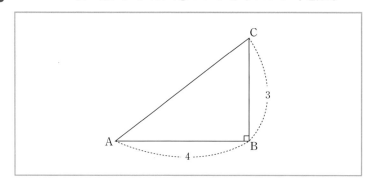

① $\dfrac{3}{5}$

② $\dfrac{4}{5}$

③ $\dfrac{3}{4}$

④ $\dfrac{4}{3}$

해 설

$\overline{AC}=\sqrt{4^2+3^2}=5$이다.

아래 그림에서 보는 것처럼,

$\cos C=\dfrac{\overline{BC}}{\overline{AC}}=\dfrac{3}{5}$이다.

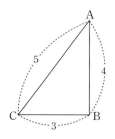

20 원 O에서 ∠APB와 ∠AQB는 호 AB에 대한 원주각이다. ∠APB=25°일 때, ∠x의 크기는?

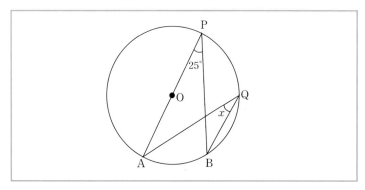

① 20°

② 25°

③ 45°

④ 50°

해 설

∠APB와 ∠AQB가 호 AB에 대한 원주각이므로 두 각의 크기는 같다.

따라서 ∠APB=25°이므로

∠AQB=∠x=25°

PART **3**

영어

STEP1. 핵심 이론.ZIP

STEP2. 시험에 반드시 출제되는 문제

영어 | 핵심 이론.ZIP

❶ 문법(Grammar)

1. 품사와 문장의 형식 · 종류

(1) 품사와 문장의 필수 요소

① 8품사

ㄱ 명사

- 의미 : 사람, 사물의 이름을 나타내는 단어
- 셀 수 없는 명사
  - 고유명사 : 하나뿐인 사람이나 사물의 이름을 나타내는 명사(Korea, Seoul, Tom 등)
  - 추상명사 : 형태가 없어 눈에 보이지 않는 추상적인 명사(true, beauty, love 등)
  - 물질명사 : 일정 형태가 없는 재료나 물질을 나타내는 명사(coffee, water 등)
- 셀 수 있는 명사 : 보통명사, 집합명사(여럿이 모여 전체를 이루는 명사)

ㄴ 대명사

- 명사를 대신하는 단어
- 인칭대명사(I, my, me 등), 소유대명사(mine 등), 지시대명사(this, that 등), 재귀대명사(myself, yourself 등) 등으로 구분

ㄷ 동사

- 사람이나 사물의 동작 · 상태를 표현하는 단어
- be동사(am, is, are 등), 조동사(can, may, must 등), 일반동사가 있음

ㄹ 형용사 : 명사나 대명사의 상태나 성질, 특징 등을 나타내는 단어(good, young, small, blue 등)

ㅁ 부사 : 동사나 형용사, 부사, 문장 전체를 꾸며주는 단어(very, too, always, there 등)

ㅂ 전치사 : 명사나 대명사 앞에서 쓰이는 단어(to, at, in, by, with, of, for 등)

ㅅ 접속사 : 단어와 단어, 구와 구, 절과 절을 연결해 주는 단어

개념UP

8품사

명사, 대명사, 동사, 형용사, 부사, 전치사, 접속사, 감탄사

개념UP

대명사

- 인칭대명사 : 사람을 대신하여 쓰는 말
- 지시대명사 : 사람이 아닌 것을 가리키거나 대신할 때 쓰는 말
- 1인칭은 '나(I)', 2인칭은 너(You), 그 외 나머지는 모두 3인칭
- 단수와 복수가 있음

개념UP

빈도부사

- 어떠한 일이 얼마나 자주 발생하는지를 나타낼 때 사용함
- 종류 : always(항상), usually(보통), often(종종), sometimes(때때로), seldom(드물게), rarely(드물게, 좀처럼 ～하지 않는), never(절대로 ～하지 않는)

개념UP

전치사의 종류

- 장소를 나타내는 전치사
  in, at, on, under, behind 등
- 방향을 나타내는 전치사
  up, down, out of 등
- 시간을 나타내는 전치사
  at, in, before, after 등

(and, but, before, that 등)

ⓞ 감탄사 : 감탄 및 감정을 표현하는 단어

② 문장의 주요소(필수 요소)

　㉠ 주부와 술부

　　• 주부 : 주어와 주어를 수식하는 수식어

　　• 술부 : 동사, 목적어, 보어와 이를 수식하는 수식어

　㉡ 문장의 주요소 : 주어, 동사, 목적어, 보어(문장의 주요성분)

　　• 주어 : 문장의 주체에 해당하는 말로, 명사와 대명사, 명사 구ㆍ절 등이 명사가 됨

　　• 동사 : 술부의 중심이 되는 말로, 주어의 동작이나 상태를 설명하는 말(부정 또는 의문을 표현하는 조동사까지 포함됨)

　　• 목적어 : 목적어를 가지는 동사(타동사)의 대상이 되는 말로, 명사나 대명사, 동명사, 명사구ㆍ절 등이 목적어가 됨

　　• 보어

　　　– 주어의 성질이나 상태를 보충ㆍ설명하는 주격 보어와, 목적어의 성질이나 상태를 보충ㆍ설명하는 목적격 보어로 구분됨

　　　– 명사나 대명사, 동명사, 부정사, 분사, 형용사 등이 보어가 됨

(2) 문장의 형식

　① 1형식 문장 : 주어＋동사(완전자동사)

　　They sing. (그들은 노래한다.)

　　Time flies. (시간은 빠르다.)

　② 2형식 문장

　　㉠ 문형 : 주어＋동사(불완전자동사)＋보어(주격보어)(→ 형용사와 명사가 보어가 되며, 부사는 될 수 없음)

　　　She looks foolish. (그녀는 바보 같다.)

　　　It smells good. (그것은 좋은 냄새가 난다.)

　　㉡ 주요 2형식 동사 : look, seem, taste, smell, feel, sound, become, grow 등

　③ 3형식 문장 : 주어＋동사(완전타동사)＋목적어

　　He wants a car. (그는 차를 원한다.)

　　They like July. (그들은 July를 좋아한다.)

　④ 4형식 문장

개념UP

수식어

문장의 주요소를 꾸며주는 말로서, 소유격이나 형용사(구), 부사(구) 등이 있음

개념UP

문장성분과 품사

• 주어가 될 수 있는 품사 : 명사, 대명사

• 목적어가 될 수 있는 품사 : 명사, 대명사

• 서술어가 될 수 있는 품사 : 동사

• 보어가 될 수 있는 품사 : 명사, 대명사, 형용사

문제UP

다음 밑줄 친 부분에 들어갈 말로 알맞은 것은?

He ＿＿＿＿ very smart.

① likes　　② gives
③ looks　　④ teaches

해설 빈칸 다음에 형용사가 보어로 왔으므로 문형이 2형식 문장이다. 2형식 문장에서 사용되는 단어는 look이다. 'look＋형용사'는 '~처럼 보이다'라는 의미이다.

해석 그는 매우 똑똑해 보인다.

정답 ③

㉠ 문형 : 주어＋동사(수여동사)＋간접목적어(~에게)＋직접목적어(~을/를)

My parents buy me a book. (부모님은 나에게 책을 한 권 사주신다.)

I send her my present. (나는 그녀에게 선물을 보낸다.)

㉡ 4형식 ⇒ 3형식 : 주어＋동사＋목적어(직접목적어)＋전치사＋간접목적어

- 전치사 'to'를 쓰는 동사 : give, send, show, bring, teach, tell 등

  I send her my present. ⇒ I send my present to her.

- 전치사 'for'를 쓰는 동사 : buy, make 등

  My parents buy me a book. ⇒ My parents buy a book for me.

- 전치사 'of'를 쓰는 동사 : ask 등

  I asked my teacher a question. ⇒ I asked a question of my teacher. (나는 선생님에게 질문을 했다.)

⑤ 5형식 문장

㉠ 문형 : 주어＋동사(불완전타동사)＋목적어＋목적보어(명사·형용사 등)

I believe him honest. (나는 그가 정직하다고 믿는다.)

They make me happy. (그들은 나를 행복하게 만든다.)

㉡ 'to 부정사'가 목적보어인 동사 : 허락(allow, permit), 가능(enable), 요청(ask), 바람·기대(want, wish, expect) 등

She wants me to stay there. (그녀는 내가 거기에 머무르기를 원한다.)

㉢ 사역동사(make, let, have)의 경우 : 주어＋사역동사＋목적어＋목적보어(동사원형)

I made him clean the room. (나는 그가 방청소를 하도록 했다.)

㉣ 지각동사(see, hear, taste, smell, feel)의 경우 : 주어＋지각동사＋목적어＋목적보어(동사원형 또는 분사)

I heard him sing[동사원형]. (나는 그가 노래하는 것을 들었다.)

She felt the building shaking[현재분사]. (그녀는 빌딩이 흔

들리는 것을 느꼈다.)

He saw his room cleaned[과거분사]. (그는 그의 방이 청소되어 있는 것을 보았다.)

(3) 문장의 종류

① 평서문

- ㉠ 의미 : 말하는 사람이 어떤 사실을 있는 그대로 설명하는 문장을 말하며, 긍정문과 부정문으로 구분됨
- ㉡ 긍정문 : I am a student. (나는 학생이다.), He likes soccer. (그는 축구를 좋아한다.)
- ㉢ 부정문 : I am not a student. (나는 학생이 아니다.), He doesn't like soccer. (그는 축구를 좋아하지 않는다.)

② 의문문

- ㉠ 의미 : 말하는 사람이 상대방에게 무엇인가를 묻는 문장을 말하며, 의문사가 있는 의문문과 의문사가 없는 의문문, 선택의문문, 간접의문문 등이 있음
- ㉡ 의문사가 있는 의문문 : 의문사＋동사＋주어(→ yes/no로 답변할 수 없음)
  - 의문대명사 : 문장의 맨 앞에 위치

    Who is that girl? (저 소녀는 누구입니까?)

    Whom do you like best? (당신은 누구를 가장 좋아합니까?)

    What is this? (이것은 무엇입니까?)

    Which is your pencil? (당신의 연필은 어느 것입니까?)
  - 의문형용사 : 수식하는 명사 앞에 위치

    What color do you like best? (당신은 어떤 색을 가장 좋아합니까?)

    Which season does she like best? (그녀는 어느 계절을 가장 좋아합니까?)
  - 의문부사 : 시간(when), 장소(where), 이유(why), 방법(how) 등을 사용

    When do you go back to school? (개학이 언제인가요?)

    Where do you live? (당신은 어디에 살고 있나요?)

    How does it happen? (그것이 어떻게 발생되었나요?)

문제 UP

다음 빈칸에 알맞은 것은?

He made me _____ out the garbage.

① take ② taking
③ to take ④ took

해설 make(만들다, 시키다)는 동사원형이 목적보어인 사역동사이다. 따라서 'take'가 옳다. 동사원형을 목적보어로 쓰는 사역동사는 'make, let, have'가 있다.

해석 그는 내게 쓰레기를 내놓도록 시켰다.

정답 ①

개념 UP

의문사
- 의문대명사
  Who(Whom), What, Which
- 의문 형용사
  What, Which, Whose
- 의문부사
  When, Where, Why, How

ⓒ 의문사가 없는 의문문 : Be 동사＋주어 / 조동사＋주어＋일반동사 (→ yes/no로 답변 가능)

Is this a book? (이것은 책입니까?) → Yes, it is. / No it isn't.
Did he read the book? (그가 책을 잃었습니까?) → Yes, he did. / No, he didn't.
Will you go skiing? (스키를 타러 가실 겁니까?)

ⓡ 선택의문문 : 둘 중 하나를 선택하는 의문문으로, yes/no로 대답하지 않음

Which do you like better, apple or orange? (당신은 사과와 오렌지 중 어느 것을 더 좋아하나요?)
→ I like apple better (than orange). (사과를 더 좋아합니다.) / Apple (better).

ⓜ 간접의문문

• 일반적 어순 : 의문문이 다른 문장의 종속절이 되면, '의문사＋주어＋동사'의 어순이 됨

What does she want? [직접의문문](그녀는 무엇을 원합니까?)
Do you know what she wants? [간접의문문](그녀가 무엇을 원하는지 아세요?)
Tell me who stole the purse. [의문사(주어)＋동사](누가 지갑을 훔쳤는지 말해줘.)

• 주의할 어순 : 간접의문문 앞에 주절의 동사로 생각동사(think, believe, suppose, guess 등)가 오는 경우, 의문사는 문장의 앞으로 이동함

Do you think?＋Who is she? [직접의문문]
→ Who do you think she is? [간접의문문](당신은 그녀가 누구라고 생각하세요?)

• 의문사가 없는 간접의문문 : if/whether＋주어＋동사

I don't know if/whether he stole the purse. (나는 그가 지갑을 훔쳤는지 모르겠어요.)

③ 명령문

㉠ 의미 : 보통 주어를 생략하고 동사의 원형으로 시작하여 명령·요구·금지·충고 등의 내용을 나타냄('~해라', '~하시오' '~하지 마시오' 등)

- 직접명령문

  Wake up. (일어나!)

  Open the window. (창문을 열어라.)

  Don't speak loudly. (큰 소리로 말하지 마라.)

- 간접명령문 : 긍정문 형태는 'Let+목적어+동사원형', 부
  정문 형태는 'Don't let+목적어+동사원형' 의 형태

  Let him go there. (그가 거기에 가게 하세요.)

  Don't let him go there. (그가 거기에 가게 하지 마세요.)

④ 감탄문 : 기쁨이나 슬픔, 놀람 등의 내용을 나타내는 문장으로,
  'What+a/an+형용사+명사+주어+동사!' 또는 'How+형용
  사/부사+주어+동사!' 의 형태가 됨

  What a pretty girl she is! (그녀는 정말 예쁜 소녀야!)

  How young they are! (그들은 정말 젊군!)

2. 동사의 종류와 시제

(1) 동사의 종류

① be 동사와 일반동사

ㄱ be 동사

- 의미와 유형 : be 동사는 '~이다', '~있다' 의 뜻으로 사용
  되며, 현재형으로는 'am, are, is' 가 있음

- 부정문의 be 동사 : 부정문의 경우 'be 동사+not' 의 형태가
  사용됨

  I am not a teacher. (나는 교사가 아니다.)

  You are not a teacher. (당신은 교사가 아닙니다.)

- 의문문의 be 동사 : 'be 동사+주어 ~?' 의 형태가 되며, 답
  변은 yes/no를 사용함

  Are you a student? (당신은 학생입니까?)

  → Yes, I am. (예, 나는 학생입니다.) / No, I am not. (아니
    요, 학생이 아닙니다.)

ㄴ 일반동사 : be 동사와 조동사를 제외한 동사로, 주어의 동작이
  나 상태를 표현함

- 동작을 나타내는 동사 : go, eat, walk, run 등

---

1. 국어 2. 수학 **3. 영어** 4. 사회 5. 과학 6. 도덕

개념UP

부가의문문

- 의미 : 동의를 구하기 위해 평서문
  뒤에 짧게 붙이는 의문문으로, 긍
  정문 다음에는 부정문 형태의 부
  가의문문이 되며 부정문 다음에는
  긍정의 부가의문문이 됨

- Let's로 시작되는 문장의 부가의
  문문은 'shall we' 이며, 권유문의
  부가의문문은 'won't you' 가 됨
  Let's go shopping, shall we?
  (쇼핑하러 갈래?)
  Have a cup of coffee, won't
  you? (커피 한잔 하지 않을래?)

- 질문의 내용과는 관계없이 긍정의
  내용이면 'Yes+긍정문' 으로 답
  하며, 부정의 내용이면 'No+부정
  문' 으로 답함

문제UP

다음 빈칸에 알맞은 것은?

_____ a wonderful day it is!

① What   ② How
③ When   ④ Where

해설 기쁨이나 놀람 등을 나타내는
감탄문으로, 'What+a/an+형
용사+명사+주어+동사' 또는
'How+형용사/부사+주어+동
사' 의 형태가 된다. 여기서는
명사 'day' 가 있으므로 'what'
이 되어야 한다.

해석 정말 멋진 날이군요!

정답 ①

- 상태를 나타내는 동사 : have, know, like 등
- 부정문의 표현
  - 주어가 1 · 2인칭 또는 복수일 때 : don't(do not)＋일반동사
    I know him. (나는 그를 알고 있다.) → I don't know him. (나는 그를 모른다.)
    They eat the food. (그들은 음식을 먹는다.) → They don't eat the food. (그들은 음식을 먹지 않는다.)
  - 주어가 3인칭 단수일 때(현재시제) : doesn't(does not)＋일반동사
    She loves him. (그녀는 그를 사랑한다.) → She doesn't love him. (그녀는 그를 사랑하지 않는다.)
- 의문문의 표현 : Do/Does＋주어 ~?
  Does he like baseball? (그는 야구를 좋아합니까?)
  → Yes, he does. (예, 좋아합니다.) / No, he doesn't. (아니요, 좋아하지 않습니다.)

② 조동사

㉠ 조동사의 용법 : 조동사는 동사(본동사, 동사원형) 앞에 위치하여 동사의 의미를 분명하게 하는 것으로, 주로 부정이나 의문, 시제의 표현, 동사의 강조 등의 역할을 함

㉡ do/does의 용법

- 의문문과 부정문 : be 동사 이외의 동사(일반동사)와 함께 쓰여 의문문과 부정문을 만듦
  Do you like apple? (사과를 좋아합니까?)
  She doesn't eat meat. (그녀는 고기를 먹지 않는다.)
- 강조구문 : 동사 앞에서 동사를 강조할 때 사용됨
  Do be quiet. [be 동사 명령문을 강조](조용히 해.)
  He did say so. [동사 say를 강조](그가 정말 그렇게 말했다.)
- 대동사 : 한 문장에서 같은 동사(구)의 반복을 피하기 위해 사용됨
  I think as you do. [동사 think를 대신함](나는 네가 생각하는 것처럼 생각한다.)
  I speak English and so do my daughter. [동사 speak를 대신함](나는 영어를 할 줄 알고 내 딸도 그렇다.)

문제 UP

다음 대화의 빈칸에 알맞은 것은?

A : Are you here?
B : Yes, I _____ ready to start.

① be   ② is
③ am   ④ are

해설 1인칭 주어 'I'에 어울리는 현재형 be 동사는 'am'이다. 'be ready to do'는 '~할 준비가 되다'라는 뜻이다.

해석 A : 도착했나요?
B : 예, 출발할 준비가 되었어요.

정답 ③

개념 UP

일반동사의 어미 변화

주어가 3인칭 단수 현재시제인 경우 동사 뒤에 '-s(es)'를 붙임
예 stops, goes, teaches, studies 등

개념 UP

조동사의 부정

조동사의 부정문은 조동사 다음에 'not'을 붙여 씀 **예** do not, can not, will not 등

ⓒ will/would

- 미래의 표현 : '~할[일] 것이다', '~할 작정이다[하겠다]'
I will go to the movie tonight. (나는 오늘밤에 영화를 보러 갈 것이다.)
You'll[You will] be in time if you hurry. (서두르면 시간이 될 수 있을 것이다.)
I will do my best. (최선을 다하겠습니다.)

- 제안 · 요청의 표현 : '~해 주겠니?'
Will you go out with my little brother? (내 동생이랑 외출해 주겠니?)

- 현재의 습관 : '~하곤 하다'
He will often go to school without eating breakfast. (그는 자주 아침을 먹지 않고 학교에 가곤 한다.)

ⓔ can/could

- 능력 · 가능성 : '~할 수 있다' (=be able to=be capable of -ing)
I can help you if you want. (원한다면 너를 도와줄 수 있다.)

- 추측 · 추정 : cannot(~일[할] 리 없다), cannot have p.p.(~이었을[했을] 리가 없다)
It cannot be true. (그것은 사실일 리가 없다.)
Can it be true? (과연 그것이 사실일까?)

- 허가 : '~해도 된다[좋다]'
Can I go back now? (지금 돌아가도 되나요?)
Could I borrow your book? ['Can~', 'Will~'보다 정중한 표현](책 좀 빌려도 되겠습니까?)

- cannot but+동사원형 : '~하지 않을 수 없다' (=cannot help+doing)
She could not but fall in love with him. (그녀는 그와 사랑에 빠지지 않을 수 없었다.)
=She could not help falling in love with him.

ⓜ may/might

- 불확실한 추측 : '~일[할] 지도 모른다' (might는 may보다 자신이 없는 추측을 의미함)

1. 국어
2. 수학
3. 영어
4. 사회
5. 과학
6. 도덕

개념UP

would

- will의 과거형
- 공손한 표현 : Would you help me? (저를 좀 도와주시겠어요?)
- 과거의 불규칙적인 습관 : I would often swim in this river. (나는 이 강에서 종종 수영을 하곤 했다.)
- 관용적 표현
- would like to+동사원형(~하고 싶다) : I would[I'd] like to see her. (나는 그녀가 보고 싶다.)
- would rather A than B : 'B 하느니 차라리 A 하겠다'

문제UP

다음 빈칸에 들어갈 말로 알맞은 것은?

I'd like to _____ you to my birthday party.

① invite   ② inviting
③ invited   ④ invitation

해설 'would like to+동사원형'은 '~하고 싶다'는 의미이다. 따라서 빈칸에는 동사원형 'invite'가 와야 한다.

해석 나는 너를 내 생일 파티에 초대하고 싶다.

정답 ①

She may be at home. (그녀는 집에 있을 지도 모른다.)

- 허가(=can)

You may leave now. (지금 가도 됩니다.)

Might I smoke in here? [ˈMay~ˈ 보다 공손한 표현](여기서 담배를 피워도 될까요?)

- may+have+과거분사 : '~이었을지[했을지] 모른다'

ⓑ must

- 강한 추측 : must+be(~임에 틀림없다), must have+과거분사(~이었음에[하였음에] 틀림없다)

She must be honest. (그녀는 정직한 사람임이 틀림없다.)

It must have rained during the night. (간밤에 비가 왔음에 틀림없다.)

- 의무 · 필요 : '~해야 한다' (=have to)

You must go there. (당신은 거기에 가야 한다.)

- 강한 금지 : must not(~해서는 안된다)

You must not go there. (당신은 거기에 가서는 안 된다.)

- must+have+과거분사 : '~이었음에[했음에] 틀림없다'

She must have written the letter. (그녀는 그 편지를 썼음에 틀림없다.)

ⓢ should

- 의무 : '~해야 한다' (=ought to) [must보다 약한 의미를 지님]

You should do your homework. (너는 숙제를 해야 한다.)

- 과거 사실에 대한 후회나 유감 : should have+과거분사(~했어야 했는데[하지 못했다])

You should have come to the party. (네가 파티에 왔어야 하는데.)

=You had to come to the party, but you didn't.

ⓞ 기타 준조동사

- used to+동사원형 : 과거의 규칙적 습관(~하곤 했다)[would는 과거의 불규칙적 습관]

- be used to+(동)명사 : '~에 익숙하다' (=be accustomed to+동사원형)

개념UP

'~할 필요가 없다'

need not=don't have to

개념UP

ought to의 용법

- 의무(~해야 한다)(=should)
- 추측(~임에 틀림없다)(=must)
- 과거 사실에 대한 후회나 유감(~했어야 했는데) : ought to[should]+have+과거분사

개념UP

조동사 should

should는 '충고'나 '제안'을 나타내는 것으로, should 다음에는 동사원형을 쓰고, 주어에 상관없이 should의 형태는 변하지 않음

should의 부정은 shouldn't 혹은 should not으로, 금지를 나타낼 때 사용함

• had better+동사원형 : '~하는 것이 낫다'

• be going to+동사원형 : '~할 예정이다'(=will)

(2) 시제

① 현재와 현재진행시제

ⓐ 현재시제

• 기본 형태 : 동사원형을 사용하며, 주어가 3인칭 단수인 경우 동사원형에 '-(e)s'를 붙임

• 현재의 사실이나 동작 · 상태

Mary has beautiful eyes. (Mary는 아름다운 눈을 가지고 있다.)

• 현재의 습관 · 반복적 사실

He plays soccer every Sunday. (그는 일요일마다 축구를 한다.)

• 일반적 사실이나 불변의 진리 · 격언

The moon goes around the earth. (달은 지구 주위를 돈다.)

• 현재시제의 미래시제 대용(현재시제를 씀) : 왕래발착동사[현재형]+미래를 나타내는 부사구

He comes back tomorrow. (그는 내일 돌아올 것이다.)

• 시간이나 조건의 부사절 : 미래(미래완료)시제 대신에 현재(현재완료)시제를 씀

When he comes, I will talk with him. [will come ×] (그가 돌아 올 때, 나는 그와 대화를 할 것이다.)

I will go if he comes back. [will come ×] (그가 돌아오면 나는 갈 것이다.)

ⓑ 현재진행형

• 기본 구조 및 형태 : 주어+be 동사의 현재형+동사의 진행형[-ing](~하고 있는 중이다)

• 현재 진행 중이거나 계속 중인 일

It is raining now. (지금 비가 오고 있다.)

• 가까운 미래 : 주로 왕래발착동사의 경우

He is leaving for Seoul tonight. (그는 오늘밤 서울로 떠날

1. 국어
2. 수학
3. 영어
4. 사회
5. 과학
6. 도덕

문제 UP

다음 빈칸에 들어갈 단어로 알맞은 것은?

They _____ to the church every weekend.

① go   ② goes
③ will go   ④ gone

해설 현재의 습관 · 반복적 사실이기 때문에 현재시제를 사용한다. 따라서 보기 중 'go'가 옳다.

해석 그들은 매주 주말마다 교회를 간다.

정답 ①

개념 UP

왕래발착동사

왕래발착(往來發着)동사란 가고, 오고, 시작하고, 도착한다는 의미를 지닌 동사를 말하는데, 이러한 동사 유형에는 go, come, start, leave, arrive, return 등이 있음

예정이다.)

• 습관 · 반복적 동작 : 주로 빈도부사(always, ever, usually, often, sometimes 등)와 함께 사용됨

They are always quarrelling. (그들은 항상 다툰다.)

② 과거와 과거진행시제

㉠ 과거시제

• 기본 형태 : be 동사나 조동사의 과거형, 일반동사 뒤에 '-ed'를 붙인 과거형을 사용함

• 과거의 동작이나 상태, 경험, 습관

He was born in 1972. (그는 1972년에 태어났다.)

• 과거의 역사적 사실

Columbus discovered America in 1492. (콜럼버스는 1492년에 미국을 발견했다.)

㉡ 과거진행시제 : 과거의 특정 시점에서 진행 중인 동작이나 상황을 표현하며, '주어+be 동사의 과거형+-ing'의 형태로 표현함

What were you doing at 3 p.m.yesterday? (어제 오후 3시에 무엇을 하고 있었니?)

③ 미래와 미래진행시제

㉠ 미래시제 : 'will+동사원형'의 형태를 쓰며, 제안 · 청유의 경우 주로 'shall'을 사용함

It will be rain tomorrow. (내일 비가 올 것이다.)

Shall we go to the movie tonight. (오늘밤에 영화 보러 갈까요?)

㉡ 미래진행시제 : 미래의 진행 중인 동작 등을 표현하며, 'will be+~ing'의 형태를 씀

I will be looking forward to your answer. (나는 당신의 대답을 기다리고 있겠습니다.)

④ 완료시제

㉠ 현재완료시제

• 의미 : 과거의 일이나 사건이 현재에 어떤 영향을 미치고 있음을 표현한 것으로, 경험 · 계속 · 완료 · 결과의 용법이 있음

• 구조 및 형태 : 주어+have/has+과거분사

• 과거부터 현재까지의 경험 : 주로 ever, never, often 등과

함께 씀

Have you ever been to London? (런던에 가 본적이 있습니까?)

- 과거부터 현재까지 어떤 일·사실의 계속 : 주로 how long, for, since, always, these days 등과 함께 씀

  How long have you been in Busan? (부산에는 얼마나 오랫동안 계셨습니까?)

- 과거 사실이 현재 완료되었음을 표현 : 주로 already, yet, just, lately, this week 등과 함께 씀

  He has just finished the work. (그는 막 그 일을 끝냈다.)

- 과거 사실이나 행위의 결과가 현재 나타남을 강조

  He has lost his eyesight. (그는 시력을 잃었다.)[그 결과 현재 앞을 볼 수 없음]

ⓛ 과거완료시제

- 의미 : 과거보다 더 이전에 시작된 어떤 일이 과거의 어느 시점까지 영향을 미치는 경우에 사용됨

- 구조 및 형태 : 주어＋had＋과거분사

  I had read this novel twice before I was twenty years old. (나는 20살이 되기 전에 그 소설책을 두 번 읽었다.)

  The train had left when they got to the station. (그들이 역에 도착했을 때 기차는 이미 떠나버렸다.)

ⓒ 미래완료시제

- 의미 : 미래의 어느 시점을 기준으로 그때까지의 완료·경험

- 계속·결과를 표현

- 구조 및 형태 : 주어＋will/shall have＋과거분사

  She will have finished her homework by tonight. (그녀는 오늘 밤까지 숙제를 끝내게 될 것이다.)

3. 수동태와 가정법

(1) 수동태

① 수동태의 의미와 시제

ⓐ 수동태의 의미 : 주어가 어떤 대상(목적어)에 의해 동작을 받거

개념UP

미래시제를 대신하는 주요 표현

- be going to＋동사원형(~할 예정이다)

- be about to＋동사원형(막~ 하려고 한다)(=be on the point of ~ing)

- be likely to＋동사원형(~할[일] 것 같다)

문제UP

다음 대화의 빈칸에 들어갈 말로 알맞은 것은?

A : Have you ever read the book?

B : ＿＿＿＿＿＿ It was very exciting story.

① Yes, I do.　② No, I don't.
③ Yes, I have.　④ No, I haven't.

해설 빈칸 바로 다음에서 (그 책의) 이야기가 매우 흥미진진했다고 했으므로, 빈칸에는 그 책을 읽어보았다는 내용이 와야 한다. 현재 완료시제가 와야 하므로 ③이 옳다.

해석 A : 그 책을 읽어 봤어?
B : 응, 읽어 봤어. 아주 흥미진진한 이야기였어.

정답 ③

개념UP

완료진행시제의 구조 및 형태

- 현재완료진행시제 : 주어＋have/has＋been＋-ing

- 과거완료진행시제 : 주어＋had been＋-ing

- 미래완료진행시제 : 주어＋will have been＋-ing

문제UP

다음 빈칸에 들어갈 말로 알맞은 것은?

This book was written _____ E. Hemingway.

① at   ② by
③ from   ④ on

해설 'be+과거분사'의 수동태 문장이므로, 빈칸에는 행위자를 나타내는 전치사 'by'가 와야 한다.

해석 이 책은 헤밍웨이에 의해 쓰여졌다.

정답 ②

문제UP

다음 빈칸에 들어갈 말로 알맞은 것은?

The mobile phone has _____ lost by him.

① been   ② being
③ done   ④ doing

해설 현재완료시제의 수동태 문장이므로, 'has+been+과거분사(lost)'가 된다.

해석 그 휴대전화는 그에 의해 분실되었다.

정답 ①

개념UP

수동태로 쓸 수 없는 동사
• 소유동사 : have, belong to, own 등
• 상태동사 : resemble, become (어울리다) 등

나 당하는 것을 표현하는 어법으로, '~당하다', '~되어 지다'라는 의미가 됨(행위의 대상이나 감정을 표현함)

ⓛ 태의 종류 구분
• 능동태의 구조 : 주어+동사+목적어
• 수동태의 구조 : 주어[능동태의 목적어]+be 동사+과거분사[능동태 동사의 과거분사]+by 목적격[능동태 주어의 목적격]
He painted this house. [능동태](그가 이 집을 칠했다.)
This house was painted by him. [수동태](이 집은 그에 의해 칠해졌다.)

ⓒ 수동태의 시제

시제	능동태	be 동사 변화	수동태 전환
현재	He writes this book.	am/are/is+과거분사	This book is written by him.
과거	He wrote this book.	was/were+과거분사	This book is written by him.
미래	He will write this book.	will be+과거분사	This book will be written by him.
현재 완료	He has written this book.	have/has been+과거분사	This book has been written by him.
과거 완료	He had written this book.	had been+과거분사	This book had been written by him.
미래 완료	He will have written this book.	will have been+과거분사	This book will have been written by him.
현재 진행	He is writing this book.	am/are/is+being+과거분사	This book is being written by him.
과거 진행	He was writing this book.	was/were+being+과거분사	This book was being written by him.

② 수동태의 용법
㉠ 부정문의 수동태 : be 동사+not+과거분사
She didn't invite me. (그녀는 나를 초대하지 않았다.)
→ I was not[wasn't] invited by her.
㉡ 의문문의 수동태 : (의문사)+be+주어+과거분사
Did she write a letter? (그녀는 편지를 썼나요?)
→ Was a letter written by her?
What do you call this in English? [this가 목적어](당신은 이것을 영어로 무엇이라 부릅니까?)

→ What is this called in English (by you)?

ⓒ 명령문의 수동태

- 긍정문 : Let+목적어+be+과거분사

  Do the homework at once. (당장 숙제를 해라.)

  → Let the homework be done at once.

- 부정문 : 'Let+목적어+not be+과거분사' 또는 'Don't let+목적어+be+과거분사'

  Don't open the door. (문을 열지 마라.)

  → Let the door not be opened.

  → Don't let the door be opened.

ⓔ 조동사가 있는 문장의 수동태 : 조동사+be 동사+과거분사

He must do the work. (그는 그 일을 해야 한다.)

→ The work must be done by him.

He will not carry the bag. (그는 가방을 나르지 않을 것이다.)

→ The bag will not be carried by him.

ⓜ 지각동사가 있는 문장의 수동태

- 목적보어가 원형부정사인 경우 : 수동태에서 'to 부정사'로 전환됨

  I saw her enter the room. (나는 그녀가 방으로 들어가는 것을 보았다.)

  → She was seen to enter the room by me.

- 목적보어가 분사인 경우 : 수동태에서도 그대로 사용됨

  We saw the car stopping. (우리는 차가 멈추는 것을 보았다.)

  → The car was seen stopping.

ⓗ 사역동사가 있는 문장의 수동태 : 목적보어(원형부정사)는 수동태에서 'to 부정사'로 전환됨

She made me clean the room. (그녀는 내가 방을 청소하게 했다.)

→ I was made to clean the room by her.

ⓢ 수동태에서의 전치사 by의 생략

- 행위자가 we, you, they 등 일반인인 경우 종종 생략

개념UP

수동태 숙어

be worried about : 걱정하다
be delighted at/with : 기뻐하다
be interested in : 관심이 있다
be composed of : 구성되다
be satisfied with : 만족하다
be filled with : 가득차다
be made of : 만들어지다
be known to : ～에게 알려지다
be accustomed to : ～에 익숙하다

개념UP

구동사가 있는 문장의 수동태

laugh at(비웃다), depend on(의존하다) 등이 있는 경우 하나의 동사처럼 취급함

예 They laughed at him. (그들은 그를 비웃었다.)

→ He was laughed at by them.

문제UP

다음 빈칸에 들어갈 말로 알맞은 것은?

He was seen _____ the office.

① enter   ② enters
③ entering   ④ to enter

해설 지각동사(see)가 사용된 문장이 수동태로 전환되는 경우 목적보어(원형부정사)는 'to 부정사'로 바뀐다.

해석 그는 그 사무실로 들어가는 것처럼 보였다.

정답 ④

They[People] speak English in Australia. (호주에서는 영어를 사용한다.)

→ English is spoken in Australia (by them).

- 행위자가 불분명하거나 중요하지 않은 경우 생략

He was hurt in a traffic accident. (그는 교통사고로 다쳤다.)

(2) 가정법

① 가정법 현재

㉠ 표현 : 현재 또는 미래에 대한 단순한 가정이나 불확실한 상상, 의심 등을 표현(~한다면 … 할 것이다)

㉡ 구조 및 형태 : If+주어+동사원형[또는 현재형], 주어+조동사 현재형+동사원형

If is be[is] true, he will be disappointed. (그것이 사실이라면 그는 실망할 것이다.)

② 가정법 과거

㉠ 표현 : 현재의 사실과 반대되는 가정이나 상상·희망을 표현 [시점이 현재]

㉡ 구조 및 형태

- If+주어+were/동사의 과거형, 주어+조동사 과거형[would, could 등]+동사원형
- be 동사는 인칭·수에 관계없이 'were'를 사용하며, 'If' 생략시 주어와 동사가 도치됨

If I were rich, I could go abroad. (내가 부자라면 해외에 갈 수 있을 텐데.)

=Were I rich, I could go abroad. ['If' 생략, 주어와 동사의 도치]

=As I am not rich, I cannot go abroad. [직설법]

③ 가정법 과거완료

㉠ 표현 : 과거의 사실과 반대되는 가정이나 상상·희망을 표현 [시점이 과거]

㉡ 구조 및 형태 : If+주어+had+과거분사, 주어+조동사 과거형[would, could 등]+have+과거분사

If I had been rich, I could have gone abroad. (내가 부자였

개념UP

by 이외의 전치사를 사용하는 수동태

- be interested in(~에 흥미가 있다)
- be made of(~로 만들어지다; 물리적 변화)
- be made from(~로 만들어지다; 화학적 변화)
- be known to(~에 알려져 있다)
- be known for(~로 유명하다; 이유)
- be known by(~에 의해 알 수 있다)
- be satisfied with(~에 만족하다)
- be covered with(~로 덮여 있다)
- be filled with(~로 가득 차다)

개념UP

If it were not for ~

'~이 없다면'[가정법 과거]
=Were it not for ~=But for ~
=Without ~

개념UP

If it had not been for ~

'~이 없었더라면'[가정법 과거완료]
=Had it not been for ~
=But for ~=Without ~

다면 해외에 나갈 수 있었을 텐데.)

=Had I been rich, I could have gone abroad. ['If' 생략, 주어와 조동사(had) 도치]

=As I was not rich, I could not go abroad. [직설법]

④ 가정법 미래

　㉠ 표현 : 미래에 대한 강한 의심을 나타내는 경우(가능성이 희박한 경우)

　㉡ 구조 및 형태 : If+주어+should/would+동사원형, 주어+조동사 과거형+동사원형

　　If you should fail the exam, they would be disappointed. (네가 시험에 불합격한다면 그들은 실망할 것이다.)

　㉢ 실현 불가능한 미래 사실을 가정하는 경우(순수가정) : If+주어+were to+동사원형, 주어+조동사 과거형+동사원형

　　If the sun were to rise in the west, I would forgive you. (태양이 서쪽에서 뜬다면 나는 너를 용서하겠다.)

⑤ 주의해야할 가정법

　㉠ 명령문+and/or

　　• 명령문+and … : ~하라, 그러면 …할[일] 것이다

　　Study hard, and you will pass the exam. (열심히 공부하라, 그러면 당신은 시험을 통과할 것이다.)

　　=If you study hard, you will pass the exam. (당신이 열심히 공부한다면, 시험에 합격할 것이다.)

　　• 명령문+or … : ~하라, 그렇지 않으면 …할[일] 것이다

　　Study hard, or you will fail in the exam. (열심히 공부하라, 그렇지 않으면 당신은 그 시험에 실패할 것이다.)

　　=If you do not study hard, you will fail in the exam. (당신이 열심히 공부하지 않는다면, 시험에 실패할 것이다.)

　　=Unless you work hard, you will fail in the exam.

　㉡ 'If' 를 대신하는 표현 : unless(~하지 않으면)[=if … not ~]

　　You'll miss the train unless you take a taxi. (택시를 타지 않으면, 당신은 기차를 놓칠 것이다.)

　　=You'll miss the train if you don't take a taxi.

문제UP
다음 문장이 의미하는 것으로 가장 알맞은 것은?

If I were rich, I could buy the house.

① 나는 부자라서 그 집을 살 수 있었다.
② 내가 부자라 해도 그 집을 살 수 없었다.
③ 내가 부자라면 그 집을 살 수 있을 것이다.
④ 내가 부자였다면 그 집을 살 수 있었을 것이다.

해설 'If+주어+were ~, 주어+조동사 과거형(could)+동사원형' 의 형태이므로, 가정법 과거가 된다. 가정법 과거는 현재의 사실과 반대되는 가정을 말하므로, ③이 가장 적절하다.

정답 ③

문제UP
다음 문장을 같은 표현으로 바꿀 때, 빈칸에 가장 알맞은 것은?

If you don't take a taxi, you will miss the train.
=_____ you take a taxi, you will miss the train.

① With　② Without
③ Less　④ Unless

해설 'if … not ~'과 바꾸어 쓸 수 있는 표현은 'unless(~하지 않는다면)' 이다.

정답 ④

4. 명사, 대명사, 관사

(1) 명사

① 셀 수 있는 명사

㉠ 보통명사

• 의미와 특징

- 사람이나 동물, 사물 등에 붙일 수 있는 이름으로, 유 · 무형의 형태로 존재할 수 있으나 구분이 가능한 것을 지칭함

예 student, book, house, day, year, spring 등

- '하나, 둘' 등으로 셀 수 있으며, 단수형과 복수형이 있음

예 one pencil, two pencils

• 전체를 나타내는 보통명사(대표단수)

A dog is a faithful animal. (개는 신뢰할 수 있는 동물이다.)

=The dog is a faithful animal.=Dogs are faithful animals.

㉡ 집합명사

• 의미 : 같은 종류의 여러 사람이나 사물이 모여 집합체를 이루는 명사를 말함 **예** family, class, committee(위원회), group, people, cattle(소) 등

• 특징 : 단수형과 복수형이 있으며, 관사가 붙는 것도 있고 붙지 않는 것도 있음

② 셀 수 없는 명사

㉠ 고유명사

• 의미 : 오직 하나인 사람이나 사물의 이름이나 특정 지명, 요일 등을 말함 **예** Tom, Namdaemun, Korea, Bible(성경), Sunday(일요일) 등

• 특징 : 첫 글자는 언제나 대문자로 쓰며, 부정관사나 복수형 없이 사용됨

㉡ 물질명사

• 의미 : 주로 일정한 형태가 없는 기체 · 액체 · 고체, 재료나 식품 등 물질의 이름을 말함 **예** air, water, coffee, wood, stone(돌), bread, money 등

개념UP

가산명사와 불가산명사의 비교

• 셀 수 있는 가산명사(보통명사 · 집합명사) : 단수와 복수의 구별이 있으며, 단수에 부정관사를 가질 수 있고 문맥상 특정한 것을 지정하는 경우 정관사를 동반함

• 셀 수 없는 불가산명사(물질명사 · 추상명사 · 고유명사) : 양이나 정도를 나타내므로 원칙적으로 복수형을 쓸 수 없고 부정관사를 가질 수도 없으나, 문맥상 특정한 것을 지정하는 경우 정관사를 동반함

- 특징 : 부정관사를 붙이지 않으며, 단수 형태로 쓰이고 단수 취급함

  Bread is made from wheat. (빵은 밀로 만든다.)

- 물질명사의 수량 표시

  - a glass of water[milk] (물[우유] 한 컵) → two glasses of water[milk]
  - a cup of coffee[tea] (커피[차] 한 잔) → two cups of coffee[tea]
  - a piece[sheet] of paper (종이 한 장) → two pieces [sheets] of paper
  - a loaf[slice] of bread (빵 한 덩어리[조각]) → two loaves[slices] of bread
  - a pair of shoes[gloves] (신발[장갑] 한 켤레) → two pairs of shoes[gloves]

© 추상명사

- 의미 : 눈에 직접 보이지는 않지만 머릿속에서 생각되는 것을 말하며, 주로 행위나 성질, 상태, 관념 등 사람과 관련된 추상적 단어들이 이에 해당함 **예** truth, love, beauty, friendship(우정), kindness(친절), peace, life 등

- 특징 : 부정관사를 붙이지 않으며, 단수 형태로 쓰이고 단수 취급함

  Art is long, life is short. (인생은 짧고 예술은 길다.)

③ 명사의 복수형

㉠ 규칙 변화

- '-s' 나 '-es' : 대부분의 경우 단어 뒤에 '-s'를 붙이며, 단어의 끝(어미)이 '-s, -sh, -ch, -x, -z' 이면 '-es'를 붙임

  book - books / student - students

  bus - buses / dish - dishes / church - churches / box - boxes

- '-y' : 단어 끝이 '자음+y' 인 경우에 'y'를 'i'로 바꾸고 '-es'를 붙이며, '모음+y'는 그대로 '-s'를 붙임

  city - cities / story - stories

  key - keys

문제UP

다음 우리말을 영어로 바꿀 때, 빈칸에 공통으로 들어갈 말로 가장 알맞은 것은?

- 신발 두 켤레 : two _____ of shoes
- 바지 두 벌 : two _____ of pants

① glasses   ② cups
③ pieces   ④ pairs

해설 두 개가 짝이 되는 명사의 수량 표시는 'pair'를 쓸 수 있다. 따라서 신발 두 켤레는 'two pairs of shoes' 이며, 바지 두 벌은 'two pairs of pants' 이다.

정답 ④

개념UP

명사의 수식어 구분

일반적으로 'few'와 'a few', 'many', 'a number of' 등의 셀 수 있는 명사를 수식(수를 표시)하며, little, a little, much, 'an amount of' 등은 셀 수 없는 명사를 수식함(양을 표시)

- '–f(e)' : 복수형은 '–ves'가 됨

  leaf – leaves / knife – knives

- 'o' : '자음+o'인 경우 '–es'를 붙이며, '모음+o'는 '–s'를 붙임

  hero – heroes / potato – potatoes

  radio – radios

ⓒ 불규칙 변화

- 모음이 변화하는 것

  man – men / woman – women / mouse – mice

  foot – feet / tooth(이, 치아) – teeth

- 어미의 변화가 있는 것, 어미에 –en을 붙이는 것

  datum – data / focus(초점) – foci / antenna(안테나) – antennae

  ox(황소) – oxen / child – children

- 단수와 복수의 형태가 동일한 경우

  deer(사슴) / sheep(양) / fish

  Japanese / Swiss / English

④ 명사의 격

ⓐ 주격과 목적격

- 주격 : 문장의 주어, 주격 보어, 주어와 동격 등으로 쓰임
- 목적격 : 동사나 전치사의 목적어, 목적격 보어, 목적어의 동격 등으로 쓰임

ⓑ 소유격

- 의미 : 소유격은 다른 명사를 수식하며, '~의'라는 뜻을 나타냄
- 일반적 형태
  - 생물(사람, 동물 등)의 소유격은 원칙적으로 's를 붙임

    the cat's ear(고양이의 귀), the girl's mother(소녀의 어머니)
  - 무생물의 소유격은 'of+명사'의 형태로 표시

    legs of the table(탁자의 다리)
  - '–s'로 끝나는 복수명사의 소유격은 '(아포스트로피)만 붙임

girls' school(여학교), the boys' room(소년들의 방)

(2) 대명사

① 인칭대명사와 소유대명사

㉠ 인칭대명사

- 의미 : '사람의 이름'을 대신하는 말로, I, You, He, She, We, They, It 등이 있음
- 수와 격 : 수에는 단수와 복수가 있으며, 주격은 문장의 주어 역할을 하며, 소유격은 다음의 명사를 수식하는 형용사, 목적격은 목적어 역할을 함

인칭	수·성		주격(~은/는/이/가)	목적격(~을/를/에게)	소유격(~의)
1인칭	단수		I	me	my
	복수		we	us	our
2인칭	단수		you	you	your
	복수		you	you	your
3인칭	단수	남성	he	his	him
		여성	she	her	her
		중성	it	it	its
	복수		they	them	their

㉡ 소유대명사

- 용법 : 문장에서 '소유격+명사'의 역할을 함(~의 것)
- 종류 : mine, yours(너의 것), his, hers, ours, yours(너희들의 것), theirs 등

  This bag is mine. (이 가방은 나의 것이다.)

  Yours is better than his. (당신 것이 그의 것보다 낫다.)

② 재귀대명사

㉠ 의미와 형태 : '~자신'을 뜻하며, 인칭대명사의 소유격이나 목적격 뒤에 '-self', '-selves'를 붙여 만듦(myself, yourself, herself, ourselves 등)

㉡ 용법

- 재귀적 용법 : 동사나 전치사의 목적어가 되거나 동작이 주어 자신에게 미치는 경우

  Let me introduce myself. (저를 소개하겠습니다.)

  We enjoyed ourselves very much. (우리는 마음껏 즐겼다.)

문제 UP

다음 빈칸에 들어갈 말로 가장 알맞은 것은?

I love my daughter, July. _____ is very pretty.

① He   ② She
③ You   ④ It

해설 딸 July를 사랑하다는 것이므로, 여자를 받는 3인칭 대명사가 와야 한다. she가 옳다.

해석 나는 나의 딸 July를 사랑한다. 그녀는 무척 예쁘다.

정답 ②

개념 UP

'전치사+재귀대명사'의 관용적 용법

- for oneself(혼자 힘으로)(=without another help)
- by oneself(홀로, 외로이)(=alone)
- of itself(저절로)
- beside oneself(미친, 제정신이 아닌)(=mad)
- between ourselves(우리끼리 얘기지만)(=between you and me)

• 강조 용법 : 주어와 목적어, 보어 등과 동격으로 쓰여 의미를 강조함(생략 가능)

I myself did it(=I did it myself). [주어 강조](내가 스스로 그것을 했다.)

③ 지시대명사

㉠ this[these], that[those]의 일반적 용법

• 'this'는 '이것'이라는 의미로, 시간적·공간적으로 가까이 있는 사람(것)을 지칭함

• 'that'은 '저것'이라는 의미로, 시간적·공간적으로 멀리 있는 사람(것)을 지칭함

I like this better than that. (나는 이것을 저것보다 더 좋아한다.)

• 'this'는 앞·뒤의 단어나 구절, 문장전체를 받으며, that은 주로 앞에 나온 내용을 받음

She said nothing, and this made me very angry. (그녀는 아무 말도 하지 않았는데, 이것이 나를 아주 화나게 했다.)

• 'that[those]'은 앞에 나온 명사의 반복을 피하기 위해 사용되며, 주로 'that/those+of ~'의 구조를 이룸

The voice of woman is softer than that(=the voice) of man. (여성의 목소리는 남성의 목소리보다 더 부드럽다.)

The ears of a rabbit are longer than those(=the ears) of a cat. (토끼의 귀는 고양이의 귀보다 길다.)

㉡ 기타 용법

• 현재와 과거의 표현 : in these days(요즘, 오늘날), in those days(그 당시에)

• 대화문에서의 this

– 사람의 소개 : This is Tom. (이 사람은 Tom입니다.)

– 전화 통화 : This is Tom speaking. (Tom입니다.)

• 'those who'(~한 사람들)(=people who)

Heaven helps those who help themselves. (하늘은 스스로 돕는 자를 돕는다.)

④ 부정대명사

㉠ one

• 일반적 용법 : 앞에 나온 명사의 반복을 피하기 위해 사용되거나, 앞의 명사와 같은 종류의 것을 지칭함

This book is very old one(=book). (이 책은 아주 오래된 것이다.)

I have no pen. I must buy one(=a pen). (나는 펜이 없다. 펜을 하나 사야 한다.)

• 일반인을 가리키는 경우

One must keep one's promise. (사람은 약속을 지켜야 한다.)

ⓛ the other(s)

• 둘 중 하나는 'one', 다른 하나는 'the other'로 표현

I have two dogs, one is white and the other is black. (나는 개가 두 마리 있다. 한 마리는 백구이고, 다른 한 마리는 검둥이다.)

• 여러 사람[개] 중에서 하나는 'one', 나머지 전부는 'the others'로 표현

There are many people, one plays the piano and the others sing. (많은 사람들이 있다. 한 사람은 피아노를 연주하고 나머지 사람들은 노래한다.)

ⓒ another

• 일반적으로 '또 하나', '다른 것'을 의미하며, 항상 단수로 쓰임

I don't like this one. Show me another. (이것이 마음에 들지 않습니다. 다른 것을 보여 주십시오.)

• 세 개 중에서 하나는 'one', 다른 하나는 'another', 나머지 하나는 'the other'로 표현

She has three flowers, one is yellow, another is red, and the other is white. (그녀는 꽃을 세 송이 가지고 있다. 하나는 노란색, 다른 하나는 빨간색, 그리고 나머지 하나는 하얀색이다.)

ⓔ some과 any

• some은 긍정문에서 사용되며, '약간[몇몇]'의 수·양의 의미를 지님

Some of us were late. (우리 중 몇몇은 늦었다.)

1. 국어 2. 수학 3. 영어 4. 사회 5. 과학 6. 도덕

개념UP

one, other, another 관련 표현
• each other (둘 사이에서) 서로
• one another (셋 이상에서) 서로
• one after the other (둘이) 교대로
• one after another (셋 이상이) 차례로

문제UP

다음 빈칸에 공통으로 들어갈 말로 가장 알맞은 것은?

• Please lend me some money if you have _____ .
• I don't have _____ question.

① one ② any
③ all ④ each

해설 any는 대명사로서 '약간[몇몇]의 수·양'을 의미하며, 형용사로서 '어떤[아무]'라는 의미를 지닌다. 또한 'not ~ any'는 '조금도[전혀] ~ 않다'라는 의미가 된다. some은 주로 긍정문에서 사용되는데 비해, any는 의문문이나 조건문, 부정문에서 사용되는 점에서 차이가 있다.

해석 • 돈 좀 있으면 조금 빌려주세요.
• 나는 질문할 것이 전혀 없다.

정답 ②

• any는 의문문이나 조건문에서는 '어떤 것[사람]', '아무 것'
을 의미하며, 부정문에서는 '아무(것)도'라는 의미를 지님
Do you want any of these books? (이 책들 중 어떤 것이
든 원하는 것이 있습니까?)
It isn't known to any. (그것은 아무에게도 알려져 있지 않
다.)

ⓜ each

• each는 대명사로서 '각각[각자]'를 의미하며, 단수 취급함
Each of us has a house. (우리들 각자는 집을 가지고 있다.)
• 형용사로서 '각각[각자]의'를 의미하며, 단수명사를 수식함

ⓗ either와 neither

• either는 긍정문에서 '둘 중의 어느 하나[한쪽]'를 의미하며,
부정문에서는 전체부정을 의미함
She don't like either of them. (그녀는 그들 둘 중 어느 쪽
도 좋아하지 않는다.)
• neither는 '둘 중 어느 쪽도 ~아니다[않다]'를 의미함
Neither of them didn't go there. (그들 중 누구도 거기에
가지 않았다.)

ⓐ all : '모두[모든 것, 모든 사람]'을 의미하며, 수를 표시하면 복
수 취급하고 양을 표시하면 단수 취급함
All of the students are diligent. [복수 취급](모든 학생들은
부지런하다.)
All is calm and bright. [단수 취급](세상은 고요하고 환하다.)

ⓞ It

• 일반적 용법 : 앞에 나온 명사 등을 가리키는 것으로, '그것'
으로 해석됨
He has a pencil. It is a new pencil. (그는 연필이 있다. 그
것은 새 연필이다.)
• 비인칭 주어 : 시간, 요일, 계절, 날씨, 거리, 명암, 온도 등을
나타내는 표현에서 사용되며, 아무런 의미를 지니지 않은 주
어가 됨
It is nine o'clock. (9시 정각이다.)
It is spring now. (지금은 겨울이다.)

It is dark here. (여기는 어둡다.)

(3) 관사

① 부정관사 'a/an'

ⓐ 부정관사의 일반적 용법

- 부정관사는 보통명사가 문장에서 처음 사용될 때 그 명사의 앞에 위치하는 것이 원칙
- 뒤에 오는 단어가 발음이 자음으로 시작하면 'a'를, 모음으로 시작하면 'an'을 씀

a book / an album

ⓑ 부정관사의 의미에 따른 용법

- 막연한 '어느 하나의' [의미상 해석을 하지 않음]

This is a book, not a box. (이것은 상자가 아니라 책이다.)

- '하나의'(=one)의 뜻을 나타나는 경우

Rome was not built in a day. (로마는 하루아침에 만들어지지 않았다.)

- '어떤'(=a certain)의 뜻을 나타내는 경우

A Mr. Brown came to see you. (Brown씨라는 분이 당신을 찾아왔습니다.)

- '같은'의 뜻을 나타내는 경우(=the same)

We are of an age. (우리는 동갑이다.)

- '~마다(당)'(=per)의 뜻을 나타내는 경우

She makes a trip once a month. (그녀는 한 달에 한 번 여행을 한다.)

② 정관사 'the'

ⓐ 정관사의 일반적 용법 : 앞에 나온 명사가 다음에 반복되는 경우 명사 앞에서 사용됨

I saw a girl. The girl was crying. (나는 소녀를 보았다. 그 소녀는 울고 있었다.)

ⓑ 정관사의 의미에 따른 용법

- 특정한 것 또는 알려진 것을 지칭하는 경우

Would you mind opening the window? (창문을 열어도 되겠습니까?)

개념UP

대표 단수

어떤 종류나 종족 전체를 총칭하는 대표단수를 나타내는 경우 'a+단수 명사' 또는 'the+단수 명사'의 형태로 표현함

A cow is a useful animal. (소는 유용한 동물이다.)
=The cow is a useful animal.

문제UP

다음 빈칸에 공통으로 들어갈 말로 가장 알맞은 것은?

- You can't do two things at _____ time.
- We are all of _____ mind.
- We have four English classes _____ week.

① a   ② the
③ it   ④ any

해설 부정관사 'a'는 '하나의, 한 번의', '같은', '~마다(당)'라는 의미를 지닌다. 여기서 'at a time'은 '한 번에'라는 의미이다.

해석
- 너는 한 번에 두 가지를 할 수 없다.
- 우리는 모두 한마음이다.
- 우리는 한 주에 네 번의 영어 수업을 한다.

정답 ①

• 수식어구의 수식을 받는 경우

The water in the well is not good to drink. (이 우물의 물은 먹기에 적당하지 않다.)

This is the book which I bought yesterday. (이것은 내가 어제 산 책이다.)

• 유일한 것을 나타내는 경우(유일한 자연물이나 물건 등)

the moon(달) / the earth(지구) / the sun(태양)

the universe(우주) / the sky(하늘) / the Bible(성서)

• 연주를 할 때의 악기 명칭의 앞

play the piano/violin/guitar(피아노/바이올린/기타를 연주하다)

cf. 운동경기 앞에서는 관사를 생략함 : play baseball / soccer(야구/축구를 하다)

• 최상급이 쓰인 경우

Mt. Everest is the highest mountain in the world. (에베레스트는 세계 최고의 산이다.)

• 서수, last, only, same, very 등과 함께 쓰이는 경우

January is the first month of the year. (일월은 일 년 중 맨 앞에 있는 달이다.)

He is the last man to tell a lie. (그는 거짓말할 사람이 아니다.)

• 정관사를 동반하는 고유명사

– 집합체의 의미(union, united)가 포함된 말이나 복수형의 국가명칭

the United States(미국) / the United Nation(유엔)

the Netherlands(네덜란드) / the Philippines(필리핀)

– 바다, 강, 운하

the Pacific(태평양) / the Thames(탬즈 강) / the Suez Canal(수에즈 운하)

– 산맥, 반도, 사막

the Alps(알프스 산맥) / the Korean Peninsula(한반도) / the Sahara(사하라 사막)

– 배, 열차 등

개념UP

관용적 표현

• in the morning(아침에) / in the afternoon(오후에) / in the evening(저녁에)

• the past(과거) / the present(현재) / the future(미래)

문제UP

다음 빈칸에 공통으로 들어갈 말로 가장 알맞은 것은?

• _____ sun rises in east.
• I play _____ piano every day.

① a   ② an
③ the   ④ it

해설 유일한 것을 나타내는 경우 정관사 the를 쓰며(the sun, the east), 악기를 연주하는 경우도 정관사 the를 붙인다(play the piano/violin 등).

해석 • 태양은 동쪽에서 뜬다.
• 나는 매일 피아노를 친다.

정답 ③

the Titanic(타이타닉호) / the Orient Express(오리엔트 급행열차)

- 신문, 잡지 등

the New York Times(뉴욕타임즈) / the Newsweek(뉴스위크지)

- 공공건물 · 관공서, 호텔 등

the British Museum(대영박물관) / the White House(백악관)

5. 형용사, 부사, 비교급

(1) 형용사

① 형용사의 용법

㉠ 한정적 용법 : 명사의 앞뒤에서 명사를 수식하는 것을 말함(대부분 명사 앞에서 수식)

He is an good teacher. (그는 좋은 선생님이다.)

She is kind girl. (그녀는 친절한 소녀이다.)

He wanted to do something new. (그는 새로운 것을 하고 싶어 했다.)

㉡ 서술적 용법 : 형용사가 주어나 목적어를 설명하는 보어(주격 보어 · 목적격 보어)가 되는 것을 말함

He became happy. [주격 보어](그는 행복해졌다.)

She died young. [주격 보어](그녀는 젊어서 죽었다.)

She made him happy. [목적격 보어](그녀는 그를 행복하게 하였다.)

㉢ 주의할 용법

• 'the+형용사'가 복수보통명사가 되는 경우

The rich(=Rich people) are not always happy. (부자가 항상 행복한 것은 아니다.)

The old forget, the young don't know. (늙은이는 잊어버리고, 젊은이는 모른다.)

• 'the+형용사'가 추상명사가 되는 경우

The true, the good, and the beautiful were the idea of

> **개념UP**
>
> **한정적 용법 비교**
>
> '-thing', '-body', '-one'으로 끝나는 대명사의 경우 형용사가 뒤에서 수식함

> **개념UP**
>
> **서술적 용법으로만 쓰이는 형용사**
>
> • 'a-' 형태 : afraid(두려워하는), alike(같은), alone(홀로), asleep(잠들어), aware(알고 있는) 등
> • 기타 형태 : fond(좋아하는), glad, unable(할 수 없는), sorry, worth(가치있는) 등

1. 국어

2. 수학

3. 영어

4. 사회

5. 과학

6. 도덕

the Greeks. (진, 선, 미는 그리스 사람들의 이상이었다.)

② 형용사의 종류

㉠ 수량 형용사

• many

– 'many+셀 수 있는 명사의 복수형' [복수 취급함]

He has many books. (그는 많은 책을 가지고 있다.)

– many의 대용 표현 : a lot of, lots of, a number of 등

They have a lot of books. (그들은 책이 많다.)

• much

– 'much+셀 수 없는 명사(단수형)' [단수 취급함]

Don't eat much fast food. (패스트 푸드를 많이 먹지 마세요.)

– much의 대용 표현 : a lot of, lots of, an amount of 등

He doesn't drink lots of wine. (그는 포도주를 많이 마시지는 않는다.)

• a few, few, a little, little

구분	긍정적 의미	부정적 의미
수	a few : 조금은 있는, 약간의	few : 거의 없는, 조금밖에 없는
양	a little : 약간의, 조금의	little : 거의 없는

I have a few apples. (나는 사과가 약간 있다.)

I have few apples. (나는 사과가 거의 없다.)

There is a little water. (물이 약간 있다.)

There is little water. (물이 거의 없다.)

• some, any : 약간의, 조금의

㉡ 수사

• 기수 : 개수(個數)를 나타내는 말을 의미함

one, ten, twenty, hundred, thousand, million(백만), dozen(12), score(20) 등

• 서수 : 순서를 나타내는 말을 의미함

first, second, third, fourth, twelfth(열두 번째), twentieth(스물 번째) 등

• 배수 : 배수(倍數)나 횟수를 나타내는 말을 의미함

개념UP

'a lot of(=lots of, plenty of)'

'많은' 이라는 뜻으로, 수·양에 모두 사용됨

문제UP

다음 대화의 빈칸에 들어갈 말로 가장 알맞은 것은?

A : How _____ days will it take to get there?

B : It will take three days to get there.

① tall   ② old

③ many   ④ much

해설 빈칸의 형용사는 다음에는 셀 수 있는 명사(days)가 왔으며, 의미상 '얼마나 많은'을 뜻하므로 many가 가장 알맞다. 'take +시간+to do' 는 '~하는데 시간이 걸리다' 는 표현이다.

해석 A : 거기에 도착하는데 며칠이나 걸릴까요?

B : 거기에 도착하는데 3일이 걸립니다.

정답 ③

single(하나의), double(2배의), triple(3배의), quadruple(4배의)

once(한 번), twice(두 번)

ⓒ 주요 표현

* dozen, score, hundred, thousand 등이 '수십의', '수백의', '수천의' 등의 의미가 될 때는 복수형으로 씀

    tens[dozens, scores] of(수십의) / hundreds of(수백의) / thousands of (수천의)

* 연대 · 연도는 두 자리씩 끊어 쓰고 복수 형태로 나타냄

    in the nineteen fifties(1950년대)

    nineteen eighty-eight(1988)

    July fourth[four], two thousand sixteen(2016년 7월 4일)[월, 일, 연도순으로 씀]

* 분수 : 분자는 기수로, 분모는 서수로 나타내며, 분자가 2 이상인 경우 분모는 복수 형태를 씀

    a[one] half(1/2) / a[one] fourth(1/4) / two-thirds(2/3)

    six and two-fifths(6과 2/5)

* 소수 : 소수점은 point 또는 decimal로 쓰며, 소수점 이하는 한 자씩 끊어 읽음

    thirty seven point[decimal] one nine two (37.192)

* 금액 : ten dollars (and) sixty-five (cents)(10달러 65센트)

(2) 부사

① 부사의 종류

ⓒ 단순부사(일반적 의미의 부사)

* 부사는 동사, 형용사 또는 다른 부사를 수식하는 말로, 대부분이 단순부사에 해당

* 주로 시간이나 장소, 방법(양태), 정도, 빈도(횟수), 부정, 원인(이유) 등을 나타냄

    – 시간 : now, early, late, already, ago, before 등

    – 장소 : here, there, near(가까이), far(멀리), above(위에) 등

    – 방법 : easily, hard, well, carefully, slowly 등

문제UP

다음 빈칸에 들어갈 말로 가장 알맞은 것은?

She had to stay in the hospital for _____ days.

① often ② a little
③ much ④ a few

해설 빈칸 다음에 셀 수 있는 명사(수를 나타내는 명사) 'days'가 왔으므로, 양을 표현하는 ②와 ③은 적절하지 않다. 의미상 '며칠'을 의미하므로 'a few(조금의, 약간의) days'가 적합하다. often(종종)은 의미상 어울리지 않는다.

해석 그녀는 며칠 동안 그 병원에 머물러야 했다.

정답 ④

개념UP

시간 표현

* five o'clock(5시 정각)
* eleven fifteen a.m.[p.m.](오전[오후] 11시 15분)
* eight fifteen / a quarter past[after] eight(8시 15분)
* nine thirty / half past[after] nine (9시 30분)

개념UP
부사를 만드는 법
「형용사+-ly」가 대부분을 차지함
- 형용사+-ly : quick ⇒ quickly, careful ⇒ carefully
- -y로 끝나는 형용사 : easy ⇒ easily, happy ⇒ happily
- -ue로 끝나는 형용사 : true ⇒ truly
- -le로 끝나는 형용사 : gentle ⇒ gently

〈주의〉「명사+-ly」=형용사 : love ⇒ lovely(사랑스러운), friend ⇒ friendly(친한), man ⇒ manly(남자다운)

문제UP
다음 두 단어의 관계가 나머지 셋과 다른 것은?
① easy – easily
② friend – friendly
③ full – fully
④ happy – happily

해설 friend(친구)는 명사이므로, 여기에 '-ly'를 붙인 friendly(친한)는 형용사가 된다. 나머지는 모두 형용사-부사의 관계이다.
정답 ②

개념UP
형용사와 형태가 같은 부사와 '-ly'가 붙은 부사의 의미 구분
- late(늦게) – lately(요즘, 최근에)
- near(가까이) – nearly(거의, 하마터면)
- high(높이, 높게) – highly(대단히, 몹시)
- hard(굳게, 열심히) – hardly(가까스로, 거의 ~않다)

- 정도 : very, almost, enough, too(너무, 또한), quite(아주), even(더욱) 등
- 빈도 : often, sometimes(때때로), usually(보통, 대개), always 등
- 부정 : no, not, never, hardly(거의 ~않다) 등

ⓛ 의문부사 : when, where, how, why 등

ⓒ 관계부사 : 접속사와 부사의 역할을 동시에 하는 부사(when, where, how, why, whenever, wherever, however)

② 부사의 형태

ⓐ 원래 부사인 단어 : now, then, here 등

ⓑ 기본적 형태 : '형용사+-ly'의 형태를 지니며, 대부분의 부사가 이러한 형태를 이룸

kindly, carefully, easily, happily, truly, fully(완전히), probably(아마도) 등

cf. '명사+-ly'가 형용사가 됨
(lovely(사랑스러운), friendly(친한), costly(값비싼), manly(남자다운) 등)

ⓒ 형용사와 형태가 같은 부사

early, late, high, low(낮은, 낮게), deep(깊은, 깊게), fast, long, hard(굳은, 열심히), near(가까운, 가까이), far(먼, 멀리) 등

③ 부사의 용법

ⓐ 수식어로서의 부사
- 동사를 수식하는 경우
  I often go to the movies. [동사 go를 수식](나는 종종 극장에 간다.)
- 형용사를 수식하는 경우
  This book is very difficult. [형용사 difficult를 수식](이 책은 매우 어렵다.)
- 부사를 수식하는 경우
  Thank you so much. [부사 much를 수식](대단히 고맙습니다.)
- 부사구를 수식하는 경우
  He came here just at six. [부사구 'at six'를 수식](그는 6시 정각에 이곳에 왔다.)

• 문장 전체를 수식하는 경우

<u>Happily he did not die.</u> (다행스럽게도 그는 죽지 않았다.)

ⓒ 부정부사의 도치

I never saw such a pretty girl. (나는 그런 예쁜 소녀를 본적이 없다.)

⇒ Never did I see such a pretty girl. [부정부사 never가 도치되면서 주어와 동사도 도치되어 '조동사＋주어＋본동사'의 어순이 됨]

④ 주의해야 할 부사의 용법

㉠ ago, before

• ago : '전에', '지금부터 ～전'의 뜻으로 항상 과거 시제와 함께 쓰임('과거동사＋시간＋ago'의 형태로 사용)

He went to Seoul five years ago. (그는 5년 전에 서울에 갔다.)

• before : '그때보다 ～전', '～앞에'의 의미로, 과거와 현재완료 · 과거완료와 함께 쓰임

I had seen him before. (나는 전에 그를 만났다.)

ⓒ already, yet

• already : '이미[벌써]'의 뜻으로, 일반적으로 긍정문에 쓰임 (부정문에서는 쓰지 않음)

He has already finished his homework. (그는 이미 숙제를 끝냈다.)

• yet : 주로 부정문에서 '아직 (～않다)', 의문문에서는 '벌써'의 뜻으로 사용됨

He has not finished his homework yet. (그는 아직 숙제를 끝내지 못했다.)

Do you have to go yet? (당신은 벌써 가야합니까?)

ⓒ very, much

• very는 형용사와 부사의 원급과 현재분사를 수식함

This house is very old. (이 집은 매우 오래된 집이다.)

• much는 형용사와 부사의 비교급과 과거분사를 수식함

This house is much older than that. (이 집은 저 집보다 훨씬 오래된 것이다.)

개념UP

부정 의미의 부사

hardly, scarcely는 '거의 ～않다'의 의미이며, 부정의 뜻을 갖고 있기 때문에 부정어(not, never, no 등)와 함께 사용하지 않음

I can scarcely believe it. (나는 그것을 거의 믿을 수가 없다.)

문제UP

다음 빈칸에 공통으로 들어갈 단어로 가장 알맞은 것은?

• The weather is _____ hot.
• This movie is _____ exciting.
• The house is _____ close to the beach.

① very   ② much
③ many   ④ yet

해설 형용사의 원급(hot)과 현재분사 (exciting)을 수식하는 것은 very 이다. much는 비교급과 과거분사를 수식하며, yet(아직, 벌써)는 의미상 어울리지 않는다.

해석 • 날씨가 매우 덥다.
• 이 영화는 매우 흥미진진하다.
• 그 집은 바닷가에 아주 가깝다.

정답 ①

ㄹ too, either

• too : '또한[역시]'의 의미를 지니며, 긍정문에 쓰임
I like music. He likes music, too. (나는 음악을 좋아한다. 그도 또한 음악을 좋아한다.)

• either : '역시(~ 않다)'라는 의미로, 부정문에 쓰임
I don't like cats. He doesn't like cats, either. (나는 고양이를 싫어한다. 그도 고양이를 싫어한다.)

ㅁ so, neither

• so : 'So+동사[be동사/do]+주어'의 구조로 긍정문에서 사용되는 경우 '역시 ~하다'를 의미함
I like music. (나는 음악을 좋아해.)
So do I.(=I like music, too.) (나도 음악을 좋아해)

• neither : 'Neither+동사+주어'의 구조로 부정문에서 사용되는 경우 '역시 ~아니다'를 의미함
I don't like cats. (나는 고양이를 싫어한다.)
Neither do I.(=I don't like cats, either.) (나도 고양이를 싫어한다.)

⑤ 부사의 위치

ㄱ 동사를 수식하는 경우

• 일반적인 부사 : 일반적으로 동사 뒤에서 수식
The dog was running fast. (그 개는 빠르게 달리고 있었다.)

• 빈도부사

− 조동사와 be동사가 있는 경우는 그 뒤에 위치하며, 일반동사만 있는 경우는 그 앞에 위치함

− 대표적인 빈도부사에는 often, always, sometimes, usually, hardly, never, only, also 등이 있음
She is often late for school. [be동사 뒤에 위치](그녀는 종종 학교에 지각을 한다.)
She often comes to see me. [일반동사 앞에 위치](그녀는 종종 나를 보러 온다.)
He always helps old people. [일반동사 앞에 위치](그는 항상 노인을 돕는다.)

ⓛ 형용사, 부사를 수식하는 경우

• 일반적인 부사 : 형용사나 부사 앞에서 수식함

This book is very easy. (이 책은 매우 쉽다.)

• enough(충분히) : 부사로서 형용사나 부사를 수식할 때는 뒤에서 수식함

He is clever enough to understand it. (그는 그것을 이해할 만큼 영리하다.)

ⓒ 부사(부사구)가 2개 이상인 경우

• '작은 단위+큰 단위'의 순서('작은 장소+큰 장소', '짧은 시간+긴 시간')

• '장소+방법+시간'의 순서

I went there by bus yesterday. [장소+방법+시간](나는 어제 버스로 그곳에 갔다.)

(3) 비교

① 비교의 변화

㉠ 의미 : 형용사와 부사가 성질이나 정도의 차이를 표현하기 위해 어형변화를 하는 것으로, 원급·비교급·최상급 3가지가 있음

㉡ 형태

• 규칙 변화 : 비교급은 원칙적으로 원급에 '-er'을 붙이며, 최상급은 원급에 '-est'를 붙임

- 원칙적 변화 : tall - taller - tallest / clever - cleverer - cleverest

- 원급의 어미가 '-e'로 끝나는 경우 -r, -st만을 붙임 : wise - wiser - wisest

- '단모음+단자음'으로 끝난 경우 자음을 반복하고, -er과 -est를 붙임 : big - bigger - biggest / hot - hotter - hottest

- '자음+y'로 끝난 경우 y를 i로 바꾸고, -er과 -est를 붙임 : happy - happier - happiest / busy - busier - busiest

- '-ful, -ous, -less, -ing, -ed, -ive, -ish, -able'로 끝

개념UP

부정사를 수식하는 부사

not, never 등의 부사가 to부정사를 수식하는 경우, 일반적으로 부정사 앞에 위치함

She told me not to go there. (그녀는 나에게 그곳에 가지 말라고 하였다.)

문제UP

다음 중 옳지 않은 것은?

① long - longer - longest
② wise - wiser - wisest
③ easy - easier - easiest
④ hot - hoter - hotest

해설 보기의 형용사들은 원급 - 비교급 - 최상급의 관계이다. 이중에 '단모음+단자음'으로 끝난 경우 자음을 반복하고 -er, -est를 붙여야 한다. 따라서 ④ hot - hotter - hottest가 옳다.

해석 ① 긴 - 더긴 - 가장 긴
② 현명한 - 더 현명한 - 가장 현명한
③ 쉬운 - 더 쉬운 - 가장 쉬운
④ 뜨거운 - 더 뜨거운 - 가장 뜨거운

정답 ④

나는 형용사와 '-ly'로 끝나는 부사는 원급 앞에 more를,
최상급 앞에 most를 씀

useful(유익한) – more useful – most useful

famous(유명한) – more famous – most famous

interesting – more interesting – most interesting

kindly(친절한) – more kindly – most kindly

– 3음절 이상의 경우 원급 앞에 more를, 최상급 앞에 most
를 씀

diligent(근면한) – more diligent – most diligent /
important(중요한) – more important – most important

• 불규칙 변화(비교 변화가 불규칙한 경우)

good/well – better – best

bad/ill – worse – worst

many/much – more – most

little – less – least

② 원급의 용법

㉠ 동등비교 : 'as+원급+as'(…만큼 ~한[하게])

He is as tall as his father. (그는 그의 아버지만큼 키가 크
다.)

Baseball is as popular as soccer. (야구는 축구만큼 인기가
있다.)

㉡ 동등비교의 부정 : 'not so[as]+원급+as'(…만큼 ~하지 못한
[못하게])

He is not so[as] old as she. (그는 그녀보다 나이가 많지 않다
[적다].)

=He is younger than she. =She is older than he.

㉢ 기타 원급의 중요 용법

• 'as+원급+as possible'(가능한 한 ~)(=as+원급+as
one can)

He walked as fast as possible. (그는 가능한 한 빨리 걸었다.)

=He walked as fast as he could.

• '배수사+as A as B'(B보다 몇 배 A한)

This is twice as large as that. (이것은 저것보다 2배나 크다.)

=This is twice the size of that.

③ 비교급의 용법

㉠ 우등비교와 열등비교

- 우등비교(우월비교) : '비교급+than'의 형식을 취함

  He is taller than she. (그는 그녀보다 크다.)

- 열등비교 : 'less+원급+than'의 형식을 취함

  She is less tall than he. (그녀는 그보다 키가 작다.)

  =She is not so tall as he.=He is taller than she.

㉡ 동일인 또는 동일물의 다른 성질 비교 : 'more A than B'의 형식을 취함

  He is more clever than wise. (그는 현명하기보다는 영리하다.)

㉢ 'the 비교급' 구문

- 'the+비교급+of the two[of A and B]' (둘 중에 더 ~하다)

  Tom is the taller of the two. (톰이 둘 중에서 키가 크다.)

- 'the+비교급 ~, the+비교급 …' (~하면 할수록 점점 더 …하다)

  The more we have, the more we want. (많이 가지면 가질수록 더 많이 원하게 된다.)

㉣ '비교급+and+비교급' 구문(점점 더 ~)

  She began to dance more and more quickly. (그녀는 점점 더 빨리 춤추기 시작했다.)

  It is getting warmer and warmer day by day. (날씨가 날마다 점점 더 따뜻해지고 있다.)

  cf. 'get[grow, become]+비교급+and+비교급' (점점[더욱] 더 ~하게 되다)

④ 최상급의 용법

㉠ 일반적인 최상급 표현 : 최상급의 표현은 주로 'the+최상급+in+단수명사' 또는 'the+최상급+of+복수명사'의 형식을 취함

  She is the most beautiful in our class. (그녀는 우리 반에서 가장 아름답다.)

  February is the shortest of all the months. (2월은 일년 중 가장 짧은 달이다.)

개념UP

비교급을 강조하는 어구

'much, even, (by) far, a lot, still, yet' 등은 비교급 의미를 강조하여 '훨씬[한층 더]'의 의미가 됨

He is much older than his wife. (그는 그의 부인보다 나이가 훨씬 많다.)

문제UP

다음 중 키가 가장 큰 사람은 누구인가?

- Tom is taller than July.
- John is less tall than Tom.
- Mary is shorter than John.

① Tom　② July
③ John　④ Mary

해설 Tom은 July보다 크고, John은 Tom보다 작으며, Mary는 John보다 작으므로, 가장 큰 사람은 Tom이다.

해석
- Tom은 July보다 키가 크다.
- John은 Tom보다 키가 크지 않다(작다).
- Mary는 John보다 키가 작다.

정답 ①

Mt. Everest is the highest mountain in the world. (에베레스트는 세상에서 가장 높은 산이다.)

ⓛ 최상급의 특별한 용법

• 'the+서수+최상급' (몇 번째로 가장 ~)
Busan is the second largest city in Korea. (부산은 한국에서 두 번째로 가장 큰 도시이다.)

• 'the last+명사+to ~' (결코 ~ 할 것 같지 않은)
He is the last man to do such a thing. (그는 그런 일을 할 사람이 결코 아니다.)

• 'most+of+복수명사' (대부분의 ~)
most of them(그들 대부분) / most of people(대부분의 사람들)

• at last(마침내, 드디어)

• do one's best(최선을 다하다)

• not ~ in the least(조금도 ~않다)(=not ~ at all, never)

6. 부정사, 동명사, 분사

(1) 부정사

① 부정사의 의미와 종류

㉠ 부정사의 의미와 특징

• 부정사는 문장을 간결하게 하는 준동사의 일종으로, '~하는 것', '~하기 위해', '~할' 등과 같은 미래의 의미가 내포되어 있음

• 부정사는 동사의 성질의 지니므로 목적어나 보어를 취할 수 있으나, 수나 인칭, 시제에 따라 형태가 변하지 않음

• 'to부정사'는 용법에 따라 문장에서 명사(주어·목적어·보어)의 역할을 하거나, 형용사, 부사의 역할을 할 수 있음

㉡ 부정사의 종류

• to부정사 : to+동사의 원형(R)

• 원형부정사 : 지각동사/사역동사+목적어+원형부정사(동사원형)

• 기타의 부정사 : 독립부정사, 분리부정사(to+부사+동사원

형) 등

ⓒ 부정사의 부정 표현 : to부정사 앞에 부정어(not, never)를 씀

He promised never to go there. (그는 다시는 거기에 가지 않겠다고 약속했다.)

② 부정사의 용법

㉠ 명사적 용법 : 부정사가 명사의 역할(주어·목적어·보어)을 수행

• 주어 역할

To know oneself is not easy. (자신을 아는 것은 쉽지 않다.)

To get up early is good for the health. (일찍 일어나는 것은 건강에 좋다.)

• 목적어 역할

I don't like to accept it. (나는 그것을 받아들이고 싶지 않다.)

I found it[가목적어] difficult to understand the problem[진목적어]. (나는 그 문제를 이해하는 것이 어렵다는 것을 알았다.)

Can you tell me how to make it? [목적어 역할을 하는 '의문사+to부정사'](그것을 어떻게 만드는지 말해줄 수 있나요?)

cf. '의문사(who, what, which, how, when, where)+to부정사'는 주로 동사의 목적어로 사용되며, '의문사+주어+should+동사원형'으로 바꾸어 쓸 수 있음

• 보어 역할

His hobby is to collect stamps. (그의 취미는 우표 수집이다.)

I think her to be honest. (나는 그녀가 정직하다고 생각한다.)

ⓛ 형용사적 용법

• 한정적 용법 : 부정사가 명사 뒤에서 명사를 수식

I bought a book to read. [명사(book)을 수식](나는 읽을 책을 샀다.)

She has no friend to help her. [명사(friend)를 수식](그녀는 도와 줄 친구가 없다.)

• 서술적 용법 : 부정사가 동사의 보어가 됨

– 2형식 동사의 주격 보어가 되는 경우

문제UP

다음 빈칸에 알맞은 것은?

Why do you want _____ be a teacher?

① in ② of
③ on ④ to

해설 want는 to부정사를 목적어로 갖는 동사이므로, 빈칸에는 'to'가 알맞다. 여기서는 to부정사는 동사의 목적어(~하기를, ~하는 것을)이므로, 명사적 용법에 해당한다.

해석 왜 당신은 교사가 되기를 원합니까?

정답 ④

문제UP

다음 빈칸에 알맞은 것은?

I have to learn _____ my time more wisely.

① what to do ② when to do
③ how to use ④ who to use

해설 ③ '의문사+to부정사'는 목적어 역할을 하는데, 빈칸에는 시간(my time)을 어떻게 더 현명하게 사용하는지(how to use)를 배우는 것을 의미하므로, ③이 가장 적절하다.
① what to do 무엇을 해야 하는지
② when to do 언제 해야 하는지
④ who to use 누가 사용하는지

해석 나는 내 시간을 어떻게 더 현명하게 쓰는지를 배워야 한다.

정답 ③

She seems to be sad. (그녀는 슬픈 것 같다.)

– 5형식 동사의 목적격 보어가 되는 경우

I believe him to be honest. (나는 그가 정직하다고 믿는다.)

ⓒ **부사적 용법** : 부정사가 부사의 역할(동사 · 형용사 · 부사를 수식)을 수행

• 형용사 · 부사의 수식(~하기에, ~할 정도로)

Korean is not easy to learn. [형용사 easy를 수식](한국어는 배우기 쉽지 않다.)

They are not old enough to understand it. [부사 enough를 수식](그들은 그것을 이해할만한 충분한 나이는 아니다.)

• 목적(~하기 위하여)(=in order to ~=so as to ~)

We eat to live, not live to eat. (우리는 살기 위해 먹는 것이지 먹기 위해 사는 것이 아니다.)

• 원인(~하니, ~하고서)

I am glad to meet you. (당신을 만나서 반갑습니다.)

• 이유나 판단의 근거(~하는 것을 보니, ~을 하다니)

He must be sad to say so. (그렇게 말하는 것을 보니, 그는 슬픈 게 틀림없다.)

• 결과(~해서 …하다/~하지만 …하다)

He grew up to be a famous actor. (그는 커서 유명한 배우가 되었다.)

• 조건(~하다면)(=if ~)

I should be very glad to go with you. (당신과 함께 간다면 나는 아주 기쁠 것이다.)

=I should be very glad if I could go with you.

• 양보(~에도 불구하고)(=though ~)

To do my best, I couldn't help it. (최선을 다했지만 어쩔 수 없었다.)

ⓓ **부정사의 관용적 표현**(부사적 용법의 일종)

• 'too ~ to+동사원형'(너무 ~해서 …할 수 없다)(=so ~ that+주어+can't+동사원형)

You are too young to understand it. (너는 너무 어려서

그것을 이해할 수 없다.)

=You are so young that you can't understand it.

- '형용사+enough to+동사원형'(~할 정도로 …하다)(=so
… that+주어+can ~)

He is rich enough to buy a new car. (그는 새 차를 살 정
도로 충분히 부유하다.)

=He is so rich that he can buy a new car.

(2) 동명사

① 동명사의 성질 및 기능

㉠ 동명사의 형태 : '동사원형+ing'의 형태로, 현재분사와 형태상
같음

㉡ 동사적 성질

- 시제와 수동형 : 시제에는 단순동명사(-ing)와 완료동명사
('having+과거분사')가 있으며, 수동형은 'being/having
been+과거분사'가 있음

They are proud of their son being teacher. [단순동명
사](그들은 아들이 교사가 된 것을 자랑스러워한다.)

=They are proud that their son is teacher.

They are proud of their son having been teacher. [완료
동명사](그들은 아들이 교사였다는 것을 자랑스러워한다.)

=They are proud that their son was teacher.

- 목적어 · 보어를 취함

My hobby is collecting stamps. (나의 취미는 우표 수집이
다.)

Becoming a singer is her dream. (가수가 되는 것이 그녀
의 꿈이다.)

- 동사처럼 부사 등의 수식어를 동반할 수 있음

㉢ 명사적 성질 : 명사처럼 문장의 주어, 목적어, 보어가 될 수 있음

② 동명사의 용법

㉠ 문장의 주어

Speaking English is difficult. (영어를 말하는 것은 어렵다.)

㉡ 문장의 보어

개념UP

기타 부정사 관련 용법

- 대부정사 : 같은 동사의 반복을 피
하기 위하여 to부정사에서 to만을
쓰는 것을 말함
You may go if you want to
(go). (당신이 원한다면 가도 좋습
니다.)
- 분리부정사 : 'to'와 '부정사' 사
이에 to부정사를 수식하는 부사를
두는 것을 말함
I failed to fully understand the
poem. (나는 그 시를 완전히 이
해하지 못했다.)

개념UP

동명사의 부정

부정어(not, never 등)가 동명사 바
로 앞에 위치함
They have the problem of not
having enough money. (그들은
충분한 돈이 없다는 문제를 가지고
있다.)

My hobby is collecting stamps. (나의 취미는 우표 수집이다.)

ⓒ 문장의 목적어

This car needs washing. [동사 need의 목적어](이 차는 세차를 할 필요가 있다.)

The man went out without saying. [전치사 without의 목적어](그 남자는 말없이 나갔다.)

③ 동명사와 부정사를 목적어로 갖는 동사

㉠ 동명사를 목적어로 갖는 동사 : avoid(피하다), deny(부인하다), enjoy, escape(벗어나다), finish, give up(포기하다), mind(꺼리다) 등은 '동사+동명사(-ing)' 의 구조가 되며, '동사+to부정사' 의 구조는 불가능함

Would you mind closing the window? (창문을 닫아도 괜찮겠습니까?)

㉡ 부정사를 목적어로 갖는 동사 : agree(동의하다), ask, choose(고르다), decide(결정하다), expect(기대하다), promise(약속하다), seem(~처럼 보이다), want, wish 등은 '동사+to부정사' 의 구조가 되며, '동사+동명사(-ing)' 의 구조는 불가능함

He did not choose to accept it. (그는 그것을 받아들이려 하지 않았다.)

I promised to write to her soon. (나는 편지를 그녀에게 곧 쓰겠다고 약속하였다.)

㉢ 동명사와 부정사가 모두 가능한 동사 : begin, start, love, hate(싫어하다), continue(계속하다) 등은 목적어로 동명사와 부정사 모두 가능함

It started raining[to rain]. (비가 내리기 시작했다.)

They began borrowing[to borrow] money. (그들은 돈을 빌리기 시작했다.)

㉣ 동명사와 부정사를 목적어로 할 때 의미상 차이가 있는 동사

- like, prefer, love, hate : 동사가 일반적 기호를 나타내는 경우는 동명사를 목적어로 하며, 구체적·특정적 기호를 나타내는 경우는 to부정사를 목적어로 함

I hate getting up early in the morning. [일반적 의미](나

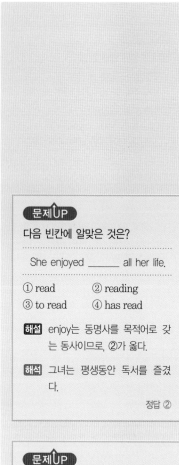

는 아침에 일찍 일어나는 게 싫다.)

I hate to get up early that cold morning. [구체적·특정적 의미](나는 그렇게 추운 아침에는 일찍 일어나는 게 싫다.)

• remember(기억하다), forget(잊다) : 해당 동사보다 과거의 일인 때는 동명사를 목적어로 하며, 동사와 동일 시점이나 미래의 일인 때에는 to부정사를 목적어로 함

I remember mailing the letter. [과거의 일](편지를 보낸 것을 기억한다.)

I remember to mail the letter. [미래의 일](편지를 보내야 하는 것을 기억한다.)

• stop : 문맥상의 의미 차이가 있는 경우

He stopped eating. (그는 먹는 것을 멈추었다.)

He stopped to eat. (그는 먹기 위해서 멈추었다.)

④ 동명사 관련 중요 구문

　㉠ 전치사 'to'가 동명사를 취하는 구문

　　• look forward to ~ing(~하기를 기대하다)

　　• be used to ~ing(~하는데 익숙해져 있다)

　　• what do you say to ~ing(~하는 것은 어떻습니까?)

　㉡ 기타 주요 관용 구문

　　• cannot help ~ing(~하지 않을 수 없다)＝cannot but＋동사원형

　　• be busy ~ing(~하느라 바쁘다)

　　• go ~ing(~을 하러가다)

　　• be worth ~ing(~할 가치가 있다)＝be worthy of ~ing

　　• on ~ing(~하자마자)

　　• How about ~ing(~하는 것이 어떻습니까?)

　　• keep (on) ~ing(계속해서 ~하다)

　　• spend＋시간/돈 ~ing(~하느라 시간/돈을 쓰다)

(3) 분사

① 분사의 종류와 기능

　㉠ 분사의 종류

　　• 현재분사 : '동사원형＋ing'의 형태

문제UP

다음 대화의 빈칸에 알맞은 것은?

A : I have a severe headache.
B : How about _____ to the hospital?

① go　　　　② went
③ going　　　④ to go

해설 두통(headache)이 심하다고 했으므로, 병원에 가보는 것은 어떠냐고 말하는 것이 자연스럽다. 'How about ~ing'는 '~하는 것이 어떻습니까?'라는 표현이므로, 빈칸에는 동명사형인 'going'이 가장 적합하다.

해석 A : 두통이 심해요.
　　 B : 병원에 가보는 것이 어떨까요?

정답 ③

- be동사와 함께 진행형을 만들거나 명사를 수식함
- 동사에 따라 진행(~하고 있는) 또는 능동(~한, ~하게 하는)의 의미가 됨

  a sleeping baby [진행](잠자고 있는 아이)(=a baby who is sleeping)

  A bird is flying in the sky. [진행](새가 하늘을 날고 있다.)

  an exciting story [능동](흥미진진한 이야기)(=a story which excites the one)

  The result is satisfying. [능동](결과는 만족스럽다.)

- 과거분사 : '동사원형+ed' 또는 불규칙동사의 과거분사 형태
  - be동사와 함께 수동태를 만들거나 have와 함께 완료시제를 만듦
  - 동사에 따라 완료(~한, ~해 버린) 또는 수동(~된, ~해진)의 의미가 됨

    fallen leaves [완료](낙엽)

    a retired policeman [완료](퇴직한 경찰관)

    a broken window [수동](깨진 창문)

    an excited crowd [수동](흥분한 군중)

ⓒ 분사의 기능

- 동사적 기능 : 분사는 시제와 수동형이 있으며, 목적어·보어·수식어를 동반할 수 있음

  She sat reading a novel. [목적어(novel)를 동반](그녀는 앉아서 소설을 읽고 있다.)

- 형용사의 기능 : 명사를 직접 수식하거나(한정적 용법), 보어로 쓰임(서술적 용법)

  broken leg [명사를 수식](부러진 다리)

  I found him lying in the bed. [목적 보어로 쓰임](나는 그가 침대에 누워 있는 것을 발견했다.)

② 분사구문

㉠ 분사구문의 의미와 특징

- 의미 : 분사구문은 현재분사가 부사의 역할을 하는 것을 말하며(분사구문은 '접속사+주어+동사'의 부사절로 바꾸어 쓸 수 있음), 시간, 이유, 조건, 양보, 부대상황 등의 의미를

표현함

- 특징 : 주절의 주어와 분사구문의 의미상 주어는 일치하는 것이 원칙이며(이 경우 분사구문의 주어는 생략함), 일치하지 않는 경우 분사구문의 주어를 표시함(독립분사구문)

ⓒ 분사구문으로 바꾸는 방법

- 접속사 생략(필요시 전치사 사용 가능)
- 주절과 종속절 주어가 같은 경우 종속절 주어를 생략하며, 같지 않은 경우 그대로 둠
- 주절과 종속절 시제가 같은 경우 동사를 단순형 분사(동사원형-ing)로 하며, 종속절 시제가 주절보다 이전인 경우 완료형 분사(having+과거분사)로 바꿈

Though I live next door, I hate her. (나는 그녀의 옆집에 살지만 그녀를 싫어한다.)

=Living next door, I hate her.[접속사 'though' 생략, 주절 주어와 같은 주어 'I' 생략, 시제가 현재로 같으므로 단순형 분사 'living'으로 전환]

ⓒ 분사구문의 용법과 전환

- 시간을 나타내는 경우 : while, when, as, after 등의 접속사를 씀

While I was walking along the street, I met a friend of mine. (나는 길을 걸어가다가 친구를 한 명 만났다.)

=Walking along the street, I met a friend of mine.

- 원인·이유를 나타내는 경우 : because, as, since 등의 접속사를 씀

Because he is poor, he cannot buy books. (그는 가난하기 때문에 책을 살 수 없다.)

=Being poor, he cannot buy books.

- 조건을 나타내는 경우 : if를 씀

If you turn to the left, you can find the bank. (왼쪽으로 돌면, 은행을 찾을 수 있다.)

=Turning to the left, you can find the bank.

- 양보를 나타내는 경우 : though, although 등의 접속사를 씀

Though I live near his house, I seldom see him. (나는

문제UP

다음 두 문장의 의미가 같도록 할 때, 빈칸에 가장 알맞은 것은?

When they saw me, they ran away.
= _____ me, they ran away.

① Saw   ② Seeing
③ To see   ④ Having seen

해설 종속절(부사절)을 분사구문으로 전환하는 내용이다. 접속사(when)를 생략하며, 일치하는 주어(they)도 생략한다. 종속절과 주절의 시제가 모두 과거로 같으므로, 단순형 분사(동사원형-ing)를 쓴다. 따라서 ②가 가장 적합하다.

해석 나를 보았을 때 그들은 도망쳤다.

정답 ②

개념UP

독립분사구문

주절의 주어와 분사의 의미상 주어가 다른 경우, 분사의 주어를 분사구문에 표시함

Because the weather was fine, we played outside. (날씨가 좋아서 우리는 밖에서 놀았다.)
=The weather being fine, we played outside. [분사구문의 주어(whether)가 주절의 주어(we)와 다르므로, 분사구문의 주어를 따로 표시]

그의 집 옆에 살지만 그를 좀처럼 보지 못했다.)

=Living near his house, I seldom see him.

• 부대상황을 나타내는 경우 : as, while 등의 접속사를 씀

He extended his hand, while he smiled brightly. (그는 밝게 웃으면서 그의 손을 내밀었다.)

=He extended his hand, smiling brightly.

7. 접속사, 전치사

(1) 접속사

① 등위접속사

㉠ 의미와 특징

• 의미 : 단어와 단어, 구와 구, 절과 절 등을 대등한 관계로 연결시켜 주는 접속사로, and, but, or, so, for 등이 있음

• 특징 : 등위접속사 전후의 어구는 문법구조나 시제 등이 같은 병치(병렬)구조가 됨

She stayed in London and in Paris. (그녀는 런던과 파리에 머물렀다.)

㉡ and(~와, 그리고)

• 어구의 연결(A and B는 복수 취급하는 것이 원칙)

Tom and July are good friends. (Tom과 July는 좋은 친구 사이이다.)

• '명령문＋and ~' (…하라, 그러면 ~할 것이다)

Work harder, and you will pass the exam. (더 열심히 공부해라. 그러면 시험에 합격할 것이다.)

=If you work harder, you will pass the exam.

㉢ but(~나, 그러나)

He is poor but happy. (그는 가난하지만 행복하다.)

㉣ or(또는)

• 어구의 연결(나열)

To be or not to be, that is the question. (사느냐 죽느냐, 그것이 문제로다.)

• '명령문＋or ~' (…하라, 그렇지 않으면 ~할 것이다)

Work harder, or you will fail the exam. (더 열심히 공부해라. 그렇지 않으면 시험에 떨어질 것이다.)

= If you don't work harder, you will fail the exam.

ⓔ so(그래서, 그러므로)

He is rich, so he can buy the car. (그는 부자다. 그래서 그는 그 차를 살 수 있다.)

ⓜ for(왜냐하면) : 앞 내용의 이유나 판단의 원인을 나타내므로 문장의 뒤에 위치

It may rain, for it is getting dark. (비가 올 거야, 왜냐하면 점점 어두워지고 있거든)

② 등위상관접속사

㉠ both A and B : 'A와 B 둘 다' [양자 긍정]의 의미이며, 동사는 복수 동사가 됨

Both brother and sister are alive. (형과 누나 모두 생존해 있다.)

㉡ not A but B : 'A가 아니라 B'

This is not an apple, but a pear. (이것은 사과가 아니라 배이다.)

Not he but you are to be blamed. (그가 아니라 너에게 책임이 있다.)

㉢ not only A but (also) B : 'A뿐만 아니라 B도' (=B as well as A) 라는 의미이며, 동사는 B의 수에 따름

Not only you but also he is right. (너뿐만 아니라 그도 옳다.)
= He as well as you is right. [동사(is)는 B(he)에 따름]

㉣ either A or B : 'A이든 B이든 어느 한쪽' [양자택일]의 의미이며, 동사는 B에 따름

Either you or I am to attend the meeting. (너 아니면 내가 회의에 참석해야 한다.)

㉤ neither A nor B : 'A도 B도 둘 다 아닌' [양자 부정]의 의미이며, 동사는 B에 따름

Neither you nor I am wrong. (너도 나도 틀린 것이 아니다.)

③ 종속접속사

㉠ 의미 : 종속절을 주절에 연결시켜 주는 접속사(that, if,

개념UP

형태에 따른 접속사의 분류
- 단순접속사 : 일반적으로 한 단어로 된 접속사(and, but, that 등)를 말함
- 상관접속사 : 관련된 접속사가 분리되어 있는 경우(both ~ and, either ~ or 등)
- 군접속사 : 둘 이상의 단어가 하나의 접속사 역할을 하는 것(as well as 등)

문제UP

다음 중 의미가 다른 하나는?
① She is both kind an pretty.
② She is not only kind but also pretty.
③ She is neither kind nor pretty.
④ She is pretty as well as kind

해설 'neither A nor B'는 'A도 B도 둘 다 아닌'(양자 부정)의 의미이므로, 나머지와 의미가 다르다.

해석 ① 그녀는 친절하기도 하고 예쁘기도 하다.
② 그녀는 친절할 뿐만 아니라 예쁘기도 하다.
③ 그녀는 친절하지도 않고 예쁘지도 않다.
④ 그녀는 친절할 뿐만 아니라 예쁘기도 하다.

정답 ③

whether, when, as 등)를 말하며, 종속절은 전체 문장에서 명사(명사절)나 부사(부사절)가 됨

ⓛ 명사절을 이끄는 접속사 : that, if, whether 등

• that : that절은 명사의 역할을 하므로 문장에서 주어 · 보어 · 목적어가 될 수 있음

That she did her best is true. [주어](그녀가 최선을 다했다는 것은 사실이다.)

= It is true that she did her best.[that절인 주어는 길고 복잡하므로 가주어(it)를 사용해 전환한 것으로, that이하가 진주어에 해당함]

The trouble is that my mother is sick. [보어](문제는 어머니께서 아프시다는 것이다.)

I know (that) you are honest. [목적어](나는 당신이 정직하다는 것을 알고 있다.)

• if · whether(~인지 아닌지) : whether절이 문장의 주어 · 목적어 · 보어가 될 수 있는데 비해, if절은 타동사의 목적어만 될 수 있음

Do you know if[whether] she is at home? [목적어](당신은 그녀가 집에 있는지 아십니까?)

ⓒ 부사절을 이끄는 접속사

• 시간을 나타내는 접속사 : when, while, as, till[until], before, after, since 등

When it rains, he stays at home. (비가 올 때 그는 집에 머무른다.)

It is three years since he passed away. (그가 죽은 지 3년이 되었다.)

• 장소를 나타내는 접속사 : where 등

Where there is life, there is hope. (생명이 있는 곳에 희망이 있다.)

• 이유를 나타내는 접속사 : because, since(때문에), as(때문에), for 등

I was late because there was traffic accident. (나는 오는 도중에 교통사고가 있어서 늦었다.)

---

whether만 쓸 수 있고 if는 불가능한 경우

• I don't know whether it will rain tomorrow or not. [if 뒤에 'or not'을 쓸 수 없음](나는 내일 비가 올지 안 올지를 모른다.)

• Whether he will come (or not) is very doubtful. [주어](그가 올지 오지 않을지는 매우 의심스럽다.)

• The question is whether you do it well (or not). [보어](문제는 네가 잘하느냐 잘하지 않느냐이다.)

다음 대화의 빈칸에 가장 알맞은 것은?

A : Why is Tom so angry?
B : _____ he lost important document.

① But   ② After
③ Because   ④ Though

해설 A가 Tom이 화가 난 이유(why)를 물었으므로, 그에 대한 답으로 알맞은 접속사를 찾으면 된다. 'because(왜냐하면)'이 가장 알맞다.

해석 A : Tom이 왜 그렇게 화가 났어요?
B : 왜냐하면 그가 중요한 서류를 잃어버렸기 때문이에요.

정답 ③

- 조건을 나타내는 접속사 : if, unless(만일 ~하지 않는다면) 등
  If it is fine tomorrow, we will go on a picnic. (내일 날씨가 좋으면 우리는 소풍을 갈 것이다.)
- 양보를 나타내는 접속사 : though, although(비록 ~일지라도)
  Though[Although] he is poor, he is always cheerful. (그는 비록 가난하지만 항상 밝은 모습을 하고 있다.)

(2) 전치사

① 전치사의 의미와 용법

ㄱ 전치사의 의미 : 전치사란 명사 상당어구(명사, 대명사, 동명사 등) 앞에서 명사 상당어구와 다른 말과의 관계를 나타내는 말을 의미하며, '전치사＋명사 상당어구'는 대부분 부사구의 역할을 하며 일부는 형용사(구)의 역할을 수행함

ㄴ 전치사구의 형용사적 용법 : 명사와 대명사를 수식

He is a man of wisdom. [명사(man)를 수식](그는 현명한 사람이다.)

＝He is a wise man.

ㄷ 전치사구의 부사적 용법 : 동사, 형용사, 부사, 문장 전체를 수식함

Please hang this picture on the wall. [동사(hang)를 수식](이 그림을 벽에 걸어주세요.)

He came home late at night. [부사(late)를 수식](그는 밤늦게 집에 돌아왔다.)

To my joy, the rain stopped. [문장전체를 수식](기쁘게도 비가 그쳤다.)

② 주요 전치사의 용법

ㄱ 시간을 나타내는 전치사

- at : 한 시점, 구체적 시간(때)
  at 7:00 / at nine o'clock / at noon(정오에) / at midnight(한밤중에)
- on : 요일, 날짜, 특정한 날
  on Sunday / on Sunday afternoon(일요일 오후에) / on Christmas Day (크리스마스 날에)

개념UP

종속 상관접속사

- 목적을 나타내는 접속사 : (so) that ~ may[can], in order that ~ may[can](~하기 위하여)
  Make haste (so) that you may catch the train. (기차를 탈 수 있도록 서둘러라.)
  ＝Make haste in order that you may catch the train.
- 결과를 나타내는 접속사 : 'so＋형용사/부사＋that' (매우 ~해서), 'such＋명사＋that' (매우 ~해서)
  He is so honest that I trust him. (그는 매우 정직해서 나는 그를 믿는다.)
  ＝He is such an honest man that I trust him.

문제UP

다음 글의 ㄱ과 ㄴ에 알맞은 것은?

L&K Restaurant
Monday to Friday
- Open ㄱ 9 : 00 a.m.
- Close ㄱ 9 : 00 p.m.
ㄴ Saturday
- Close ㄱ 3 : 00 p.m.

	ㄱ	ㄴ		ㄱ	ㄴ
①	at	in	②	at	on
③	in	in	④	in	on

해설 ㄱ 한 시점 또는 구체적 시간을 나타내는 경우 전치사 at
ㄴ 요일이나 날짜의 경우 전치사 on

해석 L&K 식당
월요일에서 금요일까지
- 오전 9시에 문을 엽니다.
- 오후 9시에 문을 닫습니다.
토요일에는
- 오후 3시에 문을 닫습니다.

정답 ②

1. 국어
2. 수학
3. 영어
4. 사회
5. 과학
6. 도덕

• in : at, on 보다 광범위한 기간의 표현(월, 계절, 년도, 세기)
in May(5월에) / in 2016(2016년에) / in the 21st century(21세기에)
in the past(과거에) / in summer(여름에)

• by, till
  – by(~까지는) : 미래의 어떤 순간이 지나기 전 행위가 발생하게 되는 경우
  I will come here by ten o'clock. (나는 10시까지는 여기에 올 것이다.)
  – until[till](~까지 (줄곧)) : 미래의 어느 순간까지 행위가 계속되는 경우
  I will stay here until[till] ten o'lock. (나는 10시까지 여기서 머무르겠다.)

• for, during
  – for(~동안) : 주로 기간을 나타냄
  I have lived in Seoul for ten years. (나는 10년 동안 서울에 살고 있다.)
  – during(~동안 내내, ~사이에)
  I am going to visit China during this vacation. (나는 이번 방학 동안에 중국을 방문하려고 한다.)

• since, from,
  – since(~이래 (죽), ~부터 (내내), ~이후)
  She has been sick since last Sunday. (그녀는 지난 일요일부터 계속 아팠다.)
  – from(~에서, ~로부터)
  He worked hard from morning till night. (그는 아침부터 밤까지 열심히 일했다.)

• in, after
  – in(~후에, ~지나면) : 시간의 경과를 나타냄
  He will come back in a few hours. (그는 몇 시간 후에 돌아올 것이다.)
  – after(~의 후에, 늦게)
  He came back after a few hours. (그는 몇 시간이 지나

서 돌아왔다.)

ㄴ 장소나 방향을 나타내는 전치사

• at, in

  – at(~에, ~에서) : 위치나 지점을 나타냄

  He is now staying at a hotel in Seoul. (그는 지금 서울의 한 호텔에서 머물고 있다.)

  – in(~의 속[안]에, ~에) : 넓은 장소, 어떤 곳의 안[내부]를 나타냄

  He lived in the small village. (그는 작은 마을 안에서 살았다.)

• on, above, over

  – on(~의 표면에, 위에) : 장소의 접촉을 나타냄

  There is a picture on the wall. (벽에 그림이 한 점 걸려 있다.)

  – above(~보다 위에[로], ~보다 높이[높은])

  The moon is rising above the mountain. (달이 산 위로 떠오르고 있다.)

  – over(~위쪽에[의], 바로 위에[의]) : 바로 위쪽으로 분리된 위치를 나타냄

• under, below

  – under(~의 (바로) 아래에, 바로 밑에)

  The box is under the table. (그 상자는 탁자 밑에 있다.)

  – below(~보다 아래[밑]에)[↔ above]

• up(~위로, ~위에), down(~아래로)

  Some children ran up the stairs and others walked down the stairs. (몇 명의 아이들은 계단을 뛰어 올라가고, 다른 몇 명은 계단을 걸어 내려왔다.)

• behind(~뒤(쪽)에), before(~앞에)

  The blackboard is behind the table, and the table is before the blackboard. (칠판은 탁자 뒤에 있고, 탁자는 칠판 앞에 있다.)

• around, about

  – around(~의 주위에, ~을 둘러싸고)

개념UP

at, in, on 비교

• at+지점(공항/정류장 등)
• in+공간(마을/도시/국가)
• on+표면(층/선반/웹사이트 등)

개념UP

방향/도착/결과의 to

• 방향의 to
  Does this bus go to the airport?
• 한계의 to
  Come quickly before I count to ten.
• 일치나 조화의 to
  Let's dance to the music.
• 기타
  Cheer up to him.

문제UP

다음의 빈칸에 공통으로 들어갈 말로 알맞은 것은?

• He lives _____ Seoul.
• My sister is interested _____ learning a musical instrument.

① at   ② for
③ in   ④ to

해설 'live in'은 '~에 살고 있다'라는 표현이다. 전치사 in은 '~의 안에, ~에'라는 뜻으로, 주로 넓은 장소나 어떤 곳의 안[내부]를 나타낸다. 'be interested in ~ing'는 '~에 흥미가 있다'라는 뜻이다.

해설 • 그는 서울에 살고 있다.
    • 내 여동생은 악기를 배우는데 흥미가 있다.

정답 ③

The earth goes around the sun. (지구는 태양의 주위를
돈다.)

- about(~주위를[둘레를], ~주위에)

  The man walked about the room. (그 남자는 방 안을
  돌았다.)

• in(안에, 안으로), to(~에, ~로, 까지)

The building is in the north of the park. (그 건물은 공원
내의 북쪽에 있다.)

The building is to the north of the park. (그 건물은 공원
에서 북쪽으로 떨어진 곳에 있다.)

• for(~을 향하여), to(~으로, 까지, 쪽으로), toward(~쪽으
로, 향하여)

He left for Tokyo. (그는 도쿄를 향해 떠났다.)

He came to Gwang-ju last night. (그는 지난 밤에 광주에
왔다.)

He ran toward the capital. (그는 수도를 향해서 달렸다.)

• on(~에 접하여, ~의 위로), off(~으로부터 떨어져)

an inn on the lake (호수에 접한 여관)

five kilometers off the main road (간선도로에서 5km 떨
어져)

• by(~의 옆에), next to(~와 나란히, 다음에), near(~가까이)

a house by the river (강가에 있는 집)

We sat next to each other. (우리는 서로 바로 옆에[나란
히] 앉았다.)

Do you live near here? (여기에서 가까운 곳에 사세요?)

ⓒ 수단·방법을 나타내는 전치사

• by(~에 의하여, ~으로)

I usually go to school by bus. (나는 보통 버스를 타고 학
교에 간다.)

• with(~을 사용하여, ~으로)

Try opening the door with this key. (이 열쇠로 문을 열어
보도록 해라.)

• on, in

I heard the news on the radio. (나는 그 소식을 라디오에서 들었다.)

The report was written in ink. (그 보고서는 잉크로 쓰여 있었다.)

8. 관계사

(1) 관계대명사

① 관계대명사의 용법 및 종류

㉠ 용법 : 관계대명사는 문장에서 '접속사＋대명사'의 기능을 하며, 관계대명사절은 문장에서 선행사(명사·대명사)를 수식하는 형용사절이 됨

I know the girl, and she can speak English. (나는 소녀를 안다. 그녀는 영어를 말할 수 있다.)

⇒ I know the woman who can speak English.[접속사(and)와 대명사(she)를 관계대명사(who)로 전환]

㉡ 종류

격 선행사	주격	소유격 (관계형용사)	목적격	관계대명사 절의 성격
사람	who, that	whose	whom, that	형용사절
사물·동물	which, that	whose, of which	which, that	형용사절
사람·사물·동물	that	−	that	형용사절
선행사가 포함된 사물	what	−	what	명사절

② 관계대명사의 제한적 용법과 계속적 용법

㉠ 제한적 용법 : 관계대명사 앞에 comma(,)가 없고 관계대명사가 앞의 선행사와 같으며, 해석시 관계대명사는 곧 선행사가 됨

He has two sons who are doctors. (그는 의사가 된 두 아들이 있다.)

㉡ 계속적 용법

• 관계대명사 앞에 comma(,)가 있으며, 선행사가 고유명사인 경우나 앞 문장 전체가 선행사가 되는 경우 등에 주로 사용됨

• 관계대명사를 '접속사(and, but, for, though)＋대명사'로 전환할 수 있음

He has two sons, who are doctors. (그는 아들이 둘 있는데, 둘 다 의사이다.)

She lives in Busan, which is the second largest city in Korea. [선행사가 고유명사](그녀는 부산에 사는데, 부산은 한국에서 두 번째 큰 도시이다.)

③ 관계대명사의 종류

　㉠ 관계대명사 who

　　• 선행사가 사람이고, 관계사절에서 주어 역할을 하는 경우 who를 씀(주격 관계대명사)

　　I know a boy. + He is called Tom.

　　⇒ I know a boy who is called Tom. (나는 톰이라고 불리는 소년을 알고 있다.)

　　• 선행사가 사람이고, 관계사절에서 목적어 역할을 하는 경우 whom을 씀(목적격 관계대명사)

　　• 선행사가 사람이고, 관계사절에서 소유격 역할을 하는 경우 whose를 씀(소유격 관계대명사)

　㉡ 관계대명사 which

　　• 선행사가 사물·동물이고, 관계사절에서 주어 역할을 하는 경우 which를 씀

　　I live in a house. + It was built by father.

　　⇒ I live in a house which was built by father. (나는 아버지에 의해 지어진 집에서 살고 있다.)

　　• 선행사가 사물·동물이고, 관계사절에서 목적어 역할을 하는 경우 which를 씀

　　• 선행사가 사물·동물이고, 관계사절에서 소유격 역할을 하는 경우 주로 whose를 씀

　㉢ 관계대명사 that

　　• that을 쓸 수 있는 경우 : 선행사가 사람·사물·동물인 경우 that을 쓸 수 있음

　　• 일반적으로 that을 쓰는 경우

　　　– 선행사가 최상급이나 서수의 수식을 받는 경우

　　　He is the greatest actor that has ever lived. (그는 지금까지 살았던 배우 중에서 가장 훌륭한 배우이다.)

개념UP

의문사 who와 관계대명사 who의 비교

• 의문사 who : 'who ~'는 명사절
I know who can speak English well. ['who ~'는 동사의 목적어](나는 누가 영어를 잘 할 수 있는지 안다.)

• 관계대명사 who : 'who ~'은 관계대명사절(형용사절)로서 선행사를 수식
I know the man who can speak Korean well. (나는 한국어를 잘 할 수 있는 사람을 알고 있다.)

개념UP

관계대명사 that의 주의할 용법

• 관계대명사 that는 제한적 용법으로만 사용되며, 계속적 용법에서는 쓸 수 없음

• 관계대명사 that 앞에는 전치사를 쓸 수 없음
This is the lady of that I spoke yesterday.(×)
⇒ This is the lady that I spoke of yesterday.(O)

- 선행사가 'the only, the very, the same' 등의 수식을 받는 경우

  She is the only girl that I loved in my childhood. (그녀는 내가 어린 시절 사랑했던 유일한 소녀이다.)

- 선행사가 all, every, some, any, no 등의 수식을 받는 경우

  He has lost all the money that his mother gave him. (그는 그의 어머니께서 주신 모든 돈을 잃어버렸다.)

- 선행사가 '-thing' 형태로 끝나는 명사(something, everything, nothing 등)인 경우

  There is nothing that I like better. (내가 더 좋아하는 것은 아무것도 없다.)

② 관계대명사 what

  • 선행사를 포함하고 있는 관계대명사로, '선행사+관계대명사'의 역할을 함(the thing that, that which 등으로 바꿀 수 있음)

  • 관계대명사 what이 이끄는 절은 명사절임(주어 · 목적어 · 보어 역할을 함)

  • 의미상 '~하는 것', '~하는 모든[어떤] 것'이란 의미로 쓰임

  What he said is true. [주어](그가 말한 것은 사실이다.)

  We must do what is right. [목적어](우리는 올바른 것을 행해야 한다.)

  =We must do the thing that is right.

  This is what I want. [보어](이것은 내가 원하는 것이다.)

④ 관계대명사의 생략

  ㉠ 목적격 관계대명사의 생략

  • 동사의 목적어인 경우

  He is the man (whom) I saw there. (그는 내가 거기서 본 사람이다.)

  • 전치사의 목적어인 경우

  This is a doll (which/that) she played with. (이 인형은 그녀가 가지고 놀았던 인형이다.)

  ㉡ 주격 관계대명사의 예외적 생략

  • 'I think', 'you know', 'he says' 등이 삽입된 경우

문제UP

다음의 빈칸에 공통으로 들어갈 말로 알맞은 것은?

• This is _____ she says.
• I don't know _____ to do.

① that   ② as
③ because   ④ what

해설 첫 번째 문장의 'she says'는 주격 보어로서 '그녀가 말한 것'을 의미하므로, 빈칸에는 선행사를 포함하는 관계대명사 what(~하는 것)이 들어가야 한다.
두 번째 문장은 '의문사+to do'의 구문으로, 'what to do'는 '무엇을 해야 할지'라는 의미이다.

해석 • 이것이 그녀가 말한 것이다.
• 나는 무엇을 해야 할지 모르겠다.

정답 ④

개념UP

관계대명사와 전치사

• 대부분의 전치사는 관계대명사의 앞 또는 문장의 끝에 오는 것이 가능함

This is the house which I live in. (이 집은 내가 살고 있는 집이다.)

• 관계대명사가 that인 경우 전치사는 문장의 끝에 위치함

This is the house that I live in. (이것이 내가 사는 집이다.)

I met a man (who) they said was an entertainer. (나는 그들이 연예인이라 말한 사람을 만났다.)

• '주격 관계대명사+be동사'의 생략

That boy (who is) playing tennis is my son. (테니스를 치고 있는 저 아이는 나의 아들이다.)

⑤ 복합관계대명사

㉠ 일반적 용법

• '관계대명사+ever'의 형태를 지님(whoever, whomever, whichever, whatever)

• 선행사를 포함하며, 주로 명사절이나 양보의 부사절을 이끔

㉡ whoever

• 명사절을 이끄는 whoever : 'anyone who'의 의미

Whoever[Anyone who] comes will be welcomed. (오는 사람은 누구나 환영한다.)

• 양보의 부사절을 이끄는 whoever : 'no matter who'의 의미

㉢ whomever

• 명사절을 이끄는 whomever : 'anyone whom'의 의미

You can invite to the party whomever you like. (당신이 좋아하는 사람이라면 누구든지 잔치에 초대하십시오.)

• 양보의 부사절을 이끄는 whomever : 'no matter whom'의 의미

㉣ whichever

• 명사절을 이끄는 whichever : 'anything[any one] that'의 의미

Take whichever you want. (당신이 원하는 건 뭐든지 가지시오.)

• 양보의 부사절을 이끄는 whichever : 'no matter which'의 의미

㉤ whatever

• 명사절을 이끄는 whatever : 'anything that'의 의미

Whatever I have is yours. (내가 가진 것은 어느 것이든 당신 것이다.)

• 양보의 부사절을 이끄는 whatever : 'no matter what'[아

다음 빈칸에 들어갈 말로 옳은 것은?

_____ wins the game will receive this prize.

① Whomever ② Whoever
③ Whichever ④ Whatever

해설 빈칸은 선행사를 포함하고, 명사절을 이끄는 복합관계대명사가 들어갈 자리이다. 상을 받는 주체는 사람이므로 'Whoever'이 옳다.

해석 이 게임에 이기는 사람은 누구든지 이 상을 받을 것이다.

정답 ②

문제UP

다음의 빈칸에 들어갈 말로 가장 알맞은 것은?

No matter what you may think, she is innocent.
= _____ you may think, she is innocent.

① That ② Because
③ Whoever ④ Whatever

해설 'no matter what'은 양보의 부사절을 이끌며, 이는 복합관계대명사 'whatever'와 바꾸어 쓸 수 있다. 여기서 'innocent'는 '죄 없는', '순수한'이라는 의미이다.

해석 당신이 어떻게 생각하건 그녀는 무죄이다.

정답 ④

무리(어떻게) ~일지라도(하더라도)]의 의미

Don't be surprised whatever may happen. (무슨 일이 일어나더라도 놀라지 마라.)

(2) 관계부사

① 관계부사의 용법 및 특징

  ㉠ 관계부사의 용법 : 관계부사(where, when, why, how)는 문장 내에서 '접속사+부사'의 역할을 하며, 앞의 선행사를 수식함 (형용사절)

  ㉡ 관계부사의 특징 : 관계부사를 생략해도 다음 문장은 완전한 문장이 되며, 관계부사 자체는 뜻을 지니지 않아 해석하지 않음

② 관계대명사의 종류

  ㉠ when : 시간을 나타내는 선행사(time/day/year 등)가 있을 경우 사용되며, 관계부사 when은 '전치사(in/on/at)+which'로 나타낼 수 있음

  The birthday is the day when[on which] a person is born. (생일은 사람이 태어난 날이다.)

  ㉡ where : 장소를 나타내는 선행사(place/house 등)가 있을 경우 사용되며, 관계부사 where는 '전치사(in/at/to)+which'로 나타낼 수 있음

  The village where[in which] he lives is famous for potatoes. (그가 살고 있는 그 마을은 감자로 유명하다.)

  ㉢ why : 이유를 나타내는 선행사(reason)가 있을 경우 사용되며, 관계부사 why는 '전치사(for)+which'로 나타낼 수 있음

  I know the reason why[for which] the girl is crying. (나는 소녀가 왜 우는지 안다.)

  ㉣ how : 방법을 나타내는 선행사(the way)가 있을 경우 사용하나, 선행사(the way)와 관계부사 how는 같이 쓸 수 없고 하나를 생략해야 함

  Do you know how the bird builds its nest? (새가 둥지를 어떻게 만드는지 아니?)

  =Do you know the way (in which) the bird builds its nest?

개념UP

관계부사의 종류
- When : 시간(the time, the day 등)을 수식함
- Where : 장소(the place, the city 등)를 수식함
- why : 이유(the reason)를 수식함
- How : 방법(the way)을 수식함

문제UP

다음의 빈칸에 들어갈 말로 가장 알맞은 것은?

This is the reason _____ I love her.

① when   ② where
③ why   ④ how

해설 이유를 나타내는 선행사(the reason)가 있으므로, 빈칸에는 관계부사 'why'가 가장 알맞다.

해석 이것이 내가 그녀를 사랑하는 이유이다.

정답 ③

개념UP

계속적 용법의 관계부사
계속적 용법으로 쓰이는 관계부사는 when과 where 두 가지이며, when은 'and then'으로, where는 'and there'로 바꿀 수 있음
Let me know the time when she will return. (그녀가 돌아오는 시간을 알려주시오.)

③ 복합관계부사

　　㉠ 형태 : '관계부사＋ever'의 형태를 지니며, whenever, wherever, however가 있음

　　㉡ 용법 : 선행사를 포함하며, 양보의 부사절이나 시간·장소의 부사절을 이끎

　　㉢ 종류

종류＼용법	시간·장소의 부사절	양보의 부사절
whenever	at any time when(언제 ～하든지 간에, ～할 때는 언제나)	no matter when(언제 ～해도)
wherever	at any place where(어디에 ～하든지 간에, ～하는 곳은 어디에나)	no matter where(어디에서 ～해도)
however	—	no matter how(아무리 ～해도)

② 독해

1. 글의 목적 찾기

예제 1 다음은 친구가 Mina에게 보낸 문자 메시지이다. 이 메시지를 보낸 이유는?

> Hi, Mina. Do you have any plans for this Sunday? I'm thinking about going to see a movie. Can you come with me?

① 책을 빌리기 위해서
② 숙제를 확인하기 위해서
③ 영화를 함께 보기 위해서
④ 점심을 함께 먹기 위해서

해설 이번 일요일에 영화를 보러 갈 계획(I'm thinking about going to see a movie)이라고 하면서, 메시지의 마지막에 함께 갈 수 있느냐(Can you come with me?)고 묻고 있다.

어휘 plan 계획
　　Sunday 일요일
　　see a movie 영화를 보다

해석 안녕, 미나야. 이번 일요일에 계획이 있니? 난 영화를 보러 갈까 생각하

고 있어. 나와 함께 갈 수 있니?

정답 ③

예제 2 글의 목적으로 알맞은 것은?

> The new science class is opening in Room 102 next Monday. We will have classes twice a week. The science teacher is Ms. Lee.

① 사과하기 위해　　　　② 비판하기 위해

③ 안내하기 위해　　　　④ 칭찬하기 위해

해설 새로운 과학 수업이 언제 어디서 시작되는지(opening in Room 102 next Monday), 일주일에 몇 번 있는지(have classes twice a week), 담당 교사는 누구인지 안내하는 글이다.

어휘 new 새로운
science 과학
open 시작하다

해석 신규 과학 수업이 다음 월요일 102호실에서 시작될 예정입니다. 수업은 일주일에 두 번 있을 예정입니다. 과학 교사는 이 선생님입니다.

정답 ③

> **개념UP**
>
> **교과목 어휘 정리**
> • 국어 : korean language
> • 수학 : mathmatics
> • 영어 : english
> • 사회 : social
> • 과학 : science

2. 글의 제목 찾기

예제 1 다음 글의 제목으로 알맞은 것은?

> There are four in my family: my mother, my father, my sister, and me. My father is an engineer and my mother is an artist. My sister is a high school student.

① My School　　　　② My Family

③ My Teacher　　　　④ My Friend

해설 나의 가족(my family)에 대한 설명이 주요 내용을 이루고 있다. 어머니 (my mother)와 아버지(my father), 누나(my sister) 등의 단어를 통해 가족에 관한 이야기임을 알 수 있다.

> **개념UP**
>
> **글의 제목 찾기**
> • 선택지와 지문에서 반복되는 어휘를 통해 핵심어를 확인할 것
> • 글의 전체 내용을 담아낼 수 있는 함축적, 포괄적인 내용을 선택할 것
> • 제목은 주제를 변형하여 지문으로 활용하는 경우가 많으므로, 글의 내용 파악에 주력할 것

어휘 engineer 기술자, 공학자
artist 예술가, 화가
high school 고등학교

해석 나의 가족은 네 명이다. 어머니, 아버지, 누나, 그리고 나이다. 나의 아버지는 기술자이고 나의 어머니는 화가이다. 나의 누나는 고등학생이다.

정답 ②

예제 2 다음 글의 제목으로 가장 알맞은 것은?

> Soccer is my favorite sport. It is fun and exciting. I like running and kicking. I play on the Dragon team. I practice every Tuesday and Saturday.

① My Favorite Sport   ② My Best Friend
③ Unhappy Weekends   ④ World-famous Players

해설 내가 좋아하는 운동인 '축구'에 대한 설명이 주된 내용을 이루고 있다. 축가를 가장 좋아한다는 첫 문장(Soccer is my favorite sport)에서 제목을 찾을 수 있다. 다음에 제시된 'I like running and kicking'도 축구에 관한 내용임을 알 수 있게 한다.

어휘 favorite 가장 좋아하는
sport 스포츠, 운동
practice 훈련하다, 연습하다
famous 유명한

해석 축구는 내가 가장 좋아하는 운동이다. 그것은 재미있고 흥미진진하다. 나는 달리고 공을 차는 것을 좋아한다. 나는 드래곤 팀에서 축구를 한다. 나는 매주 화요일과 토요일에 훈련을 한다.
① 내가 가장 좋아하는 운동
② 나의 가장 친한 친구
③ 불만스러운 주말
④ 세계적으로 유명한 선수들

정답 ①

개념UP

favorite, best 비교

• favorite
성적, 성과에 관계없이 가장 좋아하는 것을 의미
• best
성적, 성과가 제일 좋은 것

3. 글의 주제 찾기

예제 1 다음 글의 주제로 알맞은 것은?

> What do you do for your health? You should eat breakfast and exercise regularly. And you should get enough sleep every night.

① 효율적인 공부 방법   ② 바람직한 여가 활동
③ 이상적인 친구 관계   ④ 건강을 위한 생활 습관

해설 첫 문장(What do you do for your health?)이 문제 해결의 열쇠가 된다. 아침 식사를 꼭 하고 운동을 규칙적으로 하며(eat breakfast and exercise), 충분히 잠자는 것(get enough sleep)은 모두 건강을 위해 할 수 있는 생활 습관들이다.

어휘 health 건강
breakfast 아침 식사
exercise 운동하다, 연습하다
regularly 규칙적으로

해석 당신은 당신의 건강을 위해 무엇을 하나요? 당신은 아침 식사를 해야만 하고 규칙적으로 운동을 해야 합니다. 그리고 매일 밤 충분히 잠을 자야만 합니다.

정답 ④

예제 2 글의 주제로 알맞은 것은?

> Here are some tips for making a good learning environment. First, find a quiet place. Second, make sure you have enough light. Third, have pens or pencils near at hand.

① 좋은 학습 환경 조성 방법   ② 조용한 휴식 장소 찾기
③ 안전한 전구 교체 방법   ④ 적절한 필기구 보관 방법

해설 첫 문장의 'some tips for making a good learning environment'에서 이 글의 주제를 확인할 수 있다. 첫 문장 이후에는 좋은 학습 환경 조성을 위한 구체적인 방법이 이어지고 있다.

어휘 tip 정보, 비결
environment 환경, 분위기

개념UP
글의 주제 찾기 해결 방법
• 글의 초반부에서 주요 화제를 찾을 것(주제는 글의 처음이나 끝부분에 주로 위치)
• 주제를 암시하는 어구나 반복되는 키워드를 찾을 것
• 키워드를 중심으로 주요 화제가 어떻게 전개되는지 파악할 것
• 쉽게 주제가 파악되지 않는 것은 지문의 전체적인 내용을 통해 주제를 추론할 것

개념UP
식사 관련 어휘
• 아침 식사 : breakfast
• 점심 식사 : lunch
• 저녁 식사 : dinner

개념UP
글의 주제와 관련된 어휘
주제문은 글의 첫 부분이나 마지막 부분에서 주로 나오는데, 글에서 접속사 'however', 'but' 또는 'so', 'therefore'의 다음 문장이나, 'for example' 앞 문장에 주제가 나올 가능성이 높음

near at hand 근처의, 바로 가까이에

해석 여기 좋은 학습 환경을 만들기 위한 몇 가지 정보가 있습니다. 첫째, 조용한 장소를 찾으세요. 둘째, 충분한 빛이 있는지 확인하세요. 셋째, 펜이나 연필을 가까이에 두세요.

정답 ①

4. 주장 및 묘사하는 것 찾기

 예제 1 다음에서 'He'의 직업은?

> • He works in the fields.
> • He grows rice and vegetables.

① player
② farmer
③ pianist
④ fire fighter

해설 fields(들판)에서 일하고, rice(쌀)와 vegetables(채소)를 재배한다는 내용을 통해 남자의 직업을 추론할 수 있다. 농부(farmer)가 적절하다.

어휘 field 들판
grow 기르다, 재배하다
rice 쌀, 밥, 벼
vegetable 채소
fire fighter 소방관

해석 • 그는 들판에서 일한다.
• 그는 벼와 채소를 기른다.

정답 ②

예제 2 다음 글에서 주장하는 것은?

> These days water is getting dirtier and dirtier. Dirty water makes animals and plants sick. So let's keep water clean.

① 동물을 키우자.
② 물을 깨끗이 하자.
③ 물을 많이 마시자.
④ 식물을 재배하자.

해설 마지막 문장(So let's keep water clean)에서 글쓴이의 주장이 드러나

개념UP

직업

actor(배우), architect(건축가), businessman(사업가), carpenter(목수), driver(운전수), doctor(의사), engineer(기술자), lawyer(변호사), reporter(기자), welder(용접공), fisher(어부), fire fighter(소방관), musician(작곡가), writer(작가), singer(가수), artist(화가), nurse(간호사), teacher(교사), dentist(치과의사), police officer(경찰관)

개념UP

주장 및 묘사하는 것 찾기 해결 방법

• 글에서 주장하는 바는 보통 첫 문장과 끝 문장에 나옴
• 주제문이 없는 경우 반복되는 어구들을 중심으로 내용을 정리할 것
• 필자의 생각이나 결론을 나타내는 표현에 유의할 것
• 묘사하는 표현을 모두 포괄하는 답을 찾을 것

고 있다.

어휘 dirty 더러운

sick 아픈, 병든

keep 계속 지키다, 유지하다

해석 오늘날 물은 점점 더 더러워지고 있다. 더러운 물은 동물과 식물을 병들게 한다. 그러므로 물을 깨끗이 하자.

정답 ②

5. 자료 정보 파악하기

예제 1 표의 내용과 일치하는 것은?

Name	Age
Meg	16
John	15
Beth	13
Amy	10

① Meg is the youngest of all.

② John is older than Meg.

③ Beth is younger than John.

④ Amy is the oldest of all.

해설 Meg은 16세로 가장 나이가 많고, John은 15세, Beth는 13세로 Meg보다 어리며, Amy는 10세로 가장 어리다. 이러한 내용에 적합한 것은 ③이다.

어휘 young 어린, 젊은

old 나이든, 늙은

than ~보다

해석 ① Meg은 가장 어리다.

② John은 Meg보다 나이가 많다.

③ Beth는 John보다 어리다.

④ Amy는 가장 나이가 많다.

정답 ③

개념UP

자료 정보 파악의 해결 방법

• 도표 등 자료의 제목, 내용 및 종류를 파악할 것

• 비교와 증감 등의 표현에 유의할 것

• 가장 수치가 높은 것과 낮은 것, 차이가 가장 큰 경우와 작은 경우에 주목할 것

개념UP

안내문의 특징

각종 행사, 전시, 모임 등 알리거나 참여 의사를 알아보기 위해 전달되는 문서이므로 기본적으로 간결한 내용과 정확한 정보를 제시해야하며 목적 또한 명확히 기재해야 한다.

개념UP

bring

• bring up : 꺼내다
• bring in : 참여하게 하다
• bring out : 끌어내다
• bring on : 야기하다, 초래하다

개념UP

심경 관련 주요 어휘

angered(화난), bored(지루한), calm(평화로운), cheerful(즐거운), cold(냉담한), comfortable(편안한), delightful(기쁜), disappointed(실망한), displeased(불쾌한), envious(부러워하는), excited(흥분한), fearful(두려운), hateful(증오하는), interested(관심 있는), joyful(기쁜), nervous(초조한), pleased(만족스러운), satisfied(만족한), surprised(놀란), terrible(끔찍한), thankful(감사하는)

예제 2 다음 안내문을 읽고 도서관에 대해 알 수 있는 것은?

School Library Now Open!
Many Books to Read
Open: From 9 a.m. to 5 p.m.
Don't bring food or drinks!

① 크기　　　　　　　② 위치
③ 휴관일　　　　　　④ 열람 시간

해설 도서관의 열람 시간(Open: From 9 a.m. to 5 p.m.)이 제시되었으며, 도서관의 크기나 위치, 휴관일 등은 전혀 언급되지 않았다.

어휘 library 도서관
　　　bring 가져오다

해석 학교 도서관이 이제 개관합니다!
　　　읽을 책들 많음
　　　열람시간: 오전 9시부터 오후 5시까지
　　　음식이나 음료는 가져오지 마세요!

정답 ④

6. 글의 분위기 · 심경 파악하기

예제 1 다음 글에 나타난 'I'의 심경으로 가장 알맞은 것은?

I'm from America. I'm not good at Korean, so I can't understand it well. It makes me feel terrible.

① 답답함　　　　　　② 당당함
③ 만족함　　　　　　④ 신기함

해설 마지막 문장(It makes me feel terrible)에서 'I'의 심경이 잘 나타나 있다. 제시된 보기 중 ①만 알맞고 나머지는 모두 이러한 심경과 거리가 멀다.

어휘 be good at ~에 능숙하다, ~을 잘하다
　　　terrible 끔찍한, 좋지 않은

해석 나는 미국 출신입니다. 나는 한국어에 능숙하지 않습니다, 그래서 이해를 잘 하지 못합니다. 그것은 나를 기분이 좋지 않게 만듭니다.

정답 ①

예제2 다음 글에서 'I'의 심정으로 가장 알맞은 것은?

> I'm from England. I moved to Korea last month. I'm so lonely here because I don't have any friends.

① 화남   ② 놀람
③ 외로움   ④ 행복함

해설 심경을 표현하는 어휘에 유의하며 정답을 찾아본다. 마지막 문장(I'm so lonely here because I don't have any friends)에서 'I'의 심정이 잘 드러나 있다.

어휘 lonely 외로운, 쓸쓸한

해석 나는 잉글랜드 출신입니다. 나는 지난달에 한국에 왔습니다. 나는 친구가 없기 때문에 이곳에서 매우 외롭습니다.

정답 ③

7. 내용 일치 여부와 포함 여부 판단하기

예제1 다음 이메일의 내용과 일치하지 않는 것은?

> To: susan@abcmail.com   From: mike@abcmail.com
> Title: Picnic
> Dear Susan,
>   Hi. I will go on a picnic with my friends this Saturday. We will meet at nine in front of the school. If you want to come along, send me an e-mail. I'm waiting for your answer.
>   – Mike

① Susan이 Mike에게 보낸 이메일이다.
② Mike는 이번 주 토요일에 소풍을 갈 예정이다.
③ Mike는 친구들과 학교 앞에서 만날 계획이다.
④ Mike는 Susan의 답장을 기다리고 있다.

개념UP

글의 분위기·심경 파악 해결 방법
• 글에서 전반적으로 묘사되고 있는 사건이나 상황을 머릿속으로 그려 볼 것
• 등장인물 또는 필자의 입장에서 글을 읽을 것
• 글의 분위기나 묘사에 결정적인 어휘를 찾을 것
• 글을 읽을 때 형용사나 부사에 유의해서 읽을 것

개념UP

글의 분위기 관련 주요 어휘
• 긍정적 어휘 : lively(활기찬), moving(감동적인), calm(고요한), peaceful(평화스러운), humorous(웃기는), fantastic(환상적인), romantic(낭만적인), amusing(재미나는)
• 부정적 어휘 : frightening(무서운), horrible(무서운, 끔찍한), thrilling(오싹하게 하는), tragic(비극적인), miserable(비참한), sad(슬픈), gloomy(우울한)

개념UP

내용 일치 여부와 포함 여부의 해결 방법
• 질문과 선택지의 내용을 미리 훑어볼 것
• 본문의 대략적인 내용을 파악할 것
• 본문의 내용과 제시된 보기를 대조해 볼 것
• 본문에 언급된 내용을 바탕으로 사실에 근거하여 일치 여부와 포함 여부를 판단할 것

개념UP

요일 관련 어휘 정리

월요일 : Monday
화요일 : Tuesday
수요일 : Wednesday
목요일 : Thursday
금요일 : Friday
토요일 : Saturday
일요일 : Sunday

해설 Mike(From: mike)가 Susan(To: susan)에게 보내는 이메일이며, 편지의 서두에 쓰는 dear 뒤에는 편지를 받는 상대의 이름(Dear Susan)을 쓴다. 따라서 ①은 이메일 내용과 반대되는 내용이다.

어휘 dear 친애하는
picnic 소풍
come along 같이 가다, 동행하다

해석 수신: susan@abcmail.com
발신: mike@abcmail.com
제목: 소풍
Susan에게
안녕, 나는 이번 토요일에 나의 친구들과 함께 소풍을 가려고 해. 우리는 학교 앞에서 9시에 만날 거야. 만약 네가 같이 가고 싶다면, 내게 이메일을 보내줘. 네 답장을 기다릴게.
– Mike

정답 ①

예제 2 'I'가 어제 한 일이 아닌 것은?

Yesterday was my mother's birthday. In the morning, I cleaned the house. My mother and I went shopping and ate dinner at a restaurant. We had a good time.

① 등산   ② 쇼핑
③ 외식   ④ 청소

해설 제시된 글에서 언급되지 않은 것을 찾아본다. 청소(cleaned the house)와 쇼핑(went shopping), 외식(dinner at a restaurant)은 언급되었으나, 등산은 전혀 언급되지 않았다.

어휘 clean 청소하다
go shopping 쇼핑하러 가다
dinner 저녁 식사
restaurant 식당

해석 어제는 나의 어머니의 생신이었다. 아침에, 나는 집을 청소했다. 어머니와 나는 쇼핑하러 갔고 식당에서 저녁을 먹었다. 우리는 즐거운 시간을 보냈다.

정답 ①

8. 이어질 내용 찾기

예제 1 다음 글 뒤에 이어질 내용으로 알맞은 것은?

> The earth is sick nowadays. Have you ever tried to do something to make nature better? Here are some ideas.

① 환경보호 실천 방법   ② 클럽활동 가입 방법

③ 인터넷 중독 예방법   ④ 전자제품 사용 설명서

해설 두 번째 문장에서 자연을 더 좋게 만들기 위해(to make nature better) 노력해본 적이 있냐는 내용이 언급되었고, 이어서 그 방안을 제시하겠다 (Here are some ideas)는 말이 나오므로, 이 글의 뒤에는 '환경보호를 위한 실천 방법'이 오는 것이 적절하다.

어휘 nowadays 오늘날에는, 요즈음에는

nature 자연

idea 아이디어, 방법

해석 오늘날 지구는 병들었습니다. 당신은 자연을 더 좋게 만들기 위해 무언가를 하려고 노력해본 적이 있나요? 여기 몇 가지 방안들이 있습니다.

정답 ①

개념UP

이어질 내용 찾기 해결 방법

- 주어진 문장을 읽고 문장 전후의 이어질 내용을 추론할 것
- 접속사는 앞·뒤 내용 전개에 대한 실마리를 제공한다는 점에 유의할 것
- 대명사는 앞에서 언급된 명사를 찾는 중요한 단서가 됨에 유의할 것
- 지시어는 전·후 내용의 어느 것을 지칭하는지를 파악할 것

---

9. 글의 흐름 및 순서 정하기

예제 1 다음 말에 이어질 대화의 내용을 순서에 맞게 배열한 것은?

> Let's see a movie tonight.
>
> (A) How about 6 o'clock?
> (B) Good idea. What time shall we make it?
> (C) Sounds good. See you then.

① (A) − (B) − (C)   ② (A) − (C) − (B)

③ (B) − (A) − (C)   ④ (B) − (C) − (A)

해설 먼저 제시된 대화문은 영화를 보러 가자는 것이며, 다음의 영화를 보기 위해 만날 시간을 정하는 내용이다. (B)에서 몇 시가 좋을지 물었는데 (What time shall we make it?), 이에 대해서는 구체적 시간이 나오는 (A)가 이어지는 것이 알맞다. 또한 (C)의 경우 그때 보자(See you then)

개념UP

글의 흐름 및 순서 정하기 해결 방법

- 글의 흐름의 경우 먼저 제시된 글은 전체 주제나 전체 흐름을 파악할 수 있는 중요한 부분인 경우가 많음에 유의할 것
- 흐름 문제에서 제시문의 마지막 부분과 논리적 연관성이 있는 문장을 찾아보고, 나열된 문장들의 전체적인 흐름을 파악할 것
- 글의 순서는 글을 읽어 전체적인 흐름을 파악하는 것이 기본이며, 사건 진행과정이나 응답 등의 내용을 통해 연결 순서를 찾을 것
- 각 문장 간의 지시어와 연결어에 유의할 것

라고 하였으므로, 시간을 정한 다음에 이어지는 것이 적절하다.

어휘 see a movie 영화를 보다

해석 오늘 밤 영화 보러 가자.

(A) 6시가 어때?

(B) 좋은 생각이야. 몇 시가 좋을까?

(C) 좋은데. 그때 보자.

정답 ③

개념UP

의문문이 포함된 글의 흐름 및 순서 정하기 해결 방법

• 의문문 다음 순서로 대답 없는 의문문이 올 수 없으므로 유의하여 전체 흐름을 찾아야 할 것

• 의문문에 대한 대답을 생각하며 순서를 찾을 것

• 마지막은 평서문으로 끝날 가능성이 높으므로 참고할 것

개념UP

운동 관련 어휘

baseball(야구), basketball(농구), soccer(축구), volleyball(배구), golf(골프), tennis(테니스), table tennis(탁구), badminton(배드민턴)

예제 2 대화의 내용을 순서에 맞게 배열한 것은?

(A) Did you watch the baseball game yesterday?

(B) Our Korean team did.

(C) No, I didn't. Which team won the game?

① (A) – (B) – (C) ② (A) – (C) – (B)

③ (B) – (A) – (C) ④ (B) – (C) – (A)

해설 야구를 보았느냐는 (A)의 질문(Did you watch the baseball game)과 어느 팀이 이겼느냐(Which team won the game?)는 (C)의 질문에 대한 답을 생각해 보면 답을 찾을 수 있다. 제시된 대화는 '(A) → (C) → (B)'가 적절한 순서가 된다.

어휘 baseball 야구

win the game 시합에 이기다

해석 (A) 어제 야구 시합을 보았니?

(B) 한국 팀이 이겼어.

(C) 아니, 못 봤어. 어느 팀이 시합에 이겼지?

정답 ②

❸ 생활영어

1. 인사 및 안부, 소개하기

⊙ 만났을 때의 인사

Hello! / Hi! 안녕하세요!(시간에 관계없이 할 수 있는 인사말)

Good morning! 안녕하세요!(오전)

Good afternoon! 안녕하세요!(오후)

Good evening! 안녕하세요!(저녁)

long time no see. 오랜만이다.(=It's been a while.=It's been a long time.)

It's good to see you again. 다시 만나서 반갑다.(=Nice to meet you again.)

⊙ 헤어질 때의 인사

Bye. / Good-bye. / So long. 안녕.

Good night! 잘 자요!(밤에 자기 전에 하는 인사말)

Have a good day. 좋은 하루 보내세요.

Take care. 조심해서 잘 가. / See you again. 또 만나자. /
See you later. 나중에 보자. / See you tomorrow. 내일 보자.

⊙ 안부 묻기

How are you (doing)? 어떻게 지내세요?

How have you been? 그 동안 어떻게 지냈어요?

How you been? 그 동안 어떻게 지냈어요?(=How's it been?)

How's everything? 일은 잘 됩니까?(=How's it going?)

⊙ 안부를 묻는 질문에 답하기

Fine, (thanks). 좋습니다.(=Great.=All right.=Very well.= I'm OK, (thanks).)

Things couldn't be better. 아주 잘 지내요.(=Couldn't be better.)

Everything's fine, thanks. 만사가 아주 좋습니다.

Not very well. 별로 좋지 않아요.

Nothing much. / Oh, not much. 별일 없어요.

Same as always[usual]. 늘 그렇지요 뭐(항상 똑같죠 뭐).

So-so. 그저 그래요.

Keeping (myself) busy. 바쁘게 지내요.

개념UP

'일은 잘 됩니까?'의 여러 가지 표현

How's everything?
=How's it going?
=How're things going?
=How's everything going?
=How's with you?
=How's business?

개념UP

제3자에게 안부전하기

Please give my regards to John.
(John씨에게 안부 전해주세요.)
=Please say hello to John.
=Remember me to John.

개념UP

제3자에게 소개하기

Let me introduce Jane. 내 친구 제인을 소개할게.(=I'd like you to meet my friend Jane.=This is my friend Jane.)

개념UP

나라 이름과 사람

• Korea – Korean(한국인)
• Japan – Japanese(일본인)
• China – Chinese(중국인)
• England – English(영국인)
• America – American(미국인)
• Canada – Canadian(캐나다인)
• Germany – German(독일인)
• France – French(프랑스인)

⊙ 소개하기

Let me introduce myself. 제 소개를 하겠습니다.

My name is James. 제 이름은 제임스입니다.

I'm Juliet. 저는 줄리엣입니다.

⊙ 소개에 답하기

How do you do? 처음 뵙겠습니다.

Glad[Good/Nice/Happy] to meet you. 만나서 반갑습니다.

I've heard so much about you. 말씀 많이 들었습니다.

⊙ 상대방에 대해 묻기

• 이름 묻기

What's your name? 당신의 이름은 무엇입니까?

May I have your name, please? 성함이 어떻게 되십니까?

My name is Jordan. 나의 이름은 조단입니다.

• 나이 묻기

How old are you? 당신은 몇 살입니까?

Do you mind if I ask your age? 나이를 물어봐도 되겠습니까?

I am 15 years old. 저는 15살입니다.

• 출신 묻기

Where are you from? 당신은 어디 출신입니까? 고향이 어디입니까?

Where do you come from? 당신은 어디에서 오셨나요?

I'm from Korea. 저는 한국에서 왔습니다. [I'm from+나라 (지역)이름]

I'm Korean. 저는 한국 출신입니다. [I'm+나라 이름의 형용사형]

• 직업, 연락처 묻기

What's your job? 당신의 직업은 무엇입니까?

What do you do (for your living)? 직업이 무엇입니까?

How can I get in touch with you? 연락처가 어떻게 되시죠?

Let's get[keep] in touch. 계속 연락하고 지냅시다.

• 가족 묻기

Could you tell me about your family? 가족에 대해서 말씀해 주시겠어요?

How many brothers and sisters do you have? 형제가 몇 분이세요?

2. 화젯거리, 인물 묘사

◉ 화젯거리

What do you do in your spare time? 여가시간에 무얼 하십니까?

(=What do you do with your free time?=How do you spend your leisure time?)

What is your hobby? 취미가 무엇입니까?(=What are you interested in?)

What kind of movies do you like? 어떤 영화를 좋아하세요?

(=What kind of films do you enjoy watching?)

Which do you prefer? 당신은 어느 것을 선호합니까?

What do you prefer, a dog or a cat? 당신은 개와 고양이 중에서 어느 쪽을 좋아하나요?

What your's favorite season? 당신이 가장 좋아하는 계절은 무엇인가요?

What kind of food do you like most? 당신은 어떤 종류의 음식을 가장 좋아하세요?

◉ 인물 묘사하기

What does he look like 그는 어떻게 생겼나요?

He is tall. 그는 키가 크다.

He is fat. 그는 뚱뚱하다.

She is thin. 그녀는 말랐어.

She has curly hair. 그녀는 곱슬머리야.

She has straight hair. 그녀는 생머리야.

She is wearing glasses. 그녀는 안경을 껴.

개념UP

가족 관련 호칭

• 증조할아버지 : great grand father
• 증조할머니 : great grand mother
• 할아버지 : grand father
• 할머니 : grand mother
• 고모/이모 : aunt
• 삼촌 : uncle
• 사촌 : cousin
• 남자조카 : nephew
• 여자조카 : niece

문제UP

빈칸에 공통으로 들어갈 말로 알맞은 것은?

A : Who is your _____ singer?
B : I like *Adele* best. What about you?
A : My _____ singer is *Justin Bieber*.

① fancy   ② famous
③ favorite   ④ friendly

해설 '가장 좋아하는'이란 뜻의 favorite이 들어가야 적절하다.

어휘 singer 가수

해석 A : 네가 가장 좋아하는 가수는 누구이니?
B : 난 아델을 가장 좋아해. 넌 어때?
A : 내가 제일 좋아하는 가수는 저스틴 비버야.

정답 ③

---

1. 국어
2. 수학
3. 영어
4. 사회
5. 과학
6. 도덕

3. 부탁과 제안

⊙ mind로 묻는 부탁과 대답

• 부탁

Would you mind my opening the window? 제가 창문을 열어도 됩니까?(=Do you mind it I open the window?)

• 대답

Of course not. 물론이죠.(=No, I don't mind.=No, not at all.=Not in the least.=No, certainly not.)

Yes, I mind. 싫은데요.

⊙ 일반적 부탁

Can[Would] you give[lend] me a hand? 도와주시겠습니까?

Can[Would] you save[take] my place? 자리 좀 맡아주시겠습니까?

Can[Would] you give me a lift[ride]? 차 좀 태워주시겠습니까?

May I ask a favor of you? 부탁 좀 들어주시겠습니까?(=Will you do me a favor?=Could you do me a favor?=I need a favor from you.)

Sure thing. 기꺼이 해 드리죠.(=Why not?=No problem.=With great pleasure.)

I'm sorry, but I can't. 미안하지만, 안 되겠는데요.(=I'm afraid I can't.)

⊙ 제안

How about going to the movies? 영화관에 가는 게 어때요?(=What do you say to going to the movies?)

That's a good idea. 좋습니다.(=Why not?=That would be nice.)

4. 감사와 사과, 위로, 축하, 감정 표현

⊙ 감사와 사과

• 감사

Thank you very much. 대단히 감사합니다.(=Thanks a lot.=I'm so grateful.=I'm much obliged to you.=It's very nice of you.=I appreciate it.)

You're welcome. 천만에요.(=Not at all.)

It's a pleasure. 저도 기뻐요.(=The pleasure is mine.)

Don't mention it. 신경 쓰지 마세요.

It was really nothing. 아무 것도 아니에요.

• 사과

I'm sorry. 죄송합니다.(=Excuse me.=Forgive me.=I beg your pardon.=I apologize (to you).)

That's all right. 괜찮습니다.(=It doesn't matter.=Never mind.=Forget it.=Don't bother.=Don't worry about it.)

⊙ 유감과 위로

What's the matter? 무슨 일이니?(=What's wrong with you?=What's the problem?=What happened?)

I'm sorry to hear that. 그 말을 들으니 유감이구나.

That's too bad. 너무 안됐군요.

That's a pity! 정말 안됐구나!

Cheer up. 기운 내라.

Don't be sad. 슬퍼하지 마.

Don't worry. 걱정하지 마.

Everything will be fine. 모든 것은 잘 될 거야.

No problem. 문제될 것이 없어.

Never mind. 신경 쓰지 마라.

개념UP

I'm sorry ~

I'm sorry 뒤에는 미안한 이유가 이어짐

예 I'm sorry, I'm late. (늦어서 미안합니다.)

I'm sorry about yesterday. (어제 일은 미안합니다.)

I'm sorry for causing so much trouble. (폐를 끼쳐 미안합니다.)

I'm sorry to wake bother you. (귀찮게 해서 미안합니다.)

개념UP

'I feel+감정을 나타내는 형용사' (나는 ~해요)

happy(기쁜), well(좋은), sad(슬픈), sick(토할 것 같은), angry(화난), upset(화난), bored(지루한), excited(흥분된), surprised(놀란), scared(무서운), nervous(초조한), worried(걱정이 되는)

⊙ 축하와 기원

Happy birthday (to you)! 생일을 축하합니다.

Congratulations! 축하합니다!

Congratulations on your graduation! 졸업을 축하합니다!

Happy new year! 새해 복 많이 받으세요!

God bless you! 신의 축복이 있기를!

Good luck to you. 행운을 빌게요.(=I'll keep my fingers crossed for you.=Here's wishing you luck.=I wish you the best of luck.)

⊙ 감정 묻고 표현하기

How do you feel? 기분이 어떤가요?(=How are you feeling?)

I'm happy. 기뻐요.(=I feel happy.)

5. 전화

Hello. / Yes. 여보세요.

Hello, this is John Jones (speaking). 여보세요, 존 존스입니다.

Who do you want to talk to? 누구와 통화하시겠습니까?(=Who do you want to speak with?=Who do you wish to speak to?)

May I ask who is calling? 전화하시는 분은 누구세요?(=Who is this speaking?=Who's this?=Who am I speaking to?)

May I speak to Jane? Jane을 바꿔주세요.(=I'd like to speak[talk] to Jane.=Is Jane available now?=Is Jane in?)

Hold on, please. 잠깐 기다리세요.(=Stay[Hold] on the line, please.)

The line is busy. 통화중이십니다.(=He[She]'s on another line.)

I'm afraid he[she] is not here right now. 지금 자리에 없습니다.(=He[She] is not in at the moment.=He[She] is out now.)

Speaking. 전화 바꿨습니다[전화 받았습니다].(=This is he[she].=This is he[she] speaking.)

6. 날씨

How's the weather today? 오늘은 날씨가 어떻습니까?(=What's the weather like today?)

It's warm. 따뜻합니다.

It's sunny. 맑습니다.

It rains a lot. 비가 많이 옵니다.(=It's raining cats and dogs.= It's raining hard.=It's raining heavily)

7. 날짜, 요일, 시간

⊙ 날짜와 요일

What's the date today?[What is today's date?] 오늘은 며칠 이죠?

It's March 22nd.[It's the 22nd of March.] 오늘은 3월 22일입 니다.

※ 월		
January 1월	February 2월	March 3월
April 4월	May 5월	June 6월
July 7월	August 8월	September 9월
October 10월	November 11월	December 12월

What day is it today? 오늘은 무슨 요일이죠?

It's Wednesday today. 오늘은 수요일입니다.

※ 요일		
Monday 월요일	Tuesday 화요일	Wednesday 수요일
Thursday 목요일	Friday 금요일	Saturday 토요일
Sunday 일요일		

⊙ 시간

What time is it now? 지금 몇 시입니까?(=What's the time now?=Do you have the time?=What time do you have?)

It's nine o'clock. 9시입니다.

It's nine ten. 9시 10분입니다.

개념UP

It is+날씨를 나타내는 형용사 / It+날씨를 나타내는 동사

It's sunny. (맑아요.) It's hot. (더워 요.) It's warm. (따뜻해요.) It's mild. (따뜻해요.) It's rainy. (비가 와요.) It's cold. (추워요.) It's windy. (바람이 불어요.) It's cloudy. (흐려요.) It's snowy. (눈이 와요.)

문제UP

A에 대한 B의 응답으로 적절한 것은?

A : What day is it today?

B : _____.

① It's June 1st.
② It's Sunday.
③ It's Monday tomorrow.
④ It's sunny today.

해설 'What day is it?'은 '요일'을, 'What date is it?'은 '날짜'를 묻는 표현임에 유의한다. 요일 을 묻고 있으므로 ②가 적절한 답이다. ③은 'What day is it tomorrow?'(내일은 무슨 요일 입니까?)에 어울리는 대답이다.

해석 A : 오늘은 무슨 요일인가요?
B : 일요일입니다.
① 6월 1일입니다.
② 일요일입니다.
③ 내일은 월요일입니다.
④ 오늘은 맑습니다.

정답 ②

It's ten to nine. 9시 10분 전입니다.

It's ten before nine. 9시 10분 전이에요.

It's eight fifty. 8시 50분입니다.

Meet me at half past six. 6시 반에 만나자

It's a quarter past five. 5시 15분이에요.

8. 계획, 약속

⊙ 계획 묻고 답하기

Do you have any plans tonight? 오늘밤 어떤 계획이 있나요?

What are you planning[going] to do tonight? 오늘밤 무엇을 할 건가요?

I'm going to see a movie. 난 영화를 볼 거예요.

I'm planning to visit my grandmother. 난 할머니 댁을 방문할 예정이에요.

> ※' 나는 ~할 예정이다.' 의 표현
> I'm going to ~.=I'll ~.=I'm thinking of ~.=I'm planning to ~.

⊙ 약속

When shall we meet? 우리 언제 만날까요?

What time shall we make it? 몇 시에 만날까요?

Why do we meet at 6 today. 오늘 6시에 만날까요?

Where do you want to meet? 어디에서 만나고 싶나요?

I'd like to make an appointment. 당신과 약속을 하고 싶습니다.

How about 5 o'clock? 5시 정각은 어때요?

How about the library? 도서관은 어때요?

9. 길 찾기, 거리, 교통

⊙ 길 찾기

Could you tell[show] me the way to the post office? 우체국으로 가는 길을 가르쳐 주세요.(=Where is the post office?=Will you direct me to the post office?=How can I get to the post office?)

Go straight ahead. 앞으로 쭉 가세요.

Keep going straight.[Keep on going.] 쭉 가세요.

Turn right. 오른쪽으로 가세요. / Turn left. 왼쪽으로 가세요.

It's on your right. 그것은 당신의 오른쪽에 있어요.

It's on your left. 그것은 당신의 왼쪽에 있어요.

It's two blocks from here. 여기서 두 블록 떨어져 있습니다.

It's across the street. 길 맞은편에 있습니다.

It's past the post office. 우체국을 지나서 있습니다.

You can't miss it. 틀림없이 찾으실 겁니다.

Let me take you. 제가 모셔다 드릴게요.

Follow me. 저를 따라오세요.

I'm sorry, but I am a stranger here. 미안하지만 길을 모릅니다.(=I'm sorry, but I don't know this area.)

I'm lost. 길을 잃었습니다.(=I got lost on the way.=I've lost my way.

⊙ 거리, 교통

• 거리 묻고 답하기

How long does it take from here to the post office? 여기서 우체국까지는 시간이 얼마나 걸리나요?

How far is it from here to the post office? 여기서 우체국까지 거리가 어떻게 됩니까?

It takes about 10 minutes to go there by subway. 지하철로 약 10분 정도 걸립니다.

It is about 10 kilometers. 약 10 킬로미터입니다.

• 교통

How do you go to school? 학교에 어떻게 갑니까?

I walk to school. 나는 걸어서 학교에 갑니다.

I get there on foot. 나는 거기 걸어서 갑니다.

I go to school by bus. 나는 버스로 학교에 갑니다.

개념UP

방향 관련 전치사

• at the center of : 한 가운데
• at the back of : 뒤편에
• in the middle of : 중앙에
• on the right side of : 오른쪽 방향에
• on the left side of : 왼쪽 방향에
• in the eastern part of : 동쪽 편에
• in the western part of : 서쪽 편에
• in the southern part of : 남쪽 편에
• in the northern part of : 북쪽 편에

개념UP

거리 묻고 답하기

• 'It takes+시간' (~시간 걸리다), 'It is+거리' (~거리이다)
• How long does it take from A to B? (A에서 B까지는 시간이 얼마나 걸리나요?)
  =How far is it from A to B?

---

1. 국어
2. 수학
3. 영어
4. 사회
5. 과학
6. 도덕

> ※ 교통수단의 표현 : 'by+탈 것/교통수단'
> by bike 자전거로   by boat 배로
> by bus 버스로   by car 자동차로
> by airplane 비행기로   by train 기차로
> by subway 지하철로

What's the best way to get to the Central Park? 센트럴 공원으로 빠르게 가려면 어떻게 해야 합니까?

Taking the subway's the fastest way. 지하철을 타는 것이 가장 빠릅니다.

Which bus goes to Central Park? 센트럴 공원으로 가는 버스가 몇 번입니까?

How many more stops to the city hall? 시청까지 몇 정거장 더 갑니까?

Where is this bus bound for? 이 버스는 어디로 갑니까?

Where do I have to transfer? 어디서 갈아타야 하죠?

The traffic is jammed. 교통이 막혔다.(=The street is jammed with traffic.=The traffic is backed-up.=The traffic is heavy.)

I got stuck in traffic. 교통체증에 갇혔다.(=I was caught in a traffic jam.=I was tied up in traffic.)

Where to, sir? 어디로 모실까요?

Take me to the Incheon International Airport. 인천국제공항까지 갑시다.(=I'd like to go to the Incheon International Airport.)

Please pull over right here. 여기 세워 주세요.(=Let me off here, please.)

Here you[we] are. 다 왔습니다.

How much do I owe you? 요금이 얼마입니까?(=What's the fare?)

10. 공항, 호텔, 은행 및 우체국

⊙ 공항

I want to make a reservation for 6:30 flight. 6시 30분 항공편에 예약해 주세요.(=I'd like to reserve a seat for 6:30

flight.=Book me for the 6:30 flight, please.)

One way ticket or return? 편도입니까, 왕복입니까?(=Would you like a round-trip ticket or one-way?)

I want to reconfirm my reservation. 예약을 재확인하고 싶습니다.(=I'd like to confirm my reservation.)

Window seat or aisle? 창문가를 원하세요, 아니면 통로 쪽을 원하세요?

Please show me your boarding pass. 탑승권을 보여 주십시오.(=Would you show me your boarding pass, please?)

What is your nationality? 국적이 어떻게 됩니까?(=Where are you from?)

What's the purpose of your visit? 방문 목적이 무엇입니까?

I am travelling for sightseeing. 관광하러 왔습니다.(=I am here on a tour.=I am here to see the sights.)

I am here on vacation. 휴가 차 왔습니다.

How long are you staying? 얼마나 체류하실 예정입니까?(=How long are you going to stay?)

(Do you have) Anything to declare? 신고하실 것이 있습니까?

⊙ 호텔

Do you have a reservation? 예약하셨습니까?

I'd like to make a reservation. 방을 예약하고 싶습니다.(=I'd like to book a room.)

What's the rate[charge] for a single room? 독방의 숙박비는 얼마입니까?(=How much do you charge for a single room?)

I'm checking out. Will you make out my bill? 체크아웃 하겠습니다. 계산서 부탁합니다.(=I'd like to check out. How much is the charge?)

⊙ 은행 및 우체국

I'd like to open an account. 예금을 개설하고 싶습니다.(=I'd like to open a savings account.)

I'd like to cash this check, please. 수표를 현금으로 바꿔 주십

227

시오.

Could you break this? 잔돈으로 바꿔주시겠습니까?

How do you want this? 어떻게 바꿔 드릴까요?

I'd like to send this letter by registered mail. 이 편지를 등기 우편으로 보내주십시오.(=I want to register this letter.)

I'd like to send this letter by express delivery. 이 편지를 속달로 부쳐주세요.

11. 식당, 상점, 쇼핑, 병원

⊙ 식당

May I take your order, please? 주문하시겠습니까?(=Would you like to order now?=Are you ready to order now?= What would you like to have?)

I want a cheese burger. 치즈버거를 주세요.(=I'd like a cheese burger.=I'll have a cheese burger.)

What would you recommend? 당신은 무엇을 추천해 주실래요?

I'll have it. 저는 그것을 먹을게요.

Same here, please. 저도 같은 걸로 주세요.(=The same for me.)

How do[would] you like your steak? 스테이크를 어떻게 해드릴까요?

Rare / Medium / Well-done, please. 덜 익힌 것 / 중간 정도 익힌 것 / 바짝 익힌 것으로 주세요.

What would you like to drink? 음료는 무엇을 드시겠습니까?(=Would you like something to drink?)

How do you like your coffee? 커피를 어떻게 드시겠습니까?

Would you please pass me the salt? 소금 좀 건네주세요.(= Would you mind passing me the salt?)

Help yourself. 마음껏 드세요.

I've had enough. 많이 먹었습니다.(=I'm full.=That's enough.=I'm stuffed.)

Check, please. 계산서 주세요.

⊙ 상점, 쇼핑

May I help you? 무엇을 도와드릴까요?(=What can I do for you?=Is there anything I can do for you?)

I'd like to see a jackets. 재킷을 사고 싶습니다.(=I'm looking for a jacket.=Please show me a jacket.=I want to buy a jacket.)

I'm just browsing. 그냥 구경 중입니다.(=I'm just looking around.)

This looks good on you. 이것이 당신에게 잘 어울립니다. (=This goes well with you.)

Why don't you try it on? 입어보시겠습니까?

Can/May I try it on? 입어 봐도 될까요?

How about this one? 이건 어떻습니까?(=How do you like this one?)

Please show me another. 다른 걸로 보여 주세요.(=Will you show me some?)

I'll take this. 이걸로 하겠습니다.

I like this one best. 이것이 가장 마음에 듭니다.

How much is it? 얼마입니까?(=What's the price?=How much do I owe you?=How much does it cost?)

The price is low / reasonable / high. 가격이 싸군요 / 적당하군요 / 비싸군요.

⊙ 병원

What brings you here? 어디가 아프시죠?(=What's the matter?=What seems to be the problem?)

How long have you had this problem? 얼마나 오랫동안 이런 증상이 있었죠?

I have a pain in my back. 허리가 아파요.(=My back is sore.=My back hurts.=I have an aching back.)

I twisted my ankle. 발목을 삐었어요.

I've been throwing up. 토했어요.

I have a stomachache. 배가 아파요.

문제 UP

다음 대화가 이루어지는 장소는?

A : May I help you?
B : I want to buy some apples.
A : How many do you want?
B : Five, please.

① bank
② hotel
③ grocery shop
④ fast-food restaurant

해설 'I want to buy ~', 'How many do you want?' 등을 통해, 이 대화가 상점에서 이루어지고 있다는 것을 잘 알 수 있다.

어휘 bank 은행   hotel 호텔   grocery shop 식료품점   fast-food restaurant 패스트푸드점

해석 A : 도와 드릴까요?
B : 사과를 좀 사고 싶습니다.
A : 얼마나 사고 싶으세요?
B : 5개요.

정답 ③

개념 UP

-ache로 끝나는 병 이름

• headache : 두통
• stomachache : 위통, 복통
• toothache : 치통
• backache : 요통
• earache : 귀앓이

It's really bad cough. 기침이 매우 심합니다.

I have a fever. 열이 있어요.

I can't sleep 저는 잠을 잘 못자요.

I'm going to write[give] you a prescription. 처방전을 써드릴게요.

Take this medicine[tablets]. 이 약을 복용하십시오.

❹ 단어 및 숙어

1. 중요 단어 정리

A

above	~보다 위에, 위로, 이상으로, ~을 넘어	already	이미, 벌써
abroad	해외에, 해외로	angry	화난, 성난
absent	결석한, 결근한	animal	동물
accident	(특히 자동차) 사고	answer	대답하다, 대응하다, 대답, 대응, 해답
act	행동하다, 연기하다, 행동, 행위	anyway	게다가, 그런데, 그건 그렇고
add	첨가하다, 덧붙이다, 합하다, 더하다	apart	따로따로, 떨어져
address	주소	area	지역
adult	성인, 어른	arm	팔
against	~에 반대하여	around	주위에, 약, ~쯤
age	나이, 연령, 수명, 시대	art	예술, 미술
ago	(지금부터) ~전에	attend	출석하다
agree	동의하다, 찬성하다, 응하다	autumn	가을
airplane	비행기	avoid	피하다
alive	살아 있는, 생존해 있는	away	떨어져, 다른 방향으로
almost	거의		

B

bakery	제과점, 빵집	blind	눈 먼, 장님의
balloon	기구, 풍선	block	막다, 차단하다

개념UP

advice와 advise

• advice **명** 조언, 충고
We wrote to her for advice. (우리는 그녀에게 편지를 써서 조언을 구했다.)

• advise **동** 조언하다, 충고하다, 권고하다
I advise you to be cautious. (조심하시도록 충고합니다.)

문제UP

다음 단어들을 모두 포괄할 수 있는 것은?

cat   dog   pig   monkey

① fruit   ② sport
③ animal   ④ weather

해설 고양이(cat), 개(dog), 돼지(pig), 원숭이(monkey)를 모두 포괄하는 개념은 '동물'(animal)이다.

정답 ③

balance	균형, 균형을 잡다	blood	피, 혈액
base	기초, 토대, 기초를 두다	blow	(바람이) 불다, 날리다
basement	지하실	board	판자, 뱃전
battle	싸움, 전투	bone	뼈
bay	만(灣), 후미	boring	지겨운
bean	콩	borrow	빌리다, 차용하다
bear	낳다, 참다, 곰	bother	괴롭히다
beast	짐승	bottle	병
beat	때리다	bottom	밑, 밑바닥
beef	쇠고기	branch	가지, 지점
beggar	거지	breathe	호흡하다
behave	행동하다	bright	밝은, 영리한
behind	~의 뒤에	brilliant	찬란한, 빛나는
belong	~에 속하다, ~의 것이다 [~ to]	bring	가져오다, 데려오다, 일으키다
bend	구부리다	bubble	거품
benefit	이익	bud	싹
besides	게다가, 그밖에	build	짓다, 건축하다
beverage	음료	building	건축, 건물, 빌딩
beyond	~의 저쪽에	bundle	꾸러미
bid	명령하다, 입찰	burden	무거운 짐, 부담, 짐을 지우다
bill	계산서, 지폐	burn	타다, 태우다
biography	전기, 자서전	bury	파묻다
biology	생물학	bush	숲, 수풀
bitterly	몹시, 신랄하게	business	사업, 일, 사무
blanket	담요	butterfly	나비

개념UP

단어 보충 정리

- background 몡 배경, 혱 배경의
- badly 본 나쁘게, 몹시[[혱 bad]

개념UP

관련 단어 정리

- beauty 몡 아름다움, 미인
- beautiful 혱 아름다운, 훌륭한

개념UP

bound

혱 속박된, 묶인, ~할 의무가 있는 (be bound to do)
동 튀어 오르다, 회복하다
몡 튀기, 도약, 범위, 경계

문제UP

다음 두 단어의 관계가 나머지 셋과 다른 것은?

① blue – color
② lion – animal
③ truck – building
④ winter – season

해설 blue(파란색)와 color(색깔), lion(사자)과 animal(동물), winter(겨울)과 season(계절)은 모두 관계가 있으나, truck(트럭)과 building(건물)은 관련이 없다.

정답 ③

C

cage	우리, 새장	commend	칭찬하다, 추천하다
calm	평온한, 침착한	commercial	상업의
candle	초, 양초	common	공통의, 보통의, 흔한
capital	수도, 자본(금), 주요한, 주된	communication	전달, 의사소통
carry	나르다, 운반하다	community	공동사회, 지역사회
carve	새기다, 조각하다	company	회사, 교제, 친구
cash	현금	competent	유능한

문제UP

다음 단어들을 모두 포괄할 수 있는 단어로 가장 알맞은 것은?

shirt blouse coat pant skirt

① accessory   ② clothes
③ food   ④ fruit

해설 셔츠(shirt), 블라우스(blouse), 코트(coat), 바지(pant), 치마(skirt)를 모두 포괄할 수 있는 단어는 옷·의복(clothes)이다.

정답 ②

cause	원인, 이유, 초래하다, 발생하다	competition	경쟁
ceiling	천장	complain	불평하다, 불만을 말하다
celebrate	축하하다	complaint	불평, 불만
cemetery	묘지	complicated	복잡한
ceremony	의식, 의례	composer	작곡가
certain	확실한, 어떤, 특정한	conceal	감추다
chain	사슬, 사슬로 매다	condemn	비난하다
charge	청구하다, 책임, 의무, 부담	confirmed	굳어진, 확인된, 입증된
charming	매력적인	consequence	결과, 결론, 중요성
chase	쫓다, 추구하다, 추적	constructive	건설적인
cheep	값싼	contemporary	동시대의, 당대의
chief	장, 우두머리, 주요한	contempt	멸시, 경멸
chopstick	젓가락	contest	경쟁, 논쟁
circle	원, 집단, 회전하다	continent	대륙
civilization	문명(화)	contrast	대조하다, 대조, 대비
cleave	쪼개다, 찢다	contribute	공헌하다, 기여하다
clerk	사무원, 점원	control	통제, 지배, 통제하다, 지배하다
clever	영리한	converse	대화하다
cliff	절벽	cool	서늘한, 냉정한
climate	기후, 풍토	corn	옥수수
cling	달라붙다, 매달리다	cotton	솜, 면화
close	닫다, 끝나다	cough	기침, 기침을 하다
closet	벽장	cover	덮개, 표지, 덮다
cloth	천, 직물	crack	갈라진 금, 금이 가게하다
cloudy	구름이 낀, 흐린	crash	충돌, 추락, 충돌하다
clue	실마리, 단서	crazy	미친, 열광적인
coal	석탄	crew	승무원
coeducation	(남녀) 공학	criticism	비평
coil	코일, 도선, 둘둘 감다	criticize	비평하다
college	단과대학, 전문대학	crop	농작물, 수확
colorful	다채로운, 화려한	curious	호기심이 강한
comb	빗, 빗질하다	custom	습관, 관습
comfort	안락, 위안		

D

dark	어두운, 캄캄한	dictionary	사전
damage	손해, 손상, 손해를 입히다	different	다른, 여러 가지의
danger	위험	difficult	어려운
dash	돌진하다	diligent	부지런한
dawn	새벽, 날이 새다	dining-room	식당
deal	다루다, 거래하다, 거래	direction	방향, 지시
debt	빚, 은혜	disappoint	실망시키다
decade	10년	disaster	재난
deck	갑판	discipline	규율, 훈련
declare	선언하다	discourage	단념시키다, 낙담시키다
deer	사슴	dish	접시, 요리
degree	도, 정도, 학위, 등급	distort	왜곡하다
delicate	섬세한, 정밀한	dominate	지배하다
delicious	맛있는	drag	질질 끌다
delight	기쁨, 기쁘게 하다	draw	끌다, 당기다, 그리다
democracy	민주주의, 민주정치	drought	가뭄
department	부서, 매장	drown	빠뜨리다, 빠지다
describe	묘사하다.	drugstore	약국
deserve	받을 가치가 있다, ~할 만하다	dull	우둔한, 무딘
detective	탐정, 탐정의	dumb	벙어리의
determined	확고한	duplicate	복사하다
devour	먹어치우다, 게걸스럽게 먹다	dye	물감, 염료

개념UP

관련 단어 정리
• destroy 동 파괴하다, 멸망시키다
• destruction 명 파괴, 멸망
• destructive 형 파괴적인, 해로운
• dread 동명 무서워하다, 두려워하다, 불안, 공포
• dreadful 형 무서운, 가혹한

E

edge	가장자리, 날	evidence	증거
effort	노력, 작업, 활동	evil	악, 나쁜
elbow	팔꿈치	exactly	정확히
elder	손위의, 연상의, 어른, 연장자	examination	시험, 조사
election	선거, 투표, 당선	example	예, 보기
electricity	전기	excellent	뛰어난, 우수한
elementary	초보의, 기초의	except	제외하다, ~을 제외하고는
eliminate	제거하다	exchange	교환, 교환하다

개념UP

effect
명 결과, 영향, 효과, 시행
동 초래하다, 가져오다, 달성하다

개념UP

관련 단어 정리
• explode 동 폭발하다, 터지다
• explosion 명 폭발, 급증

1. 국어

2. 수학

3. 영어

4. 사회

5. 과학

6. 도덕

emerge	나타나다, 떠오르다	exclaim	외치다
emphasize	강조하다	excuse	용서하다, 변명하다, 변명, 해명
empty	빈, 공허한, 비우다	executive	행정상의
endeavor	노력, 시도, 노력하다	exit	출구
enemy	적	expel	추방하다, 배출하다
engineer	기사, 공학자	expensive	값비싼
envelope	봉투	experience	경험, 경험하다
envious	부러워하는, 시기하는	explore	탐험하다, 연구하다
equal	~과 같다, 같은, 동등한	expose	노출시키다, 폭로하다
era	(역사상의) 시대	expressway	고속도로
eraser	지우개	extinct	사멸한, 멸종한
especially	특별히, 특히		

개념UP

flat

형 평평한, 납작 엎드려서, 펑크난
명 평평한 부분, 펑크
동 평평하게 하다, 평평해지다

문제UP

다음 단어들을 모두 포괄할 수 있는 단어로 가장 알맞은 것은?

grandmother   father
son   daughter

① family   ② friend
③ government ④ occupation

해설 할머니(grandmother)와 아버지(father), 아들(son), 딸(daughter)을 모두 포괄할 수 있는 단어로 적절한 것은 가족(family)이다.

어휘 government 정부, 정치
occupation 직업

정답 ①

F

factory	공장	flesh	살, 육체
fairly	공정하게, 공평하게, 꽤, 상당히	float	뜨다, 띄우다
famine	굶주림, 기아	flood	홍수, 범람하다
fancy	공상, 상상, 장식의, 장식이 많은	folk	사람들, 가족, 민속의
fantastic	환상적인, 공상적인	forbid	금지하다, 방해하다
fare	요금, 운임	forecast	예보하다, 예보, 예상
fascinate	매혹시키다	forest	숲
fat	살찐, 지방	fortunately	운좋게, 다행히
fatal	치명적인	foundation	기초, 기반, 창립
fatigue	피곤하게 하다, 피로, 피곤	frankly	솔직히
feast	향연, 잔치	frighten	놀라게 하다, 무서워지다
feather	깃털	fruit	과일
feed	먹을 것을 주다, 기르다	funeral	장례식
fever	열, 열병	fur	모피, 부드러운 털
figure	모습, 인물, 숫자	furniture	가구
firmly	단단히, 확고히	fury	격노
flame	불꽃, 타오르다		

G

gallery	화랑, 미술관	government	정부, 정치
gamble	도박하다	grade	등급, 학년
garage	차고	graduate	졸업하다, 대학원생
gather	모으다, 모이다	grain	곡식, 낱알
gaze	바라보다, 응시, 주시	grammar	문법
generation	세대, 동시대 사람들	grave	중대한, 무덤
genius	천재	gray	회색, 회색의
gesture	몸짓, 손짓	greedy	탐욕스러운, 갈망하는
giraffe	기린	grocery	식품점, 식료 잡화점
glory	영광, 명예, 기쁘다	guess	추측하다, 추측
goal	목표, 골		

H

halt	정지하다, 멈추다, 중단	hit	치다, 때리다
handicap	불리한 조건, 약점, 핸디캡	hold	잡다, 들다, 쥐다, 개최하다, 파악, 쥐기
handshake	악수	holiday	휴일, 휴가
handsome	잘 생긴, 멋진, 좋은	hollow	구멍, 우묵한 곳, 속이 빈
hang	걸다, 매달다, 교수형에 처하다	homesick	향수에 잠긴, 향수의
hardness	단단함, 딱딱함	horizon	수평선, 지평선
harmful	해로운, 유해한	horn	뿔, 경적
harvest	수확, 추수	host	주인, 군중, 무리
hay	건초, 건초를 만들다	huge	거대한, 성대한
heartily	진심으로, 성실하게	hunger	굶주림
hero	영웅, 주인공	hunter	사냥꾼
hesitate	주저하다, 망설이다	husband	남편
hide	감추다, 숨다	hydrogen	수소

I

iceberg	빙산	inspect	검사하다, 조사하다
identify	식별하다, 동일시하다	inspire	영감을 주다, 격려하다
illuminate	밝게 하다, 조명하다	instead	대신에
immediately	곧, 즉시	instinct	본능, 직감
impatience	성급함, 조바심	instrument	기구, 기계

---

1. 국어 2. 수학 3. 영어 4. 사회 5. 과학 6. 도덕

문제UP

다음 두 단어의 관계가 나머지 셋과 다른 것은?

① light – weighty
② little – huge
③ short – long
④ glad – happy

해설 나머지는 모두 반대말을 관계이나 glad(기쁜)과 happy(행복한)는 비슷한 의미이다.

어휘 weighty 무거운, 중요한
huge 거대한

정답 ④

개념UP

관련 단어 정리

• haste [동][명] 서두르다, 성급함, 경솔
• hastily [부] 서둘러서, 성급하게
• hostile [형] 적대적인, 비우호적인
• hostility [명] 적개심, 적대, 전쟁

개념UP

비슷한 단어의 비교

• industrial [형] 산업의, 공업의
• industrious [형] 부지런한
(=diligent)

개념UP

관련 단어 정리
• interpret 동 해석하다, 해명하다
• interpretation 명 해석, 설명, 통역

문제UP

다음 단어들을 모두 포괄할 수 있는 것은?

scientist farmer cook
musician designer teacher

① art   ② body
③ food   ④ job

해설 과학자(scientist), 농부(farmer), 요리사(cook), 음악가(musician), 디자이너(designer), 교사(teacher)를 모두 포괄하는 말로 적절한 것은 직업(job)이다.

정답 ④

문제UP

다음 밑줄 친 단어의 의미가 나머지 셋과 다른 것은?

① It is very <u>kind</u> of you.
② They are friendly and <u>kind</u>.
③ What a <u>kind</u> woman she is!
④ What <u>kind</u> of music do you like?

해설 ④의 kind는 명사로 '종류'를 의미하며, 나머지는 모두 형용사로서 '친절한'의 뜻이다.

해석 ① 당신은 매우 친절하시군요.
② 그들은 다정하고 친절하다.
③ 그녀는 정말 친절한 여성이구나!
④ 당신은 어떤 종류의 음악을 좋아하나요?

정답 ④

import	수입, 수입하다	interest	이익, 관심, 흥미, 흥미를 갖게 하다
incident	사건, 사고	international	국제적인
include	포함하다	intimate	친밀한, 친한
increase	증가하다, 증가	introduce	소개하다, 도입하다
incredible	믿어지지 않는	invader	침입자
indeed	참으로, 실제로	invent	발명하다
independent	독립의, 독자적인	investigate	조사하다, 살피다
inflexible	확고한, 굳은, 굽힐 수 없는	investment	투자, 출자
information	정보, 지식	isolate	고립시키다, 격리하다
inherit	상속하다	ivy	담쟁이(덩굴)
insect	곤충		

J

jewel	보석, 소중한 사람[것]	junior	후배, 손아래의
job	직업, 일	jury	배심원
join	결합하다, 참가하다	justify	정당화하다
judge	재판관, 판결하다, 판단하다		

K

kind	친절한, 종류, 종	knee	무릎
kindergarten	유치원		

L

labour	노동, 노력, 노동하다	license	면허(증)
lamb	새끼 양	limit	제한, 한계, 제한하다
language	언어, 국어	locate	위치하다, 놓다, 두다
lasting	영구적인, 영속하는	lock	자물쇠, 잠그다
laundry	, 세탁(물)	log	통나무
lay	눕히다, 놓다, 낳다	lonely	고독한, 쓸쓸한
leak	새다, 누출, 유출	loud	목소리가 큰
leisure	여가, 레저	low	낮은, 적은
liberty	자유	luggage	수화물, 짐
library	도서관		

M

magazine	잡지	merchant	상인
majority	대다수, 대부분, 과반수	method	방법
mammal	포유동물	mighty	강력한, 힘센
manly	남자다운, 남성적인	migrant	이주하는, 이주자, 철새
marble	대리석, 대리석 무늬의	military	군의, 군대의
march	행진, 행진하다	miniature	작은, 소형의
master	주인, 대가, 숙달하다	miss	놓치다, 그리워하다
math	수학(=mathematics)	mistake	잘못, 과실
matter	문제, 사건, 일, 중요하다	moment	순간, 잠깐, 한때
mean	비천한, 비열한, 의미하다	monument	기념비, 기념물
medium	매개물, 중간, 매체, 수단	musician	음악가
mental	마음의, 정신의	mystery	신비, 불가사의, 추리소설
mention	말하다, 언급하다	myth	신화
merchandise	상품		

N

nail	손톱, 발톱	noble	고귀한, 고상한, 귀족의
necessary	필요한, 필수의	nod	끄덕이다, 끄덕임
neighbor	이웃 사람	nonsense	헛소리, 터무니없는 일, 터무니없는
nervous	신경질적인, 신경의, 초조한, 긴장되는	novice	초보자, 풋내기
neutral	중립의, 중립(국)	nuclear	핵의, 핵무기
nickname	별명, 애칭		

O

oath	맹세, 선서	order	순서, 명령, 주문, 주문하다, 명령하다
obey	복종하다, 따르다	ostrich	타조
obstacle	장애(물), 방해	overestimate	과대평가하다
obtain	얻다, 획득하다	overflow	넘치다, 범람하다
obviously	명백하게	owe	힘입다, 빚지다, 신세지다
officer	공무원, 장교	owl	올빼미
opinion	견해, 의견		

개념UP

관련 단어 정리

- machine 명 형 기계, 기구, 기계(용)의
- machinery 명 기계(류), 장치, 조직, 기구

문제UP

다음 빈칸에 공통으로 들어갈 말은?

- Turn left at next stop, and you can't _____ it.
- If she go back to her country, I'll _____ her a lot.

① get　　② go
③ miss　　④ find

해설 첫 번째 문장은 '놓치다'가 알맞고, 두 번째 문장은 '그리워하다'는 의미가 알맞다. 이러한 의미에 해당하는 단어는 ③이다.

해석
- 다음 정거장에서 좌회전 하세요. 그러면 찾으실 거예요.
- 그녀가 자기 나라로 돌아간다면 나는 그녀가 무척 그리울 거예요.

정답 ③

개념UP

관련 단어 정리

- object 명 동 물건, 목적, 목표, 반대하다
- objective 명 형 목적, 목표, 객관적인
- operate 동 작용하다, 영업하다, 운영하다
- operation 명 작용, 조작, 운영, 수술
- operator 명 조작자, 경영자, 운영자, 교환수

P, Q

pal	친구, 동료	precious	귀중한, 가치 있는
palace	궁전	predict	예언하다, 전망하다
parachute	낙하산	preface	머리말, 서문
paradox	역설, 패러독스	prehistoric	선사(시대)의
pardon	용서, 사면, 용서하다, 사면하다	premium	보험료, 할증금
participate	참여하다, 참가하다	prepare	준비하다
patient	환자, 인내심, 참을성 있는	preserve	보존하다, 보호하다
patriot	애국자	pretend	~인 체하다, 가장하다
pause	중지, 멈추다, 중단하다	primary	주요한, 본래의, 초기의
peasant	농부	primitive	원시적인
penalize	처벌하다, 유죄로 하다	privacy	사생활, 개인정보
penniless	무일푼의, 극빈의	profound	심오한, 깊은
pepper	후추	prohibition	금지
persuade	설득하다	pronunciation	발음
photograph	사진	property	재산, 부동산, 특성, 속성
pigeon	비둘기	proportion	비율, 비례
pill	알약	proverb	속담
pine	소나무	pulse	맥박
planet	혹성, 위성	punctual	시간을 지키는
policy	정책, 제도, 방침	punishment	벌, 처벌
pollution	오염, 공해	purpose	목적, 목표
population	인구	puzzle	수수께끼, 당황하다
prairie	(대)초원, 대평원	quarter	분기, 1/4, 15분, 25센트
pray	기도하다, 기원하다		

R

rapidly	빨리, 신속히	replace	~을 대신[대체]하다
rare	드문	reputation	명성, 평판
rarely	드물게, 거의[좀처럼] ~하지 않는	resource	자원, 재원, 수단
rate	비율, 속도, 요금	respect	존경, 존경하다
rear	뒤쪽, 기르다, 양육하다	retire	물러가다, 은퇴하다
reasonable	합리적인, 합당한, 이성적인	retract	취소하다, 철회하다
recently	최근에, 요즈음		

reconciliation	화해	reverse	뒤집다, 반대의, 거꾸로의
refrigerator	냉장고	review	복습, 재검토, 검토[복습]하다
relative	친척, 관계가 있는, 상대적인	revival	재생, 부활
relatively	상대적으로, 비교적(으로)	revolution	혁명
relief	경감, 안심, 구원, 구조	rid	제거하다, 없애다
remain	남다, 머무르다	roll	구르다, 굴리다
remind	생각나게 하다, 상기시키다	rude	무례한
repair	수리하다, 수선하다, 수리	ruin	파멸, 파멸시키다
repetition	반복, 중복	rural	시골의

S

sacred	신성한, 종교적인	situation	위치, 사태, 상황
saint	성인, 성자	skill	숙련, 기술
satire	풍자	slender	빈약한, 날씬한
scare	놀라다, 겁주다	slip	미끄러짐, 미끄러지다
schedule	예정표	solar	태양의, 태양 에너지, 일광욕실
scratch	할퀴다, 긁다	solution	해결, 용해
scream	비명을 지르다, 날카롭게 소리치다, 외침	sophomore	2학년생
sculpture	조각(품)	sore	아픈, 상처
search	찾다, 수색, 추구	source	출처, 근원
season	계절, 시기	square	정사각형
section	부분, 구역	stare	응시하다, 쳐다보다
security	안전, 보호	state	상태, 주, 국가
seed	씨, 씨를 뿌리다	statue	조각상
semester	학기	steadily	착실하게, 꾸준히
sensible	분별력 있는, 현명한	stem	줄기, 막다, 저지하다
sensitive	민감한, 예민한	stomach	위
sentence	문장, 선고, 판결	stormy	폭풍의
serious	진지한, 심각한	straight	똑바른, 똑바로
servant	하인	strange	이상한, 낯선
settler	이주민, 정착민	strategy	전략
sew	바느질하다, 꿰매다	stress	압박, 스트레스, 강세

개념UP

관련 단어 정리
- selfish 형 이기적인
- selfishness 명 이기심
- succeed 동 성공하다, 계승하다
- success 명 성공
- succeeding 형 계속되는, 다음의

문제UP

다음 단어들이 나타내는 것으로 알맞은 것은?

spring summer autumn winter

① animal　　② color
③ food　　④ season

해설 봄(spring), 여름(summer), 가을(autumn), 겨울(winter)이 의미하는 것은 계절(season)이다.

정답 ④

shadow	그림자	stroll	산책, 산책하다, 거닐다
shake	떨다, 흔들다	struggle	노력, 투쟁하다, 몸부림 치다
shallow	깊지 않은, 얕은	stupid	어리석은, 바보
shelter	은신처, 피난처, 대피소	subject	학과, 주제, 주어
shore	물가, 바닷가	subsequently	나중에, 후에
shorten	단축하다, 짧게 하다	suburb	교외
shoulder	어깨	subway	지하도, 지하철
shower	소나기, 샤워	suffer	괴로워하다, 겪다, 견디다
shut	닫다, 차단하다	superstition	미신, 맹신
shy	수줍은, 부끄럼타는	surface	표면, 표면의
sigh	한숨 쉬다, 한숨, 탄식	surround	둘러싸다
similar	비슷한, 닮은	swift	신속한, 빠른
simple	간단한, 단순한	swing	그네, 진동, 흔들리다
sincerely	성실히, 진지하게	sword	검, 칼
sink	가라앉다, 싱크대	sympathy	동정(심)
site	부지, 위치, 장소	system	조직, 체계

T

tax	세금	tolerate	참다, 견디다
tear	찢다, 찢어지다, 눈물	tomb	묘, 무덤
temperature	온도, 체온	tongue	혀, 언어
temple	절, 사원	tool	도구
temptation	유혹	torch	횃불, 빛
terrible	끔찍한, 무서운	trace	추적하다, 흔적, 자취
thermometer	온도계	track	지나간 자국, 추적하다
thief	도둑, 절도	tradition	전통, 전설
thin	엷은, 여윈	traffic	교통(량), 차량
thirsty	목마른, 갈망하는	tragedy	비극
throat	목구멍	traverse	가로지르다, 횡단하다
thumb	엄지(손가락), 대충 훑어 보다	treasure	보물, 소중히 하다
tie	매다, 묶다	tremble	떨다, 진동시키다
tightly	단단히, 꽉	triumph	승리, 성공, 이기다
tiny	(몹시) 작은, 조그마한	trust	신용, 신뢰, 신뢰하다
tiptoe	발끝	turtle	바다거북

개념UP

관련 단어 정리
- timid 형 겁 많은, 소심한
- timidity 명 소심, 겁 많음

개념UP

단어 비교
- unit 명 집단, 일단, (구성)단위, 장치
- uniform 명 형 유니폼, 제복, 똑같은, 획일적인
- unification 명 통일, 통합, 단합

U, V

ultimately	최후로, 궁극적으로	vain	무익한, 헛된
umbrella	우산	various	다양한, 여러 가지의
unanimous	만장일치의	vegetable	야채
unfair	불공평한, 불공정한	view	경치, 견해
universe	우주, 전 세계	violate	위반하다, 침해하다
unlike	같지 않은	virtue	미덕, 장점, 가치
upset	뒤엎다, 어지럽히다, 전복, 심란, 뒤집힌, 심란한, 화난	vocation	직업, 천직
useless	쓸모없는, 무익한	volcano	화산
usually	보통, 대개	volume	서적, 양, 권
utter	말하다, 완전한	voyage	항해
vacant	공허한, 텅 빈		

W, Y

want	원하다, 바라다	whisper	속삭이다, 속삭임
wagon	짐마차	whistle	휘파람, 휘파람을 불다
wake	깨우다, 일어나다	widow	과부
warn	경고하다	wild	야생의, 난폭한
waste	낭비, 낭비하다	witness	목격하다, 증인, 증언
wealth	재산, 부	wolf	이리, 늑대
weapon	무기	wool	양모, 울
weather	날씨	worry	걱정하다
wedding	결혼, 결혼식	wound	상처, 부상
weight	무게, 중량	wrap	싸다, 포장하다. 싸개, 덮개
wet	젖은	yell	외치다

개념UP
단어 비교
• valuable 형 귀중한, 가치있는
• valueless 형 하찮은, 무가치한

문제UP
다음 단어들이 나타내는 것으로 알맞은 것은?

stormy windy rainy
snowy sunny

① color ② fruit
③ season ④ weather

해설 폭풍우의(stormy), 바람 부는(windy), 비오는(rainy), 눈이 오는(snowy), 맑은(sunny)이 의미하는 것은 날씨(weather)이다.
정답 ④

2. 중요 숙어 정리

A
• again and again 몇 번이고, 되풀이하여(=repeatedly)
• a kind of 일종의

개념UP
숙어의 구분
• at first 처음에는, 최초로
• at last 드디어, 마침내

241

- all the time 언제나, 항상(＝always)
- all at once 갑자기(＝suddenly)
- all one's life 한 평생
- a lot of 많은(＝many, much)
- and so on 기타, 등등
- a number of 많은(＝many)
- arrive at[in] ~에 도착하다(＝reach)
- ask for ~을 요구하다. 청구하다(＝inquire)
- as soon as ~하자마자
- at once 즉시, 곧(＝immediately)
- at the same time 동시에

B

- be able to+do(동사원형) ~할 수 있다(＝can)
- be afraid of ~을 두려워하다
- be busy ~ing ~하느라 바쁘다
- be covered with ~으로 덮여 있다
- be different from ~와는 다르다
- be famous for ~로 유명하다(＝be known for)
- be from ~출신이다
- be full of ~으로 가득 차다(＝be filled with)
- be glad to+do 기꺼이 ~하다
- be good at ~를 잘하다
- be interested in ~에 관심[흥미]를 갖고 있다
- be late for ~에 지각하다
- be made of ~으로 만들어지다(물리적 변화)
- belong to ~에 속하다, ~의 것이다
- be pleased with ~로 기뻐하다
- be proud of ~을 자랑스러워하다
- be tired of ~에 싫증이 나다
- by chance 우연히
- by oneself 홀로(＝alone)

문제UP

다음 빈칸에 공통으로 들어갈 단어로 알맞은 것은?

- He is afraid _____ thunder.
- The ship is full _____ treasures.

① at ② in
③ of ④ to

해설 'be afraid of'는 '~을 두려워하다'는 표현이며, 'be full of'는 '~으로 가득 차다'는 표현이다. 따라서 빈칸에는 'of'가 알맞다.

해석 • 그는 천둥을 두려워한다.
• 그 배는 보물로 가득 차있다.

정답 ③

개념UP

숙어의 용법 구분
- be ready for+(동)명사 ~의 준비가 되어 있다
- be ready to+동사원형 ~할 준비가 되다

개념UP

by+교통수단
by bus(버스로), by train(기차로), by ship(배로)
cf. on foot(도보로)

C~F

- care for ~을 돌보다, 좋아하다
- catch[get, take] a cold 감기에 걸리다
- come from ~출신이다
- compare A to B A를 B에 비유하다
- come up to ~에게 다가오다
- compare A with B A를 B와 비교하다
- depend on ~에 의지하다, ~에 달려 있다
- do one's best 최선을 다하다
- each other 서로(두 사람일 때) cf. one another 서로(주로 세 사람일 때)
- fall asleep 잠이 들다
- fall in love with ~와 사랑에 빠지다
- feel like ~ing ~하고 싶다
- first of all 무엇보다 먼저
- for a long time 오랫동안
- for a moment 잠시 동안(=for a while)
- for example 예를 들면
- for oneself 자신의 힘으로
- for the first time 처음으로

G

- give a hand 도와주다
- give up 포기하다, 단념하다(=abandon)
- go ~ing ~하러 가다 cf. go on ~ing 계속 ~하다
- go on a picnic 소풍가다(=go for a picnic)
- go out 외출하다
- go straight 곧장 가다
- go to bed 자다 / go to sea 선원이 되다 / go to work 일하러 가다
- graduate from 졸업하다
- grow up 성장하다, 어른이 되다

개념UP

'get' 관련 숙어 정리

- get in(들어가다, 양보하다)
- get on(~을 타다)
- get off(~에서 내리다)
- get to(~에 도착하다)
- get together(함께 모이다)
- get up(일어나다)
- get well(낫다)

개념UP

'go' 관련 숙어 정리

- go in(들어가다)
- go out(외출하다)
- go on(시작하다)
- go off(자리를 뜨다)
- go up(올라가다)
- go by(지나가다)
- go back(돌아가다)

1. 국어
2. 수학
3. 영어
4. 사회
5. 과학
6. 도덕

H

- had better+do(동사원형) ~하는 것이 낫다
- happen to ~에게 일어나다, 우연히 ~하다
- have a good[great] time 즐거운 시간을 보내다
- have a headache 두통이 있다
- have fun 재미있게 놀다
- help oneself (음식을) 마음대로 들다
- help oneself to 스스로 하다
- Here it is/Here you are 여기 있습니다.
- how about ~ing? ~하는 게 어때?
- hurry up 서두르다

I, K, L

- in a hurry 서둘러, 허둥지둥
- in danger 위태로운
- in fact 사실은, 사실상
- in front of 앞에
- in time 시간에 맞게
- in the same way 같은 방법으로
- It's time for~ ~할 시간이다
- keep a diary 일기를 쓰다
- keep on ~ing 계속 ~하다
- laugh at ~을 비웃다
- leave for ~을 향하여 떠나다
- live in ~에 살다
- look after ~을 돌보다(=take care of)
- look for ~을 찾다
- look forward to ~을 기대하다
- look like ~을 닮다(=resemble)
- look over ~을 대충 훑어 보다

M, N

- make a mistake 실수하다

개념UP

'how' 관련 표현
- how far~(어디까지, 어느 범위까지)
- how long~(얼마나 오래)
- how many/much~(얼마나 많은, 얼마만큼),
- how often~(얼마나 자주)

개념UP

'kind' 관련 표현
- kind of(약간은, 어느 정도)
- what kind of(어떤 종류의)
- many kinds of(여러 종류의)

문제UP

다음 빈칸에 공통으로 들어갈 단어로 알맞은 것은?

- Lions live _____ Africa and tigers liveAsia.
- She is interested _____ cooking.

① at   ② for
③ in   ④ to

해설 'live in'은 '~에 살다'는 표현이며, 'be interested in'은 '~에 관심[흥미]가 있다'는 표현이므로, 빈칸에는 전치사 'in'이 들어가야 한다.

해석
- 사자는 아프리카에 살고 호랑이는 아시아에 산다.
- 그녀는 요리에 관심이 있다.

정답 ③

- make an appointment with ~와 약속하다
- Make yourself at home. 편히 앉으세요.
- make sure 확인하다
- make a plan 계획을 세우다
- make friends with ~와 친해지다, 친구가 되다
- make up one's mind 결심하다(=decide)
- more and more 점점 더
- no longer 더 이상 ~않다
- nothing but ~외에는 아무 것도(=only)

O

- of course 물론
- of itself 저절로
- on one's way back home 집에 오는 도중에
- on time 정각에
- on vacation 휴가 중에
- once upon a time 옛날에
- one day 언젠가, 어느 날
- on the other hand 한편, 반면에
- owe A to B A는 B의 덕분이다

P, R

- pay attention to ~에 주의를 기울이다
- pick up 차에 태우다, (물건을) 줍다, 들다
- put on 입다, 쓰다, 신다(=wear)
- put out (불을) 끄다
- play a trick on ~에게 장난치다
- point of view 관점
- remind A of B A에게 B를 생각나게 하다
- right now 지금 당장
- run out of~ 다 떨어지다, 다 써버리다
- run over (차가) 치다

개념UP

숙어의 의미 구분
- one another 서로, 상호
- one after another[the other] 잇따라, 하나씩 차례로

개념UP

'put' 관련 숙어 정리
- put on(입다)
- put out(끄다)
- put in(들여놓다)
- put out(밖에 내놓다)
- put up(올리다)
- put down(내리다)
- put away(치우다)
- put off(미루다)

S

- shake hands 악수하다
- side by side 나란히
- stand for ~을 나타내다, 상징하다
- some day 언젠가, 머지않아
- slow down 속도를 늦추다
- so far 지금까지

T

- take a bath 목욕하다
- take a picture 사진을 찍다
- take a rest 휴식을 취하다
- take back 되찾아오다
- take off 이륙하다, 벗다(↔ put on)
- take part in ~에 참가하다
- take it easy 푹 쉬다
- thanks to ~의 덕택으로
- to one's surprise 놀랍게도
- turn off (라디오 · 전등 등을) 끄다, 잠그다
- turn on (라디오 · 전등 등을) 켜다

U, W

- upside down 거꾸로
- used to do ~하곤 했다, 이전에는 ~했었다
- wait for ~을 기다리다
- what's the matter? 무슨 일이 생겼습니까?, 웬일입니까?
- what's wrong? 무슨 문제라도 있나요?, 무슨 일입니까?
- write to ~에게 편지를 쓰다
- write down 기록하다, 적어 두다

PART 3 영어 | 시험에 반드시 출제되는 문제

600쩜 중졸 검정고시

1. 국어

2. 수학

3. 영어

4. 사회

5. 과학

6. 도덕

01 다음에 제시된 단어들을 가장 잘 대표하는 것은?

basketball   volleyball   skating   soccer   baseball

① foods
② sports
③ animals
④ tools

02 다음 두 단어의 의미 관계가 나머지 셋과 다른 것은?

① large – small
② easy – difficult
③ strong – weak
④ tall – high

03 다음 빈칸에 공통으로 들어갈 단어로 옳은 것은?

• They are always looking _____ the best products.
• The state of California is famous _____ its mild weather.
• Thank you _____ helping me!

① for
② in
③ of
④ to

04~05 다음 빈칸에 가장 알맞은 것을 고르시오.

04

_____ a beautiful woman she is!

① How   ② What
③ When   ④ Where

정답 ② 출제 가능성 40%

해 설
감탄문 표현으로 'What+a/an+형용사+명사+주어+동사' 과 'How+형용사/부사+주어+동사' 가 있다. 위의 빈칸에는 'what' 이 들어가야 한다.

해 석
그녀는 정말 아름다운 여성이군!

05

She play the violin, but her sister _____ it.

① play   ② plays
③ don't play   ④ doesn't play

정답 ④ 출제 가능성 50%

해 설
접속사 'but' 으로 볼 때 다음에는 부정문이 들어간다는 것을 알 수 있다. 'her sister' 는 3인칭 단수이고 시제는 현재이므로, 빈칸에는 'doesn't play' 가 적합하다.

해 석
그녀는 바이올린을 연주하지만, 그녀의 언니(여동생)는 연주하지 못한다.

06 다음 대화에서 B가 사려고 하는 양말로 가장 알맞은 것은?

A : May I help you?

B : Yes. I want to buy a socks with a heart on it.

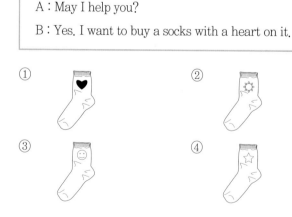

정답 ① 출제 가능성 60%

해 설
B는 하트가 그려진 양말을 사고 싶다고 했으므로 가장 알맞은 것은 ①이다.

해 석
A : 도와드릴까요?
B : 네. 저는 하트가 있는 양말을 사고 싶어요.

07 다음 대화의 빈칸에 알맞은 것은?

> A : What _____ do you have?
> B : It's nine o'clock.

① time
② size
③ class
④ pencil

정답 | ① 출제 가능성 50%

해설

'What time do you have?(몇 시입니까?)'는 시간을 묻는 표현이다. 이와 비슷한 표현으로는 'What time is it now?', 'What's the time now?', 'Do you have the time?' 등이 있다.

해석

A : 지금 몇 시입니까?
B : 9시입니다.

---

08 다음 두 사람의 관계로 가장 적절한 것은?

> A : May I take your order?
> B : Yes, I would like a beef sandwich and a green salad.
> A : OK. Anything else?

① 배우 – 관객
② 의사 – 환자
③ 교사 – 학생
④ 식당종업원 – 손님

정답 | ④ 출제 가능성 40%

해설

'May I take your order?(주문하시겠어요?)'는 식당에서 종업원이 손님에게 주문을 받을 때 쓰는 표현이다. 또한 'beef sandwich', 'green salad' 같은 단어를 통해서도 이 대화가 종업원과 손님의 대화임을 알 수 있다.

어휘

order 주문
beef 소고기
green salad 야채샐러드

해석

A : 주문하시겠습니까?
B : 네, 쇠고기 샌드위치와 야채샐러드 주세요.
A : 알겠습니다. 다른 것은 없습니까?

1. 국어
2. 수학
3. 영어
4. 사회
5. 과학
6. 도덕

09 다음 대화 후 Jisu가 가장 먼저 할 일은?

> Jisu : Mom. Let's go to the park.
>
> Mom : Sound good. But it's cold outside. So it'll be good to
> wear gloves.
>
> Jisu : Ok. I will wear them.

① 밖에 날씨 확인하기
② 창문 닫기
③ 목도리 챙기기
④ 장갑 끼기

정답	④	출제 가능성	60%

해 설
공원에 가자는 지수의 말에 엄마는 추우니
깐 장갑을 끼는 것이 좋다고 제안한다. 따
라서 대화 후 지수는 바로 장갑을 낄 것이
다.

어 휘
park 공원
outside 밖에
wear 입다, 끼다
gloves 장갑

해 석
지수 : 엄마, 공원에 나가요.
엄마 : 좋아. 그런데 밖에 추우니깐 장갑을
　　　끼고 나가는 것이 좋을 거야.
지수 : 네, 장갑 낄게요.

10 다음 대화의 빈칸에 들어갈 말로 알맞은 것을 고르시오.

> A : Hello. _____
>
> B : This is she speaking.

① What's this?
② Are you James?
③ Hold on, please.
④ May I speak to Tiffany?

정답	④	출제 가능성	50%

해 설
'This is she speaking'(네, 접니다.)라는
B의 대답을 통해, 이 대화가 전화로 이루
어지는 대화임을 알 수 있다. 따라서 ④가
가장 알맞다. B가 자신을 'she'라고 표현
했으므로, ②는 정답으로 적절하지 않다.

어 휘
hold on 전화를 들고 기다리다
May I speak to ~? ~와 통화할 수 있
나요?

해 석
A : 안녕하세요. 티파니와 통화할 수 있나
　　요?
B : 네, 접니다.

11 다음 대화가 이루어지는 장소로 가장 알맞은 곳은?

> A : May I help you?
>
> B : Yes, please. I want to buy travel books.
>
> A : Travel books are on the third floor.

① hospital   ② library

③ bookstore   ④ restaurant

| 정답 | ③ | 출제 가능성 | 40% |

해 설

책의 위치를 묻고 있는 내용이기 때문에 '도서관'에서 일어나는 대화로 착각할 수 있으나, B가 'I want to buy ~(~을 사고 싶습니다)'라고 말하였으므로 서점에서 이루어진 대화임을 알 수 있다.

어 휘

travel book 여행전문 서적, 여행기
third 세 번째의
floor 층, 바닥

해 석

A : 도와드릴까요?
B : 네, 그래주세요. 제가 여행 책들을 사고 싶은데요.
A : 여행 서적은 3층에 있습니다.

12 다음 대화에 빈칸에 들어갈 말로 가장 적절한 것은?

> A : How ___ do you go to the hair shop?
>
> B : Twice a month.

① far   ② long

③ often   ④ much

| 정답 | ③ | 출제 가능성 | 60% |

해 설

B의 대답이 한 달에 두 번이라고 했으므로 A는 횟수를 물어보는 질문이어야 한다. 따라서 빈칸은 often이 들어가야 가장 적절하다.

해 석

A : 미용실에 얼마나 자주 가니?
B : 한 달에 두 번.

1. 국어   2. 수학   3. 영어   4. 사회   5. 과학   6. 도덕

13 다음 밑줄 친 말의 의도로 가장 알맞은 것은?

A : I won the English speaking contest.

B : Great. I'm proud of you.

① 권유
② 동의
③ 충고
④ 칭찬

정답 | ④ 출제 가능성 30%

해 설
'be proud of'는 '~을 자랑스러워하다'라는 뜻이므로, B는 A를 칭찬하고 있다는 것을 알 수 있다.

어 휘
win 이기다, 우승하다
contest 대회, 경기

해 석
A : 나는 영어 말하기 대회에서 우승했어요.
B : 잘됐구나. 네가 자랑스럽구나.

14 다음 빈칸에 들어갈 알맞은 것은?

A : Which season do you like best?

B : I like winter best.

A : _____ ?

B : Because I can make a snowman!

① Who
② Why
③ What
④ When

정답 | ② 출제 가능성 50%

해 설
빈칸의 질문에 대한 대답을 보면, because(왜냐하면)로 시작하고 있다. 따라서 빈칸에는 '이유'를 묻는 말이 오는 것이 적절하다.

어 휘
season 계절
because 왜냐하면, ~때문에
make a snowman! 눈사람을 만들다

해 석
A : 넌 어느 계절을 가장 좋아하니?
B : 나는 겨울이 제일 좋아.
A : 왜?
B : 왜냐하면 눈사람을 만들 수 있으니깨!

15 다음 대화의 빈칸에 들어갈 말로 가장 알맞은 것은?

> A : Where did you go on vacation last month?
>
> B : I ＿＿ to Japan with my friend.

① went   ② go

③ goes   ④ will go

1. 국어

2. 수학

3. 영어

4. 사회

5. 과학

6. 도덕

| 정답 | ① | 출제 가능성 | 70% |

해 설
지난달에 휴가 어디로 갔는지 물어보는 것이므로 과거형으로 대답해야 한다. 따라서 보기 중 과거형은 ①이다.

해 석
A : 지난달에 휴가 어디로 갔어?
B : 친구랑 일본 다녀왔어.

16 다음 밑줄 친 It이 가리키는 것은?

> <u>It</u> has many books. We read books and study here. We can borrow books, too.

① library   ② gym

③ bakery   ④ bookstore

| 정답 | ① | 출제 가능성 | 40% |

해 설
책이 많은 곳으로, 책을 읽고 공부할 수 있으며, 또한 빌릴 수 있는 곳은 '도서관'이다.

어 휘
borrow 빌리다
gym 체육관
library 도서관
bakery 빵집, 제과점
bookstore 서점

해 석
그것에는 책들이 많이 있다. 우리는 여기서 책을 읽고 공부를 한다. 또, 우리는 책을 빌릴 수도 있다.

253

17 다음 글의 내용과 일치하는 것은?

Dear Jane,

How are you doing? I got your letter yesterday. I was very happy. I met my friend, Tom, today and talked about you. Please write me soon.

Your friend,

Susan

① 제인과 수잔은 자매이다.
② 톰과 수잔은 남매이다.
③ 수잔이 제인에게 보낸 편지이다.
④ 톰이 제인에게 보낸 편지이다.

정답 ③ 출제 가능성 40%

해 설
이 편지는 수잔이 친구인 제인에게 보내는 편지이다. 편지 내용에 의하면 수잔이 친구인 톰과 제인에 대해 이야기를 나누었다는 것을 알 수 있다.

어 휘
dear 친애하는 ~에게
friend 친구
write 쓰다

해 석
제인에게
잘 지내니? 난 어제 너의 편지를 받았어. 난 참 기분이 좋았단다. 난 오늘 내 친구인 톰을 만나서 너에 대해 이야기했어. 곧 답장을 써주렴.
너의 친구, 수잔

18 다음 글에서 느꼈을 I의 기분은?

I had a dream last night. I travelled to the moon. I saw many beautiful stars. It was a wonderful dream.

① sad ② happy
③ angry ④ worried

정답 ② 출제 가능성 60%

해 설
어젯밤 꾼 꿈에 대한 내용으로, 그 꿈을 '멋진 꿈(a wonderful dream)'이라고 표현한 것으로 보아 '나'의 기분은 즐거웠다는 것을 알 수 있다.

어 휘
have a dream 꿈을 꾸다
travel to ~로 여행가다
wonderful 멋진, 놀라운
angry 화난
worried 걱정되는, 두려운

해 석
나는 어젯밤에 꿈을 꾸었다. 나는 달로 여행을 갔다. 나는 아름다운 별들을 많이 보았다. 그것은 멋진 꿈이었다.

19 다음 빈칸에 들어갈 말로 알맞은 것은?

> Forests are very important to us. They give us fresh air.
> We can take a deep breath of fresh air in the forests.
> _____ , we should take care of them.

① So
② But
③ For example
④ In other words

20 다음 대화에서 밑줄 친 말의 의도로 가장 적절한 것은?

> A : I will go to America during summer vacation.
> B : Oh! That sounds great.

① 부러움 표현하기
② 목소리 칭찬하기
③ 사과하기
④ 안부 묻기

21 다음 글의 제목으로 가장 알맞은 것은?

> The bicycle can save more energy than the car. Also, it is nearly as fast as the car for short city trips.

① 자동차의 장점
② 여행의 즐거움
③ 에너지 절약의 중요성
④ 자전거의 장점

22 다음 글의 주제로 가장 알맞은 것은?

> My name is Chulsu. I'm 14 years old. Let me introduce my friend Inho. He is good at all kinds of sports. He is the fastest in our school.

① 자기 소개
② 친구 소개
③ 운동 방법
④ 나의 일과

23 다음에서 설명하는 장소로 가장 적절한 것은?

> There are a lot of trees and flowers. People get some fresh air and take a rest on the bench. They read books under the trees. They enjoy jogging.

① 화원　　　　　　② 서점
③ 공원　　　　　　④ 체육관

해 설
trees(나무), flowers(꽃), rest(휴식), bench(벤치), jogging(조깅) 등의 단어를 통해 '공원'을 묘사하고 있다는 것을 알 수 있다.

어 휘
get some fresh air 신선한 공기를 쐬다
take a rest 휴식하다
jogging 조깅

해 석
거기에는 나무와 꽃들이 많이 있다. 사람들은 신선한 공기를 쐬고 벤치에서 휴식을 취한다. 그들은 나무 밑에서 책을 읽는다. 그들은 조깅을 즐긴다.

24 다음 주어진 말에 이어질 대화의 순서로 바른 것은?

> Can I help you?
>
> (A) Your name, please.
> (B) Yes, please. I'd like to borrow some books.
> (C) Lee soyoung.

① (A) - (B) - (C)　　　　② (B) - (A) - (C)
③ (C) - (A) - (B)　　　　④ (C) - (B) - (A)

해 설
도서관에서 책을 빌리는 내용으로, 'Can I help you?' 라는 질문에 대한 대답을 먼저 찾아보면 '(B)' 가 가장 알맞다. 따라서 순서는 '(B) - (A) - (C)' 가 된다.

어 휘
borrow 빌리다

해 석
도와 드릴까요?
(A) 이름을 말씀해주세요.
(B) 네, 책을 좀 빌리고 싶습니다.
(C) 이소영입니다.

1. 국어　2. 수학　3. 영어　4. 사회　5. 과학　6. 도덕

25 다음 도표의 내용으로 보아, 아래 빈칸에 들어갈 말로 알맞은 것은?

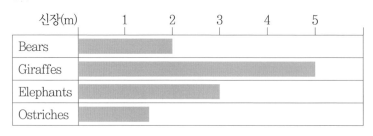

Among the four animals, _____ are the tallest.

① bears

② giraffes

③ elephants

④ ostriches

PART 4

사회

STEP1. 핵심 이론.ZIP

STEP2. 시험에 반드시 출제되는 문제

제1편 | 사회1

❶ 내가 사는 세계

(1) 위치의 표현

① 위치 표현의 방법

㉠ 수리적 위치

- 의미 : 위도와 경도를 이용한 표현, 즉 위선과 경선의 범위를 통해 위치를 표현

- 위선

　- 적도(위도 $0°$)를 기준으로 북반부(북위)와 남반구(남위)를 각각 $90°$로 나눈 기준선으로, 기후의 분포나 기후대 결정에 영향을 미침

　- 적도를 기준으로 북위(N)와 남위(S)로 구분되며, 북극은 북위 $90°$, 남극은 남위 $90°$

- 경선

　- 북극과 남극을 연결한 세로선으로, 본초 자오선(경도 $0°$)을 기준으로, 동경(E)과 서경(W)으로 구분(동경과 서경은 모두 $0°{\sim}180°$)

　- 본초 자오선은 영국 그리니치 천문대를 지나는 경선이며, 세계 시간대의 기준임

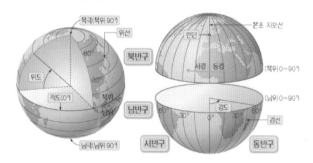

㉡ 지리적 위치 : 대륙과 해양을 이용해 위치를 표현 **예** 한국 유라시아 대륙 동쪽의 반도국이며, 동쪽에 북태평양이 위치

문제UP

다음 설명에 해당하는 것으로 옳은 것은?

- 지구 표면에 그은 가상의 가로선이다.
- 적도를 기준으로 남과 북을 각각 $90°$로 나눈 선이다.

① 위선　　② 경선
③ 본초 자오선　④ 날짜 변경선

해 지구 표면의 가로선이며, 적도를 기준으로 북반부와 남반구를 각각 $90°$로 나눈 기준선은 위선이다.

정답 ①

개념UP

위선과 경선으로 알 수 있는 내용

위선과 경선을 통해 지역의 위치를 알 수 있고, 위선을 통해 기후와 식생, 토양을 예측할 수 있으며, 경선을 통해 시간대를 알 수 있음

개념UP

위치를 읽는 방법

- 대륙과 해양으로 위치를 읽을 수 있음
- 주변 국가들을 통해서 위치를 읽을 수 있음
- 위도와 경도로 위치를 읽을 수 있음

ⓒ 관계적 위치 : 주변국과의 위치를 이용하는 표현으로, 상호 관계를 파악할 수 있음

② 지도를 통한 위치 표현

ㄱ 방위 : 동서남북을 나타내며, 방위 표시가 없는 경우 위쪽이 북쪽임

ㄴ 기호 : 지표면의 여러 현상을 약속에 따라 간략히 표시한 것

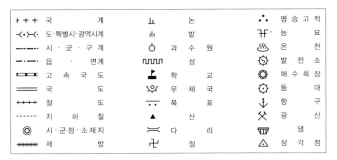

ㄷ 등고선 : 평균 해수면을 기준으로 높이가 같은 지점을 연결한 선으로, 지형 높이를 표현

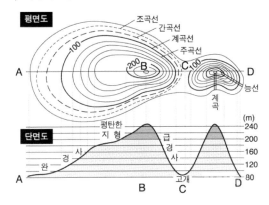

ㄹ 축척 : 실제 거리를 지도상에 줄여서 표현한 비율로, '1 : 50000'(비례식) 또는 1/50000(분수식), 막대자(눈금자) 식으로 표현

  • 소축척 지도 : 넓은 지역을 간략하게 표현한 지도
  • 대축척 지도 : 좁은 지역을 상세하게 표현한 지도로, 축척이 1/5000 이상인 지도

③ 위성사진과 전자 지도를 이용한 위치 표현

ㄱ 위성사진 : 인공위성에서 실제 지구 모습을 촬영한 사진을 이용한 것으로, 사실적 · 입체적이며, 직접 가보기 어려운 곳의 지리 정보 파악이 가능

문제 UP

다음 지도에 대한 설명으로 옳지 않은 것은?

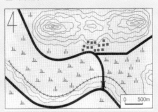

① 산지의 대부분은 북쪽에 위치해 있다.
② 인구 밀도가 높은 도시 지역에 해당한다.
③ 배산임수 지역에 위치하고 있다.
④ 토지는 주로 논과 밭으로 이용되고 있다.

해 지도 기호를 통해 볼 때 대부분의 토지가 논과 밭으로 구성된 것으로 보아 도시 지역으로 볼 수는 없다.

정답 ②

개념 UP

소축척, 대축척 지도의 예

  • 소축척 지도 : 세계지도, 우리나라 전도 등
  • 대축척 지도 : 지형도, 도시계획도 등

ⓛ 전자 지도 : 지리 정보를 컴퓨터 등에서 이용 가능하도록 디지털 정보로 표현한 것으로, 시간과 비용을 절약하고 확대와 축소가 용이하며, 다양한 정보 확보가 가능

(2) 위치에 따른 인간 생활

① 위도에 따른 기후의 차이

ⓐ 위도에 따른 기온 차이

- 발생원인 : 지구가 둥글어 위도에 따른 일사량 차이가 발생함
- 기온 분포 : 저위도에서 고위도로 갈수록 기온이 낮아짐
  - 적도 등 저위도 지방은 태양이 수직에 가깝게 좁은 지역을 비춰 기온이 높음
  - 중위도 지방은 온화한 기후가 나타남
  - 고위도 지방은 태양이 비스듬히 비추어 열이 분산되므로 기온이 낮음

ⓑ 위도에 따른 계절 차이

- 발생원인 : 지구 자전축이 23.5° 기울어진 채로 공전하기 때문에 발생
- 계절의 차이 : 남반구와 북반구의 계절이 서로 반대로 나타남
  - 저위도(적도) : 계절별로 태양과의 거리차가 거의 없어 연중 여름철같이 무더움
  - 중위도 : 북반부가 여름(겨울)일 때 남반구는 겨울(여름)임
  - 고위도(극지방) : 일 년 내내 태양과의 거리차가 커 연중 겨울철 같이 추우며, 여름철에는 해가지지 않는 백야 현상이, 겨울철에는 밤만 지속되는 극야 현상이 발생함

ⓒ 북반구와 남반구의 비교

구분	계절의 차이	분포상의 차이	특징
북반구	여름/겨울	육지가 많으며(전체의 67%), 다수 인구가 분포(전체의 90%)	남향집을 선호하며, 크리스마스가 겨울임
남반구	겨울/여름	해양이 많으며, 인구가 적음	북향집을 선호하며, 크리스마스가 여름임

② 경도에 따른 시간의 차이

ⓐ 경도 : 경선으로 표시되는 각도, 본초 자오선을 기준으로 동경(E)과 서경(W)으로 구분

개념UP

계절 차에 따른 생활의 차이

- 북반구가 겨울일 때 남반구는 여름이므로, 남반구의 밀과 과일을 북반구로 수출
- 북반구가 겨울일 때 따듯한 남반구로의 관광객이 증가

개념UP

북반구와 남반구의 공통점

- 각각 둥근 지구의 반쪽임
- 6개월이라는 시간 차이를 두고 서로 같은 계절의 변화를 갖음
- 북극과 남극은 밤과 낮의 변화가 같음
- 1일 기준 낮 시간의 변화가 한쪽은 늘어나고 다른 한쪽은 줄어들지만 그 비율이 같음
- 위도 상에 위치하는 태양의 위치와 그 영향에 따른 기후변화가 비슷함

ⓛ 경도에 따른 시간차
- 발생원인 : 지구가 1일(24시간)에 한 바퀴(360°) 자전하므로, 경도 15°마다 한 시간차가 발생
- 시간차
  - 동·서로 각각 12개씩 24개의 시간이 존재(하루 24시간)
  - 동경은 본초 자오선보다 빠르며(15°마다 1시간 빠름), 서경은 본초 자오선보다 느림
- 표준시
  - 각 나라의 표준이 되는 시간으로, 우리나라는 동경 135°
  - 국토가 넓은 러시아, 캐나다, 미국, 호주 등은 여러 개의 표준시가 존재하나, 중국은 단일 표준시(동경 120°)를 사용함
- 날짜 변경선 : 날짜를 변경하기 위해 만들어 놓은 선(동경 180°와 서경 180°로 일치)

❷ 인간 거주에 유리한 지역과 극한 지역

(1) 인간의 거주 조건으로서의 자연환경

① 기후 조건

㉠ 기후의 의미
- 기후 : 한 지역에서 일정 기간 나타나는 대기의 평균적 상태
- 날씨 : 짧은 기간(하루) 나타나는 대기 상태를 말함

㉡ 기후의 요소 : 기후를 구성하는 대기 현상(기후의 3요소는 기온, 강수, 바람)

㉢ 위도에 따른 기후의 특성
- 저위도에서 고위도로 갈수록 기온이 하강(열대 → 온대 → 냉대 → 한대)
- 기온 분포에 따라 위도별 식생 분포가 달라짐

㉣ 세계의 기후 구분 : 기온과 강수량의 차이로 구분

문제UP

다음 위도와 경도에 관한 설명 중 옳지 않은 것은?
① 저위도에서 고위도로 갈수록 기온이 낮아진다.
② 중위도 지방의 북반부가 여름일 때 남반구는 겨울 날씨가 된다.
③ 지구가 1일에 한바퀴 자전하므로, 경도 15°마다 한시간차가 발생한다.
④ 동경의 시간은 본초 자오선보다 느리며, 서경은 본초 자오선보다 빠르다.

해 ④는 반대로 설명되었다. 즉, 동경의 시간은 본초 자오선보다 빠르며(15°마다 1시간 빠름), 서경은 본초 자오선보다 느리다(15°마다 1시간 느림).

정답 ④

개념UP

지리 정보 체계(GIS)의 의미와 활용
- 의미 : 지역에 관한 지리적 정보를 입력·저장·처리·분석하는 정보 처리 시스템
- 장점 : 자료를 언제든 사용 가능하며, 정보의 효율적 관리와 다양한 공간분석 가능
- 활용 : 도시 계획 수립과 시설 입지 선정, 환경오염과 자연재해 예방, 복지 분야, 내비게이션, 인터넷 등의 지도서비스, 대중교통 경로 및 도착 시간 안내 등

개념UP

온대 기후

- **기준** : 최한월 평균기온 -3° ~ 18°
- **농업** : 북서부 유럽의 혼합 농업, 남유럽의 수목 농업, 아시아의 벼 농사 등
- **주거지 특성** : 채광과 통풍을 위해 창문이 크며, 난방 시설을 설치

개념UP

스콜, 연교차

- **스콜** : 적대 부근의 열대 지방에서 뜨거운 태양으로 인한 상승 기류의 발생으로 인해 급작스럽게 쏟아지는 소나기
- **연교차** : 일년 중 가장 따뜻한 계절의 평균기온과 추운 계절의 평균기온의 차이

문제UP

다음 내용과 관련된 농업 형태로 알맞은 것은?

- 지중해 연안의 여름철 고온 건조한 기후에 적합
- 해안 평야나 구릉지에서 뿌리가 깊어 잎이 두꺼운 과수나 나무를 재배
- 주요 작물로는 레몬, 올리브, 포도, 코르크 등이 있음

① 낙농업　　② 수목 농업
③ 혼합 농업　　④ 고랭지 농업

해 여름이 고온 건조한 지중해 연안의 지중해성 기후의 경우 수목 농업에 적합한데, 레몬과 올리브, 포도, 코르크 등은 고온 건조한 날씨에서 맛과 품질이 더욱 좋아진다.

정답 ②

기후 구분		특징	식생 등
열대 기후	열대 우림	연중 고온다습(강수량 2,000mm 이상)한 적도 부근 지역, 스콜이 내림	열대 우림(밀림)
	열대 초원	건기와 우기가 뚜렷이 구분, 야생동물의 천국(관목림)	열대 우림 주변의 초원, 사바나 기후
건조 기후	초원	연강수량 250~500mm, 반건조 지역, 목축 발달	사막 주변, 스텝 기후
	사막	연강수량 250mm 미만, 일교차 최대	사막, 위도 30° 부근
온대 기후	계절풍	여름(고온다습)과 겨울(한랭건조) 연교차 큼, 여름철 벼농사 발달	대륙 동안(아시아)
	해양성	편서풍과 북대서양 해류로 연중 온난습윤, 연교차 작음, 혼합 농업 발달	대륙 서안(북서부 유럽)
	지중해성	여름 고온건조, 겨울 온난습윤, 지중해성 기후(남부 유럽), 수목 농업 발달	지중해 연안
냉대 기후		최한월 평균기온 -3° 미만, 최난월 평균기온 10° 이상, 여름은 짧고 겨울이 길고 추움(연교차 최대), 최대 임업 지역	타이가(침엽수림)
한대 기후		최난월 평균기온 0° 미만, 남극 및 북극해 연안(빙하 지역)	툰드라(이끼류)
고산 기후		연중 온화한 기후(상춘 기후), 고산 도시	고산 지대

㉢ 연교차
- 고위도 지역으로 갈수록 연교차 증대
- 내륙지방이 해안지방보다 연교차가 크며, 대륙 동안이 서안보다 연교차가 큼

㉣ 인간의 거주에 유리한 기후
- 온대 기후 지역 : 사계절이 뚜렷하고 기온이 적당하며, 강수량이 풍부하여 인간 활동에 유리(도시 및 상공업 발달)
- 냉대 기후 지역 : 온대 기후 지역과 가까운 지역은 기후가 비교적 온화하여 거주에 유리하나, 극지방에 가까운 지역은 추위로 거주에 불리
- 고산 기후 지역
  - 적도 부근의 고산 지역은 기후가 연중 온화하여 거주에 유리

- 보고타, 키토, 멕시코시티 등 고산 도시가 발달하며, 감자 · 옥수수 등 밭농사 중심

② 지형 조건

㉠ 인간 거주에 유리한 지형

- 하천 지형
  - 산지에서 시작한 물줄기가 합쳐져 대하천이 형성됨 **예** 나일강, 아마존강
  - 하천 용수를 확보할 수 있고, 토지가 비옥하여 농업에 유리 **예** 아시아 지역의 하천
- 평야 지형 : 사면의 경사가 완만한 지형으로, 농경과 목축에 유리하고 교통이 편리
- 해안 지형
  - 육지와 바다가 만나는 곳으로, 육지 · 바다의 자원을 모두 이용할 수 있고, 교통이 편리
  - 세계 인구의 절반 이상이 바다로부터 100km 이내에 거주

㉡ 인간 거주에 불리한 지형

- 우랄 산맥, 애팔래치아 산맥, 히말라야 산맥 등의 산지 지형
- 기온이 너무 높거나 낮은 지역(극지방 등), 건조한 지역(사막)

(2) 거주 지역의 변화와 인구 밀집 지역

① 거주 지역의 변화

㉠ 거주에 적합하게 변화한 지역

- 건조 기후 지역 : 석유 개발로 인한 도시 개발, 인공 수로 건설 등
- 한대 기후 지역 : 석유와 천연가스 개발, 항공 교통의 요지
- 열대 우림 지역 : 풍부한 지하자원, 목재, 관광지 개발

㉡ 거주에 불리하게 변화한 지역

- 지구 온난화의 피해 지역 : 지나친 화석 연료 사용에 따른 온실가스 배출량 증가로 기온이 상승해 해안 저지대 지역이 침수됨 **예** 몰디브, 투발루, 방글라데시 저지대
- 사막화의 피해 지역 : 기후 변화와 무분별한 삼림 개발, 농경지 확대, 축산 등의 영향으로 사막화됨 **예** 아프리카 사헬 지대

개념UP

하천 지역에서 발생한 4대 문명

- 이집트 문명 : 나일강 유역
- 메소포타미아 문명 : 티그리스 · 유프라테스 강 유역
- 인더스 문명 : 인더스 강 유역
- 황허 문명 : 황허 강 유역

개념UP

거주에 적합하게 변화한 지역의 예

- 건조 기후 지역 : 아랍의 두바이
- 한대 기후 지역 : 알래스카, 그린란드
- 열대 우림 지역 : 아마존 강 일대

② 인구 밀집 지역

　㉠ 서부 유럽

　　• 위치 : 유라시아 대륙의 서쪽, 대서양에 접하며 알프스 산맥과 피레네 산맥의 북쪽 지역에 해당함

　　• 기후 : 서안 해양성 기후, 편서풍과 난류(북대서양 해류)의 영향으로 겨울이 온화하고 여름이 서늘하며(연교차 적음), 연중 강수량이 고름(거주하기에 적당한 기후)

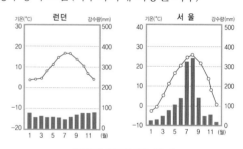

[런던과 서울의 기후 비교]

　　• 지형 : 북부와 남부에 산지, 중앙에 넓은 평원 발달(유럽 평원)

　　• 농업 : 밀농사, 혼합 농업(곡물 농업과 목축업 병행), 낙농업

　　• 산업화 : 산업 혁명 이후 공업이 발달하고 도시화가 빠르게 진행되면서 인구가 도시에 집중

　㉡ 동남아시아

　　• 위치 : 유라시아 대륙의 동쪽, 태평양과 인도양 사이에 위치하며, 인도차이나와 말레이 반도 및 주변 섬들로 구성

　　• 기후 : 열대 기후 지역, 계절풍의 영향

　　　– 여름 : 바다에서 육지로 고온다습한 남서 계절풍이 불며, 강수량이 많음

　　　– 겨울 : 육지에서 바다로 건조한 북동 계절풍이 불며, 강수량 적음

- 지형 및 농업
  - 메콩강과 이라와디강 등의 큰 하천 주변에 넓고 비옥한 충적평야 발달(벼농사 발달)
  - 필리핀, 인도네시아 등은 험준한 신기 습곡 산지가 많으며, 계단식 논농사를 지음
- 산업 : 풍부한 지하자원과 저임금 노동력을 토대로 1980년대 이후 빠른 속도로 산업화
- 인구 밀집 원인 : 벼농사에 적합한 기후와 지형, 계절풍, 넓은 평야 등

(3) 극한 지역에서의 생활

① 열대 우림 지역

　㉠ 분포 : 적도 부근의 저위도 지역(아마존강 유역, 동남아시아 일대, 아프리카 적도 부근)

　㉡ 기후
- 연중 높은 기온과 많은 강수량으로 밀림과 정글 발달
- 일교차가 연교차보다 크며, 스콜이 내림

[열대우림지역의 분포]

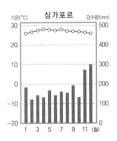

[열대우림지역의 기후]

　㉢ 식생 : 고온 다우의 기후로 인해 다양한 크기의 상록 활엽수림이 분포(아마존강 등 지구의 허파 역할을 수행)

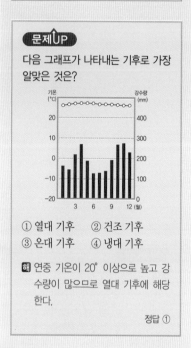

문제UP

다음 그래프가 나타내는 기후로 가장 알맞은 것은?

① 열대 기후   ② 건조 기후
③ 온대 기후   ④ 냉대 기후

해 연중 기온이 20° 이상으로 높고 강수량이 많으므로 열대 기후에 해당한다.

정답 ①

ㄹ 농업

- 벼농사 : 동남아시아의 경우 벼농사에 적합한 계절풍 기후로, 1년 2회 이상 벼농사 가능
- 이동식 화전 농업 : 척박한 곳에 불을 질러 경지를 개간해 옥수수, 얌, 카사바 등을 재배
- 플랜테이션 농업 : 커피, 카카오, 바나나 같은 열대작물을 재배

ㅁ 의식주

- 의복 생활 : 얇고 간편한 옷차림, 주변의 재료를 주로 이용
- 식생활
  - 상하는 것을 방지하여 향신료를 많이 사용하며 기름에 튀긴 조리 문화 발달
  - 곡류와 채소, 열대 과일을 주로 섭취(소화가 잘 되면서 열량이 높은 식품)
- 가옥 : 개방적 가옥 구조, 수상 가옥과 고상 가옥이 많음, 지붕의 경사가 급함

② 건조 지역

ㄱ 분포

- 위도 30° 부근, 바다에서 먼 내륙, 한류 연안, 사막 지역 등 연강수량 500mm 미만 지역
- 서남아시아 및 북아프리카 사막(사하라 사막), 중앙아시아 사막(고비 사막, 타클라마칸 사막), 호주 내륙 사막 등
- 사막을 둘러싼 주변 지역인 스텝 기후 지역

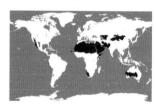

[사막 기후 지역]   [스텝 기후 지역]

ㄴ 기후

- 사막 기후 : 연강수량 250mm 이하, 비 올 때만 하천 형성, 오아시스 주변 마을 발달
- 스텝 기후 : 연강수량 250~500mm, 짧은 우기 동안 초원 형성, 건기에는 황량

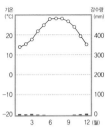

[건조 기후 그래프]

ⓒ 농업
- 사막 기후 지역 : 오아시스 농업(밀, 대추야자), 지하수를 이용한 관개 농업(목화, 밀)
- 스텝 기후 지역 : 유목, 밀 재배, 관개 시설을 통한 기업적 곡물과 목축업

ⓔ 산업 : 석유 개발을 통한 유목민의 도시 정착, 최근 태양 에너지와 관광 산업 육성

ⓜ 주거지
- 두꺼운 벽과 작은 창문, 평평한 지붕이 특징
- 스텝 기후 지역은 유목 생활을 하며 이동식 가옥이 발달

③ 툰드라 지역

㉠ 분포 : 북극해를 중심으로 그린란드, 유라시아 및 북아메리카 대륙의 북부 지역

㉡ 기후
- 툰드라 기후 : 짧은 여름만 0° 이상
- 빙설 기후 : 가장 따뜻한 달의 평균 기온이 0° 미만(남극 대륙, 그린란드 내륙)

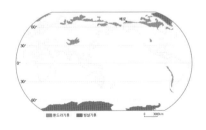

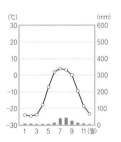

㉢ 산업
- 석유와 천연가스 등의 자원 개발(환경 문제와 원주민 생활

---

1. 국어
2. 수학
3. 영어
4. 사회
5. 과학
6. 도덕

개념UP

관개 농업과 카나트
- **관개 농업** : 하천이나 지하수를 관개 수로를 통해 끌어와 농업에 활용하는 것
- **카나트** : 이란의 지하 관개 수로로, 강수량보다 증발량이 많은 지역에서 물의 증발을 막기 위해 수로를 지하에 설치

문제UP

다음 주거 지역이 나타나는 기후에서 주로 하는 농업 형태는?

- 지붕은 평평하며, 창문은 작으며, 벽은 두껍다.
- 집 사이에 좁은 골목이 형성되어 있다.

① 벼농사
② 혼합 농업
③ 오아시스 농업
④ 이동식 화전 농업

圏 건조 지역에서 나타나는 주거지의 특징이다. 건조 지역의 농업은 오아시스 농업이나 관개 농업이 중심이다.

정답 ③

터전 파괴가 발생)
- 백야, 빙하 체험, 개썰매 등 기후 조건을 이용한 관광 산업 개발

② 의식주
- 의복 : 겨울에 대비한 두꺼운 옷과 외투 발달, 수렵을 통한 털가죽 옷 등
- 음식 : 생산과 고기를 소금에 절이거나 말림, 날고기를 냉동 · 훈제 · 건조해 보관
- 가옥 : 추위에 대비한 폐쇄적인 구조(낮은 천장, 작은 창문과 출입문), 통나무집 등

❸ 자연으로 떠나는 여행

(1) 기후와 지형 경관
① 기후 경관을 찾아가는 여행
㉠ 열대 기후(열대 우림, 열대 사바나, 열대 고산 기후)
- 경관 : 다양한 식생과 생태계, 상록 활엽수림 발달(열대 우림), 초원 지대(사바나), 고산 도시(고산 기후)
- 관광 및 휴양
  - 희귀 동식물 관찰과 원주민 생활 체험 등의 관광 및 휴양 시설
  - 플랜테이션 농장(대규모 고무 · 사탕수수 · 커피 · 카카오 · 목화 공장)
  - 넓은 사바나 초원 지역의 동물 서식지 **예** 케냐 세렝게티 국립공원의 사파리 관광
  - 해안의 멋진 풍경과 레포츠, 신선한 해산물
  - 잉카 · 마야 문명 등 고대 문명의 유적지, 고산 도시 **예** 보고타, 키토, 라파스

문제UP

다음 내용의 해당하는 지역의 기후는?

낮은 기온으로 인해 농사를 지을 수 없어 주로 사냥이나 고기잡이, 순록 유목을 하며 살고 있다.

① 열대 기후　② 온대 기후
③ 한대 기후　④ 건조 기후

해 기온이 낮아 농사를 지을 수 없어 고기잡이, 사냥, 순록 유목 등을 하는 곳은 한대 기후 지역이다.

정답 ③

개념UP

사바나 기후

우기에는 키 큰 풀의 초원(사바나)을 형성하여 야생 동물의 낙원이라 불리며, 건기에는 풀이 말라 누렇게 변하고 나무가 드물게 분포함(케냐, 탄자니아 일대)

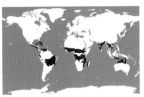

[사바나 기후 지역]

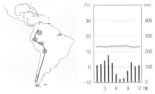

[고산 도시와 고산 기후]

ⓛ 건조 기후
- 사막 기후 지역
  - 경관 : 사막 발달(사막 체험), 유목 생활 및 천막집
  - 관광 : 유목민 체험, 낙타 타기, 사막 랠리, 사파리 투어, 진흙 및 소금 호텔 등
- 스텝 기후 지역
  - 경관 : 초원 지역의 유목, 관개 농업
  - 관광 : 이동식 가옥과 승마 체험(몽골, 중국 신장의 우루무치 등)

ⓒ 온대 기후
- 온대 계절풍 기후 지역 : 4계절이 뚜렷하여 계절별 관광이 발달
- 서안 해양성 기후 지역 : 온화한 기온과 문화의 발달로 관광이 발달
- 지중해성 기후 지역
  - 파란 바다와 하늘의 휴양지, 포도·올리브 농장 등의 농장 체험, 와인 체험
  - 고대 그리스와 로마, 르네상스 유물과 유적

ⓛ 냉대 및 한대 기후
- 냉대 기후 지역
  - 경관 : 타이가(침엽수림) 분포, 다설 지역(눈과 얼음 축제)
  - 관광 : 눈과 얼음의 겨울 축제 발달, 동계 스포츠 산업 발달
- 한대 기후 지역 : 자연환경(오로라, 빙하체험, 펭귄)을 이용한 관광 **예** 북극해 연안의 라플란드, 캐나다 옐로나이프 등

② 지형 경관을 찾아가는 여행
ⓛ 산지와 고원
- 산지 : 주변보다 높은 지형으로, 지구 내부의 힘(지층의 횡압력)에 의해 형성되고 외부의 힘에 의해 변형

개념UP

스텝 기후
건조한계와 사막한계 사이의 기후를 가리키는 것이며, 사막 기후 지역을 둘러싸면서 분포하지만 사막기후와는 달리 다소의 강우가 있으므로 초원으로 볼 수 있음

개념UP

온대계절풍 기후
온대의 대륙 동안의 계절풍 기후로, 여름철에는 해양의 다습한 계절풍이 불어와 비가 많이 오고, 겨울철에는 대륙의 건조한 바람이 불어와 맑은 날이 많음. 계절적으로 기후 변화가 명확하며 아시아 동부, 미국 동남부, 남아메리카 남동부, 오스트레일리아 동부 지역에 분포함

개념UP

세계 3대 겨울 축제
캐나다 퀘백의 윈터 카니발, 일본 삿보로 눈축제, 중국 하얼빈 빙등제

1. 국어
2. 수학
3. 영어
4. 사회
5. 과학
6. 도덕

- 고원 : 높고 평탄한 지형과 침식에 의한 평탄 지형을 말하며, 내부의 힘(융기)과 용암 분출로 형성됨

ⓒ **화산 지형**

- 땅속의 마그마가 솟아오르는 과정에서 형성
- 제주도의 기생화산 · 용암동굴, 한라산의 백록담, 백두산 천지 등

ⓒ **하천 지형** : 하천이 침식 · 운반 · 퇴적 작용을 반복하면서 지형을 변화시킴

- 상류의 선상지 : 산골짜기를 내려온 강이 평지를 만나 유속이 느려지며 부채꼴 모양으로 형성
- 중류의 범람원 : 홍수 등으로 강물이 범람하여 하천이 운반하던 물질이 강 주변에 쌓여 형성된 평야(우리나라에 많은 지형)
- 하류의 삼각주 : 강과 바다가 만나는 곳에서 유속이 느려지면서 형성

ⓒ **해안 지형** : 육지와 바다가 만나는 곳에서 파랑과 조류에 의해 형성

- 파랑
  - 침식 작용(침식해안) : 해안 절벽(해식애), 해식 동굴, 파식대, 돌기둥(시스택) 형성
  - 퇴적 작용(모래해안) : 모래사장(사빈), 석호(해안가 호수), 사구(모래 언덕) 형성
- 조류의 퇴적 작용(갯벌해안) : 조석 간만의 차이가 큰 바닷가에서 형성(서해 · 남해안), 양식장, 갯벌(간석지) 발달
- 바람의 퇴적 작용 : 해안 사구 형성

ⓒ **건조 지형** : 바람의 침식 · 퇴적 작용으로 형성

- 침식 작용 : 버섯바위, 삼릉석, 아치형 바위, 오아시스
- 퇴적 작용 : 사구

ⓒ **카르스트 지형** : 석회암 물이나 지하수, 빗물 등에 녹아서 형성

- 돌리네 : 석회암이 물에 녹아 형성된 웅덩이로, 투수성이 커 주변에 밭농사가 발달 **예** 영월, 단양, 삼척, 중국 구이린 등

- 석회 동굴 : 석회암이 지하수에 의해 녹아 형성된 동굴로, 종유석, 석순, 석주 등이 형성되어 관광 산업 발달 **예** 단양 고수 동굴, 베트남 할롱베이, 중국 구이린, 슬로베니아 포스토이나 동굴 등

Ⓢ 빙하 지형 : 빙하에 의한 침식·운반·퇴적으로 형성

- 침식 작용 : U자형 계곡(빙식곡), 피오르, 호른(혼), 빙하호
- 운반 작용 : 미아석
- 퇴적 작용 : 빙하가 이동하다 녹으면서 운반해 온 물질이 퇴적해 만든 빙퇴석
- 관광지 : 스위스 마터호른, 스위스의 인터라켄 U자곡, 노르웨이 피오르 등

③ 지역에 따른 생활

㉠ 산지 지역

- 주요 지역 : 알프스 산지, 안데스 산지, 히말라야 산지, 인도 데칸 고원 등
- 주민 생활
  - 임산자원(약초 등), 풍부한 삼림과 물, 지하자원 풍부(광업 발달)
  - 높은 고도와 아름다운 경관으로 관광 산업과 목축업 발달

㉡ 하천 지역

- 아마존강 : 안데스 산맥에서 대서양으로 흐름, 가장 길며 수량이 최대
- 나일강 : 사하라 사막을 흐르는 강으로, 하류에 삼각주 평야가 발달
- 양쯔강과 황허강 : 티벳 고원에서 서해로 흐르는 강으로, 하류의 평야에 벼농사가 발달
- 미시시피강 : 미국 중부 평원을 흐르는 강으로, 충적 평야가 발달(세계적 곡창지대 형성)
- 라인강, 다뉴브강 : 알프스 산맥에서 유럽 평원으로 흐르는 강으로, 수운 교통이 발달

㉢ 평야 지역

- 충적 지형 : 선상지와 범람원, 삼각주를 형성하며, 브라질 이구아수 폭포, 나이아가라 폭포, 미국 그랜드 캐니언 협곡 등이 대표적

문제UP

다음 중 해안 퇴적 지형에 해당하는 것을 바르게 고른 것은?

㉠ 해식애 ㉡ 사빈
㉢ 파식대 ㉣ 간석지

① ㉠, ㉡   ② ㉡, ㉢
③ ㉡, ㉣   ④ ㉠, ㉣

해 ㉡·㉣ 사빈(모래사장)과 간석지(갯벌)은 파랑과 조류의 퇴적 작용으로 형성된 지형이다.
㉠·㉢ 해식애(해안 절벽)와 파식대는 모두 해안 침식 작용의 결과로 형성된다.

정답 ③

개념UP

피오르, 호른(혼), 빙하호, 미아석

- 피오르 : U자형 계곡에 바닷물이 유입되어 생긴 좁고 긴 만
- 호른(혼) : 산 정상이 빙하에 침식되어 형성된 뾰족한 봉우리
- 빙하호 : 빙하의 침식과 압력으로 형성된 웅덩이에 물이 고여 형성된 호수
- 미아석(표이석) : 빙하에 의하여 운반되어 퇴적된 큰 돌덩어리

- 아시아 계절풍 지역 : 하천 유역의 옥토에 벼농사 발달(메콩 강, 갠지스강, 양쯔강 등)
- 온대 초원 지역 : 밀 · 옥수수 등 상업적 농업, 기업적 목축업 발달(유럽 평원, 미국 중앙평원, 남미 팜파스 평원 등)
- 도시 주변 지역 : 인구 밀집, 원예농업과 낙농업 발달

ⓔ 해안 지역
- 수산업(연근해 어업과 원양어업, 양식업) 발달, 항구도시(임해 산업 단지 형성)
- 무역항 발달(네덜란드 로테르담, 싱가포르 등 중계무역 발달)
- 자연환경을 바탕으로 한 관광 및 서비스업 발달(필리핀 보로카이, 호주 골든코스트 등)

ⓜ 화산 지역
- 대표적 지역 : 알프스–히말라야 조산대와 환태평양 조산대 지역
- 주민 생활
  - 농업 : 이탈리아 에트나의 포도, 인도 데칸 고원의 목화, 인도네시아 향신료 재배 등(화산재로 농업에 불리)
  - 관광 : 화산지대를 관광지로 이용(경관, 온천 개발)
  - 산업 : 구리와 주석(칠레, 볼리비아), 유황(인도네시아) 등 광물 자원 생산

(2) 우리나라의 자연 경관
① 산지와 평야
㉠ 산지 지형
- 분포 : 전국토의 70% 이상, 오랜 침식으로 고도가 낮고 경사가 완만하며 동고서저 형태(동쪽이 산지로 인해 높고 서쪽은 낮은 평야 중심)
- 산맥
  - 남북 방향 : 태백산맥 · 함경산맥 · 낭림산맥 등 주요 산맥(우리나라의 등줄기)
  - 동서 방향 : 멸악산맥 · 차령산맥 · 노령산맥 · 소백산맥 등 등줄기 산맥에서 서쪽으로 뻗어 나와 점점 낮아지는 형태
- 고원 지역(고위평탄면) : 대관령과 진안 고원 일대로, 고랭지

개념UP
해안 지역의 갯벌 이용
양식업, 천일 제염업, 간척 사업 등에 이용

개념UP
최근의 화산활동
아나타한 화산(마리아나 제도), 킬라우에아 화산(하와이), 루아페후 화산(뉴질랜드), 라바울 화산(파푸아 뉴기니), 콜리마 화산(멕시코), 니라공고 화산(콩고), 니아무라기라 화산(콩고)

개념UP
우리나라 산맥들의 3가지 방향성
- **한국 방향(남–북방향)** : 낭림, 마천령, 태백산맥
- **라오둥 방향(서남서–동북동방향)** : 강남, 적유령, 묘향, 언진, 멸악, 함경산맥
- **중국 방향(남서–북동 방향)** : 마식령, 광주, 차령, 노령, 소백산맥

농업(무 · 배추)과 목축, 관광 산업(스키장, 삼림욕장)

- 광산촌 : 지하자원 개발로 탄광 산업 형성(태백, 정선 등)
- 기타 산지 : 좁은 평지를 이용한 밭농사, 낮은 인구밀도, 너와집, 귀틀집 거주

ⓒ 평야 지형

- 분포 : 대부분의 하천 방향에 따라 서쪽과 남쪽에 발달
- 하천 하류 : 물이 풍부하고 토양이 비옥해 농경지나 주거지로 이용(나주평야, 호남평야)
- 대도시 주변 : 시설 재배(상업적 농업), 원예 농업 발달(수도권, 김해평야 등)

② 하천 및 해안 지형

ⓐ 하천 지형

- 대부분 서해(압록강 · 대동강 · 한강 · 금강 등)와 남해(낙동강 · 영산강 등)로 유입
- 계절별 유량 변동이 크며, 밀물과 썰물의 영향이 큼
- 강의 상류는 하천의 폭이 좁고 유량이 적은 급경사로 주로 분지를 형성하며, 하류는 폭이 넓고 유량이 풍부한 완경사로 범람원(충적 평야)이 형성됨

ⓑ 해안 지형

- 동해안
  - 깊은 수심과 단조로운 해안선, 파랑 작용이 활발하며 조석 간만의 차가 작음
  - 사빈(모래사장)은 해수욕장으로, 석호는 관광지로 이용(경포호), 수산 자원 풍부
- 서 · 남해안
  - 얕은 수심과 복잡한 해안선, 조류의 작용이 활발하며 조석 간만의 차가 큼
  - 복잡한 리아스식 해안과 다도해는 경관이 수려하여 해상 국립공원으로 지정
  - 갯벌 : 생태계의 보고, 오염물질 정화, 수산업과 양식업 발달, 관광 산업 발달

개념UP

고랭지 농업, 너와집, 귀틀집

- **고랭지 농업** : 높은 고도로 인한 서늘한 기온을 이용해 무, 배추, 감자 등을 재배
- **너와집** : 나무판을 기와처럼 지붕에 올린 집
- **귀틀집** : 통나무를 정자형으로 맞추어 벽을 만들고 그 위에 지붕을 얹은 집

문제UP

다음 중 하천 상류와 하류에 대한 설명으로 옳지 않은 것은?

① 하천의 폭은 상류가 좁고 하류가 넓다.
② 하천의 유량은 상류가 많고 하류가 적다.
③ 하천의 경사는 상류가 급하고 하류가 완만하다.
④ 퇴적물의 둥근 정도(원마도)는 상류가 작고 하류가 크다.

해 하천의 유량은 상류가 적고 하류가 많다.

정답 ②

---

③ 화산 및 카르스트 지형

㉠ 화산 지형

- 분포 : 제도, 울릉도, 백두산 등
- 제주도 : 한라산, 오름(성산 일출봉), 용암 동굴(만장굴, 김녕굴), 주상절리 등

㉡ 카르스트 지형 : 강원도 남부와 충북 북부 일대의 석회암 지대에 분포하며, 관광 자원으로 활용(충북 단양의 고수동굴, 강원 삼척의 환선굴, 영월의 고씨동굴)

❹ 자연재해와 인간 생활

(1) 자연재해의 발생 및 영향

① 자연재해의 발생과 대책

㉠ 홍수

- 원인 : 집중 호우(인도 아삼 지방), 태풍, 고산지의 해빙(알프스 등), 도시화·산업화로 인한 삼림·습지의 개발, 도시의 증가, 하천의 난 개발
- 피해 : 농경지와 가옥 침수, 이재민 발생, 전염병 증가, 재산 피해
- 대책 : 산림녹화(나무심기 등), 습지 보전, 댐·제방 건설, 하천둔지 및 유수지 건설, 배수시설 보완, 무분별한 개발 제한, 온실가스 감축 등

㉡ 가뭄

- 원인
  - 자연적 원인 : 강수량 부족과 대륙 내부 건조 기후(사헬 지대, 중국 서부 내륙)
  - 인위적 원인 : 삼림 파괴와 농경지 확대 등 무분별한 개발, 지구 온난화
- 피해 : 하천 유입량과 지하수 감소로 인한 농작물 수확량 감소, 건조한 날씨로 인한 산불, 장기 가뭄에 따른 식량 및 식수 부족, 기근 발생, 하천 분쟁의 발생

- 대책 : 댐과 저수지, 관개 수로 건설, 지하수 개발, 산림 조성, 구호단체의 활동 및 국제 협력 강화(사막화 방지 협약 등)

ⓒ 태풍
  - 의미 : 북태평양의 열대 해상에서 발생하는 저기압으로, 강한 바람과 많은 비를 동반
  - 원인 : 열대 지방의 따뜻한 바다 위의 공기가 데워져 발생
  - 긍정적 영향 : 무더위와 가뭄 해소, 적조 현상 및 오염물질 해소, 지구의 열평형 유지
  - 피해 : 풍수해(바람·해일 및 홍수 유발), 막대한 인명과 재산 피해
  - 대책 : 하천과 제방 점검, 배수시설 정비, 진로 예측 및 예보 시스템 구축과 대피

② 인간 활동에 따른 자연재해
  ㉠ 사막화
  - 의미 : 사막 주변의 초원지역이 점차 사막처럼 변하는 현상
  - 원인 : 오랜 가뭄, 인구증가, 과도한 농경지 개간 및 목축, 지하수 개발, 무분별한 벌채
  - 발생지역 : 사헬 지대, 중국 북서부 건조 지역, 호주 서부, 아랄해 주변 등
  - 피해 : 생활공간의 감소, 식량 부족, 모래폭풍의 피해(황사 등)
  - 대책 : 사막화 방지 협약, 조림 사업, 물자원과 삼림 자원의 관리

  ㉡ 지구 온난화
  - 의미 : 화석연료 사용에 따른 이산화탄소 농도 증가로 지구의 연평균 기온이 상승하는 현상
  - 피해 : 엘니뇨·라니냐 등의 기상 이변, 해수면 상승, 농산물 재배 지역 및 동식물 서식처 변화

(2) 우리나라의 기후와 자연재해
  ① 우리나라의 기후
  ㉠ 특징
  - 남부는 온대, 북부는 냉대 지역이며, 대륙성 기후의 영향으로 연교차가 큼

개념UP

열대성 저기압
- **태풍** : 북태평양 필리핀 부근에서 발생하여 동아시아에 피해를 줌
- **사이클론** : 인도양에서 발생하여 남부아시아에 피해를 줌
- **윌리윌리** : 남태평양에서 발생하여 호주 북동부 지역에 피해를 줌
- **허리케인** : 멕시코만에서 발생하여 북아메리카에 피해를 줌

문제UP

다음의 원인으로 발생하는 재해로 알맞은 것은?

- 과도한 경작과 목축, 무분별한 삼림 벌채
- 가뭄의 지속과 지하수 개발

① 홍수　　　② 사막화
③ 쓰나미　　④ 지진

해 과도한 경작지 개간과 목축, 무분별한 삼림 벌채, 오랜 가뭄, 지하수 개발은 모두 사막화를 초래하는 원인이 된다.

정답 ②

---

1. 국어

2. 수학

3. 영어

4. 사회

5. 과학

6. 도덕

• 여름에는 덥고 습한 남동 · 남서 계절풍이, 겨울에는 춥고 건조한 북동 계절풍이 영향

ⓛ 사계절

　• 봄 : 양쯔강 기단의 영향으로 온난 건조, 꽃샘추위, 황사현상, 심한 날씨변화가 나타남

　• 여름 : 한여름에는 북태평양 기단의 영향으로 고온 다습, 집중호우, 열대야 발생

　• 가을 : 양쯔강 기단의 영향, 맑고 쾌청한 날씨, 일교차가 큼

　• 겨울 : 시베리아 기단의 영향으로 한냉 건조, 영동지방 폭설

ⓒ 강수량 분포

　• 연평균 1,300mm 정도의 습윤지역이나 계절별 변동이 심해 물 자원 이용률이 낮음

　• 연강수량은 절반 이상이 여름에 집중되며, 봄과 겨울에는 가뭄이 발생함

ⓔ 바람의 영향

　• 계절풍 : 여름에는 바다에서 대륙 쪽으로 고온 다습한 남동

　• 남서 계절풍이 불며, 겨울에는 대륙에서 바다 쪽으로 한냉 건조한 북서 계절풍이 붐

　• 높새바람 : 늦봄에서 초여름 사이 태백산맥을 넘어 영동에서 영서로 부는 북동풍을 말하며, 푄 현상이 발생하여 고온 건조한 바람이 영서 지방에 불어 가뭄 피해가 발생

② 우리나라의 자연재해

　ⓛ 홍수 : 가장 자주 발생하는 자연재해

　　• 원인 : 여름철 장마 전선과 태풍으로 인한 집중호우

　　• 피해 : 가옥과 농경지 침수, 제방 붕괴 등

　　• 대책 : 댐 · 저수지 · 제방 건설, 유수지 및 배수시설 마련, 삼림 녹화, 예보시스템 강화 등

　ⓒ 가뭄

　　• 원인 : 가을에서 봄 사이 이동성 고기압의 장기간 체류, 늦봄에서 초여름의 높새바람 등

　　• 피해 : 각종 용수 부족, 농작물 피해, 산불, 수력발전량 감소 등

　　• 대책 : 댐 · 저수지 건설, 삼림 녹화, 지하수 개발, 수로 및 저수시설 설치, 물 절약 등

ⓒ 태풍

- 원인 : 북태평양 필리핀 부근에서 발생한 열대성 저기압
- 대책 : 위험시설이나 축대 · 담장 보수, 배수시설 점검, 저지대 주민 대피, 예보 체제 구축

ⓔ **기타 자연재해** : 산사태, 폭설, 우박, 한파, 황사 등

개념UP

태풍의 이름

태풍의 이름은 1953년 호주의 예보관들에 의해 처음으로 사용되기 시작했다. 이후 2000년대부터는 아시아 각국에서 태풍에 대한 관심이 높아져 아시아 지역 14개국의 고유한 이름을 사용하고 있다. 태풍의 이름은 각 국가별로 10개씩 제출한 총 140개를 순차적으로 사용한다.(우리나라의 경우 '개미, 나리, 장미, 미리내, 노루, 제비, 너구리, 고니, 메기, 독수리'를 제출)

❺ 인구 변화와 인구 문제

(1) 인구 분포

① 세계의 인구 분포

ⓒ 분포상의 특징

- 북반부 중위도 지역에 세계 인구의 절반 이상이 분포
- 인구의 90% 이상이 북반구에 거주, 절반 이상이 아시아에 집중(지역 간 불균형 심화)

ⓒ 분포에 영향을 미치는 요인

- 자연적 요인 : 기후, 토양, 식생, 지형 등
- 인문적 요인 : 정치, 경제, 문화, 종교, 교통 등(근래 경제와 교통이 발달한 곳에 집중)

ⓒ **대륙별 · 국가별 인구 분포**

- 대륙별 : 아시아(60%) 〉 아프리카 〉 유럽 〉 북아메리카 〉 남아메리카 〉 오세아니아
- 국가별 : 중국 〉 인도 〉 미국 〉 인도네시아

23.4%	아시아	60.4%
22.3%	아프리카	14.8%
16.9%	유럽	10.7%
18.0%	북아메리카	5.0%
13.1%	남아메리카	8.6%
6.3%	오세아니아	0.5% (미국 중앙 정보국, 2012)

면적(2012년)   인구(2012년 추정치)
1억 3,643만 km²   70억 2,168만 명

[대륙별 면적과 인구 분포]

② 지역별 인구 분포

ⓒ 인구 밀집 지역

- 아시아 : 일찍부터 벼농사가 발달하여 세계 최고의 인구 밀집 지역을 형성

개념UP

인구 밀도

한 나라의 총인구를 총면적으로 나눈 값으로, 1km² 내에 몇 명이 거주하는지 파악 가능

279

- 유럽 : 근대 산업의 발달로 인해 인구 부양력이 높아 인구가 밀집
- 아프리카 해안 지역 : 교통이 편리하고 해양 자원을 활용할 수 있어 인구가 밀집
- 북아메리카 북동부 지역 : 산업의 중심지로 대도시가 형성되면서 인구가 밀집

ⓛ 인구 희박 지역
- 서남아시아, 북부 아프리카, 호주 내륙 : 건조 기후 지역으로 인구가 희박
- 시베리아, 북극해 연안 : 냉대 및 한대 기후로 인해 인구가 희박
- 아프리카 내륙, 아마존강 유역 : 열대 기후로 인해 인구가 희박

ⓒ 우리나라의 인구 분포
- 1960년대 이전 : 전통적 농업 사회로 기후가 온화하고 농업에 유리한 평야 지대나 해안 지역에 인구가 밀집(남서부 지역), 북동부 산간 지역에는 희박
- 1960년대 이후
  - 증가 요인 : 산업화와 도시화, 이촌 향도 현상으로 농촌에서 도시로 인구 이동
  - 인구 분포 : 수도권과 남동 임해 지역에 인구가 밀집, 산간 및 농어촌 지역에는 희박

(2) 인구 이동

① 인구 이동의 유형과 형태

ⓐ 인구 이동 유형
- 정치적 이동 : 전쟁과 내전, 식민지배 등으로 인한 피난, 망명
- 경제적 이동 : 경제적 풍요나 좋은 일자리를 찾아 이동
  예 동남아시아인의 국내 이동
- 종교적 이동 : 종교의 자유를 찾아 이동 **예** 영국 청교도의 미국 이동
- 강제적 이동 : 노예, 정치적 탄압 등에 의한 이동 **예** 흑인의 아메리카 이주, 고려인의 중앙아시아 이주, 영국에서 호주로의 이주

개념UP

이촌 향도

산업화·도시화 등으로 인해 농촌의 인구가 도시로 이동하는 현상을 말함

문제UP

다음 내용에서 설명하는 현상으로 가장 알맞은 것은?

- 도시화에 따라 농촌 인구가 도시로 이동하는 현상이다.
- 좋은 일자리와 더 나은 교육 기회를 찾아 대도시로 이동하는 현상이다.

① 역도시화   ② 이촌향도
③ 인구 고령화   ④ 인구 공동화

해 산업화·도시화 등으로 인해 농촌의 인구가 도시로 이동하는 현상을 이촌향도 현상이라 한다.

정답 ②

ⓛ 국제 이동의 형태
- 시대별 변천 : 과거 정치적 · 종교적 · 강제적 이동, 현재는 대부분 경제적 이동
- 이동의 방향
  - 구대륙(아프리카, 아시아)에서 신대륙(북아메리카, 오세아니아)으로 이동
  - 개발도상국에서 선진국(유럽, 북아메리카)으로 이동

ⓒ 국내 이동의 형태
- 개발도상국 : 주로 경제적 이유로 인한 이촌향도
- 선진국 : 쾌적한 환경을 찾아 도시에서 주변으로 이동하는 역도시화(인구 U-turn현상)

② 우리나라의 인구 이동

ⓞ 인구 유출
- 1900년대 초 하와이 농장 노동자 이주, 일제 강점기 강제 이주(만주, 연해주 등)
- 1960년대 이후 경제적 이유로 미국, 독일, 남미 등지로 이주
- 1980년대 이후 : 이민, 유학, 취업 등에 따른 이동 활발

ⓛ 인구의 국내 유입 : 일자리를 찾아 중국과 동남아시아 인이 이동, 국제결혼 증가에 따른 유입 증가(다문화 가족 증가)

ⓒ 인구의 국내 이동
- 1960년대 이후 : 경제적 목적의 이촌향도 급증(서울 등 대도시 인구 급증)
- 1990년대 이후 : 쾌적한 환경과 경제적 이유로 인한 역도시화 증가, 신도시 건설 등

(3) 인구 문제

① 세계의 인구 문제

ⓞ 인구 성장에 따른 문제 : 산업혁명 이후 의학 발달과 생활수준 향상으로 높은 인구증가율 지속되면서, 식량과 자원 및 에너지 부족과 환경 문제가 발생

ⓛ 선진국의 인구 문제와 대책
- 인구 문제
  - 인구 고령화 : 출생률과 사망률이 모두 감소하면서 노인 인구가 증가

개념UP

인구 U-turn현상(역도시화 현상)
도시에 있던 사람들이 쾌적한 환경을 찾아 도시 외곽 지역이나 농촌으로 이동하는 현상

개념UP

다문화 가족의 개념
- 좁은 의미 : 국제결혼으로 한정하여 결혼이민자와 한국인으로 형성된 가족을 지칭
- 넓은 의미 : 우리와 다른 민족 · 문화적 배경을 가진 사람들로 구성된 가족을 통칭하여 규정하기도 하며, 한국사회에 거주하고 있는 외국인 노동자, 결혼이민자, 외국인 거주자 및 그들의 자녀까지 포함

- 노동력 부족 : 여성의 사회활동 및 결혼 연령 증가로 출산률이 감소하여 노동력 부족의 문제가 발생
- 대책 : 출산 장려 정책(수당, 보육시설 확충), 사회보장제도 확충, 연금 개선, 노인 일자리 창출, 노동력 확보(외국인 노동자 유입 등)

ⓒ 개발도상국의 인구 문제와 대책
- 인구 문제
  - 인구 급증과 성비 불균형 : 높은 출생률과 낮은 사망률로 인구 급증, 남아 선호 현상
  - 빈곤과 기아 문제 : 일자리 부족과 실업으로 인한 빈곤 문제, 식량 부족으로 인한 기아 문제가 발생
  - 인구 밀집 : 도시로의 인구 밀집으로 주택과 환경 문제 등 도시 문제가 증가
- 대책 : 산아 제한 등의 가족계획, 경제 성장을 통한 일자리 창출, 식량 증산을 위한 농업 기술 개발, 인구 분산, 국제적 원조 확대 등

② 우리나라의 인구 문제

ⓐ 시기별 인구 문제
- 1960년대 이전 : 전쟁 이후 출산 붐, 의학 기술 및 생활수준 향상으로 인구가 급증
- 1960년대 중반 이후 : 산하 제한 등 가족계획사업으로 인구 성장률 둔화, 여성의 사회 진출 증가
- 1990년대 이후 : 인구증가율 하락, 성비 불균형, 저출산·고령화 문제 발생

ⓑ 지역별 인구 분포의 문제
- 농촌(인구 감소) : 일손 부족, 지역 경제 위축, 성비 불균형 심각(다문화 가족 증가)
- 도시(인구 증가) : 일자리 부족, 주택 문제, 교통 문제, 환경 오염의 발생

© 저출산 · 고령화 문제

구분	저출산 문제	고령화 문제
원인	여성의 사회진출 증가, 출산 및 양육 지원 미약, 가치관 변화	의학 기술 발달로 인한 노인 인구비율 증가, 생활수준 향상
문제점	인구의 감소로 인한 노동력 부족, 경제 성장 둔화, 외국 인 유입에 따른 갈등	노인 복지 정책 미흡, 노인 소외 및 빈곤 문제 발생, 사회보장비용의 증가, 노인 부양 부담의 가중
대책	출산 장려 정책, 노인 및 여성 인력의 활용, 노동력 절감 방안의 마련	노인 일자리 마련, 노인복지 시설 및 사회보장제도 확충

개념UP

출산율의 변화

1960년대 합계출산율 6.0명에서 지난 2001년부터 1.3명 미만의 초저출산사회에 진입한 이래 2015년에는 1.24명으로 저출산의 늪을 벗어나지 못하며, 이는 경제협력개발지구(OECD) 최저 수준이다. 전문가들에 따르면 2051~2060년에는 출산율이 0.99명일 것이라 전망한다.

❻ 도시 발달과 도시 문제

(1) 도시와 도시화

① 도시의 의미와 생활

㉠ 도시와 촌락의 비교

구분	도시	촌락
환경	인문환경의 영향이 큼	자연환경의 영향이 큼
산업	정치 · 경제 · 문화의 중심지로, 2차 · 3차 산업(제조업 · 서비스업) 중심	농업 · 어업 등의 중심지로, 1차 산업 중심
인구	많은 인구, 높은 인구 밀도	적은 인구, 낮은 인구 밀도
생활	서로 다른 직업에 종사하며, 생활공간의 범위가 넓음	농업 등 이웃과 비슷한 생활을 하며, 생활공간의 범위가 좁음
친밀도	이웃 간 친밀도 낮음	이웃 간 친밀도 높음
토지 이용	집약적 이용	조방적 이용

개념UP

산업의 분류

• 1차산업 : 농업 · 임업 · 수산업 · 목축업 · 수렵업 등의 원시산업
• 2차산업 : 제조업 · 광업 · 건설업 · 가스업 등의 가공산업
• 3차산업 : 상업 · 운수통신업 · 금융업 · 자유업 등의 서비스산업
• 4차산업 : 정보 · 의료 · 교육 등의 지식집약형
• 5차산업 : 취미 · 오락 · 패션 등의 산업
• 6차산업 : 1차 산업의 농림수산업, 2차 산업의 가공산업, 3차 산업의 서비스산업을 복합한 산업

㉡ 도시와 촌락의 관계 : 상호 보완적 관계를 형성

• 도시 : 다양한 생산 활동이 이루어지는 중심지로, 촌락에 재화와 서비스를 공급

• 촌락 : 농산물과 휴식의 공간 제공

• 변화 : 교통의 발달과 도시권의 확대로 도시와 농촌의 구별이 약해짐

1. 국어
2. 수학
3. 영어
4. 사회
5. 과학
6. 도덕

ⓒ 도시의 생활양식

- 주요 특징 : 다양한 생산과 소비, 여가 활동
- 경제 활동 : 생산과 소비가 동시에 이루어지며, 다양한 직업이 존재
- 문화 · 여가 활동 : 교통 · 통신 시설 등 생활기반이 잘 갖춰져 있으며, 다양한 도시 문화 및 여가 시설(영화관, 미술관, 박물관, 공연장 등)을 중심으로 문화 · 여가 활동 활발

② 도시화

㉠ 도시화의 의미와 과정

- 도시화 : 전체 인구에서 도시 인구 비율(도시화율)이 높아지는 현상으로, 도시적 생활양식이 보편화되는 과정
- 도시화 과정(단계)
  - 초기 단계(농업 중심 사회, 후진국) : 도시화율 낮음(도시화 속도 완만), 1차 산업 중심
  - 가속화 단계(산업 사회, 개도국) : 이촌향도로 인해 도시 인구 급증
  - 종착 단계(고도 산업 사회, 선진국) : 도시화 속도 둔화, 역도시화 발생

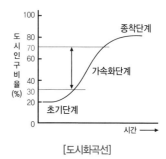

[도시화곡선]

㉡ 세계의 도시화

- 선진국 : 산업혁명 이후 점진적으로 도시화가 진행되어(이촌향도), 현재는 종착 단계(유럽, 북아메리카 등)
- 개발도상국 : 2차 대전 이후 급속한 도시화가 진행되어(이촌향도+높은 출산율), 현재 가속화 단계(아시아, 아프리카, 남아메리카 등)

㉢ 우리나라의 도시화 과정

구분	우리나라 전체의 도시화	수도권의 도시화
1960년대	60년대 중반 이후 경제개발 계획과 산업화·도시화 및 이촌향도 현상 발생	산업화와 경제개발계획 시행으로 이촌향도 발생(서울 인구 증가)
1970 ~ 1980년대	인구의 절반 이상이 도시 거주, 남동 임해 지역의 공업 도시 성장(가속화 단계)	서울 인구·산업 집중, 서울 근교 위성도시의 건설
1990년대 이후	전체 인구의 90%가 도시 거주(종착 단계), 역도시화 확산으로 도시권 확대	교통망 발달에 따라 서울 인구의 위성도시 유입, 신도시 건설로 수도권 형성(거대 도시권)

개념UP

남동 임해 지역
우리나라 남동부 해안(포항 ~ 여수)의 중화학 공업 지역으로, 1960년대부터 정부 정책으로 개발됨

(2) **도시의 구조**

① 도시 내부의 구조

㉠ 도심
- 도시의 중심부 : 교통이 편리하고 유동인구가 많으며 지가가 최고인 중심 업무 지구로, 중추 관리 기능을 담당(행정기관, 백화점, 대기업 본사 등이 집중)
- 인구 공동화 현상 : 주간 인구는 높으나 높은 지가로 야간 인구는 적음(상주 인구 감소)

㉡ 중간 지역 : 도심 주변의 주택과 상·공업 혼합 지역으로, 상가, 공장, 낡은 주택 형성

㉢ 부도심 : 도심 주변의 교통이 편리한 곳에 위치하며, 도심 기능 분담 **예** 영등포, 청량리 등

㉣ 외곽 지역 : 넓은 부지와 쾌적한 환경이 필요한 시설 입지(학교·공장·주택 등)

㉤ 위성 도시 : 대도시 주변에서 중심 도시 기능을 분담 **예** 성남(주거 분담), 과천(행정 분담), 안산(공업)

㉥ 그린벨트(개발제한구역) : 자연녹지 보존과 도시의 무질서한 확장 방지, 환경 보존 기능

② 바람직한 도시 개발

㉠ 지속 가능한 발전 고려 : 도시의 성장과 함께 환경을 고려하는 성장을 모색

㉡ 생태 도시의 건설 : 자연환경과 조화되는 생태 도시를 건설 **예** 브라질 쿠리치바, 독일 프라이부르크, 스웨덴 예테보리 등

문제UP

다음 ㉠과 ㉡에 알맞은 것은?

- (㉠)은 도시의 중심 업무 지구가 형성되며, 고급 서비스 기능이 집중된 지역이다.
- (㉡)은/는 도시의 무질서한 팽창을 막고 주변의 환경을 보존하기 위해 설정된다.

	㉠	㉡
①	도심	위성 도시
②	부도심	위성 도시
③	도심	개발제한구역
④	부도심	개발제한구역

해 ㉠ 도시의 중심 업무 지구로, 중추 관리 기능을 담당하는 곳은 도심이다.
㉡ 개발제한구역(그린벨트)은 자연 녹지 보존과 도시의 무질서한 확장 방지, 환경 보존 기능을 위해 설정된다.

정답 ③

③ 도시 문제의 유형 및 해결 방안

　㉠ 도시 문제의 근본 원인 : 인구와 기능의 도시 집중

　㉡ 도시 문제의 유형

　　• 주택 문제 : 주택 부족 및 가격 상승, 불량 · 노후 주택의 발생

　　• 교통 문제 : 교통의 혼잡과 주차 시설 부족, 대중교통 부족, 교통사고의 증가

　　• 환경 문제 : 대기 및 수질, 토양 오염의 심각화, 쓰레기 처리 문제, 녹지 공간 부족

　　• 기타 문제 : 실업과 빈곤, 노숙자, 범죄 증가, 무분별한 도시 개발 등

　㉢ 도시 문제의 해결 방안

　　• 근본적 방안 : 인구와 기능의 집중 억제 및 분산, 지속 가능한 발전의 추구

　　• 주택 문제 해결 방안 : 도시 재개발 사업, 신도시 개발

　　• 교통 문제 해결 방안 : 도로 및 대중교통의 확충, 승용차 요일제, 자전거 전용도로 확장

　　• 환경 문제 해결 방안 : 대기 정화 시설 설치, 청정연료 사용, 녹지 공간 확보, 자원 재활용 등

❼ 개인과 사회생활

(1) 사회화와 청소년기

　① 인간의 사회화

　　㉠ 사회화의 의미와 기능

　　　• 사회화의 의미 : 자신이 속한 사회 내에서 지속적 상호 작용을 통해 행동양식과 규범, 가치관 등을 배우는 과정(사회화를 통해 사회적 존재로 성장)

　　　• 사회화의 기능

　　　　– 개인적 측면 : 자아 정체성을 확립하고 자신의 지위와 역할을 이해하게 됨

　　　　– 사회적 측면 : 사회의 지식과 가치, 문화를 학습하여 다음 세대에 전달함으로써 사회 유지 · 발전에 기여

개념UP

살기 좋은 도시의 모습

• 쾌적한 자연환경과 도시 고유의 아름다운 경관 형성

• 편리한 교통, 많은 일자리, 높은 경제 수준

• 낮은 범죄율과 교육, 의료, 문화, 행정 등 다양한 서비스 기능의 형성

문제UP

다음의 도시 문제가 발생하는 가장 근본적인 원인은?

• 주택 부족과 가격의 상승
• 교통의 혼잡
• 대기 및 수질 오염의 증가
• 쓰레기 처리 문제의 발생

① 정보화
② 고령화 현상
③ 인구의 집중
④ 귀농 인구의 증가

🖽 도시 문제의 근본 원인은 인구와 기능의 도시 집중이다.

정답 ③

- 재사회화 : 급속한 사회 변화에 적응하기 위해 새로운 지식, 행동양식, 규범 등을 학습하는 과정 **예** 재취업 교육, 외국어 학습, 군대생활, 주부 인터넷 교실, 교도소 교정교육

  ㉡ 사회화 기관
  - 의미 : 사회 구성원의 사회화를 담당하거나 영향을 미치는 집단이나 기관
  - 분류

구분	1차적 사회화 기관	2차적 사회화 기관
종류	• 가정 : 기초적 사회화 기관, 기본 인격, 생활 습관 형성에 영향 • 또래집단 : 청소년기 규칙이나 질서 의식의 확립과 행동 발달에 영향 • 지역사회	• 학교 : 지식과 기술, 규범을 배우는 지속적·체계적·공식적 사회화 기관 • 직장(회사) : 직장 업무와 관련된 지식과 기술 습득(성인기 중요한 사회화 기관) • 대중 매체 : 현대 사회에서 영향력이 큰 사회화 기관 • 정당, 군대 등
특징	자연 발생적·비형식적·인격적 관계, 성장기 인격 형성에 영향	인위적·형식적·비인격적 관계, 성인기 사회생활에 영향

② 청소년기의 사회화
  ㉠ 청소년기와 자아 정체성
  - 청소년기의 특징 : 신체적·심리적 급변 시기, 유년기와 성인기의 과도기(중간 단계), 2차 성징이 나타나는 시기
  - 자아 정체성의 의미 : '나는 누구인가?'에 대한 주체적 인식, 자신의 목표·역할·가치관 등에 대해 명확히 인식하는 상태
  - 자아 정체성의 형성 : 개인적 특성(노력과 관심), 사회적 경험(주변·부모의 태도 및 관계), 사회화 과정 등을 통해 후천적으로 형성

  ㉡ 올바른 자아 정체성 확립
  - 자신과 주변에 대한 긍정적 인식 필요(자아 존중감 등)
  - 합리적이고 자율적인 판단과 행동
  - 타인의 의견을 경청하고 이해하는 태도

(2) 사회적 상호 작용과 사회 집단

① 사회적 상호 작용

㉠ 의미 : 다른 사람들과 관계를 맺고 의사소통하며, 일정한 영향을 주고받는 과정

㉡ 유형

구분	의미	특징
협동	동일 목표를 달성하기 위해 함께 노력하는 것	• 공동 목표 달성에 효율적 • 사회 안정과 유지에 기여
경쟁	동일 목표를 서로 차지하려고 노력하는 것(운동경기, 시험 등)	• 잘하려 노력 과정에서 성과가 향상됨 • 경쟁이 심화될 경우 갈등으로 변화함
갈등	목표나 이해관계가 상충되어 강제로 상대를 굴복시키고자 대립하는 것(노사 갈등, 다툼, 전쟁 등)	• 집단 내부의 결속을 강화함 • 사회 문제를 인식하고 해결방법을 모색하는 계기 • 갈등이 심해지면 사회 불안이 가중됨

② 사회적 지위와 역할

㉠ 지위

• 의미 : 한 개인이 사회집단 내에서 차지하고 있는 위치

• 종류

– 귀속 지위 : 선천적으로 주어진 지위로, 전통사회에서 중시 예 남녀, 장남, 귀족, 양반 등

– 성취 지위 : 개인의 능력과 노력으로 후천적으로 얻게 되는 지위 예 교사, 의사 등

㉡ 역할 : 모든 지위에는 역할이 따름

• 의미 : 사회적 지위에 따라 기대되는 행동양식으로, 사회화 과정을 통해 형성됨

• 역할 갈등 : 한 개인이 여러 역할을 수행하는 과정에서 역할 간에 갈등이 발생하는 현상으로, 역할 간에 조화를 이루지 못해 발생 예 아버지의 역할과 회사원으로서의 역할

③ 다양한 사회 집단

㉠ 사회 집단의 의미 : 두 사람 이상이 소속감과 공동체 의식을 가지고 지속적으로 상호 작용을 하는 집합체

ⓛ 사회 집단의 종류

- 내집단과 외집단 : 구성원의 소속감에 따른 구분
    - 내집단 : 자신이 소속된 집단으로, 소속감과 공동체 의식이 강함(우리 집, 학교 등)
    - 외집단 : 자신이 속하지 않은 집단으로, 소속감이 없고 이질감 · 적대감이 존재(다른 학교 등)
- 1차 집단과 2차 집단 : 구성원의 접촉방식에 따른 구분
    - 1차 집단 : 직접적 · 인격적 인간관계를 이루며, 친밀감이 높은 집단(가정 등)
    - 2차 집단 : 목적 달성을 위한 인위적 집단으로, 사무적 · 형식적 인간관계를 지님(회사, 학교, 학원 등)
- 공동 사회와 이익 사회 : 구성원들의 결합 의지에 따른 구분
    - 공동 사회 : 선천적 · 자연 발생적으로 구성된 집단(가정, 민족 등)
    - 이익 사회 : 특정 목적을 위해 의도적 · 후천적으로 형성된 집단(회사, 정당 등)

❽ 문화의 이해와 사회의 변동

(1) 문화의 이해

① 문화의 의미와 특징

ⓐ 문화의 의미

- 좁은 의미 : 교양 있고 세련된 것, 문화, 예술, 생활양식 등
- 넓은 의미 : 인간이 환경에 적응하며 만들어낸 공통의 생활양식(한국 문화, 인터넷 문화)
- 일반적 문화 : 후천적인 학습, 반복적 · 계속적 생활양식을 말하며, 선천적 체질이나 본능에 따른 행동, 습관이나 일시적 · 우연적 행동은 문화가 아님

ⓛ 문화의 구성요소

- 물질 문화 : 욕구 충족과 생존에 필요한 도구나 기술(옷, 음식, 집 교통 수단 등)

개념UP

준거 집단

개인이 어떤 판단이나 행동을 할 때 기준으로 삼는 집단으로, 자신의 집단이 준거 집단과 일치하면 강한 소속감을 느끼거나 일치하지 않는 경우 갈등이 발생하기도 함

문제UP

사회 집단의 종류와 특징을 잘못 연결한 것은?

① 내집단 – 자신이 속해 있는 집단
② 외집단 – 이질감과 배타성을 느끼는 집단
③ 1차 집단 – 전인격적인 인간관계가 이루어지는 집단
④ 2차 집단 – 구성원들이 얼굴을 마주하며 친밀감을 느끼는 집단

해 구성원들이 얼굴을 마주하며 친밀감을 느끼는 집단은 1차 집단에 해당한다.

정답 ④

개념UP

문화 지체

문화 요소 사이에 문화 변동 속도의 차이, 특히 물질 문화와 비물질 문화의 변화 속도의 차이로 사회 구성원들이 적응하지 못하거나 가치관의 혼란 등을 겪게 되는 현상을 말함

• 비물질 문화
  – 제도 문화 : 사회질서를 유지·운영하는 규범과 규칙 등의 제도
  – 관념 문화 : 인간의 삶의 방향을 제시하고 정신적 삶을 풍요롭게 하는 신념과 가치 등

ⓒ 문화의 특징
  • 보편성 : 어느 사회나 공통적으로 나타나는 문화 현상이 존재함
  • 특수성 : 문화는 환경 적응의 결과물이므로, 시대와 장소에 따라 다른 특성을 지님
  • 다양성 : 개별 사회의 환경 차이로 인해 각 사회의 문화는 다양성하게 나타남
  • 상대성 : 각 사회의 문화는 그 사회 상황에 따른 가치를 지니므로 특정 기준으로 우열 등을 정할 수 없음(각각의 가치를 인정)

② 문화의 변동 요인 : 문화는 끊임없이 변화함
  • 내부적 요인 : 발명(기존에 없던 새로운 것을 만드는 것), 발견(이미 존재하나 알려지지 않았던 것을 찾아내는 것)
  • 외부적 요인 : 문화전파(한 사회 문화 요소가 다른 사회로 전해져 정착되는 것)

② 문화 이해의 태도
ⓖ 문화를 보는 관점
  • 총체론적 관점 : 문화 현상을 그 사회의 전체 맥락에서 파악하려는 태도
  • 비교론적 관점 : 문화의 비교를 통해 보편성(공통점)과 특수성(차이점)을 찾으려는 태도
  • 상대론적 관점 : 문화를 그 사회의 독특한 상황을 고려하여 이해·해석하려는 태도

ⓛ 문화 이해의 태도

구분	의미	장점	단점
문화 상대 주의	문화를 그 사회의 상황과 역사적 맥락에서 이해하려는 태도	타문화를 올바로 이해, 문화 다양성을 증진	인류 보편적 가치를 침해하는 극단적 상대주의의 우려
자문화 중심 주의	자기 문화만을 가장 우수한 것으로 생각하고 다른 문화를 무시하거나 부정하는 태도 예 나치즘, 중화사상 등	자기 문화의 자부심과 주체성 확립, 집단 내 일체감 강화, 사회 통합에 기여	국제적 고립 초래, 타문화 수용이 늦고 자기 문화 발전이 지체
문화 사대 주의	다른 문화를 더 좋은 것으로 생각하고 자신의 문화를 과소평가하거나 무시하는 태도 예 외제 선호, 조선의 천하도 등	선진 문화 수용이 용이	문화적 자부심과 주체성 상실, 문화 다양성 저해, 문화 발전에 장애

개념UP

극단적 문화 상대주의

문화 상대주의가 극단적으로 사용되어, 식인 문화나 살인 등 인류 보편적 가치를 침해하는 행위를 인정하는 것을 말함

문제UP

다음 중 바람직한 문화 이해의 태도로 옳은 것끼리 고른 것은?

㉠ 자기 문화를 존중하고 자긍심을 가지려 노력한다.
㉡ 다른 문화를 부정하는 태도를 취한다.
㉢ 다른 문화를 높이 평가하고 자기 문화를 과소 평가한다.
㉣ 문화를 그 사회의 사회적 상황과 맥락에서 이해한다.

① ㉠, ㉡   ② ㉠, ㉣
③ ㉡, ㉢   ④ ㉢, ㉣

해 ㉠ · ㉣ 자기 문화를 존중하고 자긍심을 가지며, 문화 상대주의 입장에서 다른 문화를 이해하는 자세는 모두 바람직한 문화 이해의 자세에 해당한다.
㉡ 자기 문화만을 가장 우수한 것으로 생각하고 다른 문화를 무시하거나 부정하는 태도는 자문화 중심주의에 해당하며, 바람직하지 않은 문화 이해의 태도이다.
㉢ 다른 문화를 더 좋은 것으로 생각하고 자신의 문화를 과소평가하거나 무시하는 태도는 문화 사대주의로, 바람직하지 않은 문화 이해 태도이다.

정답 ②

(2) 대중 매체와 대중문화

① 대중 매체

㉠ 의미 : 대량의 정보를 불특정 다수에게 동시에 전달하는 시청각 매체

㉡ 종류

• 기존 미디어 : 획일적 · 일방적 · 수동적 전달 매체(TV, 신문, 라디오 등)

• 뉴 미디어 : 쌍방향 소통을 통한 정보의 능동적 활용이 가능한 매체(인터넷, 핸드폰 등)

② 대중문화

㉠ 의미 : 대중 매체를 통해 형성 · 제공되어 불특정 다수인이 함께 누리는 문화(보편성)

㉡ 형성 배경

• 정치적 요인 : 민주주의 발달과 보통 선거 실시로 대중의 정치참여 폭 확대

• 경제적 요인 : 대량 생산 · 소비 체제의 등장으로 대중의 소비 주체로서 경제적 영향력이 증대

• 사회적 요인 : 의무교육 확대와 대중 매체 발달로, 대중문화 향유 능력과 교양 수준 향상

1. 국어
2. 수학
3. 영어
4. 사회
5. 과학
6. 도덕

    ⓒ 영향
- 긍정적 영향 : 문화 민주화에 기여, 고급문화의 대중화, 다양한 여가와 오락, 삶의 질 향상
- 부정적 영향 : 저급 문화의 확산, 상업성·획일성 강화, 수동적 존재로 전락, 왜곡된 정보 전달 및 여론 조작 등

(3) 사회의 변동
  ① 현대 사회의 변동 양상
    ㉠ 산업화
- 의미 : 18세기 산업혁명 이후 생산 활동이 기계화·분업화되면서 산업과 사회 생활양식이 변화하는 것
- 특징 : 기계를 통한 대량 생산과 소비, 생활수준의 향상, 인구 증가, 도시화, 자유 민주주의 발달, 교육 기회 확대, 직업 분화, 개방적 계층 구조 확산, 개인주의 가치관 등
- 문제점 : 빈부격차, 도농 간 격차, 노사 갈등, 환경오염, 인간 소외, 전통적 가치 약화 등

    ⓛ 세계화
- 의미 : 국가 간 의존성이 심화되고, 교통·통신의 발달로 국경을 넘어 단일 체제로 통합되는 현상
- 특징
  - 정치적 측면 : 자유주의·민주주의 원리 확산, 국가 간 의존 심화, 강대국 영향력 확대
  - 경제적 측면 : 상품 및 자본·노동력 교류 확대, 소비자의 상품 선택의 폭 확대, 경제 개방과 자유무역의 보편화
  - 사회·문화적 측면 : 물리적 공간과 시간의 제약 극복, 문화 교류 확대, 문화의 상품화
- 문제점
  - 일반적 문제 : 국가나 지역 간 빈부격차 심화, 문화의 획일화, 지역 문화 파괴
  - 전지구적 문제 : 환경오염, 자원 부족, 전쟁, 테러의 발생

    ⓒ 정보화
- 의미 : 정보 통신기술의 발달과 이를 매개한 지식과 정보가 사회의 모든 변화를 이끌어 가는 현상(모든 사회적 행위가 정보 통신매체를 통해 이루어짐)

개념 UP

사회 변동의 의미

사회를 구성하는 물질적·비물질적 요소가 변하는 현상으로, 생활환경과 생활방식, 가치, 사회관계와 구조 등이 일정 시차를 두고 차이를 보이는 것을 말함

개념 UP

근대화

좁게는 농촌 사회가 공업 사회로 변하는 것, 넓게는 정치적으로 민주화되고 경제적으로 산업화되는 등 사회의 모든 영역에서 총체적 변화로 생활양식이 개선되는 것을 말함

- 특징
  - 정치 · 사회 · 문화적 측면 : 전자 민주주의의 확산, 개인의 개성과 창의성 존중, 시공간적 제약 극복, 수평적 관계와 쌍방향적 의사소통
  - 경제적 측면 : 지식 · 정보 관련 산업의 발달, 생산과 소비의 경계 소멸(소비자가 생산을 주도), 다품종 소량 생산, 업무 생산성 향상
- 문제점 : 개인정보 유출 및 사생활 침해, 정보격차의 확대, 인터넷 범죄, 즉흥적 쾌락주의 심화, 감시와 통제의 확대 등

② 한국 사회의 변동
  ㉠ 변동 과정
  - 정치적 측면 : 권위주의적 사회 → 민주 사회
  - 경제적 측면 : 농업사회 → 산업 사회 → 정보 사회
  - 사회 · 문화적 측면 : 닫힌 사회 → 열린 사회
  ㉡ 변동상의 특성
  - 급격한 변동 : 정부 주도의 성장으로 단기간에 급격한 변동을 초래하여, 산업구조가 취약하고 사회적 격차(지역격차, 빈부격차)가 심하며, 인구의 도시 집중 문제 등이 발생
  - 전통사회와의 단절 : 전통사회와 현대 사회가 단절되어 세대
  - 지역 간 갈등이 심하며, 가치관의 충돌과 사회 혼란 등이 초래됨

❾ 정치 생활과 민주주의

(1) 정치의 의미와 민주 정치
  ① 정치의 의미와 기능
    ㉠ 정치의 의미
    - 좁은 의미 : 법률이나 정책을 결정하거나, 권력을 획득하고 유지 · 행사하는 활동
    - 넓은 의미 : 일상생활에서 발생하는 대립을 조정하고 문제를 해결하는 과정

문제UP

다음 중 정보화 사회에 대한 설명으로 옳지 않은 것은?
① 정보와 지식이 자산 가치로서 중요해진다.
② 정보 유출로 인해 사회적 문제가 발생하기도 한다.
③ 쌍방향적 의사소통이 더욱 증가한다.
④ 개인 간 정보 격차가 줄어든다.

해 정보격차가 확대되는 것이 정보화 사회의 문제점이다.

정답 ④

개념UP

닫힌사회와 열린사회의 비교
- 닫힌사회 : 본능에 가까운 습관이나 제도에서 유래하는 사회적 의무에 따라 안으로는 개인을 구속, 위압하고 밖으로는 배타적이며 자위와 공격의 준비를 게을리하지 않는 폐쇄사회
- 열린사회 : 무한의 개방적 사회로서, 인류애로 전인류를 포용하려는 사회이다. 이 사회의 결합원리는 자연으로부터 인간을 해방하고 생명의 근원에 감촉되는 환희를 향해 끊임없이 전진, 향상하는 인류애의 도덕, 즉 열린도덕임

293

ⓛ 정치의 기능 : 사회질서의 유지 및 사회 통합, 구성원 간의 이해관계 조정 및 갈등 해소, 사회의 자원이나 희소가치의 합리적 배분
② 민주 정치의 발전 과정
　㉠ 고대 아테네의 민주 정치
　　· 특징
　　　– 제한적 민주 정치 : 자유민인 남성만 시민권 부여(정치에 참여), 여자 · 노예 등은 제외
　　　– 직접 민주 정치 : 시민들이 직접 참여하여 정책을 결정하며, 시민이 추첨제 · 윤번제를 통해 공직자로 선출됨
　　· 도편 추방제 : 위험인물을 도자기 조각에 적어 10년간 추방한 제도
　　· 정치 기구
　　　– 민회 : 모든 시민이 참여하여 정책을 결정하는 최고 의결 기관
　　　– 평의회 : 민회에서 추첨 등으로 선출된 공직자 500인으로 구성된 행정 기구
　　　– 재판소 : 추첨제나 윤번제로 선출된 배심원이 다수결로 판결
　㉡ 근대 민주 정치
　　· 시민 혁명
　　　– 의미 : 시민계급의 주도로 봉건제와 절대 군주제를 타파하고 입헌주의와 대의 민주 정치를 수립한 계기가 된 사건
　　　– 사상적 배경 : 천부인권 사상(자연권 사상), 사회계약설, 계몽사상
　　　– 사상적 의의 : 인간 존엄성과 자유, 평등 이념의 확립
　　· 대표적 시민 혁명 : 영국의 명예혁명(1688), 미국 독립혁명(1776), 프랑스 혁명(1789)
　㉢ 현대 민주 정치
　　· 배경 : 선거권 확대의 요구
　　　– 노동자 · 농민 · 빈민 등 소외 계층의 참정권 요구 예 영국의 차티스트 운동
　　　– 여성의 정치참여 요구(여성 참정권 운동), 흑인의 권익 향상의 요구(흑인 민권 운동)

- 보통 선거제도의 확립 : 20세기 중반 이후 대부분의 국가에서 성별과 신분, 재산에 관계없이 일정 연령 이상의 남녀에게 선거권을 부여
- 특징 : 대중 민주주의, 대의 민주 정치, 대의 민주 정치의 보완 제도(국민투표, 국민발안, 국민소환, 지방자치 등)

(2) 민주주의 이념과 원리

① 민주주의의 의미와 기본 이념

㉠ 민주주의의 의미

- 정치 형태로서의 의미 : 다수의 민중이 지배하는 정치 형태 (고대의 민주주의)
- 사회 구성 원리로서의 의미 : 공동체를 구성·운영하는 정치 형태
- 생활양식으로서의 의미 : 생활 원리로서 필요한 사상과 태도, 행동양식(대화와 토론, 양보와 타협, 비판과 관용, 다수결 원리, 소수의견 존중 등)

㉡ 민주주의의 기본 이념

- 인간 존엄성 실현(인간 존중) : 인간이라는 이유만으로 모두가 존중받아야 함(천부 인권)
- 자유와 평등의 보장 : 자유와 평등은 인간 존엄성 실현을 위한 민주주의의 양대 요소
  - 자유 : 외부로부터 구속 받지 않고 스스로 선택할 수 있는 권리로, 국가의 간섭을 받지 않을 소극적 자유와 국가 운영에 참여할 수 있는 적극적 자유가 있음
  - 평등 : 성별과 사회적 신분, 종교 등 부당한 이유로 차별받지 않을 권리

② 민주 정치의 기본 원리

㉠ 국민 주권 원리 : 주권이 국민에게 있으며, 국가권력은 국민의 동의와 지지에 바탕을 두어야 한다는 원리

㉡ 입헌주의 원리

- 의미 : 기본권을 보장하는 헌법을 만들고 그에 따라 통치되어야 한다는 원리
- 필요성 : 국가 권력의 남용을 방지하고 민주주의를 실현

개념UP

대중 민주주의과 대의 민주주의의 의미

- 대중 민주주의 : 전면적인 보통 선거권을 기반으로 하는 현대의 민주주의
- 대의 민주주의 : 국민들이 개별 정책에 대해 직접적으로 투표권을 행사하지 않고, 대표자를 선출해 정부나 의회를 구성하여 정책문제를 처리하도록 하는 민주주의(직접 민주주의)

개념UP

평등의 구분

- 형식적·절대적·기계적 평등 : 모두에게 기회를 균등이 보장하고 똑같이 대우하는 것
- 실질적·상대적·비례적 평등 : 개인의 능력과 업적 등의 차이에 따른 평등

ⓒ 권력 분립 원리

• 의미 : 견제와 균형의 원리를 토대로 국가 권력을 각각의 독립 기관으로 분립
• 삼권 분립 : 입법부(입법), 행정부(법 집행), 사법부(법 적용)의 견제 및 균형 강조

ⓓ 국민 자치 원리

• 의미 : 국민 주권 원리에 따라 국민 스스로 국가 정책을 결정한다는 원리
• 형태
  – 간접 민주 정치(대의제, 의회정치) : 국민이 선출한 대표가 국가 정책을 결정하는 형태
  – 직접 민주 정치 : 국민이 직접 주권을 행사하는 형태

③ 민주 국가의 정부 형태

ⓐ 대통령제

• 의미 : 국민이 선출한 대통령이 행정부의 수반이 되어 정책을 수행하는 정부 형태
• 해당 국가 : 우리나라, 미국, 러시아, 브라질 등
• 특징
  – 엄격한 권력 분립, 행정부의 일원적 구성, 의원과 각료의 겸직 금지
  – 정부는 국민에 대해 책임을 지며, 정부(대통령)는 법률안 거부권을 가짐
  – 의회는 정부를 불신임할 수 없고, 정부는 의회를 해산할 수 없음
• 장·단점

장점	단점
• 대통령 임기 동안 정국 안정	• 대통령의 독재 가능성 존재
• 다수파 횡포 방지, 소수 이익 보호	• 정부와 국회의 대립시 조화가 곤란
• 일관성·계속성 있는 정책 보장	• 정치적 책임이 민감하지 못함

ⓑ 의원내각제

• 의미 : 의회 다수당이 내각(행정부)을 구성하여 정책을 수행하는 정부 형태

- 해당 국가 : 영국, 일본, 독일, 네덜란드 등
- 특징
  - 권력 융합의 형태, 행정부의 이원적 구성(총리/대통령), 의원과 각료 겸직 가능
  - 정부는 법률안 제출권을 가지며, 의회에 대해 연대적 책임을 짐
  - 의회는 내각불신임권을, 정부는 의회해산권을 행사
- 장 · 단점

장점	단점
• 평화적 정권 교체가 용이 • 국민 요구와 정치적 책임에 민감 • 의회와 정부 충돌시 원만한 해결 가능	• 다수당의 횡포 가능성 • 군소 정당 난립시 정국 불안, 의회가 정당의 투쟁 장소로 전락 • 신속한 정책결정 곤란

1. 국어 2. 수학 3. 영어 4. 사회 5. 과학 6. 도덕

> **개념UP**
>
> **내각불신임권과 의회해산권의 비교**
> - **내각불신임권** : 의원내각제 국가에서 의회가 행정부를 견제하는 수단이며, 의회에서 행정부를 불신임할 경우 그 내각은 해산되고 새로운 내각이 구성됨
> - **의회해산권** : 의원내각제 행정부가 의회를 견제하는 수단

⑩ 정치 과정과 시민 참여

(1) 정치 과정과 정치 주체

① 정치 과정

ㄱ 의미 : 다양한 의견이 표출 · 집약되어 하나의 정책으로 수렴되는 과정, 즉, 갈등 · 대립을 해소하고 사회 통합에 이르는 과정

ㄴ 정치 과정의 단계(정책의 단계)

- 이익 표출 및 집약 : 이익 집단이나 개인이 이익을 표출하고 언론 · 정당 등이 이를 집약
- 정책 결정 : 다양한 대안 중 최선의 대안을 선택(정부 정책이나 국회의 법 제정)
- 정책 집행 : 결정된 정책을 정부가 집행
- 정책 평가 : 정책에 대한 시민의 평가 · 환류(정책의 수정이나 새로운 요구 등)

② 다양한 정치 주체

ㄱ 공식적 정치 주체

- 입법부(국회) : 법률 제정 및 개정, 국정 감사 및 조사, 예산 심의 등

> **개념UP**
>
> **정치 주체**
> - **의미** : 정치적 의사 결정(정치 과정)에 영향력을 미치는 개인이나 집단을 말함
> - **분류**
>   - 공식적 주체 : 입법부, 행정부, 사법부, 지방 자치 단체 등
>   - 비공식적 주체 : 정당 시민단체, 이익집단, 언론, 전문가 등

- **행정부(정부)** : 법 집행, 정책 수립 및 시행, 사회 문제의 해결 주도 등
- **사법부(법원)** : 법률의 해석 및 적용, 재판 등

ⓒ **정당**

- **의미** : 정치적 견해를 같이 하는 사람들이 모인 단체
- **목적** : 정권의 획득과 정당 정책의 실현
- **특징**
  - 정치권력 획득을 목적으로 선거에 후보를 배출
  - 여론을 조직하고 정부에 전달, 정책에 대한 비판이나 대안 제시 등

ⓒ **이익집단**

- **의미** : 이해관계를 같이 하는 사람들이 모인 집단
- **목적** : 집단적 특수 이익 실현
- **특징**
  - 정권 획득을 목표로 하지 않고, 특수 영역의 이익에만 관심을 가짐
  - 이익 관철을 위해 집회·시위나 로비, 압력 행사가 가능
  - 공익과 충돌하거나 부정부패가 발생하기도 함

ⓔ **시민단체**

- **의미** : 공동체 이념의 실현을 위해 시민이 자발적으로 만든 단체
- **목적** : 사회 정의와 공익의 실현
- **특징** : 비영리성, 비당파성, 공익 추구(공공성), 도덕성 등

(2) **시민 참여 제도**

① **선거 제도**

ⓐ **선거의 의미** : 국민의 대표를 규칙에 따라 선출하는 과정('민주주의의 꽃')

ⓑ **선거의 기능** : 대표자 선출 및 책임정치 구현, 정치권력에 정당성 부여, 주권 행사 수단, 여론 반영 및 국민 의사의 통합 등

ⓒ **선거의 기본 원칙(4원칙)**

- **보통 선거** : 일정 연령 이상의 모든 국민에게 선거권 부여(↔ 제한 선거)

- 평등 선거 : 모든 투표권의 개수와 가치를 동등하게 부여(↔ 차등 선거)
- 직접 선거 : 유권자가 대리인을 거치지 않고 직접 대표자 선출(↔ 간접 선거, 대리 선거)
- 비밀 선거 : 투표 내용을 알 수 없도록 하여 비밀을 보장(↔ 공개 선거)

② 공정 선거를 위한 제도
  - 선거 공영제 : 공정성 확보를 위해 선거 과정을 국가기관이 관리하는 제도(선거 비용을 국가가 부담)
  - 선거구 법정주의 : 선거구를 법에 따라 미리 확정하는 제도(선거구가 특정 정당이나 인물에 유리하도록 하는 게리맨더링을 방지하는 제도)
  - 선거 관리 위원회 : 선거와 투표의 공정한 관리를 위해 설치된 독립적 국가기관

② 지방 자치 제도
  ① 지방 자치의 의미 : 지역 주민이 구성한 지방 자치 단체가 지방의 행정사무를 자율적으로 처리하는 제도
  ② 기능
    - 권력 분립 원리의 실현 및 중앙 정부에 대한 권력 통제
    - 주민 자치의 원리의 실현('풀뿌리 민주주의')
    - 지역 주민의 훈련과 교육, 주민의 정치적 참여 기회 확대('민주주의의 학교')
    - 지역의 실정에 맞는 정치, 특수한 지역 문제의 해결
  ③ 지방 자치 단체의 종류와 구성
    - 종류
      - 일반 지방 자치 단체 : 광역 자치 단체(시·도)와 기초 자치 단체(시·군·구)로 구분
      - 특별 지방 자치 단체 : 교육 자치 단체장인 교육감을 선출
    - 기관 구성 : 주민이 직접 선거로 구성
      - 지방 의회 : 의결기관으로 조례 제정, 예산안 심의·확정, 결산 승인 등을 처리
      - 자치 단체장 : 집행기관으로 조례 집행, 규칙 제정, 지방 사무 처리 등

문제UP

다음 내용의 ㉠, ㉡에 해당하는 선거 원칙은?

㉠ : 선거구 간 인구수 차이가 크지 않도록 하는 선거 원칙
㉡ : 투표 내용을 알 수 없도록 하는 선거 원칙

	㉠	㉡
①	보통 선거	직접 선거
②	평등 선거	직접 선거
③	보통 선거	비밀 선거
④	평등 선거	비밀 선거

해 ㉠ 선거구 간 인구수 차이가 큰 경우 투표권의 가치가 동등하지 않고 훼손되므로, 평등 선거 원칙에 부합되지 않는다. 따라서 ㉠은 평등 선거를 실현하기 위한 내용이다.
㉡ 투표 내용을 알 수 없도록 하여 비밀을 보장하는 선거는 비밀 선거이다.

정답 ④

개념UP

지방 자치 단체의 권한
자치 입법권(조례·규칙 제정), 자치 행정권, 자치 재정권이 있으며, 자치 사법권은 인정되지 않음

③ 주민 참여 제도

　㉠ 주민 참여의 중요성 : 아래로부터의 민주주의 실현, 지방 행정의 민주화, 지역 문제의 해결, 주민의 권리·이익 보장 등

　㉡ 주민 참여 제도

　　• 주민 소환 : 선출한 공직자를 소환하여 주민 토표로 해임할 수 있는 제도

　　• 주민 투표 : 지역 현안을 주민이 직접 투표로 결정하는 제도

　　• 주민 감사 청구 : 잘못된 행정으로 권리·이익을 침해당한 주민이 직접 감사를 청구하는 제도

　　• 주민 소송 : 잘못된 재정 활동에 대해 자치 단체장에게 소송을 제기하는 제도

　　• 주민 참여 예산 : 자치 단체의 예산 편성 과정에 지역 주민이 직접 참여하는 제도

⑪ 경제생활의 이해

(1) 경제 활동과 희소성

① 경제 활동

　㉠ 경제 활동 : 인간에게 필요한 재화나 서비스를 생산·분배·소비하는 모든 활동

　㉡ 경제 활동의 종류

　　• 생산 : 새로운 가치의 창출 및 가치 증대 행위(재화나 서비스를 만드는 것)를 말하며, 생산 요소에는 토지·노동·자본(경영)이 있음

　　• 분배 : 생산 요소를 제공하고 그 대가를 받는 것으로, 토지 제공의 대가인 지대, 노동력 제공의 대가인 임금, 자본 제공의 대가인 이자와 배당금, 경영의 대가인 이윤이 있음

　　• 소비 : 필요한 재화나 서비스를 구매하거나 사용하여 효용(만족감)을 높이는 행위

　㉢ 경제 주체

　　• 가계 : 소비의 주체로서, 경제 활동을 통해 효용(만족감)을 극대화를 추구

주민 참여 제도의 의의

주민의 다양한 의견 청취와 수렴과정을 통해 사업의 타당성과 우선순위에 대한 의사결정을 함으로써 참여 민주주의를 심화하는 기제이기도 함

개념UP

경제 원칙

최소의 비용으로 최대의 효과를 달성하여 효율성을 추구하는 것을 말함

- 기업 : 생산의 주체로서, 경제 활동을 통해 이윤의 극대화를 추구
- 정부 : 생산과 소비의 주체이며 재정의 주체로서, 생산·소비 활동 및 재정 활동을 통해 사회 후생의 극대화를 추구
- 외국(해외) : 무역 활동의 주체, 세계화·정보화 추세에 따라 외국과 경제 교류 확대

 ⓔ 경제 객체
- 재화 : 인간의 욕구를 충족시킬 수 있는 물건(옷, 음식, 집 등)
- 서비스(용역) : 인간의 욕구를 충족시키는 사람의 행위(교사의 수업, 의사의 진료 등)

② 자원의 희소성
 ㉠ 의미 : 무한한 인간의 욕구를 충족시켜 줄 수 있는 자원은 한정되어 있다는 것
 ㉡ 발생원인 : 인간이 원하는 양보다 자원이 적으므로 다양한 선택의 문제가 발생함
 ㉢ 기본적 경제 문제의 발생

기본적 경제 문제	의미	선택 기준
무엇을 얼마나 생산할 것인가?	생산물 종류와 수량의 문제	효율성
어떻게 생산할 것인가?	생산 방법의 문제	효율성
누구를 위해 생산할 것인가? (누구에게 얼마나 분배할 것인가?)	생산 요소 제공에 대한 생산물의 분배 문제	형평성

(2) 합리적 선택과 올바른 소비 생활

① 기회비용과 합리적 선택
 ㉠ 기회비용
- 의미 : 하나의 선택에 따라 포기된 가치(재화·서비스) 중 경제적 가치가 가장 큰 것
- 특징 : 모든 경제적 선택은 선택한 가치와 그에 따른 기회비용의 비교를 통해 이루어지며, 모든 경제 활동에는 반드시 기회비용이 발생함("세상에 공짜 점심은 없다")

 ㉡ 합리적 선택
- 의미 : 경제 원칙에 충실한 선택(편익 ≥ 기회비용), 즉 같은 비용이면 편익을 최대화하고 같은 편익이면 비용을 최소화하는 선택

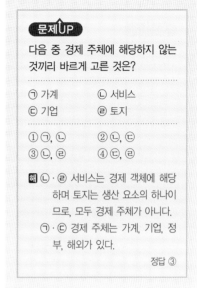

문제UP

다음 중 경제 주체에 해당하지 않는 것끼리 바르게 고른 것은?

㉠ 가계 ㉡ 서비스
㉢ 기업 ㉣ 토지

① ㉠, ㉡ ② ㉡, ㉢
③ ㉡, ㉣ ④ ㉢, ㉣

해 ㉡·㉣ 서비스는 경제 객체에 해당하며 토지는 생산 요소의 하나이므로, 모두 경제 주체가 아니다.
㉠·㉢ 경제 주체는 가계, 기업, 정부, 해외가 있다.

정답 ③

개념UP

희소성의 상대성
인간의 욕구와 자원의 양에 의해 상대적으로 결정되며, 환경 변화나 장소에 따라 달라짐

1. 국어 2. 수학 3. 영어 4. 사회 5. 과학 6. 도덕

• 합리적 선택의 절차 : 문제 인식 → 자료 및 정보 수집 → 대
  안 탐색 → 대안 평가 → 대안 선택 및 실행 → 결과의 반성
  및 평가

② 합리적 소비 생활을 위한 고려 사항

  ㉠ 가격 및 소득을 고려한 소비 : 경제 원칙을 고려하며, 소비 계획
    을 수립하여 소비

  ㉡ 신용을 고려한 소비 : 신용을 고려하여 지불 능력을 넘어서는
    소비나 충동구매를 방지

  ㉢ 정보를 활용하는 소비 : 가격과 품질, 서비스 등 상품에 대한 정
    보를 통해 소비를 결정

⓬ 시장 경제의 이해

(1) 시장과 시장 가격

① 시장

  ㉠ 시장의 의미 : 상품의 수요자와 공급자가 만나 재화와 서비스의
    거래가 이루어지는 장소 및 시간

  ㉡ 시장의 기능 : 거래를 하는 비용과 시간 절약, 다양한 상품 소비
    와 분업이 가능

  ㉢ 시장의 종류

    • 상품 종류에 따른 구분
      – 생산물 시장 : 재화나 서비스 형태의 상품을 거래하는 시
        장(농수산물 시장, 백화점 등)
      – 생산 요소 시장 : 생산에 필요한 토지 · 노동 · 자본 등이
        거래되는 시장(노동시장 등)

    • 장소 유무에 따른 구분
      – 눈에 보이는 시장 : 거래 모습이 눈에 보이는 시장(농수산
        물 시장, 백화점 등)
      – 보이지 않는 시장 : 거래 모습이 명확히 드러나지 않지만
        수요자와 공급자 간의 거래가 이루어지는 시장(외환시장 등)

  ㉣ 시장의 원리

- 특화 : 개인이나 지역, 국가 등이 자신에게 유리한 생산 분야에 자원을 투입하여 생산력을 증대하는 것
- 교환 : 자기가 가진 물건을 갖고 싶은 다른 물건과 바꾸는 행위
- 분업 : 생산 과정을 여러 부문과 공정으로 나누어 서로 다른 사람이 특정 부문에서 전문적으로 일하는 것
- 협업 : 2인 이상이 협력하여 직무를 수행하는 것

② 시장 가격의 결정

㉠ 수요

- 수요의 의미 : 경제 주체가 주어진 가격에서 재화나 서비스를 구매하고자 하는 욕구
- 수요량의 의미 : 일정 가격으로 경제 주체가 재화나 서비스를 구입하고자 하는 양
- 수요법칙 : 가격이 하락하면 수요량이 증가하고, 가격이 상승하면 수요량이 감소함(가격과 수요량 사이에 역(逆)의 관계가 성립)
- 수요곡선 : 수요법칙에 따라 가격과 수요량이 반비례(우하향)하는 형태의 그래프

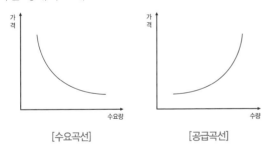

[수요곡선]　　　　　[공급곡선]

㉡ 공급

- 공급의 의미 : 경제 주체가 주어진 가격에서 재화나 서비스를 판매하고자 하는 욕구
- 공급량의 의미 : 일정 가격으로 경제 주체가 재화나 서비스를 판매하고자 하는 양
- 공급법칙 : 가격이 하락하면 공급량이 감소하고, 가격이 상승하면 공급량이 증가함(가격과 공급량 사이에 정(正)의 관계가 성립)
- 공급곡선 : 공급법칙에 따라 가격과 수요량이 비례(우상향)하는 형태의 그래프

개념UP

교환과 분업의 장점

- 교환의 장점 : 물건을 자급자족하는 것보다 물건의 희소성을 줄일 수 있음
- 분업의 장점 : 분업을 통해 작업 숙련도가 높아져 생산성이 증가함

문제UP

다음의 빈칸에 가장 알맞은 경제 용어는?

( )이란 생산 과정을 여러 단계로 나누고 단계별로 서로 다른 사람에게 맡겨 작업 숙련도를 높이는 것을 말한다.

① 교환　　　② 분업
③ 협업　　　④ 기회비용

해 생산 과정을 여러 부문과 공정으로 나누어 서로 다른 사람이 특정 부문에서 전문적으로 일하는 것을 분업이라 한다. 분업을 통해 작업 숙련도가 높아져 생산성이 향상된다.

정답 ②

문제UP

다음 중 공급에 대한 설명으로 옳은 것은?
① 상품이 거래되는 장소
② 상품 생산에 필요한 원료
③ 상품을 팔고자 하는 욕구
④ 시장에서 형성되는 가격

해 공급은 경제 주체가 주어진 가격에서 재화나 서비스를 판매하고자 하는 욕구이다. 따라서 ③이 옳다.

정답 ③

---

1. 국어
2. 수학
3. 영어
4. 사회
5. 과학
6. 도덕

ⓒ 시장 가격과 균형 거래량
- 시장 가격(균형 가격)의 의미 : 수요량과 공급량이 일치하는 지점에서 균형을 이룬 가격
- 균형 거래량의 의미 : 균형 가격에서의 거래량(수요량과 공급량이 일치하는 지점에서 균형을 이룬 거래량)

ⓓ 시장 가격(균형 가격의)의 결정
- 수요량 = 공급량 : 시장 가격(균형 가격)과 균형 거래량 형성
- 수요량 〉공급량(초과 수요) : 초과 수요로 인해 수요자 간의 경쟁이 발생해 균형 가격보다 높은 수준에서 가격이 결정됨 (가격 상승)
- 수요량 〈공급량(초과 공급) : 초과 공급으로 인해 공급자 간의 경쟁이 발생해 균형 가격보다 낮은 수준에서 가격이 결정됨(가격 하락)

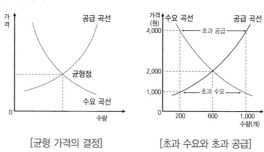

[균형 가격의 결정] [초과 수요와 초과 공급]

(2) 시장 가격의 변동과 기능
① 수요측 요인의 변동
ⓐ 수요량의 변동
- 의미 : 해당 재화의 가격 변동에 따른 수요량 점의 수요곡선상의 이동
- 구분 : 해당 재화의 가격이 하락하면 수요량 점이 수요곡선상의 오른쪽으로 이동하며, 재화 가격이 상승하면 수요량 점이 수요곡선상의 왼쪽으로 이동함
ⓑ 수요의 변동
- 의미 : 해당 재화의 가격 외의 요인이 변동함에 따라 수요곡선 자체가 변동하는 것
- 변동 요인의 구분

수요 증가 요인(→ 수요곡선 자체가 오른쪽으로 이동)	수요 감소 요인(→ 수요곡선 자체가 왼쪽으로 이동)
• 소득의 증가, 기호(선호도) 증가 • 인구 증가 • 대체재 가격 상승, 보완재 가격 하락 • 장래 수요 증가나 가격 인상의 예상	• 소득의 감소, 기호(선호도) 감소 • 인구 감소 • 대체재 가격 하락, 보완재 가격 상승 • 장래 수요 감소나 가격 하락의 예상

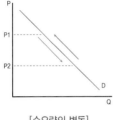

[수요량의 변동]

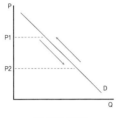

[수요의 변동]

1. 국어 2. 수학 3. 영어 4. 사회 5. 과학 6. 도덕

개념UP

수요의 법칙

가격이 하락할 때는 수요량이 증가하고, 가격이 상승할 때는 수요량이 감소하는데 이를 수요법칙이라고 함

② 공급측 요인의 변동

㉠ 공급량의 변동

• 의미 : 해당 재화의 가격 변동에 따른 공급량 점의 공급곡선상의 이동

• 구분 : 해당 재화의 가격이 상승하면 공급량 점이 공급곡선상의 오른쪽으로 이동하며, 재화 가격이 하락하면 공급량 점이 공급곡선상의 왼쪽으로 이동함

㉡ 공급의 변동

• 의미 : 해당 재화의 가격 외의 요인이 변동함에 따라 공급곡선 자체가 변동하는 것

• 변동 요인의 구분

공급 증가 요인(→ 공급곡선 자체가 오른쪽으로 이동)	공급 감소 요인(→ 공급곡선 자체가 왼쪽으로 이동)
• 생산비 감소(임금·이자·토지임대료·원재료 가격 하락) • 새로운 기업의 시장 진입 • 정부 보조금 지급, 기술 개발과 혁신	• 생산비 상승(임금·이자·토지임대료·원재료 가격 상승) • 기존 기업의 시장 탈퇴 • 정부 보조금 축소

개념UP

환율과 수요, 공급의 관계

환율↑ = 외화의 가치↑ = 우리나라 돈의 가치↓
• 수요 증가, 공급 감소 → 환율 상승
• 수요 감소, 공급 증가 → 환율 하락

305

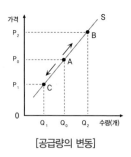

[공급량의 변동]

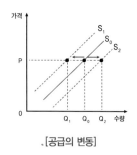

[공급의 변동]

③ 시장 가격의 변동

㉠ 수요 변동에 따른 가격 변동

• 수요 증가 ⇒ 수요 곡선 오른쪽 이동($D → D_1$) ⇒ 초과 수요 발생 ⇒ 가격 상승($P_0 → P_1$), 거래량 증가($Q_0 → Q_1$)

• 수요 감소 ⇒ 수요 곡선 왼쪽 이동($D → D_2$) ⇒ 초과 공급 발생 ⇒ 가격 하락($P_0 → P_2$), 거래량 감소($Q_0 → Q_2$)

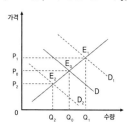

[수요 변동과 가격 변동]

㉡ 공급 변동에 따른 가격 변동

• 공급 증가 ⇒ 공급 곡선 오른쪽 이동($S → S_1$) ⇒ 초과 공급 발생 ⇒ 가격 하락($P_0 → P_1$), 거래량 증가($Q_0 → Q_1$)

• 공급 감소 ⇒ 공급 곡선 왼쪽 이동($S → S_2$) ⇒ 초과 수요 발생 ⇒ 가격 상승($P_0 → P_2$), 거래량 감소($Q_0 → Q_2$)

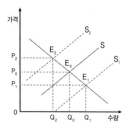

[공급 변동과 가격 변동]

제2편　사회2

❶ 문화의 다양성과 세계화

(1) 세계 문화의 다양성

① 문화와 문화권

㉠ 문화

- 의미 : 인간과 자연의 상호 작용 과정에서 만들어 낸 언어와 종교, 관습 등의 생활양식
- 문화의 다양성 : 지역의 자연환경과 인문 환경에 따라 다양한 문화가 형성됨

㉡ 문화권

- 의미 : 문화 내용을 공유하여 공통의 문화요소가 나타나는 지역
- 구분 기준 : 인종, 언어, 종교, 자연환경 등
- 각 문화권의 특징

동아시아 문화권	황인종, 한자, 불교, 유교, 젓가락 문화 형성, 벼농사 발달 등
동남아시아 문화권	해상교통의 요지로 중국 · 인도 · 이슬람 · 유럽 등 다양한 문화권 공존, 벼농사 발달
인도 문화권	복잡한 인종과 언어, 불교 · 힌두교, 카스트 제도의 영향
이슬람 문화권	아랍인, 아랍어, 이슬람교, 석유 개발, 건조 기후에 따른 유목과 오아시스 농업 등
아프리카 문화권	흑인종, 원시 종교, 원시적 화전 농업 등
유럽 문화권	백인종, 신교, 일찍 산업화, 유럽 문화의 전 세계 전파
앵글로아메리카 문화권	다양한 인종, 영어, 기독교, 유럽의 앵글로 색슨 족이 국가 건설
라틴아메리카 문화권	다양한 혼혈족, 스페인 · 포르투칼어, 가톨릭, 인디오 문화 등
오세아니아 문화권	유럽인이 개척 후 유럽 문화 전파, 영어, 원주민 문화 공존 등

② 문화의 지역 간 차이

㉠ 사회 · 경제적 환경에 따른 차이

- 원인 : 전통과 언어, 종교, 관습, 산업 등의 지역 차이

> **개념UP**
> **문화권의 형성**
> 인접 지역 간의 교류와 상호 작용을 통해 공통의 지역과 문화권이 형성

> **개념UP**
> **문화권의 특징**
> 한 지역이 여러 문화권에 속할 수 있으며, 교통 · 통신의 발달로 문화권 간 교류가 활발

• 산업 및 경제 수준에 따른 차이 : 산업 및 경제 수준이 높은 곳은 높은 건물과 도로 등 현대적 생활모습, 낙후된 곳은 자연환경과 전통 생활양식을 유지
• 종교에 따른 차이 : 불교, 기독교, 이슬람교, 힌두교 등

구분	창시 및 특징	문화
불교	고타마 싯타르타(석가모니)가 창시, 자비와 평등, 수양 강조	사찰, 불상, 탑, 채식 생활, 살생 금지 등
기독교	예수가 창시, 예루살렘이 성지, 사랑과 믿음, 영혼의 구원 강조	고딕 양식의 교회 건축, 크리스마스, 부활절 행사 등
이슬람교	마호메트가 창시, 예루살렘·메카·메디나가 성지, 유일신 사상, 만민 평등, 우상 숭배 금지	모스크 양식(예배당), 쿠란(이슬람교 경전), 엄격한 규율(술·도박·돼지고기 등), 라마단 기간에 단식 등
힌두교	인도의 민족 종교, 바라나시가 성지, 윤회사상, 다신교, 소를 신성시	갠지스 강(신성시함), 채식 위주의 생활, 쇠고기 금식 등

ⓒ 자연환경에 따른 차이 : 지형, 토양, 기후, 식생 등에 따라 지역마다 의식주와 농업, 산업, 일상생활의 차이가 발생

(2) 세계화에 따른 문화의 변화

① 문화 전파

ㄱ 의미 : 지역의 문화가 다른 지역으로 옮겨가 퍼지는 현상

ㄴ 원인 : 사람들의 이동과 교류, 대중 매체에 의한 증가

ㄷ 유형

• 문화 확산 : 문화가 한 지역에서 다른 지역으로 서서히 전파되는 현상 예 영어, 커피
• 문화 이식 : 전쟁이나 정복 등 강제적 방법에 의해 한 지역의 문화가 다른 지역으로 옮겨가는 현상 예 신항로를 통한 유럽 문화 전파, 라틴아메리카의 남부 유럽 문화 전파

ㄹ 외래문화에 대한 바른 태도 : 문화 다양성을 존중하고 인정

② 세계화의 영향에 따른 문화 변동

ㄱ 문화의 동질화

• 의미 : 한 지역의 문화적 특성이 다른 지역에서 같거나 비슷하게 나타나는 현상

- 부정적 영향 : 고유한 문화적 특성의 약화, 국가 간 불평등 심화
- 긍정적 방향 : 문화의 동질화에 따른 축제의 개최하거나 전통문화 발전을 위한 노력

ⓛ 문화 융합

- 의미 : 복수의 문화가 합쳐져 새로운 문화로 나타나는 현상 **예** 돌침대, 퓨전 음식 등
- 긍정적 방향 : 문화 갈등을 해소하고 발전적 문화 창조로 연결하기 위해 노력

ⓒ 문화 창조 : 다른 문화를 그 지역의 특성에 맞고 선택적으로 수용·변형하여 새로운 문화를 창조하는 과정 **예** 난타, K-Pop, 생활한복 등

③ 문화적 갈등

㉠ 문화 갈등의 의미

- 문화 전파의 과정에서 서로 다른 문화가 충돌하여 반목하거나 갈등이 발생하는 현상
- 언어와 종교의 갈등, 서구 문화와 전통문화의 충돌, 기존 문화 간의 충돌 등

ⓛ 유형

- 언어로 인한 갈등 : 슬로바키아(헝가리어와 슬로바키아어), 벨기에(네덜란드어와 프랑스어), 스페인 카탈루냐(스페인어와 카탈루냐어) 등
- 종교로 인한 갈등 : 팔레스타인(유대교와 이슬람교), 나이지리아(이슬람교와 기독교), 카슈미르(이슬람교와 힌두교) 등

ⓒ 긍정적 방향 : 문화 상대주의적 태도, 스포츠 등 민간 교류의 활성화, 공용어 지정 등

개념UP

문화 공존

- 의미 : 같은 지역에 서로 다른 문화가 함께 나타나 다양한 문화가 공존하는 현상
- 사례 : 싱가포르·스위스 등 다양한 문화, 미국의 다양한 인종, 안산 외국인 마을 등

개념UP

문화 상대주의

세계 문화의 다양성을 인정하고 각 문화는 문화의 독특한 환경과 역사적·사회적 상황에서 이해해야 한다는 견해이다. 사회의 환경과 맥락을 고려하여 문화를 판단하는 것으로, 어떤 문화요인도 나름대로 존재이유가 있는 것이다.

❷ 글로벌 경제와 지역 변화

(1) 다국적 기업과 농업의 변화

① 다국적 기업

㉠ 의미 : 두 개 이상의 국가에 생산 공장과 연구소, 지사 등을 운영하며, 전 세계를 대상으로 생산과 판매 및 영업 활동을 하는 기업 **예** 애플, 스타벅스, 맥도날드 등

㉡ 특징

• 전 세계를 무대로 활동하며 원료와 시장을 확보, 생산비 절감, 무역 마찰 감소
• 공업 제품의 생산과 판매, 농산물 생산과 가공, 에너지 자원 개발 등의 활동을 전개
• 기업의 본사, 공장, 지사, 연구소 등이 각각 적합한 지역에 위치(공간적 분업)

㉢ 성장

• 단일 기업 단계 : 단일 공장이 위치한 지역에서 성장
• 국내 확장 단계 : 지방에 공장을 건설하여 생산 기능을 분리
• 해외 진출 단계 : 해외에 판매 지점을 개설하여 시장을 개척
• 다국적 기업 단계 : 해외에 생산 공장을 건설하여 제품을 직접 공급

㉣ 다국적 기업의 입지에 따른 변화

• 긍정적 영향 : 자본의 유입, 일자리 증가, 기술 파급 등에 따른 경제 활성화 등
• 부정적 영향 : 이윤의 해외 유출, 경쟁력 없는 국내 중소 기업의 피해 등

② 세계화와 농업 변화

㉠ 농업의 세계화와 기업화

• 농업의 세계화 : 교통·통신의 발달에 따라 다양한 농산물에 대한 수요가 증가하며, 이로 인해 농업 생산이 활발해지는 현상을 말함
• 농업의 기업화
  – 의미 : 다국적 기업의 대규모 자본과 기술을 바탕으로 농산물을 대량으로 생산·판매·유통하는 것

- 영향 : 대규모 기업적 농업 회사 발달과 전통 농업의 경쟁력 상실, 영세 농민의 소득 감소, 식량 자급률 감소, 삼림 파괴와 환경 문제 발생 등
  - ㉡ 상업적 농업의 발달
    - 과거의 농업 : 소규모의 자급적 농업, 곡물 중심의 재배(이동식 화전 농업, 유목 등)
    - 현재의 농업 : 판매를 위한 상업적 농업, 농업의 다각화를 통한 대규모 농업(낙농업, 원예농업, 기업적 곡물 농업, 기업적 목축 등)
  - ㉢ 농업 생산의 다각화
    - 발생원인 : 세계화로 인한 농업 시장의 개방, 생산의 기업화, 농작물 가격 변동으로 인한 농업 경쟁력 강화가 필요
    - 농업 생산 구조의 변화
      - 수출 지역 : 농작물의 대량 생산 방식
      - 수입 지역 : 소규모 농가의 위기 고조, 생산의 다각화(다양한 원예작물 및 기호작물 재배), 식량 자급률 감소
    - 토지 이용의 변화 : 과거 곡물 생산 중심에서 상품 작물과 사료용 작물 재배가 증가
  - ㉣ 농산물 소비 행태의 변화
    - 외국산 수입 농산물 소비 증가
    - 육류 및 기호 작물의 소비 증가
    - 패스트푸드 곡물의 소비 증가
    - 바이오 에너지 원료 작물의 소비 증가(콩, 옥수수, 사탕수수 등)

(2) 세계화와 경제 공간의 불평등
  ① 경제 공간의 불평등 심화
    - ㉠ 원인 : 기술과 자원, 자본 등 경제 요소와 산업 구조, 무역 구조의 불균형으로 인해 발생
    - ㉡ 국가 간의 불평등
      - 선진국 : 부가 가치가 높은 공업 제품과 서비스 상품을 생산하며, 개발도상국의 저렴한 노동력을 이용하여 생산비를 절감하고 연구 개발을 통해 이윤을 극대화
      - 개발도상국 : 가격이 저렴한 농산품과 자원을 생산하며, 낮은 임금으로 부가 가치가 낮은 제품을 생산

개념UP

애그플레이션(농업+인플레이션)
곡물 가격이 상승하면 농산물 가공품 가격이 상승하여 전반적인 물가가 상승하는 현상

문제UP

다음 중 세계화에 따른 농업의 변화로 옳지 않은 것은?
① 농업의 기업화
② 소규모 곡물 중심의 농업
③ 상업적 농업의 발달
④ 농업 생산의 다각화

해 상업적 농업이 발달하면서 과거의 소규모 곡물 중심의 농업이 다각화를 통한 대규모 농업 및 상업적 농업으로 변화하고 있다.

정답 ②

② 불평등의 해결 방안

　㉠ 해결을 위한 노력

　　• 세계 무역 기구(WTO) : 세계 무역 질서 확립 및 자유 무역 확대, 무역 분쟁의 해소

　　• 국제 협력 기구 : 국제통화기금(IMF), 경제협력개발기구(OECD) 등의 결성

　　• 경제 블록 형성 : 인접 국가 간의 경제 협력체 결성(ASEAN, NAFTA 등), 자유무역협정(FTA)를 통한 무역 자유화 및 경제 협력

　　• 국가 간 협력 및 비정부 기구(NGO)의 노력 등

　㉡ 공정 거래의 확산

　　• 공정 무역 : 불공정 무역 행위를 규제하고 개발도상국에서 생산된 제품에 정당한 가격을 지불하여 생산자에게 정당한 임금이 지급되도록 하자는 소비 운동

　　• 공정 여행 : 여행으로 인한 환경 파괴를 최소화하고, 지역을 이해하며, 여행 경비가 지역 경제에 환원되도록 하는 여행

❸ 세계화 시대의 지역화 전략

(1) 전통 마을과 생태 도시

　① 전통 마을의 입지적 특징

　㉠ 배산임수 : 자연과의 조화, 풍수지리 영향에 따른 명당(안동 하회마을, 순천 낙안읍성, 경주 양동 마을, 서울 북촌 마을 등)

　　• 배산 : 겨울에는 방풍과 방어, 땔감 및 임산물 제공, 여름철에는 휴식처 제공

　　• 임수 : 벼농사와 농업용수 및 생활용수 공급, 교통과 방어에 이용

　㉡ 가옥 : 자연의 재료를 활용, 남향(태양 활용 및 단열 효과), 효율적 냉난방 시설(온돌과 대청마루), 창문 크기의 조절 등

　② 생태 도시

　㉠ 의미 : 도시를 자연친화적으로 개발한 곳, 즉 사람과 자연환경, 문화가 조화를 이룬 자연친화적 도시

ⓛ 특징 : 에너지 절약(대중교통, 재산 가능한 자원 활용), 지역에서 생산된 먹거리, 도시 문제 해결의 대안 마련

ⓒ 기능 및 역할

- 자원과 에너지 절약 및 환경문제 해결
- 경제 발전 및 주민 삶의 질 향상
- 문화적 다양성과 경쟁력 강화
- 지속 가능한 발전의 달성

ⓔ 종류

- 생물 다양성 생태 도시 : 녹지 조성 및 하천 보존, 다양한 생물이 존재하는 환경
- 자연 순환성 생태 도시 : 자원 절약 및 재활용, 신에너지와 재생 에너지 사용
- 지속 가능성 생태 도시 : 주민 편의를 고려하되 생태계 부담을 최소화

ⓜ 세계적 생태 도시 : 브라질의 쿠리치바, 스웨덴 예테보리, 이탈리아 오르비에토, 독일 프라이부르크 등

ⓗ 우리나라의 생태 도시

- 전남 순천만 : 람사르 협약의 보호 습지로 등록, 자연생태공원의 개발, 자전거 전용도로
- 제주 서귀포시 : 올레길 개발, 생태 관광 활성화, 친환경적 에너지 개발
- 기타 슬로 시티 : 남양주시 조안, 예산군 대흥·응봉, 전주 한옥마을, 전남 신안군 증도(최초의 슬로 시티), 담양군 창평, 완도군 청산도, 청송군 파천, 하동군 악양 등

(2) 세계화 속의 지역화 전략

① 지역화의 의미와 전략

ⓐ 지역화의 의미 : 지역이 세계의 정치와 경제, 사회의 주체가 되는 현상을 말함

ⓛ 지역화의 배경 : 국경을 초월한 경제 활동의 증가와 지역 간 경쟁의 심화

ⓒ 지역화 전략 : 다른 지역과 차별적인 계획의 수립

- 내용 : 장소 마케팅, 지역 축제, 지역 브랜드, 지리적 표시제 등

개념UP

슬로 시티

자연 생태가 보호되고 전통문화가 잘 보존되는 지역으로, 느리고 여유로운 삶을 추구하는 곳(1999년 이탈리아에서 시작)

문제UP

다음 내용에 해당하는 도시는?

- 사람과 자연환경, 문화가 조화를 이룬 자연친화적 도시
- 브라질의 쿠리치바, 스웨덴 예테보리, 이탈리아 오르비에토

① 생태 도시 ② 전략 도시
③ 거점 도시 ④ 개발 도시

해 제시된 내용의 도시는, 도시를 자연친화적으로 개발한 생태 도시에 대한 설명이다.

정답 ①

- 특징
  - 지역 이미지 구축 : 지역의 고유성과 주민의 애향심을 토대로 다른 지역과 차별되는 전통 산업과 문화, 예술 등을 창출
  - 새로운 이미지 창출 : 국가 주도의 개발에서 탈피하고, 과거의 이미지에서 벗어난 새로운 이미지 창출
- 핵심 전략 : 지역의 잠재력을 개발하되, 세계의 보편적 가치와 접목 예 피자, 비빔밥 등

② 다양한 지역화 전략

㉠ 장소 마케팅
- 의미 : 지역의 특정 장소를 상품으로 인식하고 경제적 가치를 높이는 전략 및 활동
- 방법 : 랜드마크 활용, 이미지 개발, 홍보, 이벤트, 문화 행사, 특구 지정, 스포츠 행사 등
- 특징 : 기업 마케팅 기법을 장소에 활용, 관광객 및 투자유치를 통해 소득을 향상, 지역 주민의 자긍심 증진

㉡ 지역 브랜드
- 의미 : 지역 자체 또는 지역의 상품과 서비스 등을 소비자에게 브랜드로 인식시켜 지역 이미지와 경제 활성화로 연결하는 것 예 'I love New York', 평창의 'Happy 700' 등
- 방법 : 지역의 특징과 매력이 드러나며 다른 지역과 차별되는 이미지를 구축하고, 로고나 슬로건, 캐릭터, 브랜드를 활용
- 특징 : 지역의 무형 자산이 되며 지역 상품의 판매 증가, 지역 산업 및 경제 활성화 등

㉢ 지리적 표시제
- 의미 : 품질이나 명성 등이 드러나는 지역 상품에 대해 지역 생산품임을 표시하는 제도(보성 녹차, 고창 복분자, 순창 고추장, 횡성 한우, 충주 사과, 산청 곶감, 이천 쌀 등)
- 특징 : 상표권에 대한 법적 권리를 부여하며, 품질에 대한 신뢰감 형성

❹ 자원의 개발과 이용

(1) 에너지 자원

① 자원의 의미와 특성

㉠ 자원의 의미 : 자연물 중에서 인간생활에 유용하게 이용될 수 있는 것

- 좁은 의미 : 석유와 석탄, 철광석, 동식물, 토양, 물, 공기 등의 천연자원
- 넓은 의미 : 천연자원에 인적 자원과 문화적 자원까지 포함

㉡ 자원의 특성

- 유한성 : 매장량이 한정되어 고갈 위험이 있음
- 편재성 : 일부 지역에 치우쳐 분포하며, 생산자와 소비자가 일치하지 않음
- 가변성 : 자원의 가치는 시대와 장소, 경제 상황, 기술 발달 등에 따라 달라짐

② 에너지 자원

㉠ 에너지 자원의 종류

- 재생 가능한 자원 : 계속 사용할 수 있는 자원(태양열, 지열, 풍력, 바이오매스 등)
- 재생 불가능한 자원 : 사용으로 양이 점점 줄어드는 자원(석탄, 석유, 천연가스 등)

㉡ 에너지 자원의 특성

- 석탄 : 무연탄, 갈탄, 역청탄 등
  - 산업혁명 후의 중요한 에너지로 매장량이 최다이며, 연소 시 공해 물질이 배출됨
  - 과거는 난방연료로 주로 사용되었으나, 현재는 제철 및 화력 발전 연료로 사용됨
- 석유
  - 오늘날 가장 많이 사용되는 중요 에너지 자원으로, 열효율이 높고 사용이 편리함
  - 자동차 등의 운송수단과 난방 연료, 각종 생활용품의 원료로 사용됨
- 천연가스(LNG)

개념UP

자원의 종류

에너지 자원, 식량 자원, 광물 자원, 인적 자원, 문화적 자원 등

문제UP

자원을 넓은 의미의 자원과 좁은 의미의 자원으로 분류할 때, 좁은 의미의 자원에 포함되는 것으로만 고른 것은?

㉠ 인적 자원   ㉡ 광물 자원
㉢ 물과 공기   ㉣ 문화 자원

① ㉠, ㉡   ② ㉠, ㉢
③ ㉡, ㉢   ④ ㉡, ㉣

🖪 좁은 의미의 자원은 석유와 석탄, 철광석, 토양, 물, 공기 등의 천연자원을 말하므로, ㉡과 ㉢이 해당된다.

정답 ③

개념UP

에너지 자원의 소비량 증가

인구의 증가와 개발도상국의 산업화, 생활수준의 향상 등으로 소비량이 증가함

- 냉동액화 기술 발달로 수송이 용이하고, 연소 시 공해 배출이 적은 청정에너지
- 열효율이 높고, 도시가스로 공급되어 가정의 난방연료로 사용됨

- 원자력
  - 전력 생산의 원료로 주로 사용되며, 발전 비용이 저렴하고 오염 물질의 배출이 적음
  - 방사능 누출 우려가 있으며, 폐기물 처리 문제가 발생함

ⓒ 에너지 자원의 문제점
- 에너지 자원을 둘러싼 갈등의 발생, 자원의 고갈 문제
- 이산화탄소 배출 증가로 인한 지구온난화 등의 환경문제 발생

ⓔ 대책
- 에너지의 사용의 감축 : 에너지 사용량 누진제, 탄소 포인트제, 에너지 소비효율 등급 표시제 실시, 쓰레기 분리수거, 대중교통의 이용, LED 전구의 사용 등
- 기술 개발 : 에너지 효율의 향상, 자원 절약형 산업 육성, 신
- 재생 에너지 개발 등

③ 신 · 재생 에너지

ⓐ 의미의 장 · 단점

개념UP

신 · 재생 에너지의 필요성

화석 연료 가격의 상승 및 고갈 우려, 화석 연료 사용에 따른 오염물질의 배출 등

- 의미 : 기존의 에너지를 재활용하거나 태양과 바람, 물 등 재생 가능한 에너지를 변환시켜 이용하는 에너지
- 장점 : 자원 고갈 우려와 오염물질의 배출 등으로 인한 환경 문제의 우려가 없음
- 단점 : 초기 막대한 개발 비용이 소요되어 효율성 · 경제성이 저하

ⓑ 종류
- 태양 에너지 : 태양의 빛과 열을 이용하여 전력을 생산
- 풍력 에너지 : 바람이 강한 곳에서 바람의 힘을 이용하여 전력을 생산
- 해양 에너지(조력 · 조류) : 조석 간만의 차이나 바닷물 유속 차이를 이용해 전력을 생산
- 지열 에너지 : 지하수나 지하의 고온 증기를 이용한 에너지

- 바이오 에너지 : 동물의 배설물이나 옥수수 등의 식물을 분해하여 얻는 에너지
ⓒ 우리나라의 신·재생 에너지
  - 발전 비율 : 수력 〉 풍력 〉 태양력, 충북 〉 강원도 〉 경기도
  - 필요성 : 전체 에너지 비율이 선진국에 비해 낮은 수준이며, 자원의 수입의존도를 경감하고 관련 산업의 일자리 창출을 위해 필요성이 높음
  - 입지 현황

구분	입지 조건	발달 지역
수력 에너지	유량이 풍부하고 낙차가 큰 하천 중·상류	한강, 낙동강
풍력 에너지	바람이 강하고 지속적으로 부는 산지나 해안, 섬 등	제주도 섬, 남해의 해안 지역, 대관령 산지
태양 에너지	일사량이 풍부한 지역(남부 지방)	전라남도, 남해안 지역
해양 에너지	조력 발전은 조석 간만 차가 큰 서해안, 조류 발전은 유속이 빠른 좁은 해협(삼면이 바다로 풍부한 해양 에너지 보유)	서해의 시화호·가로림 만(조력 발전), 전남 울돌목(조류 발전)
바이오 에너지	숲과 생명 유기체(유기물)가 많은 곳	농촌
폐기물 에너지	쓰레기 발생 및 소각·매립지가 많은 곳	대도시, 공업단지 부근

(2) 자원의 분포와 주민 생활

① 자원의 분포와 이동

ㄱ 석탄 : 산업혁명의 동력, 제철·화학공업의 원료, 세계 각지에 분포, 매장량 풍부
  - 수출국 : 호주, 미국, 캐나다, 남아프리카공화국 등
  - 수입국 : 우리나라, 일본, 중국 등

ㄴ 석유 : 석유화학 공업의 원료, 현재 가장 많이 소모되는 자원으로 지역적 편재성이 큼(세계 매장량의 60%가 페르시아 만 중심의 서남아시아에 집중)
  - 수출국 : 사우디아라비아, 이란, 이라크, 쿠웨이트, 러시아, 베네수엘라 등
  - 수입국 : 우리나라, 일본, 미국 등

개념UP

신·재생 에너지의 특징

- 신·재생 에너지는 화석 연료와 달리 재생이 가능하기 때문에 고갈되지 않음
- 오염 물질이나 이산화탄소 배출이 적어 환경 친화적
- 화석 연료에 비해 비교적 지구상에 고르게 분포
- 발전소를 건설할 때 자연환경의 영향을 많이 받음
- 개발 초기에 투자비용이 많이 들고, 경제성이 낮은 편

문제UP

다음과 같은 국제적 이동을 보이는 자원으로 가장 알맞은 것은?

① 석탄   ② 석유
③ 철광석   ④ 구리

해 서남아시아와 러시아, 베네수엘라가 주요 수출국이며, 우리나라와 일본, 미국이 주요 수입국인 자원은 석유이다.

정답 ②

광물 자원

- **철광석** : 근대 공업의 기초 원료로, 국제적 이동이 활발(주요 수출국은 호주, 브라질, 중국, 미국, 캐나다, 러시아이며, 수입국은 우리나라, 일본, 독일 등)
- **구리** : 전기·통신 산업의 발달로 수요 증가, 칠레와 페루 등이 주요 산지
- **보크사이트** : 알루미늄 공업의 주요 원료로, 호주, 기니, 자메이카, 브라질이 주요 산지

자원과 주민 생활

- **자원이 풍부하고 부유한 국가** : 호주(석탄·철광석·금 등), 노르웨이(석유·천연가스·수산 자원 등), 캐나다(펄프·석탄 등), 서남아시아(석유)
- **자원이 풍부하나 가난한 국가** : 나이지리아, 시에라리온, 라이베리아 등
- **자원은 부족하나 부유한 국가** : 우리나라, 일본, 싱가포르, 스위스 등
- **자원 개발 가능성이 높은 국가** : 인도네시아, 카자흐스탄 등

ⓒ **천연가스** : 청정에너지로서, 액화저장 및 수송 기술의 발달로 소비 급증
  - 수출국 : 이란, 미국, 러시아 등
  - 수입국 : 우리나라, 일본, 독일 등

② **자원을 둘러싼 갈등**

ⓐ **갈등의 원인**
  - **자원의 수요 증가** : 인구 증가와 산업 발달, 생활수준의 향상으로 수요가 증가
  - **자원의 편재** : 자원이 특정 지역에 편재되어 이동이 많고, 자원 확보를 위한 경쟁이 치열
  - **매장의 한계** : 자원의 매장량에 한계가 있고 가채 연수가 짧아 고갈 문제가 발생
  - **자원 민족주의** : 자원 보유국이 자원을 무기로 삼아 이익을 극대화하려는 태도 발생

ⓑ **갈등의 양상** : 자원 보유국과 소비국 간의 갈등, 자원 보유권을 둘러싼 갈등의 발생

ⓒ **갈등의 사례**
  - 석유 및 천연가스
    - 페르시아 만, 카스피 해, 북극해, 기니 만 : 유전 지대를 둘러싼 갈등 발생
    - 남중국해 : 석유 및 천연가스 영유권 발생
    - 동중국해 : 가스전 분쟁 발생
  - 물
    - 도시화·산업화, 인구 증가, 농업 확대에 따른 물 소비량 증가로 갈등 발생
    - 국제 하천 주변과 건조 지역의 갈등 발생(메콩강, 나일강, 티그리스·유프라테스강 등)

❺ 환경 문제와 지속 가능한 환경

(1) 전 지구적 차원의 환경 문제

① 환경 문제의 원인과 특징

㉠ 환경 문제의 원인

- 인구의 급증과 자원 소비량 증가, 각종 폐기물의 증가
- 산업화·도시화에 따른 쓰레기와 하수의 증가, 녹지 감소에 따른 자정 능력 약화

㉡ 환경 문제의 특징 : 광범위한 피해 지역의 발생, 복합적 발생에 따른 예측과 대처 곤란

② 환경 문제의 종류

㉠ 지구 온난화

- 의미 : 화석 연료 사용에 따른 온실가스 증가로 지구 평균기온이 상승하는 현상
- 원인 : 삼림 파괴, 화석 연료 사용에 따른 온실가스(이산화탄소·메탄)의 증가
- 영향
  - 홍수 발생과 해수면 상승에 따른 저지대 침수
  - 고산 지대와 양극 지방의 빙하 감소
  - 이상 기후의 증가, 사막화 현상의 가속화

㉡ 오존층 파괴

- 의미 : 태양의 자외선을 차단하는 오존층이 파괴되는 현상
- 원인 : 냉장고와 에어컨, 헤어스프레이 등의 프레온 가스 사용
- 영향 : 피부노화 및 피부암 발생, 백내장 등 시력장애, 해양 생물 피해, 먹이사슬 파괴 등

㉢ 사막화 현상

- 의미 : 토양의 황폐화되어 사막처럼 쓸모없는 땅으로 바뀌는 현상
- 원인 : 지속적 가뭄(자연적 원인), 인구증가에 따른 지나친 방목과 개간, 삼림 벌채 등
- 영향 : 생활 터전의 축소, 사헬지대와 중앙아시아, 고비 사막 등의 사막화 심화, 황사 현상에 따른 피해 증가 등

③ 환경 문제 해결을 위한 노력

1. 국어
2. 수학
3. 영어
4. 사회
5. 과학
6. 도덕

개념UP

생물종의 다양성 감소

- 의미 : 각종 개발과 오염으로 인한 서식지 파괴, 야생 동식물의 남획 등으로 인해 동물의 종이 감소
- 영향 : 생물 자원의 감소, 생태계 균형의 파괴를 초래

문제UP

다음 내용과 가장 관련이 깊은 환경 문제는?

- 인구증가에 따른 지나친 방목과 개간, 가뭄의 지속 등이 원인이 된다.
- 아프리카 사헬지대와 중앙아시아가 대표적인 피해 지역이다.

① 오존층 파괴 ② 스모그 현상
③ 적조 현상 ④ 사막화 현상

해 지속적인 가뭄과 인구증가에 따른 지나친 방목·개간 등이 원인이 되며, 아프리카 사헬지대와 중앙아시아, 고비 사막 등에서 발생하는 환경 문제는 사막화 현상이다.

정답 ④

㉠ 지속 가능한 개발 : 미래 세대의 필요를 침해하지 않는 범위 내에서 개발을 추구

㉡ 다양한 국제 협약(국제적 차원의 노력)

- 기후 변화 협약(1992) : 지구 온난화 방지를 위한 탄소 배출량 규제
- 몬트리올 의정서(1987) : 오존층 파괴 물질의 생산 및 사용 규제
- 바젤 협약(1989) : 유해 폐기물의 국가 간 이동 규제
- 생물 다양성 보존 협약(1992) : 생태계 다양성과 균형 유지를 위한 노력
- 람사르 협약(1971) : 보존 가치 있는 주요 습지의 보호 노력
- 사막화 방지 협약(1996) : 개발도상국의 사막화 방지를 위한 지원 및 보호

(2) 환경 문제와 일상생활

① 환경 문제의 중요성

㉠ 환경 문제의 발생 요인 : 더 많은 재화의 생산과 소비를 위한 급속한 경제 성장 및 개발

㉡ 환경 문제의 특징

- 자연에서 채취하는 양은 자연에 버리는 양과 같음(질량 보존의 법칙)
- 자원 고갈 문제와 환경오염 문제가 혼합되어 있음(환경은 자원의 창고이자 폐기물의 쓰레기통)

② 국경을 넘는 환경 문제

㉠ 황사

- 의미 : 봄철에 중국 내륙에서 발생한 흙먼지와 모래먼지가 편서풍을 타고 이동하는 현상
- 원인 : 광산 개발과 공장 건설, 물자원 개발 등으로 인한 삼림파괴, 과도한 방목 등
- 발원지 및 피해지 : 중국 고비사막과 타클라마칸 사막에서 발원하여 우리나라, 일본, 미국 서부에 피해를 미침
- 부정적 영향 : 호흡기 질환과 눈병·알레르기 등의 유발, 햇빛 차단에 따른 식물 성장 저해, 미세 먼지에 따른 정밀 기기의 고장과 항공기 운항 차질 등

ⓒ 산성비
- 의미 : 질소 산화물, 황산화물 등의 대기오염 물질이 빗물에 녹아 산성화된 비
- 원인 : 자동차와 공장의 배기가스, 가정과 화력발전소 등에서 배출되는 대기오염 물질
- 영향 : 토양과 호수의 산성화로 인한 생태계 파괴, 건물 및 유적지 부식, 농작물 수확 감소, 생태계 파괴 등

ⓒ 국제 하천 오염
- 원인 : 하천 상류의 댐 건설 및 산업 단지 조성에 따른 오염 물질 배출
- 발생 지역 : 라인강, 다뉴브강, 메콩강 등
- 영향 : 하류 지역의 물 부족, 수질 오염에 따른 농작물 피해, 바다 오염, 생태계 변화 등

③ 일상생활의 환경 문제
ㄱ 환경 관련 이슈
- GMO(유전자 재조합) 농산물
  - 의미 : 유전자 변형을 통해 새로운 성질의 유전자를 지니도록 개발된 농산물 **예** 잡초에 강한 옥수수와 콩, 무르지 않는 토마토, 카페인이 제거된 커피 등
  - GMO 식품 : GMO 농산물을 원료로 제조·가공한 식품
  - 주요 재배지 : 미국, 브라질, 아르헨티나 등
  - 부정적 영향 : 인체와 생태계에 대한 유해성 검증 부족, 생물 다양성의 훼손
- 로컬 푸드 운동
  - 의미 : 소비자 인근에서 생산된 농산물(로컬 푸드) 소비를 촉진하는 운동(생활협동조합, 농산물 직거래장터, 지역 급식 운동 등)
  - 등장 배경 : 장거리 이동 식품의 증가, 온실가스 발생 증가, 안전한 먹거리에 대한 관심 증가
  - 효과 : 먹거리의 신선도 및 안전성 증가, 농민의 소득 증가, 지구 온난화 현상의 감소, 지역 경제의 활성화 등
- 푸드 마일리지

개념UP
국경을 넘는 환경 문제의 해결 노력
- 국가 간 협력 : 국제 협력의 체결(제네바 협정, 라인강 화학오염 방지 조약), 공동 연구 및 관측, 공동 기금의 조성 등
- 비정부 기구 간 협력 : 그린피스·환경운동연합 등의 환경보호 캠페인 활동, 국제회의 참여 등

개념UP
실질적 동등성
유전자 재조합 농·수·축산물 등 식품과 기존 농·수·축산물 등 유래 식품을 비교하여 차이점(새로운 단백질 출현, 영양소 및 독소의 증가)을 찾아내고 차이 나는 물질에 대한 독성, 알레르기성, 영양성 등을 평가하여 문제없음을 확인하는 것

321

- 의미 : 먹거리가 생산지에서 소비자에까지 이동한 거리에 수송량을 곱한 값
- 특징 : 식품의 신선도와 방부제 사용 정도, 온실가스 배출량 파악이 가능
- 효과 : 푸드 마일리지가 낮아 환경 부담이 적은 식품 구매를 유도함

 ⓒ 생활 속 환경 문제의 해결 노력

- 친환경적인 자원 및 에너지 이용으로 온실가스 배출량을 줄임(녹색생활의 실천)
- 대중교통 및 자전거 이용
- 일회용품 사용의 자제, 재활용품과 쓰레기 분리수거

⑥ 우리나라의 영토

(1) 우리나라의 영역

 ① 영역의 의미와 구성

  ㉠ 영역의 의미

- 한 국가의 주권이 미치는 지리적 범위를 말함
- 국민 생활의 터전이며, 외부 침입으로부터 보호되어야 할 공간

  ⓒ 영역의 구성

- 영토
  - 의미 : 한 국가에 속해 있는 육지의 범위로, 국토 면적과 일치되며 간척 등으로 면적이 범할 수 있음(영역 중 가장 중요)
  - 국경선 : 국가 간 영토의 경계선으로, 영토의 면적과 형태를 결정
  - 영토가 넓은 국가 : 러시아, 캐나다, 미국, 브라질, 호주 등이 있으며, 자원이 풍부해 경제 발전에 유리하나 국가 통합에 어려움이 있음
  - 영토가 좁은 국가 : 바티칸, 모나코, 룩셈부르크, 싱가포르 등이 있으며, 영토 관리와 방어에 소요되는 비용이 적은 장점을 지님

- 영해
  - 의미 : 주권의 미치는 해역으로, 최저 조위선(통상기선)으로부터 12해리
  - 중요성 : 국가 방위나 항해, 해양 자원의 개발 등에 있어 중요
- 영공
  - 의미 : 영토와 영해의 수직 상공으로, 대기권 내로 한정됨
  - 중요성 : 최근 항공 교통의 발달과 국방 측면에서 중요성이 증대하며, 인공위성 기술의 발달로 우주 공간에 대한 관심이 높아지고 있음

② 우리나라의 영역

  ㉠ 영토
- 구성 : 한반도와 3,000여 개의 부속 도서로 구성
- 면적 : 총면적은 22.3만km², 남한은 대략 10만km²이며, 간척 사업으로 면적이 증가
- 형태 : 남북이 긴 형태로, 다양한 기후와 식생이 나타남
- 국경선 : 삼면이 바다인 반도국이며, 압록강 · 두만강을 경계로 중국 · 러시아와 접함

  ㉡ 영해
- 범위 : 영해를 설정하는 영해 기선은 지역마다 다름
  - 동해, 제주도, 울릉도, 독도 : 통상기선으로부터 12해리까지
  - 서해, 남해 : 직선기선으로부터 12해리까지
  - 대한 해협 : 직선기선으로부터 3해리까지
- 중요성 : 수산 자원 및 해양 자원의 개발, 해상교통 등

  ㉢ 배타적 경제 수역
- 의미 : 영해를 설정한 기준선으로부터 200해리까지의 바다 중 영해를 제외한 바다
- 특징
  - 국가 영역에 포함되지는 않아 다른 국가의 선박 · 항공기의 자유로운 통행이 가능
  - 연안국의 어업 활동과 자원탐사 · 개발 · 보존 · 관리 등에 대한 경제적 권리가 인정됨

개념UP

영토 형태와 국가 발전
- **영토가 원형에 가까운 국가** : 프랑스, 스페인 등이 있으며, 국가 통합과 방어에 유리
- **영토가 긴 국가** : 칠레가 대표적, 다양한 기후로 농업에 유리하나 국가 통합에 불리
- **영토가 분리된 국가** : 인도네시아 등의 경우 영토가 섬으로 분리되어 교류에 불리

개념UP

통상기선, 직선기선
- **통상기선** : 최저 조위선인 썰물 때의 해안선을 말함
- **직선기선** : 가장 바깥쪽 섬을 직선으로 연결한 선을 말함

1. 국어

2. 수학

3. 영어

4. 사회

5. 과학

6. 도덕

• 우리나라의 배타적 경제 수역 : 1995년 설정했으며, 중국·일본과 경계가 겹쳐 발생하는 어업 문제를 해결하기 위해 어업 협정을 체결

② 영공

• 영토와 영해의 수직 상공으로, 항공기의 통로이며 항공 우주 산업의 발달로 중시됨

• 인공위성 기술의 발달로 우주 공간에 대한 관심이 증대

(2) 영역 갈등과 독도의 중요성

① 국가 간의 영역 갈등

㉠ 영역 갈등의 의미 : 영토나 바다를 둘러싸고 전개되는 국가 간의 갈등

㉡ 영역 갈등의 원인 : 민족적·역사적·문화적·종교적 배경과 경제적 이권에 따른 갈등

㉢ 영토를 둘러싼 갈등

• 카슈미르 지방 : 종교적 배경(이슬람교와 힌두교)에 따른 영토 갈등

• 팔레스타인 지역 : 거주지를 둘러싼 이스라엘과 아랍 민족의 갈등

• 아프리카 국가들 : 유럽 식민지배에서 독립 후 국경선과 민족 간의 경계선 차이로 갈등

• 쿠릴 열도의 북방 4도 : 러시아와 일본의 영토(북방 4개 섬) 갈등

㉣ 영해를 둘러싼 갈등

• 센카쿠 열도(댜오위다오) : 석유·수산자원, 해상교통의 확보를 위한 중국과 일본의 갈등

• 난사 군도 : 석유·천연가스, 교통 및 군사상의 요충지를 두고 중국과 베트남, 필리핀, 말레이시아 등이 영유권을 주장

② 독도의 중요성

㉠ 독도의 환경

• 위치 : 우리나라 가장 동쪽에 위치(경북 울릉군 울릉읍 독도리, 동경 132°)

• 지형 : 용암이 솟아올라 형성된 화산섬으로, 동도와 서도 등 89개 부속 도서로 구성

- 기후 : 난류의 영향으로 온화하고 강수량이 풍부(연중 고른 강수)
  - ㉢ 독도의 가치
    - 영역적 가치 : 배타적 경제 수역 설정의 기점이자 군사적·전략적 요충지, 해상 및 항공 교통의 요지, 기상 및 어업 상황의 관측지 등
    - 경제적 가치 : 한류와 난류의 교차로 조경 수역이 형성되는 황금어장이자 자원의 보고(심층수 풍부, 메탄 하이드레이트 매장 등)
    - 생태적 가치 : 철새의 중간 서식지, 다양한 동식물 서식
    - 지질학적 가치 : 해저 화산 형성 및 진화 과정의 연구

❼ 통일 한국과 세계 시민의 역할

(1) 북한의 개방화와 접경 지역

① 북한의 개방화

㉠ 개방화의 배경

- 북한 경제의 어려움 : 폐쇄적 경제체제로 인한 무역의 제한, 중공업 우선 정책에 따른 생필품의 부족, 토지 국유화와 자연환경의 불리함에 따른 식량 부족 등
- 사회주의 국가들의 개방 : 구소련과 동부 유럽국가의 몰락, 중국의 경제 개방 등

㉡ 개방 지역

- 나진·선봉 경제특구 : 중국·러시아 접경지대로 최초의 개방 지역, 중화학 공업 발달
- 신의주 특별 행정구 : 2002년 설치된 개방 특구로, 철도와 도로 교통의 요지
- 금강산 관광특구 : 풍부한 관광자원으로 외국인 유치, 남북 협력 장소로 활용
- 개성 공업 지구 : 남북한 교역에 유리한 환경(남한의 자본·기술+북한의 노동력·토지)

개념UP

독도의 인문 환경
- 신라 지증왕 때 우산국(울릉도)을 정복하고 독도를 복속
- 조선 숙종 때 안용복이 일본 어민을 축출
- 러·일 전쟁 중 일본이 일방적으로 자국 영토로 편입하였으나, 광복과 함께 되찾음

문제UP

다음 내용이 설명하는 섬으로 맞는 것은?

- 우리나라 가장 동쪽에 위치하는 화산섬이다.
- 한류와 난류의 교차되는 황금어장이자 자원의 보고이다.

① 독도　　② 울릉도
③ 강화도　　④ 제주도

해 독도는 우리나라 가장 동쪽에 위치하는 화산섬으로 동도와 서도 등 89개 부속 도서로 구성되며, 한류와 난류의 교차로 조경 수역이 형성되는 황금어장이자 자원의 보고(심층수, 메탄 하이드레이트 매장 등)이다.

정답 ①

325

[북한의 개방 지역]

② 접경 지역

  ㉠ 백두산

  • 상징적 의미 : 민족의 발상지(단군신화의 배경)로 민족 통합을 상징, 백두대간의 시작점

  • 지형적 특징

    – 한반도 최고 높이(2,744m)의 휴화산으로, 유네스코 생물권 보존 지역

    – 압록강·두만강의 발원, 정상의 천지(칼데라 호)와 주변의 개마고원(용암대지) 위치

  ㉡ 비무장 지대(DMZ)

  • 의미 : 군사 분계선을 경계로 남북 각각 2km씩 설정된 공간(남·북 한계선 설정), 한국 전쟁 후 휴전 협정과 함께 설정

  • 특징 : 군사적 완충 지대(무기 배치나 무력 행위 불가), 주변 구역에 민간인 통제선 설치(남방 한계선으로부터 5~20km에 걸쳐 설치)

(2) 국토의 통일 및 지리적 문제

① 국토의 통일

  ㉠ 통일의 필요성

  • 대륙과 해양의 교류에 유리하며, 남북한 불균형의 극복 및 발전이 가능

백두산의 지리적 특성

• 화산지형 : 칼데라에 물이 고인 천지, 용암 대지인 개마고원

• 기후 : 높은 해발고도로 기후 변화가 심함

• 식생 : 고도에 따른 식생의 수직적 분포가 뚜렷함

• 다양한 식생과 동식물이 서식, 1989년 유네스코에서 지정

개념UP

비무장 지대의 가치

• 생태적 가치 : 다양한 습지 생태계, 멸종 위기종과 보호종, 각종 야생 동식물 서식

• 역사·문화적 가치 : 선사시대 유적, 궁예 도성터 등 많은 유적과 유물

• 경제적 가치 : 지역 경제 활성화, 남북 교류 협력의 공간

• 상징적 가치 : 민족의 통일과 미래의 한반도 및 세계 평화를 상징

- 군사비 등 분단 비용의 절감 및 경제 발전 가능
- 이산가족의 고통 해소
- 민족의 동질성 회복 및 민족 발전과 번영
- 국가 경쟁력 강화, 세계 평화에 기여 등

 ⓛ 통일 국가의 모습
- 경제적 발전 : 남북한의 장점 결합, 분단 비용의 복지 투자, 국토의 효율적 개발과 이용, 관광 산업의 다양화 등
- 교역의 중심지 : 동아시아의 무역과 물류 중심지(아시안 하이웨이, 유라시아 대륙 철도)
- 국토의 일체성 회복 : 같은 민족으로서의 역사, 혈통, 언어, 문화의 공유

② 지리적 문제와 해결 노력
 ㉠ 지리적 문제
- 기아
 – 원인 : 가뭄 등 자연재해, 기후 변화에 따른 사막화, 인구의 급증, 분쟁, 투기적 식량 거래 등
 – 발생 지역 : 소말리아, 에티오피아, 수단 등 중앙아프리카
- 분쟁 : 영토와 자원, 하천, 언어, 종교 등을 둘러싸고 주변 국가와 대립이 발생
- 난민
 – 의미 : 분쟁이나 자연재해로 인해 거주지를 떠나 불안한 삶을 이어가는 사람들
 – 발생 지역 : 이라크, 시리아, 아프가니스탄, 소말리아 등

 ⓛ 지리적 문제의 해결 노력
- 국제 협력 : 세계 시민으로서 동참이 필요하며, 국가 간 협력 실행을 위한 국제기구 필요
- 국제기구 및 정부 간 기구 : 국제연합(UN) 산하의 세계 식량 계획(WFP) · 유엔 난민 기구(UNHCR) · 평화 유지군, 개발 원조 위원회(DAC) 등
- 비정부 기구(NGO) : 그린피스, 월드비전, 굿 네이버스, 세이브 더 칠드런 등

문제 UP

다음 내용이 설명하는 것으로 가장 알맞은 것은?

- 남북한의 장점이 결합되는 경제적 이점이 있다.
- 이산가족의 고통을 해소할 수 있다.
- 동아시아 유럽을 연결하는 물류 중심지가 될 수 있다.

① 난민의 수용
② 쓰레기 매립장 건설
③ 남북의 평화 통일
④ 사형제의 폐지

해 제시된 내용은 남북한이 통일되는 경우 얻을 수 있는 장점 내지 이점에 해당한다.

정답 ③

개념 UP

아시안 하이웨이

한반도를 출발점으로 중국, 몽골, 중앙아시아, 유럽을 최단 거리로 연결하는 새로운 노선

---

1. 국어　2. 수학　3. 영어　4. 사회　5. 과학　6. 도덕

⑧ 일상생활과 법

(1) 법의 의미와 분류

① 사회 규범

ㄱ 사회 규범의 의미 : 사회생활을 하면서 사람들이 지켜야 할 행동 기준 또는 법칙

ㄴ 사회 규범의 종류

구분	의미	대상 사례
관습 규범	한 사회에서 오랫동안 반복해온 행동양식	결혼 풍습, 설날의 세배 등
종교 규범	종교에서 지켜야 할 교리나 행동기준	십계명, 쿠란, 불경 등
도덕 규범	인간이 양심에 따라 지켜야할 도리	효도, 웃어른 공경 등
법 규범	국가가 강제력을 가지고 지키게 하는 규범	폭행 처벌, 도로교통법 등

ㄷ 법과 도덕의 비교

구분	법	도덕
목적	정의 실현과 공공복리 증진	선의 실현
규율대상	행위의 결과(외면성)	양심과 동기(내면성)
준수 근거	국가의 강제성	개인의 자율성
위반 시 처벌	국가의 처벌	사회적 비난, 양심의 가책

② 법의 목적과 이념

ㄱ 법의 목적

- 정의의 실현 : 모두가 각자 가져야 할 정당한 몫을 주는 것 **예** 노동시간에 따른 임금
- 공공복리의 증진 : 사회 구성원 다수의 이익과 행복이 실현되는 것 **예** 재산권 행사의 공공복리 적합 의무

ㄴ 법의 기능

- 사회 분쟁의 방지 및 해결 : 법은 내용상 명확하고 강제성을 지니므로 분쟁을 방지하고 합리적으로 해결함
- 사회질서 유지 : 법 위반 행위를 처벌하여 사회질서를 유지
- 인권 보장 : 국민이 자유와 권리·의무를 규정하여 기본권을 보장

ㄷ 법의 이념

개념UP

법의 특징
- **강제성** : 사회질서 유지를 위해 준수하지 않을 경우 국가 권력에 의해 처벌을 받음
- **명확성** : 해야 할 것과 하지 말아야 할 것의 내용이 명확함

문제UP

다음 내용이 설명하는 사회 규범은?

- 정의의 실현을 목적으로 한다.
- 분쟁을 방지하고 사회 질서를 유지하는 기능을 한다.

① 법   ② 도덕
③ 관습   ④ 종교

해 정의의 실현과 공공복리 증진은 법의 목적에 해당한다. 또한 사회 분쟁의 방지 및 해결, 사회질서 유지, 인권 보장 등이 법의 기능이다.

정답 ①

• 정의 실현 : 법은 사회적 가치를 공정하게 배분할 수 있도록 제정되어야 함
• 법적 안정성 : 법의 내용이 명확하고 실현 가능하며, 자주 바뀌지 않아야 함
• 합목적성 : 사회와 국가의 이념 및 가치에 맞도록 제정되어야 함

③ 법의 분류
㉠ 공법(公法)
• 의미 : 개인과 국가 또는 국가 기관 간의 공적 생활관계를 규율하는 법
• 종류
 – 헌법 : 국가의 최고법으로, 국민의 기본권과 의무, 국가 기관의 구성 원리 등을 규정
 – 형법 : 범죄의 종류와 범죄 유무, 형벌의 정도 등을 규정한 법
 – 소송법(절차법) : 재판의 절차를 정해 놓은 법(형사소송법, 민사소송법)
 – 행정법, 병역법, 선거법, 세법 등
㉡ 사법(私法)
• 의미 : 개인과 개인 간의 사적 생활관계(권리 · 의무 관계)를 규율하는 법
• 종류
 – 민법 : 가족 관계와 재산 관계, 계약 등 일상생활 관계를 규율하는 법
 – 상법 : 기업의 설립 및 운영 등 기업의 경제활동, 기업과 소비자 관계 등을 규율한 법
㉢ 사회법
• 의미 : 사회적 약자의 보호와 인간다운 생활의 보장을 위해 개인의 사적 생활 영역에 국가가 개입하여 권리 · 의무를 규율한 법(사법과 공법의 중간적 성격)
• 종류
 – 노동법 : 근로자 권익 보호 및 노사 관계의 합리적 조정을 위한 법(근로기준법 등)

개념UP
법률 제정의 과정(절차)
여론의 형성 → 국회의원 및 정부의 법률안 제안 → 국회의 심의 · 의결 → 대통령 공포 → 법률의 적용

문제UP
다음 내용이 설명하는 법으로 옳은 것은?
• 사회적 약자 보호와 인간다운 생활을 보장하기 위한 법이다.
• 노동법, 경제법, 사회보장법이 있다.
① 형법 ② 민법
③ 사회법 ④ 행정법
해 사회법은 사회적 약자의 보호와 인간다운 생활의 보장을 위해 개인의 사적 생활 영역에 국가가 개입하는 법으로, 사법과 공법의 중간적 성격을 지닌다. 사회법의 종류에는 노동법, 경제법, 사회보장법이 있다.
정답 ③

– 경제법 : 국민 경제의 발전과 공정한 경쟁 보장을 내용으로 하는 법(소비자기본법, 독점 규제 및 공정거래에 관한 법률 등)
– 사회보장법 : 국민의 최소한의 인간다운 생활 보장을 위한 법(국민연금법, 건강보험법, 의료보호법 등)

(2) 사법 제도의 이해

① 재판의 의미와 종류

㉠ 재판의 의미 : 구체적 범죄 사실이나 사건에 대해 법조항을 적용하여 옳고 그름을 판단하는 행위(법의 적용)

㉡ 재판의 종류

• 민사 재판 : 개인 간의 권리와 의무에 관한 다툼의 해결하기 위한 재판
• 형사 재판 : 범죄의 유무와 형벌의 정도를 결정하는 재판
• 행정 재판 : 행정 기관의 권리 침해 여부를 결정하는 재판
• 선거 재판 : 선거와 관련된 위법 사실에 대한 재판
• 헌법 재판 : 법률의 헌법 위반 여부나 국민의 기본권 침해 여부를 재판

㉢ 재판의 절차

• 민사 재판 : 원고의 소송 제기 → 당사자 소환 → 원고 측 변론 → 피고 측 변론 → 법관의 판결
• 형사 재판 : 피의자 수사 → 검사의 공소 제기(기소) → 검사의 구형 → 피고 측 변론 → 법관의 판결

② 공정한 재판을 위한 제도

㉠ 사법권의 독립 : 공정한 재판을 위해 법관(사법권)은 외부의 간섭 없이 오직 헌법과 법률에 의해 자신의 양심에 따라 판결(법관의 재판상의 독립)

㉡ 심급 제도 : 공정하고 정확한 재판을 위해 급이 다른 법원에서 여러 번 재판할 수 있는 제도(3심제가 원칙)

㉢ 공개 재판주의 : 재판 과정을 일반인이 방청할 수 있도록 공개해야 한다는 원칙

㉣ 증거 재판주의 : 재판의 사실 인정이나 판결은 증거를 바탕으로 해야 한다는 원칙

1. 국어

2. 수학

3. 영어

4. 사회

5. 과학

6. 도덕

ⓜ 국민 참여 재판 : 일반 국민들이 배심원 또는 예비 배심원으로 재판에 참여하는 제도

③ 다양한 분쟁 해결 방법

ㄱ 사법적 해결 방법 : 소송과 재판을 통해 분쟁을 해결하는 방법

- 장점 : 전문적인 판단을 토대로 해결하며, 확실한 분쟁 해결 방법이 됨
- 단점 : 절차가 복잡하고 시간이 많이 소용되며, 당사자들의 심리적 고통이 큼

ㄴ 대안적 해결 방법 : 재판 이외의 분쟁 해결 방법

- 협상 : 분쟁 당사자 간의 직접 문제 해결(합의 등)
- 알선 : 제3자가 합의할 수 있도록 자리를 마련하는 방식
- 조정 : 제3자가 협상안을 제시하고 합의를 유도하는 방식(협상안 수용이 강제되지 않음)
- 중재 : 제3자가 협상안을 제시하며, 당사자는 협상안을 수용하는 방식

> **개념 UP**
>
> **상소**
>
> 하급 법원의 판결에 불복하여 상급 법원에 다시 재판을 청구하는 것으로, 1심 판결에 불복하여 2심 법원에 청구하는 항고, 2심 판결에 불복하여 대법원에 청구하는 상고가 있음

❾ 인권 보장과 헌법

(1) 인권의 역사와 헌법

① 인권

ㄱ 인권의 의미 : 인간으로서 마땅히 누려야 할 기본적인 권리(인간답게 살기 위한 권리)

ㄴ 인권의 특성

- 기본적 · 필수적 권리 : 인간의 존엄성 유지를 위한 권리
- 천부인권 · 자연권 : 태어나면서 가지는 천부인권으로, 법 이전에 인간에게 자연적으로 주어진 권리
- 보편적 권리 : 모든 사람이 차별 없이 동등하게 누리는 권리
- 항구적 · 불가침적 권리 : 영구히 보장되는 권리이며, 침해하거나 양도할 수 없는 권리

ㄷ 인권 보장의 역사적 전개

- 근대 이전 : 왕과 소수 귀족만이 누리는 특권이며, 평민은 차별 받음

> **개념 UP**
>
> **인권의 확대 과정**
>
> 자유권 → 참정권 → 사회권 → 연대권(집단권)

- 자유권 발달(1세대 인권) : 국가의 간섭 없이 자유로운 삶을 누릴 권리로, 영국의 대헌장(1215)과 권리 장전(1689), 미국 독립선언(1776), 프랑스 인권선언(1789) 등과 관련
- 참정권 발달(1세대 인권) : 시민혁명 이후(19세기) 노동자의 차티스트 운동, 여성 참정권 운동 등과 관련
- 사회권 발달(2세대 인권) : 20세기 초 모든 국민의 인간다운 삶을 보장하기 위한 권리로, 독일 바이마르 헌법에서 최초로 명시한 이후 여러 복지국가 헌법 제정
- 세계 인권 선언(1948) : 2차 대전 이후 심각한 인권 침해에 대한 반성으로 채택된 것으로, 인권 보장의 국제적 기준 제시
- 연대권의 등장(3세대 인권) : 20세기 중반 이후 인종 차별 철폐 협약(1965), 여성 차별 철폐 협약(1979), 아동의 권리에 관한 협약(1989) 등과 관련

② 헌법과 인권
  ㉠ 헌법과 인권의 관계 : 헌법은 인권을 보장하는 근본 규범으로, 인권의 중요성과 불가침성을 규정함
  ㉡ 인권 보장을 위한 헌법의 역할
    - 추상적인 인권 내용을 국민의 기본권으로 구체화하고, 이를 보장하도록 함
    - 국가 권력에 의한 인권 침해가 발생하지 않도록 수단과 제도를 규정
  ㉢ 헌법 보호를 위한 수단
    - 엄격한 헌법 개정 절차
    - 권력 분립의 원리(3권 분립)
    - 헌법 재판소의 설치
    - 최후 수단으로서 국민의 저항권 인정

(2) 기본권의 이해
  ① 기본권의 의미와 종류
    ㉠ 기본권의 의미 : 헌법이 보장하는 기본적인 권리
    ㉡ 기본권의 종류
      - 인간의 존엄과 가치 및 행복추구권 : 모든 기본권의 근본이념으로, 우리 헌법 제10조에서 규정("모든 국민은 인간으로

개념UP

헌법재판소의 권한

헌법 소원 심판, 위헌 법률 심판, 탄핵 심판, 정당 해산 심판, 권한 쟁의 심판

개념UP

저항권

국민의 기본권 침해에 대한 최후 수단으로, 불법적 공권력 행사에 대해 거부하거나 실력 행사를 통해 저항할 수 있는 권리를 말함

문제UP

다음의 내용과 관련된 헌법상의 기본권은?

- 국민이 정치에 참여할 수 있는 적극적 권리이다.
- 헌법상의 선거권·공무담임권 등이 구체적 권리이다.

① 평등권 ② 자유권
③ 참정권 ④ 청구권

해 국민이 능동적으로 정치에 참여할 수 있는 권리는 참정권이다. 참정권에는 선거권, 공무담임권, 국민투표권이 있다.

정답 ③

서의 존엄과 가치를 가지며, 행복을 추구할 권리를 가진다.
국가는 개인이 가지는 불가침의 기본적 인권을 확인하고 이
를 보장할 의무를 진다")
- 평등권 : 법 앞의 평등 및 성별, 종교, 사회적 신분에 의해 차별받지 않을 권리(헌법 제11조), 다른 기본권 보장의 전제 조건
- 자유권 : 국가의 간섭을 받지 않을 권리로, 가장 오래된 기본권이자 소극적 권리(신체의 자유, 정신적 자유 등)
- 참정권 : 국민이 능동적으로 정치에 참여할 수 있는 적극적 권리(선거권, 공무담임권, 국민투표권 등)
- 청구권 : 국민이 침해된 기본권을 구제받기 위해 청구·청원할 수 있는 권리로, 다른 기본권 보장을 위한 수단적 권리(청원권, 재판 청구권, 형사보상 청구권 등)
- 사회권 : 모든 국민의 인간다운 생활을 보장하기 위한 권리(근로권, 환경권, 교육권 등)

② 기본권의 제한
  ㉠ 기본권 제한의 이유와 전제 조건
    - 이유 : 국가 안전 보장, 질서 유지, 공공복리를 위해 필요한 경우 제한함
    - 전제 조건 : 반드시 국회가 제정한 법률로서 제한함
  ㉡ 제한의 한계 : 자유와 권리의 본질적 내용은 침해할 수 없음

③ 기본권(인권)의 침해와 구제 방법
  ㉠ 기본권 침해의 의미 : 헌법에 보장된 기본권이 국가기관이나 다른 사람에 의해 정당한 이유 없이 침해되는 것
  ㉡ 기본권 침해의 구제 방법
    - 개인에 의한 침해 : 법원의 민사·형사 재판을 통해 구제
    - 국가기관에 의한 침해
      - 입법권에 의한 침해 : 헌법재판소에서 위헌법률 심판, 헌법소원 심판을 통해 구제
      - 행정권에 의한 침해 : 명령·규칙의 심사, 행정심판 및 행정소송 등을 통한 구제
      - 사법권에 의한 침해 : 상급 법원에 상소

개념UP

기본권의 분류
- 공권 : 자유권, 평등권, 참정권, 청구권 등
- 사권 : 인격권, 재산권, 신분권 등
- 사회권 : 근로권, 환경권, 교육권 등

문제UP

다음은 우리 헌법 제37조 제2항의 규정이다. ㉠과 ㉡에 해당하는 말을 바르게 짝지은 것은?

　국민의 모든 자유와 권리는 국가안전보장·질서유지 또는 (㉠)을/를 위하여 필요한 경우에 한하여 (㉡)(으)로서 제한할 수 있으며, 제한하는 경우에도 자유와 권리의 본질적인 내용을 침해할 수 없다.

	㉠	㉡
①	사회복지	명령
②	공공복리	법률
③	재산권 보장	명령
④	균형적 발전	법률

해 기본권 제한 사유는 국가 안전 보장, 질서 유지, 공공복리이며, 제한하는 경우 반드시 국회가 제정한 법률에 의한다. 따라서 ②가 옳다.

정답 ②

개념UP

기본권(인권) 보장을 위한 기관
법원, 헌법재판소, 국가인권위원회, 국민권익위원회(고충민원 및 행정심판 조사), 언론중재위원회, 대한법률구조공단 등

---

⑩ 헌법과 국가 기관

(1) 국회
 ① 국회의 지위와 구성
  ㉠ 국회의 지위(성격)
   • 국민의 대표 기관 : 국민이 선출한 대표로 구성된 대표 기관
   • 입법 기관 : 각종 법률의 제정 및 개정하는 기관
   • 국정 통제 및 견제 기관 : 정부의 활동을 감시하고 비판·견제
   • 예산 기관 : 행정부가 편성한 예산의 심의·확정, 결산 승인
  ㉡ 국회의 조직 및 구성
   • 국회 구성 방식 : 단원제 국회
   • 국회의원의 임기 : 4년(중임 가능)
   • 국회의원의 구성 : 지역구 국회의원(선거구별로 직접 선출)과 비례대표 국회의원(정당 득표수에 비례하여 선출)
   • 위원회 : 본회의 심의 안건을 미리 조사하여 심의하는 곳으로, 상임위원회와 특별위원회로 구분됨
   • 교섭단체 : 국회의원 20인 이상이 교섭단체를 구성하여 의사를 사전에 통합·조정
   • 국회의 회의
    – 정기회 ; 매년 9월 중 1회 개회, 100일 이내
    – 임시회 : 대통령 또는 국회 재적의원 1/4이상요구로 개회하는 임시회, 30일 이내
  ㉢ 국회의원의 헌법상 특권
   • 면책 특권 : 국회의원은 직무상 행한 발언과 표결에 대해 국회 밖에서 책임지지 않음
   • 불체포 특권 : 국회의원은 현행범이 아닌 이상 회기 중에 국회의 동의 없이 체포되지 않음
 ② 국회의 기능(권한)
  ㉠ 입법에 관한 기능 : 법률의 제정 및 개정권, 헌법 개정안 발의 및 의결권, 조약 체결 및 비준 동의권
  ㉡ 재정에 관한 기능 : 예산안 심의·확정권, 결산 심사권, 조세의 종목과 세율 결정권

개념UP

상임위원회와 특별위원회
• 상임위원회 : 전문적 지식을 가진 위원들이 본회의 개회 전에 미리 법률을 심사하거나 관련 안건을 심의하는 상설 위원회
• 특별위원회 : 특별한 안건 처리를 위해 일시적·임시적으로 구성되는 위원회

문제UP

다음 중 국회의 권한 내지 기능으로 올바른 것끼리 고른 것은?

㉠ 정책의 수립과 집행
㉡ 법률의 제정 및 개정
㉢ 법률의 해석 및 적용
㉣ 예산안의 심의와 확정

① ㉠, ㉢ ② ㉠, ㉣
③ ㉡, ㉢ ④ ㉡, ㉣

해 ㉡·㉣ 법률의 제정 및 개정권과 예산안의 심의·확정권은 모두 국회의 권한이다.
㉠ 정책의 수립과 집행은 정부(행정부)의 권한에 해당한다.
㉢ 법률의 해석 및 적용은 사법부(법원)의 권한이다.

정답 ④

ⓒ 국가 권력의 견제 및 통제 기능

- 국정 감사권 및 국정 조사권
- 고위 공직자에 대한 탄핵 소추권, 국무총리 · 국무위원 해임 건의권
- 헌법 기관 구성원의 임명 동의권(대법원장 · 헌법재판소장 · 감사원장 등의 임명시 청문회 실시 및 동의권 행사)
- 계엄 해제 요구권

③ 국회의 입법 과정

ⓐ 법률의 제정 및 개정 : 법률안 제출(정부, 국회의원 10인 이상) → 상임위원회 심의 → 본회의 의결 → 대통령 공포

ⓑ 헌법의 개정 : 제안(대통령, 국회의원 과반수) → 대통령의 공고 (20일 이상) → 국회 의결(재적의원 2/3 이상 찬성) → 국민투표(과반수 투표, 투표자 과반수 찬성) → 공포(대통령이 공포)

(2) 대통령과 행정부

① 행정부의 구성

ⓐ 대통령 : 국민에 의해 선출되며 5년 임기의 단임제, 행정부의 수반이자 국가 원수

ⓑ 국무총리 : 대통령이 국회 동의를 얻어 임명하며, 대통령을 보좌하고 행정 각부를 총괄(국무회의 부의장)

ⓒ 국무회의 : 대통령, 국무총리, 국무위원으로 구성되며, 행정부의 중요 정책을 심의(최고 심의 기구)

ⓓ 행정 각부의 장(장관) : 국가의 구체적 정책 및 행정사무 집행

ⓔ 감사원 : 대통령 직속의 헌법 기구로서 행정부 내 최고 감사기관, 직무 감찰 및 결산업무 등을 담당

② 대통령의 권한

ⓐ 국가 원수로서의 권한 : 국정 조정권, 헌법 기관 구성권, 외국과의 조약 체결 · 비준권, 긴급 명령 및 계엄 선포권, 국민투표 제안권, 외국 승인권 등

ⓑ 행정부 수반으로서의 권한 : 행정부 지휘 · 감독권, 공무원 임면권, 대통령령 제정 · 발포권, 국무회의의 의장 등

개념UP

국정 감사권, 국정 조사권, 탄핵 소추권

- **국정 감사권** : 국가의 정책집행을 살피기 위해 국정 전반을 감사하는 것
- **국정 조사권** : 행정부의 감시와 통제를 위해 필요한 경우 특정한 국정사안에 관해 조사할 수 있는 권한
- **탄핵 소추권** : 대통령을 비롯한 고위 공직자가 헌법이나 법률을 위반한 경우 파면을 요구하는 탄핵 심판을 헌법재판소에 요구할 수 있는 권한

개념UP

감사원의 구성

대통령이 국회 동의를 얻어 임명하는 감사원장(임기 4년), 감사원장의 제청으로 대통령이 임명하는 감사위원(임기 4년)으로 구성

(3) 법원과 헌법재판소

① **법원**

  ㉠ **법원의 의미** : 분쟁의 해결 과정에서 법을 해석 · 적용 · 판단하는 사법의 권한을 담당하는 국가 기관

  ㉡ **법원의 권한**

- 재판에 관한 권한 : 법원의 가장 기본적 권한이자 중요한 의무
- 명령 · 규칙 · 처분 심사권 : 명령 · 규칙 또는 처분이 헌법이나 법률에 위반되는 여부가 재판의 전제가 된 경우 이를 심사하는 것
- 위헌 법률 심판 제청권 : 법률의 위헌 여부를 헌법재판소에 심판 제청하는 것

  ㉢ **사법권의 독립**

- 의미 : 공정하고 정당한 재판을 위해 독립된 법원이 외부의 간섭 없이 법과 양심에 따라 심판하는 것
- 구성 : 법원의 독립, 재판상의 독립, 법관의 신분 보장(법관의 독립)

② **헌법재판소**

  ㉠ **지위 및 구성**

- 헌법재판소의 지위 : 헌법의 해석과 관련된 정치적 사건과 국회에서 만든 법률 등을 사법적 절차에 따라 심판하는 헌법 재판 기관
- 헌법재판소의 구성
  - 헌법재판소장 : 국회의 동의를 얻어 헌법재판관 중 대통령이 임명
  - 헌법재판관 : 대통령이 임명하되 3인은 국회가, 3인은 대법원장이 지명하는 자를 임명

  ㉡ **권한**

- 위헌 법률 심판권 : 법원의 위헌 심사 제청이 있는 경우 법률의 위헌 여부를 심판
- 탄핵 심판권 : 국회의 탄핵소추가 있는 경우 고위공직자 등에 대한 탄핵심판을 담당

개념UP

사법부의 역할

재판을 통해 다툼을 해결하고 사회질서를 유지함으로써 국민의 권리를 보호함

개념UP

사법권의 독립

공정한 재판을 위해서 사법권을 독립되어 있고 잘못된 판결로 인해 피해를 입지 않도록 다시 재판을 청구할 수 있는데 이를 심급제도라 한다. 특히 최근에는 일정한 자격의 배심원들이 참여하여 유무죄에 관한 의견을 제시할 수 있는 국민참여재판 제도가 시행되고 있다.

- 정당 해산 심판권 : 정당의 목적이나 활동이 민주적 기본 질 서에 위배될 때 정부는 헌법재판소에 그 정당의 해산을 제소할 수 있음
- 권한 쟁의 심판권 : 국가 기관 상호간이나 국가 기관과 지방 자치 단체 간에 권한과 의무에 관해 다툼이 있는 경우 헌법 재판소가 이를 조정하기 위해 행하는 심판
- 헌법 소원 심판 : 법률이나 공권력으로 기본권을 침해당한 국민이 권리의 구제를 위해 제기

문제UP

다음 중 헌법재판소의 권한으로 옳지 않은 것은?

① 민사 사건의 심판
② 위헌 법률의 심판
③ 정당 해산의 심판
④ 헌법 소원 심판

해 민사 사건(민사 소송)은 법원에서 수행한다. 헌법재판소의 권한으로는 위헌 법률 심판권, 탄핵 심판권, 정당 해산 심판권, 권한 쟁의 심판권, 헌법 소원 심판이 있다.

정답 ①

⑪ 국민 경제와 경제 성장

(1) 국민 경제의 이해

① 국민 경제와 국내 총생산

ㄱ) 국민 경제

- 의미 : 한 나라의 모든 경제 주체가 재화와 서비스를 생산 · 분배 · 소비하는 활동(경제 활동)의 수준(국민 경제 전체의 경제 활동을 총량화한 수치)
- 지표 : 경제 상태를 통계 수치로 나타낸 것으로, 국내 총생산, 경제 성장률, 실업률, 물가지수 등이 있음
- 주체 : 가계, 기업, 정부, 외국(해외)

ㄴ) 국내 총생산(GDP)

- 의미
  - 일정 기간(1년) 동안 한 나라 안에서 새롭게 생산된 최종 생산물(재화 · 서비스)의 시장 가치를 모두 합한 것
  - 중간 생산물과 중고품은 제외되며, 시장에서 거래된 생산물의 가치만 포함됨
- 측정(계산) 방법 : 최종 생산물의 가치 = 총생산액의 가치 − 중간재 가치 = 각 생산 단계의 부가 가치의 합
- 유용성 : 한 나라의 경제력 평가의 기준(경제 활동의 수준)으로 각국의 전체 경제 규모를 비교할 때 활용되며, 고용 및 물가 수준과 밀접한 관련을 가짐

개념UP

GDP순위

- 우리나라 GDP순위
  2017년 : 11위(15,297억 달러)
- 1인당 GDP순위
  2017년 : 29위(29,730달러)

다음 중 국내 총생산(GDP)에 포함되는 항목으로 맞는 것은?

① 전업 주부의 가사 노동
② 학생들이 자발적으로 행하는 봉사 활동
③ 장년층이 기업체에서 행하는 근로 활동
④ 노년층이 수행하는 여가 활동

해 국내 총생산은 일정 기간(1년) 동안 한 나라 안에서 새롭게 생산된 시장 가치의 총합을 말하는데, 기업체에서 행하는 근로 활동은 여기에 포함된다. 전업 주부의 가사 노동이나 학생들의 봉사 활동, 여가 활동 등은 모두 국내 총생산에 포함되지 않는다.

정답 ③

개념UP

1인당 GDP, 국민 총생산(GNP)

• 1인당 GDP : 국내 총생산을 그 나라 인구수로 나눈 것(1인당 GDP = GDP/총인구)
• 국민 총생산(GNP) : 해당 국가의 국민이 국내와 해외에서 생산한 가치의 총합

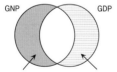

우리 국민이 해외에서 벌어들인 소득(생산액) / 외국인이 국내에서 벌어들인 소득(생산액)

• 한계
  - 시장에서의 거래분만 포함 : 시장에서 거래된 재화·서비스 가치만 포함되며, 가사 노동이나 봉사활동, 여가 활동, 자가 소비 등은 제외됨
  - 후생 수준을 제대로 파악하지 못함 : 삶의 질(후생) 수준을 정확히 파악하지 못하며, 바람직하지 않은 비용까지 포함됨
  - 소득분배 파악이 곤란 : 소득분배 상태나 빈부격차를 반영할 수 없음

② 경제 성장과 경제 발전
  ㉠ 경제 성장
    • 의미 : 국가의 경제 규모, 즉 국내 총생산이 증가하는 것(생산 능력의 양적 증가)를 의미
    • 경제 성장의 내적 요인(경제적 요인)
      - 생산 요소의 확보 : 풍부한 자원, 노동력의 양과 질, 자본 축적
      - 기술 진보 : 보다 적은 투입으로 보다 많이 생산하는 생산성 증가
    • 경제 성장의 외적 요인(정치적·사회적 요인) : 정부의 정책과 제도, 기업가 정신, 원만한 노사관계, 사회적 관행의 정비, 경제적 지위 향상의 의지
    • 경제 성장의 영향
      - 긍정적 영향 : 풍요로운 생활, 일자리 증가, 국민 소득 증가, 삶의 질 향상 등
      - 부정적 영향 : 환경오염, 자원 고갈, 빈부격차 및 사회 갈등 등
    • 경제 성장률(%)
    $$= \frac{\text{금년도실질국내총생산} - \text{전년도실질국내총생산}}{\text{전년도실질국내총생산}} \times 100$$
  ㉡ 경제 발전
    • 의미 : 국민 생활수준의 전반적 향상 및 삶의 질 증대를 말하며, 공평한 소득 분배와 사회보장, 교육·보건의료·주거 환경의 개선을 통해 달성 가능

- 경제 성장과의 관계 : 경제 발전은 경제 성장의 목표이자 경제 성장의 가능성을 확대함

(2) 물가와 경제 안정

① 물가와 인플레이션

㉠ 물가와 물가지수

- 물가 : 시장에서 거래되는 여러 상품들의 가격을 종합하여 평균한 것
- 물가지수 : 물가의 움직임을 알아보기 쉽게 수치로 표현한 지표(기준 시점의 물가를 100으로 놓고 비교 시점의 물가 수준을 종합적으로 측정한 것)

㉡ 인플레이션

- 의미 : 물가가 일정 기간 지속적으로 상승하는 현상(화폐 구매력은 꾸준히 하락함)
- 원인 : 총수요 증가 및 총공급 감소(총수요 〉 총공급), 생산비의 상승(임금과 수입원자재 가격 상승 등), 통화량의 증가
- 영향
  - 구매력의 감소 : 실물에 대한 구매 능력이 감소하여 생활 수준이 하락
  - 부와 소득의 불공정한 분배 : 화폐 가치가 하락하고 실물 가치가 상승하여, 실물자산 보유자·채무자·수입업자가 유리해지며, 금융자산 소유자·채권자·수출업자가 불리해짐
  - 국제 수지 악화 : 외국 상품에 비해 국내 상품 가격이 상승하여, 수출이 감소하고 수입이 증가(무역 적자 발생)
  - 경제 성장에 악영향 : 은행 이자율보다 물가 상승률이 높은 경우 저축을 기피하며, 이로 인해 지속적인 경제 성장이 어려워짐

㉢ 물가 안정 대책

- 물가 안정의 필요성 : 물가 불안으로 인한 악영향 해소, 건전한 경제 활동의 추구
- 경제 주체별 역할

개념UP

체감 물가(생활 물가)

개인이 주로 소비하는 상품의 가격을 바탕으로 주관적으로 파악한 물가 수준을 말함

문제UP

다음 중 인플레이션이 발생하는 경우 상대적으로 손해를 보는 사람은?

① 주택을 보유한 집주인
② 현금을 보유한 투자자
③ 채무 생활자
④ 물품을 보유한 상인

해 인플레이션이 발생하는 경우 실물 자산(부동산·물품)을 보유한 사람과 채무자가 유리해지는 반면, 현금 등 금융자산을 보유한 사람은 불리해진다.

정답 ②

- 정부 재정 정책 : 과도한 재정 지출 억제, 세율 인상, 공공요금 인상 억제
- 중앙 은행의 통화 정책 : 이자율 인상을 통한 저축 유도, 시중의 통화량을 축소
- 기업 : 기술혁신을 통한 생산 비용 절감, 효율적 경영
- 근로자 : 생산성 향상을 위한 노력, 과도한 임금 인상 요구 자제
- 가계 : 저축의 증가, 과소비 · 충동구매 자제

(3) 실업과 고용 안정

① 실업의 의미와 유형

㉠ 실업의 의미

- 실업 : 일할 능력과 의사는 있으나 일자리가 없는 상태
- 실업자 : 실업 상태에 있는 사람을 말하며, 학생 · 전업주부나 일할 의사가 없는 사람은 제외됨
- 실업률 : 경제 활동 인구 중 실업자가 차지하는 비율

$$\left(\frac{실업자수}{경제활동인구}\times100\right)$$

㉡ 실업의 유형(종류)

구분		발생원인	특징
자발적 실업	마찰적 실업	더 나은 일자리를 찾아 직업을 바꾸는 과정에서 발생	다양한 취업 정보의 제공, 취업 박람회 개최 등
비자발적 실업	경기적 실업	경기 침체에 따른 실업	공공 투자 증대(공공사업), 기업 투자의 유인
	구조적 실업	산업구조 변화에 따른 기술 수요의 소멸로 인한 실업	인력개발과 직업 기술 교육 등을 통한 재고용 기회 제공
	계절적 실업	계절적 요인에 의한 실업(농업, 관광업 등)	공공사업의 확대, 농공단지의 조성 등

② 실업의 영향 및 대책

㉠ 실업의 영향

- 개인적 측면
  - 소득 상실로 인한 생계유지 곤란 및 가정생활의 어려움
  - 직업 상실로 인한 자아 존중감 상실, 사회적 소속감 저하 등

- 사회적 측면
  - 인적 자원의 상실로 인한 경제 성장 둔화, 가계 소비 감소에 따른 경제적 어려움
  - 사회 불안의 가중(가족 해체, 빈곤 확산, 생계형 범죄 증가)
  - 복지비용 등 정부 재정 비용의 증가
- ⓒ 고용 안정 대책
  - 개인 차원의 대책 : 기술 습득 등의 자기 계발을 통한 능력 향상에 노력
  - 기업 차원의 대책 : 연구 개발, 신규 사업 영역 및 시장 개척을 통한 일자리 창출
  - 정부 차원의 대책 : 체계적 직업 교육 및 취업 정보의 제공, 공공사업의 확대, 사업 환경의 개선
  - 바람직한 노사 관계의 유지 : 기업가와 근로자 간 공존 관계임을 인식하고 활발한 의사소통을 전개, 바람직한 관계 확립을 위한 제도의 마련

> **개념UP**
>
> **우리나라의 실업 문제**
> IMF 외환위기 이후 고용 불안 및 일자리 감소, 청년 실업의 증가, 비정규직 근로자 비율의 증가 등

⑫ 국제 경제와 세계화

(1) 국제 거래와 세계화

① 국제 거래의 의미와 특징

- ㉠ 국제 거래의 의미 : 국가 간 생산물과 생산 요소(노동, 자본) 등에 대해 이루어지는 거래
- ㉡ 국제 거래의 필요성 : 국내에서 생산되지 않는 재화나 서비스, 자원 등을 얻을 수 있음
- ㉢ 국제 거래의 특징
  - 상품 생산비와 가격차이의 발생 : 부존자원과 생산 기술의 차이로 인해 차이가 발생
  - 거래의 제약 : 국가 마다 법제가 달라 재화나 서비스 거래가 국내와 달리 금지 · 제한되는 경우가 있음
  - 생산 요소 이동의 제약 : 생산물과 달리 이동에 법규 등의 제약이 많음

> **개념UP**
>
> **국제 거래의 대상**
> 과거에는 재화 위주의 국제 거래가 중심이었으나, 현재는 재화뿐 아니라 노동 · 자본 · 기술 등의 생산요소, 서비스 등도 거래 대상이 됨

다음 내용이 설명하는 경제 개념으로 맞는 것은?

어떤 상품의 생산 비용이 다른 생산국에 비해 상대적으로 낮은 경우 발생하며, 각 국가는 이러한 상품을 특화하여 생산·교역하면 이익이 된다.

① 보호 무역　　② 공정 무역
③ 절대우위　　④ 비교우위

해 어떤 재화의 생산 비용이 다른 생산국에 비해 상대적으로 낮은 경우 비교 우위가 발생하며, 한 국가가 모든 상품에 절대 우위에 있더라도 비교 우위에 있는 상품을 특화하여 생산·교역하면 양국 모두 이익이 된다.

정답 ④

개념UP

비교 우위의 전제 조건
노동이 유일한 생산 요소이며, 국가 간 생산 요소의 이동이 없어야 함

- 환율 문제의 발생 : 각국 화폐의 차이로 인해 거래시 화폐의 교환 비율을 고려해야 함
- 무역 장벽의 존재 : 수·출입에 있어 관세가 부과되거나 통관 절차가 존재
- 대규모의 시장 규모 : 전 세계를 대상으로 하므로 시장 규모가 무척 큼

② 국제 거래의 발생과 영향

㉠ 국제 거래의 발생 이론

- 절대 우위론
  - 어떤 재화의 생산 비용이 낮은 경우 저렴한 비용으로 생산하여 수출
  - 두 국가가 절대 우위에 있는 상품을 특화하여 각각 생산·교역하면 양국 모두 이익
  - 한 국가가 모든 상품에 절대 우위인 경우 거래가 성립하지 않음

- 비교 우위론
  - 어떤 재화의 생산 비용이 다른 생산국에 비해 상대적으로 낮은 경우 비교 우위가 발생
  - 한 국가가 모든 상품에 절대 우위에 있더라도 비교 우위에 있는 상품을 특화하여 생산·교역하면 양국 모두 이익이 됨

㉡ 국제 거래의 영향

- 긍정적 영향 : 국내의 자원 및 생산 요소 부족 문제의 해결, 소비자의 선택 폭 확대, 기업의 효율성 향상
- 부정적 영향 : 국민 경제의 해외 의존도 증가, 우수한 외국 상품의 수입에 따른 국내 기업의 피해

③ 세계화의 영향 및 대책

㉠ 세계화의 영향

- 긍정적 영향 : 경쟁력 있는 해외 상품의 증가, 기업의 기술 개발과 품질 관리 노력, 국제적 협력을 통한 이익의 증가, 다양한 문화의 전파
- 부정적 영향 : 경쟁력이 약한 기업의 도산, 빈부격차의 확대, 강대국의 약소국 자율성 침해, 다른 국가의 경제 위기의 전파, 획일화된 문화 현상의 증가 등

ⓛ 세계화에 대한 대응

- 개인 측면 : 경쟁력 함양, 창의적 능력 개발
- 기업 측면 : 경영 혁신 및 연구 개발 확대, 창의적 기업 환경 조성, 경영 투명성 제고
- 정부 측면 : 국가 경쟁력 강화, 무역 불균형 해소, 사회 간접 자본 확충, 국제 표준에 맞는 법규와 규제 마련 등

(2) **국제 환율**

① 환율의 이해

ㄱ 환율의 의미 : 자국 화폐와 외국 화폐의 교환 비율, 주로 외국 화폐 1단위와 교환되는 자국 화폐의 단위로 표시됨

ㄴ 환율의 결정 : 외환 시장에서 외화에 대한 수요와 공급에 의해 환율이 결정됨

- 외화 수요 : 외화가 외국으로 나가는 경우를 말하며, 상품 수입이나 외채 상환, 내국인의 해외여행·유학·해외 투자가 구체적 요인이 됨
- 외화 공급 : 외화가 국내로 들어오는 경우를 말하며, 상품 수출이나 차관 도입, 외국인의 국내여행·유학·국내 투자가 구체적 요인이 됨

ㄷ 환율의 변동 요인 : 외화에 대한 수요와 공급의 변동으로 발생

- 환율 상승 요인 : 외화 수요의 증가, 외화 공급의 감소
- 환율 하락 요인 : 외화 수요의 감소, 외화 공급의 증가

ㄹ 환율 변동의 영향

- 환율 상승의 영향 : 수출 증가, 경상 수지 개선, 고용 확대, 국내 물가 상승, 외채 상환 부담 증가
- 환율 하락의 영향 : 수입 감소, 해외여행 유리, 국내 물가 안정, 외채 상환 부담 완화

구분	환율 상승(원화 가치 하락)	환율 하락(원화 가치 상승)
수출	수출 상품 가격하락으로 수출 증가 → 생산 및 고용 증가	수출 상품 가격상승으로 수출 감소 → 생산 및 고용 감소
수입	수입 상품 가격상승으로 수입 감소	수입 상품 가격하락으로 수입 증가
국제 수지	수출 증가와 수입 감소로 경상 수지 개선	수출 감소와 수입 증가로 경상 수지 악화

1. 국어
2. 수학
3. 영어
4. 사회
5. 과학
6. 도덕

문제UP

다음 중 환율 결정의 요인으로 가장 알맞은 것은?

① 빈부격차
② 노사 관계의 안정
③ 정부 규제의 완화
④ 외화의 수요와 공급

해 환율은 외환 시장에서 외화에 대한 수요와 공급에 의해 결정된다. 노사 관계의 안정이나 정부 규제의 완화도 장기적으로 영향을 미칠 수 있으나 가장 적절한 답은 아니다.

정답 ④

물가	수입 원자재 가격상승으로 생산 비용이 증가 → 물가 상승	수입 원자재 가격하락으로 생산 비용 감소 → 물가 안정
외채 상환	원화 가치 하락으로 부담 증가	원화 가치 상승으로 부담 감소
해외여행	불리	유리
외국인의 국내여행	증가	감소

(3) 기업의 의미와 기업가 정신

　① 기업의 의미

　　㉠ 의미 : 생산 활동의 경제 주체

　　㉡ 역할 : 재화 생산, 일자리 제공, 서비스 제공, 소득 제공

　② 기업가 정신

　　㉠ 의미 : 위험을 무릅쓰고 혁신과 개발을 통하여 새로운 것을 만
들어내려는 기업가의 자세

개념UP

기업의 사회적 책임

기업 윤리와 도덕을 토대로 법규를 준수하여 사회 경제의 구성원으로써의 역할과 책임을 다함

제3편　역사

❶ 문화의 형성과 고조선의 성립

(1) 역사의 이해

① 역사의 의미

㉠ 사실로서의 역사(객관적 의미의 역사)

• 역사의 의미 : 역사는 지금까지 일어난 과거의 모든 사실 그 자체

• 대표자 : 랑케(L. Ranke)("역사가는 자신을 숨기고 역사적 사실로 하여금 말하게 하라")

㉡ 기록으로서의 역사(주관적 의미의 역사)

• 역사의 의미 : 과거 사실 중 역사가가 의미가 있다고 보고 선정한 것 또는 연구를 통해 주관적으로 재구성한 것

• 대표자 : 카(E. Karr)("역사란 역사가와 사실 간의 부단한 상호작용의 과정이며, 과거와 현재와의 끊임없는 대화이다")

② 역사 이해의 태도

㉠ 세계사적 보편성 : 인간의 고유한 생활 모습과 이상은 전 세계 인류의 공통점

㉡ 민족적 특수성 : 거주 지역의 자연환경에 따라 고유한 언어와 풍속, 제도 등이 다양함

㉢ 올바른 역사 이해의 태도 : 세계사적 보편성과 민족적 특수성을 인식하고 양자를 균형 있게 파악하는 자세를 갖는 것

(2) 선사 문화의 발전

① 구석기 시대

㉠ 구석기 시대의 범위

• 시기 : 대략 70만 년 전부터 1만 년 전까지 이어짐

• 공간적 범위 : 전국에 유적이 분포(함북 웅기 굴포리, 연천 전곡리, 상원 검은모루 동굴, 공주 석장리 등)

㉡ 구석기 시대의 생활

• 경제 및 사회생활 : 이동 생활(사냥·낚시·채집), 도구 사용(뗀석기와 뼈 도구), 무리 생활, 평등한 공동체 생활(평등 사회)

개념UP

역사의 의미

역사의 의미는 학자마다 다양하게 정의되고 있으나, 일반적으로는 '과거에 있었던 사실'과 '조사되고 기록된 과거'라는 두 가지로 구분됨

개념UP

한국사의 특수성

반만년의 유구한 단일 민족사 유지, 불교와 유교의 수용 및 토착화, 공동체 조직의 발달

문제UP

다음의 도구를 사용하던 시대의 생활 모습으로 옳지 않은 것은?

① 사냥, 낚시, 채집생활
② 동굴이나 막집에 거주
③ 계급의 발생
④ 도구의 용도 구분

해 뗀석기는 구석기 시대의 유물이다. 계급이 발생한 것은 청동기 시대이다.

정답 ③

• 도구의 용도 구분 : 사냥 도구(주먹도
끼, 찍개, 찌르개), 조리 도구(긁개, 밀
개, 자르개)

• 주거생활 : 자연 동굴, 바위 그늘, 막집

• 예술 활동 : 사냥감의 번성을 비는 주
술적 성격의 예술품 제작(뼈나 돌에 그림)

[뗀석기]

② 신석기 시대

㉠ 신석기 시대의 범위

• 시기 : 대략 기원전 1만 년에서 8천 년 전에 시작

• 공간적 범위 : 전국 각지에 유적이 있으며, 주로 큰 강가나
바닷가에 위치

• 대표적 유적지 : 서울 암사동, 경기 미사리, 부산 동삼동, 황
해도 봉산 지탑리 등

㉡ 신석기 시대의 생활

• 특징 : 간석기(돌도끼 · 돌괭이 · 돌낫 등) 사용, 토기 사용,
농경의 시작 및 정착생활

• 토기 : 이른 민무늬 토기, 덧무늬 토기(전기) ⇒ 빗살무늬 토
기(중기 이후)

• 식생활 : 초기 사냥 · 채집 단계에서, 후기 농경(조 · 피 · 수
수 등 잡곡류)과 목축 시작

• 원시 수공업 : 가락바퀴와 뼈바늘로 옷이나 그물, 농경 기구
등을 제작

• 주거지 : 주로 해안이나 강가에 움집을 짓고 생활

• 씨족 사회 : 씨족이 사회의 기본 구성단위, 점차 다른 씨족과
혼인을 통해 부족 형성

• 평등 사회 : 지배 · 피지배 관계가 발생하지 않은 평등 사회

[빗살무늬 토기]　　　[가락바퀴]　　　[움집]

(3) 문명의 발달과 국가의 형성

① 청동기 시대

ㄱ 시기 : 한반도와 만주 지역은 기원전 2,000~1,500년경에 성립

ㄴ 특징 : 사유재산 제도와 빈부차, 계급의 발생(군장이 등장), 농업 발달, 벼농사의 시작

ㄷ 청동기 시대의 생활

- 청동기 도구 : 무기나 장신구로서 지배층이 사용 **예** 비파형 동검, 거친무늬 거울 등
- 석기 도구 : 농업 및 생활도구로 피지배층이 사용 **예** 반달돌칼(추수용), 맷돌 등
- 토기 : 민무늬 토기, 미송리식 토기 등
- 무덤 : 고인돌과 돌널무덤(지배층의 무덤)
- 예술 : 청동 제품, 토우(흙으로 빚은 모양), 울주 반구대 바위그림, 고령 양전동 바위그림

[비파형 동검]　[미송리식 토기]　[고인돌]

② 철기 시대

ㄱ 시기 : 기원전 5세기경 중국 스키타이 계통의 철기 전래, 1세기경 본격 사용

ㄴ 특징

- 철제 농기구 사용으로 농업 발달(경제기반 확대), 철제 무기로 전쟁 빈번(국가 성립)
- 청동기도 더욱 발달하여 한반도 안에서 독자적 발전을 이룸

ㄷ 주요 유물

- 비파형동검은 한국식 동검인 세형동검으로, 거친무늬 거울은 잔무늬 거울로 변화
- 거푸집이 전국의 유적에서 발견(독자적 청동기 제작을 반영)
- 민무늬 토기와 검은 간 토기 외에 덧띠 토기 등 다양한 토기 사용

ㄹ 생활

개념UP

계급의 분화와 지배자의 등장(청동기 및 철기 시대)

- 계급의 발생 : 생산 증가에 따른 잉여생산물을 강한 자가 소유하면서 계급이 발생
- 군장의 등장 : 지배자인 군장(족장)이 등장, 선민사상을 토대로 주변 부족을 정복

개념UP

청동기 시대의 농기구

청동은 매우 귀할 뿐 아니라 무척 무른 금속이므로 농기구를 만드는 데에는 적합하지 않았기 때문에 주로 지배층의 권위를 나타내는 물건을 만드는 데 사용되었으며, 농기구 등의 생활 도구는 돌이나 나무로 제작되었음

개념UP

비파형동검과 세형동검

기술의 발달로 비파형동검 날의 너비가 좁고 예리한 세형동검으로 변하게 되었으며 특히 세형동검은 칼의 몸체에 비가 흐르는 홈을 만들어 놓았는데 이 홈은 중국의 동검에서도 찾아볼 수 없는 우리나라 동검만의 특징임

- 경제생활 : 생산 경제의 향상(농기구 개선, 농업 발달, 목축 증가)
- 사회생활 : 사회의 분화(직업의 전문화와 분업, 계급 분화)
- 주거지 : 지상가옥 등장(청동기 후기) 이후 확대(대규모 취락 형태)
- 무덤 : 널무덤(낙동강 유역), 독무덤(영산강 유역), 주구묘(마한) 등

③ 단군신화와 고조선

㉠ 단군신화 주요 내용
- 환인·환웅 등을 통해 선민사상, 주체성·우월성 과시(환인의 아들 환웅)
- 홍익인간의 이념(태백산은 널리 인간을 이롭게 할 곳)
- 청동기 사용(천부인), 사유재산의 존재와 계급분화(환웅이 무리를 거느림)
- 애니미즘과 농경 사회의 모습(풍백·우사·운사를 두고 농사를 주관)
- 제정일치 사회(단군왕검은 제정일치의 지배자)
- 태양숭배, 곰 토템 및 모계 중심 사회(웅녀), 족외혼(환웅과 지신족인 웅녀의 결혼)

㉡ 고조선의 성립과 발전
- 건국 : 기원전 2333년, 단군왕검이 여러 군장사회를 통합하면서 가장 먼저 국가로 성장
- 세력 범위 : 만주 요령지방, 한반도 북서부(대동강 유역)
- 기원전 4세기경 : 춘추전국시대 동방사회의 중심세력으로 성장, 왕호 사용, 관직을 설치
- 기원전 3세기경 : 연나라와 대등하게 대립, 왕위세습제 마련, 상·대부·장군 등의 관직
- 기원전 194년 : 위만이 준왕을 축출한 후 집권(위만 조선)
- 기원전 108년 : 한나라의 침입 → 1년간 항전 후 내분으로 멸망 → 한의 지배(한4군)

㉢ 고조선 사회
- 경제 : 철 생산, 중국과 활발한 무역(명도전)
- 사회 : 귀족(지배계급)과 하호(일반 농민), 노예로 구성

- 8조법 : 3개 조목의 내용이 전함, 사회질서 유지를 위해 만민법·보복법 성격이 강함

④ 여러 국가의 등장

  ㉠ 부여 : 만주 쑹화강 유역의 초원 지대에 성립

  - 정치 : 5부족 연맹체(왕, 사출도를 다스리는 4가), 왕권이 미약
  - 경제 : 농경(밭농사)과 목축(반농반목), 특산물은 말·주옥·모피
  - 4대금법 : 살인·절도·간음·질투를 규정(엄격)
  - 풍속 : 백의 숭상, 형사취수제, 순장(껴묻거리 함께 묻음), 우제점법(소 굽으로 점을 침)
  - 제천행사 : 매년 음력 12월에 영고 개최(제천행사와 음주가무를 즐기며, 죄수를 석방)

  ㉡ 고구려 : 압록강의 지류인 동가강 유역의 졸본(환인) 지역에서 주몽이 건국

  - 정치 : 5부족 연맹체로 대가들이 각자 지역을 통치, 왕권 미약
  - 경제 : 농토가 부족해 약탈 경제 체제와 절약 생활을 강조, 특산물로는 맥궁(활)이 있음
  - 1책 12법 : 도둑질한 자는 부여와 같이 12배를 배상케 함
  - 풍속 : 서옥제(데릴사위제), 형사취수제, 무예 숭상
  - 제천행사 : 10월에 동맹을 개최

  ㉢ 옥저와 동예

  - 성립 : 옥저는 함흥평야 일대, 동예는 강원도 북부의 동해안에서 성립
  - 쇠퇴·소멸 : 왕이 없고 읍군·삼로라는 군장이 자기 지역을 통치, 고구려 압력으로 성장하지 못하다 고구려에 흡수됨
  - 생활 모습

구분	옥저	동예
경제	소금과 어물 등 해산물과 5곡이 풍부	토지 비옥, 해산물 풍부, 특산물로 단궁(활), 과하마(말), 반어피(바다표범 가죽)
풍속	민며느리제(매매혼의 일종), 가족 공동 무덤(두벌묻기)	족외혼(씨족사회 풍속), 책화(생활권 침해시 배상하는 씨족사회 풍속), 무천(제천행사)

  ㉣ 삼한 : 마한, 진한, 변한

개념UP

8조법의 내용

- 살인죄 : 사람을 죽인 자는 사형에 처함(생명 존중 사상, 형벌 존재)
- 상해죄 : 상해를 입힌 자는 곡식으로 배상함(사유재산 존중, 농경사회)
- 절도죄 : 도둑질한 자는 노비로 삼되, 용서받으려면 돈을 지불해야 함(계급사회, 노예와 화폐 존재)

문제UP

다음 내용에 해당하는 나라로 맞는 것은?

- 단군을 건국신화로 한다.
- 제정일치의 사회이다.
- 8조법이 사회질서를 유지한다.

① 고조선   ② 부여
③ 고구려   ④ 삼한

해 단군신화는 고조선의 건국신화이다. 고조선의 단군왕검은 제정일치의 지배자이며, 8조법을 통해 고조선 사회의 질서를 유지하였다.

정답 ①

개념UP

서옥제(데릴사위제), 형사취수제

- 서옥제(데릴사위제) : 혼인을 정한 뒤 신부 집의 뒤꼍에 조그만 집(서옥)을 짓고 거기서 자식을 낳아 장성시킨 후 신랑 집으로 돌아가는 제도(모계사회의 풍속)
- 형사취수제 : 친족공동체의 유대나 노동력 확보의 필요성을 반영하는 혼인 풍속

삼한의 현재 위치
- **마한** : 천안, 익산, 나주 중심의 경기, 충청, 전라도 지방에 54개 소국
- **변한** : 김해, 마산지역에 12개 소국
- **진한** : 대구, 경주 지역에 12개 소국

- 성립 : 기원전 2세기 무렵 고조선 유이민이 남하하면서 새로운 문화(철기 문화)와 토착문화와 융합되면서 마한·변한·진한 등의 연맹체 발전
- 정치
  - 마한의 소국인 목지국의 지배자(마한왕)로 삼한 전체를 주도(총연맹장)
  - 정치적 지배자와 제사장(천군)이 따로 존재하는 제정 분리 사회
- 경제 : 농업 발달(벼농사, 누에), 철을 생산하여 낙랑·왜에 수출(교역시 화폐처럼 사용)
- 제천행사 : 5월의 수릿날, 10월의 계절제

❷ 삼국의 성립과 발전

(1) 삼국의 성립

① 고구려

ㄱ 건국(기원전 37) : 부여계 유이민과 압록강 유역의 토착민의 결합, 주몽이 건국

ㄴ 태조왕(2세기 초) : 중앙집권의 기틀 마련, 계루부 고씨의 왕위 계승, 영토 확장(옥저·동예 정복)

ㄷ 고국천왕(2세기 말) : 5부족을 5부로 개편, 왕위 부자상속, 진대법 실시

② 백제

ㄱ 건국(기원전 18) : 북방 유이민 집단과 한강 유역 토착민 집단의 결합, 온조가 한강 유역을 중심으로 건국

ㄴ 고이왕(3세기 중엽) : 중앙집권의 기틀 마련, 영토 확장(한반도 중부 지역 차지), 율령 반포, 관제 마련(16관등, 6좌평), 관리 복색 제정

③ 신라

ㄱ 건국(기원전 57) : 경주 사로국으로부터 박혁거세가 건국, 박·석·김의 왕위 교대

호우명 그릇과 중원 고구려비
5세기경 신라가 고구려의 도움을 받아 왜구를 격퇴한 사실이 호우총의 호우명 그릇과 중원 고구려비에 반영되어 있음(고구려군이 신라에 주둔, 왕자를 인질로 고구려에 보냄)

ⓒ 내물왕(4세기 후반) : 중앙집권의 기틀 마련, 왕권 강화(김씨의
왕위 독점, 마립간 칭호 사용), 영토 확장(진한 정복), 고구려
광개토대왕의 도움으로 왜군 격퇴

(2) 삼국의 발전과 가야

① 고구려의 발전

  ㉠ 미천왕(4세기 초) : 낙랑 축출(중국세력 격퇴) 및 대동강 유역 확
  보, 요동 진출

  ㉡ 소수림왕(4세기 말) : 중앙집권체제 강화, 율령반포, 불교 수용,
  태학 설립

  ㉢ 광개토대왕(371~413)

    • 영토 확장 : 북으로 만주와 요동지역 확보, 남으로 한강 이북
    점령, 신라 침입 왜구 격파

    • 최초로 '영락' 이라는 독자적 연호를 사용(중국과 대등함 과시)

  ㉣ 장수왕(413~491)

    • 평양 천도(427) : 왕권 강화, 백제 · 신라 압박(→ 백제와 신
    라는 나 · 제 동맹 체결)

    • 남진 정책과 한강 확보 : 남진 정책으로 한강유역 확보(→ 중
    원 고구려비에 업적을 기록)

② 백제의 발전

  ㉠ 근초고왕(4세기 중반) : 왕권 강화(왕위 부자 상속), 영토 확장
  (마한 정복, 평양성 공격), 해외 진출(요서 · 산둥 및 일본 규슈
  진출), 칠지도를 왜왕에 하사

  ㉡ 비유왕(5세기) : 신라 눌지왕과 나 · 제 동맹을 체결(433)

  ㉢ 동성왕(479~501) : 신라와 결혼동맹 체결(고구려에 대항), 국
  력회복 모색, 탐라 복속

  ㉣ 무령왕(6세기 초) : 백제 중흥의 전기 마련, 지방 요지에 22담
  설치, 중국 양과 통교

  ㉤ 성왕(6세기 중엽) : 백제 중흥 정치, 수도의 사비 천도, 국호를
  남부여로 개칭, 중앙 및 지방 관제 정비, 불교 진흥 및 일본 전
  파(노리사치계)

③ 신라의 발전

  ㉠ 지증왕(6세기 초) : 국호를 '신라' 로, 왕의 칭호를 '왕' 으로 변
  경, 우산국 복속, 집권체제 강화

1. 국어
2. 수학
3. 영어
4. 사회
5. 과학
6. 도덕

문제UP

다음 ㉠과 ㉡에 해당하는 고구려의 왕
을 바르게 짝지은 것은?

㉠ : 만주와 요동지역을 확보하여 영토
를 넓히고, 신라에 침입한 왜구를
격파하였다.

㉡ : 평양으로 천도하고 남하 정책을
통해 한강유역을 확보하였다.

	㉠	㉡
①	미천왕	소수림왕
②	소수림왕	광개토대왕
③	광개토대왕	장수왕
④	장수왕	보장왕

뤱 ㉠ 광개토대왕은 영토를 확장하여
만주와 요동지역을 확보하고 신
라에 침입한 왜구를 격파하였다.
㉡ 장수왕은 평양으로 천도하고 남
진 정책을 전개하여 한강유역을
확보하였다.

정답 ③

문제UP

다음 내용에 해당하는 백제의 왕으로
맞는 것은?

• 왕위의 부자 상속을 확립하고 마한
지역을 정복하였다.

• 중국의 요서와 산둥, 일본의 규슈 지
방까지 진출하였다.

① 고이왕   ② 근초고왕
③ 무령왕   ④ 의자왕

뤱 백제의 근초고왕은 왕위의 부자 상
속을 확립하여 왕권을 강화하였고
영토 확장을 통해 마한 지역을 정
복하였으며, 중국의 요서 · 산둥 및
일본의 규슈 지방까지 진출하였다.

정답 ②

ⓒ **법흥왕(6세기 전반)** : 중앙집권체제의 완성, 율령 반포, 병부 설치, 골품제 정비(17관등과 관리 공복 제정), 불교 공인(이차돈 순교로 공인), 영토 확장(금관가야 정복)

ⓒ **진흥왕(6세기 중엽)** : 신라의 전성기를 형성하였고, 4개의 순수비를 남김
  • 한강 상류(단양적성비) 및 한강 하류(북한산비) 차지, 나·제 동맹 결렬
  • 화랑도 개편, 불교 장려, 대가야 정복, 연호 '개국' 사용(자주 의식 반영)

④ **가야 연맹**
ㄱ **발전** : 변한 지역에서 김해의 금관가야, 고령의 대가야 중심으로 발전
ㄴ **멸망** : 백제와 신라 압력으로 중앙집권 국가로 성장하지 못하고 멸망(신라에 복속)
ㄷ **경제** : 농업 발달, 철 생산과 수출, 해상 중계 무역 등으로 번영
ㄹ **문화** : 철제 무기와 갑옷, 금동관, 토기(일본 스에키 토기에 영향) 등

(3) **삼국의 사회와 문화**
① **삼국의 사회**
ㄱ **신분 사회**
  • 형성 배경 : 중앙집권 과정에서 부족이 통합되면서 형성(능력보다 혈통이 중시)
  • 신분에 따른 생활
    – 귀족 : 지배층으로 정치적·경제적 기반을 독점
    – 평민 : 농민이 대부분이며, 가중한 조세 부담으로 어려운 생활을 영위
    – 천민 : 최하층민인 노비는 비자유민으로 매매·상속의 대상(재산으로 취급)
  • 골품제 : 왕족인 성골과 진골, 귀족인 6~4두품, 평민인 3두품 이하로 구성
    – 성립 : 고대국가로 발전하는 과정에서 지방 족장을 지배층으로 흡수·편제하면서 성립

- 성격 : 혈연에 따른 폐쇄적 신분 제도로, 개인의 사회 활동
  과 정치 활동의 범위까지 엄격히 제한하며, 관등 승진의
  상한, 가옥의 규모와 장식물, 복색까지 규제

   ⓛ 사회 제도

- 진대법 실시 : 고구려 고국천왕 때 을파소의 건의로 실시한
  춘대추납의 관곡 대여 제도
- 화백회의 : 씨족사회의 촌락회의를 계승한 귀족회의로, 진골
  출신 고관들로 구성되어 국가의 중대사를 만장일치로 결정
  (귀족의 단결 강화, 국왕과 귀족 간의 권력 조절)
- 화랑도 : 씨족공동체 전통의 청소년 집단으로 계층 간 대립
  을 조절·완화하고 사회적 중견 인물을 양성함, 화랑(진골귀
  족 자제)·낭도·승려로 구성

② 삼국의 문화와 예술

   ㉠ 유학의 보급 : 유학이 본격 수용, 율령·유교경전 등을 통해 한
  문학을 이해

- 고구려 : 종묘 건립, 3년상 등의 예(禮)를 행함, 태학(중앙)과
  경당(지방)에서 교육
- 백제 : 6좌평과 16관등, 공복제 등의 정치제도는 유학의 영
  향, 박사 제도를 둠
- 신라 : 법흥왕 때의 연호, 진흥왕순수비, 화랑도 등은 유학사
  상의 영향

   ⓛ 불교의 전래 : 율령 제정 및 국가조직 개편을 통해 왕권강화에
  힘쓰던 4세기 전래

- 고구려 : 중국 전진의 순도를 통하여 소수림왕(372) 때 전래
- 백제 : 동진의 마라난타를 통해 침류왕(384) 때 전래
- 신라 : 고구려 묵호자를 통해 전래, 6세기 법흥왕(527) 때 국
  가적으로 공인

   ⓒ 과학 기술의 발달

- 천문학의 발달 : 천문도(天文圖) 제작(고구려), 역박사(백제),
  첨성대 건립(신라)
- 금속제련술의 발달 : 칠지도와 금동대향로 제작(백제), 고분
  의 금관(신라)

   ㉣ 예술의 발달

개념UP

법률의 정비와 적용

통치 질서와 신분 질서를 유지하고 지배층의 특권을 보장하기 위해 법률을 엄격히 적용

개념UP

6좌평과 16관등제의 목적

6좌평과 16관등제는 관리의 등급을 의미하며 이렇게 관리의 서열을 정했다는 것은 왕이 신하들을 제어할 정도로 권력이 높아짐을 의미함

• 불상 : 연가 7년명 금동 여래 입상(고구려), 서산 마애삼존불(백제), 배리석불 입상(신라)
• 탑(塔)
  – 백제 : 익산 미륵사지 석탑과 부여 정림사지 5층 석탑
  – 신라 : 황룡사 9층 목탑, 분황사 석탑

❸ 통일 신라와 발해의 발전

(1) 고구려의 대외 항쟁과 신라의 통일

① 고구려의 대외 항쟁

㉠ 고구려와 수의 충돌

• 배경 : 수의 중국 통일 후 고구려에 압력, 고구려가 요서 지방을 선제공격
• 수 문제의 침입(589) : 수의 30만 대군의 침입을 고구려가 격퇴
• 살수 대첩(612) : 수 양제가 113만 대군을 이끌고 침입(612), 을지문덕 장군이 이끄는 고구려군이 살수(청천강)에서 대승

㉡ 고구려와 당의 충돌

• 배경 : 천리장성의 축조(631~647), 연개소문의 당에 대한 강경책
• 안시성 전투 : 당 태종의 침입(645)시 안시성 전투에서 군 · 민의 총력전으로 격퇴

㉢ 고구려 승리의 의의 : 중국의 패권 야욕을 저지하고 민족의 위기 극복(민족의 방파제)

② 신라의 삼국 통일

㉠ 백제 · 고구려의 멸망

• 백제 멸망(660) : 의자왕의 사치와 정치질서 문란, 오랜 전쟁에 따른 국력 소모로 인해 황산벌 전투에서 계백이 나 · 당 연합군에 패배, 사비성 함락
• 고구려 멸망(668) : 계속된 전쟁과 연개소문 사후 지도층 내분으로 평양성이 함락

ⓛ 신라의 통일

- 당의 한반도 지배 야욕 : 웅진도독부(백제), 안동도호부(고구려), 계림도독부(신라) 설치
- 나 · 당 전쟁 : 매소성 전투(675)에서 당의 육군 격파, 기벌포(676) 전투에서 당의 수군 격파, 통일 완성
- 통일의 의의 : 민족 최초의 통일, 자주적 통일, 민족 문화의 발전 기반 마련
- 통일의 한계 : 외세에 의존, 대동강 이남의 영토에 그친 불완전한 통일

(2) 통일 신라와 발해의 발전

① 통일 신라의 발전

ⓖ 전제 왕권의 강화

- 전제 왕권의 확립 : 무열왕(김춘추) 직계의 왕위 독점 → 문무왕의 통일 완수 → 신문왕의 귀족세력 숙청, 집권체제 정비(전제 왕권 확립) → 성덕왕의 전제 왕권 안정(8세기)
- 유교 정치 이념의 도입 : 중앙 집권적 관료 정치 발달, 왕실 권위 강화

ⓛ 정치 제도 : 집사부 시중(장관)의 권한 강화(왕권 강화, 상대등 권한 약화), 9주 5소경의 지방행정조직 정비

ⓒ 군사 제도 : 9서당(중앙군) 10정(지방군)의 군사 제도 등

ⓔ 토지 제도 : 국가 수입 증대와 귀족의 경제적 기반 약화를 목적으로 실시

- 신문왕 : 귀족에 관료전을 지급(687)하고 녹읍을 폐지(689)
- 성덕왕 : 농민에게 정전을 지급(722)하여 국가의 직접적 지배 강화
- 경덕왕 : 귀족의 반발로 녹읍 부활(757), 관료전 폐지

ⓜ 대외 교역

- 무역항 : 국제무역항인 울산항에 아라비아 상인까지 왕래
- 당과의 교역 : 신라방 · 신라촌(마을), 신라원(절), 신라소(감독관청)을 설치
- 장보고의 활동 : 청해진(완도) 설치 후 대당 · 대일 무역 독점(정치세력으로 성장)

개념UP

백제 · 고구려 부흥 운동

- 백제 부흥 운동 : 흑치상지는 임존성에서, 복신과 도침은 주류성에서 왕자 풍을 추대하며 부흥 운동을 전개, 지도층 내분과 지원군 패배로 실패
- 고구려 부흥 운동 : 검모잠(한성)과 안승(금마저)을 중심으로 부흥 운동을 전개

개념UP

관료전과 녹읍

관료전은 관리들이 관직에 복무하는 대가로 받은 토지로서, 조세만을 받을 수 있으며 농민을 지배할 권한은 없고 관직에서 물러나면 국가에 반납해야 했음. 반면 귀족들이 받았던 녹봉의 일종인 녹읍을 통해서는 농민을 지배할 수 있었음

---

1. 국어

2. 수학

3. 영어

4. 사회

5. 과학

6. 도덕

ⓑ 문화의 성격
  • 귀족 중심의 문화 : 진골, 6두품 중심
  • 조형 미술의 발달 : 불교 미술과 고분 중심, 불교 세계의 이상 구현(불국사, 석굴암)
  • 주요 문화재
    – 석탑 : 불국사 3층 석탑, 다보탑, 감은사지 3층 석탑
    – 종 : 성덕 대왕 신종(에밀레종), 상원사 동종
    – 목판 인쇄술 : 세계에서 가장 오래된 무구정광대다라니경
    – 고분 : 화장 유행, 김유신 묘(둘레돌, 12지신)

② 발해의 성립과 발전
  ㉠ 발해의 성립
    • 건국 : 대조영이 만주 동모산에서 건립(698), 독자적 연호, 고구려 계승 의식('고려왕')
    • 주민 구성 : 지배층은 고구려인, 피지배층은 말갈인으로 구성
  ㉡ 발해의 발전
    • 영토 확장 및 체제 정비 : 당과 대결하며 영토 확장(무왕), 문왕 때 당과 친교, 체제 정비
    • 전성기 : 9세기 선왕 때 지방행정 조직을 정비, 해동성국이라 칭해짐
    • 왕권 강화 : 독자적 연호(중국과 대등, 왕권 전제화), 관료 조직 정비, 장자상속 확립
  ㉢ 정치
    – 중앙 : 당의 3성 6부제 도입, 정당성 중심으로 아래에 6부를 운영(독자성)
    – 지방 : 5경 15부 62주의 행정조직, 촌락은 토착 세력(말갈인)이 통치
  ㉣ 군사 : 10위(전제 왕권과 집권적 지방 통치의 토대)
  ㉤ 무역 : 모피 · 인삼 · 말을 수출, 금 · 은 · 비단 · 책 등 귀족 수요품을 수입
  ㉥ 문화
    • 고구려 영향(고구려 계승) : 굴식 돌방무덤, 모줄임 구조, 온돌, 벽돌, 기와무늬, 불상 등

- 당의 영향 : 당의 장안성을 모방한 외성과 주작대로, 3성 6부제, 정효공주묘(벽돌무덤)
- 유물 : 발해 석등, 돌사자상(정혜공주묘)
- 불교 : 문왕의 장려, 고구려 불교 계승, 상경 부근 10여개 사원
- 유학 : 6부의 유교적 명칭, 주자감 설치, 당의 빈공과에 다수 합격

③ 신라 후기의 동요
   ㉠ 혼란 및 지방 세력 대두 : 골품제 모순과 진골 귀족의 왕위 쟁탈전, 정치 부패에 따른 농민 봉기, 지방 호족의 대두, 6두품의 성장(반신라세력으로 변모)
   ㉡ 후삼국의 성립
      - 후백제(900~936) : 견훤이 지방 군사세력과 호족세력을 토대로 완산주에서 건국
      - 후고구려(901~918) : 궁예가 초적 및 호족세력을 토대로 송악에서 건국

개념UP

발해 대외 관계

초기 당·신라와 적대, 돌궐·일본과 친선, 점차 당·신라와 친선 관계 형성

개념UP

발해의 당 문화적 요소

3성 6부의 중앙 정치 조직, 15부 62주의 지방 조직, 10위의 군사 제도, 상경의 주작대로, 동경성, 잠자는 미녀상, 정효공주 무덤 양식

❹ 고려의 성립과 변천

(1) 고려의 건국과 통치 체제의 정비

① 고려의 건국과 정치 체제의 정비
   ㉠ 고려의 건국과 통일 : 왕건이 궁예를 축출한 후 건국(918), 신라 경순왕의 투항(935), 후백제 멸망(936)
   ㉡ 태조 왕건의 정책
      - 북진 정책 : 고구려 계승, 서경 중시, 거란 배척, 영토 확장(청천강~영흥만)
      - 호족 세력 포섭 정책 : 혼인 정책(회유책), 사심관 제도와 기인 제도(견제책)
      - 민생 안정책 : 조세 경감, 공신과 호족의 횡포 금지, 중앙집권 강화, 민족 통합
   ㉢ 광종의 정책 : 왕권 강화와 국가 재정 확충을 위해 호족세력 숙청, 과거제도, 노비안검법(불법 노비를 해방해 호족 기반을 억제), 공복 제도 등을 실시

개념UP

사심관 제도, 기인 제도

- 사심관 제도 : 중앙의 고관을 출신지 사심관으로 임명해 그 지방의 치안·행정에 책임을 지도록 한 제도
- 기인 제도 : 지방호족과 향리의 자제를 인질로 뽑아 중앙에 머무르게 한 제도

1. 국어

2. 수학

3. 영어

4. 사회

5. 과학

6. 도덕

문제UP

다음 설명에 해당하는 인물은?

• 궁예를 축출하고 고려를 건국하였다.
• 호족 세력을 포섭하였고, 훈요 10조를 남겼다.

① 주몽　　② 견훤
③ 왕건　　④ 이성계

해 고려를 건국한 사람은 태조 왕건이다. 왕건은 북진 정책과 호족 세력 포섭 정책, 민생 안정책을 추진하였고, 훈요 10조를 후대 왕에게 남겼다.

정답 ③

문제UP

다음의 ㉠, ㉡에 해당하는 민족을 바르게 짝지은 것은?

㉠ : 서희가 외교담판으로 강동 6주를 획득, 강감찬이 귀주대첩으로 승리
㉡ : 윤관이 별무반으로 정벌하여 동북 9성을 설치, 금나라를 건국

	㉠	㉡
①	선비족	거란족
②	거란족	여진족
③	여진족	돌궐족
④	돌궐족	몽골족

해 ㉠ 1차 침입시 서희가 외교담판으로 강동 6주를 획득하였고, 3차 침입시 강감찬이 귀주대첩을 통해 격퇴한 민족은 거란족이다.
㉡ 윤관이 별무반을 이용해 정벌하였고, 이후 금을 건국한 민족은 여진족이다.

정답 ②

㉣ 성종의 정책 : 최승로의 시무 28조를 수용해 유교 통치 이념을 확립, 유학 교육 진흥, 통치기구 개편, 중앙 집권의 기틀 마련 (중앙의 2성 6부, 지방의 12목 설치 등)

㉤ 통치 조직의 정비
 • 2성(중서문하성과 상서성) 6부(이 · 호 · 예 · 병 · 형 · 공부)
 • 도병마사(국방), 식목도감(법제, 격식), 중추원(왕명 전달), 어사대(감찰), 삼사(회계) 등

㉥ 지방 통치 조직 : 12목 설치(지방관 파견), 5도 양계 체제의 완비(현종)

㉦ 군사 조직 : 중앙군으로 2군 6위, 지방군으로 주현군(5도) · 주진군(양계)

② 고려 전기의 대외 관계
 ㉠ 대외 정책 : 거란 배척, 친송 정책(경제적 · 문화적 실리 추구)
 ㉡ 거란의 침입과 격퇴
  • 1차 침입(993) : 소손녕의 침입, 서희가 외교담판으로 강동 6주 획득
  • 2차 침입(1010) : 강조의 정변을 구실로 침입, 양규의 활약으로 격파
  • 3차 침입(1019) : 강동 6주 반환 거부로 소배압이 침입, 강감찬의 귀주대첩으로 승리
 ㉢ 여진족과의 항쟁 : 윤관의 별무반 설치 → 여진 정벌, 동북 9성 설치(1107) → 여진족의 금 건국(1115) → 금의 거란 정복(1125), 고려에 사대 요구 → 이자겸이 수용(1126)

(2) 무신정권의 성립과 대몽 항쟁
 ① 무신정권의 성립과 하층민의 저항
  ㉠ 이자겸의 난(1126)
   • 배경 및 경과 : 왕실과 혼인으로 성장한 후 왕권을 위협, 척준경이 이자겸을 제거
   • 결과 : 문벌 귀족 사회의 동요, 왕실의 권위 추락
  ㉡ 묘청의 서경 천도 운동(1135)
   • 배경 : 김부식 등 문벌 귀족의 독점, 금과의 사대 관계에 대한 불만, 풍수지리설 성행

- 경과 : 묘청 등이 반란을 일으켜 서경 천도를 주장, 김부식 등 관군이 진압
- 결과 : 문벌 귀족에 대한 반발, 자주적 전통 사상과 사대적 유교 사상의 충돌

ⓒ 무신 정권의 성립

- 배경 : 무신에 대한 차별, 하급 군인의 불만, 의종의 실정
- 경과 : 정중부 · 이의방 등이 무신정변(1170), 문신을 제거하고 의종을 폐위
- 결과 : 문신 중심의 관료조직 및 전시과 붕괴, 무신 독재정치 (중방이 최고 권력기구)
- 전개 : 정중부(중방) → 경대승(도방) → 이의민(중방) → 최충헌(도방, 교정도감)

ⓓ 최씨 무신 정권 : 4대 60년간 정권 유지

- 최충헌 : 교정도감(정적 감시, 최고 집정부), 도방(신변 경호)
- 최우 : 정방(인사 행정), 서방(문인 등용), 삼별초(최씨 정권의 군사적 기반)

ⓔ 사회 동요와 하층민의 난

- 무신 정권에 대한 도전 : 김보당의 난, 교통 승려의 난
- 농민 · 천민의 봉기 : 신분 해방 추구, 하극상 성격
    - 농민 봉기 : 김사미 · 효심의 난(경상도 운문 · 초전)
    - 천민 봉기 : 망이 · 망소이 난(공주 명학소 난), 전주 관노의 난, 만적의 난(신분 해방)

② 대몽 항쟁과 반원 자주화의 노력

ⓐ 몽골과의 전쟁

- 1차 침입(1231) : 몽골의 과중한 공물 요구와 사신 피살을 기회로 침략 → 박서(귀주성 전투) 활약 → 강화 체결로 몽골군 철수
- 2차 침입(1232) : 몽골의 내정간섭에 강화도 천도(최우) → 재침입 → 김윤후(처인성 전투)가 살리타 사살 → 몽골군 철수
- 3~6차 침입 : 금 정복 후 여러 차례 침략, 고려의 항전(농민 · 노비 · 천민이 활약)

ⓑ 전쟁의 결과 및 항전

개념UP

문벌 귀족 사회의 형성과 동요

- 문벌 귀족의 형성 : 지방 호족과 6두품 출신으로 과거 · 음서를 통해 주요 관직을 차지, 전시과 · 공음전을 통해 경제적 기반을 이루며 형성
- 문벌 귀족의 동요 : 주요 관직 독점, 경제적 수탈, 무거운 조세 부담으로 백성 수탈

---

1. 국어
2. 수학
3. 영어
4. 사회
5. 과학
6. 도덕

문제UP

다음 중 끝까지 몽골군에 저항하며 고려인의 자주의식을 보여준 군대는?

① 광군　　② 별무반
③ 주현군　　④ 삼별초

해 삼별초는 최씨 정권 몰락 후 고려가 몽골과 강화하는 것에 반대하여 강화도와 진도, 제주도로 이동하며 대몽항쟁을 전개하여 고려인의 자주의식을 보여주었다.

정답 ④

개념UP

원의 내정 간섭

- **관제 격하** : 원의 부마국 지위, 3성을 첨의부로 6부를 4사로 격하, 다루가치 설치
- **영토 축소** : 쌍성총관부(철령 이북 지역), 동녕부, 탐라총관부 설치
- **일본 원정에 동원** : 정동행성 설치, 원정은 실패
- **경제 수탈 및 풍속 변질** : 막대한 공물·공녀 요구, 몽골어, 몽골 의복과 머리 유행

문제UP

다음 내용에 해당하는 정치 세력은?

- 지방의 중소 지주 출신으로, 주로 공민왕 개혁기에 과거로 관직에 진출하였다.
- 친원 세력인 권문세족을 비판하고 개혁을 추진하고자 하였다.

① 지방 호족   ② 문벌 귀족
③ 신진 사대부   ④ 신흥 무인 세력

☞ 지방의 중소 지주·향리 출신으로, 공민왕 때 과거로 정계 진출하였으며, 권문세족의 비리를 비판한 세력은 신진 사대부이다.

정답 ③

- **전쟁의 결과** : 국토 피폐, 민심 이반, 문화재 소실(황룡사 9층탑, 대장경), 무신정권 붕괴
- **팔만대장경 조판(1236~51)** : 부처의 힘으로 침입을 격퇴하고자 대장도감을 설치하고 강화도에서 조성 시작, 현재 합천 해인사 장경판전에 보관(세계 기록 유산)
- **삼별초의 항전(1270~73)** : 최씨 정권 몰락 후 몽골과 강화 체결에 반대, 강화도와 진도, 제주도로 이동하며 대몽항쟁을 전개하여 고려인의 자주의식을 보여줌

ⓒ 공민왕의 반원 개혁정치
- **반원 자주 정책** : 친원파 숙청, 정동행성 폐지, 관제복구, 몽골풍 일소, 쌍성총관부 수복
- **왕권 강화 정책** : 정방 폐지, 전민변정도감 설치, 권문세족 억압, 신진사대부 등용
- **결과** : 원의 압력과 권문세족의 반발, 개혁 세력(신진사대부)의 미약으로 실패

ⓓ 신진 사대부의 성장
- **출신 및 성장** : 지방의 중소 지주·향리 출신, 공민왕 때 과거로 정계 진출
- **권문세족과의 비교**

구분	신진 사대부	권문세족
기본 성격	개혁적, 공민왕의 개혁기에 과거로 진출, 유교적 소양과 행정 실무에도 밝음	보수적, 원 간섭기 성장, 음서제 이용
외교 정책	친명 정책	친원 정책
경제	지방 중소 지주	대농장 소유
사상	유교(성리학), 명분과 도덕 중시	불교

ⓔ 신흥 무인 세력의 성장
- **홍건적 격퇴** : 정세운, 이성계, 최영 등이 활약
- **왜구 격퇴** : 최영(홍산 싸움), 이성계(황산 싸움), 최무선(진포대첩), 박위(쓰시마 토벌)

(3) 고려 문화의 발달
① 신분 구조와 생활
ⓐ 신분 사회

- 지배층 : 귀족(특권층), 중류층(하급 지배층, 행정실무 담당)
- 피지배층 : 평민(대부분 농민), 수공업자 · 상인, 향 · 소 · 부곡 주민, 천민(대부분 노비)
  ⓒ 고려 시대의 여성 : 남녀평등 성격이 강함
- 여성 호주 가능, 태어난 순서대로 호적에 기재, 딸의 제사와 봉양 가능
- 재산의 남녀 균분 상속, 일부일처제(데릴사위 많음), 여성 재가 가능 등

② 불교와 유학의 발달

ⓐ 불교의 발달
- 불교 지원 정책 : 행사(연등회 · 팔관회) 개최, 승과 제도 실시, 사원전 지급
- 불교 통합 운동 : 의천을 중심으로 교종 중심의 선종 통합 강조(천태종)
- 후기의 불교 혁신 운동 : 지눌을 중심으로 무신집권 이후 불교 타락을 개혁하고자 시행

ⓑ 유학의 발달
- 유학 교육
  - 사학의 융성 : 관학(중앙의 국자감, 지방의 향교), 사학(최충의 문헌공도 등 12도)
  - 관학 진흥(예종) : 국자감의 전문 강좌(7재), 장학재단(양현고)
- 성리학 수용 : 인간 본성과 우주 근원의 문제를 탐구하는 학문으로, 주희가 집대성
  - 안향이 충렬왕 때 소개, 충선왕은 원의 수도에 만권당을 설치하여 학술 연구
  - 신진 사대부의 개혁 사상으로 수용, 권문세족과 불교 폐단을 비판

③ 과학 기술 및 예술의 발달

ⓐ 과학 기술의 발달
- 인쇄술 발달 : 목판 인쇄술(팔만대장경 등), 금속 활자(상정고금예문, 직지심체요절)
- 화약 : 화통도감 설치, 화포 제작(최무선이 진포대첩으로 왜구 격퇴)

개념UP

불교 정책의 변천
- 태조 : 불교 숭상, 연등회 · 팔관회 개최(훈요 10조에 기록)
- 광종 : 승과 제도(과거 시험), 국사 왕사 제도 실시, 분열된 종파 수습(귀법사 창건)
- 성종 : 유교 사상의 강조로 연등회 · 팔관회 폐지
- 현종 : 불교 부흥, 현화사 · 흥왕사 등의 건립

개념UP

불교 문화의 발달
- 불상 : 대형 불상을 다수 제작(광주 춘궁리 철불, 관촉사 석조 미륵보살 입상 등)
- 석탑 : 다층다각탑(송 양식의 월정사 8각 9층 석탑, 원 양식의 경천사 10층 석탑 등)

---

1. 국어
2. 수학
3. 영어
4. 사회
5. 과학
6. 도덕

ⓛ 건축의 발달

- 주심포 양식(고려 전기~후기) : 봉정사 극락전, 부석사 무량
  수전, 수덕사 대웅전
- 다포 양식(고려 후기) : 성불사 응진전

ⓒ 예술의 발달

- 고려자기 : 순수 청자(초기) → 상감 청자(12~13세기) → 분
  청사기(고려 말기)
- 공예 : 금속 공예(청동 은입사 기술), 나전 칠기(화장품갑 ·
  문방구 등 귀족 사치품)
- 음악 : 궁중 음악으로 아악(송에서 도입), 신라의 영향을 받
  은 속악(향악)이 유행

❺ 조선의 성립과 발전

(1) 조선의 건국과 통치 제도의 확립

① 조선의 건국과 유교적 이념의 성립

ㄱ 조선의 건국

- 건국 세력 : 급진파 신진 사대부(정도전 · 조준 등)와 신흥 무
  인 세력(이성계 등)
- 과정 : 위화도 회군(1388) → 과전법 실시 → 온건파 사대부
  제거 → 건국(1392)

ⓛ 유교적 통치 이념의 성립 : 성리학 수용 및 개혁 정치의 명분 강조

- 정치 : 유교적 덕치와 민본사상을 토대로 왕도 정치를 추구
- 사회 : 양반 중심의 엄격한 신분 사회, 종법적 가족 제도 확립
- 경제 : 지배층의 농민 지배 인정(지주 전호제 인정)

② 집권 체제의 정비

ㄱ 태조(이성계) : '조선' 국호 제정, 한양 천도, 정도전 등용(재상
  중심 정치)

ⓛ 태종(이방원) : 왕권 중심의 집권체제 확립, 사병 철폐(군사권
  장악), 양전 사업 실시, 호패법 시행(16세 이상의 모든 남자가
  대상, 조세 징수와 군역 부과에 활용)

개념UP

주심포, 다포 양식 비교
- 주심포 양식 : 지붕의 무게를 분산
  시키기 위해 기둥 위에만 짜임새
  (공포)를 만듦
- 다포 양식 : 기둥 상부 이외에 기
  둥 사이에도 공포를 배열한 건축
  양식

개념UP

과전법
공양왕 3년(1391)에 실시된 토지제
도로서, 조선의 기본적인 토지제도
가 됨

개념UP

정도전의 업적
성리학적 통치 규범의 확립(불씨잡
변 저술), 민본적 통치 규범 확립(조
선경국전, 경제문감 저술)

ⓒ 세종 : 왕권과 신권의 조화를 통해 유교정치를 완성
- 집현전 설치(학문 연구, 유학자 우대, 한글 창제), 민족 문화 발달(과학 발달, 편찬 사업)
- 민생 안정, 4군 6진 개척을 통한 영토 확장(오늘날과 동일한 국경선)

ⓓ 세조 : 집권체제 강화(반란 진압, 권신 세력 억제), 직전법 실시
ⓔ 성종 : 「경국대전」 완성(집권체제 및 유교적 법치국가 완비), 인재 등용(사림)

③ 통치 체제

㉠ 중앙 정치 제도
- 의정부 : 최고 통치 기관, 3정승의 합의로 정책 결정, 6조 관리
- 6조 : 이·호·예·병·형·공조, 행정 실무 분담
- 삼사(사간원·사헌부·홍문관) : 왕권 견제 및 언론 기관의 역할
- 왕권 강화 기구 : 승정원(국왕 비서 기구), 의금부(죄인 처벌)
- 기타 기구 : 춘추관(역사 편찬), 한성부(서울 행정·치안), 성균관(최고 교육 기관)

㉡ 지방 행정 제도
- 전국을 8도로 구분하고, 아래 부·군·군·현을 설치
- 8도에 관찰사를 파견하고 부·군·군·현에 수령을 파견, 유향소(향청) 설치

㉢ 군사 제도
- 군역 : 16~60세의 양인 남자(정남)가 대상(양인 개병과 농병 일치의 원칙)
- 군사 조직 : 중앙에 5위, 지방에 병마절도사(육군)와 수군절도사(수군) 파견, 예비군의 일종인 잡색군 편성(전직 관료, 서리, 향리, 노비 등)

1. 국어
2. 수학
3. 영어
4. 사회
5. 과학
6. 도덕

문제 UP

다음의 업적을 남긴 조선 시대의 왕은?
- 집현전을 설치하고, 훈민정음을 창제하였다.
- 4군 6진을 개척하였다.

① 태조　　② 태종
③ 세종　　④ 세조

해 세종은 집현전을 설치하여 한글(훈민정음)을 창제하였고, 4군 6진 개척하게 하여 영토를 오늘날의 국경선까지 확장하였다.

정답 ③

개념 UP

왕권 강화 및 견제 제도
- 왕권 강화 : 의금부, 승정원, 육조 직계제, 장용영(국왕 친위부대, 정조), 과거제, 호패법 등
- 왕권 견제 : 의정부, 삼사, 권당, 상소, 구언, 윤대, 경연, 순문 등

개념 UP

유향소(향청)
지방 양반들의 자치조직으로, 수령과 향리 감찰 및 수령 자문, 백성 교화, 향회 소집 등을 수행

② 교육 제도

- 유학 교육 : 서당(초등) → 4부 학당 · 향교(중등) → 성균관 (문과 응시 가능)
- 기술 교육 : 해당 관청에서 교육(사역원, 형조, 전의감, 관상감 등)

⑩ 관리 등용 제도

- 과거 제도 : 문과(소과 → 성균관 입학 → 대과(문과)의 순서), 무과, 잡과(기술관 선발)
- 음서제 : 과거는 양인 이상이면 응시 가능하나 음서는 2품 이상의 고위층이 대상

⑪ 경제 제도

- 수취 체제 : 조세(수확량의 1/10), 공납(토산물, 군 · 현에 부과), 역(정남에게 부과)
- 토지 제도
  - 과전법(1391) : 경기도에 한정하여 수조권 지급(소유권 없음), 전 · 현직 관리 모두 지급
  - 직전법(세조) : 국가 재정 확대를 위해 현직 관리에게만 수조권 지급
  - 관수관급제(성종) : 국가의 토지 지배권 강화를 위해 관청에서 관리 수조권을 대행

(2) 민족 문화의 발달

① 한글 창제와 서적의 편찬

㉠ 한글 창제

- 창제 : 세종이 집현전 학자들과 연구하여 훈민정음을 창제 · 반포(1446)
- 특징 : 우리 고유의 과학적 · 실용적 문자, 백성을 위한 표음 문자
- 의의 : 계층 간의 의사소통 가능, 민족 문화의 기반 확대, 국문학 발전에 기여

㉡ 서적 편찬

- 역사서 : 조선왕조실록(태조부터 철종까지의 역사를 편년체로 기록), 고려사절요, 고려사, 동국통감 등(왕조의 정통성과 성리학적 통치 규범 정착이 편찬의 목적)

- 지리서 : 통치에 필요한 정보의 획득을 위해 동국여지승람, 팔도지리지 등을 편찬
- 지도 : 팔도도, 혼일강리역대국도지도(현존 최고의 세계지도)
- 의례서 : 성리학적 통치기반 확립을 위해 국조오례의, 삼강행실도, 주자가례 등을 편찬
- 농서 : 농사직설(독자적인 농법 정리)
- 의학 : 향약집성방(약재, 치료법 소개), 의방유취(의학 백과사전)

② 과학 기술 및 예술의 발달

ㄱ 과학 기술의 발달 : 15세기에 발달하였으나, 16세기에 침체됨
- 농업 · 민생을 위한 기술 : 측우기(강수량 측정), 앙부일구(해시계), 자격루(물시계), 인지의(토지 측량), 혼천의 · 간의(천체 측정) 등
- 인쇄술 : 금속활자(계미자, 갑인자 등), 제지술 발달

ㄴ 예술의 발달
- 한문학 : 양반 문화가 발달하였고, 한문학 작품으로 동문선, 금오신화 등이 있음
- 공예 : 분청사기(15세기) → 백자(16세기)
- 그림 : 몽유도원도(안견), 고사관수도(강희안) → 사군자(16세기)

(3) 사림의 성장과 성리학적 질서의 확산

① 사림의 등장 및 성장

ㄱ 훈구파와 사림파

구분	훈구파(15세기)	사림파(16세기)
출신	급진파 사대부, 15세기 집권(건국 세력)	온건파 사대부, 16세기 정치 주도
정치	고려왕조 부정(조선 건국 찬성), 성리학의 치국 중시, 왕권 강화 · 중앙집권 추구, 민생안정 중시	고려왕조 유지(점진적 개혁), 성리학의 원칙에 철저, 향촌자치 주장, 도덕 · 의리 · 명분 중시, 학술과 언론
경제	대토지 소유, 농장 확대	중소 지주(대토지 소유 비판)
사상	성리학 외의 학문에 포용적, 과학 중시	성리학 외의 학문 · 사상 배격, 성리학 중시

개념UP

팔도지리지, 동국여지승람
- 팔도지리지(1430) : 8도의 지리 · 역사 · 정치 · 경제 · 군사 · 교통 등의 내용 수록한 인문지리서(최초)
- 동국여지승람(1481) : 팔도지리지를 보완하여 서거정 등이 편찬한 것으로, 군현의 연혁 · 지세 · 인물 · 풍속 · 교통 등이 자세히 수록하여 인문 지리적 지식수준을 높임

문제UP

다음 ㄱ, ㄴ에 해당하는 책을 바르게 짝지은 것은?

ㄱ : 태조부터 철종까지 25대 472년의 역사를 연월일 순서대로 기록하였다.
ㄴ : 각 군현의 연혁과 지세, 인물, 풍속 등을 백과사전식으로 기술한 지리서이다.

	ㄱ	ㄴ
①	조선왕조실록	동국여지승람
②	동국통감	팔도지리지
③	고려사절요	동국여지승람
④	고려사	팔도지리지

해 ㄱ 태조부터 철종까지의 역사를 편년체로 기록한 역사서는 「조선왕조실록」이다.
ㄴ 조선 전기 통치를 목적으로 서거정 등이 편찬한 것으로, 군현의 연혁 · 지세 · 인물 · 풍속 · 교통 등이 자세히 수록한 지리서는 「동국여지승람」이다.

정답 ①

ⓙ 사림의 성장
- 등장 : 15세기 성종 때 훈구세력 견제를 위해 중앙 정계에 진출(대토지 소유 비판)
- 사화의 발생 : 훈구세력과 사림세력의 대립, 사림의 정치적 위축 초래

ⓚ 사림의 기반
- 서원 : 선현에 대한 추모와 후학 양성이 목적, 당파를 강화하여 붕당의 근거지로 이용됨
- 향약 : 향촌 자치규약으로 조광조·이황·이이의 활약으로 전국 확산, 사림의 향촌 지배력 강화(농민에 대한 국가 지배력은 약화) 초래

② 붕당의 출현과 붕당 정치의 전개
㉡ 형성 : 선조 이후 사림의 적극 등용 및 정치 주도권 장악 → 이조 전랑 자리를 두고 동인과 서인으로 분열(붕당 형성)
㉢ 붕당 정치 : 합리적 정책 대결이 정치적 대립 격화로 변질, 왕권 약화, 정치기강 문란

(4) 왜란과 호란의 극복
① 임진왜란의 발발(1592)
㉡ 배경
- 국내적 배경 : 양반 사회의 분열(붕당의 대립 격화), 군역 제도의 문란
- 국외적 배경 : 명의 쇠퇴, 일본 내 도요토미 히데요시의 통일 및 정권 안정 정책, 정복욕 해소
㉢ 과정 : 왜군의 침략(1592) → 부산진·동래성 함락 → 충주 싸움(신립) 패배 → 선조의 피난 → 왜군의 한양 점령 → 함경도까지 북상
㉣ 수군의 승리 및 의병의 항쟁
- 수군의 승리 : 이순신이 이끄는 수군이 옥포, 사천, 당포, 한산도 대첩에서 승리하여 제해권 장악(왜군의 보급로 차단, 전라도 곡창 지대 보호)
- 의병의 항쟁 : 곽재우(최초 의병), 조헌, 고경명, 정문부, 유정, 휴정 등 활약

ⓔ 명의 지원과 관군의 정비

- 명의 지원 : 조ㆍ명 연합군이 평양성을 수복, 왜군의 후퇴
- 관군의 정비 : 훈련도감 설치 및 화포 개량, 진주대첩(김시민)ㆍ행주대첩(권율) 승리

[의병 및 관군의 활약]

ⓜ 정유재란(1597) : 왜군의 휴전 제의 → 교섭 결렬로 재침 → 왜군 격퇴(명량 대첩 등) → 도요토미 히데요시 사망 → 노량 해전에서 이순신 전사, 전란의 종료

ⓗ 왜란의 영향

- 국내 영향 : 인구 격감, 농촌의 피폐화 및 농민 몰락, 경지 면적 감소, 토지대장 및 호적 소실, 국가 재정 궁핍, 신분질서 혼란 등
- 국외 영향 : 명의 쇠퇴, 일본 내 정권 교체(에도 막부) 및 조선의 선진 문물 전파

② 광해군 집권과 호란의 발발

ㄱ) 광해군의 정책

- 전후 복구 사업 : 토지 대장 및 호적 정비, 국가 재정 확충, 국방 강화, 대동법 실시
- 중립 외교(실리 외교) : 후금이 명을 위협하자 조선 지원군을 보내되, 정세에 따라 대처

ㄴ) 인조반정(1623)

- 배경 : 명에 대한 의리ㆍ명분 강조, 광해군 중립 외교 및 반유교적 정치에 반감
- 결과 : 서인을 인조반정을 통해 광해군을 몰아내고 집권

ㄷ) 정묘호란(1627) : 서인의 친명배금 정책과 이괄의 난을 구실로 후금이 침입, 형제 관계를 맺고 화의 성립

ㄹ) 병자호란(1636)

- 배경 : 청(후금)의 군신관계 요구를 거절, 친명배금 정책의 존속
- 전개 및 결과 : 청의 침입 → 한양 점령 → 인조의 남한산성 피난 → 청과 강화(삼전도의 굴욕) → 군신 관계 수립

문제 UP

다음 내용이 설명하는 인물로 옳은 것은?

- 수군을 이끌고 옥포, 사천, 한산도에서 왜군을 물리쳤다.
- 노량 해전에서 전사하였다.

① 을지문덕　　② 강감찬
③ 이순신　　　④ 권율

해 임진왜란과 정유재란에서 활약한 이순신에 대한 설명이다. 이순신은 수군을 이끌고 옥포, 사천, 당포, 한산도 대첩에서 승리하였고, 노량 해전에서 전사하였다.

정답 ③

개념 UP

북벌 운동의 전개

- 배경 : 호란 이후 청에 대한 적개심과 복수심, 명에 대한 의리, 문화적 우월감
- 전개 : 효종 때 송시열ㆍ이완을 중심으로 군대 양성
- 결과 : 효종 사망 등으로 실패, 청과 교류가 증가(선진 문물 수용 운동으로 연결)

❻ 조선 사회의 변동

(1) 조선 후기 정치 운영의 변화
　① 통치 체제의 변화
　　㉠ 비변사의 기능 강화
　　　• 임진왜란 이전 : 16세기 초 군무 협의를 담당하는 임시기구, 16세기 중엽 상설기구화
　　　• 임진왜란 이후 : 문무 고위 관료가 참여해 중요 정책을 결정하는 최고 정치기구로 변화
　　㉡ 군사 제도의 변화
　　　• 중앙군(5군영) : 훈련도감(삼수병으로 구성), 어영청, 총융청, 수어청, 금위영
　　　• 지방군(속오군) : 임진왜란 중 양반부터 노비까지 편성한 속오군 체제 성립
　② 조세 제도의 변화
　　㉠ 전세 제도 변화
　　　• 조선 전기 : 토지 비옥도에 따른 전분6등법과 풍흉에 따른 연분9등법 시행
　　　• 조선 후기(왜란 이후) : 풍흉에 관계없이 토지 1결당 쌀 4두로 고정하는 영정법 시행
　　㉡ 공납 제도 변화 : 광해군 때 대동법 시행(1603)
　　　• 실시 : 토산물 대신 토지 결수에 따라 쌀, 포목, 동전으로 납부
　　　• 결과 : 농민 부담이 일시적으로 감소, 공인의 등장으로 상품 화폐 경제 발달
　　㉢ 군역 제도의 변화
　　　• 실시 : 군포 징수의 폐단에 따라 1년에 군포 2필을 1필 납부로 경감
　　　• 결과 : 부족분을 결작과 잡세 수입으로 보충, 농민 부담이 다소 감소
　③ 붕당 정치와 탕평책
　　㉠ 붕당 정치의 전개와 변질
　　　• 전개 과정 : 선조 때 동인과 서인 분열, 광해군 때 동인이 북인과 남인으로 분열, 인조반정 이후 서인이 집권

개념UP

비변사

조선시대 군국기무를 관장한 문무합의기구로서, 국방 문제를 해결하기 위해 16세기 설치한 임시 기구였으나, 임진왜란을 맞아 국가적인 위기를 타개하여 그 구성원이 확대되고 기능이 강화됨. 군사 문제뿐만 아니라 외교, 재정, 사회, 인사 문제 등 행정을 총괄하게 됨

개념UP

전분6등법과 연분9등법 비교
• 전분6등법 : 토지의 질에 따라 6등급으로 구분하여 차등으로 납부하는 조세제도, 전품의 등급을 나누는 것이 각 지역별로 난립되었고, 객관적인 실정을 제대로 반영하지 못함
• 연분9등법 : 풍흉의 정도를 9등급으로 나누어 토지 1결당 풍흉에 따라 차등으로 납부하는 조세제도

개념UP

균역법 시행에 따른 결과
• 부족분 보충 : 결작 징수, 어장세·염전세·선박세 징수, 상류층에 군포 부담
• 결과 : 결작이 소작농에 전가되고 군적이 문란해져 다시 농민 부담이 가중

- 변질 : 예송 논쟁과 환국을 거치면서 붕당정치가 변질, 일당 전제화 추세가 등장
- 서인 정권의 전제화 : 남인을 축출, 노론과 소론으로 분열된 후 노론의 전제화
- 탕평책 등장 : 치우침 없이 여러 붕당에서 고루 인재를 등용하는 정책(왕권 강화책)

ⓒ 영조의 개혁정치
- 탕평책 : 노론 강경파 축출, 붕당의 고른 등용, 탕평비 건립, 이조 전랑의 추천권 폐지
- 개혁정책 : 균역법 시행, 신문고 부활, 형벌제도 개선(악형 금지), 사형수 3심제
- 편찬 사업 : 속대전, 속오례의, 동국문헌비고 등

ⓒ 정조의 개혁정치
- 정조의 탕평책 : 탕평책 계승(준론 탕평 실시), 탕평을 통한 왕권 강화
- 정조의 개혁정치 : 규장각 설치(개혁 중심 기구), 장용영 설치(친위부대), 수원 화성 축조, 초계문신제(개혁 세력 육성), 금난전권 폐지(통공 정책 실시), 서얼과 노비 차별 완화
- 편찬 사업 : 대전통편, 탁지지, 동문휘고, 규장전운 등

(2) 경제 활동의 변화와 사회 개혁론의 대두
① 경제 활동의 변화
ⓒ 농업의 발달
- 모내기법 전국 확대 : 노동력 절감 및 생산 증대(광작 가능), 이모작 확대
- 농업 기술 발달(농기구, 시비법 발달), 상품 작물 재배(목화, 채소, 담배, 약초 등)
ⓒ 농업 경영의 변화 : 광작을 통한 소수의 부농층과 다수의 임노동자 발생, 상품 화폐 경제 발달에 따른 관료의 토지 집적 가속화
ⓒ 상업의 발달
- 배경 : 농업 생산량 증대, 수공업 발달, 공인 등장, 금난전권 폐지 등
- 시장 발달 : 상설 시장 및 지방 장시(1,000여 곳) 개설

1. 국어 2. 수학 3. 영어 4. 사회 5. 과학 6. 도덕

문제UP

다음 내용이 설명하는 것으로 옳은 것은?

- 한 곳에 치우치지 않고 여러 붕당에서 인재를 등용하는 정책이다.
- 붕당 간 대립 완화와 왕권 강화를 위해 영조, 정조가 실시하였다.

① 대동법 ② 영정법
③ 탕평책 ④ 통공 정책

圄 한 곳에 치우침 없이 여러 붕당에서 고루 인재를 등용하는 정책은 탕평책이다. 영조와 정조는 왕권 강화를 위해 탕평책을 실시하였다.

정답 ③

개념UP

신분제의 동요

양반층의 분열(소수 양반의 독점, 몰락 양반의 발생), 양반 수 증가, 서얼과 중인층의 신분 상승 운동, 상민의 분열(부농과 빈농), 노비 감소

• 사상의 성장 : 만상(의주) · 송상(개성) · 경강상인(한강) · 내상(동래) 등 상인 등장
• 대외 무역 발달 : 개시 무역(공무역), 후시 무역(사무역) 활발
• 수공업 발달 : 초기에는 관영 수공업, 후기에는 민영 수공업 발달
• 광업 발달 : 초기에는 국가 중심, 후기 민영화에 따른 개발 증가, 금광 · 은광 개발 활기

② 실학사상의 등장

㉠ 배경 : 성리학에 대한 반성, 신분 질서의 동요, 청의 고증학 및 서학의 영향

㉡ 특징 : 사회 모순 비판 및 사회 문제 해결을 위한 개혁사상, 농촌 경제의 안정 추구

㉢ 한계 : 몰락 지식인의 개혁론으로, 현실에 반영되지 못함

㉣ 중농학파 : 농업 중심의 개혁론, 농촌 문제 해결을 위한 토지제도 개혁을 주장

• 유형원 : 반계수록에서 균전론 제시, 자영농을 중심으로 한 농병일치의 군사제도 주장
• 이익 : 성호학파 형성(성호사설 저술), 한전론 주장(자영농 육성, 영업전의 매매 제한)
• 정약용 : 여전론(공동 소유 · 경작 · 분배 주장), 정전제(점진적 개혁 방안으로 제시), 목민심서 · 경세유표 · 흠흠신서 등을 저술, 실학의 집대성

㉤ 중상학파 : 상공업 중심의 개혁론, 상공업 진흥과 기술혁신을 통한 부국강병 주장

• 대표자 : 유수원, 홍대용, 박지원, 박제가
• 이용후생학파(상공업 발달과 기술 진흥 강조), 북학파(청의 선진 문물 수용을 주장)

(3) 세도 정치의 폐단과 농민 봉기

① 세도 정치의 전개

㉠ 세도 정치의 의미 : 특정 외척 가문이 권력을 독점하는 정치형태

㉡ 세도 가문 : 안동 김씨(순조 · 철종 시기), 풍양 조씨(헌종 시기)

㉢ 결과 : 왕권 약화, 과거제 비리, 매관매직, 수령과 아전의 수탈, 삼정의 문란 발생

② 농민의 봉기

  ㉠ 배경 : 삼정(전정·군정·환곡)의 문란과 탐관오리 수탈로 농민 생활 궁핍, 농민 의식의 성장, 흉년 및 전염병 발생

  ㉡ 홍경래의 난(1811)
  • 배경 : 세도 정권의 부패와 삼정의 문란, 서북 지방민에 대한 차별 대우
  • 전개 : 가산에서 봉기 후 청천강 이북 차지, 정주성 싸움에서 관군에 진압

  ㉢ 진주 농민 봉기(1862)
  • 배경 : 삼정의 문란, 관료의 수탈
  • 전개 및 의의 : 진주성 점령 후 진압, 농민 봉기의 전국 확산

(4) 조선 후기 문화의 변화

① 문화 및 과학 기술의 발달

  ㉠ 국학의 발달
  • 배경 : 우리 민족의 전통과 현실에 대한 관심의 증가
  • 내용 : 우리나라의 역사와 언어, 지리, 풍속 등을 연구
  – 역사 : 동사강목(안정복), 해동역사(한치윤), 연려실기술(이긍익), 동사(이종휘), 발해고(유득공) 등
  – 국어 : 훈민정음운해(신경준), 언문지(유희)
  – 지리서 : 택리지(이중환), 대동지지(김정호)
  – 지도 : 동국지도(정상기), 청구도·대동여지도(김정호)
  – 백과사전류 : 지봉유설(이수광), 성호사설(이익), 청장관전서(이덕무)

  ㉡ 서민 문화의 성장
  • 배경 : 서민층의 경제력 향상 및 의식의 성장, 서당 교육 보급
  • 내용 : 한글 소설(홍길동전·춘향전), 사설시조, 판소리(춘향가·심청가·흥부가) 등

  ㉢ 예술의 새 경향
  • 18세기 : 진경산수화(정선의 인왕제색도·금강전도), 풍속화(김홍도, 신윤복) 발달
  • 19세기 : 복고적 화풍, 신위(대나무)·장승업(군마도) 활약, 민화의 발달(서민의 감정 표현), 김정희의 추사체 등

개념UP

진주 농민 봉기

1862년 경상도 진주에서 일어난 농민 봉기로, 삼정의 가혹한 수탈에 맞서 유계춘, 이귀재 등이 관가에 문서로 항의하다 받아들여지지 않자 많은 농민들과 함께 반란을 일으키고 진주성을 점령함. 이러한 대규모 민란을 통해 농민들은 점차 사회 개혁에 대한 의지를 키우고 1894년 동학 농민 운동의 기초가 됨

문제UP

다음 ㉠, ㉡에 해당하는 저술과 지도를 모두 맞게 짝지은 것은?

㉠ : 조선 후기 이중환이 저술한 지리서로, 답사를 통해 각 지역의 자연환경과 물산·풍속·인심 등을 서술하였다.
㉡ : 조선 후기 김정호가 제작한 지도로, 산맥·하천·포구·도로망의 표시가 정밀하고 10리마다 눈금을 표시하였다.

	㉠	㉡
①	언문지	대동여지도
②	택리지	대동여지도
③	언문지	동국지도
④	택리지	동국지도

해 ㉠은 이중환의 택리지, ㉡은 김정호의 대동여지도에 대한 설명이다. 언문지는 유희가 지은 국어 관련 저술이며, 동국지도는 정상기가 제작한 지도이다.

정답 ②

ⓔ 과학 기술의 발달

• 서양 기술의 전래 : 17세기 이후 청을 왕래한 사신들이 전파(화포, 천리경, 자명종, 곤여만국전도 등)
• 기술의 발달
– 의학 : 동의보감(허준), 동의수세보원(이제마), 마과회통(정약용)
– 천문학 : 김석문 · 홍대용 · 이익 등이 지전설 주장, 김육이 서양식 역법인 시헌력 도입

② 새로운 사상과 종교의 성립

㉠ 민간 신앙의 유행 : 미륵 신앙, 무격신앙, 정감록(정씨가 새 왕조를 세운다는 예언)

㉡ 동학의 성립

• 창시 : 경주 출신의 몰락 양반 최제우가 창시(1860)
• 성격 및 교리 : 반봉건 · 반외세적 성격, 인내천 사상(평등사상), 현세구복, 보국안민 주장
• 경과 : 세상을 어지럽힌다는 죄로 최제우 처형, 2대 교주 최시형이 교리 · 교단 정비

㉢ 천주교 전파

• 수용 : 17세기 중국을 왕래하던 사신들이 천주교 서적을 들여옴
• 전개 : 초기에는 학문적 접근(서학), 18세기 후반 정조 때부터 신앙의 대상으로 전파
• 박해 : 인간 평등과 유교 제사의 거부를 이유로 박해(신유박해)

❼ 근대 국가 수립 운동과 국권 수호 운동

(1) 외세의 침략적 접근과 개항

① 흥선 대원군의 개혁과 대외 정책

㉠ 흥선 대원군의 개혁 정치

• 개혁의 목적 : 왕권 강화와 국가 재정 확충, 민생 안정
• 개혁의 내용

- 세도 정치 청산, 고른 인재 등용, 비변사 폐지(의정부 · 삼
  군부 부활), 법전 정리(대전회통)
- 삼정 개혁(양전, 호포제(양반에게 군포 징수), 사창제(환곡
  제 개혁) 실시)
- 서원 정리(면세 · 면역 특권 폐지), 경복궁 중건(당백전 발
  행, 원납전 징수, 부역 동원)
  - 개혁의 의의 : 통치체제 정비, 국가 재정 확보, 백성에 대한
    수탈 금지로 민생 안정
  - 개혁의 한계 : 양반의 반발(호포제 · 서원 정리), 백성의 불만
    (부역 동원), 물가 폭등(당백전 발행)

ⓒ 대외 정책
  - 병인양요(1866) : 천주교 박해(프랑스 선교사 처형) → 프랑
    스 강화도 점령 → 양헌수(정족산성) · 한성근(문수산성) 활
    약 → 프랑스 철군시 외규장각 도서와 문화재 약탈
  - 오페르트 도굴 사건(1868) : 독일 상인 오페르트가 대원군
    아버지 묘소를 도굴(실패)
  - 신미양요(1871) : 제너럴셔먼호 사건(1866)을 원인으로 강화
    도 침략, 어재연 등이 격퇴
  - 척화비 건립 : 통상 수교 거부의지를 널리 알리려 전국에 척
    화비 건립
  - 수교 거부 정책의 결과 : 외세 침략을 일시 저지했으나, 문호
    개방과 근대화에 뒤처짐

② 강화도 조약과 개항(1876)
  ㉠ 조약의 배경 : 대원군 하야(1873), 외교 정책 변화(개화파의 통
    상 주장), 운요호 사건
  ㉡ 조약의 주요 내용 : 3항구 개방(인천 · 부산 · 원산), 치외법권
    및 해안측량권 인정
  ㉢ 조약의 특징 : 외국과 맺은 최초의 근대 조약, 불평등 조약

(2) 근대적 개혁의 추구
  ① 임오군란과 갑신정변
    ㉠ 임오군란(1882)

개념UP

척화비의 내용

洋夷侵犯 非戰則和 主和賣國(양이침
범 비전즉화 주화매국) : 서양 오랑
캐가 침입하는데 싸우지 않으면 화
친하는 것이요, 화친을 주장함은 나
라를 파는 것이다.

문제UP

다음 내용과 관련된 지명으로 옳은 것
은?

- 병인양요 때 프랑스 군이 철군하면
  서 외규장각 도서를 약탈하였다.
- 이 곳에서 외국과 최초의 불평등한
  근대적 조약이 체결되었다.

① 위화도　　② 강화도
③ 거문도　　④ 울릉도

해 병인양요 때 프랑스 군이 점령 후
철군하면서 외규장각 도서와 문화재
를 약탈해간 곳은 강화도이다. 1876
년 일본과 최초의 근대적 불평등
조약인 강화도 조약을 체결하였다.

정답 ②

개혁 정강 14개조 주요 내용

청에 대한 사대 폐지, 근대국가 지향, 문벌 폐지 및 인민평등권 확립, 혜상공국 혁파, 지조법 개혁, 재정의 호조 관할

문제UP

다음 내용과 관련된 역사적 사건으로 옳은 것은?

- 김옥균 · 박영효 등의 개화당 인사가 일본의 지원을 약속받고 일으켰다.
- 이 사건의 결과 일본과 한성조약이 체결되었고 청과는 텐진조약이 체결되었다.

① 병인양요 　② 임오군란
③ 갑신정변 　④ 아관파천

해 김옥균 · 박영효 · 서광범 등의 급진 개화파가 일본의 군사적 지원을 약속받고 우정국 개국 축하연을 이용하여 일으킨 것은 갑신정변(1884)이다. 갑신정변의 결과로 일본과는 한성조약이, 청과는 텐진조약이 체결되었다.

정답 ③

- 원인 : 구식 군인 차별, 개화정책의 불만(개화와 보수의 대립, 대원군과 민씨 세력 갈등)
- 경과 : 구식 군인 봉기 → 일본 공사관과 궁궐 습격 → 대원군 일시 재집권 → 청군 개입으로 대원군 압송 → 민씨 세력 재집권
- 결과 : 청의 내정 간섭 심화, 조 · 청 상민수륙무역장정 체결, 일본과 제물포 조약(배상금 지불), 일본 군대의 주둔 허용

ⓛ 갑신정변(1884)

- 원인 : 청의 내정 간섭, 친청 세력의 개화당 탄압, 일본의 군사적 지원 약속
- 경과 : 급진개화파(김옥균 · 박영효 · 서광범 등의 개화당 인사)가 정변 단행 → 개화당 정부의 14개조 정강 발표 → 청군 개입으로 3일 만에 실패 → 청의 내정 간섭 심화
- 결과 : 일본과 한성조약(배상금), 청과 텐진조약(청 · 일 양군 철수, 파병시 통보) 체결

② 동학 농민 운동(1894)

ⓐ 배경 : 일본 및 열강의 침략 강화, 농민 부담 증가 및 변혁 욕구 고조, 동학 교세 확장

ⓛ 전개 과정

- 교조 신원 운동 : 삼례 집회(종교적 성격), 보은 집회(정치적 성격으로 전환)
- 고부 농민 봉기(1894. 1~3) : 고부 군수 조병갑의 착취에 항거, 전봉준 지휘로 봉기하여 관아를 습격, 반봉건의 기치
- 백산 재봉기(1894. 3) : 전봉준 · 김개남 등을 중심으로 봉기(보국안민, 제폭구민의 기치)
- 황토현 전투(1894. 4, 절정기) : 관군을 물리치고 승리(최대의 승리)
- 전주성 입성(1894. 5) : 관군을 장성에서 격퇴하고 전주성을 점령(청과 일본이 파병)
- 전주화약(1894. 5) : 정부의 휴전 제의로 성립, 집강소(민정 기관) 설치, 폐정개혁안 요구
- 재봉기 : 청 · 일전쟁에 승리한 일본이 내정 간섭을 강화하자 다시 봉기, 반외세의 기치

- 공주 우금치혈전(1894. 11) : 전봉준(남접)과 손병희(북접) 연합군이 우금치에서 관군과 일본군을 상대로 격전, 전봉준 등 지도자 체포
- ⓒ 성격 : 반봉건 · 반외세 성격, 아래로부터의 개혁
③ 갑오개혁과 을미개혁
  - ㉠ 갑오개혁(1894~95)
    - 주요 내용
      - 정치 : 개국 연호 사용, 국왕 전제권 제한(왕실사무와 정부 사무 구분), 과거제 폐지
      - 경제 : 재정 일원화, 왕실과 정부 재정 분리, 조세의 금납화, 도량형 개정 · 통일
      - 사회 : 신분제 철폐(노비제 폐지), 조혼 금지, 과부 재혼 허용, 고문과 연좌법 폐지
      - 군사 : 일본은 조선의 군사력 강화나 군제 개혁을 꺼려 개혁 소홀
    - 홍범 14조(1895.1) : 고종이 독립서고문(독립선언문)을 바치고 홍범 14조를 반포
  - ㉡ 을미개혁(1895.8~1896.2)
    - 을미사변(1895) : 명성황후(민씨)가 친러파와 연결해 일본을 견제하려하자, 일제는 명성황후를 시해하고 친일 내각을 구성
    - 개혁의 추진: 을미사변 후 김홍집 친일 내각은 중단되었던 개혁을 속행
    - 개혁의 내용 : 연호 사용(건양), 종두법 실시, 태양력 사용, 우편 제도 실시, 단발령 실시
  - ㉢ 갑오 · 을미개혁의 의의와 한계
    - 일본의 강요로 타율적으로 시작, 조선침략을 용이하게 하려는 성격(침략 의도 반영)
    - 개화 인사와 농민의 개혁 의지가 일부 반영(민족 내부의 근대화 노력)
    - 토지 제도의 개혁이 없고, 군제 개혁에 소홀
④ 독립협회(1896)

개념UP

홍범 14조 주요 내용
- 임금은 각 대신과 의논하여 정사를 행하고, 종실 · 외척의 내정 간섭을 용납하지 않음
- 왕실 사무와 국정 사무를 나누어 서로 혼동하지 않음
- 의정부 및 각 아문(衙門)의 직무 · 권한을 명백히 규정함
- 조세의 징수와 경비 지출은 모두 탁지아문의 관할에 속함
- 문벌을 가리지 않고 인재 등용의 길을 넓힘

문제UP

다음 내용을 주장한 근대적 개혁으로 옳은 것은?
- 왕실사무와 정부사무 구분
- 과거제 폐지
- 신분제 철폐
- 과부 재혼의 허용

① 갑오개혁   ② 을미개혁
③ 광무개혁   ④ 을사조약

⃞ 국왕 전제권 제한(왕실사무와 정부 사무 구분)과 과거제 폐지, 신분제 철폐(노비제 폐지), 조혼 금지, 과부 재혼 허용 등을 추진한 것은 갑오개혁(1894)이다.

정답 ①

㉠ 성립 배경 및 목적 : 아관파천 이후 국가 자주성 손상 및 이권 침탈 가중, 자유 민주주의적 개혁사상 보급 및 자주 독립 국가 건설을 위해 독립신문 창간 및 독립협회 창립

㉡ 주요 활동

- 독립신문 간행 : 서재필이 민중계몽을 위해 창간한 최초의 민간 신문(한글판 · 영문판)
- 독립 기념물 건립 : 자주 독립의 상징인 독립문 건립, 모화관을 독립관으로 개수
- 민중의 계도 : 강연회 · 연설회 개최, 신문 · 잡지 발간을 통해 국권 · 민권 사상 고취
- 만민공동회 개최(1898) : 최초의 근대적 민중 대회, 외국의 내정간섭 · 이권요구에 대항
- 관민공동회 개최(1898) : 정부 관료와 각계각층의 시민 만여 명이 참여하여 개최, 근대적 의회설립 추진(의회식 중추원 신관제 반포), 헌의 6조 결의
- 자주 국권 운동과 자유 민권 운동, 자강 개혁 운동을 전개

⑤ 대한제국과 간도 문제

㉠ 배경 : 자주 독립 국가 건설의 의식 고조, 고종의 경운궁(덕수궁) 환궁

㉡ 성립(1897) : 국호 대한제국, 연호 광무, 황제 즉위, 자주 국가임을 내외에 선포

㉢ 광무개혁의 성격 : 점진적 개혁, 복고주의적 개혁

㉣ 개혁의 주요 내용 : 황제권을 강화(전제황권)한 복고적 성격

- 대한국 국제(헌법) 반포, 간도관리사 파견(이범윤), 원수부 설치(최고 군통수기관)
- 양전사업 실시, 지계(토지증서) 발급, 상공업 진흥책, 학교 설립 등

㉤ 간도 문제

- 귀속 문제의 발생 : 청과 백두산정계비의 토문강 해석 문제로 발생
- 조선의 대응 : 청의 철수요구에 맞서 간도 소유권을 주장하고 관리를 파견

• 간도 협약(1909) : 일본이 만주 철도 부설권을 얻는 대가로 간도를 청의 영토로 인정

(3) 항일 의병활동과 애국 계몽 운동

① 항일 의병 활동

ㄱ 을미의병(1895) : 항일 의병 활동의 시작
  • 원인 : 명성황후 시해(을미사변)와 단발령을 계기로 발생
  • 주도 계층 : 위정척사 사상의 유생이 주도, 농민과 동학농민군 잔여 세력이 가담
  • 해산 : 아관파천 후 단발령 철회, 고종의 해산권고 조칙으로 대부분 자진 해산

ㄴ 을사의병(1905) : 의병 항전의 확대
  • 배경 : 을사조약의 폐기와 친일 내각 타도를 목표로 격렬한 무장 항전을 전개
  • 의병장 : 민종식, 최익현, 신돌석(평민) 등이 주도
  • 특징 : 종래 의병장은 대체로 유생이었으나 이때부터 평민 출신 의병장이 활동

ㄷ 정미의병(1907)
  • 배경 : 고종의 강제 퇴위, 군대 해산(1907)(해산 군인의 의병 가담 가속화)
  • 특징 : 해산 군인 합류로 조직과 화력 강화, 활동 영역의 확산(전국 각지, 간도와 연해주)

ㄹ 의병 전쟁의 확대
  • 13도 창의군 조직(1907.12) : 이인영을 총대장, 허위를 군사장으로 조직하여 활동 전개
  • 외교 활동 전개 : 각국 영사관에 국제법상의 교전단체로 승인을 요구, 독립군임을 자처
  • 서울 진공 작전 : 의병 연합부대는 서울 근교까지 진격, 일본군의 반격으로 후퇴
  • 국내 진입 작전 : 홍범도와 이범윤이 지휘하는 간도 · 연해주의 의병들이 작전을 모색

② 애국 계몽 운동

ㄱ 애국 계몽 단체의 활동

1. 국어   2. 수학   3. 영어   4. 사회   5. 과학   6. 도덕

문제UP

다음 내용이 설명하는 의병으로 옳은 것은?

• 명성황후 시해와 단발령을 계기로 발생하였다.
• 유생이 주도하고 농민이 가담하여 확대되었으며, 고종의 명으로 자진 해산하였다.

① 을미의병   ② 을사의병
③ 정미의병   ④ 13도 창의군

해 명성황후 시해(을미사변)와 단발령을 계기로 발생한 의병은 을미의병(1895)이다. 을미의병은 위정척사 사상의 유생이 주도하였고, 농민이 가담하면서 세력이 확대되었다. 이후 고종의 해산권고 조칙으로 대부분 자진 해산하였다.

정답 ①

개념UP

안중근의 거사(1909)
하얼빈에서 일제 침략의 원흉인 이토 히로부미를 처단, 1910년 3월 뤼순 감옥에서 순국

• 보안회(1904) : 일제의 황무지개간권 요구에 반대하여 이를 저지
• 헌정연구회(1905) : 국민 정치의식 고취와 입헌 정체 수립을 목적으로 활동
• 대한자강회(1906) : 실력 양성 및 애국 계몽 운동 전개, 고종 황제 반대 운동 전개
• 대한협회(1907) : 교육보급 · 산업개발 · 민권신장 · 행정개선 등 실력 양성 운동을 전개
• 신민회(1907) : 국권 회복과 공화정체의 국민국가 건설을 목표로 하는 비밀결사 조직
    − 구성원 : 안창호, 양기탁 등
    − 활동 : 문화적 · 경제적 실력 양성 운동, 대한매일신보를 기관지로 활용, '소년' 지 창간, 군사적 실력 양성 운동(삼원보, 한흥동을 건설)
    − 해체(1911) : 일제가 날조한 105인 사건으로 해체
  ⓒ 의의 및 한계
• 의의 : 민족 독립 운동의 이념과 전략 제시, 장기적 민족 독립운동의 기반 구축
• 한계 : 일제에 예속된 상태에서 전개되어 성과 면에서 일정한 한계

❽ 민족 운동의 전개

(1) 국권의 피탈과 민족의 수난
  ① 국권 침탈의 과정
    ㉠ 한 · 일 의정서(1904) : 군사전략 지역의 사용, 일본 동의 없이 제3국과 조약체결 불가
    ㉡ 제1차 한 · 일 협약(1904.8) : 고문정치(외교 · 재정 등의 고문을 두고 내정 간섭)
    ㉢ 제2차 한 · 일 협약(을사조약, 1905.11)
      • 과정 : 한국을 보호국화 하려고 조약 체결을 강요(우리 정부는 강력 반대)

개념UP

105인 사건(1911)

안명근의 총독 데라우치 암살 미수 사건을 날조하여 신민회원을 비롯한 민족 지도자 600여 명을 검거하고 중심인물 105명을 기소한 사건

개념UP

을사오적(乙巳五賊)

조약 체결의 원흉인 이토가 찬성하는 대신들과 회의를 열고 자필로 약간의 수정을 가한 뒤 위협적인 분위기 속에서 조약을 승인 받았고, 박제순, 이지용, 이근택, 이완용, 권중현이 조약체결에 찬성한 5명의 대신들로서 이를 을사오적(乙巳五賊)이라 함

- 결과 : 외교권 박탈, 통감부 설치 및 내정 간섭(통감정치), 민족적 저항 발발
  - ㉣ 헤이그 특사 파견(1907) : 고종은 특사를 파견해 일제 침략의 부당성 호소(일제 방해로 실패, 고종 강제 퇴위)
  - ㉤ 한·일 신협약(정미 7조약, 1907.7) : 고종 퇴위 후 강제 체결, 차관정치 실시, 모든 통치권을 통감부로 이관(통감부 권한 강화)
  - ㉥ 군대 해산(1907.8) : 군대 해산, 의병 저항을 무력 진압
  - ㉦ 기유각서(1909.7) : 사법권·감옥사무권을 강탈
  - ㉧ 한·일병합조약(1910.8) : 이완용과 데라우치 간 국권 피탈 문서를 조인, 총독부 설치
- ② 민족의 수난
  - ㉠ 무단 통치(헌병 경찰 통치)(1910년대)
    - 헌병 경찰의 임무 : 경찰 업무 대행, 독립 운동가 탄압, 즉결 처분권 행사
    - 민족에 대한 탄압 : 언론·집회·출판·결사의 자유 박탈, 민족 지도자 체포·투옥
    - 식민 수탈 정책 : 토지 조사 사업(토지 약탈), 회사령(설립 허가), 어업령, 산림령 실시
  - ㉡ 문화 통치(1920년대)
    - 문화 통치 배경 : 3·1 운동과 국제 여론의 악화
    - 문화 통치 내용 : 문관 총독의 임명(실제로는 임명되지 않음), 보통 경찰 제도 실시, 민족 신문 허용(신문 검열 강화), 교육기회 확대(초급 및 기술 교육만 허용)
    - 식민 수탈 정책 : 회사령 철폐(일본 기업 진출이 용이), 산미 증식 계획(미곡 수탈)
  - ㉢ 민족 말살 통치(1930~40년대)
    - 민족 말살 정책의 배경 : 만주 점령(1931), 중·일전쟁(1937), 태평양 전쟁(1941)
    - 민족 말살 정책의 내용 : 내선일체·일선동조론(일본과 조선이 하나고 조상이 동일), 황국신민서사 암송, 신사참배 및 궁성요배 강요, 일본식 성씨 강요, 우리말·역사교육 금지
    - 병참기지화 정책 : 중·일전쟁 이후 조선을 대륙 침략의 병참기지화, 군수공업을 육성

개념UP

조선 총독부 권한

일본 국왕의 직속으로 식민통치의 전권을 장악한 최고 기구(입법·행정·사법·군대), 일본군 대장을 총독으로 임명

개념UP

1930~40년대 일제의 자원 수탈 내용

국가총동원법(1938), 학도지원병제, 징병제, 국민 징용령, 여성 강제 동원(군 위안부 등), 식량과 자원 공출, 지하자원 수탈 등

1. 국어

2. 수학

3. 영어

4. 사회

5. 과학

6. 도덕

(2) 3·1 운동과 민족의 저항

① 3·1 운동(1919)

㉠ 배경

• 국내의 배경 : 일제의 무단통치, 종교계의 거족적 독립 운동 준비, 고종의 서거
• 국외의 배경 : 윌슨의 민족자결주의, 파리강화회의에 김규식 파견, 만주의 무오독립선언, 일본 유학생의 2·8 독립선언

㉡ 전개 : 독립선언서 낭독(민족 대표 33인) → 만세 시위 → 학생·시민의 합산(전국 확대) → 일제의 탄압(유혈 강제 진압)

㉢ 의의

• 민족적 의의 : 독립 의지 및 자신감 형성, 민족 주체성 확인, 대한민국 임시정부 수립의 계기, 일제의 통치 방식 전환(무단통치 → 문화통치)
• 세계사적 의의 : 중국 5·4운동, 인도의 비폭력·불복종 운동에 영향

② 대한민국 임시 정부의 활동

㉠ 임시 정부의 수립

• 계기 : 3·1 운동 이후 조직적 독립운동 및 통합적 지도부 필요
• 통합(수립) : 대한국민의회(블라디보스토크), 대한민국 임시 정부(상해), 한성정부(서울)가 상해의 대한민국 임시 정부로 통합(1919.9)

㉡ 임시 정부의 지도 체제

• 3권 분립 체제 : 임시 의정원(입법)과 국무원(행정), 법원의 3권 분립을 명시
• 민주 공화제 : 최초의 민주 공화제 정부의 탄생, 독립운동 세력의 통합·조직화

㉢ 임시 정부의 활동

• 비밀 조직망 운영 : 지방행정 기관인 연통제(문서 전달 및 군자금 송부), 통신 기관인 교통국(정부 수집·분석·연락) 설치
• 군자금 조달 : 애국공채 발행, 연통제·교통국 통해 의연금 모금
• 독립신문 간행 : 독립운동의 방향 제시 및 소식 전달

- 외교 활동 : 구미 위원회 설치(미국), 김규식을 파리강화회의 에 대표로 파견
- 군사 활동 : 육군무관학교 설립, 광복군 사령부, 광복군 총 영, 육군주만참의부 결성

ㄹ 한계 : 일제 탄압으로 연통제·교통국 붕괴, 강대국의 외면, 민족 지도자 간의 갈등

③ 항일 독립 전쟁

㉠ 의열단(1919)
- 조직 : 김원봉이 조선혁명선언(신채호)을 지침으로 만주 지린성에서 조직
- 활동 : 일제 주요 기관 폭파, 고위관리 및 친일파 처단(김상옥, 김익상, 나석주 활약)

㉡ 한인 애국단(1931)
- 조직 : 상해에서 김구가 조직, 1935년 한국 국민당으로 확대 개편
- 활동
  - 이봉창 의거(1932.1) : 일본 국왕 폭살 기도, 수류탄 불발로 실패
  - 윤봉길 의거(1932.4) : 상해 홍커우 공원 의거, 중국 국민당 정부가 우리 민족의 무장 독립 활동을 승인하고 임시정부를 지원하는 계기를 마련

㉢ 봉오동 전투와 청산리 대첩
- 봉오동 전투(1920.6) : 홍범도의 대한 독립군이 봉오동을 습격해 일본군을 격파
- 청산리 대첩 (1920.10) : 김좌진의 북로 군정서군과 독립군 연합 부대가 청산리 일대에서 일본군을 크게 격파

㉣ 한국 광복군
- 창설(1940) : 임시정부의 김구와 지청천 등이 신흥무관학교 출신의 독립군과 중국에 산재해 있던 무장 세력을 모아 충칭(중경)에서 창설, 조선의용대 흡수(1942)
- 활동
  - 군사력을 증강하고 연합군과 함께 대일전에 참전하기 위해 노력

1. 국어 2. 수학 3. 영어 **4. 사회** 5. 과학 6. 도덕

개념UP

의열단의 항일 의거

강우규의 총독 저격(1919), 김상옥의 종로경찰서 투탄(1923), 김익상의 총독부 투탄(1921), 나석주의 동양척식주식회사 투탄(1926) 등

문제UP

다음 내용과 관련된 인물로 옳은 것은?

- 한인 애국단의 일원으로, 상하이 홍커우 공원에서 일본군에 폭탄을 투척하였다.
- 중국 정부가 우리 민족의 독립 운동을 승인하고 협력하는 계기가 되었다.

① 김좌진   ② 나석주
③ 윤봉길   ④ 김익상

📖 윤봉길은 한인 애국단의 일원으로, 상하이 홍커우 공원 의거를 전개하여, 중국 국민당 정부가 우리 민족의 독립 활동을 승인하고 임시정부를 지원하는 계기를 마련하였다.

정답 ③

– 태평양 전쟁을 계기로 대일 선전포고(1941) 후 참전(1943)
– 미국 전략정보처(OSS)와 협조해 국내진공작전 준비(일제 패망으로 실현하지 못함)

(3) 사회 · 문화적 민족 운동과 민족 문화 수호 운동
① 실력 양성 운동
ⓐ 물산 장려 운동(1920) : 민족 산업 보호 및 자본 육성을 위해 국산품 애용, 자급자족을 강조('내 살림 내 것으로', '조선 사람 조선 것으로')
ⓑ 민립 대학 설립 운동(1922) : 우리 민족의 힘으로 대학 설립을 추진, 일제 방해로 실패
ⓒ 농촌 계몽 운동(문맹 퇴치 운동)
• 배경 : 일제의 차별 교육으로 문맹 증가(우민화 정책)
• 활동 : 야학 설립, 한글 보급(조선일보의 문자 보급 운동, 동아일보의 브나로드 운동)
② 6 · 10만세 운동과 광주 학생 항일 운동
ⓐ 6 · 10만세 운동(1926)
• 배경 · 전개 : 일제 수탈 정책과 식민지 교육에 대한 반발, 순종 인산일 만세 시위를 전개
• 의의 : 학생 운동 고양, 3 · 1 운동 이후 침체된 민족 운동에 활력
ⓑ 광주 학생 항일 운동(1926)
• 배경 : 학생 운동의 발달과 신간회 활동(민족적 자각을 일깨움)
• 전개 : 광주에서 한 · 일 학생 충돌을 시작으로 전국적 항일 투쟁으로 발전(신간회 활동)
• 의의 : 3 · 1 운동 이후 최대의 민족 운동
③ 민족 문화 수호 운동
ⓐ 한글 보급 운동
• 조선어 연구회(1921) : 한글 연구 및 한글 보급, 잡지 '한글' 간행, 가갸날(한글날) 제정
• 조선어 학회(1931) : 한글 보급, 한글 맞춤법 통일안과 표준어 제정, '우리말 큰 사전' 편찬 시도, 조선어 학회 사건으로 강제 해산(1942)

개념UP
1940년대 임시정부의 정비
• 충칭 정부(1940) : 충칭 이동 후 한국독립당 결성
• 주석제 채택(1940) : 주석(김구) 중심의 단일 지도 체제 강화
• 건국 강령 발표(1941) : 조소앙의 3균주의(정치 · 경제 · 교육적 균등)

문제UP
다음 내용과 관련된 독립군 부대로 옳은 것은?
• 대한민국 임시 정부의 김구와 지청천 등이 창설하였다.
• 미국과 협력하여 국내진공작전을 준비하였으나, 일제 패망으로 실현하지 못하였다.
① 별무반 ② 북로 군정서군
③ 한국 광복군 ④ 조선 의용군
해 한국 광복군은 임시정부의 김구와 지청천 등이 신흥무관학교 출신의 독립군과 중국에 산재해 있던 무장 세력을 모아 충칭에서 창설하였다. 한국 광복군은 연합군과 함께 항일 전쟁을 수행하였고, 미국과 전략정보처와 협조해 국내진공작전 준비하기도 하였다.
정답 ③

개념UP
조선어 학회 사건(1942)
조선어 학회가 독립 운동 단체라는 거짓 자백을 근거로 일제가 회원들을 검거하고 강제 해산한 사건

ⓛ 한국사 연구
  • 민족주의 사학 : 우리 역사의 자주적 발전과 민족정신 강조,
    식민사관에 대항, 박은식 · 신채호 · 정인보 등이 활약
  • 사회 경제 사학(유물사관) : 백남운이 조선사회경제사를 통
    해 한국사의 보편적 발전을 주장(일제의 정체성론을 비판)
  • 진단학회 : 실증 사관에 입각한 연구, 진단학보 발간

❾ 대한민국의 발전

(1) 광복과 대한민국 정부의 수립

① 광복 전후의 상황

  ㉠ 독립의 약속 : 카이로 선언(1943)에서 한국 독립을 결의, 포츠
    담 선언(1945.7)에서 이를 재확인

  ㉡ 모스크바 3국 외상 회의(1945.12) : 임시정부 수립을 돕기 위한
    미 · 소공동위원회 설치, 5년 기한의 신탁통치 실시를 결정

  ㉢ 신탁 통치를 둘러싼 갈등 : 처음에는 전국적 반대 운동이 확산
    되었으나, 소련의 사주를 받은 공산주의자들이 신탁 통치 찬성
    으로 전환

  ㉣ 미 · 소 공동 위원회 개최(1946, 1947) : 미 · 소의 의견대립으로
    두 차례 모두 결렬

  ㉤ 유엔총회의 총선거 결의 : 미 · 소 공동 위원회 결렬 후 미국은
    한반도 문제를 유엔에 이관, 유엔총회에서 인구비례에 의한 남
    북 총선거 실시를 결의(1947.11)

  ㉥ 유엔 소총회의 총선거 실시 결정(1948.2) : 소련의 반대로 남북
    총선이 불가능해지자, 유엔 소총회에서 선거가 가능한 지역에
    서만이라도 총선거 실시를 결정

② 대한민국 정부의 수립과 6 · 25 전쟁

  ㉠ 정부의 수립 과정
    • 총선거 실시(1948.5) : 남한에서 5 · 10 총선거가 실시되어
      제헌 국회 구성
    • 헌법 제정(1948.7) : 제헌 국회는 임시 정부 법통을 계승한

개념UP

남북 협상(남북연석회의, 1948.4~5)
김구 · 김규식 등의 중도 우파는 남
한만의 선거로 단독 정부가 수립시
남북분단이 계속될 것을 우려하여
남북협상을 통해서 통일 정부를 수
립을 주장하였으나, 미 · 소 간의 냉
전체제, 북한 정권의 독자 정부 수립
기도 등으로 실현되지 못함

문제UP

다음 내용과 관련된 국제 회의로 맞
는 것은?

  • 한반도에 임시 민주 정부를 수립을
    돕기 위해 최대 5년간 신탁 통치를
    실시한다.
  • 임시정부 수립을 위한 미 · 소 공동
    위원회를 설치한다.

① 카이로 회담
② 포츠담 회담
③ 모스크바 3국 외상회의
④ 남북정상회담

圖 임시정부 수립을 돕기 위한 미 · 소
  공동 위원회 설치, 5년 기한의 신탁
  통치 실시를 결정한 것은 모스크바
  3국 외상 회의이다(1945.12).

정답 ③

민주공화국 체제의 헌법 제정·공포
• 정부 수립(1948.8) : 이승만을 대통령, 이시영을 부통령으로
선출하여 정부 수립을 국내외에 선포, 유엔 총회에서 한반도
내의 유일한 합법 정부로 승인(1948.12)

ⓛ 반민족 행위 처벌법과 농지개혁법
• 반민족 행위 처벌법(1948.9)
  - 목적 : 일제 잔재 청산 및 민주 국가로의 기틀 확립을 위해
  제헌 국회에서 제정
  - 내용 : 일제 강점기 친일 행위자 처벌 및 공민권 제한 등
  - 결과 : 반공을 우선시 하던 이승만 정부의 방해로 친일파
  처벌 좌절
• 농지개혁법(1949년 제정, 1950년 시행)
  - 목적 : 소작제 철폐 및 자영농 육성(경자유전의 원칙에 따
  라 시행)
  - 주요 내용 : 3정보를 상한으로 그 이상의 농지는 유상매
  입·유상분배

ⓒ 6·25 전쟁
• 배경 : 북한의 군사력 강화, 미군철수와 미국 극동방위선에
서 한반도 제외(애치슨 선언)
• 경과 : 전쟁 발발 → 서울 함락 → 낙동강 전선으로 후퇴 →
인천 상륙작전 → 서울 탈환 → 중공군 개입 및 서울 철수 →
서울 재수복 → 휴전 제의 → 휴전협정 체결(1953.7)
• 결과 : 막대한 인적·물적 피해, 남북 적대감, 문화적 이질감
심화, 독재 강화

(2) 민주주의의 시련과 발전
① 4·19 혁명과 장면 정부의 성립
ⓛ 4·19 혁명(1960)
• 배경 : 이승만 정권의 독재와 장기집권 및 탄압, 부정부패
(3·15 부정선거)
• 경과
  - 3·15 부정선거를 규탄하는 마산의거에서 경찰 발포로 많
  은 사상자 발생

- 마산의거에서 행방불명되었던 김주열 학생의 시신 발견
- 부정선거와 강경 진압 등에 분노한 학생·시민의 대규모 시위 발발(4·19혁명)
- 재야인사의 대통령 퇴진 요구와 대학 교수들의 시국선언, 이승만의 하야 발표
- 의의 : 학생·시민을 중심으로 독재 정권을 무너뜨린 민주 혁명, 민주주의 발전의 토대

ⓛ 장면 내각(1960.8)
  - 수립 : 혁명 후 혼란수습을 위해 헌법을 내각책임제와 양원 제 국회 개정(1960.6), 총선에서 민주당의 압승으로 장면 내각 출범
  - 과제 : 사회 질서 안정, 국가 안보체제 확립, 경제·사회의 발전, 평화 통일 등

② 민주주의의 시련
  ㉠ 5·16 군사 정변(1961)
    - 발발 : 장면 내각을 박정희 등의 군부가 군사 정변을 통해 무 너뜨리고 정권을 획득
    - 군정 실시 : 국가 재건 최고 회의 구성하여 헌정을 중단시키 고 군정 실시
    - 혁명 공약 : 반공을 국시로 경제 재건, 사회 안정, 구정치인 들의 정치 활동 금지

  ㉡ 박정희 정부(제3공화국, 1963~1972)
    - 정치 체제 : 군정 체제, 강력한 대통령 중심제와 단원제의 권 력 구조를 토대로 국정 운용
    - 경제 정책 : 조국 근대화를 국정 목표 경제성장 정책을 추진 (경제개발 5개년 계획 추진)
    - 3선 개헌(1969) : 장기 집권을 위해 3선 개헌 강행, 한반도 긴장 고조

  ㉢ 유신 체제(제4공화국, 1972~1979)
    - 성격 : 권위주의 독재 체제(의회민주주의와 삼권분립을 전면 부정), 장기 집권체제 구축
    - 유신 체제에 대한 도전
      - 국내적 저항 : 각 분야에서 민주헌정 회복을 위한 시위 발생

개념UP

내각책임제, 양원제
- 내각책임제 : 실질적인 행정권을 담당하는 내각이 의회 다수당의 신임에 따라 존속하는 의회중심주 의의 권력융합형태
- 양원제(=이원제) : 의회가 2개의 합의체로써 구성되고, 원칙적으로 각 합의체가 각각 독립하여 결정 한 의사가 일치하는 경우에 그것 을 의회의 의사로 간주하는 의회 제도

개념UP

유신 체제의 배경
- 국외적 배경 : 1970년대 닉슨 독 트린으로 데탕트 무드 조성, 베트 남에서 미군 철수, 미국은 주한 미 군 병력 감축을 결정
- 국내적 배경 : 강력한 정부를 주 장, 민주적 헌정체제를 부정하는 독재 체제를 구축

6월 민주 항쟁(1987)

• 배경 : 전두환 정부의 강압적 독재 정치, 박종철 고문치사 사건(민주화 운동 확산)

• 전개 : 호헌 철폐와 직선제 개헌, 민주헌법쟁취 등을 주장, 국민 요구가 수용되어 6 · 29 선언 발표

─ 국제적 비판 : 우방 국가에서도 유신 체제의 인권 탄압을 비판

• 유신 체제 붕괴(1979) : 부 · 마 항쟁으로 집권세력 내부의 갈등
  10 · 26 사태로 붕괴

㉣ 5 · 18 민주화 운동(1980)

• 과정 : 민주화를 위한 요구를 진압군이 무자비하게 진압, 많은 시민과 학생이 희생

• 의의 : 1980년대 민주운동의 토대, 학생 운동의 새로운 전환점

㉤ 전두환 정부(제5공화국)

• 출범 : 신군부 세력의 쿠데타로 군권과 정치적 실권 장악, 대통령 7년 단임 및 대통령 간선을 내용으로 하는 헌법 공포 후 정부 출범(1981), 국민의 민주화 기대는 다시 좌절

• 강압통치 : 정치활동 규제, 공직자 숙청, 언론 통폐합, 민주화 운동과 노동 운동 탄압 등

㉥ 노태우 정부(1988~1993)

• 성립 : 야당 후보의 단일화 실패로 노태우 당선(1987)

• 정책 : 민족자존 · 민주화합 등의 국정지표 설정, 북방 정책, UN 남 · 북 동시가입 등

③ 민주주의 발전

㉠ 김영삼 정부(1993~1998)

• 성립 : 여당 후보인 김영삼이 당선되어, 30여년 만에 민간인 출신의 대통령 탄생

• 주요 정책 : 공직자의 재산 등록과 금융 실명제, 지방 자치제 실시, 역사 바로 세우기 운동, 외환 위기로 국가적 어려움에 봉착

㉡ 김대중 정부(1998~2003)

• 성립 : 야당의 김대중 후보가 당선됨으로써 최초의 평화적 정권 교체를 이룸

• 주요 정책

─ 외환위기 극복, 민주주의와 시장 경제의 병행 발전을 천명

─ 국정 전반의 개혁과 경제난 극복, 국민 화합의 실현, 법과 질서의 수호 등

─ 남북 화해와 교류 · 협력 확대, 금강산 관광, 남북정상회담 6 · 15 공동선언 발표

㉢ 노무현 정부(2003~2008)

김대중 대통령의 노벨평화상

민주주의와 인권신장을 향한 40여년에 걸친 노력과 6.15 남북공동선언을 이끌어내며 한반도 긴장완화 등 국제평화에 기여한 공로를 인정받아 2000년 12월 10일 노벨평화상을 수상함

- 국가 균형발전과 지방분권 추진
- 탈권위주의, 다양한 개혁정책 및 입법의 추진
- 제2차 남북정상회담 및 남북정상선언문(10 · 4선언) 발표

ⓡ 이명박 정부(2008~2013)

- 2008년 미국발 금융위기에 성공적으로 대처하여 조기에 위기를 극복
- 서울 G20(2010.11), 핵 안보 정상회의(2012.3) 개최하여 국제적 위상을 크게 높임
- 청계천 사업(서울시장 당시), 4대강 사업 추진

ⓜ 박근혜 정부(2013~2017)

- 협상 다각화를 통한 6자회담 동력 주입
- 안보리 결의 이행
- 개성공단 중지

1. 국어 2. 수학 3. 영어 4. 사회 5. 과학 6. 도덕

개념UP

6.15 공동선언문의 내용

① 남과 북은 나라의 통일문제를 그 주인인 우리 민족끼리 서로 힘을 합쳐 자주적으로 해결해 나가기로 하였다.
② 남과 북은 나라의 통일을 위한 남측의 연합 제안과 북측의 낮은 단계의 연방제안이 서로 공통성이 있다고 인정하고 앞으로 이 방향에서 통일을 지향시켜 나가기로 하였다.
③ 남과 북은 올해 8 · 15에 즈음하여 흩어진 가족, 친척 방문단을 교환하며 비전향 장기수 문제를 해결하는 등 인도적 문제를 조속히 풀어 나가기로 하였다.
④ 남과 북은 경제협력을 통하여 민족경제를 균형적으로 발전시키고 사회 · 문화 · 체육 · 보건 · 환경 등 제반 분야의 협력과 교류를 활성화하여 서로의 신뢰를 다져 나가기로 하였다.
⑤ 남과 북은 이상과 같은 합의사항을 조속히 실천에 옮기기 위하여 빠른 시일 안에 당국사이의 대화를 개최하기로 하였다.

개념UP

4대강 사업의 장단점

- 장점 : 홍수예방, 수질 상승, 가뭄 해소, 대운하 전초 공사, 건설 일용직 일자리 창출, 정부의 투자로 경제 활성화, 각종 관광지 건설
- 단점 : 홍수는 산간과 도시 곳곳에서 일어나므로 4대강을 정비한다고 홍수예방이 되지 않음, 건설 일용직 일자리는 아르바이트 등이 대부분이므로 일자리 창출에 도움이 안 됨, 보와 콘크리트 설치로 수질 오염의 악화

01 인간 거주에 가장 불리한 자연환경은?

① 하천 하류의 충적 평야

② 고위도 지방의 고산 지역

③ 연중 봄처럼 온화한 기후

④ 바다와 육지가 만나는 해안 지역

정답	②	출제 가능성	70%

해 설

해발 고도가 높아질수록 기온이 낮아지기 때문에 고위도 지방의 고산 지역은 기온이 매우 낮아 거주에 불리하다.

02 기후와 관련된 자연재해를 〈보기〉에서 모두 고르면?

─────〈보기〉─────

ㄱ. 가뭄   ㄴ. 지진   ㄷ. 태풍

ㄹ. 홍수   ㅁ. 화산   ㅂ. 해일

① ㄱ, ㄷ, ㄹ   ② ㄴ, ㄷ, ㄹ

④ ㄷ, ㄹ, ㅁ   ⑤ ㄹ, ㅁ, ㅂ

정답	①	출제 가능성	60%

해 설

기후와 관련된 재해를 기상재해라고 하며 가뭄, 태풍, 홍수 등이 있다.

03 다음에서 설명하는 용어는?

> • 도시의 수 · 인구가 증가하고, 도시 면적 · 도시적 생활양식이 확대되는 과정이다.
> • 일자리가 많은 도시로 사람들이 모여들어 도시가 빠르게 성장하는 것을 말한다.

① 도시화
② 유턴 현상
③ 이촌 향도 현상
④ 역도시화 현상

정답 ① **출제 가능성** 70%

해설
도시화는 도시의 수 · 인구가 증가하고, 도시 면적 · 도시적 생활양식이 확대되는 과정이다. 도시화가 진행되면서 2 · 3차 산업의 비중이 높아지고, 도시로 많은 인구가 모여든다.

04 다음 밑줄 친 '이것'으로 가장 적절한 것은?

> 인간은 태어날 때에는 다른 동물과 별 차이가 없지만, 다른 사람들과 관계를 맺으며 이것을 거치는 과정에서 사회적 존재로 성장하게 된다.

① 협동
② 경쟁
③ 갈등
④ 사회화

정답 ④ **출제 가능성** 60%

해설
인간은 다른 사람과 더불어 살아가는 데 필요한 행동 양식과 가치관 등을 배우는 사회화 과정을 통해 생물학적 존재에서 사회적 존재로 성장한다.

05 다음 중 고령화 사회에 대한 설명으로 옳지 않은 것은?

① 출산율 저하가 고령화의 원인이 된다.
② 노인의 사회적 영향력은 커지게 된다.
③ 1인당 노인 부양비는 감소하게 된다.
④ 노인복지시설에 대한 수요는 증가한다.

정답 ③ **출제 가능성** 60%

해설
인구의 고령화 현상이 심화되는 경우 상대적으로 노인층의 인구 비율이 증가하게 되므로, 1인당 노인 부양비는 증가하게 된다.

1. 국어 2. 수학 3. 영어 4. 사회 5. 과학 6. 도덕

06 동남아시아에서 벼농사가 발달하는 데 가장 큰 영향을 미친 자연적 요인은?

① 편서풍
② 빙하 지형
③ 낮은 기온
④ 여름 계절풍

07 다음 설명에 해당하는 사회화 기관으로 알맞은 것은?

- 1차적 사회화 기관으로 처음으로 사회화가 이루어지는 곳이다.
- 기본적인 인격, 생활습관 등을 형성하는 곳이다.

① 가정
② 학교
③ 회사
④ 대중 매체

08 다음 대화의 ㉠과 ㉡에 해당하는 문화 이해 태도를 모두 맞게 짝지은 것은?

㉠ : 예전의 미국 선교사들은 인디언의 풍속과 종교를 사악한 것으로 여겨 무시하고, 자신의 문화를 우수하다고 생각하였다.
㉡ : 각자의 문화는 그 나라의 사정과 상황에 따라 고유의 가치를 지닌다는 것을 이해해야 한다.

	㉠	㉡
①	문화 사대주의	문화 절대주의
②	문화 사대주의	문화 상대주의
③	자문화 중심주의	문화 절대주의
④	자문화 중심주의	문화 상대주의

09 다음과 같은 특징을 지닌 정치 참여 주체로 옳은 것은?

> • 시민이 자발적으로 조직한 집단
> • 사회 정의와 공익의 실현을 목적으로 함
> • 비영리성, 비당파성을 추구하는 집단

① 정당
② 이익집단
③ 시민단체
④ 언론

정답 | ③ 출제 가능성 50%

해 설
공동체 이념의 실현을 위해 시민이 자발적으로 만든 단체로, 사회 정의와 공익 실현을 목적으로 하는 정치 참여 주체는 시민단체이다. 시민단체는 비영리성, 비당파성, 공익 추구(공공성), 도덕성 등을 특징으로 한다.

10 다음에서 설명하는 사회적 지위의 사례에 해당하는 것을 〈보기〉에서 모두 고르면?

> 개인의 재능과 노력에 의해 후천적으로 얻게 되는 지위로, 사회가 발달하고 전문화 · 다원화된 현대 사회에서 더욱 중시되고 있다.

〈보기〉
ㄱ. 딸   ㄴ. 한민족   ㄷ. 부모   ㄹ. 교사

① ㄱ, ㄴ
② ㄴ, ㄹ
③ ㄷ, ㄹ
④ ㄴ, ㄷ, ㄹ

정답 | ③ 출제 가능성 70%

해 설
주어진 문장은 성취 지위에 대해 설명하고 있다.
ㄱ, ㄴ은 태어나면서부터 자연적으로 주어지는 귀속 지위에 해당한다.

11 다음에서 설명하고 있는 자원으로 가장 알맞은 것은?

> • 현재 가장 많이 소모되는 자원으로, 매장 지역의 편재성이 크다.
> • 주요 수출국으로는 사우디아라비아, 이란, 쿠웨이트, 러시아 등이 있다.

① 석탄
② 석유
③ 천연가스
④ 구리

정답 | ② 출제 가능성 60%

해 설
석유는 현재 가장 많이 소모되는 자원으로, 세계 매장량의 60%가 페르시아 만 중심의 서남아시아에 집중되어 매장에 있어 지역적 편재성이 크다. 주요 석유 수출국으로는 사우디아라비아, 이란, 이라크, 쿠웨이트, 러시아, 베네수엘라 등이 있다.

12 다음 내용이 설명하는 환경 문제로 가장 알맞은 것은?

> • 봄철에 중국 내륙에서 발생한 모래먼지가 편서풍을 타고 이동하는 현상이다.
> • 호흡기 질환과 눈병을 유발하고, 정밀 기기의 고장과 항공기 운항 차질을 초래한다.

① 황사
② 산성비
③ 하천 오염
④ 오존층 파괴

13 다음 내용과 관련된 지역으로 옳은 것은?

> • 신라 지증왕 때 우산국이 복속되면서 함께 복속되었다.
> • 러·일 전쟁 중 일본이 자국 영토로 강제 편입하였으나, 광복과 함께 되찾았다.
> • 풍부한 수산자원과 지하자원, 다양한 동식물 등으로 경제적·생태적 가치가 높다.

① 간도
② 독도
③ 진도
④ 강화도

14 다음 내용을 통해 직접적으로 확인할 수 있는 민주 정치의 이념 또는 원리는?

> 제3조 : 모든 주권의 원천은 본질적으로 국민에게 있다. 어떠한 단체나 개인도 국민으로부터 명시적으로 유래하지 않는 권리를 행사할 수 없다.
> – 프랑스 인권 선언(1789)

① 입헌주의
② 국민 주권
③ 권력 분립
④ 자유와 평등

15 대통령제에 대한 옳은 설명을 〈보기〉에서 모두 고르면?

―――〈보기〉―――
ㄱ. 의원은 각료를 겸직할 수 없다.
ㄴ. 입법부와 행정부의 융합을 추구한다.
ㄷ. 대통령이 행정부를 구성하고 통괄한다.
ㄹ. 대통령은 의회에 대해 정치적 책임을 진다.

① ㄱ, ㄴ
② ㄱ, ㄷ
③ ㄴ, ㄹ
④ ㄷ, ㄹ

정답	②	출제 가능성	70%

해 설
ㄴ. 대통령제는 입법부와 행정부의 엄격한 권력 분립을 특징으로 한다.
ㄹ. 대통령은 국민에 대해 책임을 지고, 의회에 대해서는 정치적 책임을 지지 않는다.

16 다음의 역할을 수행하는 국가 기관은?

• 구체적 분쟁 해결 과정에 법을 적용·판단하는 기관이다.
• 명령·규칙 또는 처분에 관한 심사권을 가진다.

① 국회
② 정부
③ 법원
④ 감사원

정답	③	출제 가능성	60%

해 설
분쟁 해결 과정에 법을 적용·판단하는 재판권과 명령·규칙·처분 심사권을 가지는 국가 기관은 법원(사법부)이다.

17 자원의 희소성과 관련된 설명으로 옳지 않은 것은?

① 자원의 희소성은 인간 욕구의 크기와 관련되어 있는 절대적인 개념이다.
② 자원이 풍부하더라도 사람들의 욕구를 다 채울 수 없다면 그 자원은 희소하다고 말한다.
③ 어떤 자원의 양이 인간의 욕구와 필요보다 상대적으로 부족할 때 희소하다고 할 수 있다.
④ 어떤 자원의 양이 아무리 적더라도 그것을 원하는 사람이 없다면 그 자원은 희소하지 않다.

정답	①	출제 가능성	70%

해 설
① 자원의 희소성은 자원의 절대적인 양의 많고 적음이 아니라 인간의 욕구 정도에 따라 생긴다. 따라서 상대적인 성격을 띤다.

18 다음 내용에 해당하는 나라는?

- 간석기를 사용하고 빗살무늬토기를 사용했다.
- 해안이나 강가에 움집을 짓고 생활했다.

① 구석기 시대   ② 신석기 시대
③ 청동기 시대   ④ 철기 시대

| 정답 | ② | 출제 가능성 | 60% |

해 설
주어진 내용은 신석기 시대의 생활모습이다. 이외에도 신석기 시대 초기에는 사냥, 채집을, 후기에는 농경과 목축을 시작했다.

19 다음 유물이 제작된 시대의 특징으로 옳은 것은?

[고인돌]   [미송리식 토기]

① 농사가 처음으로 시작되었다.
② 사냥과 낚시, 채집생활이 중심이었다.
③ 철제 무기를 사용하였다.
④ 생산 증가에 따라 계급이 발생하였다.

| 정답 | ④ | 출제 가능성 | 70% |

해 설
제시된 고인돌과 미송리식 토기는 청동기 시대의 유물이다.
④ 청동기 시대에는 생산 증가에 따른 잉여생산물을 강한 자가 소유하게 되면서 계급이 발생하였다.
① 농사는 처음으로 시작된 것은 신석기 시대 후기이다(조·피·수수 등 잡곡 재배).
② 사냥과 낚시, 채집생활이 중심이었던 시대는 구석기부터 신석기 전기까지이다.
③ 철기 시대에 대한 내용이다.

20 다음 내용에서 설명하는 신라의 왕은?

- 한강 상류 지역과 하류 지역을 차례로 차지하였다.
- 화랑도를 개편하고, 대가야를 정복하였다.

① 내물왕   ② 지증왕
③ 법흥왕   ④ 진흥왕

| 정답 | ④ | 출제 가능성 | 60% |

해 설
진흥왕은 한강 지역을 차지한 후 단양적성비와 북한산비를 설치하였으며, 화랑도 개편, 불교 장려, 자주적 연호('개국') 사용, 대가야 정복 등의 업적을 남겼다.

21 다음 중 고려 광종 때의 사실에 해당하는 것은?

① 후삼국의 통일　　　　② 노비안검법 실시
③ 시무 28조의 수용　　　④ 천리 장성의 축조

22 다음 내용이 설명하는 광해군의 외교 정책은?

> 명에 원군을 파견하되 적극적인 전쟁 개입은 삼가고, 상황에 따라 후금에 투항하도록 강홍립에게 지시하였다.

① 사대 외교 정책　　　② 중립 외교 정책
③ 친명배금 정책　　　④ 북진 정책

23 다음에서 설명하는 근대적 개혁으로 옳은 것은?

> • 명성황후를 시해한 일본이 친일 내각을 구성하여 개혁을 추진하였다.
> • 태양력 사용, 종두법 실시, 단발령 실시 등을 내용으로 한다.

① 갑신정변　　　　② 갑오개혁
③ 을미개혁　　　　④ 광무개혁

24 다음 내용과 관련 있는 인물로 옳은 것은?

> • 대한민국 임시 정부의 주석을 역임하였다.
> • 한인 애국단을 조직하고, 한국 광복군을 창설하였다.
> • 백범일지를 저술하였다.

① 김구
② 박은식
③ 김규식
④ 이승만

25 다음의 업적을 달성한 정부로 옳은 것은?

> • 외환위기 극복하고, 민주주의와 시장 경제의 병행 발전을 추진하였다.
> • 남북정상회담을 개최하고 6 · 15 공동선언을 발표하였다.

① 노태우 정부
② 김영삼 정부
③ 김대중 정부
④ 노무현 정부

PART **5**

과학

제1편 물리

❶ 힘과 운동

(1) 힘

① 여러 가지 힘

ㄱ 중력 : 지구가 물체를 끌어당기는 힘

• 작용 방향 : 지구 중심(연직) 방향

• 크기 : 물체의 질량에 비례, 지표면(지구)에 가까울수록 증가

• 달에서의 중력 : 지구 중력의 $\frac{1}{6}$(지구에서 질량이 1kg이 물체의 중력크기는 9.8N)

• 중력 현상 : 사과나무에서 사과가 떨어짐, 물이 위에서 아래로 흐름 등

ㄴ 자기력 : 자석과 자석 또는 자석과 금속 간에 작용하는 힘

• 인력과 척력 : 서로 다른 극 사이에는 끌어당기는 힘(인력), 같은 극 사이에는 밀어내는 힘(척력)이 작용

• 크기 : 자석의 세기가 셀수록, 자석 간의 거리가 가까울수록 큼

• 활용 : 전자석 기중기, 자기 부상 열차, 냉장고 자석, 나침반 등

ㄷ 전기력 : 전기를 띤 물체 사이에 작용하는 힘

• 인력과 척력 : 서로 다른 종류의 전기 사이에는 끌어당기는 힘(인력), 같은 종류의 전기 사이에는 물어내는 힘(척력)이 작용

• 크기 : 물체가 띤 전기의 양이 많을수록, 전기를 띤 물체 사이의 거리가 가까울수록 큼

• 활용 : 먼지떨이, 공기청정기, 비닐랩, 복사기 등

ㄹ 탄성력 : 변형된 물체가 원래의 모양으로 되돌아가려는 힘

• 방향 : 물체의 변형을 일으킨 힘의 방향과 반대 방향

• 크기 : 탄성체에 가한 힘의 크기와 동일하며, 탄성체의 변형된 정도가 클수록 큼

• 활용 : 용수철 저울, 컴퓨터 자판, 고무줄, 새총, 활 등

ㅁ 마찰력 : 물체와 접촉면 사이에서 물체의 운동을 방해하는 힘

개념UP

인력, 척력이 작용하는 힘

• 인력만 작용하는 힘 : 중력

• 인력과 척력이 작용하는 힘 : 자기력, 전기력

개념UP

접촉 여부에 따른 힘의 구분

• 접촉하여 작용하는 힘 : 탄성력, 마찰력, 부력

• 접촉하지 않아도 작용하는 힘 : 중력, 자기력, 전기력

- 방향 : 물체의 운동 방향과 반대 방향
- 크기 : 물체의 무게가 무거울수록, 접촉면이 거칠수록 큼(→
  접촉면의 넓이와는 무관)
- 활용
  - 힘이 클수록 편리한 경우 : 브레이크, 신발 바닥, 사포 등
  - 힘이 작을수록 편리한 경우 : 스키나 스케이트, 창문, 서
    랍, 바닥에 놓은 물체를 끌 때

② 힘의 합성

ㄱ) 나란하게 작용하는 두 힘의 합성
- 같은 방향으로 작용하는 두 힘
  - 합력의 크기 : 두 힘의 크기를
    더한 값, 즉 $F = F_1 + F_2$
  - 합력의 방향 : 두 힘의 방향과
    같음

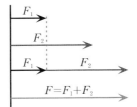

[방향이 같은 두 힘의 합력]

- 반대 방향으로 작용하는 두 힘
  - 합력의 크기 : 큰 힘에서 작은
    힘을 뺀 값, 즉 $F = F_1 - F_2$
    $(F_1 \geq F_2)$
  - 합력의 방향 : 큰 힘(F_1)의 방
    향과 같음

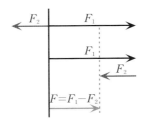

[방향이 다른 두 힘의 합력]

ㄴ) 나란하지 않게 작용하는 두 힘의 합성
- 합력의 크기 : 두 힘을 이웃한 변으로 하는 평행사변형에서
  평행사변형의 대각선의 길이
- 합력의 방향 : 평행사변형의 대각선의 방향

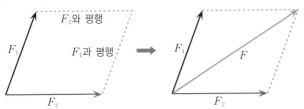

두 화살표를 두 변으로 하는
평행사변형을 그린다.

평행사변형의 대각선이 두 힘의
합력을 나타낸다.

- 두 힘이 이루는 각의 크기와 합력의 크기 : 두 힘이 사이의
  각이 클수록 합력이 작아짐(두 힘 사이의 각이 작을수록 합
  력이 커짐)

1. 국어 2. 수학 3. 영어 4. 사회 5. 과학 6. 도덕

문제UP

다음의 ㉠, ㉡에 해당하는 힘을 모두
맞게 짝지은 것은?

㉠ : 전기를 띤 물체 사이에 작용하는 힘
㉡ : 활이나 용수철처럼 변형된 물체가
  원래의 모양으로 되돌아가려는 힘

	㉠	㉡
①	자기력	탄성력
②	자기력	마찰력
③	전기력	탄성력
④	전기력	마찰력

해 ㉠ 전기를 띤 물체 사이에 작용하
  는 인력과 척력과 같은 힘을 전
  기력이라 한다.
  ㉡ 변형된 물체가 원래의 모양으로
  되돌아가려는 힘은 탄성력이다.
  용수철, 컴퓨터 자판, 고무줄, 활
  등을 탄성력의 예로 들 수 있다.

정답 ③

개념UP

힘의 합력과 합성

- 힘의 합력 : 한 물체에 여러 힘이
  작용할 때 이 힘들과 같은 효과를
  내는 하나의 힘
- 힘의 합성 : 힘의 합력을 구하는
  과정
- 알짜힘 : 물체에 작용하는 모든 힘
  들의 합력(물체가 받는 순 힘)

• 두 힘의 합력의 범위 : 두 힘의 차($F_1 - F_2$)≤합력≤두 힘의 합($F_1 + F_2$)

ⓒ 두 힘의 평형

• 힘의 평형 : 한 물체에 동시에 여러 힘이 작용해도 물체의 운동상태가 변하지 않을 때를 힘의 평형 상태라 함(힘의 합력이 0이 됨)

• 평형 조건 : 두 힘의 크기가 같고 방향이 반대이며, 같은 작용선 위에서 작용해야 함

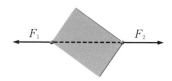

(2) 운동

① 힘과 운동

ⓐ 물체의 운동과 속력

• 운동 : 물체의 위치가 시간에 따라 변하는 현상으로, 운동 방향과 속력으로 표현됨

• 속력 : 물체의 빠르기, 즉 물체가 단위 시간 동안 이동한 거리

$\left(속력 = \dfrac{이동\ 거리}{걸린\ 시간}\right)$

• 평균 속력 : 운동하는 동안 속력의 변화에 관계없이 전체 이동 거리를 걸린 시간으로 나눈 값을 말함

[평균 속력 = $\dfrac{전체\ 이동\ 거리}{걸린\ 시간}$ (단위 m/s, km/h 등)]

• 속력의 비교 : 속력은 단위를 통일하여 비교하며(m/s, km/h 등), 같은 시간 동안 이동 거리가 길수록 속력이 빠르며 같은 거리를 짧은 시간에 이동할수록 빠름

ⓑ 속력의 측정 방법

• 다중 섬광 장치 : 일정 시간 간격으로 물체의 운동을 찍어 속력을 측정

• 시간기록계

 – 의미 : 운동하는 물체를 연결된 종이 테이프에 타점을 찍어 속력을 측정하는 장치

- 진동수 : 시간기록계는 1초 동안 찍힌 타점의 수를 진동수 (Hz)로 표시 **예** 30Hz
- 속력의 표시 : 타점의 간격이 좁을수록 물체의 속력이 느리고, 넓을수록 속력이 빠름

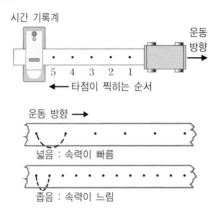

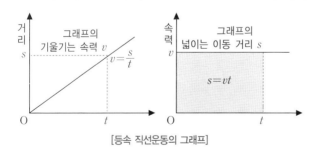

ⓒ 힘이 작용하지 않는 운동

- 등속 직선 운동의 의미 : 속력과 운동 방향이 변하지 않고 일정한 운동 **예** 에스컬레이터, 무빙워크(자동보도), 컨베이어 벨트, 스키장 리프트 등
- 등속 직선 운동의 그래프

  - 거리-시간의 그래프에서, 기울기$=\dfrac{\text{이동 거리}}{\text{시간}}=$속도

  - 속력-시간의 그래프에서, 넓이$=$속력$\times$시간$=$이동 거리

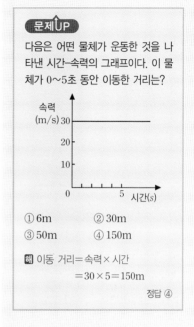

[등속 직선운동의 그래프]

- 관성 : 물체가 외부로부터 힘을 받지 않을 때 처음의 운동 상태를 계속 유지하려는 성질을 말하며, 관성의 크기는 물체의 질량에 비례함
  - 정지 상태인 물체 : 정지 상태를 유지
  - 운동 중인 물체 : 등속 직선 운동을 지속

② 힘이 작용하는 운동

1. 국어

2. 수학

3. 영어

4. 사회

5. 과학

6. 도덕

문제UP

다음은 어떤 물체가 운동한 것을 나타낸 시간-속력의 그래프이다. 이 물체가 0~5초 동안 이동한 거리는?

① 6m   ② 30m
③ 50m   ④ 150m

해 이동 거리=속력×시간
$=30\times5=150$m

정답 ④

개념UP

관성의 예

- 움직이던 버스가 정지하면 몸이 앞으로 쏠림
- 버스가 갑자기 방향을 바꿀 때 바깥쪽으로 몸이 쏠림
- 뛰어가는 사람이 돌에 걸리면 넘어짐
- 막대로 이불을 두드리면 먼지가 떨어짐

⊙ 일정한 힘이 물체의 운동 방향과 나란하게 작용할 때의 운동

- **등가속도 운동의 발생** : 힘이 물체의 운동 방향과 나란하게 작용할 때, 속력이 일정한 비율로 증가하거나 감소하는 등가속도 운동이 발생

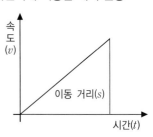

- 속력이 일정하게 증가하는 운동 : 낙하하는 공, 떨어지는 사과, 빗면을 내려오는 공
- 속력이 일정하게 감소하는 운동 : 연직 위로 던져 올린 공, 빗면으로 굴려 올린 공

- **속력 변화와 힘·질량의 관계** : 속력의 변화는 물체에 작용하는 힘의 크기에 비례하고, 물체의 질량에 반비례함

- 평균 속력 = $\dfrac{\text{처음 속력} + \text{나중 속력}}{2}$

⊙ 힘이 물체의 운동 방향과 나란하지 않게 작용할 때의 운동

- **운동 방향만 변하는 운동 : 등속 원운동**
  - 물체가 일정한 속력으로 원 궤도를 따라 움직이는 운동(인공위성, 선풍기 날개 등)
  - 속력이 일정하며, 운동 방향은 그 지점에서의 원의 접선 방향(구심력의 방향과 수직)으로 매순간 계속 변함
  - 힘의 방향은 매순간 원의 중심 방향

- **속력과 운동 방향이 함께 변하는 운동**
  - 진자의 운동 : 실에 매단 물체가 일정한 경로를 왕복하는 주기 운동으로, 속력과 운동 방향이 계속 변함
  - 포물선 운동 : 비스듬히 던져 올린 물체가 포물선 궤도를 따라 움직이는 운동으로, 속력과 운동 방향이 계속 변함

개념UP

진자 운동과 포물선 운동의 속력 변화

- 진자 운동 : 진동의 중심에서 최대 이며, 양끝에서 0임
- 포물선 운동 : 올라가면서 속력이 감소하고, 내려오면서 증가함

문제UP

다음 중 물체가 운동할 때, 속력과 운동 방향이 함께 바뀌는 운동은?

① 컨베이어 벨트의 운동
② 실에 매단 물체가 일정 경로를 왕복하는 주기 운동
③ 낙하하는 공의 운동
④ 시계 바늘의 운동

해 실에 매단 물체가 일정한 경로를 왕복하는 진자의 운동은 물체의 속력과 운동 방향이 모두 바뀌는 운동이다. ①은 등속 직선 운동, ③은 속력이 일정하게 증가하는 등가속도 운동, ④는 운동 방향만 변하는 운동(등속 원운동)이다.

정답 ②

---

❷ 열과 우리 생활

(1) 온도와 열

① 온도와 열평형

㉠ 온도 : 물체의 차고 뜨거운 정도를 객관적인 숫자로 나타낸 것

- 섭씨온도 : 1기압에서 물이 어는 온도를 $0℃$, 물이 끓은 온도를 $100℃$로 하고, 그 사이를 100 등분한 온도

- 절대 온도 : 분자 운동이 완전히 멈춘 온도를 0으로 하고 분자 운동이 활발한 정도를 표시한 온도를 말함

  [절대 온도(K)= 섭씨온도+273]

㉡ 열평형

- 열 : 온도가 다른 두 물체 사이에서 온도차에 의해 이동하는 에너지

- 열의 이동 : 항상 온도가 높은 물체에서 낮은 물체로 이동하며, 열을 얻은 물체는 온도가 높아지고(분자 운동이 활발해짐) 열을 잃은 물체는 온도가 낮아짐(분자 운동이 둔해짐)

- 열평형 상태 : 온도가 다른 두 물체 간의 열의 이동으로 온도가 같아져 열이 더 이상 이동하지 않는 상태

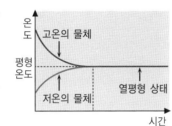

② 열의 이동

㉠ 열의 이동 방법

- 전도
  - 이웃한 분자들 간의 충돌에 의해 분자 운동이 전달되면서 열이 이동하는 현상 **예** 뜨거운 국에 담긴 숟가락이 뜨거워짐, 겨울에 철봉을 잡으면 차갑게 느껴짐
  - 고체에서 열이 전달되는 방법으로, 전도가 잘 되는 물질일수록 열이 쉽게 전달됨

- 대류
  - 공기나 물이 순환하면서 열이 전달되는 방법 **예** 에어컨을 틀면 방 전체가 시원해짐
  - 액체나 기체에서 열이 전달되는 방법으로, 온도가 높은 기체나 액체는 위로, 온도가 낮은 기체나 액체는 아래로 이동

- 복사
  - 아무런 물질의 도움 없이 열이 직접 전달되는 현상 **예** 태양과 지구 사이의 복사

1. 국어
2. 수학
3. 영어
4. 사회
5. 과학
6. 도덕

개념UP

열평형의 사례

- 음료수를 얼음과 함께 두면 열평형 상태에 도달하여 차가워짐
- 체온계를 입에 물고 열평형 상태가 되면 체온을 측정함

문제UP

다음은 뜨거운 물과 찬물이 접촉하여 열평형을 이룰 때까지의 온도 변화를 나타낸 것이다. 열평형 온도는?

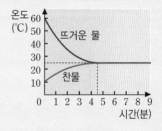

① $10℃$ ② $25℃$
③ $35℃$ ④ $60℃$

해 뜨거운 물과 찬물이 만나 $25℃$에서 열이 더 이상 이동하지 않는 열평형 상태가 되었다.

정답 ②

— 온도가 높거나 낮거나 모두 발생하며, 온도가 높을수록 더 많은 양의 복사에너지 방출

ⓒ 단열과 폐열

- 단열 : 물체 사이에서 열의 전달을 막는 것으로, 전도·대류·복사에 의한 열 전달을 모두 막아야 함(보온병, 아이스박스, 방한복 등)

- 폐열 : 효용성이 낮아져 특정 용도로 사용할 수 없게 된 열 (사용되지 못하고 버려짐)

(2) **비열과 열팽창**

① **비열**

ⓐ **열량과 비열**

- 열량 : 온도가 다른 물체 사이에서 이동하는 열의 양[단위 cal, kcal]

- 비열 : 어떤 물질 1kg의 온도를 1℃ 높이는데 필요한 열량 [단위 kcal/(kg·℃)]

$$비열(c) = \frac{열량(Q)}{질량(m) \times 온도\ 변화(T)},$$

열량(Q) = 비열(c) × 질량(m) × 온도 변화(T)

- 비열의 특징

— 물질의 종류에 따라 다르며, 일반적으로 액체의 비열이 고체의 비열보다 큼

— 비열이 작은 물질일수록 온도가 잘 변하고, 큰 물질일수록 온도가 잘 변하지 않음

— 물의 비열은 1, 얼음은 0.5, 식용유는 0.4, 콘크리트는 0.22, 모래는 0.19, 구리는 0.09임

ⓑ **열팽창**

- 의미 : 물질에 열을 가할 때 물질의 길이나 부피가 증가하는 현상

- 발생 이유 : 열에 의해 물질의 분자 운동이 활발해져 분자 사이에 거리가 멀어지기 때문

- 특징

— 열팽창 정도 : 기체 > 액체 > 고체

개념UP

비열 현상

- 뚝배기는 금속냄비보다 비열이 커 뚝배기에 담은 찌개가 금속냄비의 찌개보다 오랫동안 따뜻함

- 낮에는 바다에서 육지로 해풍이 불고, 밤에는 육지에서 바다로 육풍이 붐

개념UP

온도 변화(T℃)

나중 온도 − 처음 온도

– 물질 상태와 열팽창 : 고체와 액체의 열팽창은 물질의 종
류에 따르며, 기체의 열팽창은 종류에 관계없이 일정함
- 고체의 열팽창
– 의미 : 열에 의해 고체의 길이나 부피가 증가하는 현상으
로, 선로나 다리의 이음새에 설치된 틈이나 바이메탈을 이
용한 장치 등을 예로 들 수 있음
– 열팽창 정도 : 은>구리>금>철>유리>콘크리트
- 액체의 열팽창
– 의미 : 열에 의해 액체의 부피가 증가하는 현상, 알코올 온
도계나 수은 온도계, 여름철에 팽팽하게 부풀어 오른 음료
페트병 등을 예로 들 수 있음
– 열팽창 정도 : 알코올>콩기름>글리세롤>물

> **개념UP**
>
> **바이메탈**
> 온도에 따라 팽창 정도가 다른 두 금속을 붙여 만든 장치로, 전기다리미나 전기밥솥, 화재경보기 등이 있음

❸ 빛과 파동

(1) 빛

① 빛의 분산과 합성

㉠ 물체를 보는 원리
- 광원 : 스스로 빛을 내는 물체 **예** 태양, 전구, 촛불, 반딧불
이 등
- 물체를 보는 과정
– 광원인 경우 : 광원에서 나온 빛이 직접 눈에 들어오면 광
원을 보게 됨
– 광원이 아닌 경우 : 광원에서 나온 빛이 반사되어 눈에 들
어오면 물체를 보게 됨

㉡ 빛의 직진 : 빛이 직선 모양으로 나아가는 것 **예** 등대의 불빛,
나뭇가지 사이의 햇빛

㉢ 빛의 분산과 합성
- 빛의 분산
– 의미 : 햇빛과 같은 빛(백색광)이 여러 색으로 나누어지는
현상 **예** 무지개, 프리즘에 의한 햇빛의 분산

> **개념UP**
>
> **광원이 아닌 물체**
> 광원이 아닌 물체는 스스로 빛을 내지 못하고, 다른 광원에서 받은 빛을 반사함
> **예** 달, 거울, 책, 연필 등 (달은 스스로 빛을 내지 않고 태양으로부터 받은 빛을 반사하므로 광원이 아님)

개념UP

백색광 단색광

• **백색광** : 여러 색의 빛이 섞여 있어 흰색으로 보이는 빛 **예** 햇빛, 형광등 불빛 등
• **단색광** : 특정한 한 가지 색으로 보이는 빛 **예** 레이저 빛 등

문제UP

다음 설명에 해당하는 빛의 성질은?

• 어떤 물체가 거울에 비쳐 좌우가 반대인 모양으로 보임
• 강물의 수면 위에 산과 나무가 비쳐 보임

① 분산　　② 합성
③ 반사　　④ 굴절

해 거울이나 수면 위에 물체가 비쳐 보이는 것은 빛의 반사에 해당한다. 빛의 반사란 직진하던 빛이 물체의 표면에 부딪친 후 되돌아 나오는 현상을 말한다.

정답 ③

– 발생 이유 : 빛의 색깔에 따라 굴절률이 다르기 때문에 발생(굴절률 : 빨간색 < 주황색 < 노란색 < 초록색 < 파란색 < 남색 < 보라색)
– 프리즘과 무지개 : 프리즘은 백색광을 통과시키면 두꺼운 쪽으로 두 번 굴절하며 분산되어 스펙트럼이 나타나며, 무지개는 공기 중 작은 물방울이 프리즘 역할을 하여 빛을 분산시켜 태양 반대쪽에서 나타남

• 빛의 합성
– 의미 : 빛(단색광)을 합하여 다른 색의 빛을 만드는 것
예 TV모니터, 무대의 조명 등
– 빛의 삼원색 합성 : 빛의 삼원색(빨간색 · 초록색 · 파란색)을 적절히 혼합하면 모든 색의 빛을 다 만들 수 있음

② 빛의 반사와 굴절
  ㉠ 빛의 반사
  • 의미 : 직진하던 빛이 물체의 표면에 부딪친 후 되돌아 나오는 현상
  • 반사 법칙(성질) : 빛이 반사할 때 입사광선, 반사광선, 법선은 한 평면에 있고, 입사각과 반사각의 크기는 항상 같음(아래 그림의 입사각이 60°라면 반사각도 60°임)

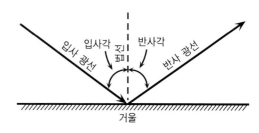

  • 거울 : 빛의 반사를 이용한 도구
  – 평면거울 : 평행하게 입사한 광선이 반사 후에도 평행하게 진행하며, 실물과 크기가 같고 좌우가 반대인 상이 맺힘
  – 오목거울 : 평행하게 입사한 광선이 반사 후 한 점(초점)에 모임, 물체가 가까이 있으면 물체보다 크고 바로 선 상(좌우는 반대)이 맺히며, 물체가 멀리 있으면 물체보다 작고 거꾸로 선 상(상하좌우가 반대)이 맺힘
  – 볼록거울 : 평행하게 입사한 광선이 반사 후 퍼짐, 상은 물체보다 작고 똑바로 선 상이 맺힘(좌우는 반대)

ⓛ 빛의 굴절

- 의미 : 빛이 한 물질에서 다른 물질로 진행할 때 경계면에서 속력이 달라져 진행 방향이 꺾이는 현상 **예** 물속에 있는 빨대가 꺾여 보이는 것, 물속의 물고기가 실제보다 위쪽에 있는 것처럼 보이는 것, 신기루 현상 등
- 굴절 법칙 : 입사광선이 법선과 이루는 입사각이 커지면, 굴절광선이 법선과 이루는 굴절각도 커짐

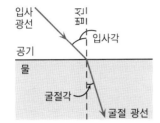

- 굴절률
  - 빛이 한 물질에서 다른 물질로 진행할 때 꺾이는 정도
  - 굴절률은 물질의 종류에 따라 다르며 **예** 공기<물<유리<다이아몬드, 굴절률이 큰 물질일수록 굴절각이 작음(법선에 가깝게 많이 꺾임)

(2) 파동과 소리

① 파동

ⓐ 파동의 의미 : 물질의 진동이 다른 곳으로 전달되는 현상 **예** 물결파, 지진파, 소리 등
  - 파원 : 진동이 처음 발생하는 곳
  - 매질 : 파동을 전달하는 물질(물결파의 물, 지진파의 땅 등)

ⓑ 파동의 진행(전파) : 매질은 이동하지 않고 제자리에서 진동만 하며 에너지만 전달됨

ⓒ 파동의 종류(매질의 진동에 따른 분류)
  - 횡파 : 매질의 진동이 파동의 진행 방향과 수직인 파동(지진파의 S파, 물결파, 빛 등)
  - 종파 : 매질의 진동이 파동의 진행 방향과 나란한 파동(지진파의 P파, 초음파, 소리 등)

문제UP

다음의 현상과 관련된 빛의 성질은?

- 음료수 병에 들어 있는 빨대가 꺾여 보인다.
- 어항 속의 물고기가 실제보다 위에 있는 것처럼 보인다.

① 분산　② 직진
③ 반사　④ 굴절

해 음료수에 있는 빨대가 꺾여 보이는 것과 물속의 물고기가 실제보다 위쪽에 있는 것처럼 보이는 것은 모두 빛의 굴절 현상에 해당한다. 빛의 굴절은 빛이 한 물질에서 다른 물질로 진행할 때 경계면에서 진행 방향이 꺾이는 현상을 말한다.

정답 ④

개념UP

빛의 굴절을 이용한 렌즈
- 굴절 방향 : 빛이 렌즈의 두꺼운 쪽으로 꺾임
- 오목렌즈 : 빛이 렌즈를 통과하면서 바깥쪽으로 꺾여 퍼지며, 항상 실물보다 작고 바로 선 상이 맺힘(근시 교정용 안경 등)
- 볼록렌즈 : 빛이 렌즈를 통과하면서 안쪽으로 꺾여 모이며, 물체가 가까이 있을 때는 크고 바로 선 상이, 멀리 있을 때는 실물보다 작고 거꾸로 선 상이 맺힘(원시 교정용 안경, 돋보기 등)

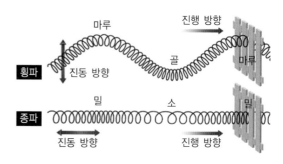

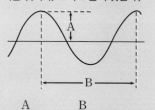

문제UP

다음은 진행 방향에 따른 파동을 표시한 것이다. A와 B는 무엇인가?

	A	B
①	마루	파장
②	골	전파
③	진폭	파장
④	주기	전파

해 A는 진동 중심에서 마루까지의 거리이므로 진폭에 해당한다. B는 마루에서 마루까지의 거리이므로 파장이다.

정답 ③

개념UP

소한 매질과 밀한 매질, 파동의 속력과 파장

• 소한 매질과 밀한 매질 : 파동의 진행에 있어 진행 속력이 빠른 매질을 소한 매질, 진행 속력이 느린 매질을 밀한 매질이라고 함
• 파동의 속력과 파장 : 파동의 굴절이 발생해도 파동의 진동수는 변하지 않으며, 파동의 속력이 빠른 곳에서는 파장이 길고, 파동의 속력이 느린 곳에서는 파장이 짧아짐

㉣ 파동의 표시

• 거리에 따른 표시
  – 마루 : 파동에서 가장 높은 지점
  – 골 : 파동에서 가장 낮은 지점
  – 진폭 : 진동 중심에서 마루 또는 골까지의 거리
  – 파장 : 마루에서 마루, 골에서 골까지의 거리

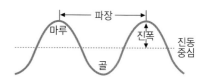

• 시간에 따른 표시
  – 주기 : 매질의 한 점이 한 번 진동하는데 걸리는 시간
  – 진동수 : 매질의 한 점이 1초 동안 진동하는 횟수[단위 : Hz]
  – 주기와 진동수의 관계(역수 관계) : 진동수 $=\dfrac{1}{주기}$

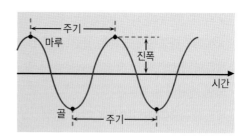

㉤ 파동의 성질

• 파동의 반사 : 파동이 진행하다가 매질의 경계면에서 부딪쳐 되돌아가는 현상 예 메아리, 레이더, 초음파 탐지기, 자동차 후방 감지기 등

- 파동의 굴절 : 파동이 두 매질의 경계면에서 속력이 달라지면서 진행 방향이 꺾이는 현상(매질에 따라 파동의 전파 속력이 달라서 발생)

② 소리

㉠ 소리의 발생과 전달

- 소리(음파) : 공기나 물체의 진동에 의해 생기는 파동
- 소리의 발생 방법 : 소리는 물체의 진동에 의해 발생함, 즉 음원이 진동하면 음원과 맞닿아 있는 공기 분자들을 진동시키게 되어 소리(음파)가 발생
- 소리의 전달
  - 소리는 매질을 통해 전달되므로, 진공 상태에서는 전달되지 않음
  - 매질의 상태에 따라 소리의 속력이 달라짐('고체>액체>기체'의 순으로 속력이 빠름)
  - 매질의 온도에 따라 소리의 속력이 달라짐(온도가 높을수록 속력이 빠름)

㉡ 소리의 3요소

- 소리의 높낮이(고저) : 진동수의 차이에 따라 높낮이가 달라짐(진동수가 클수록 높은 소리가 발생)
- 소리의 크기(강약) : 진폭의 차이에 따라 소리의 크기가 달라짐(진폭이 클수록 큰 소리가 발생)
- 소리의 맵시(음색) : 파형에 따라 다른 소리가 발생함 **예** 목소리나 악기 소리의 구분

❹ 일과 에너지

(1) 일

① 일과 일률

㉠ 일

- 과학에서의 일 : 물체에 힘을 작용하여 힘의 방향으로 이동시키는 것

문제UP

메아리나 레이더, 초음파 탐지기 등은 파동의 어떠한 성질과 가장 관계있는가?
① 분산 ② 반사
③ 굴절 ④ 회절

해 메아리 소리나 레이더, 초음파 탐지기, 자동차 후방 감지기 등은 모두 파동의 반사와 관련된다. 파동의 반사란 파동이 진행하다가 매질의 경계면에서 부딪쳐 되돌아가는 현상이다.

정답 ②

개념UP

소리의 공명

소리가 공기를 타고 물체에 전달될 때 소리의 떨림이 물체의 고유 진동수와 일치하면 흔들림이 나타나고 물체에 충격을 주게 되는데 이런 현상을 공명현상이라고 함

• 일의 단위 : J(줄), N•m(1J＝1N•1m＝1N•m)
• 일의 양 : 물체에 작용한 힘의 크기와 물체가 힘의 방향으로 이동한 거리의 곱에 비례

일의 양$(W)=$힘$(F)×$이동 거리$(s)=Fs$

• 힘과 이동 거리의 그래프 : 힘-이동 거리 그래프의 밑넓이는 힘이 한 일의 양을 나타냄

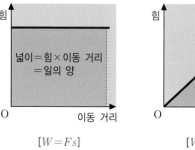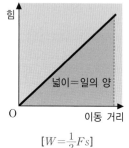

$[W=Fs]$　　$[W=\frac{1}{2}Fs]$

ⓛ 일의 종류와 일의 양 계산

• 수평면에서 물체를 이동시키는 일 : 미는 힘(끄는 힘)은 마찰력과 같으므로,

일의 양$(W)=$마찰력$(F)×$이동 거리(s)

• 물체를 들어 올리는 일 : 드는 힘은 무게, 즉 '질량$(m)×9.8$'과 같고, 이동 거리는 물체를 들어 올린 높이(h)와 같으므로,

일의 양$(W)=$무게$×$높이$(h)=9.8mh$

ⓒ 일률

• 의미 : 일의 빠르기를 나타내는 양, 즉 단위 시간(1초) 동안 한 일의 양(일의 효율성)

일률$(P)=\dfrac{\text{한 일의 양}(W)}{\text{걸린 시간}(t)}$

• 일률의 단위 : W(와트), J/s 등
• 일률의 크기 : 일을 할 때 걸린 시간에 반비례하고, 한 일의 양에 비례함
• 일률의 속력 : 일률은 작용한 힘과 속력의 곱으로 구함

일률$(P)=\dfrac{\text{한 일의 양}(W)}{\text{걸린 시간}(t)}=\dfrac{\text{힘}(F)×\text{이동 거리}(s)}{\text{걸린 시간}(t)}$

$=$힘$(F)×$속력(v)

② 일과 도구

㉠ 도구의 사용
- 작은 힘으로 일하기 위한 도구 : 지레, 움직도르래, 경사면 등의 도구를 사용하는 경우, 힘에는 이득이 있지만(작은 힘이 듦) 이동 거리가 길어져 일에는 이득이 없음
- 힘의 방향을 바꾸기 위한 도구 : 고정도르래의 경우 힘에는 이득이 없지만 힘의 방향을 바꿀 수 있음

㉡ 지레
- 지레 : 받침과 막대를 사용하여 물체를 쉽게 움직이게 하는 도구

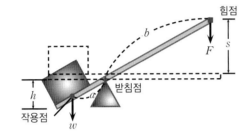

- 지레에 작용한 힘(F) : '물체의 무게(w)×a(받침점에서 작용점까지의 거리)=힘(F)×b(받침점에서 힘점까지의 거리)'이므로, $F = w \times \dfrac{b}{a}$
- 지레를 움직인 거리(s) : $s = h \times \dfrac{b}{a}$
- 지레의 원리
  - 사람이 지레에 한 일은 지레가 물체에 한 일이 같음 ($F \times s = w \times h$)
  - 받침점에서 멀리 있는 힘점에서 작은 힘을 작용하더라도 작용점에 놓은 무거운 물체를 들 수 있음(드는 높이(h)보다 먼 거리(s)를 움직이므로, 일에는 이득이 없음)
- 지레의 원리를 이용한 도구
  - 작은 힘으로 큰 힘을 발생 : 펜치, 집게, 가위 등
  - 더 큰 힘이 들지만 정교한 작업을 수행 : 핀셋, 족집게, 젓가락 등

㉢ 도르래
- 고정도르래

– 원리 : 한 곳에 고정하여 사용하는 도르래로, 힘과 이동 거리에 이득이 없으나(일에는 이득이 없음), 힘의 방향을 바꿀 수 있음

– 힘의 크기 : 물체의 무게(w)와 줄을 당기는 힘(F)이 같음($F=w$)

– 줄의 길이 : 끌어 당겨야 하는 줄의 길이(s)와 물체가 올라가는 높이(h)가 같음($s=h$)

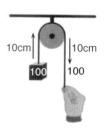

10cm   10cm
100   100

• 움직도르래

– 원리 : 도르래에 연결된 줄을 당겼을 때 물체와 함께 도르래가 움직이는 것으로, 이동 거리는 손해지만 물체 무게보다 적은 힘으로 들어 올릴 수 있음(일에는 이득이 없음)

– 힘의 크기 : 고정점과 힘(F)이 물체의 무게(w)를 나누어 들고 있음 $(F=\dfrac{1}{2}w)$

10cm
50   5cm   50
100

– 줄의 길이 : 당겨야 하는 줄의 길이(s)는 물체가 올라가는 높이(h)의 두 배($s=2h$)

– 일의 양 : 사람이 도르래에 한 일의 양과 도르래가 물체에 한 일의 양은 같음($F \times s=\dfrac{1}{2}w \times 2h=w \times h$)

ⓔ 경사면(빗면)

• 경사면(빗면)의 원리 : 경사면(빗면)의 기울기가 작을수록 힘이 덜 들지만 이동 거리는 늘어나므로($s>h$), 일에는 이득이 없음(한 일의 양은 동일)

• 한 일의 양 : $F \times s=w \times h$

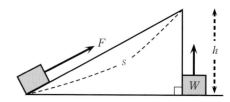

• 경사면(빗면)의 활용 : 비탈길, 나사, 지퍼, 도끼 등

ⓜ 일의 원리

- 도구를 사용할 때와 사용하지 않을 때 한 일의 양은 서로 같음(A, B, C, D를 위의 꼭짓점까지 이동시킨 일의 양은 모두 같음)

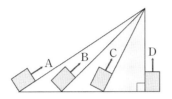

- 도구를 사용하는 경우 힘의 이득을 얻거나 힘의 방향을 바꾸어 더 편하게 일할 수 있음

(2) 에너지

① 에너지

ㄱ 의미 : 일을 할 수 있는 능력을 말하며, 일과 서로 전환될 수 있음(단위 J)

ㄴ 종류 : 운동 에너지, 위치 에너지, 열 에너지, 전기 에너지, 빛에너지, 탄성 에너지 등

② 운동 에너지와 위치 에너지

ㄱ 운동 에너지

- 의미 : 운동하는 물체가 가지는 에너지
- 크기 : 질량이 m(kg)인 물체가 속력 v(m/s)로 운동할 때, 운동 에너지는 질량에 비례하고 속력의 제곱에 비례함

운동 에너지(E_k)$=\dfrac{1}{2}mv^2$

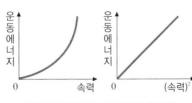

[속력이 일정할 때 질량에 비례]　　[질량이 일정할 때 속력의 제곱에 비례]

ㄴ 위치 에너지

- 의미 : 어떤 위치에 있는 물체가 가지는 에너지로, 중력에 의한 에너지와 탄성력에 의한 에너지가 있음
- 중력에 의한 위치 에너지 : 중력이 있는 어떤 높이 h(m)에 있는 질량 m(kg)인 물체의 위치 에너지를 말하며(수력발

1. 국어

2. 수학

3. 영어

4. 사회

5. 과학

6. 도덕

전, 물레방아, 널뛰기 등), 높이가 일정할 때 질량에 비례하고 질량이 일정할 때 높이에 비례함

위치 에너지$(E_p)=9.8mh=wh$

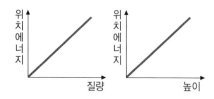

• 탄성력에 의한 위치 에너지 : 용수철이나 고무줄 같은 탄성체가 변형되었을 때, 원래의 위치로 되돌아가려는 탄성력에 의해 발생하는 위치 에너지(양궁, 장대높이뛰기, 트램펄린, 볼펜 등)

③ 역학적 에너지

  ㉠ 의미 : 운동 에너지와 위치 에너지의 합

    역학적 에너지$(E)=$운동 에너지$(E_k)+$위치 에너지(E_p)

  ㉡ **역학적 에너지 보존 법칙** : 마찰이나 공기 저항을 무시할 때, 물체의 역학적 에너지는 일정하게 보존됨

  ㉢ **역학적 에너지의 전환** : 중력이 있는 곳에서 물체가 운동하며 높이와 속력이 변하는 경우, 위치 에너지와 운동 에너지는 서로 전환됨

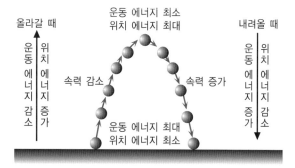

④ 에너지의 전환 및 여러 가지 에너지

  ㉠ 에너지의 전환

    • 수력 발전 : 위치 에너지 → 운동 에너지 → 전기 에너지

    • 화력 발전 : 열 에너지 → 운동 에너지 → 전기 에너지

    • 선풍기 : 전기 에너지 → 운동 에너지

    • 승강기 : 전기 에너지 → 위치 에너지

- 전기난로 : 전기 에너지 → 열 에너지
- 태양전지 : 빛 에너지 → 전기 에너지

ⓒ 여러 가지 에너지

- 신에너지 : 기존에 사용하지 않던 새로운 에너지(연료 전지, 수소 에너지 등)
- 재생 에너지 : 재생이 가능하며 고갈의 염려가 없는 에너지 (태양열 에너지, 풍력 에너지, 지열 에너지, 바이오 에너지 등)

❺ 전기와 자기

(1) 전기의 발생

① 마찰 전기와 전기력

ㄱ 대전 및 전하

- 대전과 대전체 : 물체가 전기를 띠게 되는 현상을 대전이라 하며, 대전된 물체(전기를 띤 물체)를 대전체라 함
- 전하 : 전기 현상의 원인이 되는 것을 전하라고 하며, (＋)전 하와 (－)전하가 있음

ㄴ 마찰 전기(정전기)

- 의미 : 서로 다른 두 물체를 마찰할 때 물체가 띠게 되는 전 기(한 물체에서 다른 물체로 전자가 이동하여 생기는 전기) 를 말하며, 전자를 얻으면 (－)전하로 대전되며, 전자를 잃 으면 (＋)전하로 대전됨
- 특징
  - 건조한 때에 잘 발생함
  - 마찰시킨 두 물체는 서로 반대의 전기를 띰
  - 대전시킨 물체를 공기 중에 두면 방전 현상이 발생함

ㄷ 대전열 : 두 물체를 마찰시킬 때 (＋)전하를 띠기 쉬운 것(전자 를 잃기 쉬운 것)부터 늘어놓은 순서를 말함

> 털가죽 – 상아 – 유리 – 명주 – 솜 – 고무 – 플라스틱 – 에보나이트
> (＋)←   →(－)

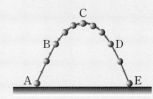

1. 국어
2. 수학
3. 영어
4. 사회
5. 과학
6. 도덕

문제 UP

다음 그림과 같은 궤도를 가진 공의 운동에 관한 설명 중 옳지 않은 것은? (단, 공기 저항은 무시한다.)

① C에서 운동 에너지가 최대이다.
② A에서 C로 갈수록 위치 에너지 가 증가한다.
③ C에서 E로 갈수록 운동 에너지 가 증가한다.
④ B와 D의 역학적 에너지는 같다.

해 C의 경우 운동 에너지는 최소이고, 위치 에너지는 최대이다. 따라서 ① 이 옳지 않다.

정답 ①

개념 UP

마찰 전기(정전기) 현상의 예

- 먼지가 먼지떨이에 붙거나 머리카 락이 플라스틱 빗에 달라붙는 현상
- 겨울에 금속으로 된 손잡이를 잡 을 때 찌릿함을 느끼는 현상

ㄹ 전기력

• 의미 : 전하를 띤 물체 사이에 작용하는 힘
• 작용 : 인력은 다른 종류의 전하를 띤 물체 간에 작용하는 끌어당기는 힘을 말하며, 척력은 같은 종류의 전하를 띤 물체 간에 작용하는 밀어내는 힘을 말함
• 세기 : 전기력은 물체가 띤 전하의 양이 많을수록, 물체 사이의 거리가 가까울수록 셈

② 정전기 유도와 검전기

ㄱ 정전기 유도

• 의미 : 대전되지 않은 금속 막대를 대전체에 가까이 할 때 금속 양 끝이 전하를 띠는 현상
  – 대전체와 가까운 쪽 : 대전체와 다른 종류의 전하로 대전
  – 대전체와 먼 쪽 : 대전체와 같은 종류의 전하로 대전

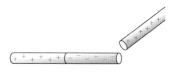

• 원인 : 대전의 전기력에 의해 금속 막대 내부의 자유 전자가 이동하기 때문에 발생

ㄴ 검전기

• 의미 : 정전기 유도 현상을 이용하여 물체의 대전 여부를 알아보는 기구
• 원리 : 금속판에 대전체를 가까이 하면 금속판은 대전체와 다른 종류의 전하로, 금속박은 같은 종류의 전하로 대전되어 금속박이 벌어지게 됨

금속판
코르크 마개
금속 막대
유리병
금속박

(2) 전류, 전압, 전기 저항

① 전류

㉠ 의미 : 전류란 전하의 흐름을 의미하며, 전지의 (＋)극에서 (－)극으로 흐름

㉡ 자유 전자의 이동

- 전류가 흐를 때 : 전자는 전지의 (－)극에서 (＋)극으로 이동함
- 전류가 흐르지 않을 때 : 전자는 도선 속에서 여러 방향으로 자유롭게 이동함

㉢ 전류의 세기(I) : 1초 동안 도선의 한 단면을 지나는 전하의 양 [단위는 암페어(A), 밀리암페어(mA), 1A＝1000mA]

㉣ 전하량

- 의미 : 도선의 한 지점을 통과한 전하의 양[단위 쿨롬(C)]
- 크기 : 도선에 흐르는 전하량(Q)은 전류의 세기(I)와 전류가 흐른 시간(t)에 비례($Q=It$)
- 전하량 보존 법칙 : 전류가 흐를 때 전하는 새로 생기거나 없어지지 않고 일정하게 보존됨

㉤ 전기 기호 : 전기 기구를 간단하게 표현한 것

명칭	기호	명칭	기호
전지	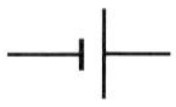 —┤├—	전구	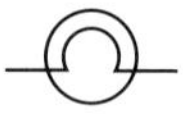 —◯—
스위치	 —◦⁄◦—	저항	 —◩◩◩—
전류계	 —(A)—	전압계	 —(V)—

② 전압(V)

㉠ 의미 : 전기 회로에 전류를 흐르게 하는 능력[단위 볼트(V)]

㉡ 전압과 전지 연결

- 직렬연결
  - 아래 그림과 같이 전지의 (－)극에 다른 전지의 (＋)극을 차례로 연결한 것으로, 전체 전압은 각 전지의 합과 같음 ($V=V_1+V_2+V_3$)
  - 전지를 직렬로 연결하면 높은 전압을 얻을 수 있어 전류가 더 세어지므로, 전구는 더욱 밝아짐(전류의 세기가 셀수록 전구가 밝음)

개념UP

직류와 교류

- **직류** : 전지의 전류와 같이 한 방향으로만 흐르는 전류를 말하며, 자유 전자들이 도선을 따라 순환함
- **교류** : 전류의 방향이 주기적으로 바뀌는 전류를 말하며, 자유 전자들이 순환하지 않고 왕복운동을 함

문제UP

다음 중 전류에 대한 설명으로 옳지 않은 것은?
① 전류는 전하의 흐름을 말한다.
② 전류의 단위는 A(암페어), mA(밀리암페어)이다.
③ 전류는 전지의 (－)극에서 (＋)극으로 흐른다.
④ 전류의 방향은 전자의 이동 방향과 반대이다.

🅗 전류는 전지의 (＋)극에서 (－)극으로 흐른다.

정답 ③

- 병렬연결
  - 아래 그림과 같이 전지의 (+)극은 (+)극끼리, (−)극은 (−)극끼리 연결한 것으로, 전체 전압은 전지 1개의 전압과 같음($V=V_1=V_2$)
  - 전지를 병렬로 연결하면 전체 전압은 일정하나, 전지를 오랫동안 사용할 수 있음

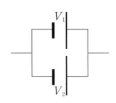

③ 전기 저항(R)

ㄱ 의미 : 전기 회로에서 전류의 흐름을 방해하는 정도[단위 옴(Ω)]

ㄴ 옴의 법칙 : 전류의 세기는 전압에 비례하고 저항에 반비례함

$$I=\frac{V}{R}, V=IR, R=\frac{V}{I}$$

ㄷ 저항의 직렬연결

- 의미 : 여러 개의 저항을 한 줄로 연결하는 방법으로, 저항의 길이를 길게 하는 효과가 있어 합성 저항 값이 커짐

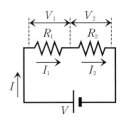

- 합성 저항(R) : $R=R_1+R_2$
- 전체 전류(I) : $I=I_1=I_2$(각각의 저항에 흐르는 전류의 세기 I_1, I_2는 전체 전류의 세기 I와 같음)
- 전체 전압(V) : $V=V_1+V_2$(V는 각각의 저항에 걸리는 전압 V_1, V_2의 합과 같음)

ㄹ 저항의 병렬연결

- 의미 : 여러 개의 저항을 양 끝을 나란히 연결하는 방법으로, 저항의 단면적을 커지게 하는 효과가 있어 합성 저항 값이 작아짐

- 합성 저항(R) : $\dfrac{1}{R} = \dfrac{1}{R_1} + \dfrac{1}{R_2}$ (합성 저항 R의 역수는 각 저항의 역수의 합과 같음)
- 전체 전류(I) : $I = I_1 + I_2$(전체 전류의 세기는 각각의 저항에 흐르는 전류의 세기 I_1, I_2의 합과 같음)
- 전체 전압(V) : $V = V_1 = V_2$(전체 전압 V는 각각의 저항에 걸리는 전압 V_1, V_2과 같음)

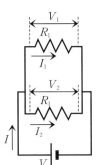

(3) 전기 에너지와 자기장

① 전기 에너지

㉠ 전기 에너지(E)

- 의미 : 전류가 흐를 때 발생하는 에너지[단위 줄(J)]
- 크기 : 전기 에너지(E) = 전압(V) × 전류(A) × 시간(t) = VIt
- 전기 에너지의 전환 : 전기 에너지는 여러 에너지로 쉽게 전환됨
  - 열에너지 : 전기밥솥, 전기다리미, 전기난로 등
  - 빛에너지 : 전등, 형광등 등
  - 운동 에너지 : 선풍기, 세탁기 등
- 발열량(Q)
  - 의미 : 저항이 있는 물체에 전류가 흐를 때 발생하는 열의 양(전기 에너지가 열에너지로 전환된 것)
  - 크기 : 발열량은 전압과 전류, 전류가 흐른 시간에 각각 비례함(전기 에너지에 비례)

㉡ 전력과 전력량

- 전력(P)
  - 1초 동안 전기 기구에 공급되는 전기 에너지[단위 와트(W), 킬로와트(kW)]
  - 1W는 1초 동안 1J의 전기 에너지를 소비할 때의 전력, 또는 1V의 전압으로 1A의 전류가 흐를 때의 전력을 말함
- 전력의 크기 :

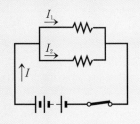

문제UP

그림과 같은 전기 회로에서 전체 전류 I는 0.8A이고 I_1에 0.5A의 전류가 흐른다면 I_2에 흐르는 전류의 세기는?

① 0.3A ② 0.5A
③ 0.8A ④ 1.3A

해 병렬연결에 해당하므로 전체 전류 $(I) = I_1 + I_2$이다.
따라서 $I_2 = 0.8 - 0.5 = 0.3A$이다.
정답 ①

문제UP

다음 중 전류의 열작용을 이용한 전기 기구에 해당하지 않는 것은?
① 전기 밥솥 ② 전기 난로
③ 전기 다리미 ④ 전기 청소기

해 전기 청소기는 자기장 속에서 전류가 흐르는 도선이 받는 힘을 이용한 전동기이다.
정답 ④

1. 국어 2. 수학 3. 영어 4. 사회 5. 과학 6. 도덕

$$전력 = \frac{전기에너지(J)}{시간(t)} = \frac{전압 \times 전류 \times 시간}{시간}$$
$$= 전압 \times 전류 = VI$$

- 전력량
  - 의미 : 일정 시간 동안 사용한 전기 에너지의 양[단위 와트시(Wh), 킬로와트시(kWh)]
  - 크기 : 전력량(Wh) = 전력(W) × 시간(h)(1Wh는 1W의 전력을 1시간 동안 사용할 때의 전력량을 말함)

② 자기장과 자기력
  ㉠ 자기장
  - 의미 : 자기력이 작용하는 공간
  - 방향 : 자기장 속에 나침반을 놓았을 때 나침반 자침의 N극이 가리키는 방향
  - 세기 : 자석의 양 극에 가까울수록 셈
  ㉡ 자기력선
  - 의미 : 자기장의 모습을 나타낸 선
  - 방향 : 나침반 자침의 N극이 가리키는 방향
  - 특징
    - 자기력선은 항상 N극에서 나와 S극으로 들어감
    - 자기력선의 간격이 좁을수록(촘촘할수록) 자기장이 셈
    - 자기력선은 도중에 끊어지거나 교차하지 않음
  ㉢ 자기력의 의미와 활용
  - 의미 : 전류가 흐르는 도선이 자기장 속에 있을 때 도선과 자석 사이에 작용하는 힘
  - 활용(자기장 속에서 전류가 흐르는 도선이 받는 힘을 이용한 경우) : 전류계, 전압계, 스피커, 전동기(선풍기, 세탁기, 청소기, 에스컬레이터, 전동차) 등

개념UP

전기의 안전한 사용 방법
- 정격 전압 적합하게 사용하며, 용량에 맞는 퓨즈를 사용함
- 한 콘센트에 여러 전기 제품을 연결하여 사용하지 않음
- 큰 전기용품은 접지하여 사용함
- 천둥 번개가 치는 경우 전원 플러그를 뽑아 둠
- 젖은 손으로 전기 제품을 만지지 않음

문제UP

다음 중 전기 기구를 안전하게 사용하는 방법으로 옳지 않은 것은?
① 용량에 맞는 퓨즈를 사용한다.
② 큰 전기용품은 접지하여 사용한다.
③ 천둥번개가 치는 날에는 전원 플러그를 뽑아 둔다.
④ 여러 전기 제품을 한 콘센트에 연결하여 사용한다.

해 전기 기구를 안전하게 사용하기 위해서는 한 콘센트에 여러 전기 제품을 연결하여 사용하지 않아야 한다.
정답 ④

1. 국어

2. 수학

3. 영어

4. 사회

5. 과학

6. 도덕

제2편 | 화학

❶ 분자 운동과 물질의 상태 변화

(1) 분자 운동

① 분자와 분자 운동

㉠ 분자의 의미 : 분자란 물질의 고유한 성질을 가진 가장 작은 입자를 말하며, 분자를 쪼개면 물질의 성질을 상실함

㉡ 분자 운동

- 의미 : 물질을 이루고 있는 분자들이 정지해 있지 않고 끊임없이 스스로 움직이는 현상
- 분자 운동의 속도
  - 물질 상태 : '기체>액체>고체'의 순으로 운동 속도가 빠름
  - 온도 : 온도가 높을수록 운동 속도가 빠름
  - 질량 : 분자의 질량이 작을수록 운동 속도가 빠름

㉢ 분자 운동의 증거 : 분자가 스스로 운동하여 증발과 확산이 발생함

- 증발 : 액체 표면의 분자들이 스스로 운동하여 공기 중으로 날아가는 현상(기체 상태의 분자가 되는 현상)
- 확산 : 분자들이 스스로 운동하여 액체나 기체 속으로 퍼져 나가는 현상

② 압력에 따른 기체의 부피 변화

㉠ 기체의 압력

- 의미 : 기체 분자가 단위 넓이에 수직으로 작용하는 힘의 크기(기체 분자가 끊임없이 운동하면서 작용하는 힘의 크기)
- 기체의 압력과 방향 : 기체의 압력은 모든 방향에 같은 크기로 작용함
- 압력 상승의 조건
  - 기체 분자의 충돌 횟수가 많을수록 압력이 증가
  - 같은 공간 안에 기체 분자의 수가 많을수록 압력이 증가
  - 같은 양의 기체가 차지하는 부피가 작을수록 압력이 증가
  - 기체의 온도가 높을수록 운동 속도가 빨라져 압력이 증가

개념UP

증발과 확산의 조건

- 증발의 조건 : 증발은 온도가 높을수록, 표면적이 넓을수록, 바람이 강할수록, 습도가 낮을수록, 분자 간의 인력이 약할수록 잘 일어남
- 확산의 조건 : 확산은 온도가 높을수록, 분자의 질량이 작을수록, 고체보다는 액체, 액체보다는 기체일수록 잘 일어남

문제UP

다음 표는 일정한 온도에서 압력에 따른 기체의 부피를 나타낸 것이다. ㉠과 ㉡에 알맞은 기체의 부피를 바르게 짝지은 것은?

압력(기압)	1	2	5	10
부피(mL)	100	㉠	20	㉡

	㉠	㉡
①	50mL	10mL
②	40mL	5mL
③	50mL	5mL
④	40mL	10mL

해 '압력(P)×부피(V)=일정'하므로, $1×100=2×㉠=10×㉡$이 된다. 따라서 ㉠은 50mL, ㉡은 10mL이다.

정답 ①

개념UP

보일 법칙과 관련된 현상

풍선은 하늘로 올라갈수록 풍선 내부의 기체 부피가 증가하여 결국 풍선이 터지게 됨

문제UP

다음은 기체의 분자 운동과 부피에 대한 설명이다. ㉠과 ㉡에 알맞은 것을 바르게 짝지은 것은?

기체의 압력이 일정할 때, 온도가 (㉠)할수록 분자 운동이 활발해져 기체의 부피는 (㉡)한다.

	㉠	㉡
①	상승	감소
②	하락	감소
③	상승	증가
④	하락	증가

해 압력이 일정할 때, 온도가 상승하면 분자 운동이 활발해지므로 기체의 부피는 증가한다. 따라서 ③이 옳다.

정답 ③

㉡ 압력과 기체의 부피 변화

• 압력과 기체 부피의 관계 : 온도가 일정할 때, 외부 압력이 증가하면 기체의 부피는 감소하고, 압력이 감소하면 부피는 증가함

• 보일 법칙 : 온도가 일정할 때, 기체의 부피(V)는 압력(P)에 반비례함

압력(P) × 부피(V) = 일정

• 압력에 따른 기체 변화

– 기체에 작용하는 압력 증가 → 기체의 부피 감소 → 기체 분자의 충돌 증가 → 기체의 압력 증가

– 기체에 작용하는 압력 감소 → 기체의 부피 증가 → 기체 분자의 충돌 감소 → 기체의 압력 감소

③ 온도에 따른 기체의 부피 변화

㉠ 온도와 기체 부피의 관계 : 압력이 일정할 때, 온도가 높아지면 기체의 부피는 증가하고, 온도가 낮아지면 부피는 감소함

㉡ 샤를 법칙

• 의미 : 압력이 일정할 때, 기체의 부피는 그 종류에 관계없이 온도가 1℃ 올라갈 때마다 0℃ 부피의 $\dfrac{1}{273}$배씩 증가

$V_t = V_0 + V_0 \times \dfrac{t}{273}$ (V_t : t℃일 때의 부피, V_0 : 0℃일 때의 부피)

• 온도에 따른 기체 변화

– 온도 상승 → 기체 분자의 운동 속도 및 충돌 횟수 증가 → 기체의 부피 증가

– 온도 하강 → 기체 분자의 운동 속도 및 충돌 횟수 감소 → 기체의 부피 감소

⑵ 물질의 상태 변화

① 물질의 상태와 상태 변화

㉠ 물질의 상태 : 물질은 온도와 압력에 따라 고체, 액체, 기체의 3가지 상태로 존재

구분	고체	액체	기체
모양	일정	담는 그릇에 따라 변함	담는 그릇에 따라 변함
부피	일정	일정	온도·압력에 따라 변함
성질	• 압축되지 않음 • 흐르는 성질 없음	• 압축이 잘 되지 않음 • 흐르는 성질 있음	• 압축이 잘 됨 • 흐르는 성질 있음
예	얼음, 모래, 설탕, 나무, 플라스틱, 돌 등	물, 주스, 수은, 식용유, 알코올 등	공기, 산소, 수소, 수증기, 이산화탄소 등

ⓛ 물질 상태와 분자

구분	고체	액체	기체
분자 모양			
분자 배열	규칙적으로 배열	비교적 불규칙적	매우 불규칙적인 배열
분자 사이의 거리	매우 가까움	비교적 가까움	매우 멂
분자 사이의 인력	매우 강함	비교적 약함	매우 약함
분자 운동	제자리에서 진동함	비교적 자유로움	매우 자유로움

ⓒ 물질의 상태 변화

- 상태 변화의 원인 : 압력과 온도 (온도가 주 원인)
  - → 냉각, 열을 방출
  - → 가열, 열의 흡수

- 기화와 액화
  - 기화 : 액체가 열을 흡수하여 기체로 변하는 현상 **예** 물이 끓어 수증기가 됨, 젖은 빨래가 마름, 어항 속의 물이 줄어듦 등
  - 액화 : 기체가 열을 방출하여 액체로 변하는 현상 **예** 풀잎에 이슬이 맺힘, 욕실 거울에 김이 서림, 얼음물에 있는 컵 표면에 물방울이 맺힘 등
- 융해와 응고
  - 융해 : 고체가 열을 흡수하여 액체로 변하는 현상 **예** 얼음이 녹아 물이 됨, 아이스크림이 녹음, 초가 녹아 촛농이 됨, 철이 녹아 쇳물이 됨 등

개념UP

제4의 물질의 상태

지구에서 흔하지 않지만, 우주에서는 물질이 고체, 액체, 기체 상태 이외에 플라스마 상태가 존재하는데, 기체 상태의 물질을 높은 온도로 가열하였을 때 나타나는 상태임

개념UP

물질의 상태 변화

물질의 성질(색깔·질량 등)은 그대로 유지되면서 상태가 변하는 것을 의미함

1. 국어
2. 수학
3. 영어
4. 사회
5. 과학
6. 도덕

423

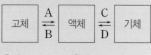
– 응고 : 액체가 열을 방출하여(냉각) 고체로 변하는 현상
　예 물이 얼음이 됨, 촛농이 딱딱하게 굳음, 마그마가 굳어 화성암이 됨 등
• 승화 : 고체가 열을 흡수하여 바로 기체가 되거나, 기체가 냉각되어 바로 고체가 되는 것
　– 고체 → 기체 : 옷장 속의 나프탈렌 크기가 줄어듦, 응달의 눈 양이 점점 줄어듦 등
　– 기체 → 고체 : 겨울철 밤사이에 서리가 내림, 추운 겨울날 유리창에 성애가 생김 등
ⓔ 물질의 상태 변화에 따른 변화
• 상태 변화에 따른 분자 배열의 변화 : 상태 변화에도 분자의 개수·크기·종류는 변하지 않고, 분자 배열이 달라짐
• 상태 변화에 따른 부피 변화
　– 가열될 때[기화, 융해, 승화(고체 → 기체)] : 분자 운동이 활발해져 분자 간의 거리가 멀어지므로 부피가 증가함
　– 냉각될 때[액화, 응고, 승화(기체 → 고체)] : 분자 운동이 둔해져 분자 간의 거리가 좁아지므로 부피가 감소함
• 상태 변화에 따른 성질과 질량의 변화 : 물질의 상태가 변하여도 성질·질량은 불변
　– 성질 : 물질을 구성하는 분자 자체는 변하지 않으므로 성질이 불변
　– 질량 : 물질을 구성하는 분자 개수·크기·종류가 변하지 않으므로 질량은 불변
② 상태 변화와 열에너지
ⓖ 상태 변화와 열에너지의 출입
• 열에너지의 흡수
　– 기화(기화열 흡수), 융해(융해열 흡수), 승화(고체 → 기체)(승화열 흡수)
　– 상태 변화가 일어나는 구간에서는 공급된 열에너지가 상태 변화에 사용되므로, 온도가 일정하게 유지됨
• 열에너지 방출
　– 액화(액화열 방출), 응고(응고열 방출), 승화(기체 → 고체)(승화열 방출)

– 상태 변화가 일어나는 구간에서는 온도가 일정하게 유지됨

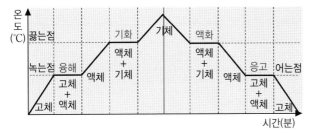

ⓛ 상태 변화와 열에너지 출입에 따른 분자 운동
 • 열에너지를 흡수하는 상태 변화 : 분자 운동이 점점 활발해지고 분자 사이의 인력은 약해지며, 분자 배열이 불규칙해짐
 • 열에너지를 방출하는 상태 변화 : 분자 운동이 점점 둔해지고 분자 사이의 인력은 강해지며, 분자 배열이 규칙적으로 변함

ⓒ 상태 변화와 열에너지 출입에 따른 주위 온도 변화
 • 열에너지를 흡수하는 상태 변화 : 상태 변화시 주위 온도가 낮아짐
  – 기화열 흡수의 예 : 여름철에 마당에 물을 뿌리면 주위가 시원해짐
  – 융해열 흡수의 예 : 얼음 위에 생선을 올려 두면 생선을 차갑게 보관할 수 있음
  – 승화(고체 → 기체)열 흡수의 예 : 드라이아이스를 아이스크림과 함께 보관하면 아이스크림이 녹지 않음
 • 열에너지를 방출하는 상태 변화 : 상태 변화시 주위 온도가 높아짐
  – 액화열 방출의 예 : 비가 오기 전에 날씨가 후텁지근해짐
  – 응고열 방출의 예 : 이글루에 물을 뿌려 내부를 따뜻하게 함
  – 승화(기체 → 고체)열 방출의 예 : 눈이 올 때 날씨가 포근해짐

❷ 물질의 성분과 구성

(1) 물질의 기본 성분

① 원소

㉠ 원소와 원소 기호

- 원소의 의미 : 더 이상 다른 물질로 분해되지 않는, 물질을 이루는 기본 성분
- 원소의 특징 : 원소의 종류에 따라 특성이 다름
  - 현재까지 110여 종의 원소가 알려져 있으며, 금속 원소와 비금속 원소로 분류
  - 인공적인 방법으로도 만들 수 있음(대략 20여 가지)
- 원소 기호와 이용

원소 이름	원소 기호	이용
수소	H	청정 연료, 우주선 연료
헬륨	He	광고용 기구의 충전용 기체
리튬	Li	휴대 전화 배터리
탄소	C	숯, 연필심, 다이아몬드
질소	N	과자 봉지의 충전 기체, 비료
산소	O	공기, 호흡
나트륨	Na	합금, 의약품
마그네슘	Mg	불꽃놀이 재료, 카메라 플래시, 합금
알루미늄	Al	포일, 비행기 동체
규소	Si	유리, 반도체 원료
염소	Cl	수돗물 소독제, 표백제
칼슘	Ca	뼈, 시멘트 성분
철	Fe	혈액 내 산소 운반, 건축 재료
구리	Cu	전선, 파이프, 주방용품
금	Au	귀금속, 치과용 재료, 반도체 회로
수은	Hg	전지, 체온계

㉡ 원소의 확인

- 불꽃 반응
  - 의미 : 금속 원소나 금속 원소가 포함된 물질을 겉불꽃에 넣었을 때 금속 원소의 종류에 따라 특정한 불꽃색을 나타냄

– 불꽃색

종류	불꽃색
리튬(Li), 스트론튬(Sr)	빨간색
나트륨(Na)	노란색
칼륨(K)	보라색
칼슘(Ca)	주황색
구리(Cu)	청록색

- 스펙트럼
  - 의미 : 빛을 분광기에 통과시킬 때 빛이 분산되어 발생하는 여러 가지 색의 띠
  - 연속 스펙트럼 : 햇빛이나 백열전등의 빛을 분광기로 관찰할 때 나타나는 연속적인 띠
  - 선 스펙트럼 : 금속 원소의 불꽃을 분광기로 관찰할 때 특정 부분에만 나타나는 밝은 색 선의 띠

② 원자와 분자

㉠ 원자

- 의미 : 물질을 구성하는 기본 입자로, 더 이상 쪼갤 수 없는 가장 작은 알갱이
- 구조
  - 중심에 (＋)전하를 띠는 원자핵이 있고, 그 주위를 (－)전하를 띠는 전자가 돌고 있음
  - 원자핵은 (＋)전하를 띠는 양성자와 전하를 띠지 않는 중성자로 이루어져 있음
- 특징
  - 원자핵의 (＋)전하량과 전자의 (－)전하량이 같아, 원자는 전기적으로 중성임(원자 번호＝양성자 수＝전자 수)
  - 원자의 종류에 따라 (＋)전하량과 전자의 수가 다름
  - 원자핵이 전자에 비해 질량이 매우 큼(원자 질량의 대부분은 원자핵의 질량)

㉡ 분자

- 의미 : 원자가 전자들을 공유함으로써 이루어진 화학적 결합을 통해 만들어진 것으로, 물질의 성질을 지닌 가장 작은 입자
- 분자식의 표현 방법 : 물(H_2O), 암모니아(NH_3) 등

문제UP

다음 구리(Cu)의 불꽃 반응 색깔로 맞는 것은?
① 빨간색 ② 노란색
③ 보라색 ④ 청록색

해 구리(Cu)의 불꽃 반응 색깔은 청록색이다.

정답 ④

개념UP

원자의 크기
지름 약 10^{-10}m

1. 국어
2. 수학
3. 영어
4. 사회
5. 과학
6. 도덕

문제UP

다음 분자 모형에 해당하는 분자식은?

① H_2 ② HCl
③ CO_2 ④ NH_3

해 분자 모형을 볼 때 두 종류의 원자로 구성되며, 하나는 원자 1개, 다른 하나는 원자 2개로 구성되어 있으므로, CO_2(이산화탄소)가 적합하다.

정답 ③

문제UP

다음 중 염소 원자(Cl)가 전자 1개를 얻어 형성되는 염화 이온을 바르게 나타낸 것은?

① Cl^- ② Cl^+
③ Cl^{2-} ④ Cl^{2+}

해 원자가 전자를 얻는 경우 $(-)$전하를 띠는 음이온이 되며, 전자의 수 중 '1'은 생략한다. 따라서 ①이 옳다.

정답 ①

- 분자를 이루는 원자의 종류를 기호로 씀
- 분자 1개를 이루는 원소의 수를 원소 기호의 오른쪽 아래에 작게 표시함(1은 생략)
- 분자의 수는 분자식 앞에 숫자로 표시함
- 분자 모형

수소 – H_2	암모니아 – NH_3	이산화탄소 – CO_2
물 – H_2O	염화수소 – HCl	질소 – N_2

(2) 물질의 구성
① 이온
㉠ 의미 : 원자가 전자를 잃거나 얻어서 전하를 띠게 된 입자
㉡ 양이온
• 의미 : 원자가 전자를 잃어서 $(+)$전하를 띠는 입자
• 양이온의 표시 방법
- 원소 기호의 오른쪽 위에 잃은 전자의 수를 먼저 쓰고 '$+$' 기호를 붙임 **예** H^+, Ca^{2+}
- 읽을 때는 원소의 이름 뒤에 '이온'을 붙임 **예** 수소 이온(H^+), 칼슘 이온(Ca^{2+})
㉢ 음이온
• 의미 : 원자가 전자를 얻어서 $(-)$전하를 띠는 입자
• 음이온의 표시 방법
- 원소 기호의 오른쪽 위에 얻은 전자의 수를 먼저 쓰고 '$-$' 기호를 붙임 **예** Cl^-, SO_4^{2-}
- 읽을 때는 원소의 이름 뒤에 '~화 이온'을 붙이며, 원소 이름이 '소'로 끝날 때는 '소'를 빼고 읽음 **예** 염화 이온(Cl^-), 황산 이온(SO_4^{2-})
② 이온의 결합과 반응
㉠ 이온 결합 : 금속 양이온과 비금속 음이온 사이에 작용하는 정전기적 인력에 의한 결합 **예** $Na^+ + Cl^- \rightarrow NaCl$(염화 나트륨)

- 이온 결합 화합물 : 양이온과 음이온이 결합하여 형성된 전기적으로 중성인 화합물
- 이온 결합 화합물의 화학식 : 원소의 종류와 개수를 원소 기호와 숫자를 이용해 표현한 식
  - 양이온의 원소 기호를 먼저 쓰고 음이온의 원소 기호를 나중에 씀
  - 각 이온의 개수비를 구하여 원소 기호의 오른쪽 아래에 작게 적음(1은 생략함)
  - 뒤의 음이온을 먼저 읽고 양이온을 나중에 읽음
- 여러 물질의 화학식

명칭	화학식	이온 개수비(양이온 : 음이온)
염화나트륨	$NaCl$	1 : 1
수산화 칼슘	$Ca(OH)_2$	1 : 2
수산화칼륨	KOH	1 : 1
염화 알루미늄	$AlCl_3$	1 : 3
산화 마그네슘	MgO	1 : 1
탄산 나트륨	Na_2CO_3	2 : 1
탄산 칼슘	$CaCO_3$	1 : 1
황산 나트륨	Na_2SO_4	2 : 1
황산 구리(Ⅱ)	$CuSO_4$	1 : 1
산화 알루미늄	Al_2O_3	2 : 3

ⓛ 이온의 전기직 특성
- 전해질 : 고체 상태에서는 전류가 흐르지 않으나 물에 녹은 수용액 상태에서는 전류가 흐르는 물질
- 전해질의 종류 : 염화 나트륨, 염화 구리, 질산 칼륨 등

ⓒ 앙금 생성 반응
- 이온화 : 물질이 물에 녹아 양이온과 음이온으로 나누어지는 현상
- 앙금 생성 반응 : 서로 다른 수용액을 섞었을 때 양이온과 음이온이 결합하여 물에 녹지 않는 앙금을 생성하는 반응
  - 알짜 이온 : 앙금 생성 반응에 직접 참여하는 이온
  - 구경꾼 이온 : 앙금 생성 반응에 참여하지 않는 이온

ⓒ 여러 가지 앙금 생성 반응

개념UP

이온 결합 화합물의 이용
- 염화나트륨($NaCl$) – 소금
- 염화칼슘($CaCl_2$) – 습기 제거제
- 황산 칼슘($CaSO_4$) – 석고
- 탄산 칼슘($CaCO_3$) – 분필, 치약
- 수산화 나트륨($NaOH$) – 비누, 세정제
- 탄산수소 나트륨($NaHCO_3$) – 소화기, 베이킹 파우더

개념UP

앙금

두 수용액을 섞었을 때 수용액 속의 이온이 반응하여 생성되는, 물에 잘 녹지 않는 화합물을 앙금이라고 함

개념UP

앙금을 생성하지 않는 이온

나트륨 이온(Na^+), 칼륨 이온(K^+), 암모늄 이온(NH_4^+), 질산 이온(NO_3^-) 등은 다른 이온과 반응했을 때 앙금을 잘 생성하지 않음

문제UP

다음 중 염화 이온(Cl^-)과 은 이온(Ag^+)만나 염화 은(AgCl)을 만들 때 생성되는 앙금의 색깔은?

① 흰색   ② 검은색
③ 노란색   ④ 보라색

해 $Ag^+ + Cl^- \rightarrow AgCl\downarrow$의 경우 흰색 앙금이 생성된다.

정답 ①

개념UP

앙금 생성 반응을 이용한 이온의 검출

• 수돗물 속의 염화 이온(Cl^-) : 은 이온(Ag^+)과 결합하여 앙금을 생성
• 폐수 속의 카드뮴 이온(Cd^{2+}) : 황화 이온(S^{2-})과 결합하여 앙금을 생성
• 폐수 속의 납 이온(Pb^{2+}) : 황화 이온(S^{2-})과 아이오딘화 이온(I^-)과 결합하여 앙금을 생성

문제UP

다음 중 물질을 구별할 수 있는 특성에 해당하지 않는 것은?

① 끓는점   ② 밀도
③ 부피   ④ 용해도

해 물질을 구별할 수 있는 특성으로는 끓는점, 녹는점, 어는점, 밀도, 용해도 등이 있다. 부피나 질량, 무게, 길이, 온도 등과 같이 변하는 성질은 물질의 특성이 아니다.

정답 ③

• 염화 은(AgCl) 생성 반응 :
$$NaCl + AgNO_3 \rightarrow NaNO_3 + AgCl\downarrow (흰색)$$
   – 알짜 이온 반응식 : $Ag^+ + Cl^- \rightarrow AgCl\downarrow (흰색)$
   – 구경꾼 이온 : Na^+, NO_3^-
• 탄산 칼슘($CaCO_3$) 생성 반응 :
$$Na_2CO_3 + CaCl_2 \rightarrow 2NaCl + CaCO_3\downarrow (흰색)$$
   – 알짜 이온 반응식 : $Ca^{2+} + CO_3^{2-} \rightarrow CaCO_3\downarrow (흰색)$
• 황화 구리(CuS) 생성 반응 :
$$Na_2S + Cu(NO_3)_2 \rightarrow 2NaNO_3 + CuS\downarrow (검은색)$$
   – 알짜 이온 반응식 : $Cu^{2+} + S^{2-} \rightarrow CuS\downarrow (검은색)$

❸ 물질의 특성과 혼합물의 분리

(1) 물질의 특성
   ① 물질의 특성 여부
     ㉠ 물질의 특성
      • 의미 : 물질이 가진 성질 중 다른 물질과 구별되는 그 물질만의 고유한 성질 예 겉보기 성질, 끓는점, 녹는점, 어는점, 밀도, 용해도 등
      • 특성 : 물질의 특성을 비교하여 물질을 구별할 수 있으며, 물질의 특성을 이용하여 혼합물로부터 순물질을 분리할 수 있음
     ㉡ 물질의 특성이 아닌 것 : 부피, 질량, 무게, 농도, 온도, 길이 넓이 등
      • 부피
       – 의미 : 어떤 물질이 차지하는 공간의 크기로, 눈금실린더, 피펫, 부피 플라스크 등으로 측정함(단위 cm^3, m^3, ml, L 등)
       – 모양이 규칙적인 고체의 부피 측정 : 가로, 세로, 높이 값을 자로 측정해 부피를 구함
       – 모양이 불규칙한 고체의 부피 측정 : 측정하려는 고체를 녹이지 않는 액체에 먼저 넣고 다음에 고체를 넣어 늘어난 부피를 측정함

- 액체의 부피 측정 : 눈금실린더, 피펫, 부피 플라스크 등에 담아 측정
- 질량
  - 의미 : 환경이나 장소에 관계없이 변하지 않는 물질의 고유한 양으로, 윗접시저울, 양팔저울[단위 mg, g, kg 등]
  - 측정 : 고체는 저울로 측정하고, 액체는 액체가 든 비커의 질량을 측정하며, 기체는 기체가 든 용기의 질량을 측정함
- 용액의 농도
  - 의미 : 용액의 묽고 진한 정도를 말하며, 용액 속에 있는 용질의 양에 많을수록 농도가 진함
  - 특성 : 용액의 농도에 따라 색깔, 맛, 밀도, 끓는점, 어는점 등이 달라짐

② 물질의 특성

㉠ 끓는점
- 의미 : 액체가 끓기 시작하여 기화할 때의 온도로, 물질의 특성에 해당함
- 성질
  - 끓는점은 다른 물질과 구분되는 고유한 성질로, 물질의 종류에 따라 끓는점이 다름(분자 간의 인력이 강할수록 끓는점이 높음)
  - 같은 종류의 물질인 경우 물질의 양에 관계없이 끓는점이 일정함(질량이나 불꽃의 세기에 따라 끓는점에 도달하는 시간은 다르나, 끓는점은 일정함)
- 외부 압력과 끓는점 : 외부 압력에 따라 끓는점이 달라짐
  - 외부 압력이 높을 때 : 끓는점이 높아짐 예 압력밥솥에 밥을 하는 경우
  - 외부 압력이 낮을 때 : 끓는점이 낮아짐 예 높은 산에서 밥을 하는 경우

㉡ 녹는점과 어는점
- 의미 : 녹는점은 고체가 녹아 액체가 되는 동안 일정하게 유지되는 온도를 말하며, 어는점은 액체가 얼어 고체가 되는 동안 일정하게 유지되는 온도를 말함

개념UP

순질물, 혼합물
- 순물질 : 다른 물질이 섞여 있지 않은 한 종류의 물질로, 물질의 특성이 일정하게 나타남
- 혼합물 : 두 가지 이상의 순물질이 섞여 있는 물질로, 물질의 특성이 일정하게 나타나지 않음

문제UP

다음의 현상과 관계있는 물질의 특성은?

- 압력밥솥에 밥을 하면 밥이 빨리 된다.
- 높은 산에서 밥을 하면 쌀이 설익는다.

① 끓는점   ② 녹는점
③ 어는점   ④ 용해도

해 압력밥솥에 밥을 하는 경우 외부 압력이 높으므로 끓는점이 높아져 밥이 빨리 된다. 높은 산에서 밥을 하는 경우 외부 압력이 낮으므로 끓는점이 낮아져 밥이 설익는다. 따라서 이와 관련된 물질의 특성은 끓는점이다.

정답 ①

• 성질

- 녹는점과 어는점은 다른 물질과 구분되는 고유한 성질로, 물질의 종류에 따라 녹는점과 어는점이 다름

- 같은 종류의 물질인 경우 물질의 양에 관계없이 녹는점과 어는점이 일정함(같은 물질은 녹는점과 어는점이 같음)

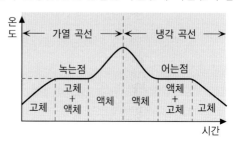

ⓒ 밀도

• 의미 : 단위 부피에 대한 물질의 질량(단위 g/mL, g/cm^3, kg/m^3 등)

• 특성

- 물질의 종류에 따라 다른 물질의 특성으로, 같은 종류의 물질은 양에 관계없이 밀도가 일정함

- 밀도가 큰 물질은 아래로 가라앉고 밀도가 작은 물질은 위로 뜸

- 일반적으로 같은 물질의 경우 밀도는 '고체>액체>기체'의 순서가 되며, 부피는 '기체>액체>고체'의 순서가 됨 (다만, 물의 경우 밀도는 '액체>고체>기체'의 순서, 부피는 '기체>고체>액체'의 순서가 됨)

• 온도와 압력에 따른 밀도의 변화

- 고체와 액체 : 온도가 높아지면 부피가 약간 증가하여 밀도는 감소하고, 압력에 의한 밀도의 변화는 거의 없음

- 기체 : 온도가 높아지면 부피가 크게 증가하여 밀도는 크게 감소하고, 압력이 커지면 부피가 크게 감소하여 밀도가 크게 증가함

ⓓ 용해도

• 의미 : 일정한 온도에서 용매 100g에 최대로 녹을 수 있는 용질의 수

개념UP

밀도의 이용

• **열기구** : 열기구 안의 공기를 가열하면 부피가 증가하므로, 밀도가 작아져 공중에 뜸

• **배** : 배 안의 공간이 많아 질량보다 부피가 크므로, 밀도가 작아져 물에 뜸

• **구명조끼** : 구명조끼 내부의 물질이 물보다 밀도가 작아 물에 뜸

- 용매 : 용해가 일어날 때 다른 물질을 녹이는 물질
- 용질 : 다른 물질 속으로 용해되어 들어가는 물질
- 용액의 종류

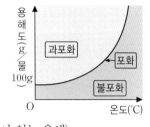

  - 불포화 용액 : 용매에 용질이 포화 상태보다 적게 녹아 더 녹일 수 있는 용액
  - 포화 용액 : 용매에 용질이 더 이상 녹을 수 없는 점까지 녹아 있는 용액(용해도만큼 녹아 있는 용액)
  - 과포화 용액 : 용매에 용질이 녹을 수 있는 양보다 많이 녹아 있는 용액
- 용해도 곡선 : 온도에 따른 용해도 변화를 나타낸 그래프(용질과 용매에 따라 다름)

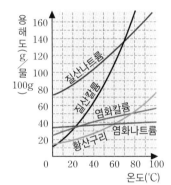

  - 용해도 곡선에서의 위치를 통해 용액의 종류를 알 수 있음
  - 곡선의 기울기가 클수록 온도 변화에 따른 용해도 차이가 큰 물질임
  - 포화 용액을 만드는 데 필요한 용질의 양을 알 수 있음
- 고체의 용해도 : 일반적으로 온도가 높아질수록 용해도가 증가하며, 압력에 따른 용해도 변화는 거의 없음
- 기체의 용해도 : 온도가 낮아질수록 용해도가 증가하며, 압력이 높아질수록 용해도가 증가함

(2) 혼합물의 분리

① 순물질과 혼합물

㉠ 순물질

- 의미 : 다른 물질이 섞이지 않고 한 가지 물질로 이루어진 물질 **예** 산소, 물, 금, 구리, 이산화탄소, 염화나트륨, 황화철 등
- 성질 : 한 가지 성분의 성질만 나타내며, 끓는점과 녹는점,

1. 국어

2. 수학

3. 영어

4. 사회

5. 과학

6. 도덕

문제UP

다음 중 일정한 양의 물에 설탕을 많이 녹이려고 할 때 가장 알맞은 방법은?

① 물의 온도를 낮춘다.
② 물의 온도를 높인다.
③ 압력을 낮춘다.
④ 압력과 물의 온도를 모두 낮춘다.

해 용매의 온도를 높이는 경우 용해도가 증가해 많은 양의 설탕을 녹일 수 있다.

정답 ②

개념UP

액체의 경우

고체와 마찬가지로 온도가 높아지면 용해도가 증가하며, 압력의 영향을 거의 받지 않음

문제UP

다음 중 혼합물에 해당하는 것만 바르게 짝지은 것은?

㉠ 소금물   ㉡ 금
㉢ 염화나트륨   ㉣ 공기

① ㉠, ㉡   ② ㉠, ㉣
③ ㉡, ㉢   ④ ㉢, ㉣

해 소금물과 공기는 두 가지 이상의 순물질이 섞여 있는 혼합물이며, 금과 염화나트륨은 순물질이다.

정답 ②

개념UP

원유의 분리 순서

석유가스 → 가솔린 → 등유 → 경유 → 중유 → 아스팔트(끓는점 낮은 순)

문제UP

다음 중 물질의 끓는점 차이를 이용하여 물과 메탄올과 같은 혼합물을 분리하는 장치로 알맞은 것은?
① 분별 증류 장치
② 분별깔때기
③ 거름 장치
④ 크로마토그래피

해 분별 증류 장치는 두 가지 이상의 물질이 섞인 혼합물을 여러 번 가열하여 각 물질이 끓는점에 따라 끓어 나오는 순서대로 증류에 의해 분리하는 장치이다. 물과 메탄올 혼합물이나 원유의 분별 증류 등에 사용한다.

정답 ①

밀도 등이 일정함
• 가열 냉각 곡선 : 수평의 구간이 나타남
㉡ 혼합물
• 의미 : 두 가지 이상의 순물질이 섞여 있는 물질 예 공기, 소금물, 설탕물, 우유, 과일주스, 식초 등
• 성질 : 성분 물질의 성질을 그대로 가지며, 혼합 비율에 따라 끓는점과 녹는점, 밀도 등이 다름
• 가열 냉각 곡선 : 수평의 구간이 나타나지 않거나 여러 군데 나타남
② 혼합물의 분리
㉠ 끓는점 차를 이용한 분리
• 증류
  – 의미 : 끓는점 차이가 있는 물질이 섞여 있는 경우, 용액을 가열하여 끓어 나오는 기체를 냉각시켜 순수한 물질을 얻는 방법 예 탁주에서 맑은 소주 만들기, 바닷물에서 식수 분리하기 등
  – 특성 : 한 가지 액체 성분만을 얻을 수 있음
• 분별 증류
  – 의미 : 두 가지 이상의 물질이 섞여 있는 경우, 용액을 여러 번 가열하여 각 물질이 끓는점에 따라 끓어 나오는 순서대로 증류에 의해 분리하는 방법 예 물과 메탄올의 혼합물, 원유의 분별 증류 등
  – 특성 : 끓는점이 낮은 액체가 먼저 끓어 나오고 끓는점이 높은 액체는 나중에 나옴

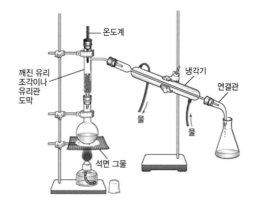

[분별 증류 장치]

ⓛ 밀도 차를 이용한 분리

• 고체 혼합물의 분리

– 고체 혼합물을 녹이지 않으면서 밀도가 두 고체 물질의 중간 정도의 액체를 넣어 분리

– 밀도가 큰 물질은 가라앉고, 밀도가 작은 물질은 위로 떠올라 분리됨

– 좋은 볍씨 고르기(좋은 볍씨>소금물>쭉정이), 신선한 달걀 고르기(신선한 달걀>소금물>오래된 달걀) 등이 예

• 액체 혼합물의 분리

– 밀도가 달라 서로 섞이지 않는 액체 혼합물은 분별깔때기를 사용하여 분리함

– 밀도가 큰 액체는 아래층에, 밀도가 작은 액체는 위층으로 분리됨

– 물과 석유(물>석유), 물과 에테르(물>에테르), 물과 수은(수은>물), 식용유와 간장(간장>식용유) 등이 예

[분별깔때기]

ⓒ 용해도 차를 이용한 분리

• 용매에 대한 용해도 차를 이용한 분리

구분	의미	예
거름	• 어떤 용매에 잘 녹는 고체와 녹지 않는 고체가 섞여 있는 혼합물의 경우 거름 장치를 이용해 분리하는 방법 • 거름종이 위에는 용매에 녹지 않는 물질이 남고, 용매에 녹는 물질은 거름종이를 통과	소금과 모래(물에 소금만 용해되고 소금은 거름종이 위에 남음), 소금과 황(물에 소금만 용해되고 황은 거름종위 위에 남음)
추출	고체나 액체 혼합물에서 특정한 성분만을 녹이는 용매를 넣어 그 성분을 분리하는 방법	콩에서 지방 분리, 물에 녹차·홍차 우려내기, 장미꽃에서 색소 분리 등

1. 국어   2. 수학   3. 영어   4. 사회   5. 과학   6. 도덕

문제 UP

다음은 어떤 방법을 이용하여 분리해야 하는가?

물과 식용유의 분리

① 끓는점 차를 이용한 분리
② 고체 혼합물 밀도 차를 이용한 분리
③ 액체 혼합물 밀도 차를 이용한 분리
④ 용해도 차를 이용한 분리

해 식용유는 물보다 밀도가 작아서 물과 섞이지 않고 식용유는 위층에, 물은 아래층에 있게 된다. 따라서 액체 혼합물 밀도 차를 이용한 분리를 이용한 것이다.

정답 ③

문제 UP

다음 중 물에 녹인 후 그림과 같은 장치를 통해 분리할 수 있는 혼합물은?

① 소금과 설탕
② 소금과 모래
③ 볍씨와 쭉정이
④ 붕산과 염화나트륨

해 그림의 장치는 거름 장치이다. 거름 장치를 통해 소금과 모래, 소금과 황을 분리할 수 있다.

정답 ②

• 온도에 따른 용해도 차를 이용한 분리

구분	의미	예
재결정	불순물이 포함된 고체 물질을 고온의 용매에 녹인 후 포화 상태 이하의 온도로 냉각시켜 순수한 물질을 얻는 방법	천일염 재결정을 통한 정제 소금 결정 얻기 등
분별 결정	온도에 따른 용해도 차이가 큰 고체 물질의 혼합물을 고온의 용매에 녹인 후 냉각시켜 석출되는 물질을 거름장치로 분리하는 방법	붕산과 염화 나트륨의 분리, 질산 칼륨과 염화 나트륨의 분리 등

② 크로마토그래피를 이용한 분리

• 의미 : 용매에 녹인 혼합물을 흡착성 물질에 스며들게 하여, 혼합물의 각 성분 물질이 용매에 따라 이동하는 속도 차이를 이용하여 분리하는 방법

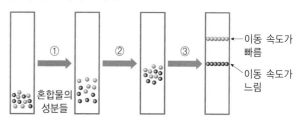

① 각 성분은 용매에 의해 밀려 올라가는 속도가 다르다.
② 성분별로 갈라지기 시작한다.
③ 각 성분으로 분리된다.

예 수성사인펜 잉크의 색소 분리, 꽃잎의 색소 분리, 식물의 엽록소 분리, 소변이나 혈액 성분 분석(도핑 테스트), 아미노산의 분리 등

❹ 물질 변화와 화학 반응

(1) 물질의 변화

① 물리 변화

㉠ 의미 : 물질의 고유한 성질은 변하지 않으면서 모양이나 상태 등이 변하는 현상

㉡ 특징 : 물질을 이루는 분자의 배열은 변하지만, 분자 자체는 변하지 않음(성질 불변)

• 변하는 것 : 분자의 배열 상태

개념UP

크로마토그래피의 종류

종이크로마토그래피, 관크로마토그래피가 대표적이며 최근에는 겔침투크로마토그래피, 이온교환크로마토그래피, 얇은박막크로마토그래피, 기체크로마토그래피 등 많은 종류의 크로마토그래피가 개발되고 있음

문제UP

다음 중 물리 변화에 해당하지 않는 것은?

① 그릇이 깨진다.
② 소금이 녹아 소금물이 되었다.
③ 용광로의 철이 녹았다.
④ 나무가 타서 재가 되었다.

해 나무가 타서 재가 되는 것은 화학 변화의 예에 해당한다. 연소는 물질의 성질이 변하는 화학 변화의 예이다.

정답 ④

• 변하지 않는 것 : 원자 배열 상태와 종류 및 개수, 분자의 종류와 개수, 물질의 총 질량, 물질의 상태 등

ⓒ 물리 변화의 예 : 유리창이나 그릇 등이 깨짐, 설탕이나 소금이 물에 녹음, 물에 넣은 잉크가 퍼짐, 용광로에 철이 녹음 등

② 화학 변화

ㄱ 의미 : 어떤 물질의 본래의 성질과는 다른 새로운 물질로 변하는 현상

ㄴ 특징 : 분자를 이루는 원자의 배열이 달라져 새로운 분자가 생성됨(성질 변함)

• 변하는 것 : 원자의 배열 상태, 분자의 종류와 개수, 물질의 성질 등

• 변하지 않는 것 : 원자의 종류와 개수, 물질의 총 질량 등

ㄷ 화학 변화의 증거 : 기체 발생, 냄새나 색깔의 변화, 빛과 열의 발생, 앙금의 생성 등

ㄹ 화학 변화의 예 : 철로 만든 못이 녹슴, 나무나 종이 등이 연소, 고기를 익히면 냄새와 색깔이 변함, 깎아 놓은 사과나 감자의 색깔이 변함 등

(2) 화학 반응의 규칙성

① 화학 반응과 질량 관계

ㄱ 질량 보존 법칙 : 라부아지에가 주장

• 의미 : 화학 반응이 일어날 때 반응 전 물질의 총 질량과 반응 후 생성된 물질의 총 질량은 같음

• 성립 이유 : 화학 반응이 일어날 때 원자의 배열 상태만 변할 뿐 원자의 종류와 개수는 변하지 않기 때문에 질량이 보존됨 (물리 변화와 화학 변화에서 모두 성립함)

• 화학 반응에서의 질량 보존의 예

– 화학 변화 : 수소 1g + 산소 8g → 수증기 9g

– 물리 변화 : 얼음 5g을 녹이면 물 5g이 됨

– 연소 반응 : 닫힌 용기에서 연소하는 경우 (철 + 산소) 질량 = 산화 철 질량

– 앙금 생성 반응 : (염화나트륨 + 질산 은) 질량 = (염화 은 + 질산나트륨) 질량

문제UP

다음 중 화학 변화에 해당하지 않는 것은?

① 철로 된 못이 녹슨다.
② 종이가 불에 탄다.
③ 유리창이 떨어져 깨진다.
④ 깎아 놓은 사과의 색깔이 변한다.

해 유리창이나 그릇 등이 깨지는 것은 물리 변화의 예이다. 나머지는 모두 화학 변화이다.

정답 ③

개념UP

화학 반응의 종류

• 화합 : 두 종류 이상의 물질이 결합하여 새로운 한 종류의 물질(화합물)을 생성하는 화학 반응
예 수소 + 산소 → 물, 철 + 황 → 황화 철, 염소 + 나트륨 → 염화나트륨

• 분해 : 한 종류의 화합물이 두 종류 이상의 물질로 나누어지는 화학 반응 예 물 → 산소 + 수소, 과산화수소 → 물 + 산소

• 치환 : 화합물을 구성하는 성분의 일부가 다른 성분으로 바뀌는 화학 반응 예 질산 은 + 구리 → 질산 구리 + 은, 염산 + 철 → 염화 철 + 수소

- 기체 발생 반응 : 닫힌 용기에서 연소하는 경우 (아연＋염산) 질량＝(염화 아연＋수소) 질량

ⓛ 일정 성분비 법칙 : 프루스트가 주장

- 의미 : 두 물질이 반응하여 화합물을 만들 때, 그 화합물을 구성하는 성분 원소 사이에는 항상 일정한 질량비가 성립함
- 성립 이유 : 화합물이 만들어질 때 원자는 항상 일정한 개수비로 결합하기 때문에 성립
- 화합물을 구성하는 성분 원소의 질량비
  - 물의 합성 반응 : 수소(1)＋산소(8) → 물(9)
  - 구리 연소 반응 : 구리(4)＋산소(1) → 산화 구리(5)
  - 마그네슘 연소 반응 : 마그네슘(3)＋산소(2) → 산화 마그네슘(5)

② 기체 사이의 반응

ⓖ 기체 반응 법칙

- 의미 : 일정한 온도와 압력에서 기체들이 반응하여 새로운 기체가 생성될 때 각 기체의 부피 사이에는 항상 간단한 정수비(부피비)가 성립함
- 수증기 생성 반응 :

수소 부피 　 산소 부피 　 수증기 부피

- 암모니아 생성 반응 :

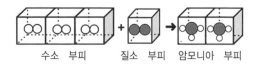

수소 부피 　 질소 부피 　 암모니아 부피

ⓛ 아보가드로 법칙 : 온도와 압력이 같을 때 모든 기체는 같은 부피 속에 같은 개수의 분자가 들어 있음(같은 부피 속에 같은 개수의 분자가 들어 있으므로 각 기체의 부피비는 분자수비와 같음)

제3편 생물

❶ 식물의 구성과 광합성

(1) 식물의 구성과 기관

① 식물의 구성

㉠ 생물의 구성

- 세포 : 생물체를 구성하는 기본 단위
  - 생물의 종류와 세포의 기능에 따라 크기와 모양이 다양하며, 무한정 커지지는 않음
  - 생물체의 크기는 세포의 수에 의해 결정됨
- 조직 : 모양과 기능이 비슷한 세포들의 모임
- 기관 : 여러 조직이 모여 일정한 형태를 형성하고 고유한 기능을 수행하는 모임
- 개체 : 독립된 생활에 요구되는 구조와 기능을 지닌 하나의 생물체

㉡ 세포의 구조와 기능

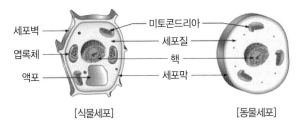

세포벽 — 미토콘드리아
엽록체 — 세포질
핵
액포 — 세포막

[식물세포]   [동물세포]

- 핵 : 생명 활동의 중심으로 생명 활동을 조절하고 생물의 특성을 결정, 유전 물질을 포함
- 세포질 : 핵을 둘러싸고 있는 유동성 물질, 많은 소기관이 있어 생명 활동이 일어남
- 미토콘드리아 : 세포의 생명 활동에 필요한 에너지를 생산
- 세포막 : 세포를 둘러싸고 있는 막, 세포를 보호하고 세포 안팎의 물질 이동을 조절
- 세포벽 : 식물세포에만 있는 벽(세포막을 둘러싸고 있는 벽), 식물세포의 형태를 일정하게 유지
- 엽록체 : 식물세포에만 있는 것으로, 햇빛을 받아 광합성이

1. 국어
2. 수학
3. 영어
4. 사회
5. 과학
6. 도덕

문제UP

다음 내용의 설명에 해당하는 것은?

- 생명 활동의 중심으로 생명 활동을 조절한다.
- 유전 물질이 존재하는 곳이다.
- 식물세포와 동물세포에 모두 존재한다.

① 핵   ② 세포질
③ 세포막   ④ 엽록체

해 생명 활동의 중심으로 생명 활동을 조절하고 생물의 특성을 결정하며, 유전 물질을 포함하는 세포 기관은 핵이다.

정답 ①

개념UP

식물세포와 동물세포의 비교

- **식물세포** : 핵과 세포질, 세포막, 미토콘드리아, 엽록체, 세포벽이 있으며, 액포가 발달
- **동물세포** : 핵과 세포질, 세포막, 미토콘드리아가 있으나 엽록체와 세포벽은 없으며, 액포가 미발달

일어나는 장소

• 액포 : 주로 식물세포에서 발견되는 것으로, 식물세포의 노폐물 저장 장소(세포 성장에 따라 크기가 증가함)

ⓒ 식물의 구성 단계 : 세포 → 조직 → 조직계 → 기관 → 개체

• 세포 : 식물체 구성의 기본 단위 **예** 표피세포, 물관세포, 체관세포 등

• 조직 : 모양 · 기능이 비슷한 세포의 모임 **예** 표피 조직, 울타리 조직, 해면 조직 등

• 조직계 : 비슷한 기능의 조직들의 모임 **예** 표피 조직계, 관다발 조직계 등

• 기관 : 여러 조직계가 일정 형태와 고유 기능을 가지는 것 **예** 영양 기관, 생식 기관 등

• 개체 : 독립적인 하나의 생물체 **예** 봉숭아, 민들레, 소나무 등

② 뿌리

㉠ 뿌리의 종류

• 곧은뿌리 : 원뿌리와 곁뿌리 구분이 명확한 것 **예** 봉숭아, 민들레, 당근, 배추, 무 등

• 수염뿌리 : 원뿌리와 곁뿌리 구분이 없음 **예** 옥수수, 잔디, 양파, 파, 벼 등

㉡ 뿌리의 구조

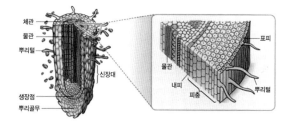

• 표피 : 뿌리의 맨 바깥쪽에 위치한 한 겹의 세포층으로, 뿌리를 싸서 보호

• 피층 : 표피 안쪽에 위치한 여러 층의 세포층

• 내피 : 표피 안쪽에 위치한 한 겹의 세포층

• 물관 : 뿌리에서 흡수한 물과 무기 양분의 이동 통로

• 체관 : 잎에서 만든 유기 양분의 이동 통로

• 뿌리털 : 한 개의 표피세포가 길게 자란 것으로, 흙과 접촉하는 표면적을 넓혀 흙 속의 물과 무기 양분을 흡수

개념UP

식물의 구성 단계별 용어정리

• 표피 조직 : 표피세포가 모여 이루어진 조직

• 울타리 조직, 해면 조직 : 엽록체가 있는 세포가 모여 이루어진 조직

• 물관, 체관 : 물관은 물관세포, 체관은 체관세포가 모여 이루어진 조직

• 표피 조직계 : 표피 조직이 모여 이루어지며, 식물의 겉을 싸고 있음

• 관다발 조직계 : 물관과 체관이 모여 이루어지며, 물과 양분의 이동 통로 역할을 함

• 영양 기관 : 영양과 생식에 관여하는 기관 **예** 뿌리, 줄기, 잎

• 생식 기관 : 씨를 만들어 번식에 관여하는 기관 **예** 꽃, 열매

문제UP

다음 그림은 식물 뿌리의 단면을 나타낸 것이다. 활발한 세포 분열을 통해 뿌리의 길이 생장을 초래하는 것은?

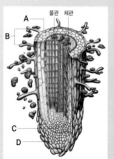

① A   ② B
③ C   ④ D

해 활발한 세포 분열을 통해 뿌리를 길게 자라도록 하는 것은 생장점이며, 그림에서 생장점은 C이다. A는 표피, B는 뿌리털, D는 뿌리골무이다.

정답 ③

- 생장점 : 활발한 세포 분열을 통해 뿌리의 길이 생장을 초래
- 뿌리골무 : 죽은 세포로 구성되어 있으며, 생장점을 보호

ⓒ 뿌리의 기능
- 지지 작용 : 식물체를 지탱해 줌
- 흡수 작용 : 뿌리털을 통해 물과 무기 양분을 흡수
- 저장 작용 : 여분의 양분을 저장 **예** 고구마, 무, 당근, 도라지 등
- 호흡 작용 : 뿌리와 표피를 통해 산소를 흡수하고 이산화 탄소를 방출

ⓔ 뿌리의 물 흡수와 이동 경로
- 삼투 현상을 통한 물 흡수 : 반투과성 막을 통해 용액의 농도가 낮은 쪽에서 높은 쪽으로 물이 이동하는 삼투 현상을 통해 물을 흡수하여 모세관 현상으로 인해 물이 이동함
- 물의 이동 경로 : 흙 속의 물 → 뿌리털 → 피층 → 내피 → 물관(농도 비교 : 흙 속<뿌리털<피층<내피<물관)

③ 줄기

ㄱ 줄기의 구조 : 표피, 피층, 관다발(물관 · 체관 · 형성층)
- 물관과 체관

구분	물관	체관
이동 물질(기능)	뿌리에서 흡수한 물과 무기 양분	잎에서 만들어진 유기 양분
위치 및 모양	• 관다발 안쪽에 위치 • 긴 대롱 모양	• 관다발 바깥쪽에 위치 • 세포 위아래에 있는 작은 구멍
구성	죽은 세포로 구성	살아 있는 세포로 구성
세포벽 두께	세포벽이 두꺼움	세포벽이 얇음

세포벽에 뚫려 있는 구멍

물관의 단면   체관의 단면

- 형성층 : 물관과 체관 사이에 있는 세포 분열층으로, 세포 분열이 왕성하게 일어나 식물의 부피 생장을 초래하며 관다발을 규칙적으로 배열해 줌

1. 국어 2. 수학 3. 영어 4. 사회 5. 과학 6. 도덕

개념UP

삼투 현상

분자의 크기에 따라 선택적으로 물질을 통과시키는 막을 경계로 용액의 농도가 낮은 쪽에서 높은 쪽으로 물이 이동하는 현상이며, 김장을 할 때 배추를 소금에 절이면 배추세포 안쪽의 물이 바깥쪽으로 빠져 배추가 시들해지는 것이 삼투 현상이 일어난 것

개념UP

모세관 현상

액체 속에 있는 폭이 좁은 관에서, 관 내부의 액체의 표면이 관 외부의 액체 표면보다 높거나 낮아지는 현상으로, 식물의 뿌리에서 삼투압 현상에 의해 흡수된 수분이 물관을 통해 식물 전체에 퍼지는 것은 이러한 현상 때문이다.

문제UP

다음 내용에 해당하는 줄기의 구조로 알맞은 것은?

- 잎에서 만들어진 유기 성분의 이동 통로이다.
- 관다발 바깥쪽에 위치하며, 살아 있는 세포로 구성되어 있다.

① 표피   ② 물관
③ 체관   ④ 형성층

해 잎에서 만들어진 유기 양분의 운반 통로이며 관다발 바깥쪽에 위치하는 것은 체관이다. 체관은 살아 있는 세포로 구성되며 세포벽이 얇은 것이 특징이다.

정답 ③

ⓒ 쌍떡잎식물과 외떡잎식물의 줄기 구조

구분	쌍떡잎식물	외떡잎식물
관다발 배열	규칙적 배열	불규칙적 배열
형성층	있음	없음
부피 생장	함	안함
떡잎 수	2개	1개
뿌리	곧은뿌리	수염뿌리
식물의 예	봉숭아, 민들레, 해바라기, 제라늄, 배추, 무 등	옥수수, 백합, 붓꽃, 벼, 보리 등

ⓒ 줄기의 기능

- 지지 작용 : 식물체를 지탱해 줌
- 운반 작용 : 관다발을 통해 물과 무기 양분을 이동함
- 저장 작용 : 여분의 양분을 저장 **예** 감자, 토란 등
- 호흡 작용 : 껍질의 틈을 통해 산소를 흡수하고 이산화 탄소를 방출

④ 잎

㉠ 잎의 겉 구조 : 잎몸, 잎자루

ⓒ 잎의 속 구조

- 표피 조직 : 잎의 표면을 싸고 있는 세포층으로, 잎의 내부를 보호하며 바깥쪽이 큐티클 층으로 되어 수분 손실을 방지함
  - 공변세포 : 표피세포의 일부가 변한 것으로, 엽록체가 있어 광합성이 발생함
  - 기공 : 2개의 공변세포로 둘러싸인 기체의 통로로, 증산 작용과 기체 교환이 발생함
- 울타리 조직(책상 조직) : 잎의 앞면 표피층의 바로 아래에 엽록체가 많은 세포가 빽빽하게 배열된 부분으로, 광합성이 가장 활발함(진한 녹색 부분)
- 해면 조직 : 울타리 조직의 아래쪽에 불규칙한 모양의 세포들이 배열된 부분으로, 세포 사이의 공간으로 공기가 이동하며, 엽록체가 있어 광합성이 발생함
- 잎맥 : 물관과 체관으로 구성된 잎의 관다발로서, 물과 양분의 이동 통로이며 줄기의 관다발과 연결됨

ⓒ 잎의 기능

- 증산 작용 : 잎의 기공을 통해 식물체 내의 물이 수증기 형태

로 내보내는 현상

- 광합성 : 엽록체에서 빛을 이용하여 유기 양분(포도당)을 합성함
- 호흡 작용 : 산소와 이산화 탄소를 교환함

ㄹ 증산 작용

- 조절 : 공변세포의 팽창과 수축에 따라 기공이 열리는 작용에 의해 조절됨
- 기능(의의) : 식물 내의 물 상승의 원동력, 식물체의 체온과 수분량 조절, 체내 무기 양분의 농축 등
- 증산 작용이 잘 일어나는 조건(기공이 열리는 조건) : 햇빛이 강함, 온도가 높음, 습도가 낮음, 바람이 잘 붐, 체내 수분량이 많음

(2) 광합성과 호흡

① 광합성

ㄱ 의미 : 녹색 식물이 빛에너지를 이용해 물과 이산화 탄소를 원료로 유기 양분(포도당)을 만드는 과정

물＋이산화 탄소 $\xrightarrow{\text{빛에너지}}$ 포도당＋산소

ㄴ 시기 및 장소 : 광합성은 빛이 있을 때 녹색 식물의 엽록체에서 일어남

ㄷ 필요 물질 및 생성 물질

- 필요한 물질
  - 빛에너지 : 엽록체 속 엽록소(녹색 색소)에서 흡수
  - 이산화 탄소 : 잎의 기공을 통해 흡수
  - 물 : 뿌리털에서 흡수되어 물관과 잎맥을 통해 공급
- 생성되는 물질
  - 포도당 : 광합성 결과 만들어지는 유기 양분으로, 저장 기관에 녹말 형태로 저장됨
  - 산소 : 식물 자신의 호흡에 이용되며, 나머지는 기공을 통해 방출

개념UP

광합성에 영향을 미치는 요인

- 빛의 세기 : 빛의 세기가 증가할수록 광합성량이 증가하다, 빛이 어느 정도 이상이 되면 더 이상 증가하지 않고 일정
- 이산화 탄소 농도 : 농도가 높아짐에 따라 광합성량이 증가하다, 어느 정도 이상이 되면 더 이상 증가하지 않고 일정
- 온도 : 빛이 강할 때 온도가 높을수록 광합성량이 증가(37~38℃에서 광합성이 가장 활발하며, 40℃가 넘으면 급격히 감소)

문제UP

다음은 엽록체에서 일어나는 광합성 과정을 나타낸 것이다. ( ) 안에 들어갈 물질로 가장 알맞은 것은?

물＋이산화 탄소 $\xrightarrow{\text{빛에너지}}$ ( )＋산소

① 단백질　② 포도당
③ 비타민　④ 무기질

해 광합성은 녹색 식물이 빛에너지와 물, 이산화 탄소를 이용해 유기 양분인 포도당을 만드는 과정이다.

정답 ②

443

② 호흡

㉠ 의미 : 산소를 이용해 포도당을 분해하여 생명 활동에 필요한 에너지를 얻는 과정

> 포도당＋산소 ──────→ 물＋이산화 탄소＋에너지

㉡ 장소와 시기 : 살아 있는 모든 세포에서 밤낮 구분 없이 항상 일어남

㉢ 필요한 물질

- 포도당 : 광합성으로 생성된 포도당이 필요
- 산소 : 광합성 결과 생성된 산소를 이용하거나 잎의 기공을 통해 흡수

㉣ 왕성한 호흡 형성의 조건 : 호흡은 에너지가 많이 필요한 시기에 왕성한데, 싹이 틀 때나 꽃이 필 때, 식물이 생장할 때 특히 왕성함

㉤ 식물의 기체 교환

- 낮 : 광합성량＞호흡량, 산소 방출 및 이산화 탄소 흡수
- 밤 : 호흡만 발생하고 광합성 없음, 산소 흡수 및 이산화 탄소 방출
- 아침·저녁 : 광합성량＝호흡량

❷ 소화, 순환, 호흡, 배설

(1) 소화와 순환

① 소화

㉠ 영양소

- 의미 : 생물이 살아가는데 필요한 물질
- 기능(역할)
  - 몸을 구성하며, 심장 박동과 호흡, 체온 등 생명 기능을 유지
  - 생명 활동에 필요한 에너지를 공급
  - 세포를 만들어 몸을 생장시키며, 상처 등 신체 손상 부위를 회복

- 분류
  - 3대 영양소 : 에너지원이나 몸의 구성 성분이 되는 탄수화물 · 지방 · 단백질을 말함
  - 3부 영양소 : 에너지원은 아니나 몸을 구성하고 생리 작용을 조절하는 물 · 무기 염류 · 바이타민(비타민)을 말함

ⓛ 3대 영양소

구분	탄수화물	지방	단백질
구성 원소	탄소(C), 수소(H), 산소(O)	탄소(C), 수소(H), 산소(O)	탄소(C), 수소(H), 산소(O), 질소(N)
기본 단위	단당류(포도당, 과 당 등)	지방산, 글리세롤	아미노산
기능 및 특징	•4kcal/g의 열량 발생 •가장 중요한 에너 지원, 몸을 구성 •쓰고 남은 것은 글리코겐으로 바 꾸어 간이나 근육 에 저장	•9kcal/g의 열량 발생 •에너지원, 몸을 구성(세포막, 핵 막, 성호르몬 구 성 성분) •피하지방으로 저 장되어 체온 유지	•4kcal/g의 열량 발생 •에너지원, 몸의 주요 성분(근육, 피부, 손톱 털 등) •생리 작용 조절에 관여
함유 식품	쌀, 밀(빵) 등 곡류, 감자, 고구마 등	식용유, 버터, 견과 류(호두, 땅콩) 등	육류, 유제품, 달걀, 콩 등, 두부 등

ⓒ 3부 영양소
- 물
  - 몸의 구성 비율의 66%를 차지하며, 용해성이 높아 생명 활동을 잘 일어나게 함
  - 영양소와 노폐물을 운반
  - 노폐물을 땀이나 오줌 등으로 배출하여 체온 조절과 생리 작용에 관여
- 무기 염류 : 칼슘, 철, 나트륨, 마그네슘, 인 등
  - 몸의 구성 성분(뼈, 치아, 신경세포 등)으로, 생리 작용을 조절
  - 체내에서 합성되지 않아 음식물로 섭취해야 함
- 바이타민(비타민) : 수용성 비타민(B군, C), 지용성 비타민 (A, D, E, K)
  - 몸의 구성 성분은 아니나, 매우 적은 양으로 생리 작용을 조절

1. 국어
2. 수학
3. 영어
4. 사회
5. 과학
6. 도덕

문제UP

다음 중 3대 영양소가 아닌 것은?
① 탄수화물　② 물
③ 지방　④ 단백질

해 에너지원이나 몸의 구성 성분이 되는 3대 영양소는 탄수화물, 지방, 단백질이다.

정답 ②

개념UP

몸을 구성하는 영양소
- 영양소 비율 : 물>단백질>지방>무기 염류>탄수화물>기타
- 하루 중 섭취 비율 : 물>탄수화물>단백질>지방>무기 염류, 비타민

개념UP

수용성 비타민, 지용성 비타민
- 수용성 비타민 : 물에 녹는 비타민으로 다량으로 섭취해도 축적이 되지 않고 일부를 제외하곤 소변으로 배출됨
- 지용성 비타민 : 지방이나 지방을 녹이는 비타민이며, 열에 강해서 식품으로 가공해도 손실이 적음

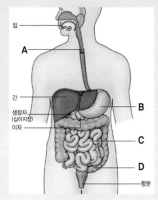
- 체내에서 합성되지 않아 음식물로 섭취해야 하며, 부족시 결핍증이 나타남

ⓔ 소화

• 의미 : 섭취한 음식물이 체내로 흡수될 수 있도록 작게 분해하는 과정

• 구성 : 소화와 흡수를 담당하는 소화계는 입이나 위, 소장 등의 소화기관으로 구성되고, 소화기관은 소화관과 소화샘으로 구분됨

• 소화기관 : 음식물의 소화에 관여하는 기관

– 소화관 : 음식물이 지나가는 긴 관으로, '입 → 식도 → 위 → 소장 → 대장' 으로 구성

– 소화샘 : 음식물을 소화시키는 소화 효소를 분비하는 곳으로, 소화관 곳곳에 분포 예 침샘, 위샘, 장샘, 간, 쓸개, 이자 등

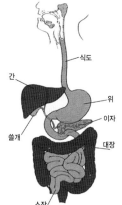

식도
간
위
이자
쓸개
대장
소장

[소화기관]

ⓜ 소화 과정

소화 기관	소화샘	소화액	소화 효소	소화 과정	특징
입	침샘	침	아밀레이스	녹말 → 엿당	씹는 운동과 혼합 운동
위	위샘	위액	펩신	단백질 → 중간 산물 단백질(펩톤)	• 분절 운동, 꿈틀 운동 • 염산은 소화 효소가 아니고 음식 부패 방지(살균), 펩신을 도움
소장	이자	이자액	아밀레이스	녹말 → 엿당	이자액은 3대 영양소를 모두 분해하는 유일한 소화액
			트립신	중간 산물 단백질 → 중간 산물 단백질	
			라이페이스	지방 → 지방산, 모노글리세리드	

소장	장샘	장액	말테이스	엿당 → 포도당	분절 운동, 꿈틀 운동
			펩티테이스	중간 산물 단백질 → 아미노산	

ⓗ 영양소의 흡수

- 영양소의 흡수 기관 : 소장의 융털(소장은 주름이 많고 주름에 융털이 많아 표면적이 넓어 영양소를 효율적으로 흡수함)
- 융털의 구조 : 모세혈관과 암죽관
  - 모세혈관 : 포도당, 아미노산, 무기 염류, 수용성 비타민 흡수
  - 암죽관 : 지방산, 모노글리세리드, 지용성 비타민 흡수

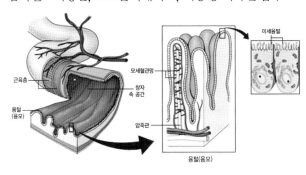

융털(융모)

개념UP

지방 분해 산물의 흡수 형태
지방산과 모노글리세리드는 융털의 상피세포로 흡수된 후 상피세포에서 다시 지방으로 합성되어 암죽관으로 이동

② 순환

㉠ 순환계 : 생명 활동에 필요한 물질 운반을 담당하는 기관계를 말하며, 혈액 · 심장 · 혈관으로 구성

㉡ 혈액

- 혈장
  - 혈액의 55%를 차지하며 혈장의 90%가 물
  - 단백질 · 포도당 · 아미노산 · 무기 염류 등의 영양소 등이 녹아 있으며, 영양소와 노폐물을 운반하고 체온 유지에도 관여

다음 내용이 설명하는 혈액의 구성 성분은?

- 모양이 불규칙하며, 핵을 가지고 있다.
- 병균에 감염되면 그 수가 증가하여 세균을 잡아 먹는다.

① 적혈구　　② 백혈구
③ 혈소판　　④ 혈장

해 모양이 불규칙하고 핵을 가지고 있으며, 식균 작용을 하는 것은 백혈구이다.

정답 ②

- 혈구

구분	적혈구	백혈구	혈소판
모양	가운데가 오목한 원반형(일정한 모양)	불규칙한 모양	불규칙한 모양
핵	없음	있음	없음
특징 및 기능	• 혈구 중 가장 많음 • 헤모글로빈이라는 붉은 색소를 가짐 • 헤모글로빈이 산소를 운반	• 무색투명 • 식균 작용(병균에 감염되면 수가 증가)	• 무색투명 • 혈액 응고(상처 발생시 출혈을 막음)

ⓒ 심장

- 심장의 구조 : 2개의 심방(우심방 · 좌심방)과 2개의 심실(우심실 · 좌심실)
- 심방 : 정맥과 연결되며, 온몸과 폐를 돌고 온 혈액을 받아들이는 곳
- 심실 : 동맥과 연결되며, 온몸과 폐로 혈액을 내보내는 곳
- 판막 : 혈액의 역류를 방지하는 막으로, 심방과 심실 사이, 심실과 동맥 사이에 존재

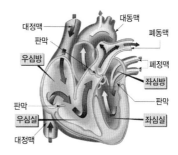

[심장의 구조]

ⓓ 혈관

동맥혈과 정맥혈

- 동맥혈 : 산소가 많이 들어 있어 선명한 선홍색을 띠는 혈액, 대동맥 · 폐정맥에 흐름
- 정맥혈 : 산소가 적고 이산화 탄소가 많아 암적색을 띠는 혈액, 대정맥 · 폐동맥에 흐름

구분	동맥	정맥	모세 혈관
기능	심실에서 나가는 혈액이 흐르는 혈관	심방으로 들어오는 혈액이 흐르는 혈관	동맥과 정맥을 연결하며, 몸 전체에 분포
혈관 벽	가장 두꺼움	중간	가장 얇음
혈압	가장 높음	가장 낮음	중간
혈류 속도	가장 빠름	중간	가장 느림

ⓜ 혈액의 순환

- 온몸 순환(체순환) : 혈액이 좌심실에서 온몸으로 나와 영양
소와 산소를 공급하고, 노폐물과 이산화 탄소를 받아오는 혈
액 순환

> 좌심실 → 대동맥 → 온몸의 모세 혈관 → 대정맥 → 우심방

- 폐순환 : 혈액이 우심실에서 폐로 나와 이산화 탄소를 내보
내고, 산소를 받아 좌심방으로 돌아오는 혈액 순환

> 우심실 → 폐동맥 → 폐의 모세 혈관 → 폐정맥 → 좌심방

(2) 호흡과 배설

① 호흡

㉠ 호흡의 의미 : 산소를 이용해 영양소를 분해하여 에너지를 얻는
과정(공기를 들이마시고 내쉬는 작용과 그 작용을 통해 얻은
산소가 세포에서 영양소를 분해하여 생명 활동에 필요한 에너
지를 얻는 작용을 모두 이르는 말)

> 산소 + 영양소 → 물 + 이산화 탄소 + 에너지

㉡ 호흡계

- 의미 : 세포의 호흡에 필요한 산소를 공기 중에서 흡수하고
호흡의 결과 발생한 이산화 탄소를 몸 밖으로 내보내는 역할
을 하는 기관계
- 구성 : 코, 기관, 기관지, 폐와 같은 호흡기관

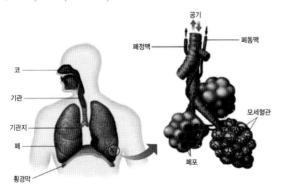

[호흡계(호흡기관)]

> **개념UP**
>
> **호흡 운동**
> - 원리 : 폐에는 근육이 없어 스스로
>   운동할 수 없고 갈비뼈와 가로막
>   의 작용으로 흉강의 부피가 변하
>   여 공기를 흡입하거나 내보냄
> - 들숨 : 공기를 들이마시는 것으로,
>   갈비뼈가 올라가고 가로막이 내려
>   가 흉강의 부피가 커지면 폐의 압
>   력이 낮아져 공기가 들어옴
> - 날숨 : 공기를 내쉬는 것으로, 갈
>   비뼈가 내려가고 가로막이 올라가
>   흉강의 부피가 줄어들면 폐의 압
>   력이 높아져 공기가 나감

1. 국어

2. 수학

3. 영어

4. 사회

5. 과학

6. 도덕

– 코 : 공기를 들이마시고 내보내는 기관으로, 콧속의 털과 점액이 먼지와 이물질을 걸러 내고 공기의 온도와 습도를 조절함
– 기관 : 목구멍에서 폐까지 공기가 드나드는 관을 말하며, 안쪽 벽에 섬모가 이물질을 제거함
– 기관지 : 기관 아래에 두 가닥으로 갈라져 좌우의 폐로 이어지는 통로를 말함
– 폐 : 갈비뼈와 가로막(횡격막)으로 둘러싸인 흉강 속 좌우에 한 쌍이 있으며, 수많은 폐포로 이루어져 공기와 접촉 표면적이 넓음(스스로 수축과 이완 운동을 하지 못함)

㉢ 기체 교환

• 들숨과 날숨의 성분 : 날숨(질소 78%, 산소 16%, 이산화 탄소 4%)에는 들숨(질소 78%, 산소 21%, 이산화 탄소 0.03%)보다 상대적으로 이산화 탄소가 많고 산소가 적음
• 외호흡과 내호흡

구분	외호흡	내호흡
의미	폐포와 모세 혈관 사이에서 일어나는 기체 교환	모세 혈관과 조직세포 사이에서 일어나는 기체 교환
기체 교환	폐포 ⇄ 모세 혈관 (산소/이산화 탄소)	모세 혈관 ⇄ 조직세포 (산소/이산화 탄소)

㉣ 세포 호흡

• 의미 : 조직세포가 산소를 이용해 영양소를 분해하여 에너지를 얻는 과정

산소 + 영양소 → 물 + 이산화 탄소 + 에너지

• 에너지의 이용 : 체온 유지, 생장, 근육 운동 등의 생명 활동에 이용

② 배설

㉠ 노폐물의 생성 : 세포의 호흡으로 영양소가 분해될 때 노폐물이 생성됨
㉡ 배설 : 세포 호흡의 결과 생성된 노폐물(물, 이산화 탄소, 암모니아 등)을 몸 밖으로 내보내는 과정
㉢ 배설 기관 : 혈액 속 노폐물을 거르고 몸 밖으로 내보내는 기관

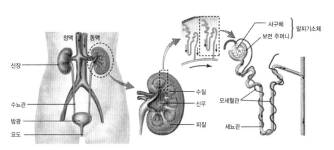

[배설 기관과 콩팥의 구조]

- 콩팥(신장)
  - 강낭콩 모양의 기관으로, 혈액 속의 노폐물을 걸러 오줌을 생성하고 체액의 조성을 일정하게 유지함
  - 콩팥 겉질에는 많은 말피기 소체(사구체＋보먼주머니)와 세뇨관이 일부 있으며, 콩팥 속질에는 세뇨관과 세뇨관이 모여서 된 집합관이 분포함
- 오줌관(수뇨관) : 콩팥과 방광을 연결하는 관으로, 콩팥에서 만들어진 오줌이 방광으로 이동하는 통로
- 방광 : 오줌이 일시적으로 저장되는 주머니
- 요도 : 방광에 모인 오줌이 몸 밖으로 내보내는 통로
- ㄹ 오줌의 생성 : 콩팥에서 '여과 → 재흡수 → 분비' 과정을 거쳐 생성
  - 여과 : 사구체의 높은 혈압에 의해 혈액 성분 중 작은 물질이 보먼주머니를 빠져 나감(사구체 → 보먼주머니)
  - 재흡수 : 여과액이 세뇨관을 지나는 동안 몸에 필요한 물질이 모세 혈관으로 흡수됨(세뇨관 → 모세 혈관)
  - 분비 : 여과되지 못한 노폐물이 모세 혈관에서 세뇨관으로 이동함(모세 혈관 → 세뇨관)

❸ 자극과 반응

(1) 감각 기관

① 시각

㉠ 눈 : 빛을 자극으로 하여 사물을 볼 수 있게 함(시각을 형성)

1. 국어
2. 수학
3. 영어
4. 사회
5. 과학
6. 도덕

문제 UP

사람의 배설 기관의 하나인 A의 명칭으로 옳은 것은?

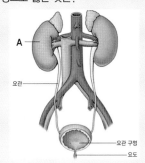

A의 기능 : A는 혈액 속의 노폐물을 걸러주고 체액의 조성을 일정하게 한다.

① 심장 　　② 방광
③ 콩팥 　　④ 대장

해 ③ A는 콩팥이다. 콩팥은 강낭콩 모양의 배설 기관으로, 혈액 속의 노폐물을 걸러 오줌을 생성하고 체액의 조성을 일정하게 유지한다.
①·④ 심장은 순환 기관이며, 대장은 소화 기관에 해당한다.
② 방광은 배설 기관으로, 오줌이 일시적으로 저장되는 곳이다.
정답 ③

개념 UP

오줌의 성분과 배설

- 구성 성분 : 오줌은 95% 이상이 물이며 나머지는 무기 염류, 요소 등으로 구성됨
- 배설 : 성인은 1일 약 1.5~2L의 오줌을 배설하며, 단백질과 포도당 등의 영양소는 오줌으로 배설되지 않음

ⓛ 눈의 구조

- 공막 : 눈의 가장 바깥쪽에 있는 단단한 막으로, 눈의 형태를 유지하고 내부를 보호

- 각막 : 수정체 앞의 위치하며 공막과 연결된 얇고 투명한 막으로, 홍채의 바깥을 감쌈
- 맥락막 : 공막과 각막 사이에 위치하는 검은색 막으로, 빛이 들어오지 못하게 하는 암실의 역할을 함
- 홍채 : 수정체 앞에서 동공의 크기를 변화시켜 눈으로 들어오는 빛의 양을 조절(사진기의 조리개 역할)
- 수정체 : 탄력적이고 투명하며 볼록렌즈 모양으로, 빛을 굴절시켜 망막에 상이 맺히도록 함(사진기의 렌즈 역할)
- 모양체(섬모체) : 수정체의 두께를 조절하는 근육
- 동공 : 홍채 사이에 있는 구멍으로, 빛이 들어오는 통로
- 망막 : 눈의 가장 안쪽에 있는 막으로 시각세포와 시각 신경이 분포하여 물체의 상이 맺힘(선명한 상이 맺히는 황반과 시각 신경이 뇌로 나가는 맹점이 있음)
- 유리체 : 눈 속의 투명한 액체로, 눈의 형태를 유지함

ⓒ 눈의 조절 작용

- 명암 조절
  - 밝은 곳에서 : 홍채 이완(확장), 동공 수축(축소) → 빛이 적게 들어옴
  - 어두운 곳에서 : 홍채 수축(축소), 동공 확대 → 빛이 많이 들어옴
- 원근 조절
  - 가까운 곳을 볼 때 : 섬모체 수축, 수정체 두꺼워짐
  - 먼 곳을 볼 때 : 섬모체 이완, 수정체 얇아짐

ⓔ 근시와 원시

구분	근시	원시
의미	물체의 상이 망막의 앞에 맺히는 것(망막보다 가까운 곳에 생김)으로, 가까운 곳과 달리 먼 곳은 잘 보지 못함	물체의 상이 망막의 뒤에 맺히는 것으로, 먼 곳은 잘 보지만 가까운 곳은 잘 보지 못함

원인	수정체가 두껍거나 수정체와 망막 사이의 거리가 정상보다 긴 경우 발생	수정체가 얇거나 수정체와 망막 사이의 거리가 짧은 경우 발생
교정	오목렌즈로 교정	볼록렌즈로 교정

② 청각

　㉠ 귀 : 소리를 자극으로 인식하여 진동을 들을 수 있으며, 중력으로 인해 평형 감각을 느끼게 함(청각과 평형 감각)

　㉡ 귀의 구조

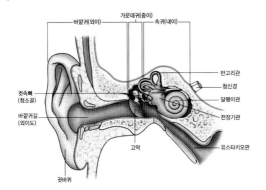

- 외이(겉귀 · 바깥귀) : 겉에서 볼 수 있는 부분으로, 소리(음파)를 안으로 전달함
  - 귓바퀴 : 소리(음파)를 모아 중이(가운데귀)로 전달함
  - 외이도 : 귓바퀴에서 모은 소리를 고막까지 전달해주는 이동 통로
- 중이(가운데귀) : 외이에서 전달된 소리를 증폭시켜 내이로 보냄
  - 고막 : 소리를 최초로 느끼는 얇은 막으로, 소리의 진동을 귓속뼈로 보냄
  - 귓속뼈 : 고막의 진동을 증폭시켜 내이의 달팽이관으로 보냄
  - 귀인두관 : 중이의 압력을 외부와 같게 조절함
- 내이(속귀) : 청각과 평형 감각을 담당하는 기관이 함께 들어 있음
  - 달팽이관 : 청각세포가 분포되어 있어 소리 자극을 받아들여 청각 신경을 통해 전달함
  - 전정기관 : 달팽이관과 반고리관 사이에 있는 작은 주머니로, 중력의 자극을 받아들여 몸이 기울어지는 것을 느낌

1. 국어
2. 수학
3. 영어
4. 사회
5. 과학
6. 도덕

개념UP

시각의 성립 과정

빛 → 각막 → 수정체 → 유리체 → 망막(시각세포) → 시각 신경 → 대뇌

개념UP

청각의 성립 과정

소리 → 귓바퀴 → 외이도 → 고막 → 귓속뼈 → 달팽이관(청각세포) → 청각 신경 → 대뇌

문제UP

다음 중 소리를 듣기 위해 필요한 기관에 해당하는 것은?

① 각막　　② 망막
③ 고막　　④ 유두

해 고막은 소리를 최초로 느끼는 얇은 막으로, 소리의 진동을 귓속뼈로 보내는 기능을 수행한다.

정답 ③

(위치 감각)

– 반고리관 : 반고리 모양의 뼈가 서로 직각으로 배열되어
있으며, 몸의 회전을 느낌(회전 감각)

③ 그 외의 감각

㉠ 후각(코)

• 코 : 기체 물질을 자극으로 하여 냄새를 맡을 수 있음(후각)

• 후각의 성립 및 전달 : 기체 상태의 후각 물질(자극원) → 후
각 상피(후각세포) → 후각 신경 → 대뇌

• 특징 : 다른 감각에 비해 매우 예민하며, 쉽게 피로해지므로
같은 냄새를 계속해서 맡을 수는 없음(특정 자극에 피로해져
도 다른 종류의 자극은 느낄 수 있음)

㉡ 미각(혀)

• 혀 : 액체 물질을 자극으로 하여 맛을 느낄 수 있음(미각)

• 미각의 성립 및 전달 : 액체 상태의 화학 물질(자극원) → 유
두(표면의 좁쌀 모양의 돌기) → 맛봉오리(맛을 느끼는 맛세
포로 구성) → 미각 신경 → 대뇌

• 특징

– 사람이 느낄 수 있는 기본적인 맛은 단맛과 신맛, 쓴맛, 짠
맛, 감칠맛의 5가지

– 각각의 맛을 예민하게 느끼는 혀의 부위는 각각 다르며,
후각과 함께 작용하여 다양한 맛을 느낄 수 있음

㉢ 피부 감각

• 피부 감각점과 자극 : 통점(통증), 압점(압력), 촉점(접촉), 냉
점(차가움), 온점(따뜻함)

• 감각점의 수 : 통점 > 압점 > 촉점 > 냉점 > 온점

• 특징

– 감각점은 피부의 진피에 분포하며, 몸의 부위에 따라 감각
점의 분포가 다름

– 감각점이 많을수록 예민하며, 압각 · 온각 · 냉각의 자극이
심하면 통각으로 변함

(2) 자극과 반응

① 신경계

개념 UP

온각, 냉각
똑같은 온도의 물에 손을 담글 경우
미리 손을 차게 하여 피부의 온도를
낮추어 놓으면 온도상승에 의해 온
각이 일어나는데, 미리 따뜻하게 하
면 온도 강하에 따라 냉각이 일어남

㉠ 신경계

- 의미 : 감각 기관이 받아들인 자극을 전달하고 이를 판단하여 적절한 반응이 나타나도록 신호를 보내는 기관계
- 뉴런 : 신경계를 이루는 기본 단위가 되는 세포
- 뉴런의 구조

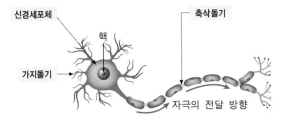

- 신경세포체 : 뉴런의 본체로 핵과 대부분의 세포질로 구성, 생장과 물질대사에 관여
- 가지돌기 : 다른 뉴런이나 감각기관에서 자극을 받아들여 신경세포로 전달
- 축삭돌기 : 신경세포가 받아들인 자극을 다른 뉴런이나 기관으로 전달

㉡ 신경계의 구성

- 중추 신경계 : 뇌와 척수로 구성되며, 자극에 대해 수용·판단하고 필요한 명령을 내림

구분		기능
뇌	대뇌	• 가장 많은 용량을 차지하며, 주름이 많은 2개의 반구로 구성 • 자극에 대한 감각·판단·명령을 담당, 고차원적 정신 활동(기억·판단·추리·창조 등)을 담당
	소뇌	근육 운동을 조절하며, 몸의 균형(평형)을 유지
	간뇌	대뇌와 중간뇌 사이에서 체온과 물질 대사를 조절
	중간뇌	대뇌와 연수가 연결되는 부분에서 안구 운동과 홍채 작용을 조절
	연수	• 소뇌의 앞쪽에서 위치하며, 좌우 신경이 교차가 발생 • 심장 박동과 호흡, 소화 운동을 조절 • 재채기, 하품, 딸꾹질, 침과 눈물의 분비 등의 중추
척수		• 뇌와 말초 신경을 연결하는 신호의 전달 통로 • 흥분 전달, 배뇨, 땀 분비, 무릎 반사 중추

개념UP

축삭돌기의 구조

축삭돌기는 섬유와 같이 가는 구조를 유지하기 위해서 긴 세포골격을 가짐

문제UP

다음 빈칸에 공통으로 들어갈 말로 가장 알맞은 것은?

- ( )는 뇌와 말초 신경의 연결 통로가 되는 긴 신경 다발이다.
- 자극의 반응 경로는 '자극 → 감각 신경 → ( ) → 운동 신경 → 반응'이다.

① 대뇌   ② 간뇌
③ 연수   ④ 척수

해 뇌와 말초 신경을 연결하는 신호의 전달 통로는 척수이다.

정답 ④

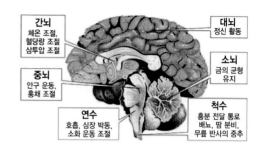

간뇌	대뇌
체온 조절, 혈당량 조절, 삼투압 조절	정신 활동

중뇌
안구 운동, 홍채 조절

소뇌
몸의 균형 유지

연수
호흡, 심장 박동, 소화 운동 조절

척수
흥분 전달 통로, 배뇨, 땀 분비, 무릎 반사의 중추

체성 신경계, 자율 신경계

- 체성 신경계 : 몸의 각 부분에 있는 감각기관의 중추, 그리고 중추와 골격근 사이를 연결하는 신경
- 자율 신경계 : 소화, 호흡, 땀 같은 신진대사처럼 의식적으로 제어할 수 없는 기능에 관여함

- 말초 신경계 : 중추 신경계에서 뻗어 나와 온몸에 퍼져 있는 신경계로서, 체성 신경계와 자율 신경계로 구분됨

ⓒ 자극과 반응

구분		의미와 성립 과정
의식적 반응		• 의미 : 대뇌가 관여하여 자극에 의식적으로 반응하는 것으로, 대뇌가 중추 • 성립 과정 : 자극 → 감각 기관 → 감각 신경 → (척수) → 대뇌 → (척수) → 운동 신경 → 운동 기관 → 반응
무의식적 반응	조건 반사	• 의미 : 과거의 경험을 바탕으로 나타나는 무의식적 반응으로, 대뇌가 중추 • 성립 과정 : 자극 → 감각 기관 → 감각 신경 → (척수) → 대뇌 → (척수) → 운동 신경 → 운동 기관 → 반응
	무조건 반사	• 의미 : 자극에 대해 무의식적으로 나타나는 반응으로, 대뇌가 관여하지 않고 척수 · 연수 · 중간뇌가 중추 • 성립 과정 : 자극 → 감각 기관 → 감각 신경 → 척수, 연수, 중간뇌 → 운동 신경 → 운동 기관 → 반응

② 항상성

㉠ 호르몬

- 의미 : 몸이 조화롭고 통일된 기능을 유지하도록 신호를 전달 · 작용하는 화학 물질
- 특성
  - 내분비샘에서 분비되고 혈액을 통해 운반됨
  - 표적 기관(표적세포)에만 작용하며, 작용이 오래 지속되고 작용범위가 넓음
  - 매우 적은 양으로 신체의 생리 작용을 조절함
  - 너무 많이 분비되면 과다증, 적게 분비되면 결핍증이 발생함

외분비, 내분비

- 외분비 : 분비관이 별도로 존재하는 땀, 오줌, 소화액 등
- 내분비 : 분비관 없이 체액을 통해 분비되는 호르몬, 뇌하수체

– 척추동물 간에 종 특이성이 없어, 다른 종 간에도 같은 호
르몬은 같은 기능을 수행함

– 피드백 작용을 통해 항상성을 유지함

• 사람의 내분비샘과 호르몬

내분비샘	호르몬	작용
뇌하수체	생장 호르몬	뼈, 근육 등의 신체 발육과 생장 촉진
	갑상샘 자극 호르몬	갑상샘의 티록신 분비 촉진
	생식샘 자극 호르몬	생식샘(정소 · 난소)의 성호르몬 분비 촉진
	항이뇨 호르몬	콩팥에서 수분 재흡수 촉진(오줌량 감소)
갑상선	티록신	세포 호흡과 화학 반응 촉진
부신	아드레날린	혈압 상승, 심장 박동 촉진, 혈당량 증가
이자	인슐린	혈당량 감소(포도당 → 글리코젠)
	글루카곤	혈당량 증가(글리코젠 → 포도당)
정소	테스토스테론	남성의 2차 성징 발현, 정자 생성
난소	에스트로겐	여성의 2차 성징 발현, 난자 생성

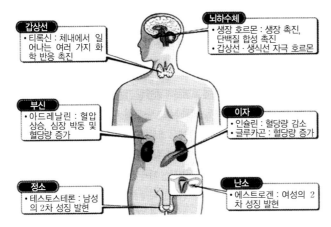

• 호르몬의 결핍증과 과다증

호르몬	결핍증	과다증
생장 호르몬	소인증	거인증, 말단 비대증
티록신	갑상샘 기능 저하증(면역력 저하, 힘이 없고 추위를 탐)	갑상샘 기능 항진증(몸이 마르고, 눈이 비정상적으로 튀어나옴)
인슐린	당뇨병	–

문제UP

다음 설명에 해당하는 호르몬으로 옳은 것은?

• 이자에서 분비되는 호르몬이다.
• 혈당량을 감소시키는 기능을 하며, 부족할 경우 당뇨병에 걸린다.

① 항이뇨 호르몬
② 티록신
③ 아드레날린
④ 인슐린

해 이자에서 분비되는 인슐린은 간에서 포도당을 글리코젠으로 합성 촉진하여 혈당량을 감소시키는 기능을 한다. 인슐린 분비가 부족할 경우 당뇨병에 걸리기 쉽다.

정답 ④

ⓛ 항상성 조절
• 호르몬 분비량 조절 : 티록신의 분비량 조절이 대표적 예
　– 티록신 분비 부족 : 뇌하수체 작용 촉진 → 갑상샘 자극 호르몬 분비 증가 → 갑상샘 작용 촉진 → 티록신 분비량 증가
　– 티록신 분비 과다 : 뇌하수체 작용 억제 → 갑상샘 자극 호르몬 분비 감소 → 갑상샘 작용 억제 → 티록신 분비량 감소
• 혈당량 조절 : 인슐린과 글루카곤 분비를 통해 조절
　– 혈당량이 높을 때 : 이자에서 인슐린 분비 → 간에서 포도당을 글리코젠으로 합성 촉진, 세포에서 혈액 속 포도당 흡수 촉진 → 혈당량 감소
　– 혈당량이 낮을 때 : 이자에서 글루카곤 분비 → 간에서 글리코젠을 포도당으로 분해 촉진 → 혈당량 감소

❹ 생식과 발생

(1) 생식과 세포 분열
　① 생식
　　㉠ 생식의 의미 : 생물이 자신과 닮은 자손을 만드는 과정으로, 무성 생식과 유성 생식으로 구분됨
　　ⓛ 무성 생식
　　　• 의미 : 암수 생식 세포의 결합 없이 몸의 일부가 분리되어 자손을 만드는 생식 방법으로, 모체와 자손의 유전적 구성이 동일함
　　　• 장점 : 생식 과정이 단순하며, 적당한 환경에서 빠르게 번식함
　　　• 단점 : 모체와 유전적으로 동일한 자손만 만들어지므로 환경 적응성이 떨어짐

• 무성 생식의 종류

구분	생식 방법	특징	예
분열법 (이분법)	세포 분열로 2개의 세포로 분열하여 각각 새로운 개체가 됨	가장 간단한 방법으로, 번식 속도가 빠름	아메바, 짚신벌레, 세균, 돌말
출아법	몸의 일부가 혹처럼 돋아 자란 후 떨어져 새로운 개체가 됨	모체보다 작은 자손이 생김	효모, 히드라, 말미잘, 산호
포자 생식	몸의 일부에서 떨어진 포자가 싹터 새로운 개체가 됨	매우 가벼워 쉽게 운반되며, 나쁜 환경에서도 오래 견딤	버섯, 고사리, 이끼, 곰팡이
영양 생식	식물의 영양 기관(뿌리·줄기·잎) 일부가 새로운 개체가 됨	모체 형질이 그대로 전달, 개화와 결실이 빨라 대량 번식 가능	땅속 줄기, 기는 줄기, 잎꽂이, 접붙이기

ⓒ 유성 생식

• 의미 : 암수가 구별되는 생물이 각각 생식세포를 만들고 이 것이 결합하여 자손을 만드는 생식 방법으로, 다양한 유전적 구성을 가진 자손이 나타남

• 장점 : 유전적으로 다양한 형질의 자손이 나타나므로 환경 적응성이 높음

• 단점 : 생식 과정이 길고 복잡해 번식 속도가 느림

• 동·식물의 유성 생식

구분	암		수	
	동물	식물	동물	식물
생식 기관	난소	밑씨	정소	꽃밥
생식세포	난자	난세포	정자	꽃가루

② 세포 분열

㉠ 세포 분열

• 세포 분열의 이유

– 생식 : 무성 생식과 유성 생식 모두 세포 분열을 통해 일어남

– 효율적 물질 교환 : 세포가 외부와 물질 교환을 효율적으로 하기 위함(세포가 커질수록 물질 교환이 어려워짐)

• 세포 분열의 종류

– 체세포 분열 : 생장, 재생, 단세포 생물의 생식 등

– 생식세포 분열 : 다세포 생물의 생식

ⓒ 염색체

• 의미 : 세포 분열시 세포 핵 속의 염색사가 뭉쳐 나타나는 막대 모양의 구조물로, 유전 물질(DNA)와 단백질로 되어 있음

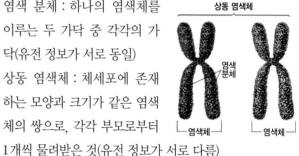

상동 염색체

염색 분체

염색체

염색체

– 염색 분체 : 하나의 염색체를 이루는 두 가닥 중 각각의 가닥(유전 정보가 서로 동일)

– 상동 염색체 : 체세포에 존재하는 모양과 크기가 같은 염색체의 쌍으로, 각각 부모로부터 1개씩 물려받은 것(유전 정보가 서로 다름)

• 특징

– 염색체는 세포 분열이 일어날 때만 관찰할 수 있으며, DNA와 단백질로 이루어져 있음

– 같은 종의 생물은 염색체 수와 모양이 같지만, 염색체 수가 같다고 같은 종은 아님

• 종류 : 암수 공통으로 가지는 상염색체와 암수를 결정하는 한 쌍의 염색체인 성염색체로 구분됨

• 사람의 염색체 : 22쌍(44개)의 상염색체와 1쌍(2개)의 성염색체를 가짐

– 남자의 염색체 : 44(상염색체 22쌍)＋XY(성염색체 1쌍)

– 여자의 염색체 : 44(상염색체 22쌍)＋XX(성염색체 1쌍)

ⓒ 체세포 분열

• 의미 : 한 개의 세포가 둘로 나누어지는 세포 분열로, 생장·재생·생식이 이루어짐

– 생장 : 세포 수를 늘려 몸집이 커지는 것

– 재생 : 새로운 세포를 만들어 상처를 아물게 하는 것

– 생식 : 무성 생식을 하는 생물은 체세포 분열로 개체수를 늘림

개념UP

대립 유전자

상동 염색체의 동일한 위치에서 같은 특징을 결정해 주는 유전자를 대립 유전자라고 함

문제UP

사람의 염색체에 대한 다음 설명 중 옳지 않은 것은?

① 남자의 성염색체는 XY이다.

② 남자와 여자의 염색체 수는 같다.

③ 부모로부터 각각 22개씩 물려받는다.

④ 유전정보를 가진 DNA를 포함한다.

해 사람의 염색체 수는 46개이며, 부모로부터 각각 23개씩 물려받는다.

정답 ③

- 체세포 분열 과정

| 간기 | 전기 | 중기 | 후기 | 말기 |

구분	특징
간기	• 세포 주기 중 가장 긴 시기로, DNA가 복제(2배로 증가), 세포질이 증가 • 핵막과 인이 관찰되며, 염색체는 관찰되지 않고 염색사 형태로 존재
전기	• 염색사가 응축하여 염색체가 형성되고, 방추사가 나타남 • 핵막과 인이 사라짐
중기	• 가장 짧은 시기이나 염색체 관찰에 가장 적합한 시기임 • 염색체가 적도면에 배열되며, 방추사가 달라붙음
후기	• 염색 분체가 분리되어 방추사에 의해 세포의 양극으로 이동함 • 분리된 염색 분체는 각각 하나의 염색체가 됨
말기	• 염색체가 방추사가 사라지고 세포질 분열이 시작됨 • 핵막과 인이 생김(2개의 핵이 만들어짐)

- 체세포 분열의 결과
  - 분열 전(모세포)과 분열 후(딸세포)의 염색체 수에 변화가 없음(2n → 2n)
  - 모세포와 염색체 수와 모양, 유전 정보가 같은 두 개의 딸세포가 만들어짐

(2) 수정과 발생

① 생식세포 분열(감수 분열)

㉠ 의미

- 생식 기관에서 생식세포를 만들기 위해 일어나는 세포 분열로, 감수 1분열과 감수 2분열이 연속으로 일어남
- 염색체 수가 반으로 줄어들기 때문에 감수 분열이라고도 함

문제UP

다음 중 체세포 분열에 대한 설명으로 옳지 않은 것은?

① 한 개의 세포가 둘로 나누어지는 세포 분열이며, 생장과 재생이 이루어진다.
② 체세포 분열 단계 중 염색체 관찰에 가장 적합한 시기는 중기이다.
③ 분열 전과 분열 후의 염색체 수에 변화가 없다.
④ 모세포와 유전 정보가 같은 4개의 딸세포가 만들어진다.

해 체세포 분열로 모세포와 염색체 수와 유전 정보가 같은 2개의 딸세포가 만들어진다.

정답 ④

ⓒ 생식세포 분열 과정

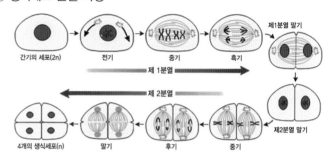

- 간기 : 세포 주기 중 가장 긴 시기로, DNA가 2배로 복제되고 세포질의 양이 증가하여 크기가 커지며, 핵막과 인이 뚜렷이 관찰됨
- 감수 1분열 : 상동 염색체가 분리되며, 염색체 수가 절반으로 감소함($2n \rightarrow n$)
  - 전기 : 상동 염색체가 접합하여 2가 염색체를 형성하며, 핵막과 인이 사라지고 방추사가 나타남
  - 중기 : 2가 염색체가 세포 중앙에 배열되고, 방추사가 달라붙음
  - 후기 : 2가 염색체가 분리되어 상동 염색체가 방추사에 의해 세포의 양극으로 이동
  - 말기 : 핵막이 생겨 2개의 핵이 만들어지고, 세포질 분열이 일어나 염색체 수가 모세포의 절반인 딸세포 2개가 형성됨
- 감수 2분열 : 염색 분체가 분리되며, 염색체 수는 변함이 없음($n \rightarrow n$)
  - 전기 : 간기 없이 1분열 말기에서 연속해서 나타나며, 핵막과 인이 사라지고 방추사가 형성됨
  - 중기 : 염색체가 세포 중앙에 배열되고, 방추사가 염색체에 붙음
  - 후기 : 염색 분체가 분리되어 방추사에 의해 양극으로 이동
  - 말기 : 핵막이 생겨 4개의 핵이 만들어지고, 세포질 분열이 일어나 4개의 딸세포가 만들어짐

ⓒ 생식세포 분열의 특징

- 세포 분열이 2번 연속해서 일어남

개념UP

감수 1분열, 감수 2분열

감수 1분열(제 1분열)=이형분열,
감수 2분열(제 2분열)=동형분열

문제UP

다음 내용이 설명하는 것은?

- 생식 기관에서 생식세포를 만들기 위해 일어나는 세포 분열 과정이다.
- 분열 후 염색체 수가 반으로 줄어들기 때문에 감수 분열이라고도 한다.

① 체세포 분열   ② 생식세포 분열
③ 세포 복제   ④ 세포 융합

해 생식세포 분열(감수 분열)에 대한 설명이다.

정답 ②

- 감수 1분열 전기에 2가 염색체가 나타남
- 생식세포 분열의 결과 염색체 수가 모세포의 절반인 딸세포
4개가 만들어짐

② 사람의 생식 기관과 발생

㉠ 사람의 생식 기관

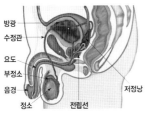
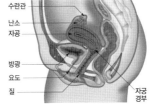

[남성의 생식 기관]　　　　　[여성의 생식 기관]

- 남성의 생식 기관
  - 정소 : 음낭으로 둘러싸인 한 쌍의 기관으로, 정자를 만들
    고 남성 호르몬을 분비함
  - 부정소 : 정소의 위쪽에 위치하며, 정자가 일시 저장되어
    성숙하면서 운동능력을 갖춤
  - 수정관 : 부정소에서 요도까지 연결된 관으로, 정자가 이
    동하는 통로
  - 전립샘(전립선) : 정액을 이루는 물질을 만들어 분비
  - 요도 : 수정관과 연결되어 있으며, 정액이 몸 밖으로 나가
    는 통로
- 여성의 생식 기관
  - 난소 : 자궁 양쪽에 한 쌍이 존재하며, 난자를 만들고 여성
    호르몬을 분비
  - 수란관 : 난자가 자궁으로 이동하는 통로로, 난자와 정자
    가 만나 수정이 일어남
  - 자궁 : 수정란이 착상하여 태아로 자라는 곳으로, 두꺼운
    근육으로 이루어짐
  - 질 : 정자가 들어오고, 출산시 태아가 나가는 통로

다음 내용이 설명하는 기관은?

- 정자와 난자가 수정된 수정란이 착상하는 곳이다.
- 임신 후 태아가 자라는 곳이다.

① 수정관   ② 수란관
③ 난소   ④ 자궁

해 수정란이 착상하여 태아로 자라는 곳은 자궁이다.

정답 ④

개념UP

정자와 난자의 이동 경로

- 정자의 이동 경로 : 정소 → 부정소 → 수정관 → 요도 → 몸 밖
- 난자의 이동 경로 : 난소 → 수란관 → 자궁 → 질 → 몸 밖

문제UP

다음 중 사람이 태어나기까지의 과정을 순서대로 바르게 나열한 것은?

① 배란 → 수정 → 난할 → 착상 → 출산
② 배란 → 난할 → 착상 → 수정 → 출산
③ 배란 → 수정 → 착상 → 난할 → 출산
④ 배란 → 난할 → 수정 → 착상 → 출산

해 사람의 배란부터 출산까지의 과정은 ①의 순서로 진행된다.

정답 ①

- 생식세포

구분	정자	난자
구조	핵(유전 물질 포함), 미토콘드리아(운동에 필요한 에너지 생성)	핵(유전 물질 포함), 세포질(양분 저장), 투명대(난자를 둘러싼 투명 막)
생성 장소	정소	난소
크기	작음	큼
운동성	있음	없음
영양분	없음	있음

- 생식 주기 : 여성의 몸에서 난자의 성숙과 배란, 월경이 28일 주기로 반복되는 것
  - 난자의 성숙 : 여포가 성숙하면서 그 속의 난자도 성숙하며, 임신에 대비해 자궁 내막이 점점 두꺼워짐
  - 배란 : 여포가 터지면서 성숙한 난자가 난소에서 수란관으로 배출되는 현상이며, 배란 후에도 자궁 내막은 한동안 두껍게 유지됨
  - 월경 : 배란된 난자가 수정되지 않으면 두꺼워진 자궁 내막이 허물어져 혈액과 함께 몸 밖으로 배출됨

- 사람의 수정과 출산 : 배란 → 수정 → 난할 → 착상 → 임신 → 출산
  - 수정 : 수란관 상부에서 정자(n)와 난자(n)가 결합해 수정란($2n$)을 형성
  - 난할 : 수정란에서 초기에 발생하는 세포 분열(체세포 분열의 일종)
  - 착상 : 수정 후 약 1주일 후 포배 상태에서 자궁 내막에 파묻힘
  - 임신 : 수정란이 자궁에서 자라는 것
  - 출산 : 수정일부터 약 266일(38주)이 지나면 자궁이 수축하여 입구가 열려 태아를 출산함

❺ 생물의 다양성

(1) 생물의 다양성과 분류

① 생물 다양성

  ㉠ 생물 다양성 : 생태계 내에 존재하는 생물의 다양한 정도를 의미함

② 생물의 분류

  ㉠ 생물 분류의 의미 : 분류는 다양한 생물을 일정한 기준에 따라 구분하는 것을 말함

  ㉡ 생물 분류의 목적 : 생물의 진화 과정과 생물 간의 유연관계를 밝히는 것

  ㉢ 생물 분류 방법

    • 인위 분류 : 사람의 이용 목적이나 편의를 기준으로 분류하는 방법

    • 자연 분류 : 생물 고유의 특징을 기준으로 분류하는 방법

  ㉣ 생물 분류 단계 : 생물을 가장 작은 범주인 종에서부터 점차 큰 범주로 묶어 나타낸 것(종 < 속 < 과 < 목 < 강 < 문 < 계)

    • 분류의 기본 단위 : 생물학적인 종

    • 계통수 : 생물의 진화 과정과 유연관계를 나뭇가지 모양의 그림으로 나타낸 것으로, 유연관계가 가까운 생물일수록 가까운 가지에 놓임

  ㉤ 생물의 5계 분류 체계 : 원핵생물계, 원생생물계, 식물계, 균계, 동물계

    • 원핵생물계 : 크기가 매우 작고 핵을 가지지 않는 생물로 미생물 중 세균이 이에 속함

    • 원생생물계 : 핵을 가지는 진핵생물이며 짚신벌레, 아메바 등이 이에 속함

    • 식물계 : 광합성을 하는 생물로 세포벽을 가지며 광합성에 필요한 기관이 발달되어 있음

    • 균계 : 기생 생활을 하며 유기물을 분해하여 영양분을 흡수하는 생물로 포자에 의해 번식함

    • 동물계 : 핵을 가지는 진핵생물이며 다세포성 생물로 세포벽이 없고, 다양한 기능을 하는 세포들로 구성되어 있음

개념UP

생물 다양성의 세 범주

• 유전자 다양성 : 같은 종 내에서 특징이 다른 다양한 개체들이 존재하는 정도

• 종 다양성 : 한 생태계 내에서 다양한 생물종이 분포하는 정도

• 생태계 다양성 : 한 지역에 다양한 생태계가 존재하는 정도

개념UP

종과 변이

• 종 : 자연 상태에서 교배하여 생식 능력이 있는 자손을 낳을 수 있는 무리

• 변이 : 한 종 내에서 나타나는 서로 다른 특징

제4편 지구과학

❶ 지구계와 지권의 변화

(1) 지구계와 지권

① 지구계
  ㉠ 지구계의 의미 : 지구를 이루는 토양과 암석, 공기, 생물 등의
     요소들이 서로 영향을 주고받으며 형성하는 하나의 시스템
  ㉡ 지구계의 구성 물질 : 물, 흙, 암석, 공기, 생물 등
  ㉢ 지구계의 구성 요소 : 지권, 수권, 기권, 생물권, 외권
    • 지권 : 지구 환경에서 가장 큰 부피를 차지하는 지표와 지구
       내부의 암석과 토양, 물
    • 수권 : 기권의 수증기를 제외한 지구의 물 모든 물 **예** 해수,
       빙하, 지하수, 하천수 등
    • 기권 : 지구를 둘러싼 공기층 **예** 산소, 질소, 이산화 탄소,
       아르곤, 수증기 등
    • 생물권 : 지구에 사는 모든 생명체로, 지구계의 넓은 영역에
       분포
    • 외권 : 지구 기권의 바깥 영역인 우주 공간 **예** 태양, 달, 행
       성 등
  ㉣ 지구계의 상호 작용
    • 지구계를 구성하는 각 권은 상호 작용하며, 상호 작용의 과
       정에서 물질의 순환과 에너지 교환이 발생함
    • 각 권의 상호 작용은 각 권의 내부뿐만 아니라 서로 다른 권
       사이에서도 발생함
  ㉤ 지구계 각 권에서의 순환
    • 물질과 에너지 순환 : 지구 환경의 물질과 에너지는 각 권을
       순환하면서 여러 현상을 초래함
    • 순환의 예 : 물의 순환, 암석의 순환 등
② 지권의 구성과 광물
  ㉠ 지권
    • 지권의 의미 : 지각의 겉부분인 지각과 지구 내부로 이루어짐
    • 지각의 구성 : 지각은 암석으로 구성되며, 암석은 광물로, 광

개념UP

지구에 영향을 미치는 에너지원
태양 에너지(가장 큰 영향), 지구 내부 에너지(화산 · 지진 등을 일으키는 에너지), 조석 에너지(해수면 높이 변화에 따른 에너지)

개념UP

지구계의 구성 요소별 특징
① **지권** : 지구의 겉 부분인 지각과 지구 내부를 말함, 크게 지각, 맨틀, 외핵, 내핵으로 구분함
② **수권** : 수권에서 가장 많은 양을 차지하는 것은 해수, 물은 순환하면서 에너지를 이동시키고 지표를 변화시킴, 지구의 평균기온을 유지하는 역할
③ **기권** : 지구의 기온을 따뜻하게 유지, 우주에서 들어오는 자외선을 흡수하여 생명체를 보호함
④ **생물권** : 지권, 수권, 기권에 걸쳐 넓게 분포함
⑤ **외권** : 우주 공간에 태양, 달, 행성 등이 있음, 외권에서 들어오는 태양 에너지는 지구에서 생물이 살아가는 데 필요함

물은 원소로 구성됨

- 지각 : 지구의 단단한 겉 부분
- 암석 : 지각을 구성하는 주된 물질
- 광물 : 암석을 이루는 기본 알갱이

• 지각의 8대 구성 원소 : 산소>규소>알루미늄>철>칼슘>나트륨>칼륨>마그네슘(산소와 규소가 대부분을 차지)

ⓒ 조암 광물

• 의미 : 암석을 구성하는 주된 광물(석영, 장석, 흑운모, 각섬석, 휘석, 감람석 등)

• 부피비 : 장석(51%)>석영(12%)>휘석(11%)>운모ㆍ각섬석(5%)>기타

ⓒ 광물의 구별

• 결정형 : 광물의 고유한 겉모양

구분	장석	석영	흑운모	방해석	황철석	금강석
결정형	두꺼운 판	육각 기둥	얇은 판	마름모 꼴	정육면체	팔면체

• 겉보기 색과 조흔색 : 조흔색은 조흔판(초벌구이한 자기판)에 긁었을 때 나타나는 광물 가루의 색을 말함

구분	금	황동석	황철석	흑운모	적철석	자철석
겉보기 색	노란색			검은색		
조흔색	노란색	녹흑색	검은색	흰색	적갈색	검은색

• 쪼개짐과 깨짐
- 쪼개짐 : 광물에 힘을 가했을 때 일정한 방향으로 쪼개지는 성질 예 흑운모 – 얇은 판, 방해석 – 기울어진 육면체
- 깨짐 : 광물에 힘을 가했을 때 불규칙한 모양으로 부서지는 성질 예 석영, 흑요석 등

• 굳기 : 광물이 단단하고 무른 정도로, 표준 광물의 굳기를 상대적으로 정한 모스 굳기계 사용함(숫자가 클수록 단단함)

구분	1	2	3	4	5	6	7	8	9	10
표준 광물	활석	석고	방해석	형석	인회석	정장석	석영	황옥	강옥	금강석

개념UP
조암 광물의 구성 원소
대부분 산소와 규소를 포함하며, 철과 마그네슘을 많이 포함할수록 어두운 색을 띰

개념UP
조흔색
광물이 가루가 되었을 때 나타나는 색

467

문제UP

다음은 어떤 광물을 설명한 것인가?

- 결정형이 육각의 얇은 판 모양을 하고 있다.
- 겉보기 색은 검은색이나 조흔색은 흰색이다.

① 장석　　② 석영
③ 흑운모　④ 방해석

해 결정형이 육각의 얇은 판 모양이며, 겉보기 색은 검은색, 조흔색은 흰색인 광물은 흑운모이다.

정답 ③

문제UP

다음의 ㉠과 ㉡에 알맞은 암석을 모두 맞게 짝지은 것은?

- ㉠ : 마그마가 지표에서 굳어져 만들어졌으며, 제주도에서 흔히 볼 수 있는 어두운 암석이다.
- ㉡ : 화산재가 퇴적물로 쌓인 후 굳어져서 만들어진 암석이다.

	㉠	㉡
①	사암	석회암
②	사암	응회암
③	현무암	석회암
④	현무암	응회암

해 ㉠ 마그마가 지표 부근에서 굳어져 만들어졌으며, 제주도에서 흔히 볼 수 있는 어두운 암석은 현무암이다.
㉡ 퇴적암 중 화산재가 쌓여 굳어져서 만들어진 암석은 응회암이다.

정답 ④

- 자성 : 철이나 철가루를 끌어당기는 성질 **예** 자철석
- 염산과의 반응 : 염산과 반응하여 거품(이산화 탄소)을 발생하는 성질 **예** 방해석

③ 암석

㉠ 암석의 의미 : 광물로 이루어진 고체 물질로, 지각을 구성함

㉡ 암석의 분류 : 생성 원인(과정)에 따라 화성암과 퇴적함, 변성암으로 구분됨

- 화성암 : 마그마나 용암이 식어서 굳어져 형성되며, 크게 심성암과 화산암으로 구분됨
- 퇴적암 : 퇴적물이 쌓여 굳어져 형성됨
- 변성암 : 암석이 열과 압력에 의해 변성되어 형성됨

㉢ 화성암 : 마그마가 식는 위치와 속도에 따라 심성암과 화산암으로 구분

구분	심성암	화산암
생성 위치	지하 깊은 곳	지표 부근
냉각 속도	느림	빠름
결정 크기	큼(조립질)	작음(세립질)
암석의 색(명암)	어두움 ← → 밝음	어두움 ← → 밝음
	반려암　섬록암　화강암	현무암　안산암　유문암

㉣ 퇴적암 : 퇴적물이 바다나 호수 밑에 쌓인 후 굳어져서 형성

- 생성 과정 : 풍화·침식 → 운반 → 퇴적 → 다져짐 → 굳어짐 → 퇴적암 형성
- 특징 : 층리와 화석이 존재
  - 층리 : 퇴적물이 차례대로 쌓이면서 평행하게 생긴 줄무늬
  - 화석 : 과거 생물의 유해나 흔적이 퇴적물과 함께 쌓여 암석 속에 남은 것
- 분류 : 퇴적물의 크기와 종류에 따라 분류

구분	크다 ←	퇴적물의 크기	→ 작다
퇴적암	역암	사암	셰일
퇴적물 종류	자갈, 모래, 진흙	모래, 진흙	진흙
퇴적암	응회암	석회암	암염
퇴적물 종류	화산재	석회질 물질	소금

ⓜ 변성암 : 지하 깊은 곳에서 높은 열과 압력을 받아 성질이 변한 암석

- 특징
  - 엽리 : 변성 작용을 받아 압력에 수직인 방향으로 눌려 생기는 납작한 줄무늬 예 편암, 판암
  - 큰 결정 : 고온의 마그마와 암석이 접촉하여 열에 의해 암석의 광물이 녹았다가 다시 굳어지면서 결정이 크게 형성됨
- 분류 : 변성 작용 전의 암석 종류와 변성 작용을 받는 정도에 따라 분류

변성 전 원래의 암석		변성암
퇴적암	사암	규암
	셰일	점판암 → 편암 → 편마암
	석회암	대리암
화성암	화강암	편마암

(2) 지권의 변화

① 지구 내부의 구조

　ⓐ 지구 내부의 탐사 방법 : 시추법, 화산 분출물 조사, 지진파 조사, 인공위성 조사

　ⓑ 지진

- 지진 : 지구 내부에서 발생한 진동이 지표로 전달되어 땅이 흔들이는 현상
  - 진원 : 지진이 발생한 지구 내부의 지점
  - 진앙 : 진원 바로 위 지표면의 지점

- 지진파 : 지진이 발생할 때 생긴 에너지가 파동의 형태로 전해지는 것
- 지진의 영향으로 인해 산사태, 액상화 현상, 쓰나미 등이 발생할 수 있다.

개념UP

암석의 순환 과정

- 암석이 지하 깊은 곳에서 녹으면 마그마가 되며, 마그마가 식으면 화성암이 됨
- 암석이 지표에서 풍화·침식 작용을 받으면 퇴적물이 되며, 퇴적물이 다져져 굳어지면 퇴적암이 됨
- 암석이 지하 깊은 곳에서 열과 압력을 받으면 변성암이 되며, 변성암이 더 높은 열을 받으면 마그마가 되어 다시 순환함

개념UP

지구 내부의 탐사 방법

- 직접적인 방법
  - 시추법 : 땅을 직접 파고 들어가 지구 내부를 조사하는 방법
  - 화산분출물 조사 : 화산이 분출할 때 나오는 물질을 조사하는 방법
- 간접적인 방법
  - 지진파 분석 : 지진파를 이용하여 지구 내부를 조사하는 방법
  - 운석 연구 : 지구 내부 물질과 비슷한 물질로 구성된 운석을 연구
  - 광물 합성 : 지구 내부와 비슷한 조건을 만들어 광물을 합성하는 방법

ⓒ **지구 내부의 구조** : 지진파의 속도 변화를 기준으로 지각, 맨틀, 외핵, 내핵으로 구분

• **지각** : 암석으로 이루어진 지구의 겉 부분으로, 대륙 지각과 해양 지각으로 구분
  – **대륙 지각** : 지표에서 깊이 35km에 달하는 지각, 화강암질이며 밀도가 작아 가벼움
  – **해양 지각** : 해저에서 깊이 약 5km에 이르는 얇은 지각, 현무암질이며 밀도가 상대적으로 커서 무거움
  – **모호면(모호로비치치 불연속면)** : 지각과 맨틀의 경계면으로, 지진파의 속도가 갑자기 빨라짐

• **맨틀** : 모호면에서 지하 약 2900km까지로, 지구 내부에서 가장 큰 부피(약 80%)를 차지하며, 지각보다 무겁고 유동성 있는 감람암 물질(고체)로 구성

• **외핵** : 지하 약 2900km에서 약 5100km까지이며, 액체 상태로 추정됨

• **내핵** : 지하 5100km에서 지구 중심까지이며, 고체 상태로 추정됨

구분	깊이	특징
지각	지표 ~ 깊이 약 35km	• 고체 상태의 암석 • 대륙 지각과 해양 지각으로 구분
맨틀	깊이 약 35km ~ 2900km	• 고체 상태의 암석 • 지구 전체 부피의 약 80%이상을 차지
외핵	깊이 약 2900km ~ 5100km	• 액체 상태이며, 철과 니켈로 이루어졌다.
내핵	깊이 약 5100km ~ 지구 중심	• 고체 상태이며, 철과 니켈로 이루어졌다. • 밀도, 온도, 압력이 가장 높다.

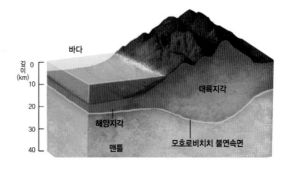

② 지권의 변화

㉠ 판 구조론

- 판 구조론의 정립 과정 : 대륙 이동설 → 맨틀 대류설 → 해저 확장설 → 판 구조론
- 대륙 이동설(베게너) : 대략 3억 년 전 하나였던 대륙이 분리되고 이동하여 현재와 같은 분포를 이루게 되었다는 학설
- 맨틀 대류설(홈스) : 맨틀은 유동성을 지닌 고체로서 위·아래의 온도 차이에 따라 대류운동이 일어나며, 맨틀 위의 대륙은 맨틀 대류의 방향으로 이동한다는 학설
- 해저 확장설(헤스) : 지구 내부의 마그마가 상승하는 곳에서 해양 지각이 생성되며, 생성된 지각이 서서히 밀려나면서 바다가 넓어진다는 학설
- 판 구조론 : 지구 표면은 100km 정도의 몇 개의 판으로 구성되고 맨틀의 대류에 의해 이 판들이 이동하며, 판의 경계에서 지진이나 화산, 조산 운동 등 여러 지각 운동이 일어난다는 이론

㉡ 판의 경계와 활동

- 판의 경계
  - 수렴형 경계 : 판과 판이 충돌하는 경계로, 섭입형(해구 지형에서 발달)과 충돌형(습곡 산맥 지형에서 발달)이 있음
  - 발산형 경계 : 판과 판이 서로 멀어지는 경계로, 해령과 열대곡 지형에서 발달
  - 보존형 경계 : 판과 판이 서로 반대 방향으로 어긋나는 경계로, 변환 단층 지역에서 발달
- 화산대와 지진대
  - 화산과 지진 활동은 주로 판의 경계에서 판의 이동에 의해 발생
  - 인명과 재산 피해, 산사태, 환경 파괴 등의 피해를 초래하지만, 토양의 비옥화, 유용한 광물 생성, 지열 발전소 등의 긍정적 측면도 있음

문제UP

다음의 설명에 해당하는 것을 아래 그림에서 고르면?

- 지구 내부에서 차지하는 부피가 가장 크다.
- 지각보다 무겁고 유동성 있는 고체 물질로 구성된다.

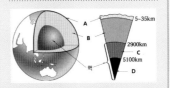

① A　　　　② B
③ C　　　　④ D

해 지구의 내부 구조에서 가장 큰 부피(약 80%)를 차지하며, 지각보다 무겁고 유동성 있는 고체 물질로 구성된 것은 맨틀이다. 위의 그림에서 맨틀은 B이다. A는 지각, C는 외핵, D는 내핵에 해당한다.

정답 ②

개념UP

대륙 이동의 증거

- 해안선 모양의 일치(남아메리카 동해안과 아프리카 서해안)
- 빙하의 흔적(남미, 아프리카, 호주 등의 빙하 긁힌 방향이 일치)
- 화석의 공통점, 지질 구조의 연속성 등

❷ 수권의 구성과 순환

(1) 수권의 구성

① 수권

㉠ 수권

- 의미 : 지구에 존재하는 모든 물을 말하며, 해수와 담수(빙하·지하수·호수·하천수)로 구분함
- 수권의 분포 : 해수는 약 97.2%, 담수는 약 2.8%(빙하>지하수>호수와 하천수)
- 수권의 역할
  - 물의 순환 과정에서 지권과 기권, 생물권에 물을 공급
  - 물의 이동을 통해 지표를 변화시키며, 지구의 기온을 일정하게 유지함

㉡ 수자원

- 의미 : 수권의 물 중 자원으로 이용할 수 있는 물(지하수, 하천수)
- 용도 : 생활용수, 공업용수, 농업용수 등
- 중요성
  - 양이 매우 적음(수권의 약 0.65%)
  - 이용량이 증가하는데 비해 환경오염과 기후 변화로 인해 물 부족이 심각함

② 빙하

㉠ 의미 : 눈이 녹지 않고 오랫동안 쌓여 단단하게 굳어진 후 낮은 곳으로 흐르는 두꺼운 얼음덩어리를 말함

㉡ 분포 : 대부분 극지방에 분포하며(대륙 빙하), 고산 지대에서 일부 분포(산악 빙하)

㉢ 형성 과정 : 눈이 계속 쌓임 → 누르는 압력에 의해 아래쪽 눈이 다져짐 → 눈 결정이 뭉쳐 얼음덩어리를 형성함 → 중력 작용으로 낮은 곳으로 이동(빙하)

㉣ 빙하 지형

- U자곡 : 빙하가 이동하면서 형성된 경사가 완만한 침식 계곡
- 빙퇴석 : 빙하에 박힌 채 이동하던 거친 돌조각들이 빙하가 녹은 후 쌓인 것

개념UP

수권

지구 표면의 71%가 물로 덮여 있고 넓이는 지구 표면의 약 2/3을 차지하며 물의 총량은 13~14억km³임, 이중에서 해수의 비율이 97.2%, 빙하와 얼음이 2.15%, 나머지 0.65%만이 호수, 강, 지하수 등임

개념UP

수자원 절약의 실천 방법

절수기 또는 절수형 수도꼭지의 사용, 세탁물을 모아서 세탁, 빗물과 중수의 사용 등

개념UP

빙하의 의미

기후변화로 인한 빙하의 확대, 축소 때문에 빙하는 나무의 나이테와 같은 층을 갖게 됨, 따라서 수천 미터 아래 있는 빙하는 아주 오래전에 내렸던 눈으로 과거의 기후와 환경 변화를 기록하고 있는 냉동 타임캡슐로 불림

(2) 해수의 순환

① 해수

ㄱ **염류의 의미** : 해수에 녹아 있는 여러 가지 물질(염화 나트륨>염화 마그네슘>황산 마그네슘>황산 칼슘>황산 칼륨 등)

- 염화 나트륨 : 짠맛이 나며, 전체 염류 중 가장 많은 양을 차지
- 염화 마그네슘 : 쓴맛이 나며, 전체 염류 중 두 번째로 많은 양을 차지

ㄴ **염분**

- 의미 : 해수 1000g(1kg) 속에 녹아 있는 염류의 양을 g수로 나타낸 것[단위 퍼밀(‰)]
- 전 세계 해수의 평균 염분 : 35‰
- 영향 요인 : 증발량과 강수량이 주된 요인

구분	염분이 높은 지역	염분이 낮은 지역
증발량, 강수량	증발량>강수량(중위도 지역, 건조 지역 등)	증발량<강수량(적도 지역 등)
담수 유입	담수(강물 등) 유입이 적은 곳	담수 유입이 많은 곳
결빙, 해빙	빙하가 어는 결빙 지역	빙하는 녹는 해빙 지역(극지방)

- 우리나라 주변 해수의 염분 분포
  - 동해>서해 : 서해는 담수의 유입량이 많아 동해보다 연중 염분이 낮음
  - 겨울철>여름철 : 여름철에 강수가 집중되어 겨울보다 염분이 낮음

ㄷ **해수의 수온**

- 해수의 표층 수온 분포 : 태양 복사 에너지의 영향을 받음
  - 위도별 분포 : 저위도에서 고위도로 갈수록 태양 복사 에너지가 적어 수온이 낮아짐
  - 계절별 분포 : 겨울철에 태양 복사 에너지의 양이 여름철보다 적어 수온이 낮음
- 해수의 연직 수온 분포 : 태양 복사 에너지와 바람의 영향을 받음

문제 UP

다음 중 해류에 포함된 염류 중 가장 양이 많은 것 두 가지를 고른 것은?

ㄱ 염화 나트륨
ㄴ 염화 마그네슘
ㄷ 황산 마그네슘
ㄹ 황산 칼슘

① ㄱ, ㄴ ② ㄱ, ㄷ
③ ㄴ, ㄷ ④ ㄷ, ㄹ

해설 해수에 녹아 있는 염류는 많은 순서부터 배열하면 '염화 나트륨>염화 마그네슘>황산 마그네슘>황산 칼슘'이 된다.

정답 ①

개념 UP

염분비 일정 법칙
해수의 염분은 지역마다 다르지만 각 염류 사이의 비율은 항상 일정

구분		내용
해수의 층상 구조		깊이에 따른 수온 분포에 따라 혼합층 · 수온 약층 · 심해층으로 구분
위도별 수온의 연직 분포	저위도	태양 복사 에너지를 많이 받아 표층 수온이 높아 수온 약층이 가장 발달, 바람이 약해 혼합층이 얇음
	중위도	바람이 강해 혼합층이 가장 두꺼움(위도 30° 부근)
	고위도	태양 복사 에너지가 적아 표층 수온이 매우 낮으므로 심해층과 수온 차이가 거의 없음

② 해수의 운동

  ㉠ 해류의 의미 : 해수가 일정한 방향으로 지속적으로 흐르는 것을 말함

  ㉡ 표층 해류

    • 의미 : 바람에 의해 해양의 표층을 따라 흐르는 해류

    • 이동 방향 : 표층 해류의 이동 방향은 대기 대순환의 바람 방향과 유사함

    • 구분 : 난류와 한류

난류	• 저위도 지방의 열에너지를 고위도 지방으로 운반하는 해류 • 수온이 높고 증발량이 많아 염분이 높으며, 용존 산소량과 영양 염류의 양은 적음
한류	• 고위도 지방의 차가운 물을 저위도 지방으로 운반하는 해류 • 수온이 낮고 증발량이 적어 염분이 낮으며, 용존 산소량과 영양 염류의 양은 많음

    • 표층 순환 : 각 대양에서 표층 해류가 연결되어 이루는 순환

    – 적도를 중심으로 북반부와 남반구가 대칭적인 모양으로 나타남

    – 대륙에 의해 막힌 곳은 북쪽 또는 남쪽으로 흘러감

ⓒ 우리나라 주변의 해류

- 난류
  - 구로시오 해류 : 북태평양에서 우리나라로 북상하는 해류로, 우리나라 주변 난류의 근원에 해당함
  - 동한 난류 : 구로시오 해류에서 갈라져 동해안을 따라 흐르는 난류로, 겨울철 동해안 기온이 서해안보다 높은 원인이 됨
  - 황해 난류 : 구로시오 해류에서 갈라져 서해로 흐르는 난류
- 한류
  - 리만 해류 : 오호츠크 해에서 우리나라로 남하하는 한류
  - 북한 한류 : 리만 해류에서 갈려져 동해로 흐르는 한류

❸ 기권과 우리 생활

(1) 기권

① 대기와 복사 평형

ㄱ 지구의 기권(대기권)

- 대기 구성 성분 : 질소(78%)>산소(21%)>아르곤(0.93%)>이산화 탄소(0.03%) 등
- 기권(대기권) : 지표에서부터 약 1000km까지 지구를 덮고 있는 공기층(지표면에서 멀어질수록 양이 줄어듦)
- 기권의 구분 : 높이에 따른 기온 변화를 기준으로 대류권, 성층권, 중간권, 열권으로 구분

대류권	• 지표로부터 약 11km까지의 구간으로, 위로 갈수록 기온이 낮아짐 • 대류 현상이 일어나며, 수증기가 있어 구름·비·눈 등 기상현상이 발생 • 지구 전체 대기의 약 80%를 차지함
성층권	• 지표로부터 11~50km의 구간으로, 위로 갈수록 기온이 높아짐 • 높이 20km 정도에 오존층이 있어 자외선을 흡수함 • 기층이 안정되어 대류 현상이 일어나지 않아 비행기 항로로 이용됨

문제UP

다음 해류에 대한 설명 중 옳지 않은 것은?

① 해류는 해수가 일정한 방향으로 지속적으로 흐르는 것을 말한다.
② 동해안은 한류와 난류가 만나 좋은 어장(조경 수역)이 형성된다.
③ 동안 난류는 동해안을 따라 북상하는 난류로 겨울철 기온을 상승의 원인이 된다.
④ 구로시오 해류와 리만 해류는 우리나라 주변의 대표적인 한류이다.

🖎 구로시오 해류는 우리나라 주변 난류의 근원에 해당하는 난류이다. 우리나라 주변의 대표적 한류는 리만 해류와 북한 한류가 있다.

정답 ④

문제UP

대기권 중에서 다음 설명에 해당하는 구간은?

- 대기권의 구조에서 가장 아랫부분에 해당하며, 위로 갈수록 기온이 낮아진다.
- 대류 현상과 기상 현상이 나타난다.

① 대류권   ② 성층권
③ 중간권   ④ 열권

🖎 대기권 중 지표로부터 약 11km까지의 구간으로 가장 아랫부분에 위치하며, 위로 갈수록 기온이 낮아지고 대류 현상과 기상 현상이 발생하는 구간은 대류권이다.

정답 ①

중간권	• 지표로부터 50~80km의 구간으로, 위로 갈수록 기온이 낮아짐 • 대류 현상은 약하게 발생하나, 공기가 희박하고 수증기가 없어 기상 현상은 일어나지 않음 • 유성이 관측됨
열권	• 지표로부터 80~1000km까지의 구간으로, 위로 갈수록 기온이 높아짐 • 공기가 희박하여 밤낮의 기온차가 큼 • 오로라가 나타나고 전파를 반사하는 전리층이 존재함 • 인공위성의 궤도로 이용됨

ⓛ 지구의 복사 평형

- 의미 : 지구가 태양으로부터 흡수하는 복사 에너지 양과 지구에서 우주로 방출하는 복사 에너지 양이 같음(연평균 기온을 일정하게 유지)
- 복사 평형의 유지
  - 지구로 들어오는 태양 복사 에너지 : 100%
  - 대기와 지표면에서 반사되는 복사 에너지 : 30%
  - 지구가 흡수하는 복사 에너지 : 70%(구름과 대기 흡수 20%, 지표면 흡수 50%)
  - 지구가 방출하는 복사 에너지 : 70%(대기에서 방출 64%, 지표면에서 방출 6%)
- 위도별 복사 에너지
  - 저위도 : 흡수하는 태양 복사 에너지 > 방출하는 지구 복사 에너지 → 에너지 과잉
  - 중위도(위도 38° 부근) : 흡수하는 태양 복사 에너지 = 방출하는 지구 복사 에너지
  - 고위도 : 흡수하는 태양 복사 에너지 < 방출하는 지구 복사 에너지 → 에너지 부족

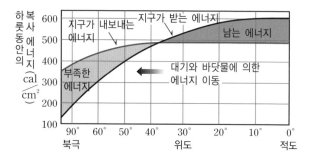

ⓒ 탄소의 순환
- 의미 : 탄소는 고체와 액체, 기체 등 여러 형태로 변화하여 지구계를 구성하고 있는 각 권으로 이동함
- 탄소의 존재 형태
  - 기권 : 이산화 탄소로 존재
  - 수권 : 탄산 이온으로 존재
  - 지권 : 석회암과 화석연료로 존재
  - 생물권 : 유기 화합물로 존재

ⓓ 지구 온난화
- 의미 : 대기 중 온실기체의 양이 증가하면서 온실 효과가 활발해져 지구의 평균 기온이 높아지는 현상
- 원인 : 화석 연료의 사용량 증가, 도시 개발, 삼림 벌채, 농경지 확장 등으로 대기 중 이산화 탄소의 양이 급증
- 영향 : 해수면 상승, 용존 산소량 감소, 생태계 파괴, 기상 이변의 발생, 열대성 질병과 전염병 확산, 물 부족 등

② 포화 수증기량과 상대 습도

㉠ 물의 증발과 포화 수증기량
- 증발 : 물이 기체 상태의 수증기로 변하여 물 분자가 공기 중으로 들어가는 현상
- 포화 상태 : 일정 온도의 공기가 수증기를 최대한 포함하고 있는 상태
- 포화 수증기량 : 포화 상태의 공기 1kg 속에 포함된 수증기량(g)

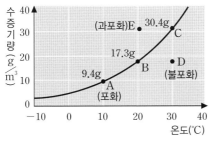

[포화 수증기량 곡선]

  - 기온과 비례 : 기온이 높을수록 포화 수증기량이 증가
  - 포화 상태의 공기 : A, B, C → 현재 수증기량＝포화 수증기량

개념UP

온실효과

대기 중 온실기체(수증기, 이산화 탄소, 메테인 등)가 지구 복사 에너지의 일부를 흡수하였다가 다시 지표로 방출하여 지구의 온도를 높이는 현상

문제UP

다음은 기온에 따른 포화 수증기량을 나타낸 것이다. A~D 중 현재 수증기량이 포화 수증기량 보다 적은 것은?

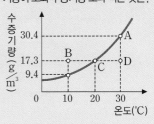

① A   ② B
③ C   ④ D

해 현재 수증기량이 포화 수증기량 보다 적은 것은 불포화 상태의 공기를 말하므로 D이다. A와 C는 포화 상태이며, B는 과포화 상태이다.

정답 ④

- 불포화 상태의 공기 : D → 현재 수증기량<포화 수증기량
- 불포화 상태를 포화 상태로 만드는 방법 : 공기의 온도를 낮춤, 수증기를 공급함
- 과포화 상태의 공기 : E

ⓒ 수증기 응결과 이슬점
- 응결 : 수증기가 냉각되어 물방울로 변하는 현상으로, 공기 온도가 포화 상태에 도달하면 응결이 시작됨
- 이슬점 : 공기가 냉각되어 포화 상태에 도달해 수증기가 응결되기 시작하는 온도(상대 습도가 100%일 때의 온도)
  - 이슬점의 변화 요인 : 현재 수증기량(현재 수증기량이 많을수록 이슬점이 높음)
  - 현재 수증기량 : 이슬점에서의 포화 수증기량과 같음
  - 응결량 : 현재 수증기량 − 냉각된 온도에서의 포화 수증기량
  - 날씨와 계절에 따른 변화 : 맑은 날에는 이슬점의 일변화가 거의 없고 비가 오거나 흐린 날의 이슬점은 맑은 날보다 높으며, 우리나라의 경우 여름이 겨울보다 높음

ⓒ 습도(상대 습도) : 공기의 습하고 건조한 정도를 수치로 표현한 것

$$상대\ 습도 = \frac{현재\ 수증기량}{현재\ 기온에서의\ 포화\ 수증기량} \times 100$$
$$= \frac{이슬점에서의\ 포화\ 수증기량}{현재\ 기온에서의\ 포화\ 수증기량} \times 100$$

- 이슬점에서의 상대 습도 : 100%
- 기온이 일정할 때의 상대 습도 : 현재 수증기량이 많을수록 상대 습도는 높음(현재 수증기량과 비례)
- 현재 수증기량이 일정할 때의 상대 습도 : 기온이 높을수록 상대 습도는 낮음(기온에 반비례)

(2) 기권과 우리 생활

① 구름
ⓐ 의미 : 수증기가 응결하여 생긴 작은 물방울이나 얼음 알갱이가 공중에 높이 떠 있는 것
ⓑ 생성
- 생성 과정 : 공기 상승 → 단열 팽창(부피 팽창) → 기온 하강

개념UP

생활 속 응결
- 냄비 뚜껑에 물이 생김
- 바닷물이 증발하여 구름이 됨
- 욕실의 거울이나 안경에 물방울이 맺힘

문제UP

다음은 포화 수증기량 곡선을 나타낸 것이다. 이슬점이 가장 높은 것은?

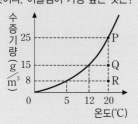

① P
② Q
③ R
④ 모두 같음

해 이슬점은 공기가 냉각되어 포화 상태에 도달해 수증기가 응결되기 시작하는 온도이므로, P의 이슬점은 20°, Q의 이슬점은 12°, R의 이슬점은 5°이다. 따라서 P가 가장 높다.

정답 ①

→ 이슬점 도달 → 구름 생성
- 생성 이유 : 공기가 상승하는 경우 생성됨
  - 공기가 산의 경사면을 타고 상승하는 경우
  - 지표면이 부분적으로 가열되는 경우
  - 공기가 사방에서 모여드는 경우(저기압의 경우)
  - 따뜻한 공기와 찬 공기가 만나는 경우

© 분류(모양에 따른 분류)
- 적운형 구름 : 공기의 강한 상승 기류일 때 수직으로 두껍게 솟아 어둡게 보이는 구름으로, 좁은 지역에 소나기를 내림 (적운, 고적운, 적란운 등)
- 층운형 구름 : 공기가 약한 상승 기류일 때 옆으로 넓게 퍼져 밝게 보이는 구름으로, 넓은 지역에 이슬비를 내림(층운, 고층운, 난층운 등)

② 기압과 바람
  ㉠ 기압
- 의미 : 단위 면적에 작용하는 공기의 압력[단위 : 헥토파스칼(hPa), cmHg, mmHg]
- 크기 : 1기압＝수은 기둥 76cm에 해당하는 압력
  ＝1013hPa＝76cmHg＝760mmHg＝물기둥 약 10m에 의한 압력
- 작용 방향 : 모든 방향에서 같은 크기로 작용하며, 사람이 기압을 느끼지 못하는 것은 몸 안에서 밖으로 주변 기압과 같은 크기의 압력이 작용하기 때문임
- 변화 : 기압은 시간과 장소에 따라 변하는데, 높이 올라갈수록 공기가 희박해지므로 기압이 낮아짐
- 작용의 예 : 높은 곳에 올라가면 귀가 먹먹해짐, 높이 올라갈수록 풍선 부피가 팽창함 등

  ㉡ 바람
- 의미 : 기압 차이 때문에 발생하는 공기의 흐름
- 방향 : 바람은 기압이 높은 곳(고기압)에서 낮은 곳(저기압)을 불며, 기압 차이가 클수록 바람이 강하게 붐
- 해륙풍 : 해안 지방에서 육지와 바다의 비열 차이로 하루 주기로 풍향이 바뀌는 바람

개념UP

강수(강수량), 물의 순환
- 강수 : 대기 중의 물이 비와 눈, 우박 등의 형태로 지표로 떨어지는 것을 말하며, 강수량은 비와 눈, 우박 등을 녹여 잰 모든 강수의 양을 말함
- 물의 순환 : 태양 복사 에너지를 근원으로 하여 물이 기체, 액체, 고체의 상태로 변하면서 지표와 대기 사이를 끊임없이 순환하는 것을 말함

개념UP

기압 측정 방식
- 수은 기압계 : 토리첼리는 수온을 이용한 기압계를 통하여 최초로 공기의 압력을 측정함
- 아네로이드 기압계 : 액체를 이용하지 않는 기압계로 내부에 작은 금속통이 있고 기압에 따라 금속통이 찌그러지는 정도를 통해 기압을 측정함

1. 국어 2. 수학 3. 영어 4. 사회 **5. 과학** 6. 도덕

- 해풍 : 낮에 육지가 먼저 가열되어 바다가 기압이 높아 바다에서 육지로 부는 바람
- 육풍 : 밤에 육지가 먼저 식어 바다보다 기압이 높아 육지에서 바다로 부는 바람
- 계절풍(우리나라의 경우) : 대륙과 해양 사이에 1년을 주기로 풍향이 바뀌는 바람
  - 남동 계절풍 : 여름철 대륙이 해양보다 온도가 높고 기압이 낮아 해양에서 대륙으로 바람이 붐
  - 북서 계절풍 : 겨울철 대륙이 해양보다 온도가 낮고 기압이 높아 대륙에서 해양으로 바람이 붐

ⓒ 대기 대순환

- 의미 : 지구를 둘러싼 공기의 큰 흐름
- 발생원인 : 위도에 따라 태양 복사 에너지 흡수량과 지구 복사 에너지 방출량이 다름
- 대기 대순환과 바람
  - 무역풍 : 적도~위도 30°지역(북반구의 경우 북동 무역풍, 남반구의 경우 남동 무역풍)
  - 편서풍 : 위도 30°~60°지역
  - 극동풍 : 위도 60°~극지방

③ 날씨의 변화

㉠ 기단

- 의미 : 한 곳에 오랫동안 머물러 기온과 습도 등 물리적 성질이 비슷해진 큰 공기 덩어리
- 성질 : 발생 장소에 따라 성질이 다름
  - 대륙과 해양 : 대륙에서 생긴 기단은 건조하며, 해양에서 생긴 기단은 습함
  - 저위도와 고위도 : 저위도에서 생긴 기단은 따뜻하며, 고위도에서 생긴 기단은 차가움

• 우리나라에 영향을 주는 기단

기단	발생 지역 및 성질	계절
시베리아 기단	고위도 대륙에서 발생, 한랭 건조	겨울
오호츠크 해 기단	고위도 해양에서 발생, 한랭 다습	늦봄, 초여름
북태평양 기단	저위도 해양에서 발생, 고온 다습	여름
양쯔강 기단	저위도 대륙에서 발생, 온난 건조	봄, 가을
적도 기단	열대 지방에서 발생, 고온 다습	여름, 초가을

ⓛ 전선
• 전선면과 전선 : 전선면은 성질이 다른 두 기단이 만날 때 생기는 경계면을 말하며, 전선은 전선면이 지표와 만나 이루는 경계선을 말함
• 전선의 종류

구분	의미	기호표시
한랭 전선	찬 공기가 따뜻한 공기 쪽으로 이동하면서 따뜻한 공기 밑으로 파고들 때 만들어짐	
온난 전선	따뜻한 공기가 찬 공기 쪽으로 이동하면서 찬 공기를 타고 올라갈 때 만들어짐	
폐색 전선	한랭 전선의 이동 속도가 온난 전선보다 빨라 두 전선이 겹쳐져 만들어짐	
정체 전선	두 기단의 세력이 비슷하여 오랫동안 제자리에 머물러 있는 전선을 말함	

문제 UP

다음 중 설명하는 전선의 종류로 옳은 것은?

온대성 저기압에서 동시에 두 전선이 발생했을 때, 온난 전선의 이동속력은 느리고, 한랭 전선의 이동 속력은 빨라 한랭 전선과 온난 전선이 서로 겹치면서 만들어지는 전선이다.

① 한랭 전선 ② 온난 전선
③ 폐색 전선 ④ 전체 전선

해 폐색 전선은 한랭 전선의 이동 속도가 온난 전선보다 빨라 두 전선이 겹쳐져 만들어진 전선이다.

정답 ③

481

㉢ 기압

- 고기압과 저기압

구분	고기압	저기압
의미	주변보다 기압이 높은 곳	주변보다 기압이 낮은 곳
특성	• 바람이 주변으로 불어 나감(북반구에서 시계방향으로 불어 나감) • 바람이 불어 나간 중심부로 하강 기류가 생겨 날씨가 맑음	• 바람이 주변에서 불어 들어옴(북반구에서 반시계방향으로 불어 들어옴) • 바람이 불어 들어오면 상승 기류가 생겨 날씨가 흐리고 비나 눈이 내림

- 온대 저기압
  - 중위도 온대 지방에서 발달하는 저기압으로, 북쪽의 찬 기단과 남쪽의 따뜻한 기단이 만나 발생함
  - 저기압의 중심에는 남서쪽에 한랭 전선이, 남동쪽에는 온난 전선이 발달하며, 편서풍의 영향으로 서쪽에서 동쪽으로 이동함

㉣ 일기도

- 의미 : 관측한 기상 요소를 지도 위에 기입한 후 등압선을 그리고 기압, 전선 등을 나타낸 지도
- 기상 요소 : 기온, 기압, 풍향, 풍속, 습도, 구름의 양 등 날씨에 영향을 미치는 요소
- 일기 기호

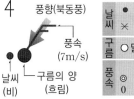
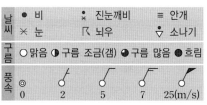

❹ 태양계의 이해

(1) 지구와 달

① 지구와 달의 모양과 크기

㉠ 지구와 달의 모양

• 지구의 모양 : 옛날 사람들은 대부분 지구가 편평하다고 생각했으나, 실제 지구는 둥근 모양임(적도 반지름이 극 반지름보다 약간 긴 타원형)

• 달의 모양 : 지구에서 본 달의 모양은 둥근 모양임

ⓒ 지구가 둥근 증거

• 높이 올라갈수록 시야가 넓어지며, 한 방향으로 계속 가면 출발 지점으로 돌아옴

• 먼 바다에서 들어오는 배가 돛대부터 보임

• 인공위성에서 본 지구 모습과 월식 때 달에 비치는 지구의 그림자가 둥글게 보임

• 고위도 지방으로 갈수록 북극성의 고도가 높아짐

ⓒ 지구의 크기

• 에라토스테네스의 측정 : 지구는 완전한 구형이며 지구에 들어오는 햇빛은 평행하다는 것을 가정하고, 원에서 호의 길이가 중심각의 크기에 비례한다는 원리를 이용하여 측정

• 지구의 실제 크기 : 에라토스테네스는 지구의 둘레가 46,350km이고 반지름이 7,365km라 하였으나, 실제로 지구 둘레는 40,000km이고 반지름은 6,400km임

ⓔ 달의 크기 : 달의 반지름은 약 1,700km(지구의 1/4)

② 지구의 운동

ⓒ 지구의 자전

• 의미 : 지구가 자전축을 중심으로 하루에 한 바퀴씩 도는 운동

• 방향 및 속도 : 서쪽에서 동쪽 방향으로, 1시간에 15°씩 회전함

• 자전에 의해 나타나는 현상

– 밤낮의 반복 : 태양을 향하는 쪽은 낮이며, 반대쪽은 밤이 됨

– 천체의 일주 운동 : 지구의 자전으로 모든 천체가 동쪽에서 서쪽으로 회전하는 것처럼 보임(태양의 일주 운동, 별의 일주 운동)

– 인공위성 궤도의 서편 이동 현상 : 인공위성이 지구를 돌 때마다 조금씩 서쪽으로 이동함

– 푸코 진자 진동면의 회전 : 진자가 왕복 운동하는 방향이 지구의 자전 방향과 반대로 변함

개념UP

에라토스테네스 계산의 오차 이유
실제 지구는 완전한 구형이 아니며, 측정한 두 지방이 정확히 같은 경도상에 있지 않았고 거리 측정에도 오차가 있었음

문제UP
다음 중 지구의 자전으로 발생하는 현상을 모두 맞게 고른 것은?

ⓐ 낮과 밤의 반복
ⓑ 천체의 일주 운동
ⓒ 계절의 변화
ⓔ 별의 연주 운동

① ⓐ, ⓑ   ② ⓐ, ⓒ
③ ⓑ, ⓒ   ④ ⓒ, ⓔ

해 ⓐ·ⓑ은 지구의 자전으로 발생하며, ⓒ·ⓔ은 지구의 공전으로 발생하는 현상이다.

정답 ①

ⓛ 지구의 공전
- 의미 : 지구가 태양을 중심으로 일 년에 한 바퀴씩 도는 운동
- 방향 및 속도 : 서쪽에서 동쪽으로, 하루에 1°씩 회전함
- 공전에 의해 나타나는 현상
  - 태양의 연주 운동 : 태양이 별자리 사이를 하루에 약 1°씩 서쪽에서 동쪽으로 이동하여, 1년 후 처음 위치로 돌아옴
  - 별의 연주 운동 : 매일 같은 시간에 관측한 별자리 위치가 하루 1°씩 동쪽에서 서쪽으로 이동하여, 1년 후 제자리로 돌아오는 것처럼 보이는 겉보기 운동을 함
  - 별의 시차 운동(위치 변화) : 지구의 공전으로 지구에서 보이는 가까운 별의 위치가 먼 별에 대해 주기적으로 변함
  - 계절의 변화 : 지구의 경우 자전축이 공전축에 대해 23.5° 기울어진 채 공전하므로, 지표면이 받는 태양 복사 에너지가 달라져 계절의 변화가 발생함
  - 계절에 따른 별자리 변화 : 지구가 태양을 중심으로 공전하므로 계절에 따라 관찰되는 별자리가 달라짐

③ 달의 운동과 모양 변화
  ㉠ 달의 특성
- 지름은 대략 지구의 1/4, 질량은 대략 지구의 1/80, 표면 중력은 대략 지구의 1/6 정도
- 대기와 물이 없어 밤낮의 온도 차가 크고 기상현상이 발생하지 않으며, 풍화와 침식이 없어 표면에 운석 구덩이가 많음
- 스스로 빛을 내지 못하고 햇빛을 반사하여 밝게 보임
  ㉡ 달의 공전
- 의미 : 달이 지구를 중심으로 약 한 달에 한 바퀴씩 도는 운동
- 방향 및 속도 : 서쪽에서 동쪽으로, 하루에 약 13°씩 회전함
- 주기 : 삭망월은 약 29.5일이며, 실제 공전 주기인 항성월은 약 27.3일
- 달의 공전에 의해 나타나는 현상
  - 달의 위치 변화 : 매일 저녁 같은 시간에 달을 관측하면 위치가 약 13°씩 서쪽에서 동쪽으로 이동하며, 약 한 달을 주기로 모양이 변함
  - 달의 모양 변화 : 달이 서쪽에서 동쪽으로 공전하므로, 삭

(음력 1일경)에서 초승달(음력 2~3일경)과 상현달(음력 7~8일경)을 거쳐 음력 15일경에 보름달 모양이 되며, 16 일경부터 다시 작아져 하현달(음력 22~23일경)과 그믐달 (음력 27~28일경)이 된 후 다시 삭이 됨

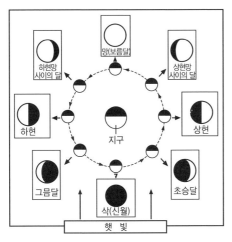

[달의 위치와 모양 변화]

- 일식과 월식
  - 일식 : 달이 지구와 태양 사이에 들어와 지구에 도달하는 태양빛을 차단할 때 나타나는 현상으로, 달의 위상이 삭일 때 일식이 일어날 수 있음
  - 월식 : 달이 지구 주위를 공전하다 태양–지구–달이 일직 선으로 되어 지구 그림자 안으로 들어오는 현상을 말하며, 망(보름달)일 때 나타날 수 있음
ⓒ 달의 자전
  - 의미 : 달이 자전축을 중심으로 약 한 달에 한 바퀴씩 도는 운동
  - 주기 : 약 27.3일
ⓔ 조석현상 : 달과 태양의 인력에 의해 해수면이 하루 두 번씩 주기적으로 높아졌다 낮아지는 현상
  - 만조 : 하루 중 밀물에 의해 해수면이 가장 높아질 때(밀물의 최대치)
  - 간조 : 하루 중 썰물에 의해 해수면이 가장 낮아질 때(썰물의 최대치)
  - 사리 : 한 달 중 만조와 간조의 해수면의 높이 차(조차)가 가

1. 국어
2. 수학
3. 영어
4. 사회
5. 과학
6. 도덕

문제UP

다음 그림에서 보름달이 나타나는 달의 위치로 옳은 것은?

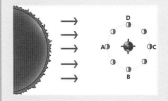

① A   ② B
③ C   ④ D

해 보름달(망)은 C에 위치할 때 나타난다. A는 삭(달이 보이지 않음)이고 B는 상현달이며, D는 하현달이다.

정답 ③

개념UP

달이 한쪽 면만 보이는 이유

달은 한 바퀴 공전하는 동안 한 바퀴 자전하기 때문에 항상 같은 면이 지구를 향하며, 만약 달의 자전 주기와 공전 주기가 다르거나 달이 자전하지 않고 공전만 한다면 달의 모든 면을 볼 수 있을 것

장 클 때
- 조금 : 한 달 중 만조와 간조의 해수면의 높이 차가 가장 작을 때

(2) 태양계의 이해

① 태양

㉠ 태양계
- 의미 : 태양계의 모든 천체와 이들이 차지하는 공간
- 구성 천체 : 태양, 태양을 회전하는 8개의 행성, 행성 주변을 회전하는 위성, 왜소 행성, 소행성, 혜성, 유성 등

㉡ 태양
- 의미 : 태양계에서 스스로 에너지를 생성하여 방출하는 유일한 항성
- 표면(광구)
  - 흑점 : 강한 자기장 때문에 내부 에너지 전달이 방해를 받아 주위 온도보다 약 2,000℃ 정도 낮아 검게 보이는 부분
  - 쌀알무늬 : 광구 아래의 대류 운동으로 표면에 쌀알을 뿌려 놓은 것 같은 무늬가 발생
- 대기
  - 채층 : 광구 바깥으로 얇게 퍼져 있는 붉은 색을 띤 대기층
  - 코로나 : 채층 바깥쪽으로 멀리까지 뻗어 있는 대기층
  - 홍염 : 채층을 뚫고 코로나까지 분출한 분출한 고온의 가스 불기둥으로, 주로 고리 모양을 띰
  - 플레어 : 흑점 부근에서 발생하는 폭발 현상으로, 채층의 일부가 밝아지며 흑점 수가 많아지면 강해짐

② 행성과 작은 천체

㉠ 행성의 분류

구분	지구형 행성	목성형 행성
행성 종류	수성, 금성, 지구, 화성	목성, 토성, 천왕성, 해왕성
반지름	작다	크다
질량	작다	크다
밀도	크다	작다
표면 상태	흙이나 암석	얼어붙은 기체 물질
자전 주기	길다	짧다

개념UP

태양의 물리적 특성

지구 반지름의 약 109배, 지구 질량의 약 33만 배, 표면 온도는 약 6,000℃, 서쪽에서 동쪽으로 자전

문제UP

다음 내용에 해당하는 천체는?

- 표면 온도가 대략 6,000℃ 정도이다.
- 표면에 흑점과 쌀알무늬가 관측되며, 대기에 홍염, 플레어가 발생한다.

① 달　　② 태양
③ 금성　　④ 목성

해 태양은 태양계에서 스스로 에너지를 생성하여 방출하는 유일한 항성으로, 표면 온도가 대략 6,000℃ 정도에 이른다. 태양의 표면에는 검게 보이는 흑점과 쌀알을 뿌려 놓은 것 같은 무늬가 관찰되며, 대기에는 채층, 코로나, 홍염, 플레어 등이 발생한다.

정답 ②

고리	없다	있다
위성 수	없거나 적다	많다

ⓛ 지구형 행성

- 수성
  - 태양에 가장 가깝고 태양 주위를 가장 빨리 돌며, 크기가 가장 작음
  - 대기가 없어 밤낮의 일교차가 매우 크고, 운석 구덩이가 많음
- 금성
  - 태양계 행성 중 지구에서 가장 밝게 보임(샛별)
  - 이산화 탄소로 된 두꺼운 대기로 대기압이 높으며(약 90기압), 온실 효과로 인해 표면 온도가 높음(약 470℃)
- 화성
  - 표면은 산화철이 많은 붉은색 암석과 흙으로 덮여 있음
  - 대부분 이산화 탄소인 희박한 대기가 있으며, 극지방에는 얼음과 드라이아이스로 된 극관이 존재
  - 물이 흘렀던 흔적과 협곡, 태양계에서 가장 큰 올림포스 화산이 존재함

ⓒ 목성형 행성

- 목성
  - 태양계 행성 중 가장 크며, 수소와 헬륨으로 이루어진 두꺼운 대기층이 있음
  - 자전 속도가 빨라 가로줄 무늬가 나타나며, 적도 부근에 대기의 소용돌이로 생긴 대적반(붉은 반점)이 관측됨
- 토성
  - 태양계 행성 중 두 번째로 크며, 밀도는 가장 작고 자전 속도가 가장 빠름
  - 대기는 대부분 수소와 헬륨이며, 표면에 가로줄 무늬가 나타남
  - 수많은 얼음과 암석 조각으로 이루어진 뚜렷한 고리가 존재함
- 천왕성 : 대기 중 메테인으로 의해 청록색으로 보이며, 자전축이 공전 궤도면과 거의 나란함

　　• 해왕성 : 대기 중 메테인으로 인해 푸른색으로 보이며, 표면에 대기의 소용돌이로 발생한 대흑점(검은점)이 있음

　ⓔ 작은 천체

　　• 왜소 행성 : 태양 주위를 공전하는 작은 행성으로, 모양은 둥글지만 크기와 질량이 작음

　　• 위성 : 행성 주위를 공전하는 천체로, 모양은 둥글지만 중심 행성보다 크기와 질량이 작음

　　• 소행성 : 대부분 화성과 목성 궤도 사이에 띠 모양을 이루어 분포하며, 크기와 모양이 불규칙함

　　• 혜성 : 태양 주위를 타원 또는 포물선 궤도로 공전하는 작은 천체로 먼지와 얼음으로 구성되며, 태양 반대 방향으로 얼음이 녹아 긴 꼬리가 생김

③ 연주시차

　㉠ 의미 : 지구의 공전운동으로 인해 생기는 시차로 동시에 두 지점에서 한 천체를 보았을 때 생기는 각의 차이

　㉡ 계산

　　연주시차를 p라 할 때 관측자에서 별까지의 거리 r은

$$r = \frac{1}{p(")} \text{(단위 : } pc\text{(파섹))}$$

④ 별의 등급

　㉠ 겉보기 등급(실시 등급)

　　• 의미 : 맨눈에 보이는 별의 밝기를 등급으로 매긴 것. 별의 등급의 숫자가 작을수록 밝게 보이는 별이다.

　㉡ 절대 등급

　　• 의미 : 모든 별이 10pc(≒32.6광년) 되는 거리에 있다고 가정하고 별의 밝기를 등급으로 매긴 것. 절대 등급이 작을수록 실제로 밝은 별이다.

⑤ 별의 색깔과 표면 온도

　㉠ 별의 표면 온도 : 표면 온도에 따라 별의 색깔이 다르게 나타나는데, 별의 표면 온도가 높을수록 파란색, 낮을수록 붉은색을 띤다.

　㉡ 별의 색깔 순서

　　파란색 – 청백색 – 흰색 – 황백색 – 노란색 – 주황색 – 붉은색
　　높음(30,000℃ 이상) ⟵ 표면온도 ⟶ 낮음(3,500℃ 이하)

01 다음 설명하는 힘은?

- 자석과 자석, 또는 자석과 쇠붙이 사이에 작용하는 힘
- 자석의 세기가 클수록, 자석 사이의 거리가 가까울수록 힘의 크기가 크다.

① 전기력　　　　② 마찰력
③ 탄성력　　　　④ 자기력

| 정답 | ④ | 출제 가능성 | 60% |

해 설
주어진 설명은 자기력에 대한 설명이다.
① 전기력 : 전기를 띤 물체 사이에 작용하는 힘
② 마찰력 : 접촉면에서 물체의 운동을 방해하는 힘
③ 탄성 : 변형된 물체가 원래의 상태로 되돌아가려는 힘

02 낙하하는 물체의 운동에 대한 설명으로 옳은 것은?

① 속력이 일정한 운동이다.
② 물체에는 아무런 힘도 작용하지 않는다.
③ 진공 중에서는 무거운 물체가 빨리 떨어진다.
④ 공기의 저항을 무시할 때 물체의 무게만큼의 힘을 받아 속력이 일정하게 증가하는 운동을 한다.

| 정답 | ④ | 출제 가능성 | 70% |

해 설
낙하하는 물체는 아랫방향으로 물체의 무게만큼의 힘, 즉 중력을 받아 속력이 일정하게 증가하는 운동을 한다.

03 다음 중 빛이 공기 중에서 물로 입사할 때, 굴절각에 해당하는 것은?

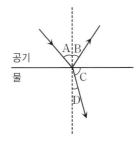

① A　　　　② B
③ C　　　　④ D

| 정답 | ④ | 출제 가능성 | 60% |

해 설
굴절각은 굴절광선이 법선과 이루는 각을 말하므로, 그림의 D가 굴절각이 된다. A는 입사각이며, B는 반사각이다.

489

04 다음 그림과 같이 한 물체의 100N의 힘으로 밀어 올려 5m 이동한 경우, 한 일의 양은?

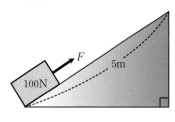

① 20J　　　　　　　② 100J

③ 500J　　　　　　④ 1000J

05 그림의 회로에서 전류계에 나타나는 전류의 세기는?

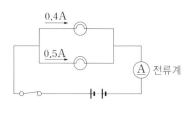

① 0.6A　　　　　　② 0.7A

③ 0.8A　　　　　　④ 0.9A

06 다음 현상들에서 공통적으로 일어나는 상태 변화는?

> • 마그마가 굳어서 화성암이 된다.
> • 녹인 금을 틀에 부어 반지를 만든다.
> • 액체 설탕으로 솜사탕을 만든다.

① 응고　　　　　　② 융해

③ 기화　　　　　　④ 액화

07 전동기란 자기장 속에서 전류가 받는 힘을 이용한 전기 기구를 말한다. 다음 중 이러한 전동기의 원리를 이용하지 않는 것은?

① 전기 다리미 ② 전기 청소기
③ 선풍기 ④ 세탁기

| 정답 | ① | 출제 가능성 | 50% |

해 설
전동기에 해당하는 기구로는 선풍기, 세탁기, 청소기, 에스컬레이터, 전동차 등이 있다. 전기 다리미는 전류의 열작용(열에너지)을 이용한 전기 기구이다.

08 다음 현상들로부터 알 수 있는 압력의 성질로 옳은 것은?

- 탄산음료 캔의 바닥을 오목하게 만든다.
- 일반 자동차보다 트럭의 바퀴 수가 더 많다.

① 접촉면이 넓을수록 압력이 작아진다.
② 접촉면이 좁을수록 압력이 작아진다.
③ 작용하는 힘이 클수록 압력이 커진다.
④ 작용하는 힘이 작을수록 압력이 커진다.

| 정답 | ① | 출제 가능성 | 70% |

해 설
두 현상 모두 힘을 받는 면적의 넓이를 크게 하여 압력을 작게 만드는 경우이다.

09 다음 물질의 상태 변화에서 열에너지를 방출하는 과정을 바르게 짝지은 것은?

① A, B ② A, C
③ B, D ④ C, D

| 정답 | ③ | 출제 가능성 | 70% |

해 설
열에너지를 방출하는 것은 기체가 열을 방출하여 액체로 변하는 액화(액화열 방출)와 액체가 열을 방출하여 고체로 변하는 응고(응고열 방출)의 과정이다. 따라서 B와 D가 옳다.

10 다음 중 암모니아(NH$_3$)의 분자 모형으로 맞는 것은?

①

②

③

④

| 정답 | ④ | 출제 가능성 | 60% |

해설
암모니아는 질소 원자(N) 1개와 수소 원자(H) 3개로 구성되어 있으므로, 분자 모형은 ④가 적절하다.

11 다음 분자식에 대한 설명으로 옳지 않은 것은?

2NH$_3$

① 분자는 총 2개이다.

② 분자를 이루는 원자는 질소, 수소이다.

③ 분자 1개를 이루는 원자의 개수는 질소 3개, 수소 1개이다.

④ 원자의 총 개수는 8개이다.

| 정답 | ③ | 출제 가능성 | 60% |

해설
③ 분자 1개를 이루는 원자의 개수는 질소 1개, 수소 3개이다.

12 다음 그래프는 구리가 연소할 때 반응한 구리와 산소의 질량을 나타낸 것이다. 반응한 구리와 산소의 질량비는?

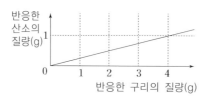

① 4:1

② 3:2

③ 2:3

④ 1:4

| 정답 | ① | 출제 가능성 | 70% |

해설
주어진 그래프에서 반응한 구리의 질량이 4g일 때, 반응한 산소의 질량은 1g이므로 질량비는 4:1이다.

13 지각을 이루는 암석 속에 가장 많이 들어 있는 원소끼리 옳게 짝지어진 것은?

① 산소, 규소

② 규소, 알루미늄

③ 철, 칼슘

④ 마그네슘, 알루미늄

| 정답 | ① | 출제 가능성 | 60% |

해 설

지각의 구성 원소 중 산소와 규소가 대부분을 차지하고 그 이후에는 알루미늄>철>칼슘>나트륨>칼륨>마그네슘 순이다.

14 다음 설명에 해당하는 것으로 옳은 것은?

- 동물세포에는 없고 식물세포에만 존재한다.
- 식물세포의 바깥쪽에서 식물세포의 형태를 유지시키는 기능을 한다.

① 세포막

② 세포벽

③ 세포질

④ 액포

| 정답 | ② | 출제 가능성 | 50% |

해 설

② 세포벽은 식물세포에만 존재하는, 세포막을 둘러싸고 있는 벽이다. 세포벽은 식물세포의 가장 바깥쪽에서 식물세포의 형태를 일정하게 유지하는 기능을 수행한다.

① 세포막은 세포를 둘러싸고 있는 막으로, 세포를 보호하고 세포 안팎의 물질 이동을 조절한다.

③ 세포질은 핵을 둘러싸고 있는 유동성 물질로, 많은 소기관이 있어 생명 활동이 발생한다.

④ 액포는 주로 식물세포에서 발견되는 것으로, 식물세포의 노폐물 저장 장소이다.

15 다음 중 광합성에 대한 설명으로 옳지 않은 것은?

① 빛에너지가 필요한 과정이다.

② 물과 이산화 탄소가 필요하다.

③ 녹색 식물의 엽록체에서 일어난다.

④ 산물로 단백질과 산소가 만들어진다.

| 정답 | ④ | 출제 가능성 | 60% |

해 설

광합성으로 만들어지는 산물은 포도당과 산소이다. 따라서 ④가 옳지 않다.

16 우리 몸에서 일어나는 항상성 유지와 관련된 설명 중 옳지 않은 것은?

① 외부 환경이 변해도 체내 상태가 일정하게 유지되는 성질을 항상성이라 한다.

② 항상성은 호르몬만으로 유지, 조절된다.

③ 운동으로 땀을 많이 흘리면 오줌량이 감소한다.

④ 항상성 유지를 위해 호르몬 분비량을 조절하는 중추는 간뇌의 시상 하부이다.

| 정답 | ② | 출제 가능성 | 60% |

해 설
외부 환경 변화에 관계없이 우리 몸 상태를 일정하게 유지시키려는 성질을 항상성이라고 하며 조절 중추는 간뇌이다. 항상성은 간뇌 시상 하부의 뇌하수체에서 분비되는 호르몬과 자율 신경에 의해 조절된다.

17 다음 그림은 사람의 몸에 있는 여러 내분비샘을 나타낸 것이다. 다른 내분비샘에 작용해서 호르몬이 분비되도록 촉진시키거나 분비량을 조절하는 호르몬을 분비하는 곳은?

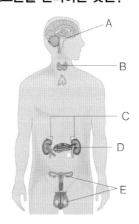

① A
② B
③ C
④ D

| 정답 | ① | 출제 가능성 | 70% |

해 설
다른 내분비샘을 자극하는 호르몬의 대부분은 뇌하수체(A)에서 분비된다. 뇌하수체에서 분비되는 호르몬으로는 갑상샘 자극 호르몬, 생식샘 자극 호르몬, 생장 호르몬, 항이뇨 호르몬 등이 있다.

18 다음 설명에 해당하는 것은?

> • 한 개의 세포가 둘로 나누어지는 세포 분열이다.
> • 생장, 재생, 생식이 이루어진다.

① 염색체　　　　　　　② 분열법
③ 체세포 분열　　　　　④ 포자 생식

해 설
주어진 설명은 체세포 분열에 대한 것으로 분열 후 염색체 수의 변화가 없고 모세포와 염색체 수, 모양, 유전 정보가 같은 두 개의 딸 세포가 만들어진다.

19 다음 내용이 설명하는 기관은?

> • 난자가 자궁으로 이동하는 통로이다.
> • 상부에서 난자와 정자가 만나 수정이 일어난다.

① 수정관　　　　　　　② 난소
③ 수란관　　　　　　　④ 자궁

정답 ③ 출제 가능성 40%

해 설
수란관은 난자가 자궁으로 이동하는 통로이며, 수란관 상부에서 난자와 정자가 만나 수정이 일어난다.

20 다음 설명에 해당하는 해류로 알맞은 것은?

> • 구로시오 해류에서 갈라져 흐른다.
> • 겨울철의 동해안 기온을 서해안보다 높게 만든다.

① 황해 난류　　　　　　② 동한 난류
③ 리만 해류　　　　　　④ 북한 한류

정답 ② 출제 가능성 50%

해 설
주어진 설명은 동한 난류에 대한 것으로 북태평양에서 북상한 구로시오 해류로부터 갈라져 동해안을 따라 흐르며 겨울철 동해안 기온이 서해안보다 높은 원인이 된다.

21 해수에 가장 많이 녹아 있는 염류로, 짠맛을 내는 것은?

① 염화 나트륨   ② 염화 마그네슘

③ 황산 칼슘   ④ 황산 마그네슘

| 정답 | ① | 출제 가능성 | 60% |

해 설
염류 중 가장 많은 양을 차지하며 짠맛을 내는 것은 염화 나트륨이며, 두 번째로 많은 양을 차지하며 쓴맛을 내는 것은 염화 마그네슘이다.

22 지구 대기권 중에서 다음 설명에 해당하는 구간은?

> • 위로 갈수록 기온이 높아진다.
> • 오존층이 있어 태양으로부터 오는 자외선을 흡수한다.
> • 기층이 안정되어 비행기 항로로 이용되고 있다.

① 대류권   ② 성층권

③ 중간권   ④ 열권

| 정답 | ② | 출제 가능성 | 40% |

해 설
대기권 중 성층권은 지표로부터 11~50km의 구간으로 위로 갈수록 기온이 높아지며, 높이 20km 정도에 오존층이 있어 자외선을 흡수한다. 또한 기층이 안정되어 대류 현상이 일어나지 않아 비행기 항로로 이용되고 있다.

23 다음의 ㉠, ㉡에 알맞은 내용을 아래 그림에서 바르게 골라 짝지은 것은?

> ㉠ : 우리나라의 초여름과 장마철에 영향을 주는 한랭 다습한 기단이다.
> ㉡ : 우리나라 여름철의 덥고 습한 날씨에 영향을 주는 기단이다.

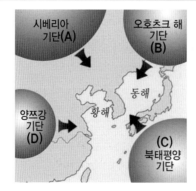

① A, B   ② A, C

③ B, C   ④ B, D

| 정답 | ③ | 출제 가능성 | 50% |

해 설
㉠은 오호츠크 해 기단에 해당하며, ㉡은 북태평양 기단에 해당한다. 따라서 ③이 옳다.

24 다음 중 계절에 따라 관측되는 별자리가 달라지는 이유로 옳은 것은?

① 지구가 자전하기 때문에

② 지구가 공전하기 때문에

③ 지구가 구형이기 때문에

④ 우리나라가 북반구에 위치하고 있기 때문에

| 정답 | ① | 출제 가능성 | 70% |

해 설

지역에 따라 보이는 별자리가 다른 것은 지구가 둥글기 때문이고, 같은 지역에서 시각에 따라 별자리가 동에서 서로 움직이는 것은 지구가 자전하기 때문이다.

25 다음의 특징을 가진 행성으로 맞는 것은?

- 표면이 붉은색의 암석과 흙으로 덮여 있으며, 과거에 물이 흘렀던 흔적이 있다.
- 이산화 탄소로 구성된 희박한 대기가 있으며, 극지방에는 흰색 극관이 존재한다.

① 금성   ② 화성

③ 토성   ④ 천왕성

| 정답 | ② | 출제 가능성 | 50% |

해 설

화성의 표면은 산화철이 많은 붉은색 암석과 흙으로 덮여 있으며, 과거에 물이 흘렀던 흔적과 협곡이 있다. 화성에는 대부분 이산화 탄소인 희박한 대기가 있으며, 극지방에는 얼음과 드라이아이스로 된 극관이 존재한다.

1. 국어 2. 수학 3. 영어 4. 사회 5. 과학 6. 도덕

PART

6

도덕

제1편 나의 삶과 도덕

❶ 도덕의 의미

(1) 욕구와 당위

① 욕구

㉠ 의미 : 무엇을 얻고자 하거나 무슨 일을 하고자 바라는 것(자신이 원하는 것, 하고 싶은 것, 되고 싶은 것)

㉡ 기능

• 기본적인 욕구가 충족될 때 인간은 만족감과 즐거움, 행복함을 느낌

• 인류문명과 문화 발달의 원동력으로 작용

• 인간 행위의 동기를 부여

㉢ 종류

• 신체적 욕구(동물적 존재로서의 욕구) : 의식주에 대한 욕구, 수면욕, 식욕, 성욕 등

• 사회적 욕구(사회적 존재로서의 욕구) : 소속감을 느끼며 사랑받고, 인정받고자 하는 욕구 등

• 정신적 욕구(정신적 존재로서의 욕구) : 정신 활동과 관련하여 발생하는 욕구로, 진선미성(眞善美聖)과 자아실현에 대한 욕구 등

㉣ 지나친 욕구 추구의 문제

• 개인적 측면 : 타인에게 피해를 주는 욕구나 지나친 욕구 추구로 인한 중독 현상이 발생하는 경우, 많은 것을 잃고 불행에 빠질 수 있음

• 사회적 측면 : 타인의 욕구와 충돌하는 문제가 발생함

㉤ 욕구의 충돌과 해결

• 인간의 욕구가 충돌하는 경우 폭력 등의 불합리한 방법으로는 충돌의 문제를 바람직하게 해결할 수 없음

• 개인 간의 욕구 갈등의 바람직한 해결을 위해서는 당위가 요구됨

② 당위

㉠ 의미

- 인간으로서 당연히 해야 하는 것 또는 하지 말아야 하는 것 ("~해야 한다", "~해서는 안 된다"로 표현됨)
- 올바른 것, 도덕적인 것에 대한 이성과 양심의 명령으로, 무조건적 의무이며 모두에게 적용되는 보편적 의무

㉡ 당위와 욕구의 관계

- 당위와 욕구는 항상 갈등·대립하는 것은 아니며 일치하는 삶도 가능
- 항상 일치되는 것도 아니며, 잘못된 욕구를 억제하고 당위와 조화시키는 자세가 필요
- 욕구를 추구하되, 인간의 도리나 관계 등을 고려하여 스스로 절제할 수 있다면 행복한 삶의 영위가 가능
- 당위와 욕구가 충돌하는 경우 당위에 따르는 것이 개인뿐만 아니라 사회적 측면에서도 공동체의 이익에 부응하며, 이를 실현하기 위해 사회 규범이 필요

㉢ 당위와 욕구의 갈등 해결 방법 : 문제 상황의 파악 → 욕구와 당위의 내용확인 및 평가 → 적합한 행동의 결정 및 실천

㉣ 도덕적인 삶 : 도덕적인 삶은 해야만 하는 행위를 하고 가져야 할 마음을 가지며, 추구해야 하는 가치를 추구하는 삶이므로, 이는 당위에 따른 삶이라 할 수 있음

(2) 도덕과 예절

① 도덕

㉠ 의미 : 사람으로서 지켜야 하는 도리

㉡ 목적 : 착하고 바른 삶의 실현(선의 실현)

㉢ 기능 및 역할 : 옳고 그름에 대한 기준을 제시

- 인간의 불완전성을 극복하고 훌륭한 인격을 형성하며, 더불어 살아가는 사회를 형성하는 토대가 됨
- 사회생활에서의 정당한 경쟁과 협력의 기준을 마련

㉣ 필요성

- 개인적 필요성 : 욕구와 충동을 조절하고 자율적인 삶을 살아가는 기준이 됨

개념UP

당위의 기능
- 올바른 삶과 도덕적 삶에 대한 바탕이 됨(도덕은 당위에 관한 규범)
- 바람직한 욕구 충족의 기준을 제시함
- 타인의 존경과 찬사를 유도하며, 자부심과 긍지를 부양함
- 당위를 따르지 않을 경우 양심의 가책, 법적 처벌, 비난 등을 받을 수 있음

개념UP

욕구 충족과 도덕적 의무의 갈등
- 갈등의 원인 : 지나친 욕구 추구와 바람직하지 않은 욕구의 추구는 갈등의 원인이 됨
- 갈등의 해결방향 : 자신의 의지와 명령에 따라 선택하는 자유의지를 통해 욕구와 의무 간의 조화를 추구해야 함
- 갈등 해결의 자세
  - 욕구에 대한 성찰, 타인의 욕구에 대한 배려, 도덕적 의무에 대한 강한 의지와 양심
  - 자신의 욕망과 충동을 이성의 힘으로 극복해야 한다는 자세

개념UP

도덕적인 삶과 도덕적인 사람
- 도덕적인 삶 : 욕구와 충동을 조절하고 자율적인 삶을 살아가는 것. 개인의 자율성을 바탕으로 하며, 자율성을 기르기 위해서는 지속적인 자기반성, 실천이 필요함
- 도덕적인 사람 : 더불어 살아가기 위해 신중하게 생각하고 행동하는 사람

• 사회적 필요성 : 옳고 그른 것을 구별하여 인간의 행위를 평가하며, 사회질서의 유지와 타인과의 조화를 위해 필요

ⓜ 도덕적 행위의 근거

• 자율성 : 인간은 자신의 행위를 자유롭게 선택할 수 있으므로 도덕적 행위가 가능함
• 이성 : 인간은 자신의 행위를 반성하고 평가할 수 있는 정신적 능력을 지님

② 예절

㉠ 의미

• 사람들이 사회생활 속에서 오랫동안 지켜져 온 습관적인 규범 예 관혼상제의 전통, 인사하기, 공손한 말씨의 사용 등
• 원만한 인간관계를 유지하기 위해 상대를 존중하는 마음을 일정한 형식과 격식을 통해 표현하는 행위

㉡ 구성 요소

• 기본 정신 : 상대방을 존중하는 마음 → 시대나 지역을 초월한 보편적 요소
• 표현 형식 : 기본 정신을 일정한 형식으로 표현 → 예절의 표현은 시대나 지역, 상대에 따라 적절한 형식을 갖추어 표현(상대적 요소)

㉢ 올바른 예절 : 예절의 정신과 형식의 조화

㉣ 특징

• 다양성 : 집단이나 상황, 상대방, 지역 등에 따라 다양하게 표현
• 가변성 : 시대에 따라 변화

ⓜ 도덕과 예절

• 도적은 예절을 갖춘 행동을 통해 잘 나타나므로, 예절을 잘 지키는 것이 도덕적 실천의 시작
• 예절을 지키지 않는 것은 상대에 대한 존중과 배려가 없는 행위이므로 도덕적으로 어긋난 행동에 해당
• 예절과 도덕은 모두가 지켜야 할 사회규범의 당위의 영역

③ 사회규범의 종류 및 구분

구분	도덕	법	예절
의미	개인의 양심에 따른 삶의 규범	피해 방지를 위해 준수하도록 규제하는 규범	사람들 간에 굳어진 습관적인 규범
판단기준	양심	법조문	관습
목적	선의 실현(옳고 바른 삶 실현)	정의의 실현, 갈등·마찰 등의 방지	원만한 인간관계 유지, 조화로운 삶 유지
특징	자율적 규범, 동기 중시	강제적·타율적 규범, 결과 중시	습관적 규범
공통점	사회생활을 규율하는 사회규범		

(3) 양심과 부끄러움

① 양심

㉠ 의미

- 자기 행위의 옳고 그름, 선악을 분별하는 마음의 명령
- 도덕적으로 올바른 행동을 하도록 하는 마음의 명령

㉡ 특징

- 마음의 문제이므로 눈에 보이지도 않고 쉽게 증명하기도 어려우나, 분명하게 느껴지고 부정할 수 없음
- 개인적으로만 옳은 것이 아니라 다른 사람과 사회적 관점으로도 옳은 것이어야 함

㉢ 기능

- 도덕적 판단과 행동의 원동력 : 자신의 행동이 도덕적으로 옳은지 그른지를 분별하며, 옳은 행동은 떳떳함을 느끼게 하고 그릇된 행동을 부끄러움을 느끼게 함
- 올바른 삶을 유도 : 스스로 바람직한 행동과 도덕적으로 옳은 행동을 하도록 이끌어 줌
- 마음속의 재판관 : 부끄러운 행동을 한 경우 양심의 가책을 느끼고 불안해짐

㉣ 도덕과의 관계 : 양심은 도덕적 판단의 기준이 되며, 도덕적으로 옳은 행동을 하도록 하는 출발점이 됨

② 양심의 형성(기원)

1. 국어 2. 수학 3. 영어 4. 사회 5. 과학 6. 도덕

문제UP

다음 내용과 가장 관련이 깊은 것은?

운전자가 과속하거나 교통 신호를 지키지 않고 운행하다 적발된 경우 벌금이나 과태료를 부과한다.

① 예절　　② 도덕
③ 법　　　④ 관습

해 과속이나 교통 신호를 지키지 않음으로써 발생하는 피해를 방지하기 위해 강제적으로 벌금 등을 통해 규제하는 사회규범이므로 법에 해당되는 설명이다.

정답 ③

문제UP

다음 중 부끄러운 행동을 한 경우 스스로 반성하게 하는 것과 가장 관련된 것은?

① 양심　　② 관습
③ 법　　　④ 예절

해 부끄러운 행동을 한 경우 양심의 가책을 느끼게 하는 마음속의 재판관 역할은 양심의 역할에 해당한다. 양심은 우리를 바른 삶으로 인도해 주는 나침반이며, 도덕적으로 올바른 행동을 하도록 하는 명령에 해당한다.

정답 ①

구분	선천설(생득설, 자연설)	후천설(경험설)
의미	모든 사람은 태어나면서부터 양심적 소질을 지니나, 양심을 가꾸지 않으면 악행을 저지르게 됨	양심은 사람이 성장하면서 겪는 다양한 경험을 통해 지니게 되는 것으로, 지속적인 노력이 없으면 악한 본성이 커질 수 있음
사상가	맹자와 루소의 성선설	순자와 홉스의 성악설
차이점	인간은 선천적으로 선한 본성을 갖고 태어난다는 성선설에 기초한 이론	인간의 본성은 선천적으로 선을 갖고 태어나는 것이 아니라 환경, 교육, 경험을 통해 선, 즉 양심을 갖추게 됨
공통점	모든 인간에게는 도덕적으로 옳고 그름을 구별해주는 양심이 존재하며, 양심을 가꾸기 위해 끊임없이 노력해야 함	

❷ 삶의 목적과 도덕

(1) 삶의 목적과 인간의 존엄성

① 삶의 목적

㉠ 의미 : 사람이 살면서 실현하고자 하는 목표나 일

㉡ 중요성
- 올바른 삶의 방향에 대한 구체적 목표 설정을 통해 의미 있는 삶을 추구할 수 있음
- 충동을 억제하고 잘못된 삶의 모습을 반성하여 더 바람직한 삶의 방향을 제시함

㉢ 삶의 목적 설정시의 고려 사항
- 올바른 삶의 목적을 설정하기 위해 궁극적이고 본래적이며, 바람직한 목표를 추구함
- 자신에게 의미 있는 삶의 목적을 세워야 함
- 다른 사람에게 피해를 주지 않고 사회에도 도움이 될 수 있는 목적을 세우는 것이 바람직함

② 인간의 존엄성

㉠ 의미 : 인간은 인간이라는 이유만으로 존중되어야 할 대상이 됨

㉡ 권리·의무의 부여 : 인간은 존엄한 존재로서의 권리와 타인의 권리보호를 위한 의무를 부여

ⓒ 인간의 존엄성과 행복 : 존엄한 인간의 궁극적 목적은 행복에
있음

(2) 행복의 추구

① 행복

㉠ 행복한 삶 : 삶 속에서 충분한 만족감과 기쁨을 느끼는 삶을 의미

㉡ 행복의 기본적 조건 : 도덕적 삶의 실천

  • 행복을 위해서는 외적인 풍요로움보다 내적인 만족감이 중
    요하며, 도덕적 삶을 통해 정신적 풍요와 만족을 얻게 됨

  • 도덕적 의무를 소홀히 하고 이기적인 삶을 사는 경우 진정한
    행복에 도달할 수 없음

  • 경제적 풍요와 행복을 비교해 보면 높은 소득 수준과 행복은
    반드시 비례하지는 않음

㉢ 행복의 종류와 쾌락

  • 행복의 종류

    – 정신적 행복 : 정신적 욕구나 가치를 추구할 때 얻게 되는
      만족감

    – 감각적 행복 : 순간적 · 육체적 쾌락을 통해 얻게 되는 만
      족감

  • 행복과 쾌락 : 감각적 쾌락만을 추구하는 것은 일시적인 행
    복을 주지만, 이에 대한 계속적인 집착은 정신적 고통과 불
    행을 수반함

  • 진정한 행복 : 자신이 지닌 잠재능력을 최대한 발휘하여 자
    아를 실현하고 도덕적으로 살아가는 것이 진정한 의미의 행
    복임

② 진정한 행복

㉠ 인격을 가꾸는 삶 : 선한 삶을 통해 도덕성을 기르는 삶을 말하
며, 도덕적 삶을 통해 진정한 행복을 얻을 수 있음

㉡ 진정한 행복에 대한 성현들의 말

  • 예수 : 사랑과 정의를 위해 노력하는 삶이 행복한 삶

  • 공자 : 옳은 일을 하는 삶이 행복한 삶

  • 석가모니 : 온갖 집착과 욕심을 버리고 자비를 베풀 때 진정
    한 행복을 달성

개념UP

행복의 객관적 조건과 주관적 조건

  • 객관적 조건 : 행복함을 객관적
    으로 측정 가능해야 함 **예** 직업, 경
    제력, 사회적 지위 등

  • 주관적 조건 : 행복함을 주관적으
    로 느껴야 함 **예** 만족, 소속감,
    성취감 등

  • 객관적 · 주관적 조건의 충족 : 객
    관적 조건과 주관적 조건이 모두
    충족되어야 행복한 삶이 가능

개념UP

쾌락의 구분, 쾌락주의의 역설

  • 정신적 쾌락 : 본질적인 것을 추구
    하면서 얻는 만족감(오랫동안 유
    지되는 만족감)

  • 감각적 쾌락 : 감각기관을 통해 얻
    는 즐거움(일시적 · 단기적인 만족감)

  • 쾌락주의 : 쾌락을 가장 가치 있는
    인생의 목적으로 여기는 사고방식

  • 쾌락주의의 역설

    – 감각적 쾌락에 대한 집착은 오
      히려 정신적 고통을 수반함

    – 배부른 돼지보다는 배고픈 인간
      이 되는 편이 낫고, 만족스러운
      바보보다는 불만족스러운 소크
      라테스가 되는 편이 낫다(존 스
      튜어트 밀)

이상과 도전 정신

• 이상의 의의
　－ 이상의 의미 : 자신의 삶을 통해 실현하려는 궁극적 목적을 이상이라 하며, 인간의 삶은 이상에 따라 달라짐
　－ 이상의 중요성 : 이상은 삶의 방향을 안내하며 특히 청소년기의 목표가 삶에 큰 의미를 가짐
• 도전 정신
　－ 도전 정신의 의미 : 어려움에 맞서려는 정신으로, 자신의 한계를 극복하고 이상을 실현하는 밑거름이 됨
　－ 필요한 자세 : 자신을 믿고 실패를 두려워하지 않으며 적극적으로 도전하는 용기, 힘들고 어려워도 희망을 잃지 않는 긍정적 사고가 필요

다음 글의 빈칸에 들어갈 말로 적절한 것은?

(　　)(이)란 본래 마음을 반성하고 살피는 것으로서, 자신의 언행에 잘못이나 부족함이 없는지 돌아보는 것을 뜻한다.

① 동기　　　② 습관
③ 당위　　　④ 성찰

🔲 자신의 삶을 객관적으로 깊이 살피고 돌아보는 것은 '성찰'이다.

정답 ④

도덕적 성찰의 기능

• 올바른 가치관 성립과 훌륭한 인격의 형성에 기여
• 사회가 건강하고 정의로운 사회로 나아가도록 촉진

• 소크라테스 : 인간을 인간답게 하는 덕에 마음을 써야 행복을 실현할 수 있음
　ⓒ 진정한 행복을 위한 자세
　　• 올바른 신념을 토대로 하여 바람직한 가치를 추구해야 함
　　• 외면의 삶의 조건보다 내면의 삶의 조건을 가꾸기 위해 노력해야 함
　　• 항상 주어진 상황에 만족하고 감사하며, 있는 현실을 그대로 받아들여야 함(안분지족의 삶을 추구)
　　• 자아실현을 위한 삶의 목적을 설정하고 그것의 달성을 위해 노력해야 함
　　• 삶의 모범이 되는 인물을 찾아 그 삶을 본받고자 노력해야 함

❸ 도덕적 성찰

(1) 도덕적으로 성찰하는 삶
　① 도덕적 성찰
　　㉠ 의미 : 자신의 삶을 객관적으로 깊이 살펴보고 도덕적 관점에서 반성하며, 바람직한 삶을 위한 방안을 모색하는 것
　　㉡ 참된 도덕적 성찰의 자세
　　　• 자신의 삶이나 행동에 대해 반성하고 잘잘못을 따져보는 자세
　　　• 문제의 원인을 내 안에서 찾아보고 잘못된 행동을 고치려 노력하는 자세
　　㉢ 필요성
　　　• 인간의 불완전성을 극복하고 도덕적 성찰을 통해 자신의 잘못을 바로잡아 보다 나은 삶을 살도록 함
　　　• 도덕적 성찰의 과정을 통해 올바른 가치관과 인격형성이 가능함
　　　• 개인의 성찰이 사회에 바람직한 영향을 미쳐 보다 나은 사회로 나아가는 기회를 제공함
　② 도덕적 성찰의 준거
　　㉠ 의미 : 도덕적 성찰을 위한 근거나 기준(즉 덕과 품성, 보편적

도덕 원리와 같이 옳고 그름을 판단하는 도덕적 근거나 기준)

ⓛ 필요성

- 삶의 옳고 그름을 정확하게 판단할 수 있게 함
- 독단과 편견에서 탈피하게 하며, 자기 정당화를 방지하게 함

ⓒ 덕과 품성

- 의미 : 덕(德)은 도덕적 인간이 지니는 인격적 특성을 말하며, 품성(성품)은 덕(德)이 마음속에 자리 잡은 것을 의미함
- 성현들이 강조한 덕

성현	강조한 덕
공자	사람을 사랑하는 마음인 인(仁)과 그것을 표현하는 방식으로 예를 강조
석가모니	타인에게 기쁨을 주고 타인의 고통을 어루만져 주는 자비를 강조
노자	인위적인 것을 탈피한 자연 그대로의 상태로서 무위자연(無爲自然)을 강조
아리스토텔레스	부족하지도 넘치지도 않는 상태인 중용을 강조
소크라테스	객관적·보편적 진리인 지혜를 강조
예수	사랑을 통해 모든 인간은 평등하게 존중받아야 할 존재라 강조

ⓡ 보편적 도덕 원리

- 의미 : 모두에게 동일하게 적용될 수 있는 객관적이고 타당한 원칙 또는 판단기준
- **예** 선행의 원리, 정의의 원리, 인간 존중 원리, 황금률 등

(2) 도덕적 성찰의 방법

① 전통적 방법

ⓐ 유교의 경(敬)

- 옳은 생각으로 가득 찬 마음의 상태를 말하며, 의식을 집중하고 경계하는 자세로 마음을 다스려 또렷한 정신을 유지하는 자세가 필요함
- 바람직하지 않은 욕망이 침범하지 않고 착한 인간의 본성을 잘 가꿀 수 있도록 수양함

ⓑ 유교의 신독 : 남이 보지 않는 곳에서도 도리에 어긋나지 않도록 몸가짐을 바로 하는 자세를 말함

문제UP

다음 중 도덕적 성찰에 관한 설명으로 옳지 않은 것은?

① 자신의 삶을 돌이켜보아 도덕적 관점에서 반성하는 것이다.
② 문제의 원인을 내 안에서 찾으려는 자세에 해당한다.
③ 상상력을 개발하고 지식을 쌓기 위한 과정에 해당한다.
④ 도덕적 성찰은 잘못된 행동에 대한 개선까지 포함한다.

해 상상력을 개발하고 지식을 형성하기 위해 도덕적 성찰을 행하는 것이라 할 수는 없다. 도덕적 성찰은 자신의 삶이나 행동에 대해 반성하는 것으로, 문제의 원인을 내 안에서 찾아보고 이를 개선하려는 것까지 포함한 것이다.

정답 ③

개념UP

황금률의 예

- 역지사지(易地思之) : 다른 사람의 처지가 되어 생각해 보는 것
- 공자의 서(恕) : 자기가 하기 싫은 일을 남에게 강요하지 않는 것

개념UP

프랭클린의 13가지 덕목

인격완성을 위해 절제, 침묵, 절약, 규율(질서), 결단, 근면, 진실, 정의, 중용, 침착, 순결, 청결, 겸손의 덕목을 제시

ⓒ 불교의 참선

- 스스로를 성찰하여 깨달음을 구하는 방법을 말하며, 욕심이나 욕망을 절제하여 마음을 고요하게 하고 깨달음을 얻는 것이 필요함
- 참된 삶을 성찰하고 맑은 본성을 찾기 위한 수양방법의 하나로, 인간의 마음을 거울에 비유(먼지가 거울에 쌓이지 않도록 하는 것이 중요)

② 일상생활에서의 자기 성찰

ⓐ 성찰 일기 : 자신의 행동과 주변의 사건을 돌아보고 반성함으로써, 자신을 객관적으로 바로보고 잘잘못을 따질 수 있음

ⓑ 명상 : 명상의 자세를 통해 자신의 행동을 깨닫고 마음을 평온하게 하며, 정신을 집중시킬 수 있음

ⓒ 좌우명 : 자기 생활을 반성할 수 있는 명언이나 글귀를 말하며, 좌우명을 통해 삶을 반성하고 그 방향을 정할 수 있음

ⓓ 기타 : 기도, 음악 감상 등

❹ 도덕적 실천

(1) 도덕적 지식과 사고

① 도덕적 지식

ⓐ 의미 : 도덕적 문제와 현상에 관련된 여러 도덕규범에 대해 하는 것으로, 도덕규범을 앎으로서 부도덕한 행동을 자제할 수 있음

ⓑ 중요성

- 도덕적 사고도 포함하며, 도덕적 행동의 이유와 근거를 제시하는 기능을 함
- 도덕적 지식은 도덕적 행동을 자율적으로 수행하는데 필수적 조건이 됨(도덕적 지식이 도덕적 행동으로 연결되지 못하는 경우 그 지식은 불완전한 것이 됨)
- 사회의 복잡화와 함께 도덕적 지식의 필요성이 더욱 증가함

② 도덕적 사고

문제UP

다음에서 설명하는 전통적인 성찰의 방법과 그와 관련된 종교는?

남이 보지 않는 곳에 혼자 있을 때도 도리에 어긋나지 않게 몸가짐을 바로하고 언행을 조심해야 한다.

① 경(敬), 유교
② 신독, 유교
③ 참선, 불교
④ 기도, 기독교

🔟 남이 보지 않는 곳에서도 도리에 어긋나지 않도록 몸가짐을 바로 하는 자세란 유교에서 말하는 신독에 해당한다.

정답 ②

개념UP

도덕적 앎

도덕적 행위의 근거나 이유를 아는 것을 말하며, 도덕적 지식과 도덕적 사고를 포함하는 개념이다.

㉠ 의미

- 도덕적 사고란 도덕적 문제가 발생한 경우 이를 해결하기 위해 스스로 판단하고 선택하는 모든 지적 노력을 의미함
- 문제에 대한 도덕적 민감성, 도덕적 마음 또는 판단 등을 토대로 도덕적 선택을 하는 생각의 과정을 말함

㉡ 중요성

- 도덕적 판단은 도덕적 지식뿐만 아니라 도덕적 사고가 바탕이 되어야 가능한 것이며, 도덕 판단의 근거를 통해 도덕적 사고에 대한 평가가 가능
- 도덕적 사고란 다른 동물과는 구별되는 인간만이 가지는 특징
- 과거의 도덕규범만으로 해결할 수 없는 새로운 문제들이 도덕적 사고의 필요성을 가중
- 도덕 문제에 대한 끊임없는 반성을 통해 가능하며, 도덕적 사고 능력을 습관화하는 것은 도덕적인 삶(인간다운 삶)의 기본 토대가 됨

(2) 도덕적 행동

① 도덕적 실천 의지

㉠ 도덕적 실천의 중요성

- 도덕적 인간이란 도덕적 사고를 토대로 실천의지를 통해 도덕적으로 행동하는 사람을 말하며, 도덕적 실천 의지가 실제 행동으로 이어져야 의미를 지님
- 도덕의 개념에 대한 무지 또는 무관심으로 인해 도덕적 실천에 어려움을 겪음
- 도덕적 실천을 위한 기본적인 자세로는 극기, 인내 등이 있음

㉡ 도덕적 실천 의지

- 의미 : 도덕적 지식과 판단을 토대로 주어진 상황에서 실제로 행동하려는 마음가짐으로, 도덕적 판단과 도덕적 실천을 연결하는 고리의 기능을 수행
- 중요성 : 인간의 불완전성으로 인해 도덕적 지식·판단과 다른 행동을 하거나 행동으로 옮기지 못하기도 하므로, 도덕적 실천의지를 통해 자신의 행동을 반성하는 자세가 필요

㉢ 도덕적 사고와 행동의 조화(도덕적 실천)

- 필요성 : 지행합일의 정신을 통해 도덕적 사고와 행동의 조화가 필요
- 도덕적 사고를 실천하지 못하는 이유
  - 도덕적 행동이 불편하거나 귀찮다고 여기는 편의주의
  - 타인과 사회에 대한 무관심
  - 도덕적 실천을 할 경우 손해와 희생이 따른다는 생각
  - 불합리하고 불완전한 사회구조나 제도, 정책
- ㄹ 실천 의지의 형성방안 : 도덕적 인물을 본받기, 도덕적 습관을 배양, 자기반성 등

② 도덕적 실천 동기

ㄱ 의미

- 도덕적 지식과 사고능력을 토대로 주어진 상황에서 실제로 행동하려는 마음가짐
- 도덕적으로 살아가기 위해 노력하려는 마음으로, 도덕적 실천 동기가 없는 경우 도덕적 행동은 불가능함

ㄴ 중요성

- 도덕적 지식이 많아도 실천하지 않으면 도덕적 행동이 될 수 없음
- 실천 동기가 부족한 경우 도덕적 판단과 다른 행동을 하거나 도덕적 행동을 주저할 수 있음
- 실천 동기를 높이기 위해서는 도덕적 판단과 실천의 불일치에 대해 부끄러워해야 하며, 잘못에 대해 돌아보고 반성하는 생활을 해야 함

ㄷ 종류 : 양심, 정의, 배려, 동정, 사랑 등

ㄹ 동기의 요인

실천 동기를 높이는 요인	실천 동기를 저해하는 요인
• 가르침을 주는 문구나 좌우명 설정 • 도덕적 행동에 대한 충분한 칭찬과 격려 • 좋은 습관의 배양노력	• 지나친 욕심과 이기심, 게으름 • 불합리한 명령이나 지시 • 도덕적 행동에 대한 무시나 멸시 • 옳은 일에 대한 용기의 부족

③ 생활 속의 도덕적 실천

ㄱ 도덕적 습관의 형성

- 도덕적 행동이 습관처럼 몸에 배어야 실천으로 이어짐

- "한 마리 제비가 왔다고 봄이 온 것은 아니다."(아리스토텔레스)
  - ⓛ 도덕적 실천 의지의 형성 : 유혹에 흔들리지 않고 도덕적 습관을 형성하기 위한 강한 실천 의지가 필요
  - ⓒ 생활 속의 실천 : 일상생활 속에서 꾸준히 선한 행동을 실천하는 습관이 형성되는 것이 중요 **예** 집안 청소, 대중교통수단에서의 자리 양보 등

(3) 도덕적 신념

① 신념
  - ㉠ 의미 : 어떤 일에 대한 사람들의 확고한 믿음이나 생각, 기준
  - ㉡ 중요성
    - 신념에 따라 옳고 그름을 판단하고 행동을 선택함
    - 세상을 해석하고 행동과 생각을 지배함
    - 사람을 이끄는 기본 원칙으로, 인생의 목표 설정에 큰 영향을 미침
    - 사람마다 다를 수 있으므로 서로 다른 신념을 지닌 사람들 간의 갈등을 유발할 수 있음
  - ㉢ 올바른 신념
    - 정신적 가치를 지키려 하며, 다른 사람과 더불어 사는 삶을 중시
    - 미래에 대한 긍정적인 사고방식을 통해 현재의 고난을 극복하고자 함
    - 도덕적 실천을 통해 도덕적 습관으로 발전할 수 있음
  - ㉣ 잘못된 신념
    - 지식이나 정보가 없거나 부족한 상태로 신념이 형성되는 경우에 주로 발생(고정관념이나 편견, 잘못된 선입견, 아집, 흑백논리 등이 잘못된 신념의 형성에 영향)
    - 타인의 생각을 수용하지 못하고 진리를 외면하는 등 사회에 부정적 영향을 미칠 수 있음
    - 타인의 인권이나 생명을 경시하는 결과를 초래할 수 있음 **예** 히틀러의 반인륜적 신념

개념UP
신념의 종류
- 개인과 관련된 신념 : 삶의 목표, 종교, 건강 등 개인적 문제와 관련됨
- 사회적 문제와 관련된 신념 : 정치적·경제적 관점과 관련된 신념, 인권과 환경문제 등 주로 사회 정책이나 제도와 관련된 신념

개념UP
올바른 신념의 중요성
- 올바른 도덕적 신념은 잘못을 고치고 다른 사람의 비도덕적인 행위나 사회제도를 고치려 노력함
- 올바른 용기를 형성함으로써 타인을 이해하고 배려할 수 있게 함
- 타인의 입장과 권리를 인정하는 관용의 태도를 형성함
- 옳다고 생각하는 바를 믿고 실천함으로써 바람직한 사회와 개인의 행복한 삶을 형성

• 옳지 못한 욕구나 부당한 요구, 사회의 잘못된 관행 등으로 신념이 흔들릴 수 있음
• 자신의 신념이 인권과 평등, 합리적 사고에 적합한 것인지를 따져 보아야 함

② 도덕적 신념
　㉠ 의미 : 도덕적 지식을 토대로 어떤 문제의 해결 과정에서 나타나는 개인의 확고한 믿음
　㉡ 조건
　　• 이타성 : 타인에게 도움이 되는 신념이어야 함
　　• 도덕성 : 도덕적으로 떳떳한 신념이어야 함
　　• 지속성 : 꾸준한 신념이어야 함
　㉢ 도덕적인 사람
　　• 도덕적인 사람은 인격자, 덕을 지는 사람 등으로 표현함
　　• 도덕적 삶을 사는 이상적 인간상을 우리나라에서는 선비, 동양에서는 군자, 서양에서는 신사라 표현함

제2편 | 도덕적 주체로서의 나

❶ 인간 존재의 특성

(1) 인간의 특성과 인간의 본성

① 인간의 특성

ㄱ 인간과 동물의 비교

- 공통점 : 인간과 동물은 모두 기본적 욕구와 본능을 가지고 있음
- 차이점 : 인간은 이성적 존재로서 주변 환경을 자신에 맞게 변화시킬 수 있고 스스로의 삶의 방식을 선택할 수 있는 열려 있는 존재임

ㄴ 인간의 특성

- 도구적 존재 : 불리한 신체 조건을 극복하기 위해 도구를 만들어 사용하는 존재
- 사회적 존재 : 인간은 홀로 살 수 없고, 사회 안에서 언어와 가치관, 지식, 생활양식 등을 배움으로써 온전한 인간으로 성장하는 존재
- 윤리적 · 이성적 존재 : 인간은 옳고 그름을 따지는 이성을 가진 존재로, 이성을 토대로 자신의 행동을 선택하고 반성함
- 유희적 존재 : 인간은 유희를 통해 즐거움을 추구하는 존재

ㄷ 사회적 존재로서의 인간

- 사회적 상호작용 : 인간은 사회 속에서 협동 · 경쟁 · 갈등과 같은 상호작용을 행함
- 다원적 현대 사회 : 가치관의 대립이나 이해관계의 상충 등으로 갈등의 상호작용이 빈번하게 발생함
- 사회규범 : 사회 질서 유지를 위해 사회가 구성원에게 기대하는 준칙을 사회규범이라 하며, 사회규범에는 도덕, 관습, 예절, 법, 종교 규범 등이 있음

문제UP

다음 중 인간의 특성에 대한 설명으로 옳지 않은 것은?

① 기본적으로 동물과 차이가 없는 존재이다.
② 인간은 삶의 방식을 스스로 선택할 수 있다.
③ 다른 동물들과 같이 욕구와 본능을 가지고 있다.
④ 불리한 신체조건을 극복하기 위해 도구를 만들어 사용하는 존재이다.

해 인간과 동물은 모두 기본적 욕구와 본능을 가지고 있다는 점에서 같으나, 인간은 이성적 존재로서 주변 환경을 자신에 맞게 변화시킬 수 있고 스스로의 삶의 방식을 선택할 수 있는 열려 있는 존재라는 점에서 차이가 있다.

정답 ①

개념UP

사회적 존재로서의 도덕의 필요성

- 도덕은 개인 간의 갈등을 조정한다.
- 사회질서와 평화 유지에 기여한다.
- 올바른 판단 기준을 제시한다.

---

② 인간 본성에 대한 관점

　㉠ 성선설

　　• 의미 : 인간의 본성은 원래부터 선하며, 끊임없는 수양을 통해 선한 본성을 지키고 가꾸어야 함

　　• 대표적 학자 : 맹자, 루소 등

　　• 맹자의 성선설 : 사람이 태어날 때부터 선천적으로 사단(四端)을 가지고 태어나며, 사단을 잘 유지하지 않으면 악을 행할 수 있음

　㉡ 성악설

　　• 의미 : 인간의 본성은 본래 이기적이고 악하며, 악한 본성을 선하게 하기 위해 끊임없이 자신을 다그치고 예를 지켜야 함

　　• 대표적 학자 : 순자, 홉스 등

　　• 순자의 성악설 : 인간은 본래 질투하고 미워하는 감정을 지니므로, 예의 실천을 통해 인간을 선하게 변화시켜야 함

　㉢ 성무선악설(백지설)

　　• 의미 : 인간의 본성은 선이나 악으로 결정되어 있지 않으며 후천적인 환경과 상황에 따라 결정되므로, 선한 본성을 위해 부단히 노력해야 함

　　• 대표적 학자 : 고자, 로크 등

　　• 고자의 성무선악설 : 식욕과 성욕이 인간 본성을 구성하며, 본성에는 선한 것도 선하지 않은 것도 없음

(2) 도덕적인 삶

① 도덕적인 삶의 필요

　㉠ 진정한 행복 추구 : 경제적 부나 권력, 명예 등을 통해 얻는 행복은 불행으로 이어질 수 있음

　㉡ 아리스토텔레스 : 이성으로 물질적 욕구나 감정을 조절하여 중용의 덕을 쌓는 것이 진정한 행복에 이르는 방법

　㉢ 공자 : 행복의 가장 중요한 조건이 도덕적으로 올바르게 사는 것이므로, 큰 덕을 닦아 많은 이에게 베풀고 나누는 어진 사람이 되어야 함

개념UP

사단(四端)

측은지심(惻隱之心)과 수오지심(羞惡之心), 사양지심(辭讓之心), 시비지심(是非之心)의 네 가지 마음(감정)으로서, 각각 인(仁)·의(義)·예(禮)·지(智)의 착한 본성인 사덕(四德)을 실천할 수 있는 감정을 말한다. 측은히 여기는 마음은 인의 발단이요, 부끄러워하고 미워하는 마음은 의의 발단이요, 사양하는 마음은 예의 발단이요, 옳고 그름을 판단하는 마음은 지의발단이 된다.

개념UP

인간다운 삶

• 인간답게 사는 것
　– 물질뿐만 아니라 정신적 가치를 추구하여, 물질과 정신적 가치가 균형을 이루는 삶
　– 자신의 욕구를 절제하고 잘못을 스스로 반성하는 삶
　– 다른 사람과 관계를 맺고 공동체 속에서 더불어 사는 삶
• 인간다운 삶을 위한 노력
　– 정신적 가치의 추구를 위해 진(眞)·선(善)·미(美)·성(聖)의 가치를 추구함
　– 자신의 욕구를 스스로 절제하고 제어하며, 자신의 행동을 반성할 줄 알아야 함
　– 타인과 더불어 살기 위해 도덕을 지키며, 타인을 배려하고 공감할 수 있어야 함

② 인간으로서의 도덕적 삶

    ㉠ 도덕적으로 사는 삶이 인간으로서 마땅히 해야 하는 도리이자 의무(맹자는 인간에게는 마땅한 도리가 있는데, 이를 배우지 않으면 짐승과 같다고 하였음)

    ㉡ 칸트는 도덕적 행동이 곧 양심의 명령이기 때문에 도덕적 행동을 해야 한다고 봄

③ 부도덕한 행위의 원인

    ㉠ 도덕적 무지

       • 의미 : 도덕적 생활에 필요한 규범과 가치를 잘 알지 못하는 것

       • 문제점 : 올바른 도덕적 판단을 내릴 수 없음

       • 해결 방안 : 도덕적 지식이 필요(소크라테스의 주지주의)

    ㉡ 도덕적 무관심

       • 의미 : 도덕적 문제에 대해 관심을 기울이지 않는 것

         예 다른 사람의 고통에 대한 무관심이나 방관

       • 문제점 : 이기주의의 확산으로 도덕적 무관심이 확대되고 있음

    ㉢ 도덕적 의지의 결여

       • 의미 : 도덕적 지식이 있더라도 이를 실천에 옮기지 못하는 것을 말함

       • 원인 : 나약한 의지나 나타함, 이익과 관련된 유혹(인간의 불완전성)

④ 도덕적 실천의 자세

    ㉠ 자신의 도덕적 판단과 행위에 대한 명확한 책임감이 필요

    ㉡ 폭넓은 도덕적 지식 습득과 올바른 도덕적 판단력 배양이 필요

    ㉢ 자신의 이기적 욕망을 절제하고 반성하고 성찰하는 자세가 필요

    ㉣ 도덕적 무관심을 극복하고 타인에 대한 관심과 공감, 배려가 필요

개념UP

소크라테스의 주지주의(主知主義)

주지주의란 이성이나 지성이 의지나 감정보다 우위에 있다고 생각하는 사고방식으로, 소크라테스는 "너 자신을 알라", "아무도 고의로 악행을 행하지 않는다", "옳은 것을 알면서도 실천하지 않으면 진정으로 아는 것이 아니다" 등을 통해 이를 표현하였다.

문제UP

다음 중 도덕적 실천을 어렵게 하는 부도덕의 요인으로 가장 알맞은 것은?

㉠ 최고선
㉡ 도덕적 무지
㉢ 도덕적 무관심
㉣ 도덕적 상상력

① ㉠, ㉡   ② ㉠, ㉢
③ ㉡, ㉢   ④ ㉢, ㉣

해 도덕적 실천을 어렵게 하는 부도덕한 행위의 원인으로는 도덕적 생활에 필요한 규범과 가치를 잘 알지 못하는 도덕적 무지와 도덕적 문제에 대해 관심을 기울이지 않는 도덕적 무관심, 도덕적 지식을 실천에 옮기지 못하는 도덕적 의지의 결여가 있다.

정답 ③

❷ 자율과 도덕

(1) 자유와 도덕

① 자유의 의미

㉠ 소극적 자유와 적극적 자유

구분	소극적 자유('~로부터의 자유')	적극적 자유('~에 의한 자유')
의미	간섭이나 외부의 구속을 받지 않을 자유로, 시민혁명과 자유방임적 자본주의의 등장으로 부각된 자유	자신의 삶을 자신이 선택하고 실현할 수 있는 자유로, 현대 복지국가에서 강조된 자유
발달 배경	자유방임주의, 근대 시민혁명	현대 복지국가원리, 빈부격차 등 자본주의 모순의 심화
유형	신체의 자유, 표현의 자유, 학문의 자유, 양심의 자유, 종교의 자유 등	사회권, 참정권, 청구권 등
국가형태	야경국가, 소극적 국가	복지국가, 적극적 국가

㉡ 자유의 제한

- 필요성 : 자유와 방종을 구분하고 자신의 행위에 책임을 지게 하며, 개인의 무제한적 자유가 타인의 자유를 침해할 수 있음
- 이론
  - 칼 포퍼의 '자유의 역설' : 자유에 대한 지나친 강조로 오히려 자유가 없어지는 것을 지적한 이론으로, 자유의 적절한 제한이 필요하다고 봄
  - 홉스의 이론 : 자유의 무제한적 추구는 '만인의 만인에 대한 투쟁' 상태를 유발함
  - 밀의 '자유론' : 타인에게 피해를 주는 행위에 대해서는 개인적 자유를 정당하게 제한할 수 있다고 봄

② 도덕적 의미의 자유(자율의 상태)

㉠ 외부의 구속이 없는 상태와 내부의 구속을 극복할 수 있는 상태

㉡ 이성적 의지를 통해 자신의 욕구와 충동을 억제하고 타인의 자유를 제한하지 않음

(2) 도덕적 자율성과 도덕적 삶

① 도덕적 자율성

문제UP

다음의 설명으로 가장 알맞은 것은?

- 외부의 간섭이나 구속을 받지 않을 자유
- 시민혁명과 자본주의의 등장으로 강조된 자유

① 자율　　② 소극적 자유
③ 적극적 자유　④ 청구권적 자유

해 간섭이나 외부의 구속을 받지 않을 자유로, 시민혁명과 자유방임적 자본주의의 등장으로 부각된 자유는 소극적 자유이다('~로부터의 자유').

정답 ②

개념UP

도덕적 자유와 선택

- 인간의 선택 : 인간을 사회적 존재이자 이성적 존재로서 행위의 이유를 판단하고 스스로의 의지에 따라 행위를 선택해야 함
- 도덕과 선택 : 자유의지가 전제된 선택이 이루어져야 하며, 이에 따른 행위에 대해 책임을 져야 함

㉠ **자율성의 의미** : 스스로 합리적인 선택을 하고 이성적 판단에 따라 행동하는 것을 말하며, 자율적인 삶을 통해 진정으로 자유로운 삶을 누릴 수 있음

㉡ **자율성과 도덕**
  • 인간은 옳고 그름을 이성적으로 판단할 수 있는 자율성을 지니므로 도덕적 삶을 살 수 있음(도덕의 전제조건으로서의 자율성)
  • 인간은 스스로 판단하여 행동한 결과에 대한 책임을 져야 함

㉢ **도덕적 자율성**
  • 보편타당한 규범이나 도덕 원칙을 스스로 정하고 그에 따라 이성적으로 행동하는 것
  • 선의지에 따른 도덕적 실천이어야 함(선의지는 도덕적 행동을 적극적으로 실천하게 함)
  • 본능이나 욕망보다는 스스로 이성적 명령에 따르며, 간섭이나 규제 없이도 도덕적 삶을 영위
  • 자신의 행동이 상대에게 미치는 영향을 고려하며, 이성에 따른 합리적 사고를 통해 올바른 판단을 내려야 함

㉣ **도덕적 자율성 확보를 위한 능력**
  • 주체적인 의사결정 능력
  • 합리적인 사고 능력
  • 타인의 처지나 입장에서 사고하는 능력
  • 도덕적 실천 의지와 도덕적 실천의 습관화(생활화)
  • 도덕적 문제에 대한 관심과 도덕적 책임감
  • 비판적 사고 및 결과 예측 능력

㉤ **도덕적 자율성을 저해하는 요인** : 이기적인 욕망, 무지와 무관심, 강제, 불가항력 등

② **도덕적 삶의 추구**
  ㉠ **이성적 자각** : 이성의 명령에 따르는 자율적 존재임을 자각하고, 이성을 토대로 본능과 욕망을 제어함
  ㉡ **책임의식의 자각** : 스스로 선택한 행위에 대한 도덕적 책임의식을 가짐

문제UP

다음의 사례에서 설명하는 학생들의 자세와 가장 관련된 것은?

축구 경기가 끝난 후 운동장 구석구석이 쓰레기로 어지러웠다. 그때 운동장에서 쓰레기를 청소를 하는 학생들이 있었는데, 그들에게 청소를 하는 이유를 물었다.
"우리가 어지럽혔으니 우리가 치우는 거예요. 우리가 치우지 않으면 누가 치우겠어요?"

① 경제적 보상
② 강제적 도덕성
③ 처벌의 두려움
④ 도덕적 자율성

圖 학생들이 청소를 하는 것은 스스로 정한 도덕 원칙에 따른 것이므로, 도덕적 자율성과 가장 관련된다. 도덕적 자율성은 선의지에 따른 도덕적 실천으로, 보편타당한 규범이나 도덕 원칙을 스스로 정하고 그에 따라 이성적으로 행동하는 것을 말한다.

정답 ④

개념UP

선의지
마음속에서 옳다고 믿고 그에 따라 행하고자 하는 순수한 동기에서 발현되는 의지로, 칸트가 처음 사용한 용어

❸ 도덕적 자아상

(1) 자아의 발견과 자아 정체성

① 자아

ㄱ **자아의 의미**

• 자기 자신의 진정한 모습

• 자신을 알고자 하는 과정에서 확인되는 자신의 참된 모습으로, 자신을 특징짓는 것에 대한 인식이나 태도를 말함

ㄴ **자아의 구성**

주체로서의 자아(개인적 자아)	객체로서의 자아(사회적 자아)
• 타인과 구별되는 나(자신의 사고와 감정에 대한 인식, 개인적 존재로서의 나)	• 사회적·공동체적 존재로서의 나(사회로부터 주어지는 것, 남이 보는 나)
• 원하는 것과 할 수 있는 것을 아는 것	• 타인의 처지에서 자아의 충동이나 욕망을 규제하는 것(타인의 역할 기대 형성)
• 자신의 의지나 욕구대로 행동하려는 적극적·능동적 성격을 지님	• 사회적 존재로서 해야 하는 것을 포함

② 자아의 발견

ㄱ **자아 발견의 의미** : 자신이 어떠한 조건에 있고 어떤 소망과 능력을 가지고 있으며, 다른 사람들과 어떤 관계를 맺고 있는지를 바르게 아는 것을 말함

ㄴ **자아 발견의 중요성** : 소망, 능력, 의무를 아는 것

• 개인적 자아의 발견 : 자산의 소망과 능력을 알려고 노력하는 과정에서 즐거움을 찾음

• 사회적 자아의 발견 : 사회적 의무와 역할을 알고 사회에 기여함으로써 보람을 느낌

ㄷ **자아의 구성 요소**

• 소망 : 내가 원하는 것, 하고 싶은 것

• 능력 : 내가 할 수 있는 것

• 의무 : 내가 사회적 존재로서 할 일과 해서는 안 되는 일을 아는 것

ㄹ **자아 발견의 노력**

• 혼자만의 시간을 통해 자기 성찰을 수행

• 교우관계나 봉사활동 등 다양한 경험을 함

- 주변인들의 조언을 청취함
- 상담과 적성검사 등을 행함

③ 자아 정체성

㉠ 의미 : 자아 정체성은 자아 발달의 최종단계로 자신의 존재와 사회 속에서의 역할 등을 고민하면서 형성되는데, '나는 누구인가' 라는 물음에 대해 스스로 노력하여 찾은 답을 의미함
- 개인적 자아와 사회적 자아로서의 자신의 실체에 대한 인식
- 자기 자신을 타인과 구별되는 독립적이고 고유한 존재로서 인식하는 것
- 자신이 누구이며 어디에 있고, 또 어디로 가고 있는가를 인식하는 것

㉡ 자아 정체성의 형성 : 사회 속의 개인으로서 자기 객관화와 수용, 주체적 노력에 의해 독특한 개인의 모습과 사회적 역할을 통합하는 과정에서 형성됨
- 가정과 사회, 국가의 한 구성원으로 인식하되 타인과 구별되는 존재로서 개인을 인식
- 구성원에게 부여되는 사회적 책임을 수용하되 자신의 존재 가치와 삶의 의미를 발견

㉢ 올바른 자아 정체성 형성의 결과
- 자신에 대한 신뢰와 존중, 객관적 인식을 토대로 도덕적 정체성을 형성함
- 사회적 의무 · 책임을 존중하고, 개인적 가치뿐만 아니라 공동체적 가치도 소중히 여김
- 삶에 대한 능동적이고 적극적인 자세를 유지하여 삶의 진정한 주인공이 됨

(2) 자아 존중과 자아 확립

① 자아 존중

㉠ 자아 존중감의 의미
- 자신을 있는 그대로 받아들이고 소중히 여기는 태도
- 자신을 가치 있고 긍정적으로 여기는 감정이나 느낌

㉡ 구성 요소
- 자기 가치 : 자신은 사랑과 관심을 받을 만한 가치 있는 사람

이라는 생각
- 자신감 : 어떤 일을 해낼 수 있다고 여기는 스스로에 대한 믿음
ⓒ 자아 존중의 형성 : 대인관계의 형성과 유지, 자기 이해를 토대
로 하여 형성됨
ⓓ 자아 존중과 도덕
- 자아 존중은 개인의 도덕성 발달에 영향을 미치며, 타인 존
중의 기초가 됨
- 자아 존중은 성취하는 삶의 토대가 됨
ⓔ 자아 존중의 중요성
- 자기 삶의 주인공으로서 자신감을 가지게 됨
- 행동에 대한 적극적인 동기부여와 높은 성취동기가 형성됨
- 행동에 대한 책임감이 높아지고 자신의 사회적 역할 수행에
노력하게 됨
- 타인에 대한 존중과 배려, 도덕적인 삶이 가능해짐
② 자아 확립
㉠ 청소년 시기의 중요성
- 청소년기는 자아를 발견하는 시기(제2의 탄생기)
- 청소년기는 자아 정체성이 형성되는 시기로, 올바른 정체성
형성을 위한 노력이 필요
- 몸과 마음의 건강이 조화를 이룰 때 참된 자아가 형성되므
로, 심신을 소중히 여기는 것이 중요
㉡ 청소년기 자아 존중감의 위기
- 청소년기는 자신에 대한 관심뿐만 아니라 타인의 시선에 대
해 민감해지는 시기임
- 신체의 급격한 변화와 정서적 불안과 동요 등으로 긴장감이
높아짐
㉢ 긍정적인 자아상의 확립
- 자신의 소중함을 분명히 인식하고 자신을 아낄 줄 알아야 함
- 자신이 지닌 장점을 충분히 활용하고 단점을 극복해야 함
- 어려운 상황에서도 인내심을 토대로 끈기 있는 자세를 유지함
③ 자아 정체성의 형성과 몸
㉠ 자아와 몸의 관계
- 인간은 몸을 통해 인식하고 생각한다는 점에서 몸은 자아 개

개념UP

자아 존중감이 높은 사람과 낮은 사람의 비교

자아 존중감이 높은 사람	자아 존중감이 낮은 사람
• 자신감과 인내심, 표현 능력이 강함 • 동기부여, 방향 제시 능력이 뛰어남 • 스트레스에 원만하게 대처	• 자신감이 충분히 형성되지 못함 • 대인관계나 자아실현에 곤란을 겪음 • 스트레스에 대한 대처능력이 부족

개념UP

긍정적 자아상의 필요성

- 뚜렷한 목표의식을 토대로 자신의 가능성과 능력을 신뢰할 수 있음
- 쉽게 포기하지 않고 적극적이고 능동적인 해결 방안을 모색함
- 자기비하나 자기과시를 피할 수 있고, 타인에 대한 가치를 존중함

념 형성의 한 요소가 됨
- 건전한 자아 정체성 형성을 위해 몸의 건강이 중요

ⓛ 현대 사회와 몸
- 전통 사회에서는 몸보다 정신을 중시하였으나 오늘날에는 인간의 몸과 정신을 나눌 수 없는 것으로 봄
- 외모를 중시하는 풍토로 인해 자아의 형성보다 남에게 보이는 모습에 더 치중함

ⓒ 환경과 자아 정체성
- 외모 지상주의나 몸짱 열풍 등과 같은 사회적 환경이 자아 정체성 형성에 부정적 영향을 미치기도 함
- 자아 정체성은 사회적 환경에 의해서만 형성되는 것이 아니므로, 잘못된 사회적 관념을 전환할 필요가 있음

ⓔ 건전한 자아 형성
- 신체에 대한 올바른 진단과 자신감을 통해 긍정적 자아를 형성
- 몸과 마음의 조화를 통해 진정한 아름다움을 발견하고 건전한 자아 정체성을 형성

④ 청소년기의 자아 정체성
ⓝ 의미 : 자아 정체성은 '나는 누구인가'에 대한 해답, 자신에 대한 이해를 의미하며, 청소년 시기는 '나'에 대한 고민과 방황을 통해 정체성을 형성해가는 시기가 됨
ⓛ 자아 정체성의 위기 : 주변인으로서의 혼란, 진로와 진학 문제 등으로 인한 고민에 직면
ⓒ 청소년기 자아 정체성 형성의 중요성 : 청소년기는 독립된 인간으로 성장하기 시작하는 시기이므로, 자아 정체성이 제대로 형성되지 못하면 원만한 인간관계와 학업 성취 등이 모두 어려워짐
ⓔ 건전한 자아 정체성 형성
- 스스로 반성하고 생각하는 내면적 가치의 중요성을 인식하고 이를 존중해야 함
- 외모에 대한 긍정적 태도를 갖고, 자신만의 매력을 발견해 가꾸려는 노력이 필요

(3) 인생관의 정립과 도덕적 자아상
① 유행과 개성의 추구

개념UP

청소년기
- 특성 : 정신적·신체적 측면에서 제2의 탄생기에 해당함
- 다양한 표현
  - 주변인(어른도 아이도 아닌 상태의 청소년)
  - 질풍노도의 시기
  - 심리적 이유기

문제UP

다음 자아 정체성과 관련된 설명 중 옳지 않은 것은?
① 자아 정체성은 '나는 누구인가'에 대한 해답을 찾는 것과 관련된다.
② 독립된 인간으로 성장하는 청소년기에는 원만한 인간관계와 학업 성취를 위해 자아 정체성 확립이 요구된다.
③ 아름답고 건강한 몸을 가꾸는 것이 자아 정체성 형성에 있어 가장 중요한 요소이다.
④ 청소년기에는 자신만의 매력을 발견해 가꾸려는 노력이 필요한 시기이다.

🄷 건전한 자아 정체성 형성을 위해 몸의 건강이 중요하나, 건강하고 아름다운 몸을 가꾸는 것이 자아 정체성 형성에 가장 중요한 요소라 할 수는 없다. 몸과 마음의 조화를 통해 진정한 아름다움을 발견하고 건전한 자아 정체성을 형성하는 것이 필요하다.

정답 ③

㉠ 유행
  • 의미 : 사회나 특정 집단에 한시적으로 널리 퍼져 있는 현상
  • 영향
    – 시대나 사회를 초월하여 어디서나 존재하며, 사회구성원 간의 동질성 확보에 기여
    – 사람들의 사고방식과 생활양식에 큰 영향을 미침
    – 대중문화의 확산에 따라 급속하고 광범위하게 퍼지게 됨
  • 문제점 : 몰개성화, 획일성, 창의성 저하, 수동적 삶의 방식 확산

㉡ 개성
  • 의미 : 타인과 구별되는 개인의 고유한 특성
  • 특성 : 단순한 기호나 유별난 행동과 구별되며, 하나의 모습으로 고정되지 않고 변화 · 발전
  • 중요성
    – 자아 정체성 확립에 기여하며, 자신만의 특징적인 삶을 형성함
    – 스스로 만족하는 삶을 살 수 있게 함
    – 다양하고 풍요로운 사회 형성에 기여
  • 바람직한 개성
    – 외형적 개성보다 내면적 개성을 추구
    – 사회에서 용납되는 범위 내에서 개성을 추구
    – 타인의 개성을 존중하고 조화를 모색함

㉢ 유행과 개성의 조화
  • 유행과 개성 모두 무조건적 긍정 또는 부정은 회피해야 함
  • 사회적 규범을 충분히 고려해 추구해야 함
  • 유행을 이용하여 자신만의 개성을 창조

② 바람직한 인생관

  ㉠ 인생관의 의미 : 인생의 의미와 가치, 목적 등에 대한 전반적인 견해

  ㉡ 인생관의 중요성 : 뚜렷한 인생관은 삶의 목적과 방향을 명확하게 하며, 주체적이고 능동적으로 살 수 있도록 함

  ㉢ 바람직한 인생관의 정립 노력
    • 자신에 대한 명확하고 올바른 이해를 통해 삶의 방향을 정함

- 올바른 가치의 추구(물질적 가치보다는 정신적 만족을 추구)
- 타인에게 피해를 주지 않고 사회에 봉사하고 책임을 지는 태도를 가짐

ⓔ 공자의 인생관

- 15세 : 지우학(학문을 뜻을 둠)
- 30세 : 이립(스스로 설 수 있게 됨)
- 40세 : 불혹(세상일에 미혹됨이 없음)
- 50세 : 지천명(하늘의 뜻을 알게 됨)
- 60세 : 이순(일을 순조롭게 이해함)
- 70세 : 종심소욕불유구(마음 가는대로 하여 법도에 어긋남이 없음)

③ 도덕적 자아상

ⓐ 자아상의 의미 : 자신이 되고 싶어 하는 상(모습)

ⓑ 도덕적 자아상의 의미 : 도덕적으로 올바른 판단을 할 수 있는 기준(도덕적으로 추구하는 모습)

ⓒ 도덕적 자아상의 확립 방법

- 도덕적 모범을 닮기 위해 끊임없이 노력해야 함
- 자신의 잘못을 반성하고 수정하며, 올바른 방향으로 나아가도록 노력함
- 자신이 추구해야 할 도덕적 자아상을 확인하고 단계적으로 실현하도록 노력함

❹ 공부와 진로

(1) 인간의 삶과 일

① 인간과 일

ⓐ 일의 의미

- 몸과 머리나 도구를 사용하여 환경을 변화시키는 신체적·정신적 활동
- 신체와 도구를 사용하여 환경을 자신에 맞추어 의도적으로 변화시키는 활동

개념UP

바람직한 인생관의 조건
- 자율적 인생관 : 어떻게 인생을 살 것인가에 대한 해답을 스스로 찾음
- 긍정적 인생관 : 항상 좋은 일을 기대하고 노력하는 삶
- 도덕적 인생관 : 도덕적 가치를 잃지 않도록 노력하는 삶

개념UP

도구적 인간(Homo Faber)
- 호모 파베르(Homo Faber)는 도구를 제작·사용하는 인간의 본성을 나타내는 말로, 일하는 존재로서의 인간을 의미함
- 물질을 생산하고 생활환경을 창조하며, 인간 사회와 문명을 창조하는 원동력이 됨
- 어려움과 고통이 따르나 그 이상의 보람과 만족감을 얻게 됨
- 본능에 따라 자연에 순응하는 다른 동물들과의 차이점에 해당

• 물질적 · 정신적 풍요, 목표의 달성, 욕구충족을 위한 활동으로, 여가활동과 구별됨

ⓛ 일에 관한 명언
• 파스칼 : "건강하게 일하는 동안 우리의 심신은 강화되고 마음에 번식한 여러 가지 나쁜 마음의 잡초 뿌리가 뽑히며, 행복의 씨앗이 뿌려져 춘하추동 무성하게 꽃이 피고 열매를 맺게 된다."
• 보브나르그 : "모든 즐거움 중 일의 과실이 가장 감미롭다."

ⓒ 일의 기능
• 개인적 측면
 - 필요한 재화 획득을 통한 생계유지
 - 자신의 능력 확인 및 가능성 발휘, 보람과 성취감 획득 및 자아실현
• 사회적 측면
 - 사회의 유지 · 발전 및 문화 형성에 기여, 문명의 창조 · 전수
 - 타인과의 친밀감 형성
 - 사회구성원으로서의 역할 수행, 소속감 형성
 - 사회적 역할 수행, 봉사활동 등을 통한 사회 참여, 문화의 전수
• 도덕적 측면 : 최소한의 도덕성을 유지할 수 있는 토대

② 일과 도덕
ⓐ 일의 도덕적 의미
• 인간다운 삶의 조건 : 일을 통해 인간의 물질적 욕구를 충족
• 인격 수양 : 일을 통해 삶의 다양한 가치를 습득하고 심신을 단련함으로써 인격을 수양
• 공동체의 중요성 인식 : 협동과 나눔, 성실, 책임과 의무 등 공동체적 삶의 규율을 인식
• 사회 발전에 기여 : 사회 내에서 일정한 역할을 수행함으로써 사회 발전에 기여

ⓑ 일과 관련된 도덕 문제
• 일로부터의 인간 소외 : 일이 자아실현이 아닌 생존을 위한 수단으로 전락하여, 인간을 물질 획득을 위한 수단(노동력 제공 수단)으로 보는 비인간적인 소외 현상이 발생

- 직업의 귀천을 의식 : 일을 단지 부의 획득과 자기과시의 수단으로 인식하여, 편한 고임금의 일을 귀하게 여기고 위험한 저임금의 일을 천시하는 현상이 발생

  ⓒ 일에 대한 올바른 태도
  - 투철한 직업정신 : 자신의 직업에 대한 긍지와 자부심을 가지며, 장인정신을 함양
  - 일에 대한 책임감 : 일에 대한 책임감을 통해 편의주의나 불성실 등을 극복
  - 공동체의 이익 고려 : 일을 행함에 있어 공동체적 피해 여부를 고려하며 도덕적 타당성을 검토
  - 전문 기술 및 지식 습득을 위한 노력 : 급속한 기술 · 지식의 발전 속도에 대응하기 위한 노력과 창의적 자세가 요구됨

(2) 공부의 의미

① 인간과 공부

  ㉠ 공부의 의미
  - 학문을 탐구하고 기술을 배우고 익히는 모든 활동
  - 지식의 습득과 신체의 단련, 정서의 순화, 인격의 도야 등을 모두 포함하는 활동
  - 인간이 갖추어야 할 품성과 행동양식을 익혀 자신을 완성해 가는 과정

  ㉡ 공부의 필요성
  - 자아실현과 인격의 완성, 자신의 성찰과 수양
  - 자신의 소질과 꿈을 찾고 실현하며, 직업생활을 준비
  - 풍요로운 삶, 사회 및 인류 발전에 공헌

  ㉢ 공부의 특징
  - 공부를 통해 인간의 품성과 행동양식을 익혀 자신을 완성
  - 학교뿐만 아니라 삶의 다양한 경험을 통해 이루어지는 활동
  - 많은 사람과 사물 등을 직접 · 간접 경험함으로써 알게 되는 모든 것

  ㉣ 공부의 괴로움과 즐거움

문제 UP

일에 관한 설명 중 옳지 않은 것은?
① 개인의 인격수양에 기여한다.
② 자신과 가족의 생계를 유지한다.
③ 공동체적 삶의 규율을 인식한다.
④ 공동체의 이익은 고려하지 않는다.

해 공동체의 이익을 고려하는 것이 일에 대한 올바른 태도이다. 일을 행함에 있어 공동체적 피해 여부를 고려하며 도덕적 타당성을 검토해야 한다.

정답 ④

개념 UP

공부의 방법
- 학교와 교사의 지도 : 학교와 선생님을 통해 많은 지식 등을 효율적으로 습득함
- 독서 : 독서는 과거부터 현재까지 축적된 지식과 지혜를 습득하는 수단이 됨
- 생각하기와 글쓰기 : 지식을 되새기고 음미하며, 성찰할 수 있음
- 다양한 체험 활동 : 다양한 체험을 통해 삶과 문화를 이해하고 지식을 실천함

1. 국어
2. 수학
3. 영어
4. 사회
5. 과학
6. 도덕

525

공부의 괴로움	공부의 즐거움
• 노력에 따른 피로와 육체적 고통 • 공부를 제외한 욕구 조절의 곤란 • 공부에 따른 성과 향상의 어려움 • 공부 자체에 대한 거부감 • 공부를 성공을 위한 수단으로만 파악	• 인간의 지적 호기심을 충족 • 삶에 필요한 유용한 지식 획득 • 사회규범과 가치, 사람의 도리를 배움 • 사회 참여를 통해 사회에 공헌 • 자신의 한계 극복, 자아실현

    ⑩ 공부의 자세

      • 공부의 목적 수립

        – 배우는 즐거움을 터득하며, 지식과 지혜를 현실에 활용

        – 꿈을 실현하기 위한 방편임을 인식

      • 자발적인 공부 습관 : 끊임없이 배우려는 자세로 정해진 학습량을 실천함

      • 공부의 필요성 인식 : 개인과 사회공동체 발전에 기여

  ② 진정한 공부

    ㉠ 인격 수양의 강조 : 동서양의 모든 공부는 학습을 통한 인격 수양을 강조함

    ㉡ 자아실현의 추구 : 자기 계발을 통한 자아실현을 추구함

    ㉢ 진정한 앎의 추구

      • 자신의 무지를 깨달았을 때 비로소 진정한 앎에 도달함

      • 자신의 본질에 대한 인식을 통해 배움의 단계로 나아감

      • 배운 것을 삶에서 되살리는 공부, 외적 보상보다 내적 만족을 위한 공부가 요구됨

(3) 바람직한 진로 선택

  ① 진로의 선택

    ㉠ 진로 선택의 의미

      • 진로 : 일이나 직업과 관련된 인생 전반의 모든 활동

      • 진로 선택 : 직업 선택과 진학의 선택, 삶의 목표 설정 등을 포함하는 개념

    ㉡ 진로 선택의 과정

      • 단계 : 자신에 대한 이해와 파악 → 직업에 대한 정보수집 → 진로 목표의 설정 → 선택 직업에 대한 달성과정의 탐색 → 진학 선택

개념 UP

학력과 행복

• 학력과 행복은 어느 정도 상관관계를 보이나 반드시 일치하지는 않음

• 학력은 꿈을 실현하고 삶에 필요한 지식과 지혜 등을 배우는 과정이며, 그 과정에서 즐거움을 얻을 수 있음

• 학력을 통해 사람을 평가하고 고학력을 무조건적으로 선호하는 학벌주의는 경계해야 하는 대상이 됨

개념 UP

적성

특정 분야에 대한 능력 정도 또는 그 능력의 발현 가능성을 의미하는 것으로, 직업수행의 성공 여부에 영향을 미치는 요소가 된다.

- 진로 선택시 준비 사항 : 삶의 방향 및 구체적 목표의 설정, 자신에 대한 객관적 이해, 자신의 잠재능력과 가능성에 대한 긍정적 태도
- 진로 선택시 고려 사항
  - 자신에 대한 이해 : 흥미, 적성, 능력, 가치관 등을 고려
  - 다양하고 충분한 정보 : 다양하고 충분한 진로 정보를 수집·활용
  - 내면적 가치의 우선 : 외면적 가치보다 내면적 가치를 우선하는 결정이 필요
  - 장기적 안목의 필요 : 미래 사회에 대한 전망을 토대로 설계하고 능력을 배양
  - 주체적 결정 : 인생에 영향을 미치는 중요한 결정이며, 한번 결정하면 바꾸기 어렵다는 것을 고려
  © 진로 선택의 자세
- 목표 실현을 위한 적절한 학습계획을 수립하고 실천함
- 자아탐색과 정보 수집, 상담 등을 통해 명확한 진로 계획을 수립하도록 노력해야 함
② 진학 선택과 직업 선택
  ㉠ 고등학교 진학 선택의 단계
- 미래상 설정 : 자신의 학업 능력 및 성취도, 의지 등을 검토
- 중간 단계 탐색 : 진학 가능한 학교에 대한 정보 수집
- 중간 단계 평가 : 학업능력과 해당직업에서 요구하는 학력 수준, 가정환경, 직업 세계의 변화와 전망 등을 고려
- 진학 선택 : 최종적으로 학교 진학을 선택하는 단계
  ㉡ 직업 선택시 고려 사항
- 자신의 관심 분야에 대한 흥미
- 기본적 성격, 사회를 이해하고 의사를 표현하는 방법 등
- 관심 분야에 대한 적성(능력의 정도나 발현 가능성)
- 세상을 바라보는 관점(가치관)

문제UP

진로 선택시 고려해야 할 사항에 대한 설명 중 옳지 않은 것은?
① 자신의 적성이나 능력 등을 객관적으로 이해하는 것이 필요하다.
② 다양하고 충분한 정보를 확보하여야 한다.
③ 사회적 지위나 수입 등의 가치를 우선하는 결정이 필요하다.
④ 인생에 영향을 미치는 결정이므로 주체적으로 결정해야 한다.

해 진로 선택시 사회적 지위나 권력, 명성, 수입 등과 같은 외면적 가치보다는 보람이나 성취감, 만족감, 학문, 예술 등과 같은 내면적 가치를 우선하는 결정이 필요하다.

정답 ③

문제UP

다음 중 올바른 진로 선택의 방법으로 볼 수 없는 것은?
① 타인의 도움을 받기 보다는 혼자 힘으로 결정한다.
② 미래 사회에 대한 전망 등 장기적 안목에서 선택한다.
③ 자신을 충분히 이해한 후 흥미나 적성 등을 고려한다.
④ 자아탐색과 정보 수집 등을 통해 명확한 진로 계획을 수립한다.

해 진로 선택의 중요성을 감안하여 타인의 도움을 받고 충분히 상담과 정보 수집을 한 후에 선택하는 것이 바람직하다.

정답 ①

❺ 도덕적 탐구

(1) 사실 판단, 가치 판단, 도덕 판단

① 가치와 판단

ㄱ 가치의 의미 : 사람들이 소중하게 여기고 추구하는 대상이 되는 것을 말함

ㄴ 가치의 구분

- 형태적 특징에 따른 구분
  - 물질적 가치 : 특정 물질 또는 물질적 형태의 가치와 그것을 통해 느끼는 만족감
  - 정신적 가치 : 정신적 만족을 주는 가치(지적 가치, 도덕적 가치, 심미적 가치 등)
- 수단과 목적에 따른 구분
  - 도구적 가치 : 다른 것 또는 다른 목적을 얻기 위한 수단이 되는 가치
  - 본래적 가치 : 그 자체가 귀중하고 목적이 되는 가치(사랑, 생명 등)

ㄷ 가치의 성질

- 추구하는 대상이자 의미와 보람을 지닌 삶의 판단 기준
- 좋고 싫음을 구분하는 기준
- 옳고 그름을 구분하는 기준
- 문제 상황에서의 판단 기준

ㄹ 가치관 : 중요하게 여기는 가치를 선택하는 관점의 기준을 말하며, 가치관에 따라 선택되는 가치와 행동이 달라짐

② 사실 판단과 가치 판단

ㄱ 사실 판단

- 사실 : 감정 등이 개입되지 않은 있는 그대로의 객관적 상태
- 사실 판단
  - 사실에 대한 확인을 통해 참과 거짓을 구분할 수 있는 판단
  - 관찰과 실험, 조사 등의 객관적 방법을 통한 사실의 진위 여부에 대한 판단
- 사실 판단의 특성 : 경험을 통해 모두가 확인할 수 있으며(참과 거짓을 구분 가능), 도덕 판단을 내리는 중요한 근거가 됨

<hr/>

개념UP

가치의 서열

- 정신적 가치 > 물질적 가치
- 본래적 가치 > 도구적 가치

문제UP

다음의 ㄱ과 ㄴ에 들어갈 말로 알맞은 것은?

- 어떤 목적을 위한 수단이 되는 가치는 (ㄱ)이다.
- 그 자체로 귀중하고 목적으로 추구되는 가치는 (ㄴ)이다.

	ㄱ	ㄴ
①	도구적 가치	본래적 가치
②	본래적 가치	도구적 가치
③	본래적 가치	목적적 가치
④	도구적 가치	수단적 가치

해 다른 것 또는 다른 목적을 얻기 위한 수단이 되는 가치는 도구적 가치이며, 그 자체가 귀중하고 목적이 되는 가치는 본래적 가치이다.

정답 ①

개념UP

판단의 의미

- 사물 또는 사건에 대한 자신의 생각을 정하는 것을 말함
- 판단에 따라 행동의 결과가 달라지며, 올바른 판단은 올바른 행동의 출발점이 됨

ⓛ 가치 판단
- 가치 : 중요하게 생각하여 얻으려 노력하는 대상
- 가치 판단 : 어떤 사실이나 대상의 의의나 중요성에 대한 판단을 말하며, 선악과 미추 등 판단자의 주관적 가치가 개입되어 있음
- 가치 판단의 특성 : 개인의 주관적 생각이 반영되어 있으므로, 사람마다 다를 수 있음

③ 도덕 판단

㉠ 의미
- 사람의 인격이나 행위, 사회제도나 정책에 대하여 도덕 원리를 기준으로 내리는 판단(좋다/나쁘다/선하다/~해야 한다)
- 가치 판단 중 사람의 인품이나 행위 등에 대해 도덕적 관점에서 판단하는 것(도덕적 관점의 가치 단판)

㉡ 도덕 판단의 대상 : 인품이나 인격, 개인 또는 집단의 모든 행위, 사회제도나 정책 등

㉢ 도덕 판단의 종류
- 개별적 도덕 판단 : 개인의 인품이나 성품, 개별적인 행위에 대한 도덕 판단
- 일반적 도덕 판단(도덕 원리) : 모든 사람 또는 성품 전체, 행위 전체에 대해 보편적으로 내리는 도덕 판단

㉣ 도덕 판단의 중요성
- 행동의 기준을 제시하며, 행위에 대한 도덕적인 옳고 그름을 판단할 수 있음
- 신념에 따른 추진력을 얻을 수 있음

(2) 도덕적 문제와 도덕 이론

① 도덕적 문제와 도덕적 갈등

㉠ 도덕 문제와 쟁점
- 도덕 문제 : 도덕규범과 관련하여 발생하는 문제 또는 그러한 상황
- 도덕적 쟁점 : 도덕 문제에 대한 의견이나 가치관의 대립

㉡ 도덕적 갈등 : 욕구나 가치관의 대립, 도덕규범 간의 충돌 등으로 갈등이 발생

문제UP

다음 중 도덕 판단에 해당하는 것은?
① 봄에는 새싹이 돋아난다.
② 그녀는 얼굴이 무척 아름답다.
③ 물은 100℃에서 끓는다.
④ 사람은 언제나 정직해야 한다.

解 ④ 도덕 판단은 가치 판단 중 사람의 인품이나 행위 등에 대해 도덕적 관점에서 판단하는 것을 말하므로, ④가 옳다.
① · ③ 사실 판단에 해당한다.
② 가치 판단에 해당한다. 가치 판단은 어떤 사실이나 대상의 의의나 중요성에 대한 판단을 말하며, 선악과 미추 등 판단자의 주관적 가치가 개입되어 있다.

정답 ④

개념UP

도덕적 정당화
도덕적 판단에 대한 정당한 이유와 근거를 제시하며 도덕 판단을 타인에게 설득하는 과정을 말함

문제UP

다음 중 타당한 도덕적 근거를 제시하며 자신의 도덕 판단을 남에게 설득하는 과정을 무엇이라 하는가?
① 도덕적 신념
② 도덕적 정당화
③ 도덕적 상상력
④ 도덕 원리

解 제시된 설문의 내용은 도덕적 정당화에 대한 것이다.

정답 ②

- 내적 갈등 : 개인의 내부에서 발생하는 도덕규범 간의 갈등
- 외적 갈등
  - 개인 간의 갈등 : 개인 간에 발생하는 도덕적 가치나 도덕규범의 갈등
  - 개인과 집단 간의 갈등 : 개인과 집단 간에 발생하는 도덕적 가치나 도덕규범의 갈등
  - 집단 간의 갈등 : 집단 간에 발생하는 도덕적 가치나 도덕규범의 갈등

② 도덕 이론의 구분

　㉠ 의무론적 윤리설

- 의의 : 도덕 법칙 또는 명령에 따르는 것이 인간의 의무이며, 행위의 결과보다 행위의 동기나 의지를 중시(동기주의 강조)
- 칸트의 이론 : 무조건적인 도덕 법칙 또는 도덕적 의무에 따르는 행위가 옳은 행위

　㉡ 목적론적 윤리설

- 의의 : 인간이 추구하는 목적은 행복 또는 쾌락이며, 이를 최대한 도출하는 행위가 도덕적이라 봄(결과주의 강조)
- 벤담과 밀의 이론(공리주의) : 사회 전체의 이익을 가져오는 행위가 옳은 행위(최대 다수의 최대 행복)
- 이기주의 윤리론 : 옳은 행위는 자신에게 이익이 되는 행위

(3) 도덕적 추론과 도덕적 상상력

① 도덕적 추론

　㉠ 의미 : 도덕 판단의 근거를 제시하고 그것이 옳다고 주장하는 과정을 말함

　㉡ 추론의 구조와 형식

- 삼단논법 : 대전제(도덕 원리) → 소전제(사실) → 결론(도덕 판단)
- 도덕적 추론의 형식(과정) : 도덕 원리(도덕 판단의 근거) + 사실 판단(구체적 사실) → 도덕 판단(주장)
- 도덕적 추론의 예
  - 도덕 원리 : 범법 행위는(A) 나쁜 행위이다(B).
  - 사실 판단 : 교통신호 위반은(C) 범법 행위이다(A).

– 도덕 판단 : 교통신호 위반은(C) 나쁜 행위이다(B).

ⓒ 올바른 추론을 위한 조건 : 도덕 판단이 '참'이 되기 위해서는 도덕 원리와 사실 판단이 모두 '참'이어야 함

- 도덕 원리가 적절해야 함
- 사실 판단이 참이고 도덕 판단과 관련이 있어야 함
- 상대에게 주장을 전달하고 설득하는 근거가 있어야 함

ⓔ 도덕적 추론이 잘못되는 경우

- 근거로 제시된 도덕 원리가 잘못된 경우
- 근거로 제시한 사실 판단이 잘못된 경우
- 근거로 제시한 사실 판단과 도덕 원리가 서로 무관한 경우

② 도덕적 상상력

ⓐ 의미

- 타인의 입장을 헤아려 남에게 도움이 되는 행동을 상상하고 결과를 예측하는 능력
- 도덕적 상상력이 높을수록 도덕적 행동을 할 가능성이 크며, 도덕적 상상력이 부족하면 타인을 이해할 수 없음

ⓑ 중요성 : 올바른 판단을 위한 도덕적 추론을 보완함

- 올바른 도덕적 판단과 도덕적 추론을 도움
- 다양한 도덕 문제를 해결하고 도덕적 행동을 도움
- 상대를 배려하고 용서하는 마음을 가지게 함

ⓒ 도덕적 상상력 발휘를 위한 요소

- 도덕적 민감성 : 문제 상황에서 무엇이 도덕적으로 문제가 되는 지를 민감하게 느낌
- 공감 능력 : 상대의 처지나 어려움에 관심을 갖고 함께 느끼며 이해하는 것
- 도덕적 문제의 결과 예측 : 행동의 결과에 대해 미리 생각해 보고 행동하는 것

ⓔ 도덕적 상상력을 키우는 방법

- 도덕 문제 상황에 대해 깊이 생각함
- 이러한 상황 또는 문제가 발생한 이유를 생각해 봄
- 타인의 입장을 이해하고 감정을 공유하도록 노력함
- 문제를 어떻게 해결할 것인가를 생각해 봄

개념 UP

도덕 원리

- 의미 : 도덕 판단의 근거가 되는 인간 존중이나 자유, 평등 등과 같은 인류 공통의 보편적 가치 또는 행위의 규칙
- 도덕 원리의 검사
  - 역할 교환 검사 : 상대와 입장을 바꾸어 판단하는 방법(도덕 원리를 자신에게 적용했을 때 결과를 수용할 수 있는지를 알아보는 방법)
  - 보편화 결과 검사 : 도덕 원리를 모든 사람에게 보편적으로 적용했을 때 나타나는 결과를 예측하여 결과를 검토하는 방법
  - 포섭 검사 : 선택한 도덕 원리를 더 일반적인 상위의 도덕 원리에 포함시켜 판단하는 방법
  - 반증 사례 검사 : 상대가 제시한 도덕 원리에 반대되는 사례를 제시해 보는 방법

문제 UP

다음 중 도덕 추론에 대한 설명으로 옳지 않은 것은?

ⓐ : 법을 위반하는 행동을 해서는 안 된다.
ⓑ : 지하철을 무임승차하는 것은 법을 어기는 행동이다.
ⓒ : 지하철을 무임승차해서는 안된다.

① ⓐ은 도덕 원리에 해당한다.
② ⓑ 사실 판단에 해당한다.
③ ⓒ은 도덕 판단에 해당한다.
④ ⓒ은 ⓐ과 ⓑ의 근거에 해당한다.

해 ④ 도덕 원리(ⓐ)가 도덕 판단(ⓒ)의 근거가 되므로, ④는 옳지 않다.
① ⓐ은 도덕 원리에 해당한다.
② ⓑ은 사실 판단이다.
③ ⓒ은 도덕 판단에 해당한다.

정답 ④

(4) 도덕적 토론과 토론의 방법

① 도덕적 토론

ㄱ 의미 : 도덕적 문제나 갈등이 발생하였을 때 이를 해결하기 위한 의사소통방식(토론)

ㄴ 중요성

- 구성원 간의 의사소통 능력을 향상하고 다양한 의견을 확인함
- 도덕 문제에 대한 비판적 사고 능력과 논리적 추론 능력을 함양함
- 합의 도출을 통한 사회적 갈등을 해소함

ㄷ 준비 과정 및 절차

- 준비 과정 : 도덕 문제 확인 → 잠정적 도덕 판단 → 도덕 판단의 근거 검토 → 최종적 도덕 판단
- 절차 : 반론 펴기 → 반론 꺾기 → 최종 변론

ㄹ 도덕적 토론의 바람직한 자세

- 토론에 적극적으로 참여하여 자신의 의견을 표현함
- 주제에 적합한 발언을 하며, 공개적이고 자유로운 토론이 이루어지도록 함
- 실천을 염두에 둔 의견제시 또는 주장을 전개함
- 상대의 의견을 존중해야 하며, 자신의 잘못된 생각이나 주장은 수정할 수 있도록 함

② 비판적 사고와 배려적 사고

ㄱ 비판적 사고

- 의미 : 어떤 기준에 근거하여 주장이나 행동, 신념 등의 옳고 그름을 판단하는 사고
- 특성 : 이성적 판단, 개방적 태도, 반성적 사고
- 원칙 : 정보의 원천 확인, 의견 차의 수정, 편견과 오류의 검토 및 극복 등
- 베이컨의 우상(편견)
  - 종족의 우상 : 인간이 가진 생물학적 특징이나 사회적 정서를 통해 자연을 잘못 해석하거나 이해하는 인간중심적 태도
  - 동굴의 우상 : 자신이 경험한 것만 믿고, 있는 그대로의 세상을 보지 못하거나 인정하지 않으려는 잘못된 생각(우물

문제 UP

도덕적 상상력에 대한 설명으로 거리가 먼 것은?

① 자기 자신의 욕망이 바람직한지 되돌아보게 한다.

② 도덕적 문제 상황에서 어떤 행동이 바람직한지 판단하게 한다.

③ 도덕적 문제 상황을 비판적이고 창의적으로 해결하는 데 도움을 준다.

④ 도덕 원리와 사실 판단을 바탕으로 도덕 판단을 이끌어 내는 것이다.

해 도덕 원리와 사실 판단을 바탕으로 도덕 판단을 이끌어 내는 것은 도덕적 추론이다.

정답 ④

개념 UP

토론

- 의미 : 자신의 주장을 합리적·논리적 전개하여 상대를 설득하는 대화의 방식
- 중요성
  - 깊이 생각하고 생각을 정리하여 이를 설득력 있게 전달
  - 다른 사람의 입장을 이해하고, 자신의 잘못을 수정
  - 바람직한 결론에 도달하기 위한 준비 과정이 됨

개념 UP

반론

반론은 상대방의 주장이나 논평, 비판 등에 대한 반박 또는 반박하는 논의를 말함

안의 개구리)

- 시장의 우상 : 관찰과 경험 없이 말(언어) 그대로 받아들이거나 사용하여 발생하는 편견
- 극장의 우상 : 자신의 경험이나 사고에 의해 판단하지 않고 권위나 전통을 지닌 사람의 학설이나 주장을 그대로 받아들이는 편견

ⓒ 배려적 사고
- 의미 : 자신의 행동과 결정 등이 다른 사람에게 미칠 영향을 고려하는 역지사지의 태도
- 관련 사상
  - 동양 : 공자의 서(恕), 맹자의 측은지심
  - 서양 : 예수의 황금률

개념UP

오류의 유형

- **힘에의 호소** : 힘에 호소하거나 위협함으로써 자신의 주장을 수용하게 하는 오류
- **인신 공격의 오류** : 말을 하는 사람의 인격을 손상하면서 그의 신념이나 주장을 꺾으려고 할 때 범하게 되는 오류
- **무지로부터의 논증** : 참이라고 밝혀진 것이 없으니까 거짓이라고 주장하거나, 거짓이라고 밝혀진 것이 없으니까 참이라고 주장하는 오류
- **발생학적 오류** : 어떤 사람, 생각, 제도, 관행 등의 기원이 어떤 특성을 지니고 있기 때문에 그것들도 그러한 특성을 지닐 것이라고 추론하는 오류
- **우물에 독약 치는 오류(원천 봉쇄의 오류)** : 자기주장에 반대하면 불건전하거나 나쁜 생각이라 규정함으로써, 반론을 제기할 수 있는 가능성을 원천적으로 봉쇄하는 오류
- **연민(동정)에의 호소** : 상대방에게 연민의 정 또는 동정심을 유발하여 자신의 입장을 받아들이도록 하는 오류
- **권위에의 호소** : 자신의 견해나 주장을 강화하기 위해서 그 방면의 권위자나 권위 있는 기관을 인용함으로써 발생하는 오류
- **성급한 일반화의 오류** : 대표하기 어려운 한 개 또는 몇 개의 특수 사례를 들어 전체가 그 사례의 특성을 갖고 있다고 추론하는 오류
- **논점 일탈의 오류** : 주어진 논점과는 다른 방향으로 주장하는 오류
- **흑백 사고의 오류** : 양 극단의 가능성만 있고 다른 가능성은 없다고 주장하는 오류

제3편 더불어 사는 삶과 도덕

❶ 가정생활과 도덕

(1) 가정의 의미와 도덕 문제

① 가정의 의미와 기능
- ㉠ 가정의 의미 : 가족 구성원이 공동으로 살아가는 생활 공동체로, 최소 단위의 사회 집단에 해당함
- ㉡ 가정의 기능 : 삶에 필요한 기초 지식과 태도를 습득하며, 정서적 안정과 편안함을 느낌
  - 물질적 측면 : 의식주 등 삶의 기본적 욕구를 충족시키고 경제적 기초를 제공
  - 사회적 측면 : 사회 구성원을 출산·양육하고 보호하며, 사회생활에 필요한 기초 지식과 태도를 배움
  - 정서적 측면 : 가정에서 정서적 안정감과 소속감, 편안함을 느낌
  - 가치관 : 옳고 그름에 대한 판단 능력을 배양하며 도덕성 형성의 토대가 됨

② 현대 사회와 가정 기능의 변화
- ㉠ 전통 사회의 가정
  - 확대 가족 형태의 농경 사회
  - 부모와 자식 간의 상하 위계를 강조하는 수직적 관계
  - 교육, 경제, 여가 등의 종합적 기능을 수행
- ㉡ 현대 사회의 가정
  - 산업 사회와 정보 사회가 되면서 핵가족 형태가 형성
  - 가족 구성원 간의 수평적 관계를 통해 민주적 의사결정이 가능하며, 생활영역이 독립적으로 변화
  - 가정의 기능이 축소되고, 이를 대체할 전문 기관이 형성
  - 노인 문제, 자녀 문제 등 새로운 문제가 발생
- ㉢ 가정 기능의 변화
  - 확대 가족에서 핵가족으로 전환되었고, 가정의 구조·형태가 다양화됨
  - 남성 우위의 부부관계가 민주적 부부관계로 변화함

- 생산 기능은 약화되고 상품 소비 기능은 강화됨
- 정서적 유대감이 약화됨

③ 가족 간의 도덕 문제

㉠ 원인
- 가족 간의 대화 부족과 잘못된 의사소통으로 인한 오해의 발생
- 자신의 이익이나 욕구만 추구하는 태도
- 가족 간의 예의를 지키지 않거나 자기의 역할을 수행하지 못함

㉡ 도덕 문제의 유형
- 부모와 자녀 간(세대 간) 갈등 : 부모의 권위·기대와 자녀와의 차이, 대화의 부족 등으로 발생하는 갈등
- 부부 간의 갈등 : 전통적 부부관과 현대적 부부관의 차이, 여성의 사회활동 증가로 인한 부부 간의 갈등
- 형제자매 간의 갈등 : 부모의 사랑과 관심, 물질 분배를 둘러싼 형제자매 간의 갈등
- 노인 문제 : 핵가족화 추세와 독거노인의 증가로 노인 문제가 증가
- 가족 공동체의 유대감 약화 : 가족 공동체 서로에 대한 관심과 배려가 줄고 대화가 부족하여 유대감이 저하
- 가족 해체 : 가족 간의 갈등은 가중되면서 가족 해체 문제가 발생
- 청소년 문제 : 자녀 수는 감소하고 가족 해체가 증가하면서 청소년 문제가 증가

(2) 바람직한 가정의 모습

① 바람직한 가정

㉠ 바람직한 가정의 의미
- 화목한 가정 : 사랑과 신뢰, 대화, 배려, 가화만사성(家和萬事成)
- 착한 일을 하는 가정 : 가족 이기주의의 극복, 사회 공동체와의 조화
- 전통을 지키는 가정 : 가풍의 전승, 집안에 대한 사랑과 자부심

㉡ 바람직한 가정을 위한 노력
- 가족 구성원들 간의 기본 예의의 준수와 존중, 양보 및 배려

개념UP

가족 이기주의와 가족 간 도덕 문제
자기 가족의 이익을 위해 다른 가족 또는 공동체의 이익을 생각하지 않는 가족 이기주의의 증가로 가족과 사회의 갈등이 증가하며, 이는 사회 전체의 혼란으로 이어질 수 있는 문제가 될 수 있음

개념UP

가화만사성, 가풍
- 가화만사성(家和萬事成) : 가정이 화목하면 모든 일이 다 잘 된다는 의미
- 가풍(家風) : 한 집안에서 오래 지켜 온 생활습관이나 관습, 규범, 품격, 분위기 등을 말함

문제UP

다음 중 건강하고 바람직한 가정을 만들기 위한 자세에 해당하지 않는 것은?
① 가족 구성원 간의 예의를 지킨다.
② 가족 구성원들 간의 상호 이해와 배려가 필요하다.
③ 부모의 권위를 존중하고 부모의 마음을 이해한다.
④ 자신이 관심 있는 활동분야에만 집중한다.

해 자신이 관심 있는 활동분야에만 집중하기 보다는 가족 구성원이 모두 참여하는 활동을 찾는 것이 바람직한 가정을 이루기 위한 바른 자세에 해당한다.

정답 ④

• 가족 구성원 간의 충분한 대화와 의사소통, 상호 관심과 이해
• 가정 내 각자의 역할과 맡겨진 책임을 완수하며, 이를 상호 존중
• 가족 구성원이 모두 참여하는 활동
• 가정이 확대된 행태로서의 사회를 이해하고 노인, 고아 등의 문제에 관심

② 바람직한 가족 구성원으로서의 도리

㉠ 부모가 자녀에게 지켜야할 도리

• 자녀를 보호하고 올바르게 양육
• 자애의 마음으로 대가를 바라지 않고 헌신적으로 자녀를 사랑
• 자녀의 잘못을 사랑을 담아 엄격히 꾸짖어 고침
• 자녀의 개성과 자율성, 사생활을 존중하고, 자녀 간 비교나 차별을 금함

㉡ 자녀가 부모에게 지켜야할 도리

• 부모의 헌신에 감사하는 마음을 가짐
• 부모를 공경하고 물질적으로 봉양하는 효도를 실천
• 부모의 권위를 존중하고 부모의 마음을 이해

㉢ 형제자매 간 지켜야할 도리

• 우애의 마음으로 서로 돕고 양보하며 격려
• 형은 동생을 보살피고 동생은 형을 믿고 따름(형우제공)

(3) 노인 공경

① 노인 공경

㉠ 노인 공경의 의미 : 부모를 공경하는 마음으로 어르신들을 공손히 모시는 것

㉡ 노인의 특성

• 노인은 나이가 든 사람을 의미하며, 누구나 노인이 되는 것이 숙명
• 노인은 오랜 삶의 경험과 지혜를 지니며, 우리 사회의 발전에 기여해옴
• 의료 기술의 향상 등으로 오늘날 노인 인구가 증가하고 있음

㉢ 노인 공경의 필요성

• 노인은 오늘날의 우리 사회를 이룩하고 사회 발전을 위해 헌신해옴

- 노인은 젊은 사람이 갖지 못한 다양한 경험과 연륜을 지니므로, 새로운 생산의 주체로 인식할 필요가 있음
- 우리 사회는 경로 효친의 전통 사상을 토대로 노인 공경을 효의 확대로 중시해옴
- 사회적 약자를 보살피는 것은 인간의 도리에 해당함
- 노인의 문제를 미래 자신의 문제라는 것을 인식함

② 현대 사회의 노인 문제
  ㉠ 노인 문제의 원인
  - 평균수명의 연장과 의료 기술의 발달로 인한 고령화 현상으로 인한 노인 인구의 증가
  - 사회의 급속한 변동과 물질 중시의 풍조로 인해 경로사상이 감소
  - 핵가족화로 인한 노인의 역할이 감소하고 질병과 빈곤, 소외, 외로움 등의 문제가 발생
  ㉡ 노인 문제의 발생
  - 역할의 상실에 따른 외로움과 고독감이 발생
  - 경험이나 지혜의 활용 보다는 단순노동력 제공의 역할에 따른 소외감 발생
  - 경제적 곤란으로 인한 기본적 생활과 건강관리의 문제 발생

③ 노인 공경의 실천
  ㉠ 개인적 차원 : 생활의 어려움과 외로움을 겪는 노인을 도와드리는 따뜻한 마음과 경로사상의 필요성을 인식함
  ㉡ 가정적 차원 : 정서적 안정과 기본적 의식주 해결을 지원하며, 노인의 의견을 존중함
  ㉢ 사회적 차원
  - 노인이 건강하고 독립적으로 살 수 있도록 제도적으로 지원
  - 일자리 확보와 의료복지 혜택의 제공 등 복지정책을 실시

개념UP

노인의 4고

노인이 겪게 되는 4가지의 고통을 말하는 것으로, 여기에는 외로움으로 인한 고통인 고독고, 할 일이 없는 고통인 무위고, 경제적 어려움에서 오는 생활고, 몸이 아픈 병고가 있다.

문제UP

다음과 같은 문제가 발생한 공통 원인으로 가장 알맞은 것은?

- 노인의 소외감과 무료함
- 노인의 전통적 지위 상실
- 부모의 과잉보호로 가정의 예절 교육 상실

① 다문화 현상 ② 남존여비 사상
③ 핵가족화   ④ 지역 이기주의

해 노인의 역할이 감소에 따른 소외감과 외로움, 질병과 빈곤 등의 노인 문제는 핵가족화가 한 원인이 된다. 또한 부모의 과잉보호와 그로 인한 가정교육의 상실도 핵가족화가 원인이다.

정답 ③

❷ 친구 관계와 도덕

(1) 우정의 의미와 중요성

① 친구와 우정

ㄱ 친구의 의미 : 가깝게 오래 사귄 사람, 즉 친밀한 관계 속에서 마음을 나누는 사람을 말함

ㄴ 우정의 의미 : 친구 간에 형성되는 친밀한 감정, 즉 정신적 유대감과 정(情)을 말함

ㄷ 친구와 우정에 관한 한자성어

- 관포지교 : 춘추시대 관중(管仲)과 포숙(鮑叔)의 사귐, 친구 사이의 두터운 우정을 비유하는 말
- 금란지교 : 쇠같이 단단하고 난초처럼 향기로운 사귐, 친한 친구 사이를 이르는 말
- 백아절현 : 백아(伯牙)가 친구의 죽음을 슬퍼해 거문고 줄을 끊었다는 고사에서 유래, 참다운 벗의 죽음을 이르는 말
- 수어지교 : 물과 고기의 사귐, 즉 고기가 물을 떠나서는 살 수 없는 것과 같이 아주 밀접한 관계를 비유하는 말
- 죽마고우 : 대나무로 만든 목마를 타고 놀았던 친구라는 뜻으로, 어렸을 때부터 친하게 사귄 친구를 비유하는 말
- 지란지교 : 지초(芝草)와 난초(蘭草)의 사귐이라는 뜻으로, 친구 사이의 높고 맑은 사귐을 이르는 말

② 친구와 우정의 중요성

ㄱ 청소년기의 친구

- 급격한 변화를 겪는 청소년기는 고민이 많고 이를 친구에게 위로받고 싶어하는 시기
- 청소년기의 대부분을 학교에서 보내며, 학교에서 친구를 만나고 우정을 쌓는 것이 중요
- 청소년기에는 행동과 판단의 기준으로 삼는 또래집단이 중요
- 가족 공동체에서의 건전한 성장과 인류 공동체에 대한 사랑의 실천이 중요

ㄴ 친구의 영향

- 건전한 인격 형성에 기여하고, 원만한 인간관계 형성을 배움
- 친구의 모습을 통해 자신의 장단점을 파악(자신의 거울)

문제 UP

다음 내용에서 나타난 가치로 가장 알맞은 것은?

죽마고우(竹馬故友)인 A와 B가 전쟁에 참전하였는데, B가 총을 맞고 쓰러졌다. A는 B를 구하기 위해 당장 달려 나갔다. 같은 부대원들은 B가 이미 죽었다고 말하며 말렸으나, A는 다음과 같이 말하였다. "B가 저에게 말하더군요, '네가 올 줄 알고 있었어.' 라구요."

① 봉사　　② 우정
③ 정직　　④ 위선

解 자신의 위험을 무릅쓰고 친구를 구하기 위해 달려 나가는 A의 행동은 우정에 해당한다. 우정은 친구 간에 형성되는 친밀한 감정과 정(情)을 말한다.

정답 ②

개념 UP

좋은 친구와 나쁜 친구(공자)

- 좋은 친구(도움이 되는 친구) : 정직한 사람과 신의 있는 사람, 견문이 넓은 사람은 안개 속의 물기처럼 스며듦
- 나쁜 친구(해로운 친구) : 아첨하는 사람, 실속 없이 겉만 꾸미는 사람, 말을 잘 둘러대는 사람은 화장실의 냄새처럼 배임

- 상호 선의의 경쟁을 통해 발전을 도모

(2) 바람직한 친구

① 바람직한 친구 관계

ㄱ 신의(믿음)를 지키는 관계
- 친구 관계에서 가장 중요한 덕목으로 우정을 형성하는 기반이 됨
- 한순간에 신의가 형성되는 것이 아니며, 생활 속에서 믿음을 지키는 노력이 필요함
- 친구 간의 믿음에 관한 덕목으로 붕우유신(朋友有信), 교우이신(交友以信) 등이 있음

ㄴ 상호 배려와 인격적 존중
- 배려 : 다른 사람을 도우려 정성을 다하는 마음가짐을 말함
- 인격적 존중 : 친구를 인정하고 존중하는 것을 말함

ㄷ 진심어린 조언과 충고 : 친구의 잘못에 대해 진심을 담아 충고하되, 적절한 말과 태도로 친구의 마음이 상하지 않게 함

ㄹ 선의 경쟁 관계
- 선의의 경쟁을 통해 결과보다는 경쟁 과정을 통해 상호 발전할 수 있는 계기로 삼음
- 경쟁에서 이기려는 마음보다는 정정당당하게 경쟁하는 태도가 필요하며, 서로 축하와 격려하는 자세가 요구됨

ㅁ 협력 관계 : 협력을 통해 혼자 할 수 없는 일을 성취할 수 있으며, 서로의 결점을 보완

② 바람직한 친구 관계의 형성과 유지

ㄱ 상호 예의 지키기 : 가까운 친구일수록 더욱 예의가 필요

ㄴ 선입견과 편견의 극복 : 친구를 있는 그대로 보기 위해 필요

ㄷ 관용의 자세 : 상호 간의 차이를 인정하는 관용의 자세가 필요

ㄹ 역지사지의 자세 : 친구의 입장을 이해하고 받아들이는 자세

ㅁ 진솔한 대화와 반성 : 친구와 진솔한 마음으로 대화하며, 자신의 잘못된 행동을 반성

개념UP

붕우유신, 교우이신
- 붕우유신(朋友有信) : 신의로서 벗을 사귐을 의미하는 말로, 오륜(五倫)의 덕목에 해당
- 교우이신(交友以信) : 벗 사이의 믿음의 도리를 다해야 한다는 말로, 화랑도 세속오계의 하나에 해당

문제UP

다음의 내용에서 B에게 가장 필요한 자세로 알맞은 것은?

B는 만날 때 마다 A가 뚱뚱하다고 놀린다. A는 항상 자신을 보고 그런 말을 하는 B가 싫다.

① 선입견 극복 ② 자아실현
③ 인간소외 ④ 역지사지

해 B는 A를 항상 뚱뚱하다고 놀리는데, 이는 놀림을 당하는 A의 입장에서 한 번도 생각해보지 않아 그의 입장을 이해하지 못해 생기는 현상이라 할 수 있다. 따라서 B에게는 다른 사람의 입장이 되어 생각해 보는 역지사지의 자세가 필요하다.

정답 ④

개념UP

선입견, 편견
- 선입견 : 어떤 대상이나 주장에 대하여, 직접 경험하지 않은 상태에서 이미 마음 속에 굳어진 고정적인 관점이나 견해를 말함
- 편견 : 한쪽으로 치우쳐 공정하지 못한 생각이나 견해를 말함

(3) 학교생활과 갈등

① 학교생활과 친구 간의 갈등

ㄱ) 학교생활

- 학교의 의미 : 학생들의 생활공간이자 활동 장소로서, 선생님께 교육을 받는 곳을 말함
- 학교생활의 중요성
  - 지식과 기술, 경험 등을 습득하여 미래에 적응할 수 있는 능력을 갖춤
  - 친구와 선후배, 선생님들 간의 관계를 통해 함께 사는 방법을 배움

ㄴ) 친구 간의 갈등

- 갈등의 유형
  - 예의를 지키지 않아서 발생하는 갈등
  - 성격·가치관 등의 차이로 인한 갈등
  - 오해로 인한 갈등, 옳지 못한 일을 부탁받은 경우의 갈등
- 갈등의 해결 노력 : 갈등을 회피하려 하거나 묻어 두려고만 한다면 갈등이 더 커질 수 있으므로, 적극적인 자세로 해결을 위해 노력해야 함

② 학교와 관련된 갈등

ㄱ) 집단 따돌림과 학교 폭력

- 집단 따돌림
  - 학교·학급에서 다수의 학생이 한 명 또는 소수 학생을 소외시키거나 괴롭히는 행위
  - 피해 학생의 정신적·육체적 고통 유발, 가해 학생에 대한 징계 문제가 발생
- 학교 폭력
  - 학교 안팎에서 학생들 간에 발생하는 폭행·협박 등의 문제
  - 당사자와 가족, 친구들에게 상처가 됨

ㄴ) 집단 따돌림과 학교 폭력의 문제점

- 피해자와 가족 : 피해 학생과 가족에게 인격적 훼손과 극심한 정신적·신체적 고통 유발
- 가해 학생 : 교칙이나 법에 따른 처벌을 받을 수 있고, 가해자로서 마음의 상처를 받음

개념UP

갈등 해결을 위한 자세

대화와 타협, 상호 배려, 관용, 역지사지의 자세 등

문제UP

다음 중 학교 폭력의 유형에 해당하지 않는 것은?

① 신체적 폭력 ② 금품 갈취
③ 정신적 학대 ④ 또래 상담

해 또래 상담은 비슷한 연령과 유사한 경험·가치관 등을 지는 청소년들이 일정한 훈련을 받은 후에 자신의 경험을 바탕으로 하여 다른 또래들에게 일어날 수 있는 문제를 해결하도록 돕는 것을 말한다. 또래 상담은 학교 폭력을 방지하고 이를 해결하는 수단이 되므로, 학교 폭력에 해당한다고 볼 수 없다. 학교 폭력은 학교 안팎에서 학생들 간에 발생하는 폭행·협박 등의 문제를 말하며, 신체적·정신적 폭력과 금품의 갈취 등을 예로 들 수 있다.

정답 ④

- 친구 : 도와주고 싶어도 용기가 부족하여 상처를 받거나 자신과 무관한 일로 여길 수 있는 문제가 발생하며, 폭력에 둔감해지고 이기적으로 성장할 수도 있음

ⓒ 집단 따돌림과 학교 폭력의 해결방법
- 역지사지의 자세, 관용의 자세가 필요
- 대화와 타협의 자세가 필요

(4) 성 윤리와 이성 친구

① 청소년기 특징과 성적 욕망

ⓐ 청소년기의 특징
- 신체적 · 정신적으로 급격히 성장하는 시기
- 2차 성징의 시기로 성적 호기심이 증가하는 시기

ⓑ 성적 욕망
- 의미 : 이성에 대한 관심과 교제하고 싶은 마음, 신체적 접촉의 욕구를 말함
- 청소년기의 성적 욕망 : 특정의 대상이 없거나 막연히 느끼는 감정인 경우가 많음

② 성 윤리

ⓐ 성의 의미
- 생물학적 성(sex) : 성별과 성적인 행위를 말하며, 생식을 통해 생명을 유지 · 보존하는 가치를 지님
- 문화적 성(gender) : 남성다움 또는 여성다움 등의 성적 정체성을 말함
- 섹슈얼리티(sexuality) : 남녀 간의 인간관계, 성이나 사랑에 대한 태도를 말함

ⓑ 성의 가치 : 생물학적 가치(종족의 보존), 쾌락적 가치(즐거움과 삶의 활력), 인격적 가치(타인에 대한 배려, 욕구의 절제)

ⓒ 성 윤리의 필요성
- 성의 생물학적 가치와 쾌락적 가치, 인격적 가치의 조화
- 상호 존중과 배려, 청소년들의 성에 대한 올바른 의식을 형성

ⓓ 성에 대한 바른 태도
- 성은 인격 형성의 요소로서, 수단이나 도구가 될 수 없음
- 성에 대한 자기의 의사를 분명히 함(성적 자기결정권)

개념UP

1차 성징과 2차 성징

1차 성징은 남녀의 성이 수정시 결정되어 성별이 나타나는 것을 의미하며, 2차 성징은 사춘기가 되어 성호르몬의 분비가 왕성해지면서 남성 또는 여성적 특성이 두드러지게 나타나는 것을 말함

개념UP

성의 생물학적 가치

- 성적인 활동을 통하여 자녀를 낳고 유전자를 다음 세대로 이어지게 하는 종족 보존의 가치(=생식)
- 인간의 종족 보존이란 아기를 낳는 것만을 의미하는 것이 아니라 양육의 과정까지 포함함
- 양육 환경과 조건을 갖추고 제대로 된 양육을 하는 책임 있는 자세를 가질 때 성의 생물학적 가치가 제대로 실현될 수 있음

개념UP

잘못된 성 윤리의 문제

- 성 역할 등에 대한 고정관념 등으로 인한 문제
- 육체적 쾌락만을 추구하는 향락주의 등의 문제
- 성 상품화 등의 잘못된 성의식
- 성희롱과 성추행, 성폭력 등의 문제

- 육체적인 욕망을 스포츠나 다른 취미활동 등을 통해 발산할 필요가 있음
- 성의 가치에 대한 균형적 시각이 필요하며, 성 역할에 대한 고정관념을 탈피(양성 평등)

③ 사랑

㉠ 의미 : 어떤 사람이나 대상을 몹시 아끼고 소중히 여기며, 존중하는 마음

㉡ 종류

- 아가페(agape) : 조건 없는 희생적인 사랑
- 에로스(eros) : 이성 간의 육체적 · 정열적인 사랑
- 필리아(philia) : 친구 간의 우정 등 정신적 사랑

㉢ 성적 욕망과 사랑

- 공통점 : 자연스러운 인간의 감정이며, 풍요로운 삶의 기반
- 차이점
  - 성적 욕망 : 육체적 쾌락을 추구하며, 자신의 결핍을 채우려는 자기중심적이고 쉽게 변하는 것
  - 사랑 : 상대방을 소중히 여기고 존중하며, 상대의 부족함을 채우려는 타인중심적이고 지속적인 것

④ 이성 친구와의 관계

㉠ 이성 교제의 의미 : 성이 다른 사람 간의 교제

㉡ 청소년기의 이성 교제 : 이성 교제에 관심을 보이는 것은 자연스러운 현상

㉢ 이성 교제의 장점

- 이성에 대한 이해
  - 각자의 성에 대한 특성을 이해하고 성 역할에 대한 고정관념에서 탈피(바람직한 성 역할 이해)
  - 남녀 간의 조화로운 관계를 인식하고, 이성에 대한 기본예절을 체득
- 정서적 안정 : 서로 부족한 점을 보완하며 삶의 활력과 자신감을 형성(발전의 원동력)
- 안목의 향상 : 자기에게 맞는 친구나 좋은 배우자를 고를 수 있는 안목이 생김

㉣ 이성 교제의 단점

문제UP

사랑의 긍정적인 영향으로 바른 것을 모두 고른 것은?

㉠ 서로의 모든 것을 알게 되면서 상대를 존중하게 된다.
㉡ 인간을 인간답게 만들기는 하지만 품위를 지켜주지는 않는다.
㉢ 성과 사랑을 통해 나를 확대하고 인간다움을 표현할 수 있다.
㉣ 기쁜 일, 좋은 일을 함께하지만, 슬픈 일, 어려운 일은 가족과 함께하게 된다.

① ㉠, ㉡   ② ㉠, ㉢
③ ㉡, ㉢   ④ ㉢, ㉣

해 사랑은 서로를 이해하고 상대를 존중하게 하며, 성과 사랑을 통해 자신을 확대시키며 인간다움을 표현할 수 있다.

정답 ②

개념UP

성 역할 고정관념

남성과 여성을 구분하여 성별로 다른 사회적 역할을 기대하는 특정 사회나 문화가 가지고 있는 사고방식이나 신념이며, 부모와 교사는 성 고정관념을 탈피한 사항들에 초점을 맞추고 이것에 대해 토론하는 기회를 가짐으로써 경직된 성 역할 형성을 예방할 수 있다.

개념UP

이성 친구의 어려움

이성 친구는 사고방식과 좋아하는 분야가 다를 가능성이 크며, 성과 사랑에 대한 관점과 생각의 차이로 인한 문제가 발생할 수 있음

- 학생으로서의 역할에 지장 : 학업 등 학생이 해야 할 일에 소홀할 수 있음
- 부담 및 사회 문제의 발생 : 이성 교제로 인한 심적·경제적 부담이 발생할 수 있고, 임신 등으로 인한 사회적 문제가 발생할 수 있음

ⓑ 올바른 이성 교제
- 이성 교제의 목적 인식
  - 이성 교제도 인간관계의 한 형태이며, 인생의 반려자를 정하는 과정은 아님을 인식
  - 이성에 대한 이해와 존중의 태도가 중요
  - 이성 교제를 통해 자아 발전의 계기를 마련
- 예절의 준수 : 남녀의 차이를 인식하고, 기본예절을 준수하고 상호 존중하고 배려
- 일상생활의 유지 : 해야 할 일을 충실히 하고 친구들 간의 관계도 유지
- 집착하지 않는 태도 : 이성 친구의 생활을 존중하며 지나친 연락과 만남은 자제

❸ 사이버 윤리와 예절

(1) 사이버 공간의 특성
① 정보 사회
ⓐ 정보 사회의 의미 : 컴퓨터와 통신 기술의 발달로 정보의 가치가 중시되고 다양한 정보 교류가 가능해진 사회
ⓑ 정보 사회로의 변화 단계 : 농경 사회 → 산업 사회 → 정보 사회
ⓒ 정보 사회(컴퓨터)의 영향
- 긍정적 영향 : 인간 생활의 상당 부분을 컴퓨터가 대신하여 생활이 편리해지고 신속·정확해졌으며, 인간관계가 확대됨
- 부정적 영향 : 인간의 정체성이 혼란해 지고 정보 격차가 증가했으며 사이버 범죄도 크게 증가함

개념UP

인터넷과 사이버 공간

인터넷의 발달로 인해 정보의 공유와 이동이 크게 증가하고 사이버 공간(가상 공간)이 등장하였다.

개념UP

사이버 공간에서의 의무

존중의 의무, 정의의 의무, 책임의 의무, 해악 금지의 의무

개념UP

사이버 공간 관련 용어

• 전자 민주주의 : 인터넷을 통해 시민이 직접 정치 과정에 참여함으로써 이루어지는 민주주의
• 누리꾼 : '네티즌'을 우리말로 순화한 표현으로, 사이버 공간에서 다양한 정보를 찾고 활동하는 사람들을 일컫는 말
• 네티켓 : 네트워크(network)와 에티켓(etiquette)의 합성어로, 사이버 공간에서 지켜야 할 예절들을 의미함
• 아바타 : 사이버 공간에서 사용자의 역할을 대신하는 애니메이션 캐릭터

개념UP

사이버 공동체

컴퓨터 통신망상에서 형성되는 가상적인 공동체이며, 일반 공동체에서 이루어지던 정보 교환과 의사 교환 등을 새로운 방식으로 사이버 공간에서 형성하고 있다.

② 사이버 공간
㉠ 의미 : 컴퓨터 네트워크를 통해 온라인상 만들어진 가상의 공간
㉡ 활용 : 정보의 검색과 전자상거래, 인터넷 뱅킹, 사이버 학습, 여론 조사 등
㉢ 특성
• 익명성 : 자신을 감출 수 있으며, 상대방이 누구인지도 알지 못함
• 개방성 : 일정한 자격과 권한이 있는 사람은 누구나 정보를 검색할 수 있음
• 평등성 : 차별 없는 수평적 의사소통이 가능
• 자율성 : 정보의 종류와 활용 방향에 대해 스스로 결정할 수 있음
• 쌍방향성 : 정보를 생산하고 소비하는 성격이 혼재되어, 서로 영향을 주고받음
• 비동시성 : 시간에 구애 받지 않고 일을 처리
• 광역성 : 국경이나 언어를 초월하여 광범위한 영향을 미침
• 신속성 : 정보의 전파 속도가 무척 빠름
㉣ 장점
• 생활의 편리성 증가 : 시공의 제한 없이 신속히 정보를 검색
• 활용
• 새로운 인간관계의 형성 : 사이버 공간을 통해 새로운 인간관계가 형성됨
• 전자 민주주의의 발달 : 사이버 공동체를 형성하며, 자유로운 의사표현과 평등의 구현
㉤ 단점
• 익명성에 따른 문제 : 사이버 공간의 자유를 보장하는 장점이 있으나, 책임감이 약해지고 범죄 유혹에 흔들리기 쉬워 비도덕적인 행위 등의 문제가 증가
• 광범위성·신속성에 따른 문제 : 전보 전달의 범위가 넓고 매우 빨라 비도덕적인 행위의 피해도 그만큼 넓고 빠르게 전파됨

(2) 사이버 공간의 예절과 윤리

① 사이버 공간의 예절

㉠ 의미
- 네티켓(네트워크+에티켓), 즉 사이버 공간에서 지켜야 할 규범과 질서를 말함
- 소극적으로는 최소한의 예절을 지키고 타인의 대한 피해를 방지하는 것을 말하며, 적극적으로는 유용한 정보 공유와 협력, 타인에 대한 배려를 의미함
- 사이버 예절은 정해진 규범이라고 보다 자율과 책임, 배려를 토대로 자율적으로 만들어진 규범임

㉡ 필요성 : 타인의 반응을 즉각적으로 알 수 없는 특성(비대면성)을 지니므로 현실 공간에서보다 더욱 예절이 필요함

㉢ 사이버 공간의 예절
- 예의 바른 태도와 정중한 마음을 지니며, 사이버 공간의 고유 행동양식을 준수
- 어려운 통신 용어나 욕설, 비속어 등을 사용하지 않음
- 타인의 실수에 대해 아량과 관용적인 마음, 배려심 등을 지님
- 책임 있는 행동을 하며, 사생활을 침해하지 않음

㉣ 개별적 내용
- 전자 우편 사용의 예절 : 원하지 않는 정보나 홍보, 욕설 등을 금함
- 대화방 예절 : 직접 대면하는 것 같은 정중한 자세를 유지하며, 욕설과 비방 등을 금함
- 온라인 게임 예절 : 스포츠로 인식하고 스포츠맨십 등의 기본예절을 지킴

② 사이버 윤리의 필요성

㉠ 인간의 생활공간 : 사이버 공간도 인간의 공동생활 공간이므로 현실 세계와 마찬가지의 책임이 수반됨

㉡ 현실보다 심각한 문제의 발생 : 사이버 공간의 특성으로 인해 현실 세계 이상의 심각한 문제가 쉽게 발생할 수 있으므로, 엄격한 윤리 기준이 요구됨

㉢ 도덕적 문제의 예방 : 사이버 예절을 지키는 것은 심각한 도덕적 문제 발생을 예방할 수 있음

문제UP

다음 컴퓨터 통신상의 지켜야 할 네티켓(netiquette)에 대한 설명 중 옳지 않은 것은?
① 비속어와 은어 등을 사용하지 않는다.
② 다른 사람의 아이디어를 침해하지 않는다.
③ 타인의 실수에 대해 아량과 관용적인 마음을 가진다.
④ 음악이나 영화, 소설, 사진 등을 마음껏 다운 받아 사용한다.

해 영화나 음악, 소설, 만화, 사진, 프로그램 등을 창작자의 승낙 없이 복제하여 사용하는 행위는 불법 복제로서, 사이버 공간에서의 재산권 침해에 해당한다. 이러한 지적 재산권도 보호받아야 하는 재산권에 해당한다.

정답 ④

문제UP

다음 중 사이버 윤리의 필요성으로 옳지 않은 것은?
① 현실보다는 문제가 발생하지 않는다.
② 사이버 공간도 인간의 생활공간이기 때문에 책임이 수반된다.
③ 사이버 공간에서는 현실에서와 마찬가지로 윤리 기준이 요구된다.
④ 사이버 예절을 지켜야 도덕적 문제 발생을 예방할 수 있다.

해 사이버 공간의 특성으로 인해 현실 세계 이상의 심각한 문제가 쉽게 발생할 수 있으므로 엄격한 윤리 기준이 요구된다.

정답 ①

문제UP

다음 내용에서 나타난 현대 사회의 문제점으로 가장 알맞은 것은?

• 다른 사람의 개인 정보를 허락 없이 공개한다.
• 다른 사람의 모습을 몰래 촬영하여 인터넷상에 유포한다.

① 자원 고갈의 문제
② 약물 중독의 문제
③ 표현의 자유에 대한 억제
④ 사생활 침해의 문제

해 개인정보를 허락 없이 유출하거나 타인의 생활을 몰래 찍어 인터넷상에 유출하는 것은 모두 사생활 침해에 해당한다.

정답 ④

개념UP

사생활의 보호
사생활은 사적 생각과 생활이 담긴 개인의 삶의 영역에 해당하므로 인권 차원의 법적 보호가 필요하다.

개념UP

표현의 자유
헌법상의 기본권의 일종으로, 자신의 생각을 자유롭게 표현할 수 있는 권리를 말한다.

(3) 사이버 공간에서의 윤리적 문제

① 사생활 침해 문제

㉠ 사이버 공간의 사생활 침해
• 전파 범위와 속도가 광범위하고 신속하므로 현실 공간의 피해보다 심각한 피해를 미침
• 유명인 등의 공인뿐만 아니라 모두가 범죄의 피해자가 될 수 있음

㉡ 침해 유형 : 개인 정보 침해, 명예 훼손, 저작권 등 재산권 침해 등

㉢ 사생활의 보호 방법
• 로그아웃, 비밀번호 변경 등 개인정보 유출 방지
• 악성 댓글 금지, 허위사실 게시 및 유포 금지
• 타인 정보의 사용 금지
• 사생활 침해 및 법률 위배 여부의 확인

㉣ 사생활 보호와 국민의 알 권리
• 공인의 사생활보다 사회 전체의 이익이 중요한 경우 국민의 알 권리가 우선됨(「공직자윤리법」상의 고위 공직자 재산 공개의무 등)
• 사생활에 대한 공개는 인권 침해 가능성이 있으므로, 공인이라도 사회적 쟁점과 관련되거나 국민이 알아야 할 필요가 있는 경우에만 사생활 공개가 가능

② 표현의 자유

㉠ 사이버 공간에서의 표현의 자유
• 인터넷상의 카페, 블로그, 홈페이지 등을 통해 현실 공간보다 자유롭고 다양하게 표현이 가능함
• 다른 사람의 유익한 정보를 주고받을 수 있음
• 사회 문제에 대한 생각과 비판을 언론 및 포털 사이트 등의 게시판을 통해 올릴 수 있음

㉡ 표현의 자유에 대한 제한
• 타인의 명예를 훼손하거나 비웃고 헐뜯는 말을 한 경우
• 타인의 권리를 침해하거나 비난 받을 만한 언어폭력을 행사한 경우
• 유해한 정보를 공개하는 경우

③ 지적 재산권 보호 문제

㉠ 지적 재산권 : 지적 창작물에 대한 창작자의 권리를 말하며, 보호의 필요가 있음

㉡ 사이버 공간에서의 재산권 침해

- 불법 복제 : 영화나 음악, 소설, 만화, 사진, 프로그램 등을 창작자의 승낙 없이 복제하여 사용하는 행위
- 표절 : 타인의 창작물을 자기 것처럼 꾸미는 일체의 행위
- 사이버 절도 : 사이버 머니나 게임 아이템, 마일리지를 해킹 등의 방법으로 뺏는 행위

㉢ 침해 행위에 대한 책임

- 손해배상 : 타인의 재산이나 지적 재산권을 침해한 경우 민사상 손해배상 책임을 짐
- 형사처벌 : 재산 등의 침해 행위가 범죄를 구성하는 경우 형사처벌됨

④ 사이버 중독 문제

㉠ 사이버 중독의 의미 : 인터넷 등의 지나친 사용으로 일상생활이 힘들 정도의 장애를 겪는 상태로, 현실의 인간관계가 어렵거나 갈등을 겪는 등의 여러 사회 문제가 유발됨

㉡ 가치관의 혼란 : 사이버 공간과 현실 세계를 구분하지 못해 폭행, 살인 등의 심각한 범죄를 저지르기도 함

㉢ 사이버 중독의 해결 : 자기 스스로 절제해야 하고, 또한 이를 방지·해결하기 위한 사회 제도적 지원이 필요함

❹ 이웃에 대한 배려와 상호 협동

(1) 다양한 이웃 관계

① 이웃의 의미와 필요성

㉠ 이웃의 의미

- 가까운 곳에 사는 동네 사람들
- 넓게는 나와 직접·간접적 관계를 맺고 사는 가족 외의 모든 사람들(교통통신의 발달로 이웃 범위가 확대됨)

㉡ 이웃의 필요성

개념UP

사이버 공간의 권리침해와 언어폭력

- 사이버 공간의 권리 침해 : 말과 글, 영상 등으로 타인의 이익을 침해하는 행위
  - 사이버 명예훼손 : 특정인의 명예에 관한 사실 또는 허위 사실을 퍼뜨리는 행위
  - 사이버 모욕 : 타당한 이유 없이 욕설·험담 등을 게시하는 행위
  - 사이버 성희롱 : 채팅 등을 통해 음란한 대화를 하거나 성적 수치심을 유발하는 행위
- 언어폭력
  - 의미 : 비난이나 욕설 등을 통해 상대방에게 상처를 주는 행위
  - 유형 : 비방, 욕설, 음담패설, 유언비어, 도배 행위 등
  - 해결 방안 : 언어폭력에 대한 충동과 욕구를 억제하고 인격을 존중하며, 이를 규제할 제도나 정책을 마련

문제UP

다음 중 사이버 공간에서의 윤리적 문제에 해당하지 않는 것은?
① 개인정보의 유출
② 타인에 대한 명예훼손과 모욕
③ 업무의 효율성 향상
④ 불법 복제나 표절

해 업무의 효율성 향상은 사이버 공간에서의 윤리적 문제에 해당하지 않는다. 오히려 정보화가 진행될수록 이를 활용한 업무 효율의 향상을 기대할 수 있다.

정답 ③

- 인간은 사회적 동물로 다른 사람과 어울리며 살아감
- 이웃들과 교류하며, 서로 도움을 주고받으며 살아감

② 전통 사회의 이웃

  ㉠ 이웃의 범위

- 이웃은 대부분이 가까운 곳에 사는 같은 마을의 사람을 말함
- 생사고락을 함께 하여 신뢰와 우정이 깊고, 이웃의 일을 나의 일처럼 받아들임

  ㉡ 이웃 간의 관계

- 가까운 곳에서 자주 교류하며 가까이 지내는 이웃사촌을 형성
- 이웃의 일에 관심이 많고 함께 정을 나누고 가깝게 지내며, 기쁜 일과 슬픈 일을 함께함
- 이웃 간의 예절을 지키고 웃어른을 공경하는 전통을 유지

③ 현대 사회의 이웃

  ㉠ 이웃의 의미 변화(범위 확대)

- 정보화와 도시화 등으로 사회가 더욱 복잡·다양화되었고, 교통·통신의 발달로 이웃의 범위가 확대됨
- 가까운 사람이 이웃이라는 범위를 넘어, 서로 돕고 교류하는 사람이 이웃에 해당됨
- 이웃이 자주 바뀌고 교류의 기회는 상대적으로 감소함(교류는 축소)
- 이웃 간 상부상조의 전통은 퇴조해감

  ㉡ 이웃의 구체적 범위

- 동네 이웃(이웃사촌) : 같은 마을 또는 지리적으로 가까운 곳에 사는 사람
- 취미나 종교에 따른 이웃 : 취미나 유대 관계가 비슷하거나 종교가 같은 사람
- 일상생활 속의 이웃 : 일상생활 속에서 만나거나 교류하는 사람
- 관심이 필요한 이웃 : 독거노인과 소년소녀 가장, 다문화 가정 등 관심이 필요한 사람
- 사이버 상의 이웃 : 인터넷 발달로 사이버 상의 이웃이 형성
- 지구촌 시대의 이웃(외국인 등) : 전 세계를 하나의 마을로 생각하는 지구촌 시대의 이웃

(2) 이웃 간의 갈등

① 이웃 간의 갈등

㉠ 이기주의에 따른 갈등 : 쓰레기 투기, 주차 문제, 새치기, 공공 장소의 소란 행위 등

㉡ 집단 이기주의에 따른 갈등 : 님비 현상, 핌피 현상 등

② 이웃 간 갈등의 원인

㉠ 이웃 간의 교류 감소

• 교통 · 통신의 발달에 따른 잦은 이동으로 교류의 기회가 부족

• 바쁜 일상생활로 인해 이웃과의 함께하는 시간이 감소

• 사람들 간의 관심사가 다르고, 인간관계가 복잡해짐

㉡ 이기주의의 발생

• 자신의 이익만을 추구하고 타인 또는 사회 일반의 이익은 고려하지 않음

• 상대를 배려하지 않고 규칙이나 예절을 잘 준수하지 않음

• 가족 이기주의와 집단 이기주의 등의 형태로 나타남

㉢ 공동주택 행태의 주거환경

• 좁은 지역에 밀집해 살면서 이웃 갈등이 증가함

• 아파트 층간 소음, 쓰레기 처리 문제, 주차 공간의 부족, 사생활 침해 등의 문제가 발생

③ 이웃 간 갈등의 해결방안

㉠ 갈등의 예방

• 자기 입장만을 주장하지 않고 상호 배려하고 양보

• 역지사지의 마음으로 상대를 이해하려 노력

• 공동체 생활에 필요한 기본적 규칙을 준수

㉡ 갈등 해결을 위한 기본자세

• 상대방에 대한 예절을 철저히 지킴

• 서로 논의를 통해 문제 해결방안 및 공동 원칙을 결정

• 자기 입장만을 내세우기보다 상대방의 입장에서 생각(역지사지의 자세)

(3) 봉사와 협동

① 봉사 활동

㉠ 봉사 활동의 의미

개념UP

님비 현상, 핌피 현상

• 님비 현상 : 혐오시설의 자기 지역 내 유치를 반대하는 현상(화장장, 쓰레기장, 하수처리장 등)

• 핌피 현상 : 선호시설이나 편의시설을 자기 지역 내 유치하고자 적극 노력하는 현상(지하철역, 대학, 공공청사 등)

문제UP

다음 중 현대 사회에서 이웃 간에 발생하는 문제점으로 옳지 않은 것은?

① 규칙의 준수나 배려

② 이웃에 대한 무관심

③ 공동 시설의 무단 점유

④ 층간 소음 등의 소음 분쟁

해 상대를 배려하지 않고 규칙이나 예절을 잘 준수하지 않는 이기주의가 이웃 간의 문제에 해당한다.

정답 ①

개념UP

배려

• 의미 : 다른 사람을 돕거나 보살피려는 이타적인 마음

• 특성

– 역지사지의 자세

– 차이의 인정과 관용

– 사람에 대한 존중과 사회적 약자의 보호

– 대가를 바라지 않는 자세

- 타인 또는 사회를 위해 노력하는 행동
- 사랑의 실천 행위로서 자아실현과 보람을 느끼게 함

ⓛ 봉사 활동의 특성
- 자발적 참여 : 스스로 다른 사람을 돕고자 하는 마음에서 나온 행위
- 이타적 행위 : 다른 사람을 도우려는 이타적 행위
- 무대가성 : 대가를 바라지 않는 순수한 실천 행위
- 공동체 중시 : 공동체 전체를 위한 행위
- 지속성과 실천성 : 한결같은 마음으로 지속적으로 실천하는 행위

ⓒ 봉사 활동의 분야 : 사회복지 분야, 지역사회에 대한 봉사, 환경보호, 문화재 보전, 난민의 구호 등

② 봉사 활동의 실천과 유의사항
ㄱ 실천 계획
- 자신이 실천할 수 있는 작고 평범한 활동부터 시작
- 봉사 활동이 제대로 이루어지도록 방법과 실천 계획을 수립
ㄴ 실천 효과
- 봉사 활동의 실천을 통해 사회에 기여하고 보람을 느낌
- 이타심과 공동체 의식을 확립할 수 있으며, 협동심과 책임감 등을 향상
- 이기심을 억제하고 겸손을 배움
ㄷ 봉사 활동의 유의사항
- 봉사를 받는 사람의 입장을 최대한 배려하도록 함
- 부주의한 언행으로 봉사를 받는 사람의 마음을 상하게 하지 않도록 주의

③ 이웃 간의 상호 협동
ㄱ 전통사회의 상부상조
- 농경생활을 중심으로 하였으므로 이웃 간 상부상조의 필요가 컸음(계, 두레, 향약 등)
- 이웃 간의 관심과 배려가 커지면서 이웃사촌이라는 말이 형성됨
ㄴ 현대사회의 상호 협동

- 협동의 전통 계승 : 육아나 공부 등의 품앗이, 바자회, 기부 활동, 생활협동조합 등
- 이웃 간 협동의 필요성 : 공동체 구성원이라는 소속감과 일체감, 공동의 문제해결, 보람 등을 위해 필요
- 협동을 실천하기 위한 자세
  - 친밀한 이웃 관계를 형성·유지
  - 지역 사회의 문제에 관심을 가지고 적극 참여
  - 주변의 이웃들에 대한 폭넓은 관심

❺ 타인 존중의 태도

(1) 자기 존중과 타인 존중

① 자기 존중

ㄱ 자기 존중의 의미 : 자신을 있는 그대로 받아들이고 소중히 여겨 자신의 특성에 대해 긍정적 가치를 부여하는 것을 말하며, 자신의 이익만을 추구하는 이기심과 구별됨

ㄴ 자기 존중의 중요성

- 자신감을 갖게 하고 어려움을 극복할 수 있게 함
- 자신의 삶의 방향을 제시하고 잠재력을 발휘할 수 있게 함
- 타인 존중의 밑거름으로 작용함

② 타인 존중

ㄱ 타인 존중의 의미

- 다른 사람의 가치관과 개성, 생활습관, 이해관계 등을 인정하고 그들의 생각과 감정을 이해하는 것
- 다른 사람이 어려움을 겪을 때 이를 외면하지 않는 태도

ㄴ 타인 존중의 중요성

- 인간의 존엄성
  - 인간은 그 자체로 존엄한 존재이므로 타인을 존중하는 것은 도덕적 삶의 기본이 됨
  - 다른 사람이 이익 추구나 목적 달성의 수단이 되지 않도록 해야 함

개념UP

생활협동조합
소비자 생활협동조합의 약칭으로, 상부상조하는 협동정신을 바탕으로 조합원의 생활개선, 건전한 생활문화 향상 및 지역사회 발전을 도모하며, 자연생태계를 보전하고 더불어 사는 사회를 이루는 것을 목적으로 설립 운영되고 있는 생활공동체를 말한다.

문제UP

다음 중 타인 존중에 대한 설명으로 옳지 않은 것은?

① 타인 존중은 다른 사람의 가치관과 개성, 감정 등을 인정하고 이해하는 것을 말한다.
② 다른 사람의 어려움을 외면하지 않는 것도 타인 존중에 해당한다.
③ 인간이 존엄하다는 것도 타인 존중의 이유가 될 수 있다.
④ 타인에 대한 존중 없이도 자신은 존중받을 수 있다는 자세가 중요하다.

🖪 타인에 대한 존중이 없으면 자신의 인격도 존중받을 수 없다는 점에서, 타인에 대한 존중은 내가 존중받기 위한 토대가 된다. 따라서 ④의 자세는 바람직하지 않다.

정답 ④

개념UP

인간의 존엄성을 강조한 말(칸트)
"너 자신에게나 다른 사람에게나 인간을 언제나 목적으로 대우하고 결코 수단으로 대우하지 말라."

- 자신의 인격 존중 : 타인에 대한 존중이 없으면 자신의 인격도 존중받을 수 없음(내가 존중받기 위한 토대)
③ 자기 존중과 타인 존중의 관계
   ㉠ 자기 존중을 통한 타인 존중 : 자신을 소중하게 여길 때에야 비로소 타인의 소중함을 자각할 수 있음
   ㉡ 타인 존중을 통한 자기 존중 : 타인을 존중하고 이해하는 만큼 자기 존중의 마음이 형성됨
   ㉢ 자기 존중과 타인 존중의 관계 : 자신을 소중히 여기는 사람은 타인도 존중하며, 타인을 존중하는 사람은 자신의 소중함을 인식하게 됨(상호 보완적 관계를 형성)

(2) 타인 존중의 올바른 방법
① 타인 존중의 방법을 알아야 하는 이유
   ㉠ 자기 존중과 원만한 일상생활의 유지 : 타인에 대한 존중을 알지 못하면 일상생활에서 나도 타인으로부터 존중받지 못하는 곤란을 겪게 됨
   ㉡ 타인에 대한 피해 방지 : 타인 존중의 올바른 방법을 알지 못하는 경우 타인과의 상호 작용에서 피해를 줄 수 있음
② 타인 존중의 방법
   ㉠ 관심 : 타인에 대한 존중은 상대에 관심을 가짐으로써 시작됨
   ㉡ 배려 : 상대방의 입장과 처지를 헤아려 상대방이 필요로 하는 도움을 제공
   ㉢ 경청 : 상대방의 말에 귀를 기울임으로써 상대방이 존중받는다고 느끼며 신뢰감을 형성
   ㉣ 공감 : 상대방의 입장을 이해하고 상대방의 어려움을 나의 것처럼 이해
   ㉤ 예의 : 타인에 대한 존중의 마음을 상황에 맞게 일정 형식으로 표현
   ㉥ 관용 : 자신의 주장만 내세우지 않고 나와 다른 의견일지라도 상대방의 생각과 가치를 존중
   ㉦ 인내 : 상대방의 잘못이나 실수를 참고 이해해주는 것
   ㉧ 경쟁심의 통제 : 무조건 이겨야 한다는 생각을 버리고 경쟁의 결과를 겸허히 수용

❻ 평화적 해결과 폭력 예방

(1) 갈등

① 갈등의 의미와 원인

㉠ 갈등의 의미 : 목표나 이해관계의 차이로 서로 충돌하거나 적대시하는 상태

㉡ 갈등의 원인

- 욕구나 이해관계의 차이 : 욕구나 이해관계를 두고 손익을 분배하는 과정에서 발생
- 가치관의 차이 : 생각이나 가치관의 차이로 발행
- 구조적 갈등 : 잘못된 제도나 관행, 사회구조 등으로 인한 갈등
- 사실 관계 갈등 : 사실 관계를 두고 다른 해석이 발생하는 경우의 갈등

② 갈등의 양면성

㉠ 긍정적 측면 : 외부와의 갈등은 내부 단결·화합을 촉진하며, 문제 해결을 실현하는 경우 통합이 달성되어 보다 건강한 사회가 될 수 있음

㉡ 부정적 측면 : 갈등의 심해지는 경우 상호 간의 신뢰는 약화되고 공동의 목표 달성이 곤란해짐

㉢ 갈등 해결의 자세 : 갈등은 긍정적·부정적 측면의 양면성을 지니므로 갈등을 회피하기보다는 적극적으로 해결하는 자세가 필요

③ 갈등의 유형

㉠ 내적 갈등

- 한 개인의 마음속에서 일어나는 갈등(선택의 문제)
- 정서불안과 자신감 상실, 의존성 심화, 스트레스 등의 문제 초래

㉡ 외적 갈등

- 개인 간 갈등, 개인과 집단 간 갈등, 집단과 집단 간 갈등, 국가와 국가 간 갈등
- 개인 간 갈등의 경우 구성원 간의 대립과 심리적 불안감을 증폭하는 문제가 발생

문제 UP

다음 설명의 내용으로 알맞은 것은?

- 다른 사람을 너그럽게 용서해 주는 것
- 나와 남이 다른 생각과 가치를 가질 수 있다고 인정해 주는 것

① 관용
② 관심
③ 검소
④ 인내

☞ 자신의 주장만 내세우지 않으며, 나와 다른 의견일지라도 상대방의 생각과 가치를 존중하는 것은 관용의 자세이다.

정답 ①

개념 UP

갈등의 심화 원인

- 대화와 소통의 부족
- 인신공격에 따른 감정의 격화
- 물리적 힘이나 폭력의 사용
- 굳어져 변하지 않는 고정관념, 선입견, 편견의 발생
- 모든 문제를 흑과 백의 극단으로 구분하는 흑백논리
- 부정확한 사실 왜곡이나 과장
- 기타 아집, 유언비어 등의 발생

---

1. 국어
2. 수학
3. 영어
4. 사회
5. 과학
6. 도덕

• 집단 간 갈등과 국가 간 갈등의 경우 해결이 어려우며, 갈등이 심한 경우 사회 분열과 함께 큰 사회 문제를 초래

④ 갈등의 해결 방법

㉠ 힘에 의한 해결 : 힘으로 상대에게 희생을 강요하거나 승패의 구분으로 인해 갈등의 근본적 해결이 곤란함

㉡ 법에 의한 해결 : 제도적 방법을 통해 갈등을 평화적으로 해결하는 것으로, 외부의 강제적 제도가 개입하므로 근본적 대책이 되기는 어려움

㉢ 대화를 통한 해결 : 상호 만족할 만한 결과를 도출하여 갈등을 평화적으로 해결

• 협상 : 갈등 당사자 간의 대면적 협상으로 합의점을 찾아 갈등을 해결
• 중재 : 제3자를 중재자로 세워 협상함으로써 갈등을 중립적 태도로 해결
• 조정 : 제3자의 조정안을 제시하고 당사자들이 수용하는 형태로 갈등을 해결

(2) 폭력

① 폭력의 의미와 원인

㉠ 폭력의 의미

• 좁은 의미 : 타인에 대해 물리적·정신적 피해를 입히기 위해 가하는 공격적 행위
• 넓은 의미 : 개인의 평화로운 삶을 방해하는 모든 행위

㉡ 폭력의 원인

• 개인적 측면 : 개인의 가정환경이나 성장 과정(자기중심성, 자제력 부족, 충동 억제 능력의 부족 등), 개인 간의 힘의 불균형
• 사회적 측면 : 대중매체의 폭력성(폭력을 미화하거나 관대한 태도), 각종 유해 환경, 경쟁이 일상화된 각박한 삶

㉢ 폭력의 문제점

• 고통에 따른 인간의 존엄성(인격)을 훼손
• 사회 정의의 훼손과 사회적 갈등의 증폭, 폭력의 악순환 초래

- 피해자와 가해자 모두에게 고통을 가하며 가해자에게 죄책 감과 처벌을 유발
- 갈등을 폭력으로 해결하는 경우 폭력이 재생산되어 또 다른 갈등을 유발

② 폭력의 유형

㉠ 물리적 폭력과 구조적 폭력
- 물리적 폭력(직접적 폭력) : 신체에 직접적인 해를 가하는 행위 **예** 폭행 등
- 구조적 폭력(간접적 폭력) : 잘못된 환경이나 사회구조로 인해 발생하는 폭력 **예** 성차별, 인종차별 등

㉡ 작위 및 부작위에 의한 폭력
- 작위에 의한 폭력 : 실제 폭력을 행사하는 것
- 부작위에 의한 폭력(비행위적 폭력) : 폭력상황을 외면하거나 방관하여 발생한 것

㉢ 기타 개인폭력과 집단폭력, 학교폭력 등

③ 폭력의 예방과 대처방법

㉠ 폭력의 예방
- 개인적 예방 : 감정 조절, 바르고 고운 언어사용, 상담, 폭력 예방 프로그램 참가 등
- 사회적 예방 : 유해 환경 정화, 대중매체의 폭력 미화 방지, 대화와 협상의 문화 창조

㉡ 폭력의 대처방법
- 개인적 대처방법 : 피해자에 대한 신속한 조치와 주변인에 대한 통보, 폭력 상황의 공개
- 사회적 대처방법 : 법률적 보호, 다양한 상담기관의 마련, 경찰 등 외부기관의 협조

(3) 평화적 해결

① 평화적 해결의 필요성

㉠ 인간의 존엄성과 자유가 보장되는 사회를 만들기 위해 필요

㉡ 폭력이 다시 폭력을 부르는 사태와 범죄, 전쟁 등을 방지하기 위해 필요

② 평화적 해결을 위한 태도

개념UP

폭력 행위자의 특성

감정 억제 능력과 공감 능력의 부족, 도덕 수준의 저하, 주체성 부족, 결과 예측 능력의 부족 등

개념UP

평화의 의미 구분
- 소극적 평화 : 분쟁과 전쟁 등의 갈등이 없는 평온한 상태를 의미
- 적극적 평화
  - 신체적·물리적 폭력뿐만 아니라 사회적·구조적 폭력도 제거된 상태를 의미
  - 모든 사람이 자유와 평등, 정의 등의 원리에 따라 인간다운 삶의 질을 보장받는 상태를 말함

문제UP

다음의 ㉠과 ㉡에 들어갈 내용을 바르게 나열한 것은?

- (㉠)은/는 물리적 폭력을 벗어나 분쟁과 전쟁이 없는 상태를 의미한다.
- (㉡)은/는 모든 사람이 인간다운 삶을 보장받는 상태를 의미한다.

	㉠	㉡
①	소극적 평화	적극적 평화
②	적극적 평화	소극적 평화
③	주관적 평화	객관적 평화
④	객관적 평화	주관적 평화

해 분쟁과 전쟁 등의 갈등이 없는 평온한 상태를 의미하는 것은 소극적 평화(㉠)이며, 모든 사람이 자유와 인간다운 삶을 보장받는 상태는 적극적 평화(㉡)이다.

정답 ①

---

1. 국어
2. 수학
3. 영어
4. 사회
5. 과학
6. 도덕

개념UP

다수결 원칙의 특성

- **최후 수단성** : 대화와 토론, 양보, 타협 등으로 해결되지 않을 때 실시하는 보충적 성격의 제도로, 전원 일치의 한계를 보완하는 수단이 됨
- **공리주의** : 최대 다수의 최대 행복을 실현함
- 역사적 사실이나 가치관, 신념, 종교적 선택, 과학적 진리 등은 다수결 원칙의 대상에서 제외됨

문제UP

다음 중 가치 갈등을 해결하는 자세로 바람직하지 않은 것은?

① 양보하고 타협하는 자세로 대처한다.
② 상대방의 입장에서 생각하는 태도를 가진다.
③ 공정한 절차를 통해 해결하도록 노력한다.
④ 타인의 실수는 비판하고 무시하도록 한다.

해 갈등의 평화적 해결을 위해서는 타인의 잘못이나 실수를 용서하고 그들의 생각과 가치를 수용하는 관용의 태도를 갖는 것이 필요하다.

정답 ④

개념UP

청소년기를 표현하는 말
사춘기, 제2의 탄생기, 질풍노도의 시기, 심리적 이유기 등

㉠ 역지사지의 태도 : 상대방의 입장에서 생각하는 태도
㉡ 관용의 태도 : 타인의 잘못이나 실수를 용서하고 그들의 생각과 가치를 수용하는 태도
㉢ 법과 규칙에 따르는 태도 : 합법적이고 공정한 절차를 통해 해결하는 태도
㉣ 합리적 의사소통의 태도 : 상대에 대한 비난보다 자신의 생각이나 느낌, 바람 등을 그대로 보여주어 소통할 수 있는 태도

③ 평화적 갈등 해결 방법
㉠ 대화와 토론 : 대화와 토론을 통해 갈등을 이해하고 서로의 입장 차이를 좁힘
㉡ 협상 : 갈등 당사자들 간 직접 대화를 통해 합의점을 찾아 갈등을 해결
㉢ 양보와 타협 : 자신의 주장을 내세우기보다 대화를 통해 양보하고 상호 절충된 결론을 도출
㉣ 다수결의 원칙 : 대화와 타협으로 해결되지 않는 경우, 다수의 견해에 따라 의사를 결정하는 민주적 절차를 말함
㉤ 조정과 중재
- 갈등 당사자 간 문제 해결이 어려운 경우 제3자가 나서서 해결책을 제시하는 것을 말함
- 조정은 강제성을 띠지 않는 반면 중재는 강제성을 지님

❼ 청소년 문화와 윤리

(1) 청소년 문화
① 청소년기
㉠ 청소년기의 특징
- 신체적 특징 : 성별에 따라 체형이 확연히 구분되며, 외모에 대한 관심이 많음
- 정신적 특징
  - 자아정체성이 확립됨
  - 논리적 추론과 의견에 대한 객관적 사고가 이루어짐

－ 옳고 그름에 대한 생각이 발달함
- 정서적 특징 : 즉흥적으로 행동하고 감각적인 것을 추구함
- 인간관계상의 특징 : 공동체 의식과 사회 정의를 추구하며, 또래집단과의 일체감을 중시

ⓛ 청소년기에 대한 다양한 시각
- 주변인 : 어른과 아이 중 어디에도 속하지 못하고 주변을 맴도는 사람
- 과도기 : 아이에서 어른으로 건너가는 시기
- 독립적 시기 : 아이와 어른 사이에 존재하는 독립적인 시기

② 청소년 문화
ⓞ 의미 : 청소년이 공유하는 청소년만의 생활양식과 행동·사고 방식을 의미
ⓛ 형성 및 영향 요인
- 학교문화와 입시 환경 : 학교 친구들과의 특유의 생활양식이 형성되며, 상급 학교의 진학 준비와 공부 과정에서도 형성됨
- 대중문화 : 영화나 가요 등 대중매체를 통해 접할 수 있는 대중문화는 청소년 문화 형성 등에 큰 영향을 미침
- 디지털 기기 : 인터넷과 컴퓨터, 휴대전화 등의 기기를 통해 생각을 표현하고 타인과 공유하면서 유대감이 형성됨
ⓒ 특징
- 기존 문화와 차별되는 독창적이고 진취적인 문화를 형성
- 기성세대에 비해 새로운 문화를 빠르게 수용하며, 집단보다는 개인을 우선함
- 이성적이고 논리적이기보다는 감각적·자극적인 것을 선호하는 경향이 강함
- 대중문화를 무비판적·수동적으로 수용하여 개성과 창의성을 상실하기도 함
- 유행에 민감하며, 모방적·감각적 소비와 충동구매, 물질만능주의의 사회풍조를 부추김

③ 청소년 문화에 대한 시각과 평가
ⓞ 다양한 시각
- 미성숙한 문화 : 청소년 문화는 성인문화를 모방한 것에 불과한 미성숙한 문화

---

1. 국어
2. 수학
3. 영어
4. 사회
5. 과학
6. 도덕

문제UP

다음 내용이 설명하는 것으로 가장 알맞은 것은?

- 아동기와 성인기의 중간 시기에 해당한다.
- 어린이와 어른 중 어느 쪽에도 완전히 속하지 못하여 '주변인'이라고 불리는 시기이다.

① 영아기　　② 유아기
③ 청소년기　④ 노년기

해 청소년기는 아동기와 성인기의 중간 시기에 해당하며, 어른과 아이 중 어디에도 속하지 못하고 주변을 맴도는 사람이라고 하여 '주변인'이라고도 한다.

정답 ③

문제UP

다음 밑줄 친 부분에 대한 내용과 가장 거리가 먼 것은?

청소년기에 대중문화 미칠 수 있는 영향은 대단히 크다. 따라서 대중문화가 청소년의 문화 형성에 긍정적 역할을 수행하도록 유인하기 위한 노력이 요구된다.

① 대중문화 중심의 문화 편식을 장려한다.
② 대중문화 매체들의 교육적 역할을 강화한다.
② 이윤 추구의 목적보다 공익을 위한 프로그램을 편성한다.
④ 청소년들이 참여할 수 있는 건전한 문화 여건을 형성한다.

해 대중문화 중심의 문화 편식을 장려하는 것은 대중문화의 힘을 더욱 키우는 것이므로, 대중문화의 긍정적 역할을 유인하는 방안과는 거리가 멀다.

정답 ①

문제UP

다음 글이 의미하는 청소년 문화의 성격으로 가장 적절한 것은?

청소년 문화는 새롭고 독립적인 영역을 지니며, 성인문화와 대등한 또 하나의 영역을 형성하고 있다.

① 비행 문화　② 저항 문화
③ 대안 문화　④ 하위 문화

해 청소년 문화가 새롭고 독립적인 영역을 창출함으로써 기존 문화의 대안이 된다는 것은 '대안 문화'이다.

정답 ③

개념UP

문화 향유

문화를 마음껏 즐기는 것을 의미한다.

문제UP

다음 중 청소년기에 갖추어야 할 자세로 옳지 않은 것은?

① 스트레스 해소와 건강관리를 위해 노력한다.
② 자신의 욕구에 대해 조절하는 능력을 키운다.
③ 소극적이고 수동적인 여가 활동을 추구한다.
④ 대중문화에 대한 무비판적 수용을 반성하는 생활을 한다.

해 소극적·수동적인 여가 활동이 아니라 활동적이고 창조적인 여가 활동을 수행하는 것이 바람직하다.

정답 ③

• 비행 문화 : 청소년 문화는 바람직하지 못한 일탈 문제를 초래함
• 저항 문화 : 청소년 문화는 기존의 질서와 문화적 틀을 깨뜨리려는 청소년의 욕구가 반영되어 있음
• 하위 문화 : 사회 전체 문화의 일부분에 불과함
• 대안 문화 : 새롭고 독립적인 영역을 창출함으로써 기존의 잘못된 문화의 대안이 됨

(2) 청소년기를 가치 있게 보내기 위한 노력

① 가치 있는 청소년기
  ㉠ 가치 있는 청소년기의 필요성
    • 청소년기는 자아 정체성이 형성되고 성인으로서 살아갈 준비를 하는 중요한 시기
    • 잘못된 청소년 문화에 빠질 경우 부모님과 친구 등과 갈등을 유발
    • 순간적인 즐거움으로 청소년기를 낭비할 우려가 있음
  ㉡ 가치 있는 청소년기의 저해 요인
    • 학교생활에서 발생하는 스트레스
    • 대중문화에 대한 무비판적·수동적 수용
    • 건전한 문화 활동을 위한 시설과 여건의 부족

② 가치 있는 청소년기를 위한 방안
  ㉠ 바람직한 문화 활동
    • 바람직한 문화를 스스로 선택하여 능동적으로 참여
    • 인터넷과 휴대폰 등 올바른 디지털 문화 향유 방안을 배우며, 중독을 예방
  ㉡ 다양한 학교 활동 : 성적이나 입시뿐만 아니라 다양한 학교 활동을 경험하여 사회성과 필요한 능력을 키움
  ㉢ 능동적인 여가 활동 : 소극적·수동적인 활동이 아니라 활동적·창조적인 문화 활동을 수행
  ㉣ 기존 문화에 대한 비판적 인식 : 대중문화 등 기존 문화에 대한 무비판적 수용에 대한 검토가 필요
  ㉤ 창조적 문화 생산 : 창의적·진취적인 잠재력을 개발하고 새로운 것에 도전하며, 적극적으로 자기를 표현

제4편　공동체적 삶과 도덕

❶ 인간 존엄성과 인권

(1) 인간의 존엄성

　① 의미와 실현

　　㉠ 인간의 존엄성 의미

　　　• 인간은 인간이라는 이유만으로 존엄하게 대우받아야 함(당위적 가치)

　　　• 인간은 수단이 아닌 목적으로 대우받아야 하는 소중한 존재

　　　• 기본적 자유 · 권리를 보장받음으로써 인간다운 삶을 영위할 수 있으며, 존엄성이 보장되는 사회가 정의로운 사회임

　　㉡ 인간의 존엄성의 근거 : 인간은 생명을 지닌 유기체로서, 인격과 이성, 자율성, 도덕성을 지닌 존재

　② 인간 존중 사상

　　㉠ 동양

　　　• 석가모니의 불교 사상 : 모든 중생은 부처가 될 수 있는 존엄한 존재이며, 타인도 나와 같이 가엾게 여기고 사랑하라는 자비의 정신을 중시

　　　• 공자의 유교 사상 : 어진 마음으로 다른 사람을 사랑하라는 인(仁)의 실천을 강조

　　　• 우리나라의 인간 존엄 사상

　　　　– 홍익인간(弘益人間) : '인간을 널리 이롭게 하라' 는 고조선의 건국이념

　　　　– 인내천 사상 : '인간이 곧 하늘' 이라는 동학의 사상

　　㉡ 서양

　　　• 기독교 : 신의 형체를 모사한 인간은 존엄한 존재이며, 예수는 사랑의 통해 인간 존중을 실천

　　　• 고대 그리스 사상 : 소크라테스 등은 이성을 가진 인간은 모두가 평등함을 역설

　　　• 스토아 학파 : 인간의 이성을 우주의 이성과 동일시함

　　　• 파스칼 : 인간은 생각하는 존재('생각하는 갈대')로서 우주를 이해하는 존엄한 존재

---

1. 국어　2. 수학　3. 영어　4. 사회　5. 과학　6. 도덕

개념UP

인간 존엄성의 위기

• 인간의 가치보다 물질과 돈의 가치를 중시하는 물질만능주의

• 의식주 등의 기본 생활의 보장이 되지 않는 어려운 삶의 여건

• 부당한 고정관념과 편견으로 인한 차별의 문제

• 집단 따돌림, 테러와 납치, 전쟁 등의 폭력적 행위

문제UP

다음에서 설명하는 내용으로 가장 알맞은 것은?

• 인간의 본질에 해당하는 인권을 존중한다는 것을 의미한다.

• 다른 사람의 인격을 수단이 아닌 목적으로 대우하라는 것을 말한다.

• 인간은 성별과 인종, 재산, 종교 등과 관계없이 모두 소중한 존재로 대우받아야 한다.

① 배타주의

② 인간 존엄성

③ 자아 정체성

④ 자연에 대한 탐구

해 인간이라는 이유만으로 인권을 존중하며, 인간을 수단이 아닌 목적으로 대우하라는 것은 모두 인간의 존엄성과 관련된 내용이다. 인간은 성별과 종교, 인종, 재산 등의 이유로 차별해서는 안 되는 소중한 존재이다.

정답 ②

- 칸트 : 인간은 언제나 수단이 아닌 목적으로 대우해야 하는 존재
- 천부인권사상 : 인간의 권리는 자연권적 권리로 보장되어야 함

(2) 인권의 보장

① 인권의 의미

㉠ 인간다운 삶을 위해 보장되어야 하는 기본적 권리

㉡ 존엄한 인간이 마땅히 누려야 할 권리로, 인간답게 살 권리와 약자를 위한 권리, 책임을 동반할 권리, 인간의 보편적 권리(생명권·행복추구권·자유권·평등권·참정권·사회권 등)가 있음

② 인권 발달의 역사

㉠ 1세대 인권(자유권적 인권) : 시민혁명 시기 국가로부터의 자유를 강조

㉡ 2세대 인권(사회권적 인권) : 복지국가 시대에 강조한 인권

㉢ 3세대 인권(집단권적 인권) : 제2차 대전 이후 세계의 보편적 인권을 강조

③ 인권의 특성

㉠ 보편성 : 인종, 신분, 성별, 종교, 이념, 재산 등에 관계없이 누구나 동등하게 누릴 권리

㉡ 천부성 : 태어나면서 자연적으로 갖게 되는 권리

㉢ 불가침성 : 본질적 내용에 대해서는 어떤 경우에도 침해할 수 없는 권리

④ 인권 보장의 규정

㉠ 대한민국헌법(제10조) : "모든 국민은 인간으로서의 존엄과 가치를 가지며, 행복을 추구할 권리를 가진다. 국가는 개인이 가지는 불가침의 기본적 인권을 확인하고 이를 보장할 의무를 진다."

㉡ 세계인권선언(제1조) : "모든 사람은 태어날 때부터 자유롭고, 존엄하며, 평등하다. 모든 사람은 이성과 양심을 가지고 있으므로 서로에게 형제애의 정신으로 대해야 한다."

⑤ 청소년의 인권에 대한 상반된 입장

㉠ 권리로 보호받아야 함 : 청소년도 인간으로서 권리를 당연히 누리고 보호받아야 함

ⓒ 제한이 불가피함 : 청소년은 사회화 과정 중에 있는 존재이므로, 필요할 때에는 제한이 불가피함

(3) 사회적 약자의 보호

① 사회적 약자

ⓐ 사회적 약자의 의미 : 신체적 · 문화적 특성으로 인해 사회에서 차별 대우를 받거나 불리한 위치에 있는 사람(빈곤층, 장애인, 노약자, 외국인 노동자, 성적 소수자, 탈북자, 양심적 병역 거부자, 양심수 등)

ⓑ 발생원인

• 환경적 측면 : 경제적 빈곤 등으로 인해 능력발전의 기회를 이용할 수 없음

• 사회제도적 측면 : 경쟁을 지나치게 강조하는 사회적 분위기와 문화, 잘못된 관습, 선입견과 편견 등

ⓒ 사회적 약자의 고통

• 원인 : 편견과 멸시, 경멸, 배려의 부족, 국가의 무관심 등

• 고통 : 진학과 취업, 승진 등에서의 차별, 불편한 제도와 시설 이용 등의 권리 제약

② 사회적 약자에 대한 보호

ⓐ 보호의 필요성 : 보편적 인권을 실현하고 사회 전체의 행복을 증진하기 위해 필요

ⓑ 보호를 위한 과제

• 개인적 차원 : 편견의 극복, 다양성 인정, 관심과 배려, 공감과 역지사지의 태도 등

• 사회적 차원

– 최소한의 생계와 생활 유지를 위한 경제적 지원

– 약자를 배려하는 사회적 환경과 제도적 지원(관련 법률과 시설, 제도 등)

– 소수자 인권, 공정한 기회의 보장을 위한 정책과 제도의 마련

(4) 성차별과 양성평등

① 성 역할

개념UP

인권의 필요성

• **생명의 존중** : 인간의 생명을 최우선 가치로 존중

• **권리의 보호** : 자신의 권리뿐만 아니라 타인의 권리도 보호

• **자유 · 평등의 실현** : 자유와 평등의 실현을 통해 모두가 주체적인 삶을 살도록 함

• **제도적 기반의 마련** : 최소한의 인간다운 삶을 보장

개념UP

소수자

• **의미** : 신체적 · 문화적 특징으로 인해 사회적 차별을 받고 이를 인식하고 있는 사회적 약자

• **대상 사례** : 이주 노동자, 결혼 이주 여성, 탈북 주민, 성적 소수자, 양심적 병역 거부자 등

• **특성** : 대상자의 수가 많고 적음에 관계없이 소수자가 될 수 있음

문제UP

다음 중 사회적 약자에 대한 태도로 옳지 않은 것은?

① 배려와 나눔의 태도
② 경제적 약자를 우선 보호하는 태도
③ 편견을 인정하는 태도
④ 공정한 기회를 보장하는 태도

해 사회적 약자를 보호하기 위해 그들에 대한 편견을 극복하는 태도가 필요하다.

정답 ③

개념UP

성의 구분

- **생물학적 성(Sex)** : 생식기 및 성 염색체의 차이에 따른 남성과 여성의 구분
- **사회·문화적인 성(Gender)** : 사회적·문화적으로 형성된 성을 말하며, 남성과 여성이 따라야 하는 규범에 따라 남성다움과 여성다움으로 구분

개념UP

뉴기니 세 부족의 성 역할 구분

- **아라페시 족** : 여성성이 강한 부족으로, 남녀 모두 온화하고 협조적이며 자녀를 함께 양육함
- **문두구머 족** : 남성성이 강한 부족으로, 남녀 모두 거칠고 사나우며 공격적임
- **챔블리 족** : 성 역할이 바뀐 부족으로, 여성은 경제활동을 주도하며 공격적·지배적인 반면, 남성은 섬세하고 수동적·예술적임

개념UP

차별

- **부당한 차별**
  - 합리적 근거 없이 불평등하게 대우하는 것으로, '다름'을 '틀림'으로 인식하는 것에서 기인
  - 신분과 인종, 외모, 성별, 장애, 학벌 등의 차별을 말함
- **정당한 차별**
  - 실질적 평등을 실현하기 위한 합리적 수준에서의 차별로, 선천적 능력과 후천적 노력을 인정하며 결과적 평등을 위한 약자에 대한 적극적 우대책에서 기인함
  - 농어촌 학생 특례입학 제도, 장애인 의무 고용제도 등

㉠ **의미** : 각각의 성별 또는 성적 지위에 따라 사회적으로 기대되는 행동양식을 말하며, 남녀의 역할이 고정된 것이 아니며 성 역할은 각 문화의 특성에 따라 다양하게 나타남

㉡ **특성** : 후천적으로 주어지는 것이며, 교육과 사회적 기대, 대중문화의 영향이 미침

㉢ **문화에 따른 성 역할**
  - **가부장제 사회** : 가부장을 중심으로 한 위계질서를 유지하려는 남성 중심적 성 역할 강조
  - **모계 중심 사회** : 여성 중심의 성 역할을 강조

㉣ **사회 구조에 따른 성 역할**
  - **농경사회** : 노동력이 중시되면서 남성 지위가 우월
  - **산업사회**
    - 기계를 통한 생산과 상업 활동의 증가로 여성의 능력이 발휘되는 분야가 확대
    - 여성의 경제적 지위가 향상되면서, 남성에게 종속되는 성 역할에서 탈피

㉤ **성 역할의 변화**
  - **원인** : 시대나 환경에 따라 성 역할에 대한 고정관념은 변화가 가능
  - **전통 사회의 성 역할**
    - 남성(생계와 부양)과 여성(현모양처, 집안일)의 역할 강요
    - 남녀의 차이를 강조하고 상호 대립하는 특성으로 구분
  - **현대 사회의 성 역할**
    - 여성 교육의 확대와 사회진출 증가로 전통적 고정관념이 무너졌으며, 성 역할을 이분화하지 않고 우열의 구분을 두지 않음
    - 남성성과 여성성이 조화를 이루는 양성평등을 추구

② **성차별**

㉠ **성차별의 의미** : 특정한 성에 대해 합리적 이유 없이 이루어지는 사회적 편견과 차별로, 특정 성에 대한 기회제한과 불이익이 발생하며 남녀 모두에게 나타날 수 있음

㉡ **성차별의 유형** : 사회적 통념이나 고정관념에 의한 차별과 사회제도나 정책에 따른 사회구조적 차별로 구분

ⓒ 성차별의 원인

- 사회적 편견, 고정관념의 존재
- 특정 성에 대한 우월감 또는 열등감, 적대감이나 혐오, 불신 등의 존재

ⓒ 성차별의 구체적 모습

- 여성에 대한 차별
  - 정치 참여나 사회 활동 등에 있어 남성과 같은 권리를 누리지 못함
  - 현재에도 육아나 가사를 사실상 전담하며, 임신과 출산 등으로 가사와 직장을 병행
  - 직무분야나 제한되며, 승진의 기회가 봉쇄됨(유리벽과 유리천장의 존재)
- 남성에 대한 차별
  - 가족의 생계를 남성이 책임져야 하고, 남성성(대범, 용감)을 강요당함
  - 섬세하고 정서적인 일은 서툴며, 성희롱 등의 보호 대상이 되지 못한다는 통념이 존재

ⓒ 성차별로 인한 문제점

- 개인적 측면의 문제 : 기본적 권리와 인권의 침해, 자아 존중감의 훼손, 자아실현의 방해, 개인의 잠재력 발휘를 저해
- 사회적 측면의 문제 : 적성에 따른 능력발휘를 저해, 여성 인력의 누수와 저출산, 고령화 등으로 인한 손실, 사회 통합의 저해 등

③ 양성평등

㉠ 양성평등의 의미 : 성차별을 제거하고 남성과 여성을 사회적·법률적으로 동등하게 대우하는 것(기회균등의 보장과 불이익 제거)

㉡ 양성평등의 필요성 : 남녀 모두 조화롭게 살 수 있는 사회를 위해 양성의 상호보완을 추구하는 양성평등이 필요

㉢ 양성평등 운동의 역사

- 초기의 운동 : 남성보다 불리한 여성의 지위 향상을 위한 차원에서, 남성과 여성이 동등한 경우 여성에게 우선권을 부여하는 적극적 우대조치를 도입

개념UP

역차별

- 부당한 차별의 시정을 위해 차별 받은 집단에 대한 적극적 우대조치를 실현하는 것
- 부당한 차별이 존재하는 경우 합리적 수준에서 사회적 약자에 대한 우대책을 마련하고, 적정한 사회적 합의를 도출

개념UP

성차별의 역사적 사례

- 고대 사회 : 농경사회 이후 여성을 열등한 존재로 간주하여 차별
- 근대 사회 : 여성에 대한 참정권 제한 등의 차별이 존재
- 우리나라 : 유교의 영향으로 가부장적 남존여비적 사회이며, 남아선호가 높았음

개념UP

유리벽과 유리천장

- 유리벽 : 겉보기에는 남녀가 평등한 것처럼 보이나, 실제 여성의 직무 분야가 제약됨
- 유리천장 : 승진에 있어 남녀의 차이가 없는 듯 보이나, 실제 승진에 있어 여성은 남성보다 차별받음

1. 국어

2. 수학

3. 영어

4. 사회

5. 과학

6. 도덕

양성평등의 실현 사례

- 양성평등의 기회 보장 및 양성의 평등한 대우
- 「남녀고용평등법」의 제정(1987)으로 여성 근로자의 지위 향상과 복지증진에 기여(2007년 「남녀 고용 평등과 일·가정 양립 지원에 관한 법률」로 개정)
- 여성 정책 전담기구의 발족, 여성의 가사노동 가치를 인정하는 「소득세법」개정 등

문제 UP

다음 중 양성평등에 대한 관점으로 옳은 것은?
① 집 청소나 설거지를 하는 남자는 한심해 보인다.
② 남녀가 직업을 선택함에 있어 동등할 수는 없다.
③ 가족 중 아픈 사람이 있으면 며느리가 간병하는 것이 옳다.
④ 성별에 따른 사회적·법률적 차별을 용인하지 않아야 한다.

해 ④ 양성평등은 성차별을 제거하고 남성과 여성을 사회적·법률적으로 동등하게 대우하는 것이므로, 성별에 따른 사회적·법률적 차별은 양성평등에 반한다.
①·②·③ 성 역할에 대한 편견과 고정관념에 해당하므로, 양성평등의 취지에 반한다.

정답 ④

- 바람직한 운동 방향
  - 여성에 한정된 양성평등은 바람직하지 않으며, 여성해방이 아니라 양성이 동등하게 대우받는 것을 목표로 해야 함
  - 성별에 따른 고정관념에 얽매이지 않고 자유롭게 능력을 발휘할 수 있는 사회적 시각과 제도가 마련되어야 함
- 우리나라의 현황 : 교육에서 양성평등이 실현되고 있으며, 가사와 취업, 승진, 임금에서의 불평등은 잔존해 있음

ⓔ 양성평등을 위한 노력
- 개인적 노력
  - 의식의 개선(양성평등을 위한 의식개선, 성 역할에 대한 고정관념과 편견 탈피, 상호 인격적 존중)
  - 역지사지의 태도와 배려(가사 노동의 분담, 가정 내 및 민주적 의사결정의 습관화 등)
  - 차이를 인정하되, 차별하지 않는 자세
- 사회구조 및 제도의 개선
  - 양성평등을 위한 학교교육 프로그램의 마련, 생활지도 등
  - 여성의 사회참여 기회 확대, 여성 할당제, 보육시설 증대
  - 고용 평등을 위한 법률 준수, 모성보호의 보장, 임금과 승진 등에서의 차별 시정
  - 여성 정치인의 증가, 양성의 평등한 정치참여 기회의 보장
  - 대중매체의 성차별적 내용의 개선 및 순화 노력

❷ 문화의 다양성과 도덕

(1) 문화의 다양성과 문화에 대한 태도
 ① 문화와 인간
  ㉠ 문화의 의미
   - 좁은 의미의 문화 : 높은 수준의 교양을 갖추기 위한 예술과 학문 등을 말함
   - 넓은 의미의 문화
     - 인간이 인위적으로 만든 생활의 총체

- 삶의 목적이나 이상 실현을 위해 사회구성원에 의해 습득·공유·전달되는 생활양식
- 기본적 의식주를 비롯한 언어와 풍습, 종교, 예술, 학문, 제도 등을 포함하는 개념

ⓛ 문화와 인간
- 문화적 존재로서의 인간 : 인간은 문화에 따라 살아가며 새로운 문화를 창조함
- 다른 동물과 구분되는 특징 : 주어진 환경을 삶에 맞추어 바꾸고 삶의 양식을 만듦

② 문화의 특성

㉠ 문화의 보편성
- 의미 : 문화는 인간의 모든 사회에서 나타나는 보편적·공통적 현상(특성)
- 예 : 의식주(의복, 도구를 통한 식생활, 주거양식 등), 관혼상제, 언어의 사용 등

ⓛ 문화의 다양성(특수성)
- 의미 : 문화는 사회와 시대, 지역에 따라 다양한 모습으로 나타남
- 예 : 사회마다 다양한 의복, 음식과 식사 예절, 주택 구조 및 형태, 다양한 언어 등

㉢ 문화가 다양한 원인 : 사회가 속한 지역과 시대에 따라 다양한 모습으로 나타남
- 사회적 환경 및 상황의 차이 : 서로 다른 환경과 역사적 경험, 시대적 상황 등에 적응하면서 각기 독특한 생활방식을 만들어 감
- 구성원 가치관의 차이 : 사회 구성원의 가치관에 따라 서로 다른 문화 형성됨

③ 문화를 바라보는 태도

㉠ 자문화 중심주의(문화 국수주의)
- 의미 : 자신의 문화만을 정당하고 우월하게 여기고 다른 사회의 문화를 열등한 것으로 간주하고 무시하는 태도(자기 문화를 기준으로 다른 문화를 평가하는 태도)

개념UP
문화의 속성(특성)
- **공유성** : 한 집단의 구성원이 공유하는 생활양식
- **상징성** : 문화적 행위는 특정한 의미를 지님
- **학습성** : 후천적인 사회화를 통해 획득
- **축적성** : 언어와 문자 등을 통해 다음 세대로 전승·축적
- **전체성(총체성)** : 각 개별적 요소는 상호 유기적 관련을 맺고 유기적으로 영향을 미침
- **변동성** : 세대를 거치며 끊임없이 변화
- **상대성** : 문화는 고유한 특성을 지니므로 우열을 구분·평가할 수 없음

개념UP
문화의 다양성에 따른 이점
인류 문화가 보다 풍요롭게 발전할 수 있고 모든 인간의 인권을 보장하는 기초가 됨

- 장점 : 문화적 주체성을 확립할 수 있고, 전통 문화의 계승과 구성원 간 통합에 유리
- 단점 : 타문화에 대한 배타성으로 장점을 수용하지 못하며, 국가 간의 고립이나 다른 문화권과의 갈등을 초래

ⓒ 문화 사대주의
- 의미 : 다른 문화가 우월하다고 믿어 그것을 지나치게 숭상하거나 동경하여 자기 문화를 낮게 평가하는 태도
- 장점 : 외래문화의 장점이나 우수한 문화를 빨리 수용할 수 있음
- 단점 : 전통문화의 장점 계승에 불리하며, 문화적 주체성과 정체성 상실, 올바른 문화 교류에 방해가 됨

ⓒ 문화 상대주의
- 의미 : 문화의 다양성을 인정하고 문화를 그 사회의 특수한 환경과 역사적·사회적 맥락에서 이해하는 태도
- 장점
  - 다양한 문화의 고유한 가치를 객관적으로 평가하고 올바르게 이해
  - 다양한 문화가 인정받을 수 있으며, 인권의 실현과 인류 문화의 발전에 기여
- 단점
  - 인권이나 인류 보편적 가치를 침해하는 극단적 문화 상대주의를 유발할 수 있음
  - 절대적으로 옳거나 그른 것이 없다는 도덕적 회의주의에 빠질 수 있음
  - 보편적이고 절대적인 도덕 법칙은 없다는 도덕적 상대주의에 빠질 수 있음

④ 문화적 편견
ⓐ 의미 : 문화를 한쪽으로 치우친 생각이나 감정으로 바라보는 태도를 말함
ⓑ 원인
- 자문화 중심주의와 문화 사대주의 등 문화 절대주의적 태도
- 다른 문화에 대한 이해 및 정보의 부족
- 다른 문화에 대한 열린 마음과 관용의 자세 부족

문제UP

다음의 설명에 해당하는 문화에 대한 태도는?

개별 국가나 민족의 문화를 이해하기 위해서는 그곳의 독특한 환경과 사회적 상황을 고려하여야 한다.

① 문화 보편주의
② 문화 사대주의
③ 문화 상대주의
④ 문화 절대주의

해 어떤 문화를 그 사회의 특수한 환경과 역사적·사회적 맥락에서 이해하는 태도는 문화 상대주의에 해당한다.

정답 ③

개념UP

극단적 문화 상대주의
인류 보편의 가치나 인권을 해치는 부분까지 문화 상대주의를 적용하는 태도를 말하며, 바람직하지 않은 문화 인식 태도에 해당함 예 이슬람의 명예 살인, 식인 풍습 등

ⓒ 문제점
- 상대 문화에 대한 올바른 이해를 저해
- 다른 문화에 대한 차별과 무시, 인권의 침해

ⓔ 극복 방안
- 자문화 중심주의와 문화 사대주의의 극복
- 다른 문화를 편견 없이 이해하며, 역지사지의 태도를 지님
- 다른 문화에 대한 지식을 습득하며, 인류 보편적 가치를 추구

(2) 다문화 사회와 문화 성찰 및 교류

① 다문화 사회

ⓐ 의미 : 다양한 문화를 향유하는 사람들이 함께 생활하는 사회

ⓑ 원인 : 세계화에 따른 교류와 국제결혼의 증가, 외국인 노동자의 증가, 외국인의 유입 증가

ⓒ 장점
- 문화적 다양성으로 사회 구성원의 선택의 폭을 넓혀주고 삶을 풍부하게 함
- 자율성과 창의성의 증대로 문화 및 사회 발전의 계기가 됨
- 다른 문화에 대한 포용과 관용으로 평화적 공존 가능성을 함양하고 삶의 자세를 형성

ⓓ 문제점(단점)
- 문화적 차이로 인해 오해와 갈등이 유발됨
- 세력이 약한 문화가 무시되고 사라지면서 개인의 정체성 혼란이 발생함
- 다양한 문화의 혼합으로 지역의 전통문화가 자리를 잃을 가능성이 증가함
- 서로 다른 문화적 배경으로 인해 사회 통합의 어려움이 가중됨

② 세계 문화에 대한 바른 이해

ⓐ 다양한 문화를 이해하고 인정하는 태도가 필요

ⓑ 다른 문화를 무시하거나 또는 과대평가하지 않도록 노력

ⓒ 보편적 규범에 근거하여 문화를 비판하고 수용 · 개선

ⓓ 다양한 문화가 조화를 통해 인류전체가 공존 · 번영하도록 노력

③ 문화의 교류

ⓐ 문화 교류의 필요성

개념UP

보편적 가치(규범)

시대와 장소를 초월하여 모든 인류가 보편적으로 인정하고 추구하는 가치를 말함 **예** 사랑, 자유, 평등 등

문제UP

다음 중 다른 문화를 대하는 자세로 맞는 것은?

① 발전된 서구 문화를 맹목적으로 추종한다.

② 다른 문화를 편견 없이 이해하고 인정한다.

③ 경제 수준이 낮은 나라의 문화는 선입견을 가지고 대한다.

④ 자기 문화를 고수하고 다른 문화는 배척하는 자세를 가진다.

해 다른 문화를 편견 없이 이해하고 상호 간의 문화적 차이를 인정하는 것이 문화에 대한 올바른 자세이다.

정답 ②

개념UP

문화의 체험

- 간접 체험
  - 대중매체나 인터넷을 이용한 문화의 간접 체험
  - 외국어 학습과정에서 다양한 문화를 체험하고 교류를 준비

- 직접 체험
  - 외국 여행을 통한 체험(자매학교, 배낭여행, 홈스테이 등)
  - 정부기관이나 사회단체의 체험 프로그램, 대사관이나 문화관에서 제공하는 프로그램

---

1. 국어
2. 수학
3. 영어
4. 사회
5. 과학
6. 도덕

• 사회 발전의 도모 : 다른 문화의 장점을 적극 수용하여 발전을 도모
• 문화에 대한 위상 강화 : 세계 각지에 우리 문화를 홍보하여 문화에 대한 위상을 강화
• 세계관의 확대 : 세계관 확대를 통해 세계 시민의식과 인류애를 신장

ⓛ 문화 교류의 바른 자세
• 다른 문화에 대한 존중 : 다른 문화를 존중하는 것은 자문화 존중의 전제 조건이 됨
• 문화에 대한 우열의식 극복 : 문화 식민주의 및 문화 사대주의를 탈피
• 문화에 대한 정체성 유지 : 옛 문화를 익혀 새로운 것을 배우며(온고지신), 외래 문화에 대한 비판적 수용의 자세가 필요

❸ 분단 배경과 통일의 필요성

(1) 남북 분단의 배경 및 과정

① 남북 분단의 배경

㉠ 남북 분단의 현실
• 한국전쟁 후 휴전으로 남북 분단 상태가 지속
• 군사비 경쟁과 사회적 긴장 상황, 전쟁의 위험성 고조
• 세계 유일의 냉전 지역으로 동북아시아의 화약고에 해당

㉡ 남북 분단의 문제점
• 남북한 주민의 평화롭고 안정적인 삶을 위협하는 무력 충돌의 우려
• 동북아시아와 세계 평화에 대한 위협

㉢ 남북 분단의 배경
• 국내적 배경
  – 독립운동과정에서의 분열 : 이념 대립에 따른 분열과 좌우 이념 갈등, 독립군이 연합군에서 배제

– 내부 응집력 약화 : 광복 후 건국 과정에서 이념에 따른 민족 내부 분열, 신탁 통치를 두고 좌우 대립의 심화, 한국 전쟁의 발발
• 국제적 배경
– 한반도의 지정학적 위치 : 대륙과 해양 세력의 마주치는 요충지, 강대국 간의 각축장
– 미 · 소의 냉전 체제 : 남한은 자유 진영, 북한은 공산 진영으로 분열 · 대립
② 남북 분단의 과정
㉠ 분단의 고착화
• 카이로 회담(1943. 11) : 미국(루즈벨트), 영국(처칠), 중국(장제스)의 정상이 이집트의 카이로에 모여 전후 한반도 독립을 보장하기로 결정
• 포츠담 회담(1945. 7) : 미국(트루먼), 영국(처칠), 소련(스탈린)의 독일의 포츠담에 모여 한반도 독립을 재확인
• 일본의 항복과 광복(1945. 8) : 일본이 2차 대전에서 패망하고 한국이 해방
• 모스크바 3국 외상 회의(1945. 12) : 미 · 영 · 소 3국의 외무장관이 모스크바에서 개최된 3상 회의에서 한국에 미 · 소 공동 위원회를 설치하고 신탁통치를 결정
• 미 · 소 공동 위원회(1946. 12, 1947. 5) : 한반도 임시정부 수립을 위해 미국과 소련이 두 차례 회담을 열었으나 성과 없이 결렬
• 한국 문제의 유엔 상정(1947. 9) : 유엔 한국임시위원단을 구성하여 유엔 감시하에 선거를 통해 합법적인 정부 수립을 제안
• 유엔 총회의 결의(1947. 11) : 유엔 감사하에 총선거를 통한 국회 및 정부 구성을 결정
• 유엔 소총회 결의(1948. 2) : 유엔 한국 임시위원단이 소련의 거부로 북한 입국이 거절(1948. 1)된 후, 선거가 가능한 지역(남한)에서만이라도 총선거 실시를 결의
• 남북 협상(1948. 3) : 김구 등은 남한만의 선거 실시를 반대하고 평양에서 김일성을 만나 협상을 진행

개념UP
좌우 이념 대립과 신탁 통치안
• 좌우 이념 대립 : 사회주의 계열의 좌익과 자유주의 계열의 우익, 중도파 등으로 분열
• 신탁 통치안 : 독립 국가의 건설 및 자치 능력이 부족한 곳을 유엔 감독하에 다른 국가들이 위임 통치하는 것

개념UP
분단 과정에서의 교훈
• 민족이 분열되지 않고 뭉치는 것이 무엇보다 중요
• 민족 문제를 스스로 해결해야 하며, 국제 정세를 잘 이해하고 대응해야 함

- 총선거 실시(1948. 5) 및 정부 수립(1948. 8) : 남한 만의 총선거를 실시한 후 대한민국 정부 수립(1948. 8), 이후 북한의 조선민주주의 인민공화국 정부 수립(1948. 9)
- ⓒ 한국 전쟁과 분단의 심화
  - 6 · 25 전쟁의 발발(1950. 6) : 소련의 지원을 받은 북한의 남침으로 발발
  - 전쟁의 전개 과정 : 북한의 서울 점령 → 남한의 대부분 지역 점령 → 유엔군 참전과 인천상륙작전 → 연합군과 함께 압록강 유역까지 진격 → 중국군의 참전으로 후퇴 → 휴전 협정의 체결(1953)
  - 전쟁의 결과 : 38선이 휴전선으로 변경, 막대한 인적 · 물적 피해가 급증, 천만 명이 넘는 이산가족 발생, 남북한의 적대감 고조

(2) 남북 분단의 문제
  - ① 개인적 차원의 문제
    - ㉠ 이산가족과 실향민 문제 : 전쟁 기간 월남 또는 납북으로 이산가족과 실향민이 발생하고, 북한 이탈 주민이 발생
    - ⓒ 인명 피해와 삶의 터전 상실 : 휴전 협정에 따른 불안감과 긴장감 고조, 막대한 인명 피해 및 삶의 기초적 터전 상실
  - ② 민족적 · 국가적 차원의 문제
    - ㉠ 군사적 대결에 따른 갈등과 손실 : 군사비 등의 분단 비용 발생, 병역 의무 발생
    - ⓒ 경제적 손실
      - 분단 비용 : 남북 갈등 및 대결에 따른 비용(국방비 · 이산가족의 고통 등)
      - 평화 비용과 통일 비용 : 평화 상태를 유지하고 통일을 달성하기 위해 소모되는 비용(남북 교류 비용, 통일 정부 준비를 위한 비용 등)
    - ⓒ 정치적 대립 : 민주주의 퇴보와 독재 권력, 인권침해(표현의 자유 침해, 주민 통제) 발생
    - ② 사회적 손실
      - 자원 활용의 제약과 비효율, 물류비용의 손실

• 군 복무에 따른 사회적 손실의 발생

㉤ 민족의 이질화 : 한민족 공동체 의식과 동질성 저하, 언어와 역사, 문화 등의 이질화

(3) 우리 민족의 통일 필요성

① 통일의 의의와 모습

㉠ 통일의 의의

• 민족적 동질성 회복 : 통일은 단순히 두 나라가 합쳐지는 것이 아니라, 민족의 이질성을 극복하고 한민족, 하나의 국민이라 느끼는 한마음이 되는 과정

• 열린 민족주의와 민족공동체 형성 : 통일은 남북 분단에 따른 적대감을 극복하고 새로운 민족공동체를 이루는 과정

㉡ 통일의 모습 : 외형적인 국토와 정부, 체제, 제도의 통일을 의미하는 외형적 통일과, 공동체 의식과 민족의 동질성을 회복하는 내면적 통일을 합한 모습

② 민족 통일의 필요성

㉠ 분단의 폐해 극복 : 남북한 간의 언어생활이 이질화되고 역사관, 문화생활 등에서 차이로 인해 폐해가 발생

㉡ 민족적 동질성 회복 : 분단의 장기화로 인해 민족 정체성과 동질성이 훼손되고 있으므로, 민족 공동체를 형성하여 동질성을 회복하고 열린 민족주의를 지향

㉢ 경제 발전과 복지 사회의 건설

• 경제적 통합 : 남한의 기술과 자본 + 북한의 자원과 노동력

• 균형적 발전 : 한반도 내의 국토를 효율적으로 활용하여 지역 간 균형 발전을 도모

• 대륙과 해양의 연결 : 대륙과 육로 교류를 통해 진정한 지리적 장점을 회복

• 내수 시장의 확대 : 남북 인구 통합을 통해 내수 시장을 확대

㉣ 인권의 보장

• 보편적 가치와 인도주의를 실현(이산가족, 포로, 납북자 등의 가족 상봉 등)

• 북한 주민의 의식주 문제 해결을 통한 인권의 보장

• 이념 갈등에 따른 표현의 자유 제한을 해소

문제 UP

다음 중 통일을 해야 하는 이유로 옳지 않은 것은?

① 분단의 폐해를 극복함
② 민족 문화의 이질성을 회복함
③ 동북아시아와 세계 평화 구축에 기여함
④ 이산가족 문제를 인도주의적으로 해결함

해 민족의 이질성을 극복하고 동질성을 회복하는 것이 통일의 필요성에 해당한다. 따라서 ②는 옳지 않다.

정답 ②

개념 UP

통일 과정에서의 발생할 수 있는 갈등

• 생활방식과 가치관의 차이로 인한 갈등 : 개인주의와 집단주의, 자유주의와 사회주의의 갈등

• 통일 비용 부담에 따른 갈등 : 통일에 수반되는 비용 부담을 두고 남한 사회 내에서 갈등이 발생할 수 있음

ⓜ 한반도 평화의 정착 : 한반도 전쟁 위험의 완화와 비핵화 실현, 한반도와 동북아시아, 세계 평화 구축에 기여

③ 청소년들의 통일 인식과 바람직한 자세

㉠ 청소년들의 통일 인식 변화

• 통일에 큰 관심을 주지 않는 소극적 태도가 증가
• 통일을 반대하는 등 통일에 부정적인 인식의 비율의 증가

㉡ 바람직한 자세

• 통일에 대한 부족한 인식을 개선하고 확고한 신념을 통해 우리 자신의 문제임을 인식
• 분단 상황 지속에 따른 부정적 인식을 개선하고 갈등 해결을 위한 열린 자세가 필요
• 일상생활 속에서 북한 주민을 이해하고 교류하려는 노력이 필요

(4) 북한 주민의 생활과 인권

① 북한의 의식주

㉠ 의복 생활 : 국가의 배급에 의존하여 획일적 의복을 착용하였고, 남자는 인민복, 여자는 하얀 저고리에 검정 통치마를 착용하였으나 점차 서양식 의복이 확산

㉡ 식생활 : 식량도 국가의 배급이 원칙이며, 1990년대 경제난 이후 텃밭이나 장마당 등을 이용해 조달하며 시장이 제한적으로 허용

㉢ 주거 생활

• 주택은 국가 예산으로 건립된 집단 소유물로, 개인 소유는 금지됨
• 계층과 지위에 따라 배정되며, 국가에 사용료를 납부하고 임대 형식으로 거주

② 북한의 분야별 생활

㉠ 정치 생활

• 노동당 중심의 정치 구조 : 조선 노동당이 정치를 주도하는 1당 독제 체제로, 형식적 삼권분립(최고인민회의, 재판소, 내각)을 지니나 실질적으로는 노동당이 최고 통치 기관

- 주체사상 : 북한의 독자적 사회주의 사상으로 발달하여, 김일성과 김정일 유일 지배 체제를 합리화하는 도구가 됨
- 선군주의 : 군대를 중심으로 한 국가 운영체제를 고수하며, 군사 · 군대의 논리를 우선함
- 사회주의 대가정론 : 사회 전체를 하나의 큰 가정으로 보아, 어버이는 수령, 어머니는 당, 자녀는 인민의 관계로 파악

ⓒ 경제 생활
- 사회주의 경제체제로, 재산의 개인 소유 · 처분을 인정하지 않고 모든 생산수단과 생산물을 국가나 협동단체가 소유
- 국가가 모든 경제 활동을 조절하고 가격을 결정하는 중앙집권적 계획 경제
- 평등 분배를 원칙으로 하나, 실제 계층별로 차별적 배급을 실시하여 불평등이 존재
- 계획 경제 체제로 인한 경제난 가중(생산성 저하, 교역 대상국 축소, 국제적 경제 고립)
- 경제난 해소를 위한 실리 사회주의를 추구하여 부분적으로 시장 경제를 도입

ⓒ 사회 · 문화 생활
- 개인보다 집단을 우선하는 집단주의 원칙을 사회생활의 기초로 하며, 개인주의 · 이기주의를 배격
- 탁아소, 소년단과 청년 동맹, 직업 총동맹, 농업 근로자 동맹, 민주 여성 동맹, 인민 동맹 등 조직화된 일상생활을 강조
- 주체사상으로 무장된 문화 활동을 전개하고 문화를 '우리식 사회주의' 발전의 수단으로 활용함으로써 문화의 순수성과 예술성, 대중성 등이 미흡
- 방송과 신문 등을 모두 정부기관에서 운영하며, 문화를 정치 및 사회주의 체제의 홍보 수단으로 활용

③ 북한 주민의 인권
ⓒ 인권의 의미
- 인권은 인간이 마땅히 지니는 기본적인 권리이며 선천적인 고유의 권리(천부인권)
- 인간이라는 이유만으로 누리는 기본적 가치이며, 민주 국가의 헌법에서 보장되는 권리

문제UP

다음 내용에서 알 수 있는 북한 사회의 특징으로 가장 알맞은 것은?

- 사회주의 대가정론을 통해 사회 전체를 하나의 큰 가정으로 봄
- '하나는 전체를 위하여, 전체는 하나를 위하여'

① 집단주의   ② 개인주의
③ 자본주의   ④ 실용주의

해 모두 집단주의에 관한 설명으로 볼 수 있다. 북한은 개인보다 집단을 우선하는 집단주의 원칙을 사회생활의 기초로 한다.

정답 ①

개념UP

북한의 언어생활과 교육
- 북한의 언어생활
  - 평양 말을 문화어(표준어)라 하여, 노동 계층에서 사용을 권장
  - 남북한 언어의 이질화 통합 노력으로 겨레말 큰 사전을 편찬(2005)
- 북한의 교육
  - 사회주의 국가 건설에 헌신하는 인재 양성이 목표(주민의 혁명화, 노동 계급화 등)
  - 공산주의적 이간 형성을 위한 정치사상 교육을 실시하며, 생산과 결합된 교육 강조
  - 최근 과학기술과 컴퓨터, 체육, 외국어 등 실용적인 교육을 강조
  - 11년 무상 의무교육을 실시(유치원 1년, 인민학교 4년, 고등 · 중학교 6년)

• 자유와 평등, 행복한 삶을 추구할 수 있는 기본적 삶의 질을 보장하기 위한 권리
• 세계인권선언은 1948년 유엔 인권위원회에서 만들고 총회에서 채택한 선언으로, 인간의 권리에 대한 일반적인 정의가 포함됨

ⓛ 북한의 인권
• '우리식 인권'을 주장하며, 인권에 대한 보편적 기준을 부정하고 북한식 기준을 세움
• 개인적 권리 보다는 집단주의적 의무에 종속되는 요소로 파악(집단주의)
• 사법부의 예속으로 인간의 권리에 대한 법적·제도적 보장이 불가능

ⓒ 북한 주민의 인권 상황
• 생존권의 위협 : 의식주 배급과 사회 복지체제 및 사회 안전망의 붕괴
• 기본적 자유의 제한 : 언론·출판·집회·결사, 종교, 여행 등의 기본적 자유가 제한
• 남녀 차별과 출신 성분 및 계층에 따른 차별이 존재하며, 여성과 아동의 인권이 제약
• 고문과 구타, 공개 처형과 같은 반인권적 처벌이 증가
• 국제 사회에서 보편적 인권 침해가 심각한 나라로 인식

(5) 민족 정체성과 민족 공동체
① 민족 정체성
ⓐ 의미 : 자신의 민족에 대한 소속감을 바탕으로 자긍심을 지니고 있는 상태
ⓛ 우리 민족의 정체성
• 한반도에서 수천 년 간 동질감을 토대로 살아왔으며, 외세의 침략을 극복하고 고유의 문화를 지킴
• 분단 이후 이질화가 심화되면서 민족 정체성이 훼손
② 민족 공동체
ⓐ 의미 : 민족 정체성을 지닌 사람들의 집합체를 의미
ⓛ 바람직한 민족 공동체 형성 노력

- 남북 교류의 활성화 : 경제협력, 이산가족 교류, 문화, 예술, 스포츠 등 비정치적 교류부터 활성화
- 민족 공동체의 형성
  - 정치 공동체의 형성 : 민족 구성원 간 이해관계를 합리적으로 조정
  - 경제 공동체의 형성 : 남북 교류와 협력 증진을 통한 경제 발전의 토대 형성
  - 문화 공동체의 형성 : 남북 문화의 지속적 교류와 외래 문화의 창조적 수용
- 다름을 인정하고 같음을 확대하는 노력
  - 다양성 속에서 통일성을 추구, 이질성을 줄이고 동질성을 회복
  - 같음과 다름을 이해하며, 긍정적 다름의 모습을 찾기 위해 노력
  - 다문화주의적인 사고와 태도가 필요
- 내부 갈등(남남 갈등)의 극복 : 통일과 대북정책 등을 둘러싼 남한 내의 갈등을 극복하고, 북한에 대한 인식태도에 있어 국민적 합의를 도출하는 것이 필요
- 열린 민족주의 : 혈연 중심의 편협하고 폐쇄적인 민족주의를 극복하고, 다양한 민족과 평화롭게 공존하기 위해 노력

> **개념UP**
>
> **민족 공동체의 구성 요소**
> - 객관적 요소 : 혈연, 지연, 언어, 문화, 역사 등
> - 주관적 요소 : 민족의식, 애국심 등

> **개념UP**
>
> **이질성, 동질성**
> - 이질성 : 서로 바탕이 다른 성질이나 특성
> - 동질성 : 사람이나 사물의 바탕이 같은 성질이나 특성

❹ 바람직한 통일의 모습

(1) 남북 교류와 협력

① 진정한 통일

ㄱ 단순한 지리적 · 정치적 통일이 아닌 민족 전체가 하나가 되는 통일

ㄴ 단순한 통합이 아닌 남북한 모두에게 행복을 가져오며 세계가 동참하는 통일

② 통일을 위한 노력

ㄱ 상호 이해 및 민족 공동체의 형성 : 두 체제의 차이를 인정하고

공통점을 찾아 하나의 민족 공동체를 형성

ⓛ **민족 동질성 회복** : 생활양식과 사고방식의 동질성을 회복하는 통일

ⓒ **창조적 통일** : 제도나 체제의 통합을 넘어 한반도의 새로운 도약을 위한 창조적 통일

ⓔ **인류의 평화와 발전** : 우리 민족만의 문제가 아닌 세계 인류의 평화와 발전을 위한 과제

③ **남북 교류 · 협력의 필요성**

ⓖ 교류 협력 → 긴장 완화 → 신뢰 및 친밀감 형성

ⓛ 이질성의 극복 및 동질성의 회복, 상호 불신의 극복 및 이해의 증진

ⓒ 경제적 교류 확대를 통한 경제 격차의 해소

ⓔ 민주적 · 평화적 통일을 위한 준비

④ **남북 교류 · 협력의 확대**

ⓖ **인적 교류** : 개성공단 사업 및 금강산 관광을 통한 교류 확대

ⓛ **물적 교류** : 북한 농산물 수입, 남북 합작 자동차 생산, 위탁 가공교역 및 직거래 확대

ⓒ **인도적 교류** : 이산가족 상봉사업의 확대, 식량과 비료, 의료시설 등 대북지원 증가

ⓔ **사회 · 문화적 교류** : 다양한 학술교류 및 공동 연구, 드라마 공동제작, 가수 공연 등

(2) **통일을 위한 노력**

① **통일의 대외적 여건**

ⓖ 한반도의 지정학적 위치에 따른 주변국의 이해관계 충돌이 반영됨

ⓛ 실리 추구의 정세에 따라 한반도의 현상 유지를 바라는 분위기 형성

ⓒ 통일 이후 정세 안정에 대한 신뢰 확산이 필요

② **내부적 여건**

ⓖ **남한의 여건** : 다원주의로 인한 갈등으로 통일 정책 추진시 여론 수렴 · 반영이 필요

ⓛ **북한의 여건** : 소수의 권력자들이 모든 정책 결정권을 가지며,

개념UP

교류 · 협력의 자세

• **단계적 추진** : 동질성이 높은 문화
• **예술 · 학문 · 스포츠**에서 이질성이 높은 정치 · 군사 분야로 단계적으로 추진
• **차이의 인정과 포용** : 상호 문화적 차이를 인정하고 포용하는 자세를 가짐

문제UP

다음의 활동에서 기대되는 효과가 가장 알맞은 것은?

• 아시안 게임의 남북 단일팀 참가
• 남북 역사학자의 공동 발굴 작업 실시

① 남북한 교류의 확대
② 북한 인권 문제의 해결
③ 대북 지원의 강화
④ 군사적 갈등의 완화

남북 단일팀 구성을 통한 스포츠 대회 참가나 남북한 공동 연구의 진행 등은 모두 남북 간의 교류 · 협력의 증대에 해당한다.

정답 ①

경제난 해소를 위한 교류에 관심을 가지면서 핵무기를 개발하여 긴장감을 고조시킴

③ 정부의 통일 정책

ㄱ 7 · 4 남북공동성명(1972) : 분단 후 최초로 남북한 합의서를 통해 통일 3원칙(자주 · 평화 · 민족 대단결)에 합의

ㄴ 민족화합민주통일방안(1982) : 민족통일협의회 구성 후 통일 헌법 작성, 총선거 실시

ㄷ 7 · 7 선언(1988) : 북한을 적대의 대상이 아니라 상호신뢰와 화해, 협력을 바탕으로 공동 번영을 추구하는 민족공동체 일원으로 인식

ㄹ 한민족 공동체 통일 방안(1989) : 자주 · 평화 · 민주의 원칙 아래 제시

ㅁ 남북기본합의서(남북 사이의 화해와 불가침 및 교류 · 협력에 관한 합의서)(1991) : 상호 화해와 불가침, 교류 및 협력 확대 등을 규정

ㅂ 제1차 남북정상회담(2000) : 분단 후 처음으로 남북 정상 간의 회담 성사

ㅅ 6 · 15 남북공동선언(2000. 6) : 정상회담에서 남북 간의 합의로 남북공동선언 발표(통일 문제를 당사자끼리 해결, 이산가족 상봉, 경제 협력 등 합의)

ㅇ 제2차 남북정상회담(2007) : 최초로 군사분계선을 직접 넘어가 남북정상회담이 성사

ㅈ 2007 남북정상선언문(10 · 4선언)(2007. 10) : 6 · 15 남북공동선언의 구현, 남북 관계의 상호존중과 신뢰, 군사적 적대관계 종식, 경제협력사업의 활성화 및 확대 등

④ 통일을 위한 남북 간의 과제

ㄱ 군사 무기의 감축과 북핵 문제의 해결

ㄴ 비무장 지대의 평화적 이용

ㄷ 북한 이탈 주민의 안정적 정착, 북한 주민의 인권 및 생활의 개선

ㄹ 남한 내부의 갈등 해소 및 대북 정책에 대한 합의

ㅁ 남북 간 신뢰 구축 및 경제 협력의 확대, 교류의 활성화

ㅂ 이산가족 문제와 북한 식량 문제 등의 인도적 해결

개념UP

북한의 통일 방안

북한은 통일 방안으로 고려민주주의연방공화국 건설 방안을 제시(1980), 국가보안법 철폐와 미군 철수를 전제 조건으로 하여 1국가 2체제의 연방제 안을 주장함

문제UP

다음 중 통일을 위한 남북 간의 과제로 옳은 것은?

① 남북 간 신뢰 구축 및 경제 협력의 확대

② 군사 무기 확대

③ 북한 이탈 주민의 불안정한 정착

④ 비무장 지대의 경계 강화

해 통일 위한 남북 간의 과제는 군사 무기의 감축, 북한 이탈 주민의 안정적 정착, 비무장 지대의 평화적 이용 등이 있다.

정답 ①

(3) 북한 이탈 주민

① 북한 이탈 주민의 증가 : 1990년대 식량난 이후 경제적 어려움의 증가와 북한 체제에 대한 불만으로 90년대 중반부터 이탈 주민이 증가

② 남한 내 북한 이탈 주민의 어려움

㉠ 경제적 어려움

• 자본주의 시장경제 체제와 사회주의 체제의 차이
• 경제 제도와 경쟁의 강조로 인한 취업의 곤란 등

㉡ 문화적 어려움

• 개인주의와 집단주의 등 가치관의 차이에 따른 문화적 충격
• 낯선 외래어 등 문화적 적응의 곤란

㉢ 심리적 어려움

• 북한 가족에 대한 그리움과 죄책감
• 새로운 생활에 대한 불안과 남한 주민들의 냉대 · 무관심, 사회적 편견
• 정착 과정에서 느끼는 소외감과 열등감, 체제 적응의 곤란과 자신감 상실

③ 북한 이탈 주민에 대한 지원

㉠ 따뜻한 관심과 처지에 대한 이해, 배려
㉡ 이탈 주민에 대한 편견과 차별 제거, 지나친 관심과 동정의 배제
㉢ 정부차원의 단계적 지원(자립과 자활, 정착 지원 등)
㉣ 이탈 주민의 자발적 적응 노력

(4) 통일 후의 미래상

① 한반도의 평화

㉠ 의미 : 남북 간 갈등이나 무력 충돌의 우려가 제거된 상태를 의미
㉡ 실현 방안

• 남북한이 공동 번영을 추구
• 군사적 신뢰구축과 긴장완화를 통한 평화공동체, 경제 협력을 통한 경제공동체, 삶의 질 향상과 행복을 추구하는 행복공동체를 형성

② 외국의 통일 사례

㉠ 독일 : 경제적 우위의 서독이 동독을 흡수 · 통일하였고, 통일

후 경제적 격차와 자본주의 체제의 적응, 실업, 물가 인상 등의 문제가 발생

ⓛ 베트남 : 베트남전을 통해 공산 정부인 북베트남이 남베트남을 무력으로 통일하였고, 통일 과정에서 많은 사람이 희생되고 증오심 등의 상처를 남김

ⓒ 예멘 : 남예멘과 북예멘이 정치적 합의로 통일하였고, 이후 내전으로 북예멘이 재통일

③ 바람직한 통일 방법

ⓐ 지속적으로 교류 · 협력하며, 상호 배려하는 자세를 확립

ⓛ 남북한의 이질적 가치관과 생활양식의 조화를 추구

ⓒ 상호 인정 및 존중의 토대 위에서 한민족의 정체성 정립

ⓓ 통일 비용에 대한 긍정적 자세 확립

④ 남북 통일 후 예상되는 문제

ⓐ 경제적 어려움 : 자본주의 체제 적응의 어려움, 통일 국가의 제도와 경제적 기반 형성에 많은 비용 소요

ⓛ 사회적 어려움 : 남북 경제력 차이에 따른 빈부격차 심화, 생활 수준의 차이

ⓒ 이질감에 따른 어려움 : 오랜 분단에 따른 이질감으로 인한 갈등의 발생

⑤ 통일 이후의 갈등 완화를 위한 태도

ⓐ 상호 존중과 신뢰의 회복을 위한 개방적 태도

ⓛ 통일 이후의 안정적 관리와 체계적인 통합의 준비

ⓒ 평화를 항구적으로 실천하기 위한 노력

⑥ 통일 한국의 미래상

ⓐ 자주적 민족 국가 : 우리 민족만의 자주성을 유지하며 열린 민족 공동체를 형성

ⓛ 자유로운 민주 국가 : 모두의 자유와 평등, 인권을 보장하는 민주주의 국가를 형성

ⓒ 정의로운 복지 국가 : 노력한 만큼 혜택이 구성원 모두에게 골고루 배분됨

ⓓ 문화 일류 국가 : 세계 평화와 인류 공영에 이바지하는 수준 높은 문화 국가를 형성

개념UP

통일을 위한 바람직한 자세

- 통일 시대의 주역이라는 사명감을 가짐
- 통일 문제를 긍정적으로 보고 관심을 가짐
- 북한 주민을 인정하고 존중하는 태도, 평화 의식의 배양
- 자유민주주의에 대한 확고한 신념을 유지

문제UP

다음 중 통일의 효과로 볼 수 없는 것은?

① 한반도의 평화 정착
② 이산가족의 고통 해소
③ 동북아시아 지역의 전쟁 가능성 증가
④ 민족적 동질성 회복과 열린 민족 공동체의 형성

해 한반도의 통일은 동북아시아의 세계 평화에 기여할 수 있다. 따라서 ③은 옳지 않다.

정답 ③

---

❺ 사회 정의와 도덕

(1) 사회 정의

① 사회 정의의 의미와 기능

  ㉠ 사회 정의의 의미 : 사회를 구성 · 유지하는 올바르고 공정한 도리

    • 과거에는 법과 규칙을 준수하고 각자에게 몫을 배분하는 기준이라는 개인적 측면이 강조

    • 현재에는 모두 공평하고 차별 없이 대하는 공정성이라는 사회적 측면이 강조됨

  ㉡ 사회 정의의 필요성

    • 구성원의 최소한의 인간다운 삶의 보장

    • 갈등과 분쟁의 원만한 해결을 통한 사회 구성원의 조화와 협력 유도

  ㉢ 사회 정의의 기능

    • 사회적 기준, 개인의 가치관 및 행동의 방향 제시

    • 사회적 갈등과 분쟁의 조정 및 사회 통합

  ㉣ 사회 정의의 실현 조건

    • 인간의 기본적 권리가 제한되지 않고 동등하게 보장됨

    • 능력이나 노력에 따른 공정한 분배가 이루어지고, 사회적 약자에 대한 배려가 있어야 함

    • 사회 구성원들이 합의하는 절차를 준수해야 함

  ㉤ 정의로운 사회

    • 모든 구성원의 자유와 평등 보장, 삶의 침해 금지

    • 모든 구성원의 인간다운 삶의 보장

    • 모든 구성원의 사회 참여 및 사회 통합 · 발전을 위한 노력(공공선의 추구)

② 사회 정의의 종류

  ㉠ 교정적 정의 : 국가의 법을 공정하게 집행함으로써 실현되는 정의

    • 배상적 정의 : 신분적 · 재산적 분쟁 발생시 민사소송을 통해 실현되는 정의

    • 형벌적 정의 : 범법자에 대한 형사 소송을 통해 처벌함으로써 실현되는 정의

ⓒ 분배적 정의 : 권리와 의무, 이익과 부담을 공정하게 분배함으로써 실현되는 정의

- 형식적 정의
  - 모두에게 똑같이 공평하게 적용되는 정의(법 앞의 평등, 기회의 균등, 같은 것은 같게)
  - 아리스토텔레스의 평균적 정의
- 실질적 정의
  - 각자의 입장과 형편을 고려한 정의(사회적 약자 배려, 능력과 노력에 대한 보상, 다른 것은 다르게)
  - 아리스토텔레스의 배분적 정의
- 결과적 정의
  - 최종적 결과를 고려해 분배하는 정의(능력·노력·성과 등이 분배 기준)
  - 벤담과 밀의 공리주의(최대 다수의 최대 행복)
- 절차적 정의
  - 투명한 과정 및 공정한 절차에 따라 분배되는 정의(결과적 정의의 보완, 자유와 권리 존중, 시민 참여와 합의 중시)
  - 롤스의 정의론(평등한 자유의 원칙, 차등의 원칙, 기회균등의 원칙)

(2) **공정한 경쟁과 복지의 실현**

① 불공정한 사회 구조와 제도

ⓒ 의미 : 사회 구조나 제도 내에 불공정성이 존재하는 상황

ⓒ 양상 : 불공정한 법과 제도, 불합리한 차별, 극심한 빈부격차, 부정부패의 만연 등

ⓒ 문제점 : 불평등 심화에 따른 사회 불안, 사회적 약자에 대한 권리 침해 등

ⓒ 해결 방법

- 개인적·윤리적 측면 : 불공정한 상황에 대해 바로 인식하고 개선 의지를 지님
- 사회적·제도적 측면 : 불공정한 제도에 대해 사회적 논의가 필요하며, 제도적 측면의 개선방안 마련

문제UP

다음 롤스(Rawls)의 정의론에 대한 설명 중 ㉠, ㉡에 알맞은 것은?

- 제1의 원칙 : ㉠ → 모든 사람의 평등한 기본적 자유를 최대한 보장해야 함
- 제2의 원칙 : ㉡ → 불평등 완화를 위해 사회적 약자를 우선 배려해야 함

	㉠	㉡
①	평등한 자유의 원칙	차등의 원칙
②	평등한 분배의 원칙	기회 균등의 원칙
③	평등한 자유의 원칙	기회 균등의 원칙
④	평등한 분배의 원칙	차등의 원칙

해 롤스의 제1의 원칙인 평등한 자유의 원칙은 모든 사람은 동등한 기본적 자유를 최대한 누려야 한다는 원칙이며, 제2의 원칙 중 차등의 원칙은 불평등 완화를 위해 최소 수혜자에게 최대 이익이 돌아가도록 배려해야 한다는 원칙이다.

정답 ①

개념UP

공리주의

공리주의는 공리성을 가치 판단의 기준으로 하는 사상이며, 어떤 행위의 옳고 그름은 그 행위가 인간의 이익과 행복을 늘리는데 얼마나 기여하는가 하는 유용성과 결과에 따라 결정된다.

개념UP

분배의 정의

- 의미 : 분배의 정의란 각자 자신의 몫을 누리는 상태를 의미
- 필요성
  - 경제적 불평등 개선을 통한 빈부격차 완화
  - 평등 회복을 통한 인간의 존엄성 구현
- 분배 기준
  - 불편부당 : 분배가 치우치지 않고 모두에게 동등하게 배분하는 것(형식적 평등)
  - 업적 : 개인의 성취를 기준으로 적절히 배분하는 것으로(실질적 평등), 사회적 약자에 대한 고려가 부족
  - 필요 : 인간다운 삶의 보장을 위한 고려(실질적 평등), 사회적 약자를 배려하나 근로 의욕과 성취동기의 약화를 초래

문제UP

다음 중 복지 사회 실현을 위한 사회적 조건과 거리가 먼 것은?

① 사회 제도와 구조가 공정해야 한다.
② 평등과 기회의 균등이 보장되어야 한다.
③ 인간의 존엄성 보장이 기본 원리가 되어야 한다.
④ 경제적 효율성이 강조된 무한 경쟁의 원리를 채택해야 한다.

해 무한 경쟁의 원리는 형평성을 강조하는 복지 사회 이념에 부합하지 않는다. 경제적 효율성을 추구하여 무한 경쟁 원리를 채택하는 경우 경제적·사회적 격차는 더욱 커질 수 있다.

정답 ④

ⓜ 불공정한 사회 제도의 개선(정의로운 사회의 실현)
- 인권 보장을 위한 법과 제도의 정립과 운영
- 공정한 기회의 보장과 복지 제도의 확충, 소수자 우대 정책, 분배 정의의 실현 등

② 공정한 경쟁
ⓐ 경쟁의 발생 요인 : 무한한 인간 욕구에 비해 자원은 한정되어 있어 경쟁이 발생
ⓑ 경쟁의 양 측면
- 긍정적 측면
  - 개인적 측면 : 능력의 신장, 가치의 향상 등을 통해 윤택한 삶을 누릴 수 있음
  - 사회적 측면 : 국가 경쟁력 제고를 통해 정치 및 경제 발전을 이룸
- 부정적 측면 : 경쟁의 심화로 사회적 불평등과 당사자 간의 대립이 격화되며, 사회 정의의 붕괴로 갈등을 초래함
ⓒ 공정한 경쟁의 조건
- 경쟁 당사자 간의 공정 경쟁에 대한 신념
- 사회적 합의를 통한 공정한 절차와 과정이 보장되며, 당사자에게 동등한 기회를 제공
- 정당한 승자에게는 보상이 제공되며, 부당한 승자는 처벌 또는 보상에서 제외
- 공정한 경쟁을 위한 제도나 규칙의 필요

③ 복지의 실현
ⓐ 복지 이념의 등장 : 경제적 약자를 배려하고 최소한의 인간다운 삶을 보장하기 위함
ⓑ 복지 사회를 위한 노력
- 공정한 사회 제도의 확보
- 사회적 약자의 우대
- 인간의 존엄성, 평등과 기회 균등의 보장
- 성장과 분배의 조화, 협력과 나눔의 정착

❻ 개인의 도덕적 삶과 국가의 관계

(1) 국가와 국가의 역할

① 국가

㉠ 국가의 의미

- 일정한 영역(영토)와 영역에서 사는 사람들로 구성되어 주권에 의해 통치되는 집단
- 일정한 영역 내에서 질서유지를 위해 강제력을 정당하게 사용할 수 있는 정치 공동체

㉡ 국가의 구성 요소

- 국민 : 국가의 구성원(국적을 지닌 사람들)로서, 국가 안보와 발전의 원동력이 됨
- 영토 : 국가의 주권이 미치는 영역으로, 외부의 침입으로부터 보호되는 배타적 공간이며 후손에게 물려줄 삶의 터전이 됨
- 주권 : 국가 스스로 운명을 결정하는 힘과 권리로, 국가 의사의 최종 결정 권한(국내적으로는 국가를 다스리는 최고 권력이며, 국외적으로는 독립적으로 활동하는 권리)
- 소속감과 국민 의식 : 결속을 다지고 발전의 원동력이 되는 국민 연대의식, 정체성 등

㉢ 국가의 필요성

- 외침으로부터 국민을 보호하고, 재난이나 범죄로부터 국민의 안전을 지킴
- 규범과 법을 통해 사회질서를 유지하며, 집단적 요구를 조정하고 갈등을 해결
- 국가 경제의 발전과 국민 생활의 편의를 위해 노력
- 각종 복지 제도와 시설을 통해 국민의 이익과 행복을 증진

㉣ 국가의 기원(형성이론)

- 자연발생설(인간 본성 기원설) : 인간은 정치적·사회적 존재로서의 본성에 따라 국가를 형성(아리스토텔레스의 국가주의적 국가관)
- 사회계약설 : 국가 이전의 자연상태는 불안하므로, 생명·자유·재산 등의 보장을 위해 계약을 통해 국가를 형성(홉스, 로크, 루소의 개인주의적 국가관)

개념UP

국가의 구성 요소

- 객관적 요소 : 대외적으로 국가로 인정받기 위한 요소로 국민, 영토, 주권이 있음
- 주관적 요소 : 대내적으로 국가의 유지와 발전을 위한 국민 의식이나 소속감을 말함

개념UP

사회계약설

- 홉스 : 만인에 의한 만인의 투쟁인 자연 상태에서 벗어나기 위해 사람들이 자신들의 자연권을 지배자에게 위임함으로써 평화 상태에 이를 수 있다며 군주 주권 이론을 주장
- 로크 : 자유, 재산 등의 자연권을 위임할 수 없다고 하며 입헌 군주제의 이론을 주장
- 루소 : 인간 불평등의 기원이 사유재산에 있다고 주장하면서 사회계약에 의해 만인이 자유와 평등을 누릴 수 있는 인민의 일반 의지로서의 국가를 구상하여 공화주의에 영향을 끼침

- 계급설(착취설) : 사유재산 제도에 따른 계급투쟁의 결과로 국가를 형성(마르크스의 도구주의적 국가관)
- 창조설(신의설) : 신의 뜻에 따라 국가 성립(절대 왕정의 왕권신수설)
- 가족설 : 가족 → 씨족 → 부족 → 국가

ⓓ 국가의 특성
- 합법성과 강제성 : 공권력을 통해 합법적인 강제력 행사가 가능함
- 포괄성 : 국가의 역할은 전 영역에 걸쳐 포괄적으로 행사됨
- 영속성 : 다른 집단보다 장기간 존속됨
- 구속성 : 가입과 탈퇴가 자유롭지 못함

② 국가의 역할

㉠ 일반적 역할 : 국가 안전보장, 치안 및 질서 유지, 사회정의와 복지 실현, 환경 보호 등

㉡ 국가 역할에 대한 관점 비교

구분	소극적 국가관(야경국가)	적극적 국가관(복지국가)
의미와 내용	국민의 자유 보장을 위해 개입을 최소화(개인의 자유를 최대한 보장)	국민의 인간다운 삶의 보장을 위해 국가가 적극 개입(국가 역할 확장)
국가의 역할	경찰과 군대 역할(치안과 국방에만 전념하고 다른 활동에는 개입 안됨)	국민 생활의 어려움 해소를 위해 적극 개입(복지 제공, 삶의 질 개선)
근거	국가의 자원은 제한되어 있으며, 과도한 개입은 자유·권리를 침해하고 의존성을 심화시킴	사회적 약자 보호와 공정 경쟁을 통해 인간다운 삶을 실현하며, 지나친 자유는 사회적 불평등을 심화함
유형	야경국가, 자유주의 국가	복지국가
장점	경제적 이익의 증가, 효율성 향상	빈부격차나 사회 갈등의 해결
단점	경제적 불평등(빈부격차)의 확대	국민의 복지 의존 우려(복지병)
대표자	아담 스미스	케인스

(2) 국가권력과 바람직한 국가

① 국가권력

㉠ 의미 : 국가가 독점적·강제적으로 행사하는 통치권

㉡ 권력의 주체 : 국민이 국가권력의 주체(민주주의 국가의 특성)

ⓒ 정당한 국가 권력

- 국민의 동의와 지지로 권력 획득
- 법치주의를 토대로 권력을 행사하며, 인간존중과 생명 · 재산의 보호 등의 목적에 부합

ⓔ 국가 권력의 남용

- 기본권의 제한 : 안전보장, 사회질서 유지, 공공복리 증진을 위해 기본권 제한이 가능
- 권력 남용 사례 : 기본권을 제한하고 독재를 행사한 히틀러의 수권법, 유신독재 등

ⓜ 국가 권력 남용의 방지책

- 개인적 · 윤리적 측면 : 국가 권력에 대한 비판과 감시, 능동적 참여 등
- 사회적 · 제도적 측면 : 법치주의, 권력 분립, 헌법소원과 주민소환제도 보장 등

② 바람직한 국가의 모습

㉠ 자유로운 국가

- 자유의 의미 : 외부 권력 등에 얽매이지 않고 자기 의사대로 행동할 수 있는 상태
- 소극적 자유와 적극적 자유
  - 소극적 자유(국가로부터의 자유) : 외부의 간섭을 받지 않는 상태
  - 적극적 자유(국가에 의한 자유) : 국가에 의해 인간다운 삶을 보장받는 상태
- 바람직한 자세 : 자유에 따르는 책임을 이행하며, 타인의 자유를 침해하지 않음

㉡ 평등한 국가

- 평등의 의미 : 모두가 기회 균등을 보장받고 능력에 따라 대우를 받는 상태
- 형식적 평등과 실질적 평등
  - 형식적 평등 : 모두에게 동등한 기회를 제공하는 상태
    예 1인 1표의 투표권
  - 실질적 평등 : 능력에 따라 대우하되 약자를 보호하는 상태 **예** 장애인 공직임용 확대

개념UP

공직자의 바람직한 자세

- **공직자의 자격** : 국가의 일을 수행하는 공직자는 전문성과 지식 · 기술을 보유하며 엄격한 도덕성을 가진 사람
- **공직자의 영향력**
  - 국가 발전과 국민의 삶의 질 향상을 도모하며 국가 정책을 결정하고 집행
  - 공직자 부정부패로 인한 신뢰도 하락은 사회 혼란을 야기하고 국가발전을 저해함
- **공직자의 바람직한 자세**
  - 책임감과 청렴, 정직, 친절, 봉사의 정신
  - 공익 중시, 전문성과 창의성
  - 복지부동과 무사안일의 극복

개념UP

복지부동

'땅에 엎드려 움직이지 않는다'는 의미로, 창의적 업무 수행보다는 기회주의적 자세로 최소한의 의무만을 수행하려는 공직자의 잘못된 자세를 말함

ⓒ 민주 국가
• 민주 국가의 의미 : 국민이 국가의 주인이며 국가의 권력이 국민에게 있는 국가로, 국민의 투표를 통해 국가 정책과 정치권력을 형성하는 국가
• 요구되는 국민의 자세 : 대화와 타협의 자세, 상대를 존중하는 관용의 자세, 책임의식 등
ⓔ 인권 국가 : 법·제도를 통해 인권을 보장하고 침해를 방지하기 위해 노력하는 국가
ⓜ 복지 국가
• 의미 : 모두가 최소한의 인간다운 삶을 누리는 건강하고 행복한 국가
• 바람직한 모습 : 국민의 삶의 질 향상을 위한 정책이 마련되고, 기본적 생활보장과 빈부격차 해소를 위해 노력해야 함
ⓗ 정의로운 국가 : 모든 국민이 동등한 기회를 가지며 사회적 약자를 배려하는 국가
ⓢ 평화로운 국가 : 사회 구성원이나 집단 간의 갈등과 대립이 발생하지 않는 평화로운 국가를 말하며, 궁극적으로 전 세계 사람들이 모두 평화롭게 사는 것을 추구함

❼ 국가 구성원으로서의 자세와 세계화 시대의 과제

(1) 국가 구성원으로서의 바람직한 자세
① 국가와 민족의 발전
ㄱ 민족의 의미 : 일정 지역에서 공통의 언어와 역사, 문화 등을 토대로 '우리'라는 민족의식이나 공동체 의식 또는 민족 정체성을 공유하는 사회집단을 말함
ㄴ 국가와 민족의 관계 : 반드시 일치하는 것은 아님(민족은 불변이나 국가는 변경 가능)
ㄷ 국민 개인과의 관계 : 국가의 발전은 국민의 행복을 위한 조건이 되며, 국민 개개인의 노력에 따른 발전은 국가 발전의 토대가 됨(상호 의존적 관계)

② 국민의 권리와 의무

　㉠ 국민의 권리

　　• 권리의 획득 : 시민혁명(영국의 명예혁명, 미국의 독립혁명, 프랑스 대혁명)을 통해 자유권을 획득하였고, 시민운동(노동자의 차티스트 운동, 여성의 참정권 운동, 흑인 민권운동 등)을 통해 정치적 참정권이 확대됨

　　• 헌법상의 권리 : 본질적 권리(인간 존엄성, 행복추구권, 자유권, 평등권), 적극적 권리(참정권, 사회권, 청구권)

　　• 권리의 한계 : 공공복리를 위해 필요한 경우 법률로 제한(타인의 권리침해 방지)

　㉡ 국민의 의무

　　• 의무의 내용 : 사회 질서의 유지와 공공복리의 증진, 환경 보존, 공동체의 안정 등

　　• 헌법상의 의무

　　　– 전통적 의무 : 납세의 의무와 국방의 의무(의무만이 존재)

　　　– 현대적 의무(권리이자 의무) : 교육의 의무, 근로의 의무, 환경보전 의무, 재산권 행사의 공공복리 적합 의무

　　• 기타의 책무 : 준법 의무, 책임의식과 주인의식, 국정 감시, 올바른 여론 형성 등

　㉢ 권리와 의무의 조화

　　• 권리와 의무의 관계 : 항상 동시에 존재하는 상호적 관계로, 권리에는 반드시 의무가 수반됨("권리의 진정한 뿌리는 의무이다.")

　　• 권리와 의무의 조화 : 구성원과 공동체 전체의 이익을 함께 실현하기 위해 조화 필요

　　　– 개인적 · 윤리적 측면 : 바른 국가 정체성 형성, 타인의 권익 존중, 사명감과 책임감, 자율성 함양 등

　　　– 사회적 · 제도적 측면 : 국민 권리의 보장, 국가 권력의 정당한 행사 등

③ 준법과 시민 불복종

　㉠ 준법의 의미와 필요성

　　• 준법의 의미 : 준법이란 법을 지키는 것을 말함

문제UP

다음의 ㉠, ㉡에 알맞은 것을 바르게 연결한 것은?

㉠ 누구나 성별과 종교의 차이로 인해 차별받지 않는다.
㉡ 국민은 국가가 정당한 절차에 따라 부과하는 조세를 납부하여야 한다.

	㉠	㉡
①	참정권	교육의 의무
②	평등권	국방의 의무
③	참정권	재산권 행사의 의무
④	평등권	납세의 의무

해 ㉠ 평등권은 국가와 사회집단으로부터 성별, 종교, 인종 등으로 인한 불평등한 대우를 받지 않는 권리이다.
㉡ 정당하게 부과된 조세를 납부하여야 하는 의무는 납세의 의무에 해당한다.

정답 ④

개념UP

국민의 4대 의무와 5대 의무

• 국민의 4대 의무 : 국방의 의무, 납세의 의무, 교육의 의무, 근로의 의무

• 국민의 5대 의무 : 4대 의무 + 환경 보전의 의무

개념UP

노블레스 오블리주

사회적으로 고위층에 속한 사람들에게 요구되는 높은 수준의 도덕성 의무이자 책무

---

1. 국어
2. 수학
3. 영어
4. 사회
5. 과학
6. 도덕

저항권

기본권을 억압하는 국가 권력에 저항할 수 있는 권리로, 사회계약을 통해 국가를 형성한 국민이 주권자로서 부당한 공권력 행사에 저항하고 정부를 재구성할 수 있는 권리

문제UP

다음의 설명에 해당하는 것은?

이것은 기본권을 부당하게 침해하는 사회 제도를 의도적으로 거부하는 것으로, 간디의 비폭력 저항과 마틴 루서 킹의 흑인 민권 운동을 구체적 예로 들 수 있다.

① 시민 불복종 ② 난민 구호 활동
③ 노동 운동 ④ 협동 조합 운동

해 시민 불복종이란 기본권을 침해하는 부당한 법이나 제도에 대항하여 이를 폐기 또는 개정하기 위해 그것을 위반하는 행위를 말한다.

정답 ①

개념UP

소금 행진

1930년대 영국의 식민 지배하에 있던 인도의 간디가 소금세의 부당함을 호소하며 비폭력적 방법으로 저항한 행진을 말함

• 준법의 필요성 : 자유와 평등 및 안전의 보장, 사회질서의 유지, 정의로운 사회 형성 등

ⓒ 시민 불복종

• 시민 불복종의 의미 : 기본권을 침해하는 부당한 법이나 제도에 대항하여 이를 폐기 또는 개정하기 위해 그것을 의도적으로 위반하는 행위

• 시민 불복종의 필요성 : 국가에 의한 자유 · 권리 침해를 거부하고, 공동선을 목적으로 정당성을 상실한 국가 권위에 공개적 · 비폭력적 불복종(국가의 잘못된 방향을 합법적으로 막을 수 없을 때 복종을 거부)

• 시민 불복종의 정당화 요건
  - 목적의 정당성 : 사익이 아니라 사회 전체의 이익(공동선)을 지향
  - 비폭력성 : 폭력은 문제 해결 수단이 아니므로 평화로운 방법을 추구
  - 최후 수단성 : 최후의 수단으로 사용되어야 하며, 해당 법률 외의 다른 법률과 국가의 권위는 인정하여야 함
  - 처벌의 감수 : 더 나은 대안 제시에 초점을 맞추어야 하며, 위법행위에 대한 처벌을 수용함으로써 법을 존중하고 정당한 법체계를 수립하는 운동이어야 함

• 시민 불복종의 사례
  - 간디의 소금 행진 : 영국의 식민정책에 비폭력 불복종 운동으로 저항
  - 마틴 루서 킹의 흑인 민권 운동 : 흑인 인종차별을 정당화하는 부당한 법에 저항
  - 헨리 소로의 납세 거부 : 세금이 노예제도 유지와 전쟁 수행에 사용되는 것에 반대

④ 바람직한 애국심

ⓐ 애국 · 애족의 의미

• 애국심 : 자신이 속한 국가를 사랑하고 국가에 헌신하려는 마음

• 애족 : 민족에 대한 사랑

ⓛ 애국심의 필요성 : 자긍심과 공동체 의식을 확립하며, 국가와 민족의 발전을 도모
ⓒ 바람직한 애국심
  • 나라를 제대로 인식하고 세계 속의 국가 공동체 발전을 추구
  • 국가의 잘못을 바로 잡으려는 태도를 가짐
  • 자유와 평등, 박애 등 인류 보편적 가치에 바탕을 둠
  • 세계 시민으로서 열린 마음을 가지고 인류를 사랑하고 평화를 추구
ⓔ 중학생으로서의 애국심
  • 국가를 소중히 여기고 자부심을 가지며, 국가의 상징물에 대해 관심을 가짐
  • 개인의 소질과 적성 개발 통해 국가와 민족 발전의 역량을 배양
  • 국가에 대한 책임감과 기본적 의무를 준수하기 위해 노력
  • 남을 배려하고 이웃에 관심을 가지며, 민족을 위해 희생한 분들에게 감사의 마음을 가짐
  • 통일을 위해 지혜와 힘을 모으고 노력
ⓜ 세계화 시대에 필요한 애국심
  • 인류 전체의 공존과 공영 및 공익을 추구하는 애국심
  • 다른 국가에 대한 민족적 배타성과 자기중심성을 탈피
⑤ 사익과 공익의 조화
  ㉠ 개인주의
  • 의미 : 사회 제도·구조보다 개인이 우선이며, 개인의 권리 보장을 위해 사회가 존재한다는 것(개인의 기본적 권리가 공동체 안전보장이나 공공선보다 우선)
  • 지나친 개인주의 : 타인과 공동체에 피해를 주며, 공동체 유지를 어렵게 함
    – 이기주의 : 타인이나 사회의 이익에는 관심이 없고, 자신의 이익만을 추구하는 태도
    – 방종 : 사회적 제약에 구애받지 않고 멋대로 행동하는 것
  ㉡ 공동체주의
  • 의미 : 개인보다 공동체의 이익을 중시하며 공동체의 발전을 강조하는 입장

개념UP
잘못된 애국심
• 무조건적이고 배타적인 애국심
• 다른 나라를 배척하는 국수주의와 자문화 중심주의
• 인간의 존엄성을 훼손하거나 세계 평화를 위협하는 애국심

문제UP
다음 중 바람직한 애국심으로 옳지 않은 것은?
① 나라를 제대로 인식한다.
② 국가의 잘못을 바로 잡으려는 태도를 가진다.
③ 인류 보편적 가치에 바탕을 둔다.
④ 세계 시민으로서 닫힌 마음을 가져야 한다.
해 바람직한 애국심은 세계 시민으로서 열린 마음을 가지고 인류를 사랑하고 평화를 추구해야 한다.
정답 ④

• 지나친 공동체주의 : 개인의 희생을 강요하며, 개인의 자유와 권리를 침해
  - 전체주의 : 공동체를 위한 개인의 희생을 당연시하고 강요하는 사상
  - 이기주의 : 공동체의 이익보다 자신 또는 자신이 속한 집단의 이익만을 추구하는 것

ⓒ 사익과 공익의 조화 노력
  • 개인의 자유와 권리가 올바른 것인지, 공동체에 피해를 주지 않는지 생각해 봄
  • 공동체 의식을 함양하여 공동체의 이익이 곧 자신의 위하는 것임을 인식
  • 개인의 책임과 의무를 충실히 수행하며, 갈등 발생시 대화와 타협을 통해 해결

(2) 세계화 시대 우리의 과제
  ① 한국인의 정체성
    ㉠ 세계화와 민족 정체성 확립
      • 세계 문화의 경계가 모호해지면서 한국인의 정체성 혼란이 가중
      • 세계화 시대에 맞는 한국인으로서의 정체성과 세계시민으로서의 정체성 확립이 필요
      • 한국인의 정체성을 바르게 이해하기 위해 정체성 근원의 이해가 필요
    ㉡ 민족 정체성의 근원(원천)
      • 효(孝) 사상
        - 어버이를 공경하고 정성을 다하는 물질적 봉양과 정신적인 양지를 같이 해야 함
        - 사람의 근본 도리로서 가족 공동체 유지의 기본 원리가 되며, 경로사상으로 발전
      • 선비 정신 : 지식과 인품을 지닌 선비와 같이 의리를 지키며 사익보다 백성을 먼저 생각
      • 자연 애호 사상 : 인간을 자연의 일부로 여기고, 자연과 조화로운 삶을 중시

- 풍류 정신 : 자연을 벗 삼아 음주가무를 즐기며 삶의 여유와 즐거움을 찾는 모습
- 경천애인 사상 : 인간을 존중하고 자연을 공경하는 것
- 평화 애호와 국난 극복 : 다른 나라와 평화를 유지하는 것을 중시하며, 국난이 닥친 경우 함께 극복하려 노력

② 민족주의의 발전
  ㉠ 열린 민족주의 : 민족 정체성을 유지하고 다른 민족의 문화와 삶의 양식과의 조화를 추구하며, 인류 평화와 밝은 미래에 공헌하는 민족주의
  ㉡ 올바른 민족주의
    - 방향 : 타민족의 권리를 인정하고 문화적 차이를 관용하며, 보편적 가치와 민족적 가치 간 조화를 추구
    - 필요성 : 구성원 간의 유대 강화, 민족 공동체의 자주성 · 주체성 확립, 인류 평화에 기여
  ㉢ 민족주의 발전 방향
    - 세계 시민주의 : 인류 전체가 세계 시민이라 인식하는 태도
    - 극단적 세계주의(관용 없는 보편주의)의 배격 : 민족 간의 차별성을 인정하지 않고 획일적으로 보는 태도를 배격하는 것

③ 지구 공동체의 문제 해결
  ㉠ 당면한 문제 : 무분별한 환경오염과 파괴, 선 · 후진국 간의 빈부격차 확대, 세계화에 따른 각 국가의 고유문화 훼손, 영토와 자원, 종교 대립으로 인한 평화 위협
  ㉡ 지구 공동체의 문제 해결 방안
    - 개인적 차원 : 환경 친화적 소비, 쓰레기 분리 배출, 자원 절약, 지구 공동체에 대한 인식
    - 국가적 차원 : 지구 공동체 문제를 개선하기 위한 법과 제도의 정비
    - 국제적 차원 : 국제 협약의 체결, 비정부 기구의 활동을 통한 문제 해결

문제 UP

다음 내용이 설명하는 것으로 가장 알맞은 것은?

오늘날의 민족주의는 민족과 인류에 대한 사랑과 조화를 이루어야 하며, 민족의 융성은 물론 인류 평화와 밝은 미래에 공헌하는 방향으로 발전해야 한다.

① 열린 민족주의
② 자문화 중심주의
③ 자민족 중심주의
④ 극단적 세계주의

해 민족주의의 발전 방향의 하나인 열린 민족주의는, 다른 민족의 문화와 삶의 양식과의 조화를 추구하며 인류 평화와 밝은 미래에 공헌하는 민족주의이다.

정답 ①

개념 UP

잘못된 민족주의

- 자민족 중심주의 : 자기 민족이 타민족보다 우월하다고 믿는 태도
- 순혈주의 : 순수 혈통만을 선호하고 혼혈을 배격하는 태도로, 혼혈인과 이주민을 차별

제5편 자연 · 초월적 존재와의 관계

❶ 환경 친화적인 삶

(1) 인간과 환경

① 환경의 의미와 특성

㉠ **환경의 의미** : 인간을 둘러싼 주변의 모든 사물과 상태

• **자연환경** : 우리를 둘러싼 자연으로서 노력이나 의지와 무관하
게 생겨난 것을 말하며, 생물적 요소와 무생물적 요소로 구성

• **인공환경** : 사람들이 인공적으로 만든 창조물로, 물질적 환
경과 관념적 환경으로 구성

㉡ **자연환경의 특성**

• **생명과 문화의 근원** : 자원과 에너지를 제공하며, 삶과 문명
의 토대가 됨

• **휴식과 안정을 제공** : 정신적 안정과 휴식을 제공하여 인간
의 삶에 활력을 부여

• **자정 능력** : 오염된 것을 자연환경이 깨끗하게 회복시켜 줌

• **균형성** : 환경의 구성 요소들이 긴밀한 영향을 주고받으며
균형을 유지

• **상호의존성** : 인간과 자연은 상호의존적 관계를 형성

② 환경의 파괴

㉠ **환경 파괴의 원인** : 산업화와 도시화, 인구 증가, 물질만능주의,
인간의 무지와 무관심, 부주의, 이기심 등

㉡ **환경 파괴의 양상**

• **대기 오염** : 자동차, 공장 등의 화석 연료 과다 사용으로 오
존층 파괴, 스모그, 산성비 유발, 각종 호흡기 질환과 피부암
등을 초래

• **토양 오염** : 농약과 화학비료, 산업 폐기물, 중금속으로 인한
토양 오염

• **수질 오염** : 각종 오 · 폐수나 농약 잔존물 등이 강과 바다를
오염

• **삼림 훼손** : 삼림의 훼손과 광산 개발 등으로 인한 사막화와
온난화, 가뭄과 홍수, 생물의 멸종 등의 피해 발생

ⓒ 환경 문제의 심각성

- 생태계의 균형과 인간의 삶을 위협
- 사회적 약자에게 더 큰 피해를 주며, 지구 전체의 문제이자 미래 세대에까지 영향

③ 환경에 대한 태도(관점)

㉠ 인간 중심주의(인간 중심적 자연관)

- 인간과 자연을 분리시켜, 인간만이 도덕적 가치를 지니며 자연을 마음대로 개발 가능함
- 인간은 이성을 지닌 만물의 영장으로, 자연을 지배하고 정복할 수 있음
- 과학 기술의 발달로 인해 자연을 인간을 위한 수단과 도구로 여김
- 자연을 무분별하게 개발하고 자연 파괴를 초래하여 모든 생태계에 위기를 초래

㉡ 생태 중심주의(생태주의적 자연관)

- 인간은 자연의 일부로서, 인간은 자연과 더불어 살아가며 서로 공생하는 관계
- 자연은 그 자체로서 생명력을 지닌 가치 있는 존재
- 지구상의 모든 존재는 유기적으로 연결되어 영향을 주고받으며 조화를 이룸

(2) 환경 문제의 해결

① 지속 가능한 발전

㉠ 개발과 환경보전

경제 개발의 효과	특징
• 일자리 창출과 소득 및 생활수준 향상 • 개발 이익 증가 및 복지 혜택의 증가	• 사연 보존 및 삶의 터전 유지 • 지역 보상금 갈등의 방지

㉡ 지속 가능한 개발

- 의미 : 환경 보전과 경제 개발의 조화를 통해 환경 파괴를 최소화하고 생태계 보전이 가능한 범위에서 개발하는 것
- 필요성 : 환경 보전과 경제성장의 조화, 자연에 대한 책임 강조, 현세대에 필요한 개발 및 미래 세대에 대한 배려(조화 강조), 국가 간의 공정한 발전 도모 등

개념UP

생태 중심적 사상

- 유가의 천인합일(天人合一) 사상 : 인간을 천지와 조화를 지향하는 존재로 파악
- 도가의 자연평등 사상과 무위자연 사상 : 자연과 인간은 평등하며, 인위적인 것보다 자연 그대로의 상태를 중시
- 불교의 인연, 생명존중 : 만물은 무한한 인연으로 상호 의존하며, 어떤 생명도 함부로 죽여서는 안됨
- 기독교의 사랑 : 인간의 사랑을 자연에 대한 사랑의 정신으로 승화해야 함

문제UP

다음 빈칸에 들어갈 말로 가장 알맞은 것은?

( )은/는 미래 세대에 필요한 환경을 훼손하지 않는 범위 내에서 현재 세대의 욕구를 충족하는 수준의 개발을 의미한다.

① 지구 온난화 현상
② 지속 가능한 개발
③ 사막화 현상
④ 개발 독재

해 현세대에 필요한 범위 내에서만 개발하며 미래 세대에 필요한 환경을 훼손하지 않는 수준의 개발을 지속 가능한 개발이라고 한다. 이는 현세대와 미래 세대의 조화를 강조한 개념이다.

정답 ②

• 실천을 위한 노력
  - 자연에 대한 인식의 변화, 자연 환경 보호에 대한 책임의식 배양
  - 자원 절약 및 효율적 이용(일회용품 사용 제한, 친환경 제품 사용 등)
  - 인간의 욕망과 욕구를 억제할 수 있는 능력 강화
  - 환경보호에 대한 전 세계적 공동 노력, 제도적 장치의 마련

② 환경 친화적 소비생활

㉠ 소비의 의미
  • 인간의 필요와 욕구 충족을 위해 대가를 치르고 재화나 서비스를 구입ㆍ이용하는 활동
  • 소비를 통해 생활을 유지하고 경제를 성장시킴

㉡ 환경 친화적 소비
  • 의미 : 환경과 함께 공존하며 높은 삶의 질을 추구하는 소비생활로, 물질적 소비 생활에서 탈피하는 것에서 출발
  • 녹색 소비(녹색 구매) : 상품 구매시 환경에 미치는 영향까지 고려하는 친환경 소비
  • 착한 소비(윤리적 소비) : 환경은 물론 인권과 공정무역, 지속 가능성 등을 고려한 소비
  • 환경 마크 : 생산부터 폐기 단계까지 자원과 에너지를 절약하고 오염 물질 배출을 줄이는 제품을 친환경 상품으로 인정하는 표시
  • 환경 친화적 사용 : 구매한 물품을 환경 친화적으로 사용하는 것

㉢ 환경 친화적 삶의 실천
  • 개인적 실천 : 물자의 절약, 일회용품 사용 자제, 재활용의 습관화(아나바나 운동), 친환경 상품의 사용
  • 기업의 실천 : 오염 방지 및 배출 억제를 위한 시설ㆍ장비의 설치, 환경처리비용 부담
  • 제도적 실천 : 환경 보전 시설 및 지역의 설정, 환경 마크제 도입 및 관련법 제정, 환경 관련 국제협약 가입
  • 국제 사회의 실천 : 환경 문제 해결을 위한 정부 간 국제협약 체결, 환경 단체의 활동(그린피스, 지구의 벗 등)

❷ 삶의 소중함과 도덕

(1) 인간의 고통과 삶의 유한성

① 인간의 고통

ㄱ. 고통의 의미 : 정신적·감각적으로 불쾌하거나 괴로운 경험이나 상태

ㄴ. 고통의 원인 : 내적 요인과 외적 요인의 복합적인 작용의 결과

- 내적 요인 : 무지나 부주의, 욕심이나 집착 등
- 외적 요인 : 사건·사고, 재해, 폭력, 사회구조의 모순 등

ㄷ. 고통의 역할(기능)

- 더 큰 위험에 대한 자신을 보호하고 성장하는 계기가 됨
- 고통에 대한 공감이나 반성 등을 통해 도덕적·인격적으로 성숙하고 강해지며, 주변을 이해하게 됨
- 학문과 기술, 예술, 종교 등 새로운 문화 창조의 토대가 됨

ㄹ. 고통에 대한 올바른 태도

- 자신의 고통에 대한 대처
  - 고통의 긍정적 의미를 발견하며, 굳은 의지나 적극적 사고 방식을 함양
  - 원인에 대한 분석과 해결방안 모색, 용기와 인내심 배양
- 타인의 고통에 대한 태도
  - 타인의 고통에 공감과 연대의식, 측은지심의 마음(이기심의 극복)
  - 대가를 바라지 않는 실질적·즉각적 도움의 제공 노력

② 삶의 유한성

ㄱ. 죽음

- 죽음의 의미 : 인간의 생물학적·인격적 기능 상실로, 모든 것과 단절되는 상태를 의미
- 죽음의 특성 : 두려움, 평등(모두가 대상), 불가역성, 불가지성(언제 죽을지 알 수 없음)
- 죽음의 도덕적 의미
  - 자신의 삶과 세계에 대한 근본적인 깨달음을 얻는 계기
  - 욕심과 집착을 버리고 삶에 대한 겸허하고 경건한 태도를 형성

1. 국어 2. 수학 3. 영어 4. 사회 5. 과학 6. 도덕

문제 UP

다음 내용을 통해 알 수 있는 고통의 의의로 가장 알맞은 것은?

- "고통은 잠시요, 즐거움은 영원하다."(J. Schiller)
- "이런 세상에서 두려워 말라, 그러면 곧 알게 되리라. 고통을 겪은 후에 강해지는 것이 얼마나 장엄한가를."(H. Longfellow)

① 모두가 고통을 피하기를 원한다.
② 고통은 인간에게 불필요한 것이다.
③ 육체적 고통이 정신적 고통보다 힘든 것이다.
④ 고통 극복 과정을 통해 인격이 성숙해질 수 있다.

해 고통에 대한 공감이나 반성 등을 통해 도덕적·인격적으로 성숙하고 강해지게 된다.

정답 ④

개념 UP

인간의 한계

- **보편적 한계** : 모두가 결국 죽음에 직면할 수밖에 없음
- **개별적 한계** : 사람이나 상황에 따라 질병, 장애를 겪음
- **정신적 한계** : 정신적 고뇌, 시련, 두려움, 미래 예측 및 대비 능력의 불완전성
- **육체적 한계** : 육체적 통증이나 괴로움, 감각기관이 다른 동물보다 떨어짐
- **환경적 한계** : 가정형편의 곤란, 사회제도의 문제, 자연재해나 전쟁의 발생 등

– 슬픔과 안타까움을 통해 가족이나 지인의 사랑을 확인

ⓛ 삶의 유한성에 대한 자세
  • 유한한 존재로서의 인간 : 인간은 시간적 · 공간적 · 신체적 유한성에 직면하며, 이러한 삶을 유한성을 인식하고 수용하는 자세가 필요
  • 삶의 유한성에 대처하는 자세
    – 진 · 선 · 미 · 성(眞善美聖) 등 정신적 가치를 추구
    – 반성하고 성찰하는 자세로 삶의 의미를 깨닫도록 노력하고, 유한성에 적극 대처

ⓒ 유한성과 이상의 추구
  • 초월적 존재 존재로서의 인간
    – 다른 동물과 달리 도구를 개발하고, 한계 상황을 극복하려는 의지와 지혜를 지님
    – 자연에 안주하기보다 학문과 예술, 종교와 같은 정신문화를 발전시킴
    – 이성적 존재로서 인간만의 문화 세계를 창조
  • 이상적 삶을 위한 자세
    – 항상 공부하는 자세로 지식과 정보를 축적
    – 자율적 판단력과 책임성을 신장하며, 창의성을 향상
    – 정의로운 마음과 배려하는 마음을 가짐
    – 자연과 평화를 사랑하며, 자아실현을 위해 노력함

(2) 생명을 대한 도덕적 성찰
  ① 생명 존중 사상
    ⓣ 생명 경시 풍조
      • 원인 : 개인적 우울증과 고독, 가정의 불화, 과다 경쟁의 사회적 분위기, 물질 만능주의, 대중매체의 폭력성, 이기주의, 감각적 쾌락주의 등
      • 양상 : 폭력과 살인 등 생명을 위협하거나 해치는 행위, 자살, 낙태, 약물 오남용, 동식물의 생명을 위협하는 행동 등
      • 해결 대책 : 생명을 소중히 여기는 마음을 확립하며, 생명 경시 풍조를 막을 수 있는 제도를 모색함
    ⓛ 생명 존중의 사상

- 불교 : 만물이 서로 연결되어 있고 인간도 다른 생명들과 관계 속에 있으므로, 생명을 소중히 여기고 보살펴야 함
- 기독교 : 모든 생명은 하느님이 창조한 귀한 존재이므로 함부로 해서는 안 됨
- 우리의 전통 사상 : 단군의 홍익인간 정신과 동학의 인내천 사상은 모두 인간 존중과 생명의 소중함을 강조함

② 생명과 건강을 위한 바른 자세

ㄱ 생명과 건강을 위한 노력
- 개인적 측면 : 규칙적 생활 습관, 스트레스 해소, 미래에 대한 믿음과 희망 등
- 학교 및 사회적 측면 : 인성교육의 강화, 상담시설의 확충, 여가 및 취미활동 확대, 청소년 유해환경의 제거 등

ㄴ 건강한 자아의 형성
- 삶의 나침판이 되는 목표를 설정
- 자아 존중감의 향상과 욕구 조절 능력의 함양
- 건전하고 건강한 여가활동, 다양한 사교활동을 통한 정서 안정의 추구

❸ 과학 기술과 도덕

(1) 과학 기술과 인간의 삶

① 과학 기술과 문명의 발달

ㄱ 기술의 발전 과정 : 인간 스스로의 한계를 극복하고자 자연을 변형·가공하고 산업혁명을 통해 기계 활용 기술이 발달

ㄴ 과학 기술 발전의 혜택
- 문명의 발달 : 건강 증진 및 여가의 확대, 식량 증산, 교통과 통신의 발달 등
- 정보통신 기술의 발달 : 인터넷, 휴대전화 등 가상공간 확대로 시·공간 제약에서 탈피, 정보의 실시간 교환
- 교통수단의 발달 : 전 세계를 활동범위로 하며, 교류가 확대
- 나노 기술의 발달 : 극미세 세계에 대한 연구로 인해 신물질 제조, 동식물의 복제가 가능

1. 국어 2. 수학 3. 영어 4. 사회 5. 과학 6. 도덕

문제UP

다음 문제를 해결하기 위한 자세로 가장 알맞은 것은?
- 집단 따돌림이나 성적 하락으로 인한 자살 문제
- 청소년 음주와 흡연 및 약물 오남용 문제

① 갈등의 회피 ② 약물 의존
③ 생명의 존중 ④ 기술의 존중

해 자살이나 약물 오남용 등은 모두 생명 경시 풍조에 해당하므로, 생명 존중 사상을 가지는 것이 그 해결책이 될 수 있다.

정답 ③

문제UP

다음 중 과학 기술 발전의 혜택으로 옳지 않은 것은?
① 건강 증진 및 여가의 확대
② 교통과 통신의 발달
③ 전 세계를 활동 범위로 교류 확대
④ 인터넷, 휴대전화 등 가상공간 확대로 시·공간 제약

해 과학 기술 발전의 혜택으로 인터넷, 휴대전화 등 가상공간 확대로 시·공간 제약에서 탈피하며 정보의 실시간 교환이 가능해졌다.

정답 ④

• 생명과학 기술의 발달 : 의학발달에 따른 생명 연장, 불임 극복, 농업 생산량 향상
• 디지털 혁명 : 컴퓨터와 통신기술의 발달로 사회 구조와 삶의 양식이 근본적으로 변화

② 인간과 과학 기술

㉠ 과학에 대한 인식 변화

• 산업혁명 이전 : 자연을 두려워하고 숭배하며, 극복해야할 대상으로 인식
• 산업혁명 이후 : 자연을 탐구 대상으로 인식하고, 자연을 이용 · 활용하는 능력 증대

㉡ 인간의 사고 변화(과학 발전의 배경)

• 이성적 · 합리적 사고 : 과학적 · 객관적 근거를 토대로 한 이성적 사고를 수행
• 인간 중심적 사고 : 인간을 위해 자연을 지배하고 환경을 파괴
• 과학 지상주의 : 과학적 사고에 기초하여 모든 것을 판단하는 것으로, 과학이 모든 것을 설명하고 해결해 줄 것이라 맹신

㉢ 과학 기술의 영향

• 긍정적 영향 : 생활의 편리, 물질적 풍요와 혜택, 미래에 대한 낙관적 전망과 희망
• 부정적 영향
  - 과학만능주의로 인한 과학 기술 의존성 심화, 과학적 가치를 맹신
  - 자원 고갈과 환경 파괴, 대량 살상 무기의 개발로 인한 인간 생존의 위협
  - 기계가 인간을 대신하여 인간이 소모품으로 전락하는 비인간화, 인간소외 발생
  - 정보통신 기술 발달에 따른 정보 유출, 사생활 침해 문제가 발생

(2) 과학 기술과 도덕 문제

① 과학 기술의 가치중립성

㉠ 가치중립성에 대한 옹호

- 과학은 '참' 과 '거짓' 을 구분하는 사실판단의 영역이지, '선' 과 '악' 의 가치판단 영역이 아님(가치판단으로부터 자유로운 영역)
- 과학은 결과 예측이 곤란하여 과학자에게 책임을 묻기가 곤란(사용자에게 책임이 있음)
- 관찰 · 탐구의 과정에서는 가치중립성이 타당하며, 과학에 대한 자유 보장은 기술 발달에 크게 기여

ⓛ 가치중립성에 대한 비판
- 과학의 연구의 자유보다 인간의 존엄성 실현이 우선임
- 과학의 목적과 연구 결과의 적용에는 가치판단이 개입이 필요함
- 과학 연구에는 자연을 정복하려는 인간의 가치와 실용성 · 상업성이 개입됨
- 인간 존엄성을 훼손하거나 생태계에 악영향을 미친 경우 과학자에게 책임을 물을 수 있음(인간과 환경에 미치는 영향을 고려해야 하므로 중립적이어서는 안 됨)

ⓒ 과학자에게 요구되는 바람직한 태도
- 인간과 생태계를 우선 고려(악영향을 미친 경우 과학 기술 연구의 자유를 제한)
- 현재와 미래에 발생할 수 있는 해악에 대한 도적적인 반성의 태도

② 생명 과학과 도덕 문제
ⓖ 생명 과학과 생명 공학
- 생명 과학 : 생명이 관계되는 현상이나 생물의 다양한 기능을 과학적으로 연구하는 학문
- 생명 공학 : 생명 과학으로 발견한 지식을 통해 다양한 응용 기술을 만들어 각 산업 분야에 적용하는 것(질병 치료, 신약 개발, 장기이식, 유전자 치료, 식량생산, 범인식별 등)

ⓛ 생명 과학의 영향
- 긍정적 영향 : 의학 발달, 식량 문제의 해결, 멸종 위기종 보존(생태계 유지) 등
- 부정적 영향 : 인간과 생명체의 존엄성 훼손, 생명 경시 풍조, 동물 실험 문제 등

1. 국어
2. 수학
3. 영어
4. 사회
5. 과학
6. 도덕

ⓒ 생명 과학의 윤리적 문제

- 인간 존엄성을 훼손하고 생명을 경시하는 문제가 발생
- 유전 공학 등 생명 공학 실험에 사용되는 동물들에 대한 윤리 문제가 존재
- 유전자 조작 농산물 등에 대한 안전성이 검증되지 않음
- 인간복제와 인공 임신중절 등 생명과 관련된 인위적 조작에 대한 논쟁이 계속됨
- 우리의 유전자 정보가 수집·침해 및 상업적 악용의 우려가 존재함

ⓔ 바람직한 생명 과학의 방향

- 인간 존엄성에 악영향을 미치는 개발과 활용은 중단할 수 있어야 함
- 실험 과정에서 동물의 생명을 함부로 대해서는 안 됨
- 생명 과학의 도덕적 책임과 생명 윤리를 확립할 수 있는 제도를 마련해야 함
- 온전한 모습의 자연을 미래세대에 물려주어야 할 책임의식이 필요

❹ 문화와 도덕

(1) 종교와 도덕

① 종교의 의미와 특징

ⓐ 종교의 의미

- 인간의 유한성을 인식하고 현실의 한계를 초월하려는 활동
- 절대적·초인간적인 신을 숭배하는 것과 관련된 활동

ⓑ 종교의 기원

- 자연 숭배 : 자연에 대한 숭배에서 종교가 시작됨
- 원시 신앙(토속 신앙)
  - 애니미즘 : 모든 자연물에 영혼이 깃들어 있다는 믿음
  - 토테미즘 : 특정 동식물이나 상징물을 신성하게 여겨 숭배
  - 샤머니즘 : 무당을 통해 신과 만나고 복을 기원하는 믿음

문제 UP

다음 내용에 해당하는 현대 사회의 윤리적 문제점으로 알맞은 것은?

- 자살, 동물 실험, 장기매매
- 인간 배아 복제, 대리모, 인공 임신중절

① 환경 파괴　② 생명 경시
③ 정치 갈등　④ 정보 남용

해 제시된 내용은 현대 사회의 생명 경시 풍조로 나타나는 현상에 해당한다.

정답 ②

개념 UP

과학 기술의 바람직한 활용

- **도덕적 검증** : 도덕적 책임과 통제 아래서 과학 기술을 연구
- **민주적 공개** : 국민이 과학 기술에 대해 판단할 기회를 제공
- **공평한 혜택** : 과학 기술에 대한 지나친 상업주의로부터 탈피
- **미래세대에 대한 존중** : 자연과 미래세대의 입장에서 지속 가능한 개발을 검토

- 현대의 종교 : 내세 지향적 종교관으로 변모, 선악의 기준 제시
ⓒ 종교의 특징
  - 삶과 죽음에 대한 성찰 : 삶의 의문에 답을 찾도록 도와주고, 죽음에 대한 두려움을 극복하고 가치 있는 삶을 추구
  - 삶의 방향성 제시 : 삶의 의미를 찾고 더 나은 삶의 방향을 모색
  - 인류애의 실천 : 인간 존중과 공동체의 중요성을 인식
  - 고유한 세계관 : 종교는 각기 고유한 세계관을 지니며, 인류 문화의 보편적 현상
  - 종교적 존재로서의 인간 : 종교를 통해 인간의 한계를 인식하고 절대자의 힘에 의존
② 종교의 기능
  ㉠ 긍정적 기능
    - 현실의 어려움을 극복하고 마음의 안정과 평화를 제공
    - 인간의 유한성을 초월하고 극복할 수 있는 희망을 제시
    - 도덕적인 삶과 사회 정의 구현의 기초로 작용
    - 현실 문제를 해결하고 질서를 유지하며, 사회 통합과 인류 문화 발전에 기여
  ㉡ 부정적 기능
    - 계급적 관습 등 부당한 관습을 신성시하고 정당화 함
    - 신에 대한 순종을 강조하여 소극적 · 의존적 태도를 형성함 (인간의 적극성 약화)
    - 다른 종교에 대한 배타성이 나타날 수 있음
③ 종교의 가치와 현실 종교
  ㉠ 종교의 가치
    - 기독교(성경)
      - 인간은 신의 근본인 사랑을 실천 예 십계명은 신과 이웃에 대한 사랑을 강조
      - 신의 형상을 부여받은 인간에게는 신성(神性)이 존재하는 존엄한 존재임
    - 이슬람교(코란)
      - 창조주인 신 앞에서 모든 인간은 평등함

개념UP

과학과 종교적 세계관
- **과학적 세계관** : 자연은 인과 법칙의 지배를 받고, 인간의 이성으로 인과관계를 파악
- **종교적 세계관** : 자연의 모든 과정을 신에 의한 과정으로 이해
- **양자의 관계** : 과학적 세계관과 종교적 세계관은 상호 보완적인 성격을 지님

문제UP

다음 종교의 기능 중 성격이 다른 하나는?
① 현실의 어려움을 극복하고 마음의 안정과 평화를 제공한다.
② 신에 대한 순종을 강조하여 소극적, 의존적 태도를 형성함
③ 도덕적인 삶과 사회 정의 구현의 기초로 작용한다.
④ 인간의 유한성을 초월하고 극복할 수 있는 희망을 제시한다.

해 ②는 종교의 부정적 기능이고, ①, ③, ④는 종교의 긍정적 기능이다.

정답 ②

---

1. 국어
2. 수학
3. 영어
4. 사회
5. 과학
6. 도덕

– 신의 가르침에 따를 때 죽어 신의 왕국에 도달할 수 있음 (내세 신앙, 유일신 신앙)
- 불교(불경)
  – 인간의 무지와 탐욕으로 고통이 발생하며, 깨달음에 이르는 8가지 올바른 길인 팔정도(八正道)를 통해 열반의 경지에 이르러야 함
  – 세상의 모든 일은 원인과 결과의 인연에 의해 이루어짐
- 유교 : 현실의 삶 속에서 수양과 도덕적 실천을 강조
- 도교 : 무위자연의 삶을 통해 도에 순응하며, 만물과 물아일체의 경지에 이르러야 함

ⓛ 현실 종교의 문제점
- 종교의 세속화 : 세속에 물들어 물질적 풍요와 권력을 추구하며, 본연의 의미가 퇴색
- 기복신앙의 성격 : 복을 기원하며 종교를 세속적 성공의 수단으로 인식
- 타종교에 대한 배타성 : 다른 종교를 배척하여 종교 갈등이 발생

ⓒ 종교 간 갈등의 해소
- 다른 종교에 대한 이해 및 소통과 교류의 확대
- 종교의 계율인 인간 존중과 사랑을 실천하며, 상호 협력이 필요한 동반자로 인식
- 다른 종교에 대한 인정과 관용을 통해 나의 종교가 존중받음을 인식

④ 종교와 도덕
ⓖ 종교와 도덕의 비교

공통점	차이점
• 사회규범의 일종이며, 사회가치를 실현 • 선악의 기준과 금기, 윤리적 지침 제공 • 질서와 조화를 강조하며, 사회 안정과 통합에 기여	• 보편적 도덕은 종교의 원천이 됨 • 종교는 선(善)을, 도덕은 성(聖)을 추구 • 종교는 행동의 근거로 종교적 교리를, 도덕은 양심을 제시

ⓛ 도덕의 근거로서의 종교

무위자연, 물아일체
- **무위자연(無爲自然)** : 인간의 인위적 행위가 가해지지 않은 자연 그대로의 상태
- **물아일체(物我一體)** : 자연과 자아가 하나로 일치되는 상태

문제UP

다음 중 종교 간의 갈등을 극복하기 위한 방안으로 올바른 것은?
① 자기가 믿는 종교의 교리를 강요한다.
② 종교를 성공의 수단으로 인식한다.
③ 다른 종교에 대해 이해하고 소통한다.
④ 인간은 완전하며 영원한 존재임을 주장한다.

[해] 다른 종교를 이해하고 소통과 교류를 확대하는 것이 종교 간 갈등을 해소하는 방법이다.

정답 ③

- 도덕규범의 실천 : 종교적 진리를 깨닫고 이를 실천하기 위해 노력하는 사람은 종교적인 사람인 동시에 도덕적인 사람
- 사회적 가치 습득 : 종교 활동을 통해 공동체가 요구하는 가치를 습득
- 도덕적 정체성 확립 : 절대자나 궁극적 이치 앞에서 자신의 존재를 자각

ⓒ 종교와 도덕의 조화
- 종교의 교리와 신념도 도덕적 규범을 토대로 비판·평가받아야 함
- 종교도 인간의 이성과 양심의 요구를 충족시킬 필요가 있음
- 종교적 믿음에 따른 행동의 경우도 인간에 대한 도덕적 책임이 전제되어야 함

(2) 예술과 도덕

① 예술의 의미와 기능

ⓐ 예술의 의미
- 의미 있고 가치 있는 세계를 창조하려는 인간의 욕구와 관련된 정신적 활동과 그 산물
- 인간의 감정과 느낌, 생각을 여러 재료와 기법을 이용해 다양하게 표현·전달하는 활동
- 외부의 세계를 모방하는 활동("예술은 세상을 보여주는 거울")
- 순수한 형식으로서의 예술도 있으며, 전쟁과 폭력, 차별 등의 사회문제를 담기도 함

ⓑ 예술의 기능
- 개인적 기능
  - 심미적 기능 : 감정을 순화하고 심리적 안정과 즐거움을 주며, 상상력을 증진
  - 도덕적 기능 : 감수성을 키우며 도덕적인 삶을 영위할 수 있게 함
  - 치유 기능 : 사람들의 마음을 치유하거나 위로해 줌
- 사회적 기능
  - 자기중심성 탈피 : 타인과의 공감과 자연에 대한 관심

개념UP

도덕이 배제된 종교의 모습
- 절대자에 대한 신앙을 왜곡하거나 부당한 신념을 강요하는 모습
- 비인간적 행동이나 몰상식적·반인륜적 행위를 일삼는 모습
- 다른 종교를 합리적 근거 없이 비판하는 모습
- 교리를 무분별하게 혼합하여 세력을 확장하려는 모습

개념UP

대중예술의 의미와 영향
- 대중예술과 순수예술
  - 대중예술 : 많은 사람이 즐기는 예술로, 이윤을 고려한 상업성과 통속성을 지님
  - 순수예술 : 순수한 예술적 동기에 의해 창조된 예술로, 고상하고 우아하며 고급스러움을 추구
- 대중예술의 영향
  - 긍정적 영향 : 많은 구성원이 향유하며, 대중의 공감과 화합에 기여
  - 부정적 영향 : 상업성과 선정성, 폭력성 등의 문제와 비판의식의 미비

다음 중 예술의 기능으로 옳지 않은 것은?

① 감정을 순화하고 심리적 안정과 즐거움을 준다.
② 사람들의 마음을 치유하거나 위로해 준다.
③ 인간에 대한 이해를 감소시키고 소통을 축소한다.
④ 타인과의 공감과 자연에 대한 관심이 생긴다.

해 예술의 기능은 인간에 대한 이해를 증진하고 소통을 하는 이해와 소통의 매개체이다.

정답 ③

개념UP

아름다움의 종류

• 순수미 : 순수한 아이의 눈망울에서 느껴지는 아름다움
• 우아미 : 우아한 대상에서 느껴지는 아름다움
• 장엄미 : 거대하고 웅장한 것에서 느껴지는 아름다움
• 숭고미 : 종교적 · 예술적 삶에서 느껴지는 아름다움
• 자연미 : 자연에서 느껴지는 아름다움

‒ 이해와 소통의 매개 : 인간에 대한 이해를 증진하고 소통을 확대
‒ 사회 · 문화의 발달 : 사회 문제를 고발하고 사상을 전달하며, 사회와 문화 발달의 원동력이 됨

② 예술과 도덕
　㉠ 예술과 도덕의 관계
　　• 심미주의(예술지상주의) : 예술의 유일한 목적은 예술 자체 또는 아름다움이며, 예술은 도덕의 평가에서 자유로움(사회성이나 도덕적 의미와 무관)
　　• 도덕주의 : 예술은 도덕적 교훈이나 본보기를 제공해야 하며, 미의 추구는 선(善)의 실현에 기여해야 함(예술의 사회성 강조)
　　• 심미주의와 도덕주의의 관련성 : 예술이 추구하는 미(美)와 도덕이 추구하는 선(善)은 긴밀한 관련성을 가지며, 조화와 질서가 담긴 예술이 아름다운 것처럼 조화와 질서에 따른 행위도 선함
　㉡ 예술 표현의 자유
　　• 심미주의적 관점 : 예술적 표현의 자유를 보장해야 함(표현의 자유는 기본권으로서, 창작 활동에 전념할 수 있게 함)
　　• 도덕주의적 관점 : 예술적 표현의 자유를 제한해야 함(예술도 도덕성을 요하며, 예술가에게도 사회적 책임이 따름)
　㉢ 예술과 도덕의 조화
　　• 예술적 표현의 자율성과 사회적 도덕성은 조화를 요함
　　• 예술은 감정을 치유 · 정화하며, 인간이 다른 사람과 공감하고 도덕적 삶을 가능하게 함
　　• 미적 체험을 통해 도덕적 감수성을 고양함(도덕을 추구하지 않아도 도덕적 효과를 발휘)
③ 진정한 아름다움
　㉠ 아름다움의 의미
　　• 편안함과 즐거움, 감동을 주는 것
　　• 보기 좋고 훌륭함 또는 하는 일이나 마음씨가 훌륭함
　　• 균형과 조화를 통해 눈과 귀가 즐겁고 만족스러움(객관적 속성과 주관적 상태의 조화)

ⓛ 아름다움의 다양성과 보편성

- 아름다움의 다양성 : 시대와 지역, 문화권, 개인의 주관 등에 따른 아름다움의 차이가 존재(주관적 속성)
- 아름다움의 보편성
  - 시대와 문화를 초월해 다수가 공감하는 보편적 아름다움
  - 내면의 아름다움을 보는 안목, 주관적 가치를 넘어 객관적 가치를 갖는 아름다움

ⓒ 아름다움의 추구 이유 : 행복한 삶, 사회적 공감대 형성, 문화의 발전

ⓔ 진정한 아름다움의 추구

- 진정한 아름다움 : 내면적 · 정신적 아름다움과 외형적 · 육체적 아름다움의 조화를 이룬 상태
- 진정한 아름다움을 위한 노력
  - 외모 지상주의의 극복 : 다른 가치보다 외형적 아름다움이 인생의 성공과 실패를 결정하는 기준이라는 잘못된 생각을 진정한 아름다움의 가치를 통해 극복해야 함
  - 몸에 대한 존중 : 획일화 · 상업화된 미의 기준에서 탈피하여 다른 사람과 구분되는 자신만의 매력을 키움
  - 인격적 성숙 : 사고와 품성, 도덕적 측면의 인격미를 통해 내면적 아름다움을 키움
  - 밝은 표정과 긍정적 태도 : 항상 밝은 표정과 단정한 옷차림, 긍정적 태도로 생활함
  - 개성과 자존감 : 획일화되지 않은 개성과 자존감을 가지며, 자신의 삶에 충실함

❺ 마음의 평화와 도덕적 삶

(1) 갈등의 해결

① 갈등의 의미와 기능

ⓖ 갈등의 의미 : 목표나 이해관계의 차이로 인한 충돌과 대립을 의미함

문제UP

다음 내용이 비판하는 것으로 가장 알맞은 것은?

- 내면적인 아름다움의 가치를 소홀히 한다.
- 지나친 다이어트와 성형수술의 열풍을 초래하기도 한다.

① 사회적 불평등
② 황금만능주의
③ 예술 지상주의
④ 외모 지상주의

해 외형적 아름다움을 최고의 가치로 생각하여 내면적 아름다움의 가치를 소홀히 하고 무리한 다이어트나 성형수술을 추구하는 것은 외모 지상주의에 해당하는 내용이다. 이러한 외모 지상주의는 진정한 아름다움의 의미와 가치를 통해 극복해 나가야 한다.

정답 ④

개념UP

갈등 해결에 바람직하지 않은 태도
상대방을 존중하지 않는 태도, 이기주의적 태도, 적대감 등

개념UP

용서의 태도와 한계

- **용서의 기본 태도** : "죄는 미워하되 인간은 미워하지 마라"(인간의 존엄성)
- **용서의 범위** : 고의적·반복적 범죄나 패륜적 행위, 반사회적 행위 등은 용서할 수 있는 범위를 벗어남
- **용서의 구체적 한계**
  - 용서를 받은 경우도 현실적인 책임이 사라지는 것은 아님
  - 사회 정의나 국가 안전보장과 관련된 문제는 개인이 용서한다고 해결되지 않음

개념UP

공자의 서(恕)

공자의 '인'의 실천 덕목 중에 하나인 '서'는 내 자신의 마음을 미루어 남을 헤아린다는 의미이다. "내 마음(心)과 같이(如)한다."는 마음이 같으면 이해할 수 있고 즉 용서할 수 있게 된다는 뜻이다.

ⓛ 갈등의 원인 : 가치관의 차이, 부와 권력 등 사회적 희소가치에 대한 이해관계의 대립, 급속한 사회 변동 등
ⓒ 갈등의 유형 : 세대 갈등, 지역 갈등, 노사 갈등, 빈부 갈등, 이념 갈등, 종교 갈등, 민족 갈등, 성역할 갈등, 문화 갈등 등
ⓔ 갈등의 기능

긍정적 기능	부정적 기능
• 사회 문제의 인식 • 갈등 극복을 통한 사회 발전, 내부 결속 강화 • 독선의 차단, 타인에 대한 이해와 존중	• 사회 혼란과 무질서, 사회 분열·해체 • 국론 분열에 따른 사회 통합의 저해 • 폭력 사태의 유발

② 사회적 갈등의 해결
ⓐ 용서와 화해
  • 용서 : 고통이나 손해를 끼친 사람을 이해하고 감싸주며, 공감하는 것
  • 화해 : 갈등으로 소원해진 관계를 회복하는 것
ⓑ 용서와 화해의 기능 : 사회적 갈등의 극복, 자존감의 회복
ⓒ 용서와 화해의 자세 : 인간 존중, 양보와 타협, 역지사지, 공익의 고려, 사회규범 준수 등
ⓓ 용서·화해와 관련된 사상 : 공자의 서(恕), 원효의 화쟁사상, 불교의 연기사상, 기독교의 사랑 등

(2) 도덕적인 삶과 내적 평화
① 도덕적인 삶
  ⓐ 의미 : 도덕적 의무감·책임감이 강하여 옳다고 믿는 일을 실천하는 삶을 말함
  ⓑ 필요성 : 반성과 성찰의 기회 부족, 물질적 가치에 대한 맹목적 추구 등
  ⓒ 바람직한 자세 : 감정과 욕구에 대한 절제, 내적 평화의 유지 등
② 내적 평화
  ⓐ 내적 평화와 외적 평화
    • 내적 평화 : 마음 속의 평온이 유지되는 상태
    • 외적 평화 : 갈등과 분쟁이 발생하지 않는 상태
  ⓑ 내적 평화의 필요성 : 정신적 안정, 가치의 실현 등

ⓒ 내적 평화의 달성 방법 : 인간과 자연 및 우주와의 조화

- 공동체 의식의 함양을 통해 사회적 관계를 회복
- 나눔과 봉사를 통해 평화로운 사회를 구현

ⓔ 관련된 사상

- 유교 : 맹자의 호연지기(浩然之氣), 성리학의 수신과 경(敬)
- 도교 : 장자의 목계지덕(木鷄之德)
- 불교 : 욕망과 집착을 제거하고 해탈의 경지에 이름
- 스토아 학파 : 어려움이나 고통에 흔들리지 않는 이성적 부동심인 '아파테이아' 추구
- 에피쿠로스 학파 : 욕망을 줄여 마음의 불안과 몸의 고통이 없는 평정심인 '아타락시아' 추구

③ 자연과의 조화

ⓐ 자연에 대한 관점의 변화

- 동양적 관점 : 환경결정론의 관점을 토대로 인간을 자연과 우주의 일부로 인식
- 서양적 관점 : 환경가능론의 관점을 토대로 인간이 환경을 지배할 수 있다고 봄(기독교적 인간관, 정복 지향적 자연관의 영향)
- 현대적 관점 : 환경오염과 생태계 파괴의 문제로 인해 인간과 자연의 조화를 추구하는 생태주의적 관점이 확산

ⓑ 자연과의 조화를 강조한 사상

- 유교의 천인합일(天人合一) : 하늘과 사람이 합일체임을 밝히는 유교적 개념으로, 인간 본성의 근원인 하늘을 따라 평화롭고 이상적인 사회의 구현이 가능하다고 봄
- 불교의 연기(緣起)사상 : 인간과 자연을 상호 의존적 존재로 파악하여 화해와 조화를 강조
- 도교의 무위(無爲)사상 : 노자의 무위자연은 부자연적인 것 또는 인위적인 것을 버리고 자연의 순리대로 살 것을 강조
- 스토아 학파의 로고스(Logos) : 우주의 이성 또는 질서를 의미하는 로고스에 따라 우주자연의 질서에 순응하며 살 것을 강조

개념UP

호연지기, 목계지덕

- 호연지기(浩然之氣) : 하늘과 땅 사이에 가득 찬 넓고도 큰 원기(元氣), 자유롭고 유쾌한 마음 또는 공명정대하여 조금도 부끄러운 바 없는 용기
- 목계지덕(木鷄之德) : 나무로 만든 닭처럼 완전히 자신의 감정을 제어할 줄 아는 능력

문제UP

다음 사상과 마음의 평화를 위한 실천 방법이 바르게 연결된 것은?

	사상	실천 방법
①	유교	참선과 팔정도(八正道)
②	불교	욕망과 집착에서의 해탈
③	스토아 학파	이성에 따른 부동심의 추구
④	에피쿠로스 학파	수신과 경(敬)의 실천

해 ③ 스토아 학파는 실천 방법으로 어려움이나 고통에 흔들리지 않는 이성적 부동심인 '아파테이아'를 추구한다.

① 참선과 팔정도는 불교의 실천 방법이다.

② 욕망과 집착에서의 해탈은 도교의 실천 방법이다.

④ 수신과 경(敬)의 실천은 유교의 실천 방법이며, 에피쿠로스 학파는 욕망을 줄여 마음의 불안과 몸의 고통이 없는 평정심인 '아타락시아' 추구한다.

정답 ③

❻ 이상적인 인간과 사회

문제UP

다음 내용이 추구하는 이상적인 인간상은?

- 이기심을 극복하고자 하는 극기복례의 삶을 추구
- 인의예지(仁義禮智)의 덕을 조화롭게 갖춘 사람

① 군자 ② 지인
③ 보살 ④ 신선

해 이기적인 자신을 극복하고 예를 회복하는 극기복례의 삶을 추구하며 인의예지의 덕을 조화롭게 갖춘 사람은 유교의 이상적 인간상인 '군자'이다.

정답 ①

개념UP

우리나라의 이상적 인간상

- **신라의 화랑** : 뛰어난 학식과 무예, 용맹함을 갖춤
- **조선 시대의 선비** : 학식과 인품을 갖추고 있으며, 의리를 지키고 백성을 보살핌

(1) 이상적인 인간

① 동양의 이상적 인간

㉠ 종류

구분	인간상	수양 방법
유교	• 이상적 인간상 : 군자, 성인 • 군자는 인(仁)을 회복하고 예를 실현하며, 중용의 덕을 실천하는 도덕적 인격을 갖춘 사람 • 성인은 수양으로 인격 완성의 최고 경지에 이른 완전한 인간	이기적인 자신을 극복하고 예를 회복하는 극기복례(克己復禮)
도교	• 이상적 인간상 : 천인, 지인, 진인, 신인 • 노자 : 인위적인 것을 거부하고 자연의 순리를 따르는 무위자연의 삶을 강조 • 장자 : 도의 관점에서는 만물이 평등	• 상선약수 : 가장 좋은 것은 물과 같음, 즉 몸을 낮추어 겸손하며 남에게 이로움을 주는 삶을 추구 • 물아일체 : 자연과 하나가 되는 절대 자유의 경지
불교	• 이상적 인간상 : 보살 • 보살은 고통과 집착에서 벗어나 해탈과 열반의 경지에 이른 사람으로, 위로는 부처가 되기 위한 깨달음을 구하고 아래로는 자비를 베풀고 중생을 구하고자 하는 이타적 인간상을 말함	바라밀은 완전한 상태·최고의 상태를 뜻하는 것으로, 현실에서 벗어나 번뇌와 고통이 없는 해탈과 열반의 경지에 이르는 것을 의미함

㉡ 특징 : 조화와 균형을 추구하나 이상적·추상적 성격이 강함

② 서양의 이상적 인간상

㉠ 종류

- 이성주의적 인간관
  - 소크라테스 : 잘못의 원인인 무지를 깨우치고 참된 앎에 도달한 사람을 이상적 인간상으로 파악(주지주의의 입장)
  - 플라톤 : 이성(지혜)·기개(용기)·정욕(절제)이 조화를 이루어 정의로운 사람을 철인이라 하여 이상적 인간상으로 파악
  - 아리스토텔레스 : 중용의 덕을 지니고 실천하는 인간(품성적인 덕과 지적인 덕을 갖춘 인간)을 이상적 인간으로 파악(주지주의+주의주의)

　　－ 칸트 : 도덕률을 존중하고 자유의지에 따라 살아가는 자율
　　　인을 이상적 인간으로 파악
　• 기독교적 인간관
　　－ 신의 뜻에 따라 투철한 신앙심과 사랑을 실천하는 크리스
　　　천을 이상적 인간상으로 파악
　　－ 모든 인간은 평등하며, 인간도 신에 따라 인간과 자연을
　　　사랑해야 책임을 다해야 함
　ⓒ 특징 : 인간의 존엄성과 자유·평등을 강조하지만, 인간을 자
　　연보다 우월한 존재로 인식
③ 이상적 인간상의 실현
　㉠ 실현을 위한 노력
　　• 이상적 인간상을 정립하고 그에 따라 행동
　　• 자신의 인격과 능력을 배양하고 평정심을 유지
　　• 도덕적 자율성을 신장하고, 공공선을 추구
　　• 진정한 앎을 추구하고 실천하기 위해 노력
　　• 타인에 대한 사랑과 배려, 관심, 봉사의 태도를 가짐
　ⓛ 바람직한 인간상 : 자율적 인간, 정의로운 인간, 창의적 인간,
　　배려적 인간

(2) 이상적 사회
① 동양의 이상 사회
　㉠ 유교 : 공자는 모두가 화합하고 더불어 살 수 있는 조화로운 사
　　회인 '대동사회'를 이상적 사회로 파악
　ⓛ 도교
　　• 노자는 작은 땅에 적은 백성들이 자연의 질서에 순응하며 살
　　　아가는 '소국과민' 사회를 이상 사회로 파악
　　• 장자는 어떠한 인위도 없는 자연 그대로의 사회(아무것도 없
　　　는 곳)인 '무하유지향'을 이상 사회로 봄
　ⓒ 불교
　　• 불국정토 : 부처와 보살이 머물며 중생을 구제하는 곳, 자비
　　　로 충만한 평화로운 사회
　　• 미륵세상 : 집착과 대립, 갈등, 궁핍이 없는 세상인 극락이
　　　현실에 실현된 곳

문제 UP

다음 내용과 관련이 깊은 사상가는?

　지혜의 덕을 지닌 철학자 계급과 용
기의 덕을 지닌 수호자 계급, 절제의
덕을 지닌 생산자 계급이 각각 자신의
본분에 맞게 조화를 이룰 때 정의로운
국가가 실현된다.

① 맹자　　　② 이황
③ 플라톤　　④ 베이컨

해 제시된 내용은 플라톤이 이상적인
　사회로 지적한 철인 국가에 대한
　내용이다.

정답 ③

개념 UP

동서양의 이상적 인간상의 공통점
• 자신의 인격을 닦아 완전하게 만
　들고자 하는 사람
• 다른 사람을 위해 사랑을 베풀려
　고 노력하는 사람
• 육체와 정신, 감정과 이성을 조화
　·발전시킨 사람

개념 UP

우리나라의 이상 사회
• 단군의 신시 : 법이 아닌 이치에
　따라 통치하며 홍익인간의 이념이
　실현되는 곳
• 동학 : 사람을 하늘 같이 여기는
　사회
• 정약용 : 백성에게 권력이 주어지
　는 민권주의와 토지가 균등하게
　배분된 정전제가 실시되는 곳

문제 UP

다음 중 이상 사회에 대한 설명으로
옳지 않은 것은?

① 유교에서는 대동사회를 이상적
사회로 파악하였다.
② 불교에서는 소국과민 사회를 이
상 사회로 파악하였다.
③ 토머스 모어는 유토피아 이상 사
회로 제시하였다.
④ 베이컨은 과학자가 지배하는 뉴아
틀란티스를 이상 사회라 하였다.

🎗 노자가 제시한 소국과민 사회는 도
교의 이상 사회에 해당한다. 소국과
민 사회란 작은 땅에 적은 백성들
이 자연의 질서에 순응하며 살아가
는 사회를 말한다. 한편, 불교의 이
상 사회는 불국정토와 미륵세상이
있다.

정답 ②

② 서양의 이상 사회

㉠ 플라톤의 철인 국가 : 이성과 지혜를 갖춘 철인이 통치하는 나
라로, 통치자의 지혜와 이성, 수호자의 용기, 생산자의 절제가
갖춰진 곳

㉡ 기독교의 천국 : 신의 뜻에 따라 사랑을 실천하고 고통 없이 영
원한 행복을 누리는 곳

㉢ 토머스 모어의 유토피아 : 모두가 존엄하고 소유와 생산이 평등
하며, 적당한 노동과 충분한 여가를 즐기며, 경제적으로 풍요
로우나 검소하게 사는 사회

㉣ 베이컨의 뉴아틀란티스 : 과학자가 지배하며 물질적 풍요와 행
복이 실현되는 사회

㉤ 루소의 민주 사회 : 빈부격차가 없는 소농을 중심으로 정치공동
체를 구성하여 직접 민주주의를 실현하는 사회

㉥ 마르크스의 공산 사회 : 사유 재산과 계급이 소멸하여 능력만큼
일하고 필요한 만큼 분배되는 평등한 사회

㉦ 바쿠닌의 무정부 사회 : 일체의 정치 조직이나 규율, 계급, 권위
가 존재하지 않는 사회

③ 이상 사회의 실현

㉠ 실현의 조건 : 도덕성 회복, 민주주의 정착과 분배 정의 실현,
관용과 다양성 인정 등

㉡ 실현을 위한 노력 : 도덕 공동체 구현, 민주주의 사회의 실현,
성장과 분배의 조화, 관용의 태도, 다양성 존중 등

01 다음의 사례에서 밑줄 친 부분의 근거로 가장 알맞은 것은?

> 친구와 가게에 물건을 사러 갔는데, 가게 주인이 잠시 자리를 비우자 친구가 물건을 몰래 훔쳐 나왔다. 잘 아는 친구이기에 그냥 아무 말도 하지 않고 따라 나왔으나, <u>이후 그 행동을 말리거나 아무 말도 하지 못한 자신이 부끄럽게 느껴졌다.</u>

① 예절　　　　　　② 양심
③ 관습　　　　　　④ 법

정답　②　　출제 가능성　70%

해설

자신의 행동이 옳지 않기에 스스로 자신이 부끄럽게 느껴진 것이므로, 양심의 가책을 느끼는 것이라 볼 수 있다. 따라서 밑줄 친 부분과 가장 관련된 것은 양심이다. 양심은 자기 행위의 옳고 그름, 선악을 분별하는 마음의 명령, 또는 도덕적으로 올바른 행동을 하도록 하는 마음의 명령을 말한다.

02 자기 존중과 타인 존중의 관계에 대한 설명으로 옳지 않은 것은?

① 자신을 소중히 여길 때에야 비로소 타인의 소중함을 자각할 수 있다.
② 타인을 존중하고 이해하는 만큼 자기 존중의 마음이 형성된다.
③ 자신을 소중히 여기는 사람은 타인도 존중한다.
④ 타인을 존중하는 사람은 자신의 소중함을 모른다.

정답　④　　출제 가능성　60%

해설

자기 존중과 타인 존중의 관계는 상호 보완적으로 자기 존중을 통한 타인 존중 또는 타인 존중을 통한 자기 존중이 형성된다.

03 다음과 가장 관련이 있는 것은?

> • 도덕적 판단과 실천을 연결하는 고리의 역할을 한다.
> • 옳다는 것을 알면서도 실제로 그렇게 행동하지 못하는 사람에게 요구되는 자세이다.

① 폭넓은 지식의 추구　　　② 안전한 삶의 조건 형성
③ 부의 획득을 위한 노력　　④ 도덕적 실천 의지의 함양

정답　④　　출제 가능성　60%

해설

도덕적 실천 의지란 도덕적 지식과 판단을 토대로 주어진 상황에서 실제로 행동하려는 마음가짐으로, 도덕적 판단과 도덕적 실천을 연결하는 고리의 기능을 수행한다. 인간의 불완전성으로 인해 도덕적 지식·판단과 다른 행동을 하거나 행동으로 옮기지 못하기도 하므로, 도덕적 실천의지를 통해 자신의 행동을 반성하는 자세가 필요하다.

04 다음 중 인간의 본성에 관한 설명으로 옳지 않은 것은?

① 성선설은 인간의 본성은 원래부터 선하다는 관점이다.

② 성악설에서는 본성을 잘 유지하지 않으면 이기적이며 악하게 된 다고 하였다.

③ 맹자는 성선설의 입장에서 사단(四端)을 잘 유지하지 않으면 악을 행할 수 있다고 하였다.

④ 순자의 성악설은 예의 실천을 통해 인간을 선하게 변화시켜야 한 다는 것을 강조하였다.

| 정답 | ② | 출제 가능성 | 40% |

해 설

성악설은 인간의 본성은 본래 이기적이고 악하므로 그대로 두면 악한 행동을 하게 된다고 보며, 악한 본성을 선하게 하기 위해 끊임없이 자신을 다그치고 예를 지켜야 한다고 하였다. 따라서 ②는 옳지 않다.

05 도덕적 상상력과 관련된 요소를 〈보기〉에서 고른 것은?

┌─────── 〈보기〉 ───────┐
ㄱ. 공감   ㄴ. 차별
ㄷ. 비판적 사고   ㄹ. 도덕적 민감성
└──────────────────────┘

① ㄱ, ㄹ

② ㄴ, ㄷ

③ ㄴ, ㄹ

④ ㄷ, ㄹ

| 정답 | ① | 출제 가능성 | 60% |

해 설

도덕적 상상력은 타인의 입장을 헤아려 도움이 되는 행동을 상상하고 결과를 예측하는 능력으로 공감, 도덕적 민감성, 도덕적 문제의 결과 예측이 상상력을 발휘하는 요소이다.

06 다음 중 바람직한 국가의 역할로 옳은 것은?

① 재난이나 범죄로부터 국민의 안전을 나중으로 생각 한다.

② 집단적 요구를 무시하고 갈등을 유발한다.

③ 복지 제도와 시설을 통해 국민의 이익과 행복을 증진시킨다.

④ 국가 경제의 발전을 늦추기 위해 노력한다.

| 정답 | ③ | 출제 가능성 | 60% |

해 설

국가의 바람직한 역할은 국가 안전보장, 치안 및 질서 유지, 사회정의와 복지 실현, 환경 보호 등이 있다.

07 다음 중 진로 선택시 고려해야 할 바람직한 자세로 옳지 않은 것은?

① 자신의 흥미, 능력, 가치관 등을 고려한다.

② 편견과 선입견을 버리고 다양한 정보를 수집한다.

③ 외면적 가치보다는 보람이나 성취감과 같은 내면적 가치를 우선한다.

④ 선생님이나 부모님의 의견을 전적으로 반영하여 결정한다.

| 정답 | ④ | 출제 가능성 | 70% |

해 설

진로 선택은 인생에 영향을 미치는 중요한 결정이라는 점에서 주체적 결정이 이루어져야 한다. 따라서 선생님이나 부모님과 상담하고 의견을 참고하는 것은 좋으나, 그들의 의견을 전적으로 반영한 결정은 피해야 한다.

08 다음의 빈칸에 들어갈 표현으로 가장 알맞은 것은?

> • 도덕 원리 : 다른 사람에게 피해를 주는 행동은 옳지 않다.
>
> • 사실 판단 : 교통신호위반은 다른 운전자에게 피해를 주는 행동이다.
>
> • 도덕 판단 : _____

① 교통신호위반을 하면 처벌을 받는다.

② 교통신호위반은 옳지 않은 행동이다.

③ 다른 운전자가 싫어하는 행동을 하면 안 된다.

④ 교통신호를 위반하는 것은 법에 어긋난다.

| 정답 | ② | 출제 가능성 | 60% |

해 설

도덕 판단은 도덕 판단의 근거인 도덕 원리와 사실 판단으로부터 도출되는 것이므로, ②가 가장 알맞다.

• 도덕 원리 : A이면 B이다.

• 사실 판단 : C이면 A이다.

• 도덕 판단 : C는 B이다.

09 다음 중 바람직한 가정을 이루기 위한 노력으로 옳지 않은 것은?

① 서로 충분히 대화하고 의사소통하도록 노력한다.

② 가족 구성원들 각자의 역할을 이해하고 존중한다.

③ 가족 구성원들끼리는 서로 관심을 가지지 않는다.

④ 집안 청소에 가족 구성원 모두가 참여한다.

| 정답 | ③ | 출제 가능성 | 70% |

해 설

③ 가족 구성원 간에는 상호 관심과 이해가 필요하므로, ③은 옳지 않다.

① 가족 구성원 간의 충분한 대화와 의사소통을 위해 노력한다.

② 가정 내 각자의 역할과 맡겨진 책임을 완수하며, 이를 상호 존중한다.

④ 가족 구성원이 모두 참여하는 활동이 바람직한 가정을 이루기 위해 필요하다.

10 다음의 빈칸에 공통적으로 들어갈 말로 가장 알맞은 것은?

> • 관포지교란 춘추시대 관중(管仲)과 포숙(鮑叔)의 사귐을 뜻하는
> 것으로, ( ) 사이의 두터운 우정을 비유하는 말이다.
> • 사람됨을 알고자 하면 ( )이/가 누구인가를 보라.
> • ( )(이)란 두 개의 육체에 깃든 하나의 영혼이다.

① 친척   ② 이웃
③ 형제   ④ 친구

11 다음 중 사이버 공간에서 지켜야 할 예절로 옳은 것은?

① 익명성이 보장되는 게시판에 타인을 비방하는 글을 올린다.
② 연예인에 대한 허위 정보를 인터넷 블로그에 게시한다.
③ 좋아하는 음악을 유료로 다운로드 하여 이용한다.
④ 개인 정보를 무단으로 수집하여 광고 메일을 보낸다.

12 다음 내용과 가장 관련된 것은?

> • 계   • 두레
> • 품앗이   • 향약

① 이웃 간의 상부상조   ② 부모에 대한 효도의 마음
③ 스승과 제자의 사랑   ④ 형자자매 간의 우애

13 다음과 같은 문제 해결을 위해 가장 필요한 자세에 해당하는 것은?

> 친구들 간에 발생하는 집단 따돌림 현상이나 학교 폭력 문제를 근본적으로 해결하기 위해서는 상대방의 입장이 되어 생각해 보려는 자세가 반드시 필요하다.

① 역지사지(易地思之)
② 이기주의(利己主義)
③ 아전인수(我田引水)
④ 개인주의(個人主義)

정답 ① 출제 가능성 70%

해 설
문제 해결을 위해 상대방의 입장이 되어 생각해 보는 것은 역지사지(易地思之)의 자세이다.

14 다음 내용에서 설명하는 청소년 문화에 대한 관점으로 맞는 것은?

> 요즘 청소년의 문화는 기성세대의 문제점을 개선할 수 있는 가능성을 지니고 있으며, 미래 사회를 대비할 희망적인 문화라고 생각한다.

① 비행 문화
② 대안 문화
③ 하위 문화
④ 저항 문화

정답 ② 출제 가능성 50%

해 설
대안 문화는 새롭고 독립적인 영역을 창출함으로써 기성세대의 문제를 개선하고 잘못된 문화의 대안이 될 수 있는 문화를 말한다.

15 도덕적 사고와 행동이 일치하기 어려운 이유로 옳지 않은 것은?

① 자신과 직접적인 이해관계가 없는 일에 무관심하기 때문이다.
② 옳지 않음을 알면서도 당장의 이익만을 추구하기 때문이다.
③ 양심의 가책을 느끼고 다른 사람으로부터 신뢰를 얻으려 하기 때문이다.
④ 부당한 명령을 거부하지 못하고 용기를 내지 못하기 때문이다.

정답 ③ 출제 가능성 70%

해 설
도덕적 사고와 행동이 일치하기 어려운 이유는 무관심, 이기심, 용기가 부족해서 등의 이유가 있다.

16 다음과 같은 생각을 가진 사람에게 필요한 태도는?

> 손으로 식사를 하는 사람이 있다는 것은 알지만, 식사를 같이 한다면 무척 비위생적으로 느껴질 것이라 생각한다.

① 문화 상대주의　　② 문화 사대주의
③ 문화 절대주의　　④ 자문화 중심주의

17 다음 중 통일을 이루기 위한 노력으로 바람직하지 않은 것은?

① 남북한 간의 상호 불신 해소와 상호 이해의 증진
② 성숙한 시민 의식과 지속적 경제 성장의 추구
③ 군비 확장을 통한 군사 대국화의 추구
④ 우리 사회 내부의 안정과 발전

18 다음의 내용과 가장 관계가 깊은 것은?

> A : 정의로운 사회를 만들기 위해서는 무엇을 해야 합니까?
> B : 정의로운 사회를 위해서는 어떤 일이든 내가 먼저 의지를 갖고 실천하는 것이 가장 우선이라 생각합니다.

① 공정한 경쟁의 확보
② 시민 단체 활동의 확충
③ 능력에 따른 보상의 지급
④ 자발적 실천 의지의 함양

19 다음에서 설명하는 이상 사회는?

> • 작은 나라에 백성이 적은 사회
> • 문명의 발달 없는 무위와 무욕의 이상사회

① 대동사회   ② 유토피아

③ 무위자연   ④ 소국과민

| 정답 | ④ | 출제 가능성 | 70% |

해 설

주어진 설명은 노자가 주장한 이상 사회인 소국과민에 대한 것이다. 노자는 문명의 발달이 없지만, 갑옷과 무기도 쓸 데가 없는 작은 나라에 적은 백성이 이상적 사회이자 이상적 국가임을 주장했다.

20 다음 중 민주 시민의 기본 정신을 모두 맞게 고른 것은?

> ㉠ 규범을 준수하는 것
> ㉡ 민주적 절차를 따르는 것
> ㉢ 소수의 의견을 무시하는 것
> ㉣ 개인의 이익을 우선적으로 추구하는 것

① ㉠, ㉡   ② ㉠, ㉢

③ ㉡, ㉣   ④ ㉢, ㉣

| 정답 | ① | 출제 가능성 | 50% |

해 설

민주 시민의 기본 정신으로 해당하는 것은 법과 규범의 준수, 민주적 절차의 준수, 생명과 인권의 존중 등을 들 수 있다. 따라서 ①이 옳다.

21 다음 중 바람직한 소비 생활의 자세로 옳은 것은?

① 자신의 경제수준을 초과하는 고가의 명품을 구입한다.

② 즉흥적이고 충동적인 감정에 따라 소비한다.

③ 계획을 수립하여 소비하고 지출한다.

④ 자녀들이 원하는 것은 모두 살 수 있도록 한다.

| 정답 | ③ | 출제 가능성 | 70% |

해 설

충동구매나 과소비, 과시소비 등 불합리한 소비를 방지하기 위해서는 계획을 세워 자신의 능력 범위에서 필요한 물건을 소비하여야 한다. 따라서 ③만 바람직한 소비 생활의 자세에 해당한다.

1. 국어

2. 수학

3. 영어

4. 사회

5. 과학

6. 도덕

22 다음의 문제를 극복하기 위해 필요한 태도로 알맞은 것은?

> 청소년의 자살률이 전체 자살률의 30%에 이른다. 자신이 원하는 기대 수준과 현실 간의 차이에서 절망감을 느끼며, 고통스러운 감정과 생각에서 벗어나기 위해 자살을 시도하는 것이다.

① 여가 활동   ② 생명 존중
③ 지식 축적   ④ 흑백 논리

정답 | ②   출제 가능성 60%

해 설
제시된 내용은 청소년의 자살률이 높다는 것인데, 청소년기는 아직 정신적으로 완전히 성숙하지 않은 시기이므로 생명의 소중함을 충분히 인식하고 존중하는 사고를 할 수 있도록 하는 노력이 필요하다. 따라서 ②가 가장 적합한 태도이다.

23 다음 중 생명 과학의 발달에 따른 문제점으로 볼 수 없는 것은?

① 동물을 사용한 생명 공학 실험의 확대
② 새로운 멸종 위기종의 발견과 보호
③ 유전자 조작 농산물의 개발
④ 유전자 정보의 상업적 이용

정답 | ②   출제 가능성 50%

해 설
② 새로운 멸종 위기종을 발견하여 보호하는 것은 생태계의 건강한 유지에 기여하는 것이므로, 생명 과학의 긍정적 영향이라 볼 수 있다.
① 생명 공학 실험에 동물을 사용하는 것은 그들의 생명을 침해할 수 있다는 점에서 윤리적으로 문제가 된다.
③ 유전자 조작 농산물 등에 대한 안전성이 검증되지 않았다는 점에서 문제가 된다.
④ 우리의 유전자 정보가 수집·침해 및 상업적 악용의 우려가 존재한다는 것도 생명 과학의 윤리적 문제에 해당한다.

24 다음 중 종교 간의 갈등을 줄이기 위한 자세로 옳지 않은 것은?

① 다른 종교를 이해하고 서로 소통하여야 한다.
② 서로에 대해 상호 협력이 필요한 동반자로 인식한다.
③ 다른 종교에 대해 관용의 자세와 개방적 태도를 가진다.
④ 다른 종교를 믿는 사람에게 자기 종교의 교리를 강요한다.

정답 | ④   출제 가능성 60%

해 설
다른 종교를 인정하고 이해하여야 하며, 자기 종교의 교리를 강요해서는 안 된다.

25 다음 내용이 설명하는 덕목으로 옳은 것은?

- 플라톤이 이상 사회로 제시한 철인 국가에서 생산자 계급이 지니는 덕목에 해당한다.
- 무한한 인간의 욕망을 알맞게 조절하는 덕목을 말한다.

① 지혜　　　　　② 용기
③ 절제　　　　　④ 배려

Money can't buy happiness, but
neither can poverty.
행복은 돈으로 살 수 없지만 가난으로도 살 수 없다.

- 레오 로스텐 -